中国审判理论研究丛书
中国审判理论研究会审判监督理论专业委员会

审判监督与
严格程序法律适用

10 VOLUME

SUPERVISION OF ADJUDICATION

主 编：许前飞
副主编：宫 鸣 孙佑海 周瑞春

法律出版社
LAW PRESS · CHINA

中国审判理论研究会
审判监督理论专业委员会名单

主　任：许前飞

副主任：姚　红　宫　鸣　张　坚　王树良　周瑞春　张卫平　侯建军

秘书长：姜　伟

副秘书长：王琼芬

委　员：（按姓氏笔画排序）

王永平　王玉梅　王亚新　王晓东　尹德坤　冯文生

龙宗智　刘学在　孙仲玲　闫振喜　全克滨　吕容亮

朴永刚　吴兆祥　张长青　周定挺　张　睿　张红菊

张乐喜　李　军　李　帆　李　俊　邵明艳　邵　明

陆鸣苏　杜小哲　肖宏果　肖建国　林　杰　罗水平

周　玮　赵恒举　段建桦　赵九重　郭念华　郭春祥

顾越利　倪代化　黄永维　韩兆印　税　成　斯　琴

虞政平　谭林波　翟瑞卿　潘剑锋

前 言

党的十八大明确提出了全面推进依法治国的要求。习近平总书记多次发表讲话，明确提出要建设平安中国、法治中国，要坚持司法为民、公正司法，要努力让人民群众在每一个司法案件中都感受到公平正义。审判监督程序作为纠错的救济程序，是守护公正的最后一道关口和防线，对维护和提升司法公信具有特殊的意义。

中国审判理论研究会审判监督理论专业委员会于2010年8月成立，并分别于2010年和2011年在云南昆明、丽江召开了第一届、第二届学术年会。为深入开展审判监督理论研究，确保修改后的刑事诉讼法和民事诉讼法的贯彻实施，中国审判理论研究会审判监督理论专业委员会于2012年9月26日至28日在福建省泉州市召开了以“审判监督与严格适用法律”为主题的第三届年会。此次年会再次受到了全国法律理论界和司法实务界专家、学者及法官的关注，并在“刑事审监程序适用、民事审监程序完善、减刑假释执行研究、抗诉案件审理规律、再审改判原则与标准”等五个方面形成了具有一定理论和实践价值的研究成果。福建省委常委、政法委书记苏增添，福建省高级人民法院党组书记、院长马新岚，泉州市委副书记、市长黄少萍出席会议并分别致辞。最高人民法院审判委员会专职委员贺荣主持年会。最高人民法院党组成员、副院长江必新作了题为《提升程序法治理念、确保两法贯彻实施》的重要讲话。最高人民法院审判监督庭领导、全国各高级人民法院分管审判监督工作的副院长、专委及审监庭庭长等出席了本次年会。此外，本次年会还邀请了四川大学教授龙宗智、最高人民法院研究室民事处处长吴兆祥、《人民法院案例选》编辑部主任冯文生和15名优秀论文作者代表等人参加。

2012年5月，审判监督理论专业委员会在全国范围内开展第三届学术年会的征文活动,得到了全国各级法院、广大法官及热衷审判监督研究专家学者的积极响应和支持。短短一个半月,在全国各地作者的积极参与下,共征集论文843篇。经审判监督理论专业委员会秘书组组织专家学者及资深法官评审,从中评选出47篇优秀论文,并最终确定15篇作为年会交流论文,在大会做交流发言。

为总结本次年会的研讨成果,进一步促进审监理论研究提高审监工作质量,我们将年会上的领导讲话、交流发言和部分优秀论文编辑出版,以供热衷审监理论研究和从事审监实务工作的各界人士交流分享。入选本书论文的作者大多是从事审监实务工作的法官,具有丰富的审判经验和较高的理论素养,所选论文正是他们多年来审判经验和智慧的结晶。可能个别观点有待商榷和推敲,但这并不影响论文本身对丰富审判监督理论和指导审判监督工作所具有的重要价值。由于时间仓促,编辑人员水平所限,本书错漏之处在所难免,敬请不吝指正。本书的编辑出版,得到了最高人民法院审判监督庭、中国审判理论研究会秘书处、福建省高级人民法院、泉州市中级人民法院的大力支持,在此一并致谢!

编者

二〇一三年六月

目 录

提升程序法治理念确保两法贯彻实施
——在全国法院审判监督工作座谈会暨审判监督理论专业委员会第三届年会上的讲话
最高人民法院副院长 中国审判理论研究会副会长 江必新 1
在全国法院审判监督工作座谈会暨审判监督理论专业委员会第三届年会上的总结讲话 最高人民法院审判委员会专职委员 贺 荣 11

第一编 审判监督制度与程序正义
告知制度:自由处分与能动保护
——构建和谐再审之诉的有益探索
山东省高级人民法院 李培进 山东省东平县人民法院 张继明 19
民事审判监督的功能完善与程序保障
江苏省连云港市中级人民法院 薛剑祥 王秀叶 27
论民事诉讼中审判监督程序的诉讼标的
江苏省常州市中级人民法院 王文俊 张丛卓 37
民事再审程序的理念转换与制度构建
——以职权型再审模式之司法困境为视角
福建省厦门市思明区人民法院 张 颖 45
反思与重构:民事审判监督程序的改造与完善
福建省漳州市漳浦县人民法院 林振通 57
浅谈我国民事审判监督程序及其改革
吉林省长白朝鲜族自治县人民法院 王少群 68

第二编 民事抗诉实务研究与制度完善
民事抗诉案件审判规律探微
——以抗诉权、审判权、处分权的相互关系为视角
江苏省高级人民法院 马 倩 77

民事抗诉有限限制问题的研究

广东省广州市中级人民法院 陈冬梅 汤 琼 88

论削减法院审查冲突的抗诉

福建省高级人民法院 刘振宇 104

衡平与制约:民事抗诉制度之再完善

云南省昭通市中级人民法院 陆 瑜 段琼梅 112

论协同主义语境下民事抗诉再审案件的证明标准

四川省高级人民法院 何 利 最高人民法院 何东宁 125

民事抗诉案件审理范围探析

山东省青岛市市南区人民法院 魏慧慧 139

民行抗诉的检视反思与制度完善

——以山东法院民事行政抗诉案件审理情况为视角的分析

山东省高级人民法院 李 军 范翠真 冯 波 146

民事抗诉案件若干问题探讨

甘肃省天水市秦州区人民法院 许龙泉 崔文芳 156

关于完善民事抗诉案件审理的几点立法建议

湖北省高级人民法院 张乐喜 宋 攀 163

关于我省民行事抗诉案件的现状分析及对策建议

——2008 ~2011 年全省民行事抗诉案件调研报告

海南省高级人民法院 郑 船 赖凯萍 172

检讨与完善

——民事抗诉制度的功能定位与制度重构

天津市滨海新区人民法院大港审判区 王剑虹 178

关于民事抗诉案件审理的规律及其把握

——以贵州省近四年民事抗诉案件审理情况为视角

贵州省高级人民法院 李圣瑞 188

第三编 民事再审改判标准与发回制度研究

原审视野内外的再审改判情形辨析

云南省高级人民法院 王树良 刘晓虹 197

民事再审发回重审制度的法律思考

福建省泉州市中级人民法院 肖森华 207

对我国民事再审发回重审制度的重新审视
上海市黄浦区人民法院 章其苏 219
民事再审改判发回原则与标准研究
山东省高级人民法院 冯 波 228
民事再审发回重审若干问题探讨
北京市高级人民法院 于志远 陶志蓉 236
浅谈民事再审改判的生存空间
安徽省池州市东至县人民法院 唐翠平 245
民事再审改判标准体系之构建
——司法公正与司法既判力的冲突与平衡
浙江省宁波市北仑区人民法院 马艳华 方燕儿 250
民事再审独立改判标准研究
广东省高级人民法院 钟 蕾 258
反思与重构:走出民事再审改判与发回之困境
——以改判发回原则与标准为视角
四川省高级人民法院 张蜀俊 264
浅析民事再审改判发回标准
江西省定南县人民法院 蔡艳艳 277
浅析民事案件再审改判的标准
河北省张家口市桥西区人民法院 杨玉洁 284

第四编 刑事再审程序问题研究

论刑事再审提起权的协调配置
福建省高级人民法院 徐进伟 295
论我国刑事审判监督程序的风险及其控制
最高人民法院审监庭 李宗诚 305
刑事审判监督法律适用难题与破解
——以未处理涉案赃款赃物的生效刑事判决应否再审为中心
重庆市第二中级人民法院 徐家清 向 亮 316
刑事再审审查诉讼化设计探讨
福建省泉州市中级人民法院 郑碧宗 328
刑事审判监督程序适用中的问题探讨
福建省莆田市中级人民法院 方蔚文 林美双 342

警惕程序的恶性循环:刑事审判监督程序的反思与重构
福建省福州市连江县人民法院 张炎梅 348

第五编 减刑、假释制度研究

减刑、假释证据规则之思索
——以审理减刑、假释案件为视角
四川省高级人民法院 何 利 361
"放"还是"不放"
——试论对假释罪犯"没有再犯罪危险"的审查标准
江西省景德镇市中级人民法院 贾 珺 372
方向与路径:减刑、假释中的罚金刑执行问题研究
福建省三明市中级人民法院 吴有强 380
诘问与期待:限制减刑视域下完善减刑制度的再思考
福建省三明市中级人民法院 刘涌泉 391
减刑、假释庭审规则的分析与构建
——以法院视角下的减刑、假释庭审为进路
四川省高级人民法院 段 玲 程媛媛 404
关于假释工作中建立假释与社区矫正对接机制的要点思考
云南省高级人民法院 钟 梅 417
我国减刑、假释裁定申诉制度研究
——以最高人民法院答复为切入点
辽宁省高级人民法院审监二庭 427
论我国减刑、假释庭审制度的构建
福建省宁德市中院人民法院 崔龙生 437

第六编 审判监督相关问题研究

完善基层法院审判质量监管机制的思考
广西壮族自治区桂平市人民法院 陆福媛 449
论对仲裁司法审查的审判监督
上海市高级人民法院 宗 来 459
完善案外人申请再审制度之浅见
北京市第二中级人民法院 靳 起 孙颖颖 469

关于民事再审新证据认定的实务研究
山东省潍坊市奎文区人民法院 刘 倩 478

民事再审程序中“新的证据”的认定和运用
内蒙古自治区察哈尔右旗人民法院 史秀永 489

浅议我国审判监督程序的不足与完善
新疆维吾尔自治区昌吉回族自治州呼图壁县人民法院 狄明浩 496

论审判监督与舆论监督的碰撞与共生
福建省武夷山市人民法院 徐 欢 503

能动司法语境下行刑社会化之构建
——非监禁刑适用问题研究
福建省龙岩市上杭县人民法院 廖晓红 511

附录

提升程序法治理念，确保两法贯彻实施
——全国法院审判监督工作座谈会暨审判监督理论专业委员会第三届年会综述 最高人民法院审监庭 522

提升程序法治理念确保两法贯彻实施

——在全国法院审判监督工作座谈会暨审判监督理论专业委员会第三届年会上的讲话

最高人民法院副院长　中国审判理论研究会副会长　江必新

（2012年9月27日）

在这金秋灿烂的时节，我们相聚在南国美丽的泉州，召开全国法院审判监督工作座谈会暨审判监督理论专业委员会第三届年会，我谨代表最高人民法院、中国审判理论研究会，向出席会议的各位领导、专家和同志们表示热烈的欢迎！向给予会议以高度重视和大力支持的福建省各位领导、福建省高级人民法院的同志以及泉州市各位领导、泉州市中级人民法院的同志表示衷心的感谢！本次会议选择在福建召开，不仅因为福建省高级人民法院是专业委员会的主任单位之一，也因为福建省高级人民法院和泉州市中级人民法院在审判监督工作方面做了很多有益的探索，取得很多宝贵的经验。近年来，福建省的领导同志对审判监督工作高度重视，特别是福建省在全国率先提出的民事申诉、申请再审“法院救济先行、检察监督断后”路线图，也被此次民事诉讼法修正案所吸收。

刚才福建、广东、贵州、江西、山东、湖北、江苏、天津八家高级人民法院从宽严相济、调解机制、再审质效、科学考评等不同角度深入总结介绍了近年来开展刑事和民事审判监督工作的经验，这些经验都很宝贵，值得我们认真学习、研究和借鉴。近年来，全国法院审监系统坚持依法纠错，办理了大量疑难复杂、矛盾激烈的各类再审案件，还妥善处理了不少中央领导关注、在全国都有着重大影响的再审案件，取得了良好的政治效果、法律效果和社会效果，减刑假释的开庭审理等规范化工作也获得大力推进，队伍建设、职能优化配置、质效提升、提高服判息诉率等各项工作都取得了长足的进步，值得充分肯定。

今天下午还要进行审判监督理论专业委员会第三届年会的总结、报告和专项理论研讨。最近几年，通过年会的形式，专业委员会围绕审监工作中的理论和实践问题进行了集中研讨，对于转变审判监督工作理念、交流审判监督工作经验、完善审判监督工作机制，都发挥了重要作用。

这次会议的主题是“提升程序法治理念，确保两法贯彻实施”。“两法”就是新修改的刑事诉讼法和民事诉讼法。两部诉讼法的修改决定在今年相继颁布，明年1月1日就要正式实施，此前有必要做一系列准备工作，对此最高人民法院会做出整体安排。要确保两法的贯彻实施，我认为首先要解决程序理念方面的问题，我这里重点从宏观上谈如何“提升程序法治理念”，讲以下十个观点，供大家参考。

一、不仅要充分认识正当程序对实体裁判公正性的保障价值，而且要充分认识正当程序的独立价值

正当程序对实体公正具有保障价值。实体公正是指裁判结果的公正，是指法官对案件事实做出正确认定并将相关的实体法正确适用于所认定的案件事实；正当程序，或者说程序公正，主要是指诉讼过程的公正，包括法官中立、当事人平等、程序参与等多项要素。正当程序的首要价值是对实体公正的保障价值，正如古语所言的“兼听则明，偏信则暗”，公正的程序有助于法院公开听取双方的不同意见而作出对事实与法律争议的正确判定，这是程序正义的工具价值。我们有必要深化认识程序正义对实体正义的保障价值，努力在诉讼程序和实体裁判之间建立内在关联性。

正当程序还具有独立于实体公正的价值。具体体现为如下六大功能：第一，正当程序具有推定实体公正的功能。实体公正并不是在所有案件中都是绝对确定的，它在有些情况下是确定的，在有些情况下则是不确定的；在有些情况下可达成共识，在有些情况下则是难以形成共识的。正因为实体公正本身具有一定的不确定性，而程序公正相对而言具有确定性和可判断性，所以实体是否公正在很大程度上取决于程序是否公正。程序如果是公正的，实体结果在多数情况下也是公正的；少数情况下可能不公正，但如果程序是无可挑剔的、完全正当的，实体结果就应该推定为是公正的，或者应当被承认为是公正的。第二，正当程序具有息诉止争的功能。如果诉讼过程给了当事人足够的举证期限，而一方当事人提不出证据，找不到证据线索，尽管当事人主张向对方支付了款项而且在事实上可能确实也支付了款项，但是当事人无法向法院证明对方收取了相应款项，那么最后法院判该当事人败诉，该当事人应当服判。第三，正当程序具有共识达成的功能。通过程序进行协调、协商、沟通、交流，可以使各方当事人交换意见、消除误解、排除分歧、达成共识。第四，正当程序具有效益提升的功能。一个好的程序，可以降低争讼解决的成本，可以最大限度地节省时间、提高效率。第五，正当程序具有提升公信的功能。司法公信为什么不高？原因很多，其中一个重要原因是我们一些审判人员喜欢将自己认为是正确的结论强加给当事人，这样很难提高司法公信力。真正的司法公信力应该通过正当程序的演进来实现，让双方当事人在这个过程中，把该说的话说完,该质证的证据一一质证,让当事人觉得司法的过程和结果均是可信的。第六,正当程序具有法治促进的功能。有了一套大家都信赖的正当的程序,一旦有了争议,大家都规规矩矩地根据这套法院的程序来解决,而不采取其他非理性、非法治的方式解决争议,这就是法治的促进功能。当然,以上我讲的是公正、正当的程序的价值和功能,不公正、不正当的程序不仅不能保障实体公正的实现,更不能实现其他独立于实体公正之外的价值。

二、不仅要充分保障当事人的实体权利和利益,而且要充分保障当事人的程序权利和利益

实体权利和利益是当事人在诉讼中的核心利益和价值,在审理刑事、民事和行政等各类案件,尤其是处理再审案件时,人民法院一定要充分保障当事人的实体权利和利益,这是毫无疑问的,但同时我们也要高度重视保障当事人的程序权利和程序利益。一方面,对当事人来说,权利主张是否成立,实体利益是否真正拥有,这既不是先天确定的,也不是当然明确的,而是需要通过正当程序才能最终确定的,也就是说,实体权利的归属要由当事人双方通过程序权利的运用和博弈才能最终确定。从这个意义上来说,人民法院对当事人程序权利的保障是不可或缺的。另一方面,程序公正是司法公正的重要组成部分,判断司法是否公正,一个很重要的指标就是能否充分、平等地保障当事人程序权利的实现。所以,我们需要高度注重保障当事人的程序权利。

要保障当事人的程序权利,首先就要保障当事人基本的程序权利。当事人基本的程序权利包括六个大的方面:第一是起诉权;第二是各种程序请求权;第三是知情权,包括被告知权等;第四是表达权;第五是对有异议的决定、判决、裁定请求救济的权利;第六是诉讼中的防卫权。这些都是基本的程序权利。除了基本的程序权利之外,我们还要注意到当事人需保障的程序权利是不断变化与扩展的。这次民事诉讼法修改新赋予了当事人很多权利,这里举几个例子:一是新增简易程序约定适用权,这次民事诉讼法修改新规定了当事人可以约定适用简易程序;二是扩大公民代理的选择权,当事人选择民事诉讼代理人的权利原来是受限制的,需要经过法院许可,这次民诉法修改决定取消了法院的许可权,给予当事人更广泛的选择权;三是增加了当事人向原审法院申请再审的权利,就是当事人双方是公民的或者一方人数众多的,除上一级人民法院外,还可以向原审人民法院申请再审;四是督促程序转入诉讼程序的同意权,支付令失效后,转入诉讼程序,但申请支付令的一方当事人不同意提起诉讼的除外。不管是新修改的民事诉讼法还是刑事诉讼法,都赋予了当事人大量的诉讼权利,这些权利必须得到我们的尊重和保护。

除了保障当事人的程序权利外，我们还要特别关注和保护当事人的程序利益，这一点我们过去重视得不够。比如，法律赋予法院移送管辖权、指定管辖权和发回重审权等权力，但法院在行使这些权力时有时只考虑了审结案件是否方便，却未真正考虑到当事人的审级利益和管辖利益。当事人确实没有选择审级的权利，但审级对当事人而言是有利益可言的，在特定审级的法院，当事人是有可能得到更公正的对待的；同样，案件是由这个法院管辖还是由那个法院管辖对当事人而言也明显有管辖利益，案件在这个法院有可能得到更公正的处理，在那个法院就有可能受到地方保护主义的干扰。我们若忽视当事人的审级利益和管辖利益，都属于对当事人的程序利益保护不力。

三、不仅要保护"好人"、"有理者"一方当事人的程序权利，而且要保护所谓"坏人"、"无理者"一方当事人的程序权利

在司法实践中，有些同志对认为是"好人"、"有理者"的当事人的程序权利的保障相对来说是比较充分的，但对他们认为的所谓的"坏人"、"无理者"的当事人就有点不耐烦，这样的当事人的请求经常会遭到随意驳回，其发言也经常会被粗暴打断，提出抗议或请求，也经常被审判人员斥责为胡搅蛮缠。对这种司法实践中的不良现象要予以特别注意并加以解决。原因有四：第一，所谓是"好人"还是"坏人"、是"有理者"还是"无理者"、是"有罪者"还是"无辜者"，只能通过正当的程序，通过当事人程序权利的充分有效行使才能真正判明，法官不应先入为主、带着偏见去处理案件。第二，尊重"好人"、"有理者"的权利一般都能做到，而尊重"坏人"、"无理者"的权利却较难做到，而检验一个社会的法治程度和文明程度、检验一个程序的正当化程序，标准恰恰就是对所谓"坏人"、"无理者"的权利的尊重程度与保障力度。第三，即便是真正的"坏人"、"无理者"、"有罪者"，如果我们在程序权利上没有给予他们公正的对待，剥夺了他们正当的程序权利，就会增加他们对法律程序的抵触情绪，降低他们对裁判结果的接受程度，也会增加他们服判息诉的难度；一个人即使犯了罪，如果能公平地对待他，充分保障他的程序权利，就可能唤起他的良知，减少他敌视社会的情绪，这对他们进行改造并使他们融入社会也是有利的。第四，程序上公正地对待所谓的"坏人"、"无理者"，可以减少法官与当事人的冲突。每个法官都希望在自己的职业生涯中做到有"公敌"而无"私怨"，如何做到这一点？就是要一视同仁地保证程序的公正。实体上我们依法惩处"坏人"，不枉不纵，但程序上可以给他们公正的对待，这也是法官自己摆脱"私怨"的一个很重要的方面。所以我曾反复强调要公平地对待所有当事人，对于弱势的当事人，对于"穿草鞋"的当事人，我们均应做到一视同仁。特别是这次刑事诉讼法的修改在保障犯罪嫌疑人和被告人的程序权利方面做了大量新的规定,我们一定要贯彻实施好。

四、不仅要严守程序的合法性,而且要力求程序的正当性

在强调依法办案的同时,还要着重强调程序正当性的原因主要有如下三点:第一,我国目前的立法仍比较粗放,法律规定还不周密,尤其是程序规定往往比较粗疏。国外的程序法动辄数百条,而我们一部民诉法条文不多。因此仅仅做到合法是不够的,一定要有正当程序作为补充。第二,我国目前的很多程序规定是相对原则的,对法官行为缺乏硬约束,不少程序规定赋予了法官较宽泛的自由裁量权。为了使程序权力的行使能符合公平公正合理的要求,法官就必须持有程序正当性的观念,以防止程序裁量权的滥用。第三,人类的理性和语言是有限度的,任何法律在具体案件的施行中都必然存在漏洞,这些程序漏洞的填补必然依赖程序正当性的理念,用四个字来表达就是"尽其最善",就是要求法官用最大的善意去理解法律和执行法律。

近些年来案件申诉多、缠诉多是法院面临的一个"老大难"问题,也是一个必须要下大力气解决的问题。为什么当事人会申诉不休呢?单从合法性的角度来讲,法官明显违反法定程序办案的情况是少见的,绝大部分案件的裁判在程序上是合法的,但不少问题出在程序是否正当上,即法官不正当地行使了程序权力。比如公告送达的问题。法律规定了直接送达、邮寄送达和公告送达等多种送达方式,在本来可以直接送达、邮寄送达的情况下,有的法官仍径行采用公告送达,而公告送达是一种拟制送达,这种做法实质上是剥夺了当事人的被告知权、表达权和辩论权等权利。有时候,查找当事人可能有一些困难,但花一点精力和时间,也是可以找到的,为什么一定要公告送达呢?这样作出的裁判能够保证公正吗?再如指定举证期限的问题。法官确实有指定提供证据期限的权利,但是确定多久的期限是合理的呢?有的故意刁难当事人,明知不可能办到却让当事人在很短时间内提供证据,这就是对当事人的不合理要求,合法却不合理;有的则是故意拖延诉讼时间,本来五天可以提供证据的,却指定了三个月甚至六个月的举证期限,这也属于滥用权力的行为。又如发回重审的问题。法律赋予我们发回重审裁定权的目的主要是基于程序上的考虑,因为有的案件不发回重审就可能剥夺了当事人请求救济的权利,或者很难弄清事实真相,或者会提高当事人的诉讼成本。但有的法官是案件受到干预或受到请托才发回重审,有的法官则是因为审限快到了就发回重审,这都属于对程序权力的滥用。还如释明权的问题。法官有释明的权力和责任,很多当事人一直缠诉上访的原因就在于法官没有进行充分的释明。如当事人争议合同效力的问题,一方若认为合同有效就不会对对方基于合同无效而提出的其他主张进行答辩,因为一旦答辩就可能是变相承认了对方无效的主张,如果法官认为合同是无效的就应当释明,让当事人对对方当事人基于合同无效而提出的其他主张进行充分的辩论。实践中,有的法官没有让当事人对此充分辩论就下判,判后却振振有词,说一方当事人没有提出与合同无效相关的诉讼主张或没有其他反驳主张或请求。当然,这个问题产生的部分原因是我们没有普遍实行中间判决制度。上述这些现象表面上合法而实质上极不正当,为解决这些问题,我们一定要努力实现程序的正当性。

五、不仅要通过程序形成法律真实,而且要通过程序最大可能地接近客观真实

正确认定事实是作出公正裁判的基础,在认定事实问题上,学术上有两种观点:一种观点认为,诉讼程序追求的真实只能是法律真实,不可能是客观真实;另一种观点认为,存在客观真实,要绝对地以追求客观真实为目标。我们过去曾经以追求客观真实为目标,但实践证明确实是有弊端的,因为花了很多成本和精力,最终追求到的却不一定是客观真实。后来我们进行审判方式改革,引进和借鉴了国外的一些诉讼理念,有人就以不可知论对待客观真实,认为客观真实在诉讼中是不可实现的,认为应把法律真实作为审判活动追求的唯一价值。而什么是法律真实呢?有人认为只要是按照法定程序审理的结果就是法律真实。但要知道,法定程序是人为的程序,而凡是人为的程序就可能存在不科学的问题,就可能有一定的局限性。法定程序和正当程序是有距离的。案件事实必须要通过高度正当的程序才能获得,并非通过任何程序都可以获取的。只有当程序具有高度正当性,且审判人员能诚挚地以尽其最善的态度运用该正当程序,客观真实没有办法查清时,法律真实才有资格被推定为客观真实,才有资格来要求当事人和社会承认其为应当接受的真实。

在司法实践中正确处理法律真实和客观真实的关系,需要做到如下四点:第一,客观真实是存在的,并非完全不存在,我们不要求恢复所有的事实细节,而是要恢复法定的事实要件,在一般情况下,这是可以做到的,这才是辩证唯物主义,否则就陷入了唯心论和不可知论。第二,在诉讼中确实会存在客观事实难以查清的情形,由于时过境迁,一些证据可能灭失,由于当事人及其代理人的举证能力的局限等种种客观、主观因素的影响,可能使客观真实很难实现,在这种情况下,就需要用法律真实来定案。第三,法律真实要能够为当事人所认可和接受,必须要有高度正当的程序和法官对自由裁量权的正确行使来作保障。第四,审判不能完全追求客观真实,但也不能完全局限于法律真实，一定要尽最大的努力，尽最大的可能，让法律真实接近于客观真实。

六、不仅要注意程序的公正性，而且要注意程序的效益性

公正是任何程序的首要价值，当然是诉讼程序的首要价值，也是审判监督程序的首要价值，但我们也不能忽略程序的效益性。有句话讲“迟到的公正不是公正”，这种讲法有点绝对，可以改为“迟到的公正是打折扣的公正”。再审程序设立和运行的目的，一方面是要对当事人权益给予充分有效的救济，另一方面是要防止滥诉、缠诉，要解决终审不终、反复再审的问题。从这样的目的出发，我们有必要反思再审程序建立的理论基础。首先，将判决的既判力理论作为再审程序的理论基础有一定道理，但不够充分。因为既然判决已经确定了，就会产生相应的既判力，社会应当尊重，但我们的再审理论如果仅仅建立在既判力理论的基础上，那任何案件就都不能进入再审了，而再审的应有之义就是要纠正错误的生效判决。显然既判力是不能抗衡公正力的，如果案件不公正，既判力就没有价值了。其次，“一事不再理”理论也无法作为再审程序的理论基础。“一事不再理”是指当事人提起诉讼后不能发起另外一个诉讼，该理论要解决的是就同一案件产生相互冲突的多份有效裁判的问题。而一个案件经过再审程序后也只有一个生效的判决，是用一个新的再审判决取代旧的生效判决，不存在两个冲突的判决，不属于“一事不再理”的问题。再次，有人用“避免双重危险”的理论来论证再审程序，这也是不能成立的。二审也是二次审理，那二审是不是双重危险？再审裁判只是纠正了原审裁判，案件最终还是只有一个生效裁判。最后，我们应当将再审程序的理论基础建立在个案公正和社会公正相互平衡的基础之上，也就是建立在法的公正性和法的安定性相互平衡的基础之上，也就是建立在程序的公正性与程序的效益性相互平衡的基础之上。对申请再审的案件，到底给多长的申请再审的时间比较恰当，既要考虑到一方当事人是否有足够的时间发现再审事由并有足够的时间提出再审申请，也要考虑到对方当事人债权的实现问题，还要考虑到相关的社会关系将因此处于不稳定状态，相关的诉争标的在相当长时间内不能流转发挥社会效益，这就是法的公正性和法的安定性之间的冲突，反映到再审程序中就是程序的公正性和效益性之间的冲突。只有在兼顾并实现程序的公正性与程序的效益性这两种价值的衡平的基础上，我们才能建立科学、理性的再审制度。

七、不仅要注意程序的规范性和强制性，而且要注意程序的便民性和可接受性

大家对程序的强制性和规范性比较了解也比较注意，当事人一般也明白既然打官司就要循规蹈矩，也容易认知程序的强制性。但单纯依赖规范性和强制性的程序并非真正正当的程序，也是不能持久的、缺乏生命力的程序，我们一定要注意程序的便民性和可接受性，要尽可能地让当事人接受我们所实施的程序。这就需要我们做到以下四点：一是尽可能与民方便、与当事人方便。但也要注意底线，不能单纯为了方便当事人而为法院带来巨大成本。因为法院承担过多的负担也会增加纳税人的负担，过分地让国家为个别当事人发动的纠纷甚至是无谓的纠纷来埋单也不合适。因此要看当事人的程序要求是否合理，合理的就要尽量方便当事人，不合理的就不能给当事人方便，因为给了方便实质就是给了众多的纳税人不方便，损害了国家和社会公众的利益。在方便当事人这一点上有些地方法院把握得不是很好，有的不到位，有的过了头。把握的标准应该看该行为所形成的成本由谁承担更合理、更公平。二是要尽可能地征得当事人同意。对当事人之间的程序争议，不要动辄就由法院来决定，只有在双方达不成一致意见，不能实现诉讼目的时，再由法院决定。三是要尽可能让当事人合意协商解决程序问题。这次新修改的民事诉讼法就赋予了当事人一系列的协议权，但跟国外的诉讼法相比放权仍然不够。四是涉及对一方当事人的制裁性、训诫性处置时，最好先由对方当事人提出来，再由法院进行裁判。比如，庭审中有一方当事人违反了法庭纪律，法官若主动训斥，这就形成了法官与当事人的直接冲突，这方面国外规定得就很好，先由对方当事人提出异议，再由法官裁决。

八、不仅要引导当事人依法行使程序权利，而且要防止当事人滥用程序权利

诉讼中，有的当事人程序权利意识不强，甚至有的律师对当事人的相关程序权利也不清楚，这时就需要法官通过释明的方法，引导当事人依法行使程序权利，不能在下判后简单地讲当事人没有主张过。在重大问题上或涉及当事人核心权益的问题上，法官需要认真思考有没有责任通过释明的方式提醒当事人，而不能以中立为借口坐视当事人陷入严重的不利境地。

这次民诉法修改决定在总则部分增加了诚实信用原则，并在相关条款中规定对规避执行和进行虚假诉讼的当事人给予制裁，目的就是要防止当事人滥用诉讼权利。当前诉讼中，当事人滥用诉讼权利的现象很多，如果不予以制止，诉讼是很难期望公正的。遗憾的是，有些法官明知当事人滥用程序权利，却睁一只眼闭一只眼，有的是放纵，有的是默许，有的甚至是指使。法官在诉讼中应当有防止当事人滥用程序权利的义务和责任。

九、不仅要注重接受程序外主体的监督，而且要注重接受程序内主体的监督

就审监工作而言，程序外主体的监督，主要是检察机关的监督。这次新修改的民事诉讼法和刑事诉讼法都加大了检察机关的监督力度：一是扩大了监督的范围。检察机关不仅可以监督审判活动，也可以监督执行活动；不仅对判决、裁定可以提起抗诉和检察建议，而且对损害国家、社会公共利益的调解书也可以进行抗诉和提出检察建议；不仅对裁判文书和调解书可以提出检察建议，而且对审判过程中的违法行为也可以提出检察建议。二是增加了监督方式。原来只有抗诉形式，现在增加了检察建议。且检察建议分为两种：一种是再审检察建议，另一种是纠正违法行为的检察建议。三是强化了监督手段。检察机关在进行检察监督过程中，可以调查核实相关证据和事实。当然，对检察机关监督的条件和时间也作了限制，原则上是法院救济先行，检察机关监督断后，并且原则上只能提出一次检察建议和抗诉。监督力度加大了，而且正面接受监督的主要是从事再审工作的审判人员，所以，一定要自觉接受监督，高度自律，避免我们的行为成为监督的客体，影响我们自身的形象和司法形象。

从程序法治的角度来说，作为法官更应该主动接受程序内主体即当事人及其代理人的监督，当事人及其代理人的监督是正面效果最好、负面效果最小、经济成本最低的监督。国外司法审判高度独立，很少有立法机关和检察机关对个案的监督，即使有检察机关的监督，其范围、程度和方式也与我国不可比拟，他们的司法审判也不受舆论监督的影响。但为什么人家的裁判公正率和公信度这么高？为什么人家的申诉信访没有我们这么热闹？为什么人家的贪污受贿腐败现象没有我们这么多？这是值得我们深刻反思的。一方面我们讲法院没有独立性，另一方面不断出现腐败问题。那问题的症结在哪里呢？因为国外司法活动中最大监督者是当事人及其代理人，当事人的监督就是程序内的监督，这是他们最大的监督制约机制。以往我们搞司法改革，总是不能合理地回答一个问题，就是谁来监督法官。答案应是由当事人及其代理人通过诉讼程序来监督法官。那当事人及其代理人具体如何监督呢？答案是充分赋予当事人足够的诉讼权利来制约审判权，当事人通过行使知情权、表达权、同意权、协商权、异议权、请求救济权等多种程序权利来防止审判权的滥用，确保审判的高度透明与公平公正。只有程序内主体的监督作用能真正发挥出来，程序外主体的监督才可以也才能限制在必要的范围之内。

十、不仅要关注程序制度关键环节的健全完善，而且要关注程序制度的完整性和系统性

程序法制是由各种程序制度连接而成的体系。完善程序法治，完善审判监督程序，必须高度重视关键环节。我国诉讼程序正当性有待提高的一个重要表现，是可以粗略规定的却规定得详细，应当细化规定的关键环节却规定得粗略。所以这次民事诉讼法的修改，我们主张对一些关键环节要尽可能细化，因为法律规定越是抽象，就越容易出现滥诉滥访。从修改后的民事诉讼法来看，大概有十多个制度特别是证据制度有了很多变化，这都需要我们一一贯彻落实。而且修改后的申请再审事由采取了全面列举的方式并取消了违反法定程序的兜底条款，但还有两个漏洞或者说两个口袋，一个是"基本事实缺乏证据证明"，另一个是"适用法律确有错误"。因此我们下一步的工作就是通过司法解释、指导意见和指导性案例，对程序制度关键环节予以进一步完善。特别是民事再审问题上，要力求细化四个标准：一是审查程序的立案标准；二是决定再审的标准；三是发回重审或指令再审的标准；四是改判的标准。

程序制度有着内在的完整性和系统性，一定要形成一个自洽完善的系统。我国目前的程序法治有待健全的另外一个重要原因是漏洞较多，不少重要的程序环节欠缺细致规则。在程序法制中，即使有成千上万条规定，如果有一个环节存在规则漏洞，往往会连带引发整个程序的运转不畅。这就需要我们从系统论和整体论的视角，总结司法审判经验，通过司法解释、指导意见和指导性案例等进行弥补和细化，使我们的程序法治疏而不漏、要而不繁，最终形成自洽完善的系统。

同志们，由于时间关系，我就简单地讲这十个观点，目的是提升大家的程序法治理念，最终落脚点是确保修改后的两部诉讼法得到切实贯彻。我们并不讳言审判监督工作一直以来面临着不少困难，但这些年大家上下齐心、艰难探索，路是越走越宽了，方向也越来越明确。现在中国特色社会主义法律体系已经形成，马上又面临着两部诉讼法修改后的实施，对我们各级法院的审判监督工作，特别是中基层法院的审判监督工作而言，既是机遇，也是挑战。希望大家以本次会议为新起点，振奋精神，积极进取，扎实工作，不断提高审判监督工作的水平和能力，从而使审判监督的职能得到全面、有效的发挥。

在全国法院审判监督工作座谈会暨审判监督理论专业委员会第三届年会上的总结讲话

最高人民法院审判委员会专职委员　贺　荣

（2012年9月27日）

全国法院审判监督工作座谈会暨审判监督理论专业委员会第三届年会圆满完成了各项议程，就要结束了。下面，我对会议情况作一个简要总结，并就大家关心的、实践中最迫切需要解决的，又是各个方面目前已经达成共识的相关法律问题，以及当前应当做好的几项具体工作，谈几点意见。

一、关于会议的总体评价

这次会议是在两大诉讼法作出重大修改，审监程序改革取得重要成果的契机下召开的，对于推动再审理论研究，提升再审审判质量，完善再审纠错机制，校正审监职能定位，都具有十分重要的意义。上午，江必新副院长作了题为“提升程序法治理念，促进两法贯彻实施”的重要讲话，希望大家在收到正式文件后，系统组织学习，深刻加以领会，以指导我们的审监工作。会上，福建高院等八家高院作了交流发言，分别总结了各自工作中的新思考、新举措、新成绩、新经验，展示了一年来审监工作的新发展。会前，绝大多数高院按要求提交了经验交流材料，很多地区在机制建设、综合调研、队伍建设等方面也有一些好的做法。因为会议时间有限，不能安排全部发言，并非其他法院做得不好。会后，我们拟将会议文件和部分交流材料摘要刊发，供大家相互借鉴。

本届年会共收到论文843篇，可以说，这是中国审判理论研究会各个专业委员会中办得最好的，而且我们论文的质量一年比一年高。这体现了全国法院审监系统注重在实践中研究理论的良好风气，展示了审判监督专业委员会的勃勃生机。各高院的论文组织工作更加细致、周密、到位，山东、福建等省份精心组织优秀论文评选，向年会提交论文均超过百篇，值得肯定和表扬。经过专委会论文评选小组评定，选出15篇大会交流论文。按照江副院长的指示，这次有意识地加大基层法院同志的发言比例，有6位之多，把中级法院的同志算上就更多了。全国的法官绝大多数在中、基层，所以请大家多听听来自基层的声音，多少弥补一下没有分组交流的遗憾。会议还邀请龙宗智教授和虞政平副庭长做了精彩点评。希望以后多通过论文交流等形式继续推动审监理论研究的不断提高。

这次会议的成功召开，得到了马新岚院长及福建高院、泉州中院的大力支持，许前飞院长及云南高院对审判监督专业委员会的工作付出了很多心血，有关单位的专家学者也积极参与本次年会，对他们表示衷心的感谢！

二、关于审监实践中应注意的几个法律问题

近年来，审判监督程序不断改革完善，但在一些具体法律适用问题上，认识还不太统一，理解也有差异，有必要进一步统一思想。借此机会，受江副院长委托，我就其中几个重要法律问题谈几点意见，供大家参考。

（一）民事申请再审案件审查和审理的有关问题。一是关于申请再审案件的审查标准问题。目前，部分高院、中院审监庭承担着申请再审案件审查的任务，明年新修订的民事诉讼法实施后，要特别注意提高审限意识，立案受理后应在“三个月内”审查完毕，逾期未对再审申请作出裁定的，当事人可向检察机关申请检察建议或者抗诉；经审查驳回后，当事人再向法院申请再审的，根据新修改的民事诉讼法，法院可以告知其依法向检察机关申请再审检察建议或者申请抗诉。二是关于申请再审案件的管辖问题。这次民事诉讼法修改对于申请再审的管辖一律“上提一级”的现行规定开了口子，即当事人一方人数众多或者当事人双方为公民的两类案件，可以向原审人民法院申请再审。这对学界和立法部门主张的申请再审应一律由上一级法院审查的理论是个突破，对于将矛盾化解在基层，减轻当事人讼累也具有积极意义。应当看到，民事案件中大约95%是基层法院一审裁判后就生效的，二审生效案件在全国案件中占的比例并不高，而在一审裁判生效的案件中，公民之间的诉讼和一方当事人众多的群体诉讼比例是比较高的，这两类案件数量也是不少的。假如当事人一律都选择向上级法院申请再审，这样有违立法的初衷。目前各高院就这个问题都有一些很好的做法，积极引导当事人向原审法院申请再审，原审法院通过合法、合理的方式，可以化解掉大量的纠纷。三是关于再审案件审理范围问题。这个问题应统一认识，再审应当在原审范围内审理，又要在当事人申请再审的诉讼请求范围内审理。要注意区分再审诉讼请求和再审事由，现在实践中往往再审事由、抗诉事由和再审诉讼请求分不开，其实已经再审了就无须纠结于再审事由。应该看到，当事人申请再审的事由或抗诉事由，往往和再审的诉讼请求有交叉关系（甚至重合），但再审事由并不等于再审诉讼请求，再审庭审应当准确归纳当事人的再审诉讼请求，以确定再审案件的审理范围。还有一点需要注意，再审如果真正能成为终审，就应该尽可能把合理的诉求都解决。现在过于机械地理解申请再审的诉讼请求，往往忽略了被申请人合理的抗辩请求。比如，原审判决有三项，一方当事人申请再审，只要求改变其中一项,而对方当事人提出对其他两项中的某项也有意见,要求调整这一项,这是很正常的。但现在只能对申请再审的那一项进行审理,这就不可能真正做到再审的终局性,势必还要引发新的再审。所以,要很好地理解什么是再审诉讼请求,尤其是法官在判决后要有自觉的修补意识,前后结合起来才不至于一个再审案件判决出去,马上又引发申请再审和抗诉。四是关于申请再审驳回裁定如何处理的问题。司法实践中,很多同志纠结于当事人申请再审被上一级法院驳回了,但下级法院依职权启动或因检察院抗诉而进入再审程序,那之前的驳回裁定如何处理,再审判决书上应否撤销该驳回裁定,如应撤销则下级法院如何撤销上级法院的裁定等,这个问题现在是有结论的,就是无须撤销。简单地说,原因有这样几个:其一是驳回再审申请的裁定是非诉讼的审查程序作出的裁定,一般来说,非诉讼程序的结论不约束诉讼程序;其二是已经依法进入再审程序,就不用去纠结不允许进入再审程序的文书,它已经不构成进入再审程序的障碍;其三是客观上此类撤销是无法做到的,若真以此类推,可能涉及多级法院和多份裁定,不具有可操作性。五是关于举证期限的问题。修改后的民诉法对举证期限制度作出重要规定,大家在适用中应注意:其一是确定是否根据申请延长期限;其二是对逾期举证的后果把握上,要根据当事人逾期的理由,过错程度等方面综合考虑,区分不同情况适用采纳证据但不予处罚,或者予以训诫、罚款的措施;其三是严格把握证据失权的适用,仅适用于当事人极端恶意的情况,这主要出于我国国情和现阶段当事人的诉讼能力情况考虑。六是关于第三人撤销之诉与案外人申请再审的关系问题。现行民诉法规定了执行程序中执行异议之诉制度,规定了案外人依照审判监督程序处理的制度,故相关司法解释据此赋予案外人申请再审权,这次民诉法修改又增设了第三人撤销之诉制度。第三人撤销之诉是一项全新的制度,意在当原诉当事人通过恶意诉讼等手段侵害第三人利益时,为第三人提供救济途径。司法实践中,既要认识设立第三人撤销之诉制度对于保护案外第三人权益的积极意义,更要高度重视这项新制度对法院生效裁判稳定性带来的重大影响,如协调不好,很可能会造成程序的混乱。就具体的解决方案,我们正着手开展调研,力争在修改后的民诉法实施前出台司法解释。目前倾向性意见是,鉴于是对生效裁判提起的诉讼,与一般的一审起诉有较大不同,因此立案的审查标准应从严掌握,要进行一定的实质性审查,办理过程中,原则上应当比照审判监督程序的有关制度规定。

(二)民事抗诉案件的审查与审理问题。一方面,应对抗诉案件予以必要审查。抗诉案件依据法律规定应当再审,但并不是说抗诉必然启动再审,人民法院要依法先行审查，审查后符合应该再审的标准才决定再审，审查期是30天，审查内容是当事人的主体要素、时间要素、法定范围要素、顺序要素等。这个审查只审查上述形式要件，对于当事人的再审诉讼请求等实质内容，需要法院在再审中进行处理。关于这点，最高人民法院发布了指导案例，经审查，不符合抗诉标准，要商检察院撤回抗诉，否则，不应受理。检察机关移送的抗诉卷宗中缺少必要材料的，应退回检察机关补充，拒绝补充的，可裁定不予受理。对于当事人在一审后放弃上诉权符合申请抗诉条件的，要根据“两高”会签文件的规定，加强对不上诉“正当理由”的审查。另一方面，准确把握抗诉案件的审理范围。民诉法审监程序司法解释规定，抗诉案件的审理范围，就是检察机关支持的当事人的诉讼请求。这句话是很科学的，民事诉讼是当事人平等主体之间的诉讼，检察机关不是诉讼主体，只能支持当事人的诉讼请求。因此，审理范围应该是当事人的诉讼请求。需要注意的是，被申诉人一方其实也有合理诉求。比如前面所举的例子，我们要争取达到再审案件的案结事了。实践中，经常会发生抗诉支持的诉讼请求与当事人实际主张的诉讼请求不一致的情况。在这种情况下，如果当事人的诉讼请求大于检察机关抗诉书上的诉讼请求，那应该审理的是抗诉书中的诉讼请求；如果当事人的请求小于检察机关所支持的请求，除涉及国家利益、社会公共利益的之外，法院审理的应该是当事人的诉讼请求。

（三）启动再审的检察建议办理的问题。检察建议是民诉法这次修改明确规定的，需要注意以下两个问题。一是受理时进行审查的问题。提出检察建议应有书面建议书，并且内容要有一定的针对性，比如指明原审中的缺陷或原审违反的法律规定，且根据两高“会签文件”，检察建议要经同级检察委员会讨论决定才能向法院提出，有人认为这样的要求过于苛刻，因为抗诉案件尚未要求通过检委会讨论。我们认为，抗诉是由上一级检察机关监督后提出的，而再审检察建议是不经上一级检察机关监督的，因此，要求同级检委会监督有利于规范和促进这一新制度的健康发展。二是符合受理条件后的审查问题。审查检察建议的标准是原审是否“确有错误”，若“确有错误”应按新修改的《民事诉讼法》第198条规定的程序决定再审。如果经审查没有达到非改不可的错误标准，不能决定再审。不要将审查检察建议等同于诉讼案件，不要求组成合议庭、进行质证等，可用一切可以允许的手段进行审查，一般情形下不要简单地举行听证。另外，对检察建议的审查是对实质内容的审查，这项任务跟抗诉和再审有着密切联系，这项职责由审监庭负责更适宜，最高人民法院也明确办理检察建议和抗诉这两项任务应由审监庭负责，希望在座的各位院领导注意调配好审监庭的力量。

（四）依职权启动民事案件再审的问题。依职权再审案件是与当事人申请再审案件、抗诉再审案件在再审事由、再审审查程序等方面均不同的审判监督案件，其来源比较复杂，办理难度较大，对于这类案件的启动和审理程序，确有必要予以规范和统一。要特别注意坚持慎重启动原则。从调研情况看，不少法院对依职权启动再审的尺度掌握得比较松，适用起来相对随意，新修改的民事诉讼法实施后，由于新法为解决多头申请、申诉、反复缠诉的问题，力求有限再审、终审终局而设定了新规，因此，对于依职权启动再审一定要从严把握，否则，又很可能出现当事人申请抗诉不成后又重回法院缠诉的情况。要正确认识依职权启动再审与依申请、依抗诉启动再审的关系，一般只有在生效裁判确有错误、当事人依法又不能申请再审和抗诉的情形下，人民法院才可以依职权启动再审。人大代表、政协委员以及有关机关建议对生效裁判进行审查的案件，当事人依法可以申请再审的，应先告知当事人申请再审，一般情况下不直接启动再审。

（五）关于刑事审判监督工作的问题。一是恰当把握与抗诉机关的互动关系。对于原审确有错误的，要坚决予以改判，对于没有错误的，要依法予以维持。既不能迁就检察机关的不当抗诉，又不能袒护原审法院的不当判决。对于原审裁判和检察机关的看法均有道理，只是因为法律规定模糊、理解认识不同等因素提出抗诉的，要注意与检察机关交换意见，不要简单地驳回或维持。对于被害方上访、闹访的再审抗诉案件，要针对个案具体情况，认真做好附民调解、司法救助等工作，切实化解社会矛盾。对于维持原判的案件，要向检察机关说明维持原判的理由，争取检察机关的理解和支持。二是处理好上下级法院和法院内部工作衔接问题。对于人民法院依职权决定再审的刑事案件，要坚持“审查的归审查、审理的归审理”原则，不必受制于立案审查的结论。对于审理结论与审查结论不一致的，要做好沟通、协调工作，多听取审查部门的意见，必要时提请审判委员会研究决定。对于指令再审的案件，下级人民法院要纳入跟踪督办和重点案件评查范围，上级人民法院要加强指导和监督，对这些案件进行信息汇总、分析、反馈。对于“指定再审”的案件，要充分重视异地审理带来的调卷、提讯、押解被告人、开庭等问题，提前做好应对、沟通、协调工作，争取当地党委、政府、检察院、监狱部门和被指定法院的配合与支持。三是准确把握减刑、假释审理中的有关问题。要以贯彻新修改的减刑假释司法解释为契机，健全机构，充实人员，积极探索制定公开审理细则，推动建立规范、公开的案件审理程序。要进一步树立依法审理的意识，准确把握减刑、假释的条件、起点、间隔和幅度，防止出现减刑、假释适用不一致、不平衡。要切实坚持宽严相济的刑事政策，充分发挥减刑、假释制度改造罪犯的积极作用。减刑假释的归口管理已在此前多次会议中强调，目前，全国绝大多数省份已明确由审监庭负责，个别尚未实现归口管理的省份也在调整中，请有关法院要尽快完成调整分工，确保上下级法院对口协调指导。

三、关于当前要着力抓好的两项重点工作

两大诉讼法修改实施后，审判监督工作将会面临新的形势和任务，当前要着力抓好以下两方面的工作：

——加快推动相关司法解释的修改和起草工作。更新相关司法解释是贯彻好两大诉讼法的前提和基础。对于两法新修订的内容，最高人民法院将逐步作出相应的司法解释或指导性意见，确保两法在全国范围内规范、统一、准确适用。一是关于刑事诉讼法司法解释。目前，贯彻刑事诉讼法相关司法解释已经形成征求意见稿，力争尽早正式发布，其中包括了刑事申诉审查、刑事再审和减刑、假释工作的有关内容。二是关于民事诉讼法司法解释或指导性意见。第三人撤销之诉和案外人申请再审制度的适用问题，检察建议受理、审理和抗诉案件的审查、审理等有关问题，都力争在明年1月1日前出台指导性意见。这几个问题会在关于民事诉讼法的多批次解释中的第一批内出台，我们将在会后加紧调研，请涉及的法院积极配合。

——主动适应两法修改，优化调整审监职能。第一，各级法院审监庭都要积极适应两大诉讼法的修改。民事诉讼法修改中规定了两类案件可向原审法院申请再审和检察建议制度，都势必会增加基层法院申请再审和再审方面的工作量。第二，审判监督庭并不以办再审案件为唯一职责，四级法院的审判监督庭的职能不完全相同，不一定要"一刀切"，基层法院的审监庭在以后工作量会有较大增加。同时，审判质量管理是审判监督的当然之义，审判监督庭应利用现有资源做好案件质量管理。第三，关于基层法院审监庭的职能问题，目前不少高院在进行调研，并以多种方案尝试职能扩展，我们鼓励大家继续做好这项工作的调研，最高法院也拟于明年对此开展专项调研，适应新形势，积极探索基层法院审监庭的职能定位。

同志们，这次会议时间虽然不长，但内容丰富，召开及时，效果良好。会后各级法院要传达好、学习好、贯彻好会议精神，既要认真学习江必新副院长的重要讲话，也要认真组织学习两部诉讼法的修改内容。学习修改后的诉讼法，除了组织讲座、培训以外，更应注重其他形式的学习，尤其应该注重在实践中的磨合。希望大家继续扎实工作、努力进取，以优异的成绩迎接党的十八大胜利召开！

第一编　审判监督制度与程序正义

告知制度：自由处分与能动保护

——构建和谐再审之诉的有益探索

山东省高级人民法院 李培进

山东省东平县人民法院 张继明

毋庸置疑，民事诉讼程序应当保障诉辩双方为自身利益进行平等对抗，并对自己的实体和诉讼权利自由处分。司法机关应当对当事人的自由处分权予以充分尊重，无论是一审、二审还是再审，概莫能外。与此相适应，“我们应理性地对待再审程序中存在的主要问题，将其定位为特殊救济程序，并根据法治精神和程序的基本原理对其做进一步的修改……使再审程序乃至整个救济机制趋于协调和完善”。[①] 在生效裁判存在瑕疵时，诉讼程序再次启动，也应当以实体权利义务人（当事人或案外人）申请再审为主，检察院抗诉和法院依职权再审为辅。对瑕疵生效裁判可能损害的当事人利益，司法机关又有责任采取弥补措施。加之公众诉讼能力普遍较低又不均衡的现实国情，为了实现实质正义，应当在重构再审之诉时，建立告知制度予以合理补救，规定司法机关的告知权力和职责，赋予实体权利义务人对裁判错误的知情权，以实现当事人处分权与司法机关职责之间的平衡。

笔者所构建的告知制度，是为了实现实质正义，在发现生效裁判可能损害了实体权利义务人的合法权益，且存在再审法定事由时，司法机关有权力和责任发挥一定能动作用，将这一事实告知该实体权利义务人，并向其释明申请再审的诉讼权利，同时赋予实体权利义务人知情权的制度。告知制度体现了当事人主义诉讼模式对私权自治的充分尊重，又吸纳了职权主义的合理成分，适应了经济较大发展、矛盾日益凸显的社会转型期现实需要，适应了从“效率优先”向“公平优先”转变的客观需求。

一、构建告知制度的现实意义

与司法机关依职权启动的审判监督程序相比，实体权利义务人自由处分其诉讼权利的再审之诉，更符合民事诉讼的本质要求。也正是基于这一原因，十一届全国人大常委会第二十三次会议初次审议并向社会公开征集意见的《中华人民共和国民事诉讼法修正案（草案）》才明确规定并严格限制了当事

---

① 蔡虹：“民事再审程序立法的完善”，载《法商研究》2012年第2期。

人向检察院申请再审检察建议或抗诉的条件,将当事人申请再次审理的主要指向定位于人民法院。但是,诉讼能力低下的当事人凭借单纯的再审之诉,往往难以发现生效裁判损害了他们的合法权益。辅之以告知制度的再审之诉,比审判监督程序既有的三种启动方式,更能够实现其制度价值:

首先,告知制度能够纠正现行再审制度"超职权主义"的缺陷,使实体权利义务人更能自由处分自己的实体和诉讼权利。"我们希望由法院主动提起审判监督程序或通过检察院提起抗诉启动审判监督程序似乎是基于对于当事人正当权利的'关怀',但实际上却否定了当事人的意思自治,而这种否定常常使我们处于尴尬的境地。"①在多年来的司法实践中,大量存在的当事人申请抗诉,并不是由于人民检察院的审判监督权与当事人的处分权不相冲突,而是基于其他原因:一是在2007年修订《民事诉讼法》以前,当事人直接到法院申请再审得不到立案时,认为法院自身护短,意图借助检察院的抗诉来克服这一障碍;二是一些明知无理的当事人,借助抗诉必须立案、立案就中止执行的规定,拖延或逃避执行;三是有的当事人不上诉却去申请抗诉,目的是不缴纳诉讼费用;四是有的当事人意图凭借检察院调取证据的权力获取举证上的优势;五是有的检察院将抗诉案件数量作为考核指标,使得民行监督部门到处挖掘案源。如果建立起了与再审之诉相配合的告知制度,建立起了以再审之诉为主体、更符合民事诉讼规律的审判监督制度,实体权利义务人自然乐意选择申请再审,司法机关也更能够保持其中立、公正的本质特征。

其次,告知制度能够弥补当事人主义之不足,使其更为完善。在民事审判方式改革进程中,我国的司法职权在逐步减弱,这一方面矫正了超职权主义的种种缺陷,但另一方面,由于当事人主义诉讼模式的客观条件尚未成就,当事人的诉讼地位和诉讼权利没有得到实质保障的条件下,单纯削弱司法权力,只会放大当事人主义诉讼模式中公正的实现过分依赖个人能力的弊端。当事人因为缺乏权利意识、不具备相应的法律知识,无法有效保护自身权益的情况尚比较普遍,可能导致司法裁判离客观事实,实质公正渐行渐远,进而损及本就不高的司法公信力、损害法治,"使民众在诉讼固有的局限性面前,丧失对法律的期待和信任,再次远离法律而去"。② 而辅之以告知制度的再审之诉既体现了司法机关"知错能改"的勇气,又充分尊重了实体权利义务人的诉讼权利,这种适合国情的审判监督程序模式,更容易赢得人民群众的依赖和支持。

再次,告知制度能够避免审判监督的"暗箱操作",使监督的内容与结果

---

① 张卫平:"民事再审:基础置换与制度重建",载《中国法学》2003年第1期。

② 范愉:《非诉讼纠纷解决机制研究》,中国人民大学出版社2000年版,第613页。

公开化。对相关民事主体各方的公开告知,使民事主体全面、及时地了解关涉自身利益的司法行为,并提出异议成为可能,有利于通过公开促进公正。一方面,可能从裁判错误中获得了额外利益的当事人,与可以就此提出异议,以避免自己的合法权益受到告知行为的侵害;另一方面,利益可能因裁判错误受损者,则可以对司法机关告知不足,要求进一步解释说明,以避免因自身法律知识和诉讼能力的匮乏难以维护自己的合法权益。

最后,告知制度能够补充形式正义之缺漏,有利于实现实质正义,有助于消除诉讼模式转变之阻力。随着诉讼模式从超职权主义向当事人模式转化,诉讼制度对当事人的程序控制能力要求越来越高,当事人因不熟悉具体诉讼制度而无所适从,司法机关的诉讼指引对实质正义的实现显得十分重要,告知制度恰恰适应了这一需求。从理论上说,该制度能够强化司法机关与当事人为权利而沟通的机制,符合作为现代民事诉讼目标的正义、公开、效率等要求,并能够弥补诉讼模式转变后当事人自我保护能力方面的欠缺,消除法律文化滞后给诉讼模式现代化带来的障碍。在审判方式改革大量吸收西方诉讼模式中积极因素的同时,根据中国国情增设告知制度之类的深层次诉讼保障机制,能够增强改革的正当性和新诉讼模式的生命力。甚至可以说,增设告知之类的制度来抵消民事主体诉讼能力的缺陷,是使民事诉讼制度结构更趋合理、消除诉讼模式转变阻力的必由之路。

此外,所增设的告知制度,通过告知后对权益受损者申请再审期限的限制,还可以避免现行再审制度的无效率,使生效裁判及其所处理的社会关系尽快实现稳定,进而维护社会秩序、促进经济发展。

综上所述,出于构建和谐社会的需要,根据处于社会转型期的公平正义需求,基于社会公众法律意识普遍不强、自我保护能力普遍低下的现实,基于司法为民之宗旨,为了使诉讼模式能够成功转型、再审之诉能够在中国得以确立,应当在立法中建立告知制度予以合理补救。这既能够根据我国国情,充分保护民事主体的合法权益,也能够体现公权力的人文关怀,又充分尊重了实体权利义务人的自由处分权,有助于建立起以人为本、尊重实体权利义务人处分权的和谐再审制度。

二、告知制度的法理渊源

《宪法》第 2 条第 1 款明确规定:“中华人民共和国的一切权力属于人民。”国家权力与公民权利的一般原理表明,公民享有获知与自己利益相关的、法律不禁止知悉的公权力信息的权利,而司法机关在工作中发现裁判错误可能危及特定民事主体的合法权益时,因其先前行为产生了保障该民事主体知情权的职责。

自由处分是民法基本原则在民事诉讼制度中的体现,反映了国家不干预民事主体自由意志的价值观念。但是,过分强调当事人在民事诉讼中的主体地位,在发现客观事实、保障当事人合法权益方面是有缺陷的,甚至可能导致损害当事人合法权益、损害司法公正的后果,“这种审判结果自然与国家设立民事诉讼的目的相违背,因而也是对公正、公平之审判目标的讽刺”。[①] 而作为补救措施的告知制度,其正义性一方面来源于诉讼程序的公法性,另一方面则来源于民事诉讼的自由处分原则,其告知的内容限定在被裁判错误可能损及的利益及可利用的救济途径的范围以内。它既克服了职权主义诉讼模式的致命缺陷,又使当事人主义诉讼模式趋于完善。

其一,告知权的法理渊源。“法律承认提供的事实并根据事实来宣布指定的法律后果,但是事实并不是现成提供给我们的,确认事实是一个充满着可能出现许许多多错误的过程,错误认定曾导致过许多错判。”[②]因司法权力行使中的问题(未必是不当司法)导致的私权损害,司法机关有义务给予补救,而这种补救,又不得给私权造成新的伤害或者影响民事主体独立自主地行使自己的权利。这时,将该损害事实及可利用的救济途径告知利益受损者,就成为最为适宜的选择。而对于因裁判错误获得额外利益(权益的增加或义务的减少)的一方而言,既然司法机关的先前行为使其得到了本不应获得的利益,司法机关就有权协助因先前司法行为受损的一方取回其合法利益,也正是在这个意义上,告知权才能被称之为“权力”。之所以能够赋予司法机关以告知权,是基于最早出现在德国民事诉讼理论界的“民事诉讼属于公共事务”的诉权公权学说,“诉讼不仅仅是当事人私人之间的事务,这在德国也是一个得到广泛承认的命题。即使开始纯粹是私人间的事务,一旦交给法院处理就变成了公共事务”。[③]

其二,知情权的法理渊源。“知情权是现代社会公民的一项基本人权,具有不可剥夺的性质”。[④] 了解裁判存在的问题是行使再审申请权的逻辑前提,而知情权则是诉讼民主的体现,也有助于实现社会正义。公民只有在知道自己享有哪些实体和诉讼权利的情况下,才有可能行使自己的诉讼权利,维护自

---

① [日]大村雅彦著:《民事诉讼法讲义概要》,中央大学生协会出版局 1997 年版,第 65 页。

② [美]罗斯科·庞德著:《通过法律的社会控制——法律的任务》,沈宗灵、董世忠译,商务印书馆 1984 年版,第 29 页。

③ [日]谷口安平著:《程序的正义与诉讼》,王亚新、刘荣军译,中国政法大学出版社 1996 年版,第 26 页。

④ 应松年著:《行政法新论》,中国法制出版社 1999 年版,第 512 页。

己的实体权益。也就是说，对那些法律素质低下、无法获知裁判错误给其造成损害的实体权利义务人而言，知情权对诉讼权利的行使具有先导性作用。在我国公民的文化水平、法律素养仍然不高的情况下，告知职责的确立，对于保障能受裁判错误损害的实体权利义务人的合法权益就有至关重要的作用。由于现行立法未规定应当对实体权利义务人进行告知，从而导致实体权利义务人因为“无知”，而使相当一部分再审申请权及与之相关联的实体权益，在相当大的程度上被“虚置”了。“虽然我国民法未直接明示民事主体的知情权，但从法理上分析，知情权已经具备了进入我国民事权利体系的资格和条件……知情权是公民行使其他权利的基础，我们国家在民法等基本法中规定知情权的条件已经成熟……将知情权在基本法律中予以规定的价值体现在：能改善人文观念，‘权威来自不可测’、‘防民之口，甚于防川’的封建陋习将被扫进历史的垃圾堆。”[①]为此，司法机关本着“为民司法”、“知错能改”的精神，及时告知实体权利义务人，以保障其知情权是十分必要的。

三、告知制度的实体内容

（一）告知制度的要素构成

笔者所构建的告知制度，其内容包括以下六个方面：

其一，告知制度的维度构成。告知制度包含司法机关的告知权力、职责和相关权利义务人的知情权。告知制度是告知职权与知情权的复合体。

其二，告知制度的目的限定。设立告知制度的目的是针对部分公众权利意识低下、法律知识缺乏、自我保护能力较低的现实以及社会转型期对公平正义的强烈需求，减轻因诉讼能力差距造成的事实上的不平等，实现实质正义。

其三，告知职权的行使前提。人民法院、人民检察院在审判监督工作中发现生效裁判存在再审法定事由，且可能损害实体权利义务人的合法权益时，才能行使告知权。

其四，告知的时间选择。司法机关只有在发现生效裁判存在错误时，才能向合法权益可能因裁判错误受到损害的实体权利义务人告知这一事实。这是因为：首先，法律和生效裁判具有权威性与确定力，任何国家机关、社会团体和个人都应当认为它是正确的，应当尊重、维护，非经法定程序不能推翻的，其确定力与具体行政行为相似，甚至比后者更高。其次，发现裁判文书存在错误时告知实体权利义务人，这样的告知才有针对性，才真正有利于帮助实体权利义务人维护其合法权益。最后，审判监督程序的性质表明它是正常诉讼程序以

① 贺维安：“知情权——基本法律中的应然权利”，载《人民法院报》2003年6月30日版。

外的特殊救济程序,正常的诉讼程序已经赋予了当事人认为一审裁判存在错误时进行救济的机会——上诉权。在一审裁判生效前提起上诉,才是正常的救济途径。十一届全国人大常委会第二十三次会议决定向社会公开征求意见的《中华人民共和国民事诉讼法修正案(草案)》,将当事人向人民检察院申请再审检察建议或者抗诉严格限定为"(一)人民法院驳回再审申请的;(二)人民法院逾期未对再审申请作出裁定的;(三)再审判决、裁定有明显错误的"三种情形,也是出于这一原因。而有人提出的应当"确立申诉权告知制度"、"法院在民事行政判决书中应当写明当事人申诉权",①明显属于未准确理解民事、行政诉讼的本质属性,虽选对了方向,却选错了时机。

其五,告知的对象范围。告知的对象是可能因裁判错误受到损害的实体权利义务人,包括合法权益可能受到裁判错误损害的当事人及涉案权利义务的特定继受人(含财产继承人、权利义务受让人)以及对系争标的享有权利、具备有独立请求权第三人资格的其他案外人。

其六,告知的事项要求。司法机关告知的事项是民事裁判可能损害了实体权利义务人的合法权益,该权利义务人有权申请再审予以补救以及申请再审的程序要求。

(二)告知的基本原则

正如上文所述,司法机关的告知权,相对于从裁判错误受益的一方而言,具有权力属性;相对于因裁判错误受损的实体权利义务人而言,又具有责任属性。告知权相对于民事主体的诉权而言,是司法权的组成部分之一,既是司法机关的职能,又是司法机关的职责。设立告知制度的目的,是以职权主义诉讼模式中的合理成分弥补当事人主义的缺陷,最终实现公平正义。因此,告知应遵循下列原则:

其一,公开原则。告知合法权益可能因裁判错误受损者之前,应当将所告知的事项通知该案的其他当事人,并允许他们提出异议。告知事项对各方的公开是为了促进告知的公正性。

其二,公正原则。告知必须有利于公正。告知的目的只能是使该胜诉的当事人胜诉,该败诉的当事人败诉,根据案件的具体情况通过告知给缺乏法律知识和诉讼能力者以适当的帮助,是促进诉讼能力的平衡而不是造成新的失衡。因此,告知不能偏离公正的诉讼目标。

其三,实质中立原则,司法中立不能只停留在同等待遇的诉讼形式上。对

---

① 王红日:"民事行政判决书应告知当事人申诉权",载《检察日报》2009年2月16日第3版。近十年来,持此观点的文章先后还有多篇。

于缺乏法律知识、诉讼意识的当事人,告知可以使其对法律事项全面认知,达到能实现自我保护的程度,从而实现各方当事人的实质平等。实际上,告知制度是通过有限突破形式中立,来实现实质中立的效果。

其四,适度原则。一般来说,告知的结果意味着对权益可能受损方的援助。因此告知权与释明权一样,“过分地或明显地行使这种职权可能招致人们对审判公正性的怀疑”。[①] 在合理的限度以内,司法机关必须行使其告知权;而超出合理限度的告知则会打破诉辩双方的平衡。因此,告知的内容应把握在当事人以通常的认知和思维能力能够理解,使其对诉讼行为的直接法律后果产生合理预期,确保其诉讼行为意思表示真实的范围以内。而诉讼行为将影响诉讼目的的实现的程度,则不应成为告知的内容。因此,告知内容一般应是抽象性的,而不应是细节性的;涉及处分行为的其他法律后果,应作选择性提示。

四、告知制度的程序设计

笔者所构建的告知制度,其基本程序是:司法机关发现裁判错误可能损害了当事人或案外人合法权益时,应当通知其他当事人并告知权益可能受损方。告知和通知均应采取书面形式。书面通知其他当事人的作用,一方面在于保障他们的知情权,使他们可以提出异议;另一方面则能够确定司法机关已经保障了他们提出异议的权利,能够确定他们异议期间的起算点;书面告知利益可能因裁判错误受到损害的实体权利义务人,其作用一方面是为了维护实体权利义务人的合法权益和诉讼权利;另一方面则能够确定被告知人可以申请再审的期间起算点。

由于告知事项往往与当事人有利害关系,且不是可以上诉的判决或裁定,应当允许当事人提出异议,但异议应以告知行为违法为限。至于提出异议的期间,可借鉴答辩期间的规定,以 15 日为宜。

超过异议期间当事人未提出异议,或者经审查异议不能成立,司法机关即可告知权益可能受损的当事人或案外人。该当事人或案外人认为告知内容不足的,可以要求告知的司法机关进一步解释说明。在书面告知书送达之日起的 1 个月内,该实体权利义务人可以申请再审。笔者之所以将告知后的申请再审期间确定为 1 个月,而不是与当事人自己发现裁判错误申请再审的期间相同,是因为裁判存在问题可能影响其合法权益的情形已得到了司法机关的告知,避免了自己发现的困难,并能以此督促其积极行使诉讼权利,可以尽快

① 毕玉谦著:《民事证据法及其程序功能》,法律出版社 1997 年版,第 336 页。

实现生效裁判的稳定性。因此,该期间与申请再审期间并不冲突。如果在该期间内,权益可能受损者因不可抗拒的事由或其他正当理由耽误期限的,可在障碍消除后的10日内,申请顺延期间,是否准许,由人民法院决定。超出此期间后,该实体权利义务人在两年申请再审期间内,以其他理由申请再审的,不在此限。

此外,在发现裁判错误可能损害国家利益或社会公共利益时,人民检察院得遵循效益最大化之原则——像当事人一样进行成本效益分析后,决定是否代表国家或社会启动再审程序。人民法院在工作中发现案件裁判存在再审法定事由,可能损害国家利益或社会公共利益的,也应当告知检察院可以代表国家或社会启动再审程序。

民事审判监督的功能完善与程序保障

江苏省连云港市中级人民法院　薛剑祥　王秀叶

审判监督制度作为两审终审制的有益补充,多年来为依法纠错、保障法律的正当实施发挥了积极的作用。修改后的《民事诉讼法》关于再审事由的进一步明确细化、再审案件的提级管辖以及再审申请审查的程序化规定等,给我国民事诉讼的审级结构、工作机制带来了深刻的变化,在充分保障当事人申请再审权利、强化审判监督功能的同时,也更加有力地促进了基础审判的质量提高,为维护裁判公信力、提高司法权威提供了良好的制度基础,其积极意义是不言而喻的。

然而笔者认为,现行审判监督制度由于在基础概念的界定与操作程序的设计等方面依然存在的缺陷与不足,致其在保障监督工作的有序运行及其功能的有效发挥以及维护既判力的理念引导方面,仍有其不尽如人意的地方,还存在着相当大的改革空间。笔者不饰浅陋,提几点拙见,以期抛砖引玉,继续把民事审判制度改革引向深入,为进一步提高裁判的社会公信力提供更为完善的程序性保障。

一、审判监督与再审的程序界定

世界诉讼制度经历了漫长的发展过程,再审并不是一开始就有的,它是诉讼制度发展到一定阶段的产物。在古代奴隶社会,受生产力水平和科学技术的限制,法官断狱需借助于"神"的力量,采取祈祷、抽签、卜卦等形式来认定案件事实,这种神示证据制度给法官的裁判活动罩上了绝对公正的光环,同时以神示证据制度为支撑的"一事不再理"原则把对既判力的尊重推上了顶峰。但随着社会的进步,"神判"与"天罚"的地位受到冲击,为了纠正那些不正确的裁判,世界各国在继承"一事不再审"原则的基础上,大多在法律上规定了对已经生效的判决裁定,发现错误进行重新审理和改判的程序,一般分为再审程序和监督程序。再审程序是指对确定裁判发现事实有错误而进行重新审理的程序,监督程序是指发现确定裁判有违背法律的错误而依法予以纠正的程序。[①]

---

① 陈卫东著:《刑事审判监督程序研究》,法律出版社 2001 年版,第 30 页。

（一）认识误区

1. 概念上的模糊性

在我国司法界和理论界普遍认为审判监督程序就是再审程序，把两者简单地混为一谈，在论及审判监督程序时常有“审判监督程序即再审程序”的论断，而在谈到再审程序时又会有意无意带进一句“再审程序即审判监督程序”；或者干脆在审判监督程序后加上“（再审程序）”以示相同，等等。对于什么是审判监督程序，什么是再审程序，两者间的关系如何，很少有人去或者企图去弄清楚这些问题。我国的三大诉讼法也没有对此作严格的区分，就《民事诉讼法》而言，其中第 185 条规定“按照审判监督程序决定再审的案件，裁定中止原判决的执行……”从这一条我们可以看出，决定再审依照的法律程序属于审判监督程序。第 184 条又规定“按照审判监督程序再审的案件，发生法律效力的判决、裁定是由第一审人民法院作出的，按照第一审程序审理……”该条规定了再审案件的审理，根据原审级的不同确定适用第一审程序或适用第二审程序，并无再审程序内容的专门规定。而且，该条款“按照审判监督程序再审”的不当用语与再审按照原审程序审理的规定，把审判监督程序与再审程序、原审程序完全搅在了一起，形成了程序概念的混乱。很简单的道理，再审案件当然应当适用再审程序，怎么“按照审判监督程序”了呢？按照审判监督程序再审又怎么可能是“按照第一审程序审理”或“按第二审程序审理”就能简单解决得了的呢？

2. 程序上的不确定性

基础概念的模糊不清一度给审判监督的程序设置与工作开展带来混乱。从现行《民事诉讼法》的结构设置来看，是把当事人不服生效裁判提出再审申请、法院审查是否存在再审事由裁定再审、一直到再审结束作出裁判等一系列过程全部纳入审判监督程序的范畴，从而使审判监督程序更多地成为一种概念性的规定及一种制度概括，而不是一个严格意义上的独立的诉讼程序。

就当事人申请再审到提起再审前这一阶段的工作而言，在《民事诉讼法》修改之前，基本没有可依据的程序性规定，此项工作被作为法定程序外“复查案件”或“再审立案审查”在法院内部审判监督庭和立案庭之间来来回回，莫衷一是。此次《民事诉讼法》的修改，“一个基本的出发点就是解决申请再审难的问题”，“突出强调了保障当事人申请再审的权利”，主要对再审事由作了进一步细化，规定再审案件提级管辖，并对相关审查期限作了较为明确的规定，除此之外并无实质性的变化。而将这一阶段称为“申请再审案件受理审查工作”，不但听起来有些拗口，本质上也并没有使其程序性地位得到相应提高。其对司法实践的直接影响是使更高一级的法院忙于应对更多的申请再审案件和由此引发的更多的涉诉信访工作，积极作用尚不明显，需要进一步的实践检验。

而关于再审程序，只有《民事诉讼法》第186条依据生效裁判的审级适用第一审程序或第二审程序的规定，并没有把再审作为一个独立的诉讼程序来对待。在司法实践中给再审工作带来一定程度的混乱，一方面，依据法律规定，对提起再审的案件应当按照原来的程序"再审理"一次；另一方面，依据实际情况，原审的很多内容已经双方当事人确认无异，亦并非提起再审的情由，再"走一次程序"既浪费司法资源又太过教条主义。

（二）误区矫正

1. 概念辨析

监是指从旁察看，督指督促，监督就是察看并督促。① 审判监督是对已经作出生效裁判的案件的审理程序、事实认定、裁判结果是否合法、适用法律是否正确等进行审查并作出客观公正的评价，从而纠正错误或决定是否需要对案件进行再一次审理的活动。审判监督程序是指进行审判监督活动所应遵循的法定规则。

审判监督应当主要针对审判工作的正当性进行审查，并且基于对司法独立性的尊重，审判监督是对生效裁判进行的，因此只对原审的司法审判行为的正当性进行事后审查。它可由当事人的申请而启动，有时也必须以当事人在原审中的诉讼行为为基础，但并不以评价当事人的诉讼行为为目的，而是对原审裁判是否存在错误或原审法院在审判过程中是否存在可能导致错裁错判的不当行为作出评价，并督促纠正。

而再审作为"一事不再理"原则的例外，是指对已经审理并作出生效裁判的案件进行再一次审理的活动。再审作为一种审判行为、诉讼过程，主要通过当事人的诉讼行为对当事人的诉讼主张是否合法以及是否应当得到法律的强制力保障作出判断。因此，审判监督与再审不是同一概念，不能混淆，也不应将再审包括在审判监督程序当中，而要严格地区分开来。

2. 程序界定

（1）审判监督程序。应当将申请再审受理审查工作所依据的规则定义为审判监督程序，此类案件称为审判监督案件，将其作为一个独立的诉讼程序在民事诉讼法中单独列章。这类案件可由当事人申请再审启动，案件的审理过

① 下文所论及的"审判监督制度"、"审判监督程序"、"再审程序"，均以此处界定的概念为基础。

程主要针对原审司法行为的正当与否进行，体现一个“监”字。而审判监督案件的审理结果以是否对当事人的诉讼进行再一次审理为结论，裁定再审即为督促纠错，体现一个“督”字。

(2)再审程序。再审应当是审判监督之后的结果表现形式之一，通过审判监督发现必须再审的案件，可以启动诉讼程序进行再一次审理。将这一阶段的工作过程定义为再审程序，此类案件称为再审案件。案件的审理过程主要针对已经人民法院作出裁判的诉讼争议进行，此时，原审裁判并未撤销，仍然处于生效状态，与“再”字契合。再审的结果以当事人的诉求是否应当得到支持为基础，进而作出维持原裁判或者撤销原裁判并作出新裁判的结论，与“审”的内涵相统一。

(3)审判监督制度。审判监督作为一种制度，应当包括从当事人不服生效裁判提出再审申请、到法院审查是否存在再审事由裁定再审、一直到再审程序运行结束等各个阶段，审判监督制度运行的程序依据就是审判监督程序与再审程序。①

二、程序功能的定位思考

(一)制度缺陷

《民事诉讼法》关于审判监督程序的新规定以突出保障当事人申请再审的权利为目的，将再审事由作了非常明确具体的细化，使生效裁判被提起再审的理由具备了更强的确定性与可操作性。然而，审判监督制度本身所固有的缺陷并没有得到很好的解决，主要表现为：

(1)监督功能的片面性。

《民事诉讼法》第181条再审事由法定化的规定，将审判监督程序具化为对再审事由的审查工作，从而使这一阶段的诉讼程序成为再审的“过滤”程序，需要再审的提起来，不需要再审的驳回去。而在司法实践中当事人申请再审致使案件被提起再审的比率是非常小的，致使大量的申请再审案件演变为涉诉信访案件。这一现象在《民事诉讼法》修改之前就已经突出存在，《民事诉讼法》的修改并不是也不可能以提高生效裁判的再审率为目的，因此，如果依旧把审判监督程序的功能简单强调为对再审事由的审查，审监制度中由申请再审不能而走向涉诉上访的固有问题不但不能得到有效解决，反而有可能引发更多的涉诉信访群体。

---

① 下文所论及的“审判监督制度”、“审判监督程序”、“再审程序”，均以此处界定的概念为基础。

(2)申请再审的随意性。

按照《民事诉讼法》及最高人民法院的有关规定,在生效裁判作出后的2年内,只要当事人申请再审的事由在形式上符合第179条所列的情形,人民法院就应当受理并组成合议庭进行审查,而实际情况却是大多数案件经过审查发现实质上再审事由并不存在,当事人只是出于一些单方面的想法或目的而提出再审。也就是说,当事人可以提出形式上符合但实质上并不存在的法定事由,就可以调动司法资源启动审判监督程序,并且在再审案件提级管辖的情况下,调动更高一级的审判资源,导致省级法院申请再审案件数"激增"。从目前的情况看,我们高级法院很多高素质的民事法官都被这样的申请调动起来了,使得省级法院的大量的宝贵的审判资源不得不缩减基础审判功能,疲于应对申请再审的当事人,忙于解决再审事由是否成立的问题。《民事诉讼法》的修改在解决"申请再审难"的同时,存在引发"申请再审滥"的危险。

另外,虽然审判监督案件的审查在法律规定上并不影响原裁判的效力与执行,但在司法实践中对执行的强度与效率不可能不产生影响,给当事人规避法律、逃避执行创造了可乘之机,对既判力造成了极大的破坏。

(二)缺陷弥补

审判监督作为一种补救制度,无论如何不能成为一个审判制度的主流,《民事诉讼法》的修改也并没有改变再审在诉讼制度中的"补救"地位。法律规定本身是进步的、积极的,问题是在目前我国司法权威不高,既判力还没有得到应有的尊重,涉诉信访量居高不下的情况下,如何在司法的层面完善审判监督制度的运行机制,合理界定并发挥其程序性功能,创造良好的诉讼秩序。

1. 审判监督程序的功能完善

(1)督促纠错。审判监督制度作为审级制度的补充,其基础功能就是发现并纠正错误的裁判,审判监督程序运行阶段的主要任务,就是发现是否存在错误的裁判,也就是审查是否存在《民事诉讼法》第179条所列情形从而决定是否需要裁定再审,即督促启动再审程序以纠正生效裁判存在的错误。正常情况下,提起再审应当非常慎重,必须是原裁判"确有错误",这是诉讼制度的内在要求。对于《民事诉讼法》第179条所列的各种情形,司法界很多人不太愿意称其为"确有错误",[①]其实对这个问题完全没有必要过于紧张,因为这些"错误"不仅仅是原审法院造成的,也有可能是当事人的不当诉讼行为造成

① 在原裁判"确有错误"的问题上,司法界存在一个认识上的误区,认为"确有错误"就是原裁判结果一定错了,再审必须改判。这种观点同时认为提起再审与再审维持是相互矛盾的。这不仅不利于审判监督工作的有效开展,对当事人的服判心理也会造成一定的负面影响。

的，另外还存在很多客观的因素。而且，这些“错误”情形并不必然导致原审的结果错误，有时，原裁判结果是正确的，只是因为存在第179条所列的某种情况而不能产生令人信服的力量，需要再审消除错误的因素，重塑司法权威，完成定分止争的司法任务。

(2)维护既判力。经过法律界多年的努力，我们的法律制度日臻完善，法院工作的各个层面都呈现出积极向上的发展态势，工作能力与裁判质量、效率明显提高，但同时，社会民众对裁判的公信度仍然较低，既判力还没有得到应有的尊重，二者之间形成了较大的反差。一方面，我们的生效裁判存在《民事诉讼法》第179条所列情形需要提起再审的比例是很小的。另一方面，我们又面对庞大的不服生效裁判申请再审的当事人群体，他们申请再审的原因也是多方面的，有的案件的确是我们裁错了判错了，当事人不可能息诉；有的案件可能裁判的结果并没有错误，但由于某个诉讼环节出了问题致使裁判存在法定的再审事由而不能令当事人服判息诉。当然，认死理不服裁判、无理申请再审、不愿意主动履行判决申请再审、借再审拖延时间逃避执行申请再审的现象也是比较突出的。

因此，“申请再审难”应当主要针对那些案件确实存在问题而当事人提出申请却难以获得再审纠错机会的情形，本次《民事诉讼法》的修改与其说是为“解决申请再审难”的问题，不如称为“解决纠错难”更合乎法律精神。所以现阶段，我们在规范审判监督制度运行机制的过程中，应当把维护既判力作为审判监督程序的一项重要功能，使审判监督程序成为一把“双刃剑”，在准确界定原裁判错误情形严肃启动再审程序的同时，有效规制当事人行为，预防“申请再审滥”现象的蔓延。

2. 再审程序的功能细化

经审判监督程序裁定再审后，已经确定案件在实质上存在法定再审事由需要启动再审程序，而再审程序的功能就是通过再一次的审判活动使这些错误得以纠正。由于当事人不服生效裁判的理由纷繁复杂，提起再审的事由亦存在多种情形，为保障再审案件的程序性思路，增强再审纠错功能的针对性与实效性，可依提起再审的事由将再审程序的纠错功能作如下分类：

(1)法律适用性纠错。对于单纯以适用法律错误提起再审的案件，由于当事人对生效案件的审理程序与认定事实已无争议，再审纠错只需针对法律适用问题进行。

(2)事实认定性纠错。因涉及事实与证据问题而提起再审的案件，必须通过对事实与证据的调查与认证，首先纠正原审在认定事实上存在的错误。

(3)程序恢复性纠错。因程序问题被提起再审的案件,应当进行程序重构以保证司法行为的正当性并保障当事人充分行使诉讼权利。

不论在何种情况下,再审的实体裁判结果都有可能与原裁判的结果一致,但不能因此而否定提起再审的必要性。再审的功能就是要消除法定再审事由的存在,使裁判产生足以令人信服的力量,保证其确定性与权威性。

三、功能实现的进路探析

司法的公信力不仅需要无差错裁判占据绝对优势比例,还需要在生效裁判发生错误时能够及时予以补救。审判监督制度的有效运行,不仅体现为纠正错误裁判的坚定性、及时性,还应体现为启动这种纠错程序的严肃性与准确性。这是我们改革完善审监制度必须考虑的前提。

(一)预设负担规制申请再审的随意性

1. 零负担效应

审判监督制度的目的在于纠正人民法院已经作出的错误的裁判,因此,不能再让当事人额外承担诉讼费用,除非由于当事人自身的原因导致再审案件的产生。所以国务院《诉讼费用交纳办法》第 9 条规定除了民事案件的当事人提供新的证据引起再审的案件和没有提出上诉而进入再审的案件,应当交纳诉讼费用外,其他再审案件均不需要交纳诉讼费用。而所有申请再审按照审判监督程序进行审查的案件,一律不交纳任何费用。在这种规定下,不论再审的法定事由实质上是否存在,也不论当事人出于何种目的,当事人在裁判生效后的 2 年内调动司法资源,启动审判监督程序,可以不负担任何成本。而人民法院,特别是在《民事诉讼法》修改以后,却要投入大量的更高层次的司法成本用于审判监督案件,其中有相当大一部分花在了随意申请、无理申请的案件上面。虽然最高人民法院为提高办案效率,也规定了一些可以径行裁定驳回的情况,但总要发送通知、组成合议庭、评议、下达法律文书等,这都需要投入司法成本。当事人申请再审的零负担规定,给申请再审权的滥用提供了可乘之机,如不加以合理规制,不但既判力得不到有效维护,人民法院案多人少、司法资源不足的矛盾将更加突出。

2. 设负担规制

笔者认为,应当在不违背再审纠错与诉讼费用交纳基本原则的前提下,针对目前申请再审案件急剧增加和司法资源相对不足的情况,通过预收费用负担对当事人调动司法资源的随意性给予合理的规制。

对依据《民事诉讼法》第 179 条所列事由申请再审的案件,应当预收一定数额的案件受理费,作为当事人启动审判监督程序的费用负担,当然,如果符合一定的条件亦可适用司法救助程序。所预交的案件受理费在审判监督程序结束后分别情况处理:(1)案件实质上存在法定再审事由需要提起再审,并且属于国务院《诉讼费用交纳办法》第9条所列需要交纳诉讼费用的两种情况的,所预交的案件受理费不予退还,可用于冲抵再审诉讼费用。(2)在上述两种事由之外决定提起再审的案件,退还预交的受理费,并裁定进入再审程序。(3)法定再审事由虽然并不成立,但案件存在一定瑕疵影响服裁息诉效果的,视情退还部分或全部受理费。(4)案件实质上并不存在法定再审事由,裁定驳回再审申请,所预交的案件受理费不予退还。

这样并不影响人民法院对确有错误裁判的无偿纠错原则,并且,在审判监督案件提级管辖的保障下,当事人也无须担心上级法院会仅仅因为受理费的退还问题而放松对下级法院的审判监督力度。重要的是,由此我们可以对无理申请再审、随意申请再审、借申请再审拖延执行等行为起到一定的约束作用,更大程度地尊重并维护既判力。

(二)程序公开增强审判监督的严肃性

1. 制度性需求

对审判监督案件的审查过程,从《民事诉讼法》和最高人民法院的相关解释看,人民法院可以审阅材料、调取卷宗、询问当事人有关事项、组织听证等,对审查工作的公开性未作特别要求,司法实践中也未对此类案件的公开化做过多努力。在大多情况下,即使案件的审理是公正的,裁判是正确的,而当事人的再审申请并无依据,但由于社会公众并不了解真相,反而会对无理闹访者给予更多的同情,影响裁判的社会公信力,进而引发更多的审判监督案件,增加涉诉信访,危害社会稳定。

笔者认为,按照审判监督程序审查的案件,是已经人民法院审理并作出生效裁判的案件,个案的诉讼的目的已经实现,案件的审理结果已经向当事人并可以向全社会公开,以期完成定分止争并规范社会行为的司法任务。审判监督程序的启动不仅使公众对司法行为的正当性产生了疑问,也使纠纷处理规则对社会行为的导向性发生了动荡。因此,不论从约束当事人申请再审行为,显示司法审判的正当性与严肃性,维护既判力的角度出发,还是本着追求正义,有错必纠的司法原则,审判监督程序都迫切需要更深程度的公开。

2. 程序性实现

审判监督程序公开,不仅涉及当事人的诉争利益,而且关乎司法公信力,因此与原审相比,其公开的广度与深度要求都应当更加严格。(1)理由公开。就是对启动审判监督程序进行审查的案件,将生效的裁判文书的正本全文、申请再审的当事人概况、不服裁判的理由、依据、再审请求等内容向社会公开。(2)过程公开。对于决定组织当事人听证的案件,应当在听证前3天将生效裁判的案件简介、申请再审当事人、不服裁判的理由以及听证的时间、地点、审判监督的法院与合议庭组成等予以公告。公告中并表明凡年满18周岁的公民,凭有效的身份证件均可参加旁听。(3)结果公开。审判监督程序结束后,不论是裁定驳回申请还是裁定提起再审,都应当针对当事人申请再审的理由与依据制作内容表述完整、说理充分的裁定书,在与第1项公示内容相同的界面予以公开。关于公示的方式,随着近年来司法公开制度的进一步推进,各地法院已经积累了比较成熟的经验,在操作层面应该不存在难以克服的问题,关键是我们在感叹法院裁判能力与社会民众对既判力的尊重之间存在较大反差的同时,是否有足够的信心,以及如何树立更加充分的信心去实现这种公开。

(三)分类纠错提高再审程序的针对性

案件进入再审阶段的工作,由于再审自身程序内容的空洞与“按照原审程序审理”的简单规定,使其在很多情况下成为一种机械的“走过场”行为。而再审作为审级制度的补充,是在原审基础上进行的,在再审期间,原审裁判始终存在并处于生效状态,对于已经确认无争议的内容可以直接承继,并不是所有的案件都有必要完全按照原审程序再审理一次。否则,再审程序将缺乏纠错的针对性与实效性,只能让“迟来的公正”来得更迟一些。

为此,应当根据再审程序的自身特点,确定再审独立的诉讼程序地位,并根据再审需要纠正的事项,分别情形有针对性地充实再审程序的内容。只有与原一审、二审程序相同不需要重新规定的诉讼行为,可按再审程序的审级适用原第一审程序或第二审程序的相关内容。并且关于再审期限,为提高再审诉讼效率,可针对再审案件的不同纠错任务,分别情形规定相应的审理期限。

(1)径行裁判式再审。对于单纯以适用法律错误提起再审的案件,由于当事人对生效案件的审理程序与认定事实已无争议,进入再审程序以后,无须开庭审理,再审审判组织可依据原判认定的事实,对法律适用问题进行评议并作出裁判即可。此类再审期限无须规定过长时间,可规定为1个月或更短时间。

(2)事实查证性再审。对于涉及事实与证据争议问题而提起再审的案件,再审必须开庭审理,但只需对再审提起的有争议的事实与证据进行调查与认定,在此基础上结合原审确认且再审无争议的内容,作出裁判。审限可规定为2个月。

(3)程序恢复性再审。对于因程序问题或原审判人员在审理该案时有贪污受贿、徇私舞弊、枉法裁判行为而提起再审的案件，由于原裁判缺乏程序正义的保障，属于颠覆性的错误，再审必须恢复正当的程序，并按照原审诉讼程序全过程审理，才能作出裁判。审限一般可规定为 3 个月。

这一方面充分尊重了民事案件当事人的意思自治原则，针对当事人提出的问题进行再审；另一方面也尊重了已决案件中正确内容的法律严肃性，对原审已经认定的当事人并未提出再审申请的部分保留其效力。根据提起再审的事由，再审程序当繁则繁，当简则简，繁简结合，既可提高诉讼的目的性，保障程序运行的秩序性，又可节约司法资源，缩减司法成本，还可更大限度地提高再审诉讼效率，保障公正的早日实现。

论民事诉讼中审判监督程序的诉讼标的

江苏省常州市中级人民法院　王文俊　张丛卓

一、概述

（一）民事诉讼标的概说

在我国权威辞书《辞海》中，“诉讼”是指司法机关在当事人和其他诉讼参与的人参加下，依法定程序，为处理案件而进行的活动。“标的”一词有四个词义：(1)靶子；(2)准则；(3)标志；(4)法律行为所要达到的目的。合成“诉讼标的”后的词义既可以理解为诉讼主体进行诉讼活动的行为对象（靶子），也可以理解为诉讼活动应遵循的准则，还可以理解为使诉讼确定化的标志，以及诉讼主体进行诉讼活动所要达到的目的等。在德国和日本，学者们对于诉讼标的概念的界说虽然没有形成统一的学说，但在学理上却有“权利主张说”或称“实体法说”与“审判要求说”，或称“诉讼法说”两种相对立的主张。前者是从与实体法的关系来把握诉讼上的请求，认为诉讼标的是私法上的权利或法律关系的主张。旧实体法学说和新实体法学说持此观点。后者则认为应当以法院与当事人在诉讼程序上的任务划分来确定诉讼标的的含义，认为诉讼标的是原告向法院提出的审判要求。二分支说与一分支说均持此观点。

（二）有关再审中民事诉讼标的的理论

就目前而言，我国有关再审之诉中的诉讼标的的研究相对较少，对此对象有过正面描述的，仅有少数学者对此进行过阐述，一般认为“再审之诉的诉讼标的完全可以按照实体法学说，以再审之诉的原告的实体法律关系或者实体权利的主张来定义和识别诉讼标的”。笔者认为，此种观点仅注重了再审之诉与先前的诉讼间在实体诉讼对象上的承接性，忽略了再审之诉其他审查对象的特殊性，未能完善概括再审之诉的诉讼标的。

再审程序与一审、二审程序相比特殊性在于，再审以生效判决确认的诉讼关系作为诉讼对象，审理内容不仅包含生效法律关系适当与否，还包括一审、二审裁判的程序是否存在错误。程序正误到底应当视为一种手段还是再审诉讼的标的，这是值得推敲的。新堂幸司教授认为：“在判断再审事由存在与否……诉讼法规也成为裁判内容的基准，因此可以说是具有实体法方面的机能。”“在构成民事诉讼对象的诉讼中，也存在如下这种案件，即不以私法上的权力关系为诉讼标的，而以民事诉讼法上的效果为对象，并旨在确定或形成该效果的诉讼案件。这些案件,作为原本意义的诉讼的附随案件,被称为诉讼之诉讼或者附随诉讼。"这种观点为研究再审诉讼的诉讼标的提供了研究的理论基础。在附随诉讼也是一个独立诉讼形态的理论基础上,再审之诉包含两个诉,即附随诉讼与沿袭自一审、二审中的诉,即本诉,由于两个不同诉的存在,导致诉讼的诉讼标的组成又呈现不同的形态。

(三)我国现有法律相关规定

我国《民事诉讼法》第 177 条至第 190 条规定了再审程序启动的条件及相关规定,具体来说规定了再审之诉提出的主体,再审的法定原因,再审前的审查程序,再审案件的范围、期限,再审期间原判决的既判力问题等。最高人民法院《关于适用〈中华人民共和国民事诉讼法〉若干问题的意见》中又对审判监督程序的提起和范围确定作了进一步补充。最高人民法院《关于适用〈中华人民共和国民事诉讼法〉审判监督程序若干问题的解释》又进一步规定了再审程序中的事项,使再审中的相关问题更加明朗化。

纵观这些主要规制审判监督程序的法律,我们可以发现,再审事由不断明晰化,再审的提出主体与裁判主体也在逐渐变革,再审的对象也在变革。这一切是否对再审中的诉讼标的有所影响呢?我们进行如下分析。

二、再审中的诉讼标的的相关

(一)再审中的诉讼标的与再审之诉的性质判定

再审之诉是一个形成之诉,并且是一个诉讼上的形成之诉,这种诉讼将诉讼法上效果之发生于该判决之确定紧密联系起来。再审之诉又是一个附随诉讼,其诉讼法上的合法性为再审之诉中当然的审理对象。形成之诉的诉讼标的一般被认为是形成权,再审之诉作为形成之诉,其诉讼标的也应当是形成权,基于形成之诉的特殊性,必须根据具体案件状况进行分析,故再审之诉的诉讼标的又有其特殊性。所谓诉讼上的形成权,与民法上的形成权不同,诉讼上的形成权下,法律行为或者其他一定的要件事实的发生,不会直接导致法律关系变动,而只有在当事人通过诉来主张存在符合该要件的事实,且法院认可其存在,并以判决宣告法律关系变动时,才产生变动之效果。从法院的角度来说,案件审理的对象是符合该要件的事实是否存在,在再审之诉中,应当是审查再审申请的事由是否符合法律规定的条件。

再审之诉作为附随诉讼,主要就是针对其在依《民事诉讼法》对案件进行审查的角度分析,其法律依据是《民事诉讼法》有关再审事由中违背程序法相关规定引起再审情形的规定,其目的是确定再审可否提起而进入实质审理程序。从这个角度说,再审之诉的附随性是附随于本诉,为本诉服务。结合本诉来看,经再审事由的审查,可能驳回申请,可能受理后直接进行实质性审理,可能发回重审,这就会引出再审之诉诉讼标的的范围的问题。驳回申请,本身是对纠纷产生的一种否定,没有纠纷自然不存在诉讼标的;直接改判,则是类似于上诉审,在当事人提出再审请求的诉讼范围内实施审判监督行为,以纠正错误,故本诉的诉讼标的在再审之诉中可能会出现与本诉重合或者缩小的状况;发回重审的案件中,会产生诉权重置的问题,特别是在由第三人引起的再审之诉的案件中,诉讼标的的变化将会更加明显,极有可能因新情况而产生重大变更。

(二)再审中的诉讼标的与再审提出主体

根据我国《民事诉讼法》第177条、第178条及第187条的规定,各级人民法院、当事人及人民检察院是合法的再审之诉的提起人,有权在法律规定的情形下依据法律引发审判监督程序。虽然对人民法院和人民检察院作为再审之诉提起人在学界有众多非议,但是由于他们的适格问题不是本文的探讨对象,故笔者予以忽略,仅以提出者的不同对诉讼标的有何影响的角度进行分析。

根据上文对诉讼标的的阐述,诉讼标的是私法上的权利或法律上的主张(新旧实体法说)或者原告向法院提起审判请求(诉讼法说),从提出者的目的角度来看:

(1)人民法院作为再审之诉的提出者,其诉讼目的是纠正原审法院的审判错误,以实现法院的自我内部监督的功能。其审判过程是利用新一轮程序对原审判中可能造成案件公正审理的要素是否确实造成了案件的错误裁判进行评价。在该案件未进入审判监督程序前,其既判力一定,为一个确定的生效法律关系的事实,进入审判监督程序,根据最高人民法院《关于适用〈中华人民共和国民事诉讼法〉若干问题的意见》第199条的规定,其既判力中止,呈暂时阻断的情形,因法院的确定而发生终止或者继续的结果。这种情形完全符合附随之诉的理念。故笔者认为,在这种情况下,再审诉讼必然包含附随之诉与本诉两种,由法院因特殊法律原因而主动地确认这个法律关系生成的程序是否符合诉讼法的规定,其诉讼标的符合确认之诉的相关内容,仅为此处确认的法律依据不是实体法,而是诉讼法,应当适用确认之诉的诉讼标的相关理论,即这个附随之诉的诉讼标的是依诉讼法原审程序正确与否的主张。

但是,我们前面也说到,再审程序还包括一个本诉,本诉在再审程序中的解决结果要么审理后发现原判决没有错误,予以维持,要么是发现错误后改判,其终与一定的实体法律关系的判决相融合,这种确认原判决的正误依附于该实体法律关系的最终判决结果。这时再审之诉中对本诉的诉讼标的的讨论,由下文中再审中诉讼标的与一审、二审中诉讼标的关系比较而展开,此处不再讨论。此处欲阐明的是,人民法院作为再审之诉的提出者,在本诉中对本诉的诉讼标的的确定范围能产生什么影响。诉讼标的的范围应当是由当事人提出并制约法院审判权,再审之诉由法院提出,即使是基于程序上正义的考虑,对本案的审判,法院也是不能越俎代庖,代替当事人决定诉讼标的的范围。因此,问题产生了,若当事人不愿意进行再审之诉,而接受原来的错误判决,法院还能否对案件进行进一步审理?笔者认为,错误的判决造成的既判力,若当事人认可,应当认为是一种实体法上权利义务的合意,即使在程序上有问题,也不能强迫当事人再次卷入诉讼中,发现错案法院应当予以纠正的情形应当也只能限定于对社会公共利益有重大损害的案件。从减少法院讼累和经济利益上的考虑,这也是应当支持的。基于此种考虑,法院能主动提起再审之诉的案件只能限定于程序缺陷引起的再审,并应当在获得当事人认可的情形下引发再审之诉,若当事人拒绝再审,人民法院当然失去对该具体案件的本案诉讼标的进行再审的利益,而不应当引发再审之诉。

(2)当事人依据法定事由向人民法院提起再审之诉,会产生两个结果,即再审之诉申请受理与驳回,受理后能够进入本案判决程序,不予受理则再审之诉就不能展开。不论其受理或者驳回,作为附随诉讼的诉讼标的,即对是否符合民事诉讼法的相关规定的审查,必然的成为诉讼的一部分,而这个部分能否独立构成再审之诉的诉讼标的,有待讨论,即作为附随诉讼的诉讼标的,能否脱离本诉的诉讼标的而存在。或者说,当事人已经通过再审获得一次新的诉讼后能否继续提起再审。笔者认为,一般情况下,再审之诉将会极力避免发生于本诉相同的错误,但是基于各种原因,再审的审理结果不必然产生正义的结果,若实体上的正义无法实现,当事人获得再次的救济上将是何种地位是一个值得考量的问题。笔者认为,在再审程序没有明显缺陷的情况下,针对案件的诉之利益应当消灭,对本诉的再审请求的事由当然不能成为又一轮的再审之诉提起的原因,从当事人的角度说,其意欲获得的是新一轮的对本诉的重新裁判,再审对本诉重新裁判后,认为符合法律规定的,即使本诉还有当事人没有提出的符合《民事诉讼法》再审提出条件的情形,当事人也不能提起新一轮的再审之诉的申请,唯一的例外是依据新证据,且该新证据是在再审之诉结束后发现的。

(3)检察院依当事人申请对民事诉讼进行监督提起抗诉引起的再审之诉中,笔者认为检察院的作用只是一种加强,对当事人权益保护的一种权力上的强化。在检察院发现民事诉讼中存在误判,错判的情形时,应当事人申请提出抗诉,实质为对当事人本身诉权的一种承认,即当事人的实体权利在没有获得平复的时候,为救济而产生的新的诉权,只有在客观情况下,当事人确实无法以诉讼形式获得救济是消灭,而在错误判决产生后,当事人因人民检察院支持抗诉而获得再审机会,获得救济,是当事人权利在检察院的延伸。而此时的诉讼标的,自然与当事人提起的再审之诉相同。

(4)案外第三人提起的再审之诉,《民事诉讼法》第 232 条执行中止的情形有案外人对执行标的提出确有理由的异议的,根据最高人民法院《关于适用〈中华人民共和国民事诉讼法〉审判监督程序若干问题的解释》第 42 条的两款分别作出认定。根据第 42 条第 1 款的规定,案外人为共同诉讼当事人的,诉讼标的应当为原诉的诉讼标的;而根据第 42 条第 2 款的规定,则案外人提出的应当是本诉以外的一个参加之诉,该参加之诉有独立的诉讼标的,且该诉讼标的的性质由其特定法律关系的性质确定。

(三)再审中的诉讼标的与再审提起的法律事由

根据《民事诉讼法》第 179 条再审的法定原因分析,主要有以下五种:因证据原因导致事实认定错误的;法律适用错误的;违反法定程序的;裁判遗漏或超出诉讼请求的和审判人员贪污受贿,徇私舞弊,枉法裁判的。在最高人民法院《关于适用〈中华人民共和国民事诉讼法〉审判监督程序若干问题的解释》中又对该 13 种情况作出了具体的解释规定,使之明朗化。笔者在此处以提起再审之诉原因请求的种类为基本依据对其与再审之诉的诉讼标的的关系进行分析。

1. 因证据原因导致事实认定错误的与法律适用错误的

此两种情形排除了法院对原程序的合法性进行实质性审查的过程,其诉讼法上的程序问题瑕疵不成为主要的审查对象,而作为实体法判决依据的事实与理由将成为再审案件的核心。最高人民法院《关于适用〈中华人民共和国民事诉讼法〉审判监督程序若干问题的解释》第 37 条规定:"人民法院经再审审理认为,原判决、裁定认定事实清楚、适用法律正确的,应予维持;原判决、裁定在认定事实、适用法律、阐述理由方面虽有瑕疵,但裁判结果正确的,人民法院应在再审判决、裁定中纠正上述瑕疵后予以维持。"笔者认为,由于证据的提交有不确定性,作为法院方无法预料当事人的新证据的提出,或者有些情况下,当事人都不能控制新证据的提出,即使是依据一个诉讼标的,因新证据的出现,导致案件的不公,应当予以救济。而此种救济方式应当为,允许当事人就本案的诉讼标的根据新出现的证据提起再审之诉而不受次数的限制。

2. 违反法定程序与审判人员贪污受贿，徇私舞弊，枉法裁判的情形

在此类情形下，两者法院都需要对原法律程序与法律审判的实体关系皆作出实质审查，前者是依据法律上的特殊原因主动审查，后者是依据当事人申请或检察院抗诉被动引起的审查，但审查的先决内容皆是诉讼程序是否有误，这种再审之诉的情形都是针对程序上可能导致的不公的状况提起，就当事人而言，其目的在于排除程序的不公对本诉的公正的影响，通过再审之诉对本诉的标的的重新判定，通常即可以排除程序的影响。笔者认为，以此理由能引起的再审之诉应当只能有一次的机会，当再审之诉结束，案件应当宣告最终的判决，针对该判决认定的实体法律关系作为最终的实体法律关系。当事人不能再次提起对再审之诉的再审请求。

3. 裁判遗漏或超出诉讼请求

从字面意思上看，再审之诉中的诉讼标的应当是原诉诉讼标的的延续，但是，最高人民法院《关于适用〈中华人民共和国民事诉讼法〉审判监督程序若干问题的解释》第 33 条第 1 款规定"……当事人超出原审范围增加、变更诉讼请求的，不属于再审审理范围。但涉及国家利益、社会公共利益，或者当事人在原审诉讼中已经依法要求增加、变更诉讼请求，原审未予审理且客观上不能形成其他诉讼的除外。"此规定认可特殊案由下的诉讼标的的增加，故笔者将它独立进行分析。涉及国家利益、社会公共利益的事项能作为新的诉讼要求对法院提出，该行为本身是为民事诉讼理论不应当认可的，笔者只能猜度这由我国社会主义国家的性质决定，是维护公共利益原则在民事诉讼再审程序中的体现。故这种情形下会产生诉讼标的增加的问题。

(四) 再审之诉的诉讼标的与本诉一审、二审诉讼标的的关系

就当事人而言，再审之诉对其产生作用的是法院对本诉的审理。由于再审之诉的形成之诉的性质，决定了法院主要对案件的正确与否作出判断。例如，最高人民法院《关于适用〈中华人民共和国民事诉讼法〉审判监督程序若干问题的解释》第 37 条规定的那样。但是引起再审的原因的多样性也可能导致再审诉讼与前诉诉讼标的的差异，主要表现在范围大小的差异上。

可以说，一审中，当事人明确向法院提出诉讼请求，这个过承诺过中确实确定了最原始的诉讼标的的内容，上诉审中，根据我国《民事诉讼法》第 164 条的规定，"当事人不服地方人民法院第一审判决的，有权在判决书送达之日起十五日内向上一级人民法院提起上诉。当事人不服地方人民法院第一审裁定的，有权在裁定书送达之日起十日内向上一级人民法院提起上诉"，当事人提出上诉的理由为不服，即我国实行普遍上诉主义。根据第 151 条的规定，第

二审人民法院应当对上诉请求的有关事实和适用法律进行审查,即二审法院审查的范围受当事人上诉请求范围的限制,即二审的本诉范围内的诉讼标的范围为当事人上诉请求确定的范围。当然,我们也不应当忽略上诉审也是形成诉讼性质的程序,上诉审中含有的对诉讼法上的法律事实等的审查也是其诉讼标的的内容,但是其是否与再审之诉中的附随诉讼的诉讼标的是否具有相同的性质,确实难以说清。但是根据法律来看,立法者并没有上诉理由作为审查后决定受理的对象的意图,而是将这些理由更多的以攻击防御方法的态度来对待,这种攻击防御方法不仅针对对方当事人作出,也针对一审法院的行为作出,从某个角度说,是给予二审法院加强对一审法院监督的理由。与二审程序不同,再审之诉的诉讼标的对一审最原始的诉讼标的的范围的变动更大,最为明显的是由案外第三人提起的再审之诉,如前文所述。即使在由本案当事人提出的再审之诉或者法院提出的再审之诉中,诉讼标的的变化也是可能的。例如,冒名顶替的案件中,本诉的诉讼标的由一定的给付请求变成确认原法律关系不存在的情形。

三、再审之诉中附随诉讼与本诉诉讼标的的联系

可以说,前文阐述的是外在可能的因素导致民事诉讼审判监督程序的诉讼标的变化的原因,这里要研究的是作为完整的再审之诉内部的构成部分,附随诉讼的诉讼标的与本诉诉讼标的的互动影响关系。附随诉讼诉讼标的可否变更?其变更对本诉会产生什么影响?本诉的诉讼标的的变动对引起附随诉讼诉讼标的变化有什么作用?

再审,是当事人通过诉的形式提起的不服审请方法。再审之诉,是当事人以法定的再审事由为理由要求撤销确定判决,并对以确定判决来终结的诉讼案件(本案案件)进行重新审判之诉。但是,当事人申请再审之诉的权利却会因审判对象的范围大小而有所不同。具体而言,再审之诉的标的范围过大将会制约当事人提起再审;反之则会令法院与对方当事人不堪再审之诉累。以二元论的观点来看,附随诉讼的诉讼标的应当是独立的,既然是独立的诉讼标的,自然因当事人的提起会有不同,对于同一案件,由于法律上的依据不同,诉讼标的不同。依《民事诉讼法》第179条的规定,提出因证据原因引起的误判的再审之诉与因贪污受贿、徇私舞弊、枉法裁判引起误判的再审之诉的诉讼标的应当是不同的,不能将附随诉讼的诉讼标的划为同一的当事人对法院要求进行重新审理的请求。故笔者认为,应当基于再审提出事由的性质进行分类。具体的对附随诉讼的诉讼标的与本诉诉讼标的的审理问题,如上文的再审之诉诉讼标的与再审提出的理由所述,此处不再重复。

如果本诉本身不存在诉之利益，但是由于法院方的失误而将之处以生效判决，当事人又对该判决抱有异议，可否提起再审之诉？法院应当在该诉中做何种处理？法院对该案的诉之利益是否应当一否到底？或者本诉当事人不适格，法院没有依职权查明而做了生效判决，当事人提起再审之诉，法院应当如何判定？笔者认为，此处法院应当作为纯粹的监督方，将案件一驳到底，撤销案件的裁判，否认诉之利益的存在，而无须对当事人提出的诉讼标的作出任何裁判。当事人的救济应当为按照相关法律的规定提起新诉或者用其他替代方式解决。

若本诉确实存在误判，当事人依据虚假的提起再审的事由引起了再审之诉，法院作出了最终生效判决，该生效判决效力将是如何？即附随诉讼的诉讼标的如果是不存在的，引起的本诉的判决还能否生效？这是一个实体正义与程序正义的抉择问题，笔者认为，这个问题的解决应当依据各国法院的倾向进行判定。以程序正义为重的国家会更加倾向于判定本诉的判决即使正义也无效，应当以正当的程序予以救济；相反，以实体正义为追求的国家可能承认本诉的判决，而忽略附随诉讼提起的瑕疵。

四、结语

再审之诉的诉讼标的包括两个部分，即附随诉讼的诉讼标的与本诉的诉讼标的，作为附随诉讼的诉讼标的由于其以一定的诉讼法的规定作为其提起诉讼的理由，其诉讼标的的特殊性引起了再审诉讼时效中断的问题等，本诉诉讼标的的审理则与当事人的利益有着更加直接的联系，对再审之诉的诉讼标的的研究的展开，必将有利于当事人实体法上正义实现途径的完善，在解决当事人申请再审之诉与法院裁判矛盾的问题上也有重要的意义。笔者认为，实现再审之诉程序的完善不能仅依靠程序理由等的完善，而应当从诉的目的角度出发，更加细化再审之诉诉讼标的的相关问题的完善问题，对民事诉讼中再审之诉的诉讼标的研究扩展到实践活动中，在当事人权益保护和法院裁判经济的“跷跷板”上寻找平衡点。

民事再审程序的理念转换与制度构建

——以职权型再审模式之司法困境为视角

福建省厦门市思明区人民法院　张　颖

我们的精神往往能够抵御暴力和极端的但短暂的痛苦，却经不住时间的消磨，忍耐不住缠绵的烦恼。

——贝卡利亚①

一、问题提出——职权型再审模式司法困境之体现

（一）启动主体多元与当事人申诉难之困境

1. 案例

A向法院起诉B与C（B与C系夫妻关系），称其与B之间达成了房屋买卖合同，并已向B支付了房款60万元，现要求判令B与C协助其办理房屋过户手续，或解除房屋买卖合同、返还其房款60万元。法院在依法审理后，判决由B、C共同返还A购房款60万元。一审生效后，B、C未提起上诉。一年后，B的妻子C向原审法院申诉，认为该案系A与B之间谋划的虚假诉讼，目的是虚增B与C夫妻关系存续期间的债务，使得B在与C的离婚诉讼中能够多分夫妻财产，因此C要求原审法院启动再审程序对案件重新审理。原审法院经审查后，以C提供的证据不足为由驳回了C的申诉。后C历经四年多方收集证据，并多次向当地政法机关提出申诉，该案最终以检察院抗诉的形式启动了再审程序。

2. 困境体现

根据《民事诉讼法》的相关规定，启动再审的主体有法院、检察院及当事人三种，启动方式及渠道较其他大陆法系国家更为多元且宽泛。但法院、检察院作为公权力机关启动再审往往是以当事人的申诉或申请再审为线索，没有当事人强烈的申诉或申请再审，公权力机关一般很难从成千上万件案件中主动发现错误。然而司法实践中，申诉或申请再审并未成为直接启动再审程序的方式之一，当事人时常遭遇“再审难”和“申诉难”的现实问题。从表1可以看出，随着申请再审法院上提一级，基层法院受理的申诉、申请再审案件数呈逐年下降趋势，当事人救济途径越来越窄，许多当事人在冲击再审紧闭之门甚

---

① ［意］贝卡利亚著：《论犯罪与刑罚》，黄风译，中国大百科全书出版社1993年版，第47页。

至借助检察院公权力抗诉无望后，只能不断上访、缠访，再审程序陷入了启动主体多元与当事人申诉难之困境。

表1　笔者所在的基层法院2006~2011年申诉、申请再审案件数

年份	申诉、申请再审案件受理数(件)	同比增减幅(%)	申诉、申请再审案件结案数(件)	同比增减幅(%)
2006年	39		33	
2007年	33	↓15.4%	31	↓6%
2008年	24	↓27.3%	20	↓35.5%
2009年	8	↓66.7%	7	↓65%
2010年	4	↓50%	4	↓42.9%
2011年	4	持平	4	持平

(二)当事人消极应诉与监督权运行之困境

1. 案例

原告A与被告B房屋买卖合同纠纷一案，由某基层法院作出一审判决并发生法律效力。后被告B对原审生效判决不服，向原审法院提出申诉。该案经原审法院立案庭审查后交院长提交审判委员会讨论，并以院长发现错误的方式启动了再审程序。审监庭对案件进行再审期间，原审原告A下落不明，法院通过公告方式向其送达应诉材料。公告期满后，原审原告A未出庭应诉，让人意外的是，申诉人也就是原审被告B经传票传唤也未到庭参加诉讼，因原审原、被告均缺席，案件审理陷入困境。

2. 困境体现

再审案件审理的司法实践中，当事人消极应诉现象日益突出，笔者所在的基层法院2010~2011年受理的9件再审案件中，有4件存在缺席判决的情形，占44%。此类案件如果是以院长发现错误的方式启动再审程序，往往会遭遇两个现实难题：一是以公权力方式启动再审程序后，原、被告均不出庭应诉，法院该如何适用法律对案件进行处理，公权力该如何运行？二是在当事人消极应诉的情况下，如何实现再审程序"实事求是、有错必纠"的职能？

(三)案外人权利保护与再审申请难之困境

1. 案例

A与B在法院的主持下达成了确认双方收养关系已经解除、B无权继承A遗产的调解协议。1个月后，B向法院起诉其亲生哥哥C，要求与C共同继承生父母的遗产，并将与A之间达成的确认收养关系已经解除的调解书作为其有权继承生父母遗产的证据。后C多次向法院提出申诉,要求撤销A与B之间达成的调解书,几番周折后法院终以院长发现错误的形式启动了再审程序,撤销了A与B之间达成的调解书。该案中,B为了能继承生父母遗产,在与A收养关系尚未解除的情况下,与A串通,通过法院合法的调解程序确认两人的收养关系已经解除,并将此调解书作为与C之间遗产继承纠纷中对其有利的证据,案外人C的权利受到了严重侵害。

2. 困境体现

再审程序中发现的因虚假诉讼而侵害案外人利益的案件在司法实践中越演越烈。据上海某基层法院统计,自2004年10月至2007年,已发现8件当事人利用民事调解侵犯案外人利益的案件,其中有4件被提起再审。[①] 笔者所在的基层法院2010~2011年因案外人申诉而以院长发现错误启动再审程序的案件占再审案件总数的33%。由此可见,法院合法的诉讼活动也会被当事人利用,成为侵害案外人利益的"合法"途径,这就要求法律能为案外人权利的保护设置相应的救济渠道。但司法实践中"申诉难"已成为当事人启动再审程序的司法"瓶颈",何况是因法院生效裁判而使权利受到侵害的案外人,其权利的保护同样遭遇现实难题。

(四)无限再审与纠错职能之困境

1. 案例

原告A与被告B返还投资款纠纷一案,某基层法院依法判决支持了原告A的诉讼请求,判决后B向上级法院提起上诉,二审以事实不清、遗漏当事人为由将案件发回重审。发回重审后,原审法院在审理过程中追加了案外人C为第三人,并判决C应当向A承担返还投资款的义务,B无须承担责任。后A与C均提起上诉,二审改判B应当向A承担返还投资款义务,C不承担责任。二审判决生效后,省高院就此案启动再审程序并进行提审,提审过程中省高院将本案发回一审法院进行重审,再审重审过程中,原告A向法院提出了撤诉申请,法院裁定准许。1年后,A以同一事由向一审法院起诉B,一审法院判决支持了A的诉讼请求,判决后B未提起上诉。一审生效后,被告B向原审法院递交了再审申请书被驳回。后被告B向上级法院提出申诉,上级法院作出裁定指令原审法院对此案进行再审,原审法院再审仍然支持了A的诉讼请求,被告B不服又提出上诉,上级法院维持了再审一审的判决。该案历经9次审理,两次启动再审程序,历时13年,最终的判决结果与第一次审理的

---

① 陈慧:"当前民事诉讼中的恶意调解现象及防范研究——兼谈我国恶意诉讼侵权责任制度的建立",载《法律适用》2007年第5期。

判决结果相同。

2. 困境体现

在再审程序的启动上,公权力启动再审程序无时间和次数的限制,一旦个别当事人启动再审程序成功后,就可以通过再审一审、再审二审、再审发回重审,再审撤诉再起诉等多种方式使案件反复被审理。这不免让人思考,经过几次甚至十几次审理的案件,其正确性就一定高于一次审理终结的案件吗?再审程序陷入了无限再审与纠错职能的司法困境。

二、理性反思——司法困境之产生根源

(一)理念基础之内在必然

1. 监督权的盲目运行

我国现行再审程序的设置是以监督权的运行为基础,由此决定了再审程序必然是一种纠正错误裁判的"自我监督程序",而非保障当事人的一种"非常救济程序",故再审程序在启动方式上多体现为以公权力方式启动。正是由于这种职权型再审模式起着主要作用,法院对当事人提起的再审很难保障给予及时的回应,当事人难免遇到"申诉难"的问题。另外,国家监督权的盲目运行使得当事人处分权的行使受到制约,由此带来的当事人消极应诉问题也再一次遭遇法律适用难题。

2. "国家本位主义"思想的影响

我国再审程序启动主体的设计是以国家本位主义为最基本的指导思想,由于是站在国家的立场上,基于国家政策的需要来制定、设计法律,则必然破坏立法的公正性,导致程序规则制定和设计中的非理性化和非科学化倾向。① 再审程序的运行过程中,当事人的申诉或申请再审对法院的程序约束力不强,在启动与否的决定上法院内部享有较大的自由裁量权,这使得对当事人申诉或申请再审权的保障明显不足,由此导致当事人"申诉难"、"案外人权利保护难以实现"等一系列实践难题。

3. "有错必纠"理念的局限性

现行民事再审程序构筑的理念基础是基于"实事求是、有错必纠"的职能定位,这一理念在重视保护当事人实体权利的同时,却过分强调裁判的绝对正确性,忽视了诉讼公正的相对性;过分强调错误裁判的可救济性,忽视了诉讼程序的安定性;过分强调法院的客观公正性,忽视了司法的被动与中立性。② "有错必纠"理念以牺牲诉讼效率为代价,盲目确信诉讼成本增加与客观真实

---

① 廖中洪著:《中国民事诉讼程序制度研究》,中国检察出版社2004年版,第98页。

② 李翊:"用现代司法理念完善民事再审程序",载《法制与经济》2007年第1期。

之间的正比例关系，将司法审判置于一个无尽的自我否定循环中，意图通过再审程序将案件事实真实地、完整地再现，由此导致无限申诉、无限再审的现象大量存在，给当事人增加讼累的同时也使司法权威与司法公信力受到严重损害。

4. 对当事人诉权的忽视

再审程序的设置是以公权力机关监督权的运行为基础，贯彻了"实事求是、有错必纠"的重实体、轻程序的指导思想，从而忽略了民事诉讼的特性，没有将当事人的诉权看作发动再审程序的基础。① 虽然再审程序有其程序适用的特殊性，但其作为一种诉讼程序必然要符合诉讼的基本规则，即无利益则无诉讼，无冲突则无诉讼，②这就决定了再审程序的启动必须从当事人的立场和角度出发，其程序启动的基础必须是基于当事人的诉权，否则必然会造成公权力对诉权的制约与干涉，从而导致当事人申诉难、当事人消极应诉等司法困境。

（二）制度设计之固有缺陷

1. 启动再审程序的事由不合理

根据我国《民事诉讼法》审判监督程序的相关规定，启动再审程序的标准是发现案件"确有错误"。然而，"确有错误"的标准在逻辑上存在严重的问题，违背了先立后审，立审分离的程序规则，忽视了法律推理的过程及认识手段的有限性；"确有错误"的启动标准对于再审维持原判的结果也难以自圆其说，容易给申诉方提供无理缠诉的理由。从表2可以看出，全国法院民事再审案件维持原判的比例占30%左右，这一数据进一步说明了"确有错误"作为再审程序的启动标准存在严重的内在逻辑问题。

表2 全国法院2008～2010年审理民事再审案件情况一览表③

（件）

年份	收案	结案	其中					
			维持	改判	撤诉	发回重审	调解	其他
2008年	35,246	35,704	11,719	10,492	612	3107	4452	5322
2009年	37,429	38,070	11,649	10,106	1097	4325	4853	6040
2010年	40,906	41,331	11,683	9953	1709	5012	5936	7038

① 最高人民检察院法律政策研究室编：《民事诉讼法修改研究综述》，吉林人民出版社2006年版，第153页。

② "无冲突则无诉讼"是诉讼机制形成论的一个观点，根据江伟主编的《中国民事诉讼法专论》的阐述，诉讼机制形成论是指诉讼的发生或形成必须具有事实基础——社会冲突（权利争议）的存在。

③ 数据来自最高人民法院网站公布的数据。

2. 再审审查程序设置不完善

司法实践中，申诉与申请再审概念混乱，对当事人申请再审后的审查程序往往是沿用对申诉的处理方式，审查时间较长且不确定，审查部门、审查进度、审查结果等均缺乏法律的明确规定。当事人在审查过程中没有参与和发表意见的机会，对审查结果不服时也无其他救济途径，再审审查程序在操作上较为混乱，公权力机关在是否启动再审程序上享有较大的自由裁量权，再审审查未能发挥有效甄别当事人申请再审是否确实有理的作用。

3. 再审审理程序设置不明确

根据我国《民事诉讼法》第 184 条的规定，我国再审案件审理程序是根据发生法律效力的判决、裁定的作出法院来确定，如果是一审法院作出的，则按一审程序审理，如果是二审法院作出或是二审法院提审的，则按二审程序审理。这一规定从表面看无懈可击，但再审程序作为“非常救济程序”毕竟不同于一审、二审普通程序，在程序的设置上缺乏针对性使得再审程序的特有问题无法解决。且法律对再审的次数、管辖法院等均未做具体规定，从而容易造成无限再审、管辖混乱等现象，也给个别当事人的“权利寻租”提供了机会，使得再审程序成为滋生司法腐败的土壤。

4. 案外人权利保护机制欠缺

程序保障要求做到与程序的结果有利害关系或者可能因该结果而蒙受不利影响的人，都有参加该程序并得到提出自己的主张和证据以及反驳对方之主张和证据的机会。[①] 虽然我国相关法律[②]赋予案外人对于生效文书申请再审的权利，但目前法院对案外人申请再审有着严格的审查程序，且再审事由、审查标准、审查条件等均不确定，案外人诉讼地位如何列明也缺乏明确的法律规定，由此导致案外人权利保护难以实现。

三、比较分析——再审程序构建之广阔视野

（一）关于再审诉权的相关立法

民事诉讼再审程序主要存在于以德国、日本和法国为典型代表的大陆法系国家。德、日、法三国民事再审程序的具体制度虽然有所不同，但均充分尊重当事人的程序主体地位，将再审程序放在诉的框架中，并赋予当事人诉权。

---

① ［日］谷口安平著：《程序的正义与诉讼 · 增补本》，王亚新、刘荣军译，中国政法大学出版社 2002 年版，第 12 页。

② 最高人民法院《关于适用〈中华人民共和国民事诉讼法〉审判监督程序若干问题的解释》第 5 条第 1 款规定：“案外人对原判决、裁定、调解书确定的执行标的物主张权利，且无法提起新的诉讼解决争议的，可以在判决、裁定、调解书发生法律效力后二年内，或者自知道或应当知道利益被损害之日起三个月内，向作出原判决、裁定、调解书的人民法院的上一级人民法院申请再审。”

《德国民事诉讼法》把启动再审程序的权利赋予了参加主诉的当事人，尤其是败诉的当事人，只要符合《德国民事诉讼法》规定的再审事由，就有权向法院提起再审之诉。[①]《日本民事诉讼法》在第四编规定了“再审之诉”，民事再审的主体范围只限于具有再审利益的当事人，并规定判决的效力及于普通第三者时，对撤销判决具有固有利益的第三者，也可以提出再审之诉。[②] 与德国、日本等大多数国家原则上只允许当事人提起再审之诉从而启动再审程序不同，《法国民事诉讼法》在再审制度的设计上不仅赋予了当事人以再审诉权，还对检察官介入民事再审程序的条件作了相应的规定。根据《法国民事诉讼法》第604条的规定，保证法律统一有效的实施，是《法国民事诉讼法》允许检察官介入民事诉讼的唯一理由，其中亦包括启动民事再审程序。[③]

（二）关于再审程序设置的相关立法

1. 对再审事由的规定

在《德国民事诉讼法》中，再审主要分为两类，取消之诉与回复原状之诉。其中，取消之诉是基于程序违法的行为，当事人主张的取消之诉的再审事由可以直接导致再审；回复原状之诉是以事实错误为基础，当事人提起回复原状之诉是仅在判决以伪造或错误的事实为基础的情况下。《德国民事诉讼法》对于这两种再审之诉，分别规定了不同的再审事由。[④]

《法国民事诉讼法》在再审事由的设定上更突出判决实体公正的要求，《法国民事诉讼法》第595条具体规定了四种再审情形：判决中发现由于当事者一方的欺骗舞弊而使裁决对其有利；判决后获得被另一方当事者扣留的有决定作用的证件；审判所依据的证据，在审判后被发现或被司法机关宣布为伪造的；审判所依据的验证、证明或誓词，在判决后被司法机关宣布为伪造或虚假的。[⑤]

《日本民事诉讼法》从程序和实体上规定了10种再审事由，违反程序方面如“判决法院的组成没有依据法律的规定时”、“依据法律不得参与裁判的审判官参与裁判时”。实体权利受到损害方面如“作为判决证据的文书或其

---

① 刘玉洁：“我国与德国民事诉讼再审程序之比较”，载《法制与社会》2010年第19期。

② 张丽霞：“日本民事再审制度的运作现状及启示”，载 http://www.cnki.com.cn/Article/CJFDTotal-NKFZ200200032.htm，2012年6月12日访问。

③ 虞政平：“再审程序有限性之法律表现（上）”，载《人民法院报》2001年9月24日第B02版。

④ 刘玉洁：“我国与德国民事诉讼再审程序之比较”，载《法制与社会》2010年第19期。

⑤ 张庆东：“审判监督制度的基础转换与制度构建——兼论‘有错必纠’原则的价值缺失”，载《福建法学》2004年第4期。

他物件是经过伪造或变造的”、“对于可以影响判决的重要事项遗漏判断的”。[①]

2. 对再审次数的规定

德、日、法三国均对再审次数作了严格的限制。《法国民事诉讼法》第603条规定:“当事人一方已经通过再审上诉的途径表示不服判决,如果他对此项判决重新提出再审之诉,则不予受理,除非此后发现新的诉因;对再审上诉作出裁决的判决书,不得再用再审上诉途径表示不服”。[②]《日本民事诉讼法》第345条第3项规定驳回再审请求的决定一确定,不可以同一事由作为不服的理由,再度提起再审之诉。但《日本民事诉讼法》允许基于不同事由再次提起再审,这一点在理论与判例中都得到了支持。[③]

3. 对再审时限的规定

为确保当事人及时行使诉权,维持判决的安定性,德、日、法三国均对当事人提起再审之诉的时限作了严格的规定。

德国与日本在提起再审之诉的时限上作了类似的规定。《日本民事诉讼法》规定,除了以代理权欠缺,与确定判决抵触的理由提出再审不受再审期间的限制外,其余场合,必须在判决确定后,从知晓有再审事由之日起30日不变期间内提起再审之诉。从判决确定日开始经过5年的,不得提起再审之诉。《德国民事诉讼法》规定当事人可以根据再审事由的不同在1个月内提起取消之诉或回复原状之诉,但最长应当从判决、裁定发生法律效力之日开始5年内提出。而《法国民事诉讼法》规定当事人提出再审之诉的期限为2个月,自当事人了解其可援引的再审理由之日开始起算。[④]

4. 对再审案件管辖法院的规定

德国和日本在再审案件的管辖上确立了专属管辖为主、上级法院管辖为辅的模式。德国再审之诉专属于作出一审判决的法院管辖,如果被声明不服的判决或数个被声明不服的判决中的一个是州法院作出的判决,或者对于上告审所作的判决符合相关条件时,再审之诉专属于该控诉法院管辖。如果对于上告审所作的判决符合一定条件时,再审之诉专属于该上告法院管辖。[⑤]《日本民事诉讼法》第340条规定:“再审由被声明不服裁判的作出法院专属

① 徐胜萍:“法、德、日三国民事再审程序的比较研究”,载《山西大学学报》2001年第6期。
② 徐胜萍:“法、德、日三国民事再审程序的比较研究”,载《山西大学学报》2001年第6期。
③ 张丽霞:“日本民事再审程序中值得借鉴的几个方面”,载《河南社会科学》2002年第1期。
④ 徐胜萍:“法、德、日三国民事再审程序的比较研究”,载《山西大学学报》2001年第6期。
⑤ 徐胜萍:“法、德、日三国民事再审程序的比较研究”,载《山西大学学报》2001年第6期。

管辖。对审级不同的法院就同一事件作出的判决合并提起的诉讼,由上级法院管辖。”①日本学者认为:“原审法院对案情精通,最适于判断再审事由的有无。”②

四、对策探究——再审程序构建之现实路径

通过以上对职权型再审模式司法困境的原因进行分析后可以看出,遏制公权力在启动再审程序上的无限力量、赋予当事人再审诉权、明确再审立案标准、实现纠错职能与程序安定的平衡是重构我国再审程序的基本思路,笔者下面将在借鉴大陆法系国家再审程序设置的理念及规则的基础上,对我国再审程序的构建提供相应的立法思路。

(一)再审程序理念基础之转换

再审程序的重构关键是理念的转换,以全新的立法理念来指导再审制度的设计,才能使再审程序的重构建立在科学的基础之上。基于我国再审程序“实事求是,有错必纠”的指导思想过分强调国家本位主义及自我监督权的运行,导致了当事人申诉难、消极应诉、无限再审等一系列司法困境,我国再审程序指导思想的改造应当还原司法审判的中立性、被动性,平衡法院审判权运行与当事人处分权行使之间的关系,维持民事诉讼程序与民事诉讼权利内在的一致性。

因此,笔者建议将我国再审程序的理念基础从“实事求是、有错必纠”转换为“权利保障、依法纠错”。“权利保障”意味着再审程序必须将当事人的主体地位放在首位,将职权型再审模式转变为诉权型再审模式,赋予当事人再审诉权,从根本上解决当事人“申诉难”、“申请再审难”的问题;“依法纠错”意味着再审程序要实现从客观真实到法律真实的理念更新,在公平与真实之间谋求一种相对合理的平衡状态,从而使实体公正的绝对权威向程序公正转化,实现判决之正确性与法律之安定性兼顾的状态,真正实现民事诉讼“定分止争”、“稳定社会关系”的目的。

(二)再审程序运行机制之构建

“如果没有实体法制,而有一个优秀的程序法制,仍可以实现理想的目标,实体规则制定得再漂亮,没有程序规则来作保障,只是空气振荡。”③因此,再审程序运行机制之构建将立足于程序公正来解决纠纷,设置既符合当事人

---

① 张丽霞:“日本民事再审程序中值得借鉴的几个方面”,载《河南社会科学》2002 年第 1 期。

② [日]染野义信、木川统一郎、中村英郎著:《口语民事诉讼法》,自由国民社 2000 年版,第 280 页。

③ 江必新:“用程序捍卫正义”,载《人民日报》1999 年 7 月 3 日版。

的利益和目标,又能维护法律安定性的制度运行体系。

1. 再审程序的启动主体

建立“诉权型”再审制度,赋予当事人启动再审程序的诉权,是我国民事再审程序改革的方向,这一点在理论界和实务界已基本达成共识。再审程序启动主体的改造应当从当事人的立场和角度出发来看待再审审理对当事人权利聚集的功能,充分尊重当事人的主体地位,避免当事人诉讼主体的客体化,尽量还原司法审判的中立性、独立性和消极性等应有特征。①

笔者建议再审程序的启动以“利益原则”为导向,凡提起再审之诉的当事人或案外人如具有再审利益,就能启动再审程序。当事人和案外人提起再审的,均必须提交正式的申请再审书,当事人需在申请再审书中阐述事实和理由,提供有关证据材料;案外人需在申请再审书中阐明案件的审理结果同其具有法律上的利害关系,且需提供相应证据予以证明。对于当事人或案外人的再审申请,人民法院应当在一定期限内进行程序性审查,不予受理的,必须以裁定的形式在充分说理的基础上予以驳回。

2. 再审程序的启动事由

我国《民事诉讼法》审判监督程序一章规定再审程序的启动标准是案件“确有错误”,并在《民事诉讼法》第179条具体规定了再审的法定事由,包括事实认定错误、法律适用错误、程序错误等多方面。事实认定错误的规定主要集中在证据的认定上,而程序错误的规定主要集中在审判组织不合法等可能影响当事人权利行使的事由上,实体要求与程序要求并重。

笔者建议将再审程序的启动标准改为“可能有错”,而不是“确有错误”,以避免前述的逻辑混乱、立审合一的问题。在再审法定事由的规定上,笔者建议借鉴大陆法系国家立法经验,实体方面增加“原、被告虚假诉讼导致案件事实认定错误的”、“当事人的自认系被胁迫导致案件事实认定错误的”、“判决理由与判决主文显有矛盾的”等事由;程序方面增加“同一诉讼标的在前已有确定判决或调解的”事由,以满足司法实践的现实需要,从实体与程序上保障当事人权益。

3. 再审程序的启动时限

“在判决确定后,有缺陷时,不承认该判决的效力,是为了追求具体正义牺牲了确定判决的法的安定性。”②所以,为再审之诉确定一定的时间限制是

---

① 李祖军著:《民事诉讼目的论》,法律出版社2000年版,第65页。

② [日]斋藤秀夫、加藤新太郎:“再审期间”,载[日]斋藤秀夫、小室直人、西村宏一、林屋礼二编著:《注解民事诉讼法10》,第一法规出版株式会社1996年版,第293页。

必要的，否则就会造成季卫东教授所说的“状况将变得极不安定，法律关系也难以确定”的局面。

笔者建议借鉴大陆法系国家的立法经验，将再审程序的启动时限分为一般期限与除斥期间两部分，当事人应当在知晓再审事由之日起 3 个月内提起再审，生效判决确定之日起经过 5 年的，不得提起再审。作此规定一方面是因为再审程序是当事人权利保护的最后途径，因赋予其较长的时间收集证据，做好再审准备；另一方面，为了兼顾法的安定性与判决的既判力之间的关系，规定 5 年的最长权利保护期也较为适宜。

4. 再审程序的启动次数

美国有一位大法官说过：“我们能够作出最终判决并非因为我们判决正确，相反，我们之所以判决正确，是因为我们享有终审权。”[①]由于判决实体上正确与否终究很难检验，而再审程序的启动本身就极大地破坏了司法公信力，损害了司法权威，如果对再审的次数再不加以限制，就会造成终审不终的怪圈。

笔者建议再审程序的次数仅以 1 次为限，且未经上诉审的案件当事人不得提起再审，但因一审公告送达而不知诉讼存在而无法提起上诉的当事人，可以在一审生效后提起再审。之所以如此规定是因为再审程序对于当事人而言，应是在穷尽了一切法定权利仍未获得公正判决之后才能获得的权利救济途径，所以再审程序启动的前提是当事人通过上诉提起了权利救济的要求，但对于一审中公告送达的当事人，因其不知诉讼之存在，自然无法要求其就一审判决提起上诉。

5. 再审案件的管辖法院

再审程序是把握案件质量的最后一道防线，其审理必须是优质的，否则不足以发现和处理问题。因此，再审案件管辖法院的确定对于再审案件的审理质量起着关键的作用。

笔者建议，从再审事由分实体方面与程序方面两大类而规定不同的法院进行管辖。如果当事人是以法律适用问题或事实问题等提起再审，则由作出生效裁判的上一级法院管辖；如果当事人是以程序问题提起再审，则由作出生效裁判的法院管辖。作此分类的原因在于，作出生效裁判的法院往往对案件的事实和法律适用问题有既定的想法，容易产生先入为主的观念，而这种观念的存在不利于再审程序中查清案件事实或正确适用法律，另外实体问题较程序问题更为复杂、疑难，因此由作出生效判决的上一级法院管辖更为适合；而

① 何兵：“司法之根本：最后的审判抑或最好的审判？——对我国再审制度的再审视”，载《比较法研究》2004 年第 4 期。

程序问题较为容易解决,一般只需在再审程序中另行组成合议庭进行审理就能避免此类问题,因此由作出生效裁判的法院管辖更为适合。

根据以上对再审程序运行机制的设想,笔者设计的再审程序运行流程如下图所示:

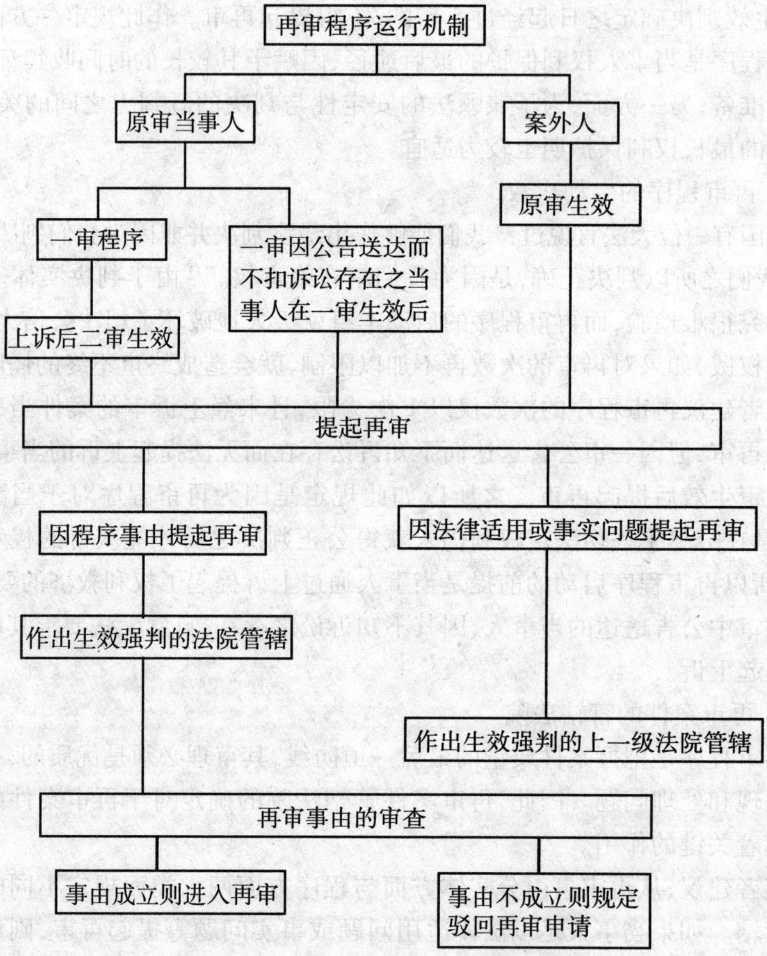

笔者设计再审程序运行机制之流程图

五、结语

再审程序中权利的保障与法律的安定是一对此消彼长的矛盾体,要从根本上解决再审程序在司法审判中遭遇的困境,首先要转换和更新原有的立法理念,树立权利之保护与法律之安定衡平的理念基础,并以此来指导再审程序的构建,确保在科学的基础上实现健全的、合理的、可操作性强的再审程序设置,努力实现司法之正义。

反思与重构:民事审判监督程序的改造与完善

福建省漳州市漳浦县人民法院　林振通

前言

由于人类认识能力的局限性,法官裁判可能出现裁判不当、司法不公的情况。换言之,错误裁判的出现和存在,是古今中外司法实践中普遍存在的必然现象。而错误的裁判必然有损社会公平正义,这就需要设立一种监督与制约机制,保证审判权的合理运行,最终实现司法公正。因此,作为特殊的纠错程序的审判监督程序制度应运而生。现实的司法实践证明,民事审判监督程序作为一项不可或缺的特殊救济程序,对保障民事当事人的诉讼权利和实体权利,纠正错误裁判,维持当事人之间的利益平衡,提高法官的业务素质等方面都发挥了十分重要的作用。然而,随着司法改革的深入和诉讼制度的不断完善,我国《民事诉讼法》规定的审判监督程序,从理念到制度暴露出许多弊端和缺陷,有必要进一步加以改造和完善。

一、解读:民事审判监督程序法律规定之不足

我国《民事诉讼法》第十六章关于民事审判监督程序的规定共有 14 条,除第 186 条是审理民事再审案件适用程序的规定外,其他均是对再审案件提起的主体、条件和方式的规定。同时,这些规定过于原则,有的条款内容含混不清,条款之间前后不相呼应等。具体表现在:(1)依职权启动再审的案件范围均笼统规定为发现"确有错误",并没有列举具体的情形,如何认定裁判"确有错误"没有具体可操作性的标准。(2)第 186 条规定过于抽象,也不够科学,实际可操作性不强。该条只明确了是适用一审,还是适用二审程序的问题。再审案件与一审案件在受理条件、当事人所处的诉讼地位及争议的范围等方面是有明显区别的。例如,再审过程中,再审申请人提出撤回再审的申请,在程序上怎样处理?在一般共同诉讼的再审案件诉讼中,非再审申请人不到庭,是否也按撤诉和缺席判决处理?仅因原判决、裁定适用法律错误提起再审的,是否可以采取书面审理后径行裁判?所有这些均没有作出规定违背了审判程序的法定性原则。(3)案外人在审判监督程序中的地位难以界定。《民事诉讼法》第 204 条规定案外人、当事人对裁定不服,认为原判决、裁定错误的,依照审判监督程序办理,但按审判监督程序再审时,案外人是否可以参加诉讼?其在诉讼中处于什么地位?现行《民事诉讼法》及司法解释对以上

诸多程序问题没有作出具体规定,凸显法律规定之不足。民事审判监督程序作为一种独立的诉讼程序,不仅应当明确对再审案件提起的条件、期限、管辖作出规定,而且应当根据再审案件的特点对具体的开庭审理程序等作出全面具体的规定。

二、反思:民事审判监督程序存在之缺陷

(一)再审指导思想与现代司法理念存在冲突

"解放思想,实事求是"是邓小平思想的精髓,也是我们党的思想路线。我国现行的审判监督程序贯彻了"实事求是,有错必纠"这一原则,但将这一哲学原则直接应用到民事再审的法律制度中,而不考虑民事诉讼的自身特点,则必然违背法律运行规律,与维护生效裁判的稳定性和权威性相冲突。首先,"实事求是"中的"实事"是指客观事实,而案件中的"实事"是指法律事实。民事诉讼制度在现代多元化社会中的价值也是多元的,人们在追求实体公正的同时,也追求程序公正和诉讼效率,追求程序利益和程序安定。民事诉讼活动是对已经时过境迁的事件进行证明并作出判断的一个过程。按照法律程序彻底、完整地重现案件"原貌"虽然是一种最为理想的状态,但是,诉讼活动要受到一定的时间、空间、证明方法、主体的认识能力等多方面因素的制约,不可能无止境地探求"客观真实",否则民事权利义务关系将长期处于一种不确定状态。这与民事诉讼息纷止争、稳定民事法律关系原则相背离。其次,"实事求是,有错必纠"的指导思想有悖于司法的稳定性和权威性。终局性的判决一旦确定后,就具有既判力,当事人及法院都要受其拘束,不得就该判决的内容另行争议与裁判,后诉法院不能作出与前诉判决相矛盾的判决。而"实事求是,有错必纠"对法院而言就意味着无论什么时候发现生效裁判存在错误都应主动予以纠正。这种随意推翻终局裁判的结果,使裁判的稳定性和权威性遭到破坏。①

(二)审判监督权的扩张违背了私法自治原则

依据私法自治原则和法律对诉权、处分权的规定,当事人在法律规定的范围内有权自由处分自己的民事权利和诉讼权利,国家不但不得随意干预,而且还要保障当事人行使这种权利。根据《民事诉讼法》的规定,法院和检察院享有充分的启动再审的权力,而且没有时间限制,这就必然导致审判监督权的扩张。在没有当事人申请再审的情况下,法院自己通过审判监督程序改变已生效的判决,这不仅破坏了判决的既判力,损害了司法权威,而且背离了私法自

① 刘乔发:"现行民事审判监督程序的反思与改革",载北海海事法院网,2012 年 5 月 23 日访问。

治原则，侵犯了当事人的处分权。同样，检察院主动提起抗诉启动再审程序，也侵害了当事人的处分权，而且也与现代程序公正价值理念发生冲突。

(三)再审条件及标准宽泛不利于再审案件范围的界定

1.“确有错误”规定内涵模糊

根据我国《民事诉讼法》第198条的规定，各级人民法院院长对本院已经发生法律效力的判决、裁定，发现确有错误，认为需要再审的，应当提交审判委员会讨论决定；最高人民法院对地方各级人民法院已经发生法律效力的判决、裁定，上级人民法院对下级人民法院已经发生法律效力的判决、裁定，发现确有错误的，有权提审或指令下级人民法院再审。但“确有错误”的内涵与标准是什么？究竟由谁来评判和如何认定裁判“确有错误”？《民事诉讼法》及相关司法解释对此没有作出规定，给随意启动再审程序预留了极大的空间，造成司法实践中随意启动再审程序问题普遍存在。

2. 民事再审新证据理解认定困惑

在我国，由于长期以来追求客观真实和受“重实体轻程序”观念的影响，现行民事诉讼相关立法对“新的证据”的范围界定过于笼统和模糊，司法解释相互之间规定不一或存在冲突，对民事再审新证据的形式要件、主观要件和实质要件没有作出具体规定，导致法官解读和实务认定困惑，而且可能导致证据随时提出倾向加剧，并动摇举证时限制度，不利于法官对诉讼程序的控制与管理，不利于提高诉讼效率。同时，这也造成法院在启动再审程序时无法遵循统一的标准，从而影响法律的统一性和严肃性。

3. 检察院再审抗诉案件范围过大

根据《民事诉讼法》第208条的规定，最高人民检察院对各级人民法院已经发生法律效力的判决、裁定，上级人民检察院对下级人民法院已经发生法律效力的判决、裁定，发现有《民事诉讼法》第200条规定情形之一的，或者发现调解书损害国家利益社会公共利益的，应当提出抗诉。地方各级人民检察院对同级人民法院已经发生法律效力的判决、裁定，发现有《民事诉讼法》第200条规定情形之一的，或者发现调解书损害国家利益、社会公共利益的，可以向同级人民法院提出检察建议，并报上级人民检察院备案；也可以提请上级人民检察院向同级人民法院提出抗诉。检察院抗诉事由与当事人申请再审的事由相同，不仅包括实体问题，也包括程序问题，再审抗诉案件范围极大，而且，法律对该抗诉权行使的具体程序也未规定。

(四)执行救济与审判监督程序混淆不利于对案外人权益的保护

《民事诉讼法》第227条规定：“执行过程中，案外人对执行标的提出书面异议的，人民法院应当自收到书面异议之日起十五日内审查，理由成立的，裁定中止对该标的的执行；理由不成立的，裁定驳回。案外人、当事人对裁定不服，认为原判决、裁定错误的，依照审判监督程序办理；与原判决、裁定无关的，可以自裁定送达之日起十五日内向人民法院提起诉讼。”上述规定将执行救济程序与审判监督程序相混淆。审判监督程序是对错误的裁判的纠错程序，而执行救济针对的是执行机关的违法或不当的执行行为，两者在目的、功能、内容等方面均有不同。以审判监督程序处理案外人异议的可能优势在于，既解决了案外人对于执行标的的实体争议，同时又能一并纠正原裁判中的错误。但事实上，在审判监督程序中一并处理案外人异议问题很难凸显程序的效率和效益；相反，这种做法遗留了两大问题：(1)启动审判监督程序的方式模糊、复杂。《民事诉讼法》对执行救济制度中如何启动审判监督程序没有直接的规定。通常情况下，无论以何种方式启动审监程序，最初均离不开当事人的申请或申诉。但不难发现，就案外人异议的情况而言，当事人根本不可能主动申请再审。至于案外人，因为其不是本案的当事人，无权就原裁判直接申请再审。(2)案外人在审判监督程序中的诉讼地位无法确定。司法实践中，法院决定再审后，案外人一般都没有参加诉讼。这种做法是不合理的，因为案外人对再审案件涉及的标的物享有独立的实体权利请求权，不允许其参加诉讼，其实体利益以及程序利益均难以保障。①

三、借鉴：域外民事再审制度之考察②

为了保障司法在正确性基础上获得充分的正当性，各国都设置了“消防通道”和“紧急出口”，以便对无法避免的司法错误进行事后补救。然而，这些非常救济渠道在设置技术上都遵循了这样一个共同理念：以条件严苛、界限明确的法律适用规范将非常救济控制在“极端例外”的范围之内，使之真正成为备而不用的“消防设施”。当正确性目标与终局性目标发生冲突而妨碍审级制度的基本功能时，大多数国家宁可牺牲个案的正确性，也要确保全局的终局性。两大法系的民事再审制度各有不同，现以美国、德国、法国和日本为代表考察如下：

(一)美国民事再审制度

在美国各级诉讼中都有纠正司法错误的程序和相应规则。这里主要介绍以下两种再审救济制度：(1)要求重新审判的动议。败诉方在正式上诉前用

---

① 刘学在、朱建敏：“案外人异议制度的废弃与执行异议之诉的构建”，载《法学评论》2008 年第 6 期。

② 此部分论述参见宋华东：“民事审判监督程序的再审视”(载 http://www.studa.net/sifazhidu/061111/10164765.html，2012 年 5 月 18 日访问)和刘乔发：“现行民事审判监督程序的反思与改革”。

于对抗法院判决的最后途径是《联邦民事诉讼规则》第 59 条规定的“要求重新审判的动议”，法院可以自行或自主地命令重新审判。该规则第 59 条规定，可以基于以下两项理由获得重新审判：一是在作出裁决的程序中存在错误。这种错误可以是错误地采纳了一个不可采的证据，或不适当的陪审团指示；二是尽管程序是正确的，但是裁决却与“证据的优势分量相反”。在命令进行重新审判时，审判法官将决定由另一个陪审团来提供司法服务。当存在新发现的证据，并且陪审团的裁决看起来是过分的，且显示是在受到激情或情绪的影响下而非基于证据作出时，法院会重新审判。如果裁决存在某些错误或不公平，那么审判法官也可以命令重新审判。(2)对终局判决可以有条件的主张无效。在美国，判决是对所涉法律争议的最终决定，是一项普遍的法律原则，即使判决所揭示的证据证明确有错误并因此而不公正，其有效的判决仍然具有终局性。但在严格的情形下，当事人对终局判决可以有条件的主张无效，但必须提供证据加以证明：一是作出判决的法院不具有管辖权；二是诉讼中有欺诈行为。例如，对法官或陪审团的贿赂或诉讼过程中存在对明知伪造证据的故意使用。主张判决无效，既可向原审法院提出，也可向其他法院提出，因为获得判决的一方当事人可能寻求在另一法院执行判决。

美国还有其他一些纠正司法错误的程序，如初审中用以纠正陪审团裁判错误的重开诉讼，上诉程序中申请满席法庭重新审判，联邦最高法院终审判决被国会撤销等。

(二)德国民事再审制度

《德国民事诉讼法》把再审分为两种形式，即取消之诉与回复原状之诉。这两种诉讼都以推翻已确定的判决，请求对原诉讼案件重新审判为目的，在性质上相同，其起诉与审理的程序也相同，同属于“再审之诉”。其不同之处在于，取消之诉是以原审判违背程序上的规定为理由，回复原状之诉是以原审判损害当事人实体上的权利为理由。《德国民事诉讼法》第 579 条第 1 款规定，在下列各种情形下，可以提起取消之诉：(1)为判决的法院不是依法律组成的；(2)依法不得执行法官职务的法官参与裁判，但主张此种回避原因而提出回避申请或上诉，未经准许的除外；(3)法官应有偏颇之虞应行回避，并且回避申请已经宣告有理由，而该法官仍参与裁判；(4)当事人一方在诉讼中未经合法代理，但当事人对于诉讼进行应明示或默示地承认的除外。上述这四点都是关于程序上的问题。而第 580 条规定提起回复原状之诉理由中所列七点都属于“本案审理”的问题，是决定诉有无理由的问题。

(三)法国民事再审制度

法国对有重大瑕疵的判决进行补救的程序叫“非常上诉途径”。在法国，除法律另有规定外，经非常途径提起上诉以及在上诉期限并不中止原判决的执行。非常上诉途径只有在法律规定的情形下适用。《法国民事诉讼法》规定非常上诉途径有三种：再审之诉、向最高法院提出上诉、第三人异议。其再审之诉是指请求法院撤销已经发生既判力的判决，而对案件在法律和事实上进行重新裁判的一种非常救济程序。在法国，再审之诉属于诉的一种，而且提起再审之诉的人只能是当事人，其他人不能提起再审之诉，并规定了严格的提起再审之诉的理由：(1)原判决作出以后，发现该判决是由于一方当事人欺诈所致；(2)原判决作出后，发现由于一方当事人所为，一些具有决定性作用的文件、字据被扣留而未经提出；(3)判决是以其作出后经认定或者裁判宣告属于伪造的假证明、假证言、假宣誓为依据。

（四）日本民事再审制度

《日本民事诉讼法》规定，在确定的终局判决存在特别重大并且对当事人有严重瑕疵时，当事人可以通过再审之诉提出不服声明。规定了只要存在下列事由之一，当事人就可以提起再审之诉：(1)判决是没有依照法律规定组成的法庭作出的；(2)根据法律规定不能参与判决的法官参与判决；(3)对法定代理权、诉讼代理权或代理人为诉讼行为欠缺必要授权的；(4)参与判决的法官，犯有与案件有关职务上的犯罪的；(5)根据他人在刑事上应惩罚的行为而自认或妨碍提出可以影响判决的攻击或防御方法的；(6)作为判决证据的文字或其他物件是经过伪造或变造的；(7)以证人、鉴定人、翻译或经宣誓的当事人或法定代理人的虚伪陈述作为判决的证据的；(8)作为判决基础的民事或刑事判决以及其他裁判或行政处分，根据其后的裁判或行政处分而变更的；(9)对于能影响判决的重要事项遗漏判断的；(10)声明不服的判决，与此前确定的判决相抵触的。

从以上国家的法律对瑕疵判决的救济程序来看，具有如下明显的特点：第一，启动救济程序的理由通常是法律上的问题，一般而言，判决确定后，当事人发现新证据，并不能随意推翻原判决；第二，启动救济程序通常是由当事人提起再审之诉而启动；第三，没有当事人提起再审之诉，法院本身不会对有瑕疵的终局判决进行再审而撤销；第四，再审的范围是以当事人提起再审时所声明不服或错误的部分为限，法院不作全面审查。

四、改造：民事审判监督程序完善重构之设想

（一）重塑民事再审制度的指导思想

我国现行民事审判监督程序过分强调“实事求是，有错必纠”。在这种指导思想之下，我国审判监督程序的启主体多元并存，其直接后果是法院裁判的稳定性和权威性遭到破坏，法的安定性荡然无存，不仅严重损害了司法机关的形象，也无法充分保障当事人的权利，诉讼的公正和效率更是无从谈起。作为诉讼程序，它所追求的是程序上的正义和法律上的真实，而不是客观真实。如果诉讼程序以追求客观真实作为目标，那么很多纠纷就会无限期地拖延下去，造成社会秩序的动荡。再审程序除了诉讼程序的一般特征外，还有自身的特殊性。再审的对象是生效的裁判，由于已经生效的裁判确定的事实是经过一审、二审程序后确定的"法律真实"，是一审、二审程序独立价值的体现。[①] 正如有学者指出的那样，"在诉讼中所再现的只是法律意义上的事实，而非原始状态的实际事实。审判上所能达到的只能是形式事实，而不可能是真实的事实"。[②] 因此，民事审判监督程序要以"实事求是，有错必纠"的一般原则为指导，但必须结合我国国情和关注国民诉讼能力现状，综合考虑各种相关因素，兼顾实体公正与程序安定两者契合兼容的前提下进行理性的价值平衡考量。同时，既要立足根植本土司法文化土壤，又要顺应现代司法理念，将其置于整体的诉讼制度框架下来考量，在程序正义和实体正义之间，在公正与效率之间统筹兼顾，寻找平衡的结合点，使现有民事诉讼制度内在协调统一，使案件所确认的法律真实尽可能接近客观真实，使举证时限所体现出的程序正义与再审新证据所体现出的实体正义和谐共存，兼顾共融。因此，应以"实体公正，程序正义"作为民事再审程序设置的指导思想，并将民事审判监督程序改为民事再审程序。按"程序正义"的要求，应坚持再审的补充性。所谓再审的补充性，是指如果存在以再审之诉之外的方法申请不服的可能，应当首先利用该方法，而不可以利用再审。[③] 换言之，"生效裁判中即使存在符合再审理由的瑕疵，当事人已经通过上诉主张了该理由的，或者明知该事由的存在而不主张的不许以此为由提出再审之诉"。[④] 民事再审程序的补充性，衍生于民事诉讼失权制度和程序时限性要求，决定于民事再审程序在诉讼救济体系中的定位，注重于再审程序只是辅助正常审级程序纠正裁判瑕疵的特殊救济程序，是裁判公正性的最后保障。

---

① 田涛、兰平："重构民事审判监督程序之我见"，载 http://www.chinalawedu.com/news/16900/174/2003/11/zh858302634171130023392O_61408.htm，2012 年 5 月 18 日访问。

② 徐国栋："论我国民法典的认识基础"，载《当代法学》1992 年第 6 期。

③ [日]加波真一："再审原理与诉讼再审理的法理"，载《民诉杂志》1990 年版，第 200 页。

④ 张丽霞著：《民事涉诉信访制度研究》，法律出版社 2010 年版，第 213 页。

（二）改造公权力介入民事再审程序

1. 取消法院再审决定权

法院在诉讼纠纷解决机制中，应当是处于中立的裁判者地位。《民事诉讼法》第13条第2款规定，当事人有权在法律规定的范围内处分自己的民事权利和诉讼权利。这一规定确定了我国民事诉讼的处分原则。基于当事人的处分权，只要在法律规定的范围内，当事人有权根据自己的意愿决定是否行使起诉、撤诉、上诉等诉权，而不受到公权的干预。同理，由于民事再审的主要宗旨同样是解决民事主体之间的民事纠纷，因此民事再审程序也应根据当事人是否提出申请而决定是否提起，而将法院、检察院主动发动再审的权力进行严格限制。[①] 因此，在民事诉讼中应坚持当事人意思自治的处分原则，诉讼的提起、进行、终结及诉讼中具体权利的支配和处分，都应当是出于当事人的真实意思表示。国家不得过多地干涉平等主体之间本已稳定的权利义务关系，破坏私法的自治原则。因此，在再审程序重构时应取消法院启动再审决定权。

2. 限制检察院再审抗诉权

根据《民事诉讼法》规定，检察院提起审判监督既可以依案件实体方面的错误提起抗诉，也可以依程序方面的错误而提起抗诉，范围非常广泛，有必要加以限制，以利于保护当事人的诉权，维护司法权威。笔者认为，检察院抗诉提起再审的案件的范围应限定在涉及公法秩序的情形：(1)裁判有损国家利益、社会公共利益或第三人（案外人）利益的；(2)审判人员在审理案件时有贪污受贿，徇私舞弊，枉法裁判行为的。出现上述情形时，检察院在没有当事人提出再审申请的情况下也可以主动提起再审抗诉，以维护社会的公序良俗。

（三）建立民事再审之诉制度

诉权是公民、法人及其他组织在诉讼上享有的基本权利，它是当事人进行诉讼活动的基础，当事人依法行使诉权是法院启动审判程序的前提和基础。以当事人再审诉权作为制度的主要权利基础，重塑民事再审制度结构的思路，早已成为诉讼法学界的共识。2007年《民事诉讼法》修正案及最高人民法院《关于适用〈中华人民共和国民事诉讼法〉审判监督程序若干问题的解释》和《关于受理审查民事申请再审案件的若干意见》，基本确立了再审之诉的制度框架和程序模式。具体而言，笔者认为，应从以下几个方面对再审之诉进行构建：[②]

---

① 未锋："民事审判监督程序若干问题研究"，载 http://www.hicourt.gov.cn/theory/artilce_list.asp? id =6183 &l_class =4，2012年5月25日访问。

② 张丽霞著：《民事涉诉信访制度研究》，法律出版社2010年版，第220～223页。

(1)再审之诉当事人。

再审之诉的原告应当是受生效裁判效力拘束并对请求撤销该生效裁判具有不服利益的人,通常情况下为终审裁判中败诉的一方当事人。根据生效裁判获得全部胜诉的当事人,对再审诉讼不具有诉的利益,不能成为再审之诉的原告。未经上诉或者上诉被驳回又以相同理由提出再审之诉的当事人不具有再审利益,不能成为再审之诉的原告。再审之诉的被告应当是生效终审裁判中胜诉的相对方。此外,检察院作为公益诉讼案件当事人的,可以成为再审当事人。

(2)再审之诉起诉的条件。

允许再审就意味着允许有条件地对既判力提出挑战,作为一种例外规定,其适用应该慎之又慎。因此,再审之诉的起诉条件(理由)应严格设定,避免再审之诉的入口过大,以维护法的安定性。可以根据《民事诉讼法》第 179 条规定的 14 项理由并适当加以改造后作为再审之诉提起的条件,同时,再审之诉起诉应在生效终审裁判作出后的 2 年内提出。

(3)再审之诉的诉讼标的。

再审之诉作为一个独立之诉,必然要求有明确的涉诉标的。对于如何确定再审之诉的诉讼标的,国内外学说和判例均有不同的主张和规定。主张再审之诉有两个诉讼标的的学说是大陆法系民事诉讼传统理论中的通说。我国学者对再审之诉的诉讼标的的认识大多倾向于一元说。例如,张卫平教授认为:“当事人的基本诉求并不是寻求撤销原判决,而是通过撤销原判决,最终实现自己权利救济。因此要求法院对原诉讼中的权利义务进行审理裁判才是再审之诉的涉诉标的。”①笔者倾向同意该观点。

(4)再审之诉的管辖。

再审之诉应由作出生效终审裁判的上一级人民法院管辖为宜。理由如下:有利于发现原裁判存在的错误,有利于提升当事人对再审裁判的信任感,提高服判息诉率,减少涉诉信访,提升司法公信力。

(5)再审之诉的审理程序。

再审之诉的审理程序可以划分为三个阶段:第一,立案审查阶段。主要审查起诉主体是否适格,是否符合法定起诉理由和条件,是否属受理法院管辖等。第二,再审事由合法性审查阶段。主要审查法定再审事由是否存在以及与被声明不服的原裁判之间是否具有因果关系。如果审查后认为再审理由不

---

① 张卫平:“民事再审:基础置换与制度重建”,载《中国法学》2003 年第 1 期。

存在则应当裁定驳回再审起诉,如果再审理由成立,则应作出再审裁定。此阶段可以采取听证的方式进行审理。第三,再审审理阶段。主要是对被声明不服的原裁判进行重新审理并作出裁判。

(四)合理界定民事再审新证据

有条件允许新发现的证据作为再审事由,并通过对新证据进行再审重新确定案件事实,无疑是对举证时限制度的适度矫正,是一种理性的选择和有益的制度安排。因此,应在实体公正与程序安定相互平衡契合的视野下,对民事再审新证据进行合理界定。笔者认为,民事再审新证据除了应当具备证据的客观性、合法性和关联性外,还应具备民事再审新证据的形式要件、主观要件和实质要件。

1. 民事再审新证据的形式要件——崭新性

形式要件又称时间要件,即要求民事再审新证据具有崭新性或新鲜性。这就是从时间标准上界定再审新证据,具体界定如下:(1)证据提出时间。申请人应在提出再审申请时提出再审新证据,而且应当在裁判生效后二年内提出;(2)证据的生成时间。证据的生成时间明确为在提起再审申请之前生成,包括"新发现"和"新出现"。

2. 民事再审新证据的主观要件——不可归责性

主观要件又称原因要件,是指对于再审新证据未能在原审庭审结束前发现并提出,是否属于可以归责于当事人的原因。笔者认为,在现阶段,应按最高人民法院《关于适用〈关于民事诉讼证据的若干规定〉中有关举证时限规定的通知》的要求,只将具有故意或者重大过失的当事人逾期提供的证据排除在再审"新的证据"之外,让其合法权益因自己的较大过错而使该证据失权而得不到法律的救济,同时让那些仅因当事人轻微过错而未能举证的证据能够进入再审救济程序。

3. 民事再审新证据的实质要件——显著性

实质要件是指再审新证据必须与原诉具有特定关联关系,能够用于证明原审裁判存在错误。其具体属性应当包括以下两个方面:[①](1)再审新证据具有明确性。再审新证据应当具有相当程度的证明力,学理上将其称为再审新证据的明确性。如果再审新证据仅仅满足具有崭新性要求,且在原审未发现并提出是不可归责于当事人的原因,但其证明力尚不足以动摇原生效裁判时,不具有再审新证据的作用,仍不能启动再审程序。(2)再审新证据与原审之

---

① 储敏:"民事再审新证据探析",载《江淮论坛》2005年第1期。

诉具有不可分性。如果新证据与原审之诉具有可分性,应当另行起诉处理,不得启动再审程序。因此,对再审新证据的审查认定,应当以原审诉讼请求为限。

此外,在民事再审程序重构时,应将执行救济程序与再审程序分离开来,以利于对案外人权益的及时保护,提高诉讼效率,凸显法律程序的价值功能。

五、结语

我国民事审判监督程序的确立,是党的实事求是的思想路线和认识路线在民事诉讼中的具体体现。人们对事物的认识受到主体自身认识能力和外部客观条件的制约,认识的过程既是发现真理的过程,也是纠正错误的过程。由于民事诉讼要受到证据规则、诉讼期限等各种条件和因素的制约,导致已经生效的裁判可能存在错误。如果生效裁判的错误得不到纠正,势必违背诉讼公正的价值追求;另外,诉讼不可能无休止地进行,如果任意对同一案件频繁重新启动审判程序,势必损害裁判的稳定性和权威性,诉讼的效率也将降低,不利于节约有限的司法资源。如果一味追求案件实体真实,就会牺牲程序正义。在再审程序中既要考虑纠错的必要性,也要考虑纠错的可能性。[①] 因此,在民事审判监督程序改造重构时,要协调解决好人民法院生效裁判的稳定性和权威性与裁判的公正性之间的冲突。"虽然纠正裁判错误的任务应当主要由普通救济程序承担,但司法实践中,再审案件与二审案件的比率远高于一审判决上诉率,再审程序的频繁启动已经从根本上动摇了两审终审的审级制度。"[②] 为了维护裁判的稳定性和权威性,衡平法律程序的安定性与裁判的正确性之间的价值冲突,应坚持再审程序的补充性,不得随意启动再审程序。

---

① 宋华东:"民事审判监督程序的再审视",载 http://www.studa.net/sifazhidu/061111/10164765.html,2012年5月25日访问。

② 张丽霞著:《民事涉诉信访制度研究》,法律出版社2010年版,第211页。

浅谈我国民事审判监督程序及其改革

吉林省长白朝鲜族自治县人民法院　王少群

民事审判监督程序是一种特殊的权利救济程序，独立于民事一审、二审程序，而民事权利也不同于其他权利，我国现行的民事审判程序实际上反映了"实事求是，有错必纠"的立法指导思想，人民法院、人民检察院以及当事人、案外人均可以就已经发生法律效力的判决、裁定以及调解提起或申请再审，但现有的这种模式是否是合理且符合实际的却是个值得探讨的问题。

一、民事审判监督程序的概念

（一）民事审判监督程序

审判监督程序，是指人民法院、人民检察院或者当事人，认为人民法院已经发生既判力的判决、裁定及调解协议确有错误而提起或申请再审，由人民法院依法对案件进行审理时所适用的诉讼程序。① 而对于这一概念，笔者认为是一个狭义的概念，或者说这其实应该是再审程序的概念。广义的审判监督程序，实际上应当包括再审申请、再审申请审查、再审等一系列程序的总称。

（二）相关概念的区分

要更好地了解审判监督程序，有一些概念有区分清楚的必要的。

1. 申诉与申请再审

申诉应当是一个宪法意义上的概念，后在 1982 年制定《民事诉讼法（试行）》时，被纳入该法第 14 章审判监督程序中，后在 1991 年修订《民事诉讼法》时被"申请再审"取代。当然，"申诉"并不是消失了，但可以肯定的是"申诉"这一概念的外延远大于"申请再审"，申诉行为也不仅限于是一种诉讼行为，对申诉的处理方式也没有法律的明确规定。

2. 审判监督程序与再审程序

正如上文所说，再审程序只是审判监督程序的一个重要部分，但不是全部。

二、我国民事审判监督程序的发展

我国的审判监督程序的历史，远可以追至秦汉时期，近可以溯及根据地红色政权时期。

---

① 江伟主编：《民事诉讼法》，中国人民法学出版社 2004 年版，第 281 页。

我国历史上长期民、刑不分,也无独立的诉讼法,但在发现和纠正错误裁判方面却有着一系列的制度,这些制度可以称为我国审判监督程序的雏形。如始于秦朝沿袭至汉、魏、晋的“乞鞫”制度,唐朝以后“取囚服辩”的申诉制度,直至宋明清的复审制度、向皇帝直诉制度和御史制度。这些制度都为纠正冤假错案提供了一定的渠道。①

新中国的诉讼制度是从新民主主义革命根据地时期的诉讼制度发展而来的。新民主主义革命根据地时期的诉讼程序虽简单,但也有再审的规定,如抗日战争时期《晋、冀、鲁、豫边区太岳边区暂行司法制度》中规定的第三审法院提审权和再审权。新中国成立后,我国在1954年9月28日公布的《法院组织法》中规定了再审权;于1982年10月颁布的《民事诉讼法(试行)》中规定了民事审判监督程序;1991年通过了《民事诉讼法》以及最高人民法院颁布的《关于适用〈中华人民共和国民事诉讼法〉若干问题的意见》加强对民事审判监督程序的规定;2007年10月28日全国人大对《民事诉讼法》进行了修改,最高人民法院也于次年11月25日下发了《关于适用〈中华人民共和国民事诉讼法〉审判监督程序若干问题的意见》(以下简称《解释》)并已于2008年12月1日起施行,对民事审判监督程序作了进一步的规定,形成了我国民事审判监督程序现有的规模。

但通过溯源,我们可以看出中国的文化传统对我国民事审判监督制度的影响,特别是权(官)本位的思想直接的反映在我国民事审判监督程序体现的职权主义这一原则中。

三、民事审判监督程序的启动主体及改革

(一)人民法院

1. 法律规定及理解

(1)法律规定

我国《民事诉讼法》第198条规定:“各级人民法院院长对本院已经发生法律效力的判决、裁定,发现确有错误,认为需要再审的,应当提交审判委员会讨论决定。最高人民法院对地方各级人民法院已经发生法律效力的判决、裁定,上级人民法院对下级人民法院已经发生法律效力的判决、裁定,发现确有错误的,有权提审或指令下级人民法院再审。”

(2)个人理解

按现行法律规定,首先,人民法院不可以对调解书的错误主动提起再审,

---

① 朱永著:《中国法制史》,法律出版社2006年版,第70页。

只能由当事人申请,经法院查实后再审。其次,对于再审的审级没有要求。

2. 改革方向设想

(1)明确人民法院对调解案件主动提出再审的权力,同步再审审级的规定。同时,细化人民法院提起再审的整个程序,使该程序更加规范,更具可操作性。

(2)我国宪法和法律确定了法院体系的自我监督原则,而审判监督程序作为法院自我监督体系的重要内容无疑有着可以更好地保护当事人的利益,维护社会稳定等重要的现实意义,但无论从程序的效益和安定,还是司法权的被动性,抑或是司法裁判的中立性、稳定性和权威性出发,人民法院都不宜有太多的自由去主动提起民事再审程序,因此,对于人民法院的再审启动权,笔者认为应当控制在合理范围内,即仅赋予人民法院在当事人因再审申请超过最长期间无法申请再审而又确有必要再审的情况下或其他确有必要的情况下可以主动提起再审,取消人民法院其他情况下的启动再审权。

(二)人民检察院

1. 法律规定及理解

(1)法律规定

我国《民事诉讼法》第 208 条第 1 ~ 2 款规定:"最高人民检察院对各级人民法院已经发生法律效力的判决、裁定,上级人民检察院对下级人民法院已经发生法律效力的判决、裁定,发现有本法第二百条规定情形之一的,或者发现调解书损害国家利益、社会公共利益的,应当提出抗诉。地方各级人民检察院对同级人民法院已经发生法律效力的判决、裁定,发现有本法第二百条规定情形之一的,或者发现调解书损害国家利益、社会公共利益的,可以向同级人民法院提出检察建议,并报上级人民检察院备案;也可以提请上级人民检察院向同级人民法院提出抗诉。"第 188 条规定:"人民检察院提出抗诉的案件,接受抗诉的人民法院应当自收到抗诉书之日起三十日内作出再审的裁定;有本法第二百条第一项至第五项规定情形之一的,可以交下一级人民法院再审,但经该下一级人民法院再审的除外。"

(2)个人理解

最高人民检察院可对最高人民法院已发生法律效力的错误判决、裁定向最高人民法院提出抗诉,所有上级人民检察院对下级人民法院已发生法律效力的错误判决、裁定向同级人民法院提出抗诉。同时,人民法院就人民检察院的抗诉是无理由全部再审的。抗诉范围也是不包括调解书的;对再审审级也没有像对当事人申请再审情况的严格。

2. 改革方向设想

(1)同人民法院提起再审一样,应当明确人民检察院对调解案件提出抗诉的权力,并需要同步再审审级的规定。同人民法院提出再审一样,人民检察院提起抗诉引起再审的整个程序也需要进一步明确和规定,如检察院的抗诉审查、由检察院抗诉启动的再审的具体程序规定。

(2)应当限制检察院启动再审的范围。首先,民事诉讼中更强调当事人的意思自治,应当尽量减少和限制公权力对当事人权利的干预,以保障当事人充分享有对其个人权利的处分权。其次,无论是人民法院,还是人民检察院对人民法院判决、裁定、调解的监督都反映了我国法律制度明显的职权主义倾向,这种倾向应当得到适当控制,特别是在民事领域中。再次,人民检察院提起抗诉,会使诉讼双方的力量发生倾斜,这一点仅从抗诉后人民法院必须再审的情况就可见一斑。最后,所谓我国法官素质导致审判质量不高的问题,笔者认为这是应当由法官任用制度等其他制度应当解决的,而不是应当由审判监督程序来迁就的。

笔者认为,人民检察院提出抗诉启动再审程序的范围,可以参考国际惯例,即将该范围限制对涉及公共利益的民事案件人民检察院享有提出抗诉的权利。从现实性和紧迫性方面来讲,现实中有许多严重损害国家利益以及公共利益的行为,同时从保护公共利益角度出发,也会起到很好的保障作用,[①]因此,这样做有一定的现实意义,也不会使公权力过多的干预私权力,从而在某种程度上引起另一种不公。

(三)当事人以及案外人

在我国民事审判监督程序中,当事人无疑是最关键、最适格的程序启动者,因此,当事人申请而引起再审也是整个程序中最重要、最被关注的部分,当事人申请再审的规定也较之其他几种启动方式的规定更全面。

1. 法律规定及理解

(1)法律规定

我国《民事诉讼法》第199条规定:“当事人对已经发生法律效力的判决、裁定,认为有错误的,可以向上一级人民法院申请再审……不停止判决、裁定的执行。”第201条规定:“当事人对已经发生法律效力的调解书,提出证据证明调解违法自愿原则或者调解协议的内容违反法律的,可以申请再审。经人民法院审查属实的,应当再审。”第204条第2款规定:“因当事人申请裁定再

---

① 杨荣鑫主编:《民事诉讼原理》,法律出版社2003年版,第489页。

审的案件由中级人民法院以上的人民法院审理，但当事人依照本法第一百九十九条的规定选择向基层人民法院申请再审的除外。最高人民法院、高级人民法院裁定再审的案件，由本院再审或者交其他人民法院再审，也可以交原审人民法院再审。"《解释》第28条第1款规定："上一级人民法院经审查认为申请再审事由成立的，一般由本院提审。最高人民法院、高级人民法院也可以指定与原审人民法院同级的其他人民法院再审，或者指令原审人民法院再审。"

《解释》第5条规定："案外人对原判决、裁定、调解书确定的执行标的物主张权利，且无法提起新的诉讼解决争议的，可以在判决、裁定、调解书发生法律效力后二年内，或者自知道或应当知道利益被损害之日起三个月内，向作出原判决、裁定、调解书的人民法院的上一级人民法院申请再审。"

(2)个人理解

当事人与案外人均有对判决、裁定、调解的申请再审权，但案外人的权利小于当事人，仅限于对原判决、裁定、调解书确定的执行标的物主张权利，且无法提起新的诉讼的情况，同时针对案外人的程序规定并不详细，缺乏可操作性。

当事人申请再审成立时，再审由中级以上人民法院审理，中级人民法院无指定再审法院的权利，但按《解释》第38条规定了中级人民法院在按照二审程序审理再审案件时可以裁定撤销原判发回重审。最高人民法院和高级人民法院则拥有指定原审法院或与原审法院同级的人民法院审理的权利，但有疑问的是，最高人民法院和高级人民法院指定的原审是否包括一审基层法院。

2. 改革方向设想

(1)一些操作细节上的疑问还需在实践中解决并统一做法，如刚刚提到的最高人民法院和高级人民法院指定的原审是否包括基层法院的问题。

(2)对再审的实体性事由的取舍问题。

就我国目前的现实情况而言，完全抛弃实体性的再审事由，否定再审程序的"纠错"功能，应该说并不是切合实际的做法。因而应当在适应现有国情下更好地平衡程序性事由和实体性事由，使实体性事由更加形式化，避免再审的实体性事由过于宽泛笼统，如对"新的证据"、"确有错误"等词语的具体化、细化标准，从而克服过分强调事实而忽略程序。

(3)申请再审期限的长短和申请次数限制。

"从民事诉讼的角度而言，程序效益所要考究的是尽可能以最小的成本投入获得做大的诉讼效益。”①也就是公正应当以最小的投入来获得。故而，我国民事审判监督程序中对申请再审期限的长短和再审申请次数上都应当有所限制；否则，会使法院判决的既判力长期处于不稳定状态，影响法院判决的稳定性和权威性，也会加大诉讼成本，违反效益原则。

笔者认为，应当将申请再审的期限限定在一个较短的一般期间和较长的特别期间，即作出在一个较短的不变期间内可以提起再审，在一个较长的出斥期间之后则不能在提出再审申请的规定。对申请再审的次数也应当做出合理限制，避免无限制的再审。

（4）明确申请审查与再审审判的标准。

应当明确申请审查是人民法院对再审申请作出的初步的形式上的审查，需要审查是否符合管辖以及法定事由，再进一步确认该事由是否成立。而再审审判则是根据再审申请的诉讼请求对案件进行事实审理，确定是否应当改变原有裁判。因此，应当更好地明确和协调二者之间的关系。

（5）建立诉访分离机制。

将申请再审和申诉、信访等分离开来，加强筛选分流，细化申请再审立案标准，强化立案审查机制，将符合条件的申请再审纳入审理程序，对不符合条件的，通过信访方式予以处理，防止其占用诉讼资源，遏制申诉权的滥用，保护人民法院的审判独立。

（6）案外人申请再审规定的完善。

在对案外人的申请再审权虽有规定，但不系统，仍有许多亟待完善之处。例如，《解释》第5条中规定的“执行标的物”这一概念，是不是指未进入执行程序则案外人即不能申请再审，还有行为和权利是否能成为申请再审的客体。同时，在程序规定上也还有很多不足，需要进一步完善，以求更好地保护案外人的合法权益。

四、结语

民事审判监督程序是我国审判制度的重要组成部分，作为一名审判经验和理论修养都很浅的年轻法官，笔者从民事审判监督程序的启动主体入手，论述了对我国民事审判监督程序规定的理解，同时提出了一些不成熟的看法，难免有很多不足之处，谨希望本文能起到抛砖引玉的效果。

参考文献：

1. 虞政平著：《再审程序》，法律出版社2007年版。

① 刘洋、宋冰、李斌英著：《我国民事审判监督程序的反思与重构》，知识产权出版社2008年版，第101～112页。

2. 朱勇著:《中国法制史》,法律出版社2006年版。

3. 章武生:“论民事再审程序的改革”,载《法律科学》2002年第1期。

4. 赵军:“民事再审制度立法变迁的法理分析”,载《法学研究》2008年第7期。

5. 齐树洁主编:《民事司法改革研究》,厦门大学出版社2006年版。

6. 王亚新:“‘再审之诉’的再辨析”,载《法商研究》2006年第4期。

7. 孙祥仕:“关于民事审判监督程序修改后实施情况的调研报告”,载《司法调研》2010年第2~3期。

8. 尚永昕、周蔚、胡晓涛:“法官独立与审判监督”,载《常熟理工学院学报》2005年第1期。

第二编　民事抗诉实务研究与制度完善

民事抗诉案件审判规律探微

——以抗诉权、审判权、处分权的相互关系为视角

江苏省高级人民法院 马 倩

一、民事抗诉案件审判的实践乱象

人民检察院对人民法院民事审判活动进行法律监督是宪法赋予检察机关的重要职能。近年来，随着公众要求加强司法监督呼声的日益高涨，检察机关的法律监督权不断强化，但与之相伴相随的是，检察权与审判权的冲突也日益凸显，抗诉司法实践中各种矛盾和问题不断出现。

（一）抗诉权与审判权的冲突

作为一种法律监督权，抗诉权是对审判权的监督和制约。基于此种监督与被监督的对立关系，检察机关与审判机关对于民事抗诉检察监督制度的态度、观念仍至实践做法都存在着天然的冲突。主要体现在：

（1）理念认识的冲突。一直以来，审判机关试图限制抗诉权的适用，而检察机关则希望扩大抗诉权的适用，这种理念上的冲突最明显体现在对民事抗诉范围的不同认识上。法院系统认为，抗诉的范围以涉及当事人的实体权利为限，对于临时性的或程序性的裁判检察机关无权提出抗诉，[①]自 1995 年开始，最高人民法院数次用“批复”、“纪要”形式对民事抗诉范围进行了限制，表明对检察机关就诉前保全裁定、先予执行裁定、执行裁定等提出的抗诉不予受理。检察系统则认为，对民事审判活动应当实施全程监督，“民行检察监督既要及时纠正已经发生的错误和违法情形，又要防患于未然；既要做好对生效裁判的监督，又要注重对诉讼过程的监督”。[②]

（2）法律规定的冲突。从法律规定层级看，《民事诉讼法》对民事抗诉制度作了基本规定，但这些规定不可避免地缺乏可操作性。基于此，法检系统又分别制定了各自的司法解释，而这些司法解释往往又难以得到相互的认可，有的甚至是针锋相对。例如，在检察机关出庭问题上，最高人民检察院在 2001 年《人民检察院民事行政抗诉案件办案规则》中规定，检察人员出席庭审的任务是宣读抗诉书、发表出庭意见及就庭审活动违法向法院提出建议；而最高人

---

① 王朝辉：“当前审理民事抗诉案件中的程序问题及对策”，载《法律适用》2010 年第 7 期。

② 王田海：“以抗诉为中心的多元化监督格局的具体构建”，载《检察日报》2010 年 9 月 20 日版。

民法院在同年印发的《全国审判监督工作座谈会关于当前审判监督工作若干问题的纪要》中则规定，出席法庭抗诉人员的任务是宣读抗诉书，不能参与庭审中的其他诉讼活动，两者的不同显而易见。

(3)实践做法的冲突。法、检两院在认识和法律规定上的冲突，不可避免地导致各地法院与检察院在司法实践中的摩擦和矛盾。实践中备为困扰法院的一个问题就是关于法律文书的送达。法院认为检察机关在审查申诉时应当与被申诉人见面，有义务将申诉书有效送达被申诉人，确保被申诉人知晓申诉情况，而检察机关认为法律并未规定需与被申诉人见面，通常邮寄送达申诉书而不论被申诉人是否实际收到，有的甚至不将申诉书送达被申诉人，这直接导致一些案件检察机关提出抗诉后法院难以查找到被申诉人，再审审理工作开展困难。虽然法院与检察院多次沟通，但在此问题上一直难以形成一致意见。例如检察机关提出抗诉后，申诉人不落不明，法院认为此时检察机关应撤回抗诉，但检察机关基于考核的考虑，往往不愿撤回抗诉，使得案件陷入进退维谷的状态。

(二)抗诉权、审判权、处分权运行中的不当现象

抗诉权和审判权在运行中的冲突，再加之当事人处分权的不当行使，直接引发了民事抗诉案件审判活动中的种种不和谐现象。

(1)检察机关抗诉权不当扩张现象日益滋长。2008 年以来，江苏法院民事抗诉案件逐年上升，2011 年新收案件约为 2008 年的 2 倍，[①]且在再审案件中所占比重也由 2008 年的 24% 上升到 2011 年的 39%。民事抗诉案件不断走高，其中不容忽视的一个因素是，检察系统内部对抗诉案件数量、改判率等业务指标开展考核。不少检察机关为完成指标、提高排位，对申诉人主体资格、申诉事实审查不严，有的检察机关为拓展案源，甚至通过送法上门、群发短信、张贴宣传广告、与律所加强联系等方式“呼吁”当事人向其申诉，以致抗诉案件质量不高，这从近年来民事抗诉案件的发改率一直低于全部民事再审案件的发改率可以看出。[②] 同时，检察机关针对生效 2 年以上裁判提出的抗诉也有增多趋势。据统计，江苏法院受理的抗诉案件中，距原裁判生效时间 2 ~ 5 年提出抗诉的案件 2008 年仅为 20 件，2011 年增长到 63 件；5 ~ 10 年的案件 2008 年没有，2011 年为 3 件；2011 年还出现一件距原裁判生效时间 10 ~ 15 年

① 据统计，2008 年至 2011 年，江苏法院每年新收民事抗诉再审案件分别为 288 件、337 件、439 件、584 件。

② 据统计，2008 年至 2011 年，江苏法院每年民事抗诉再审案件的发改率分别为 26.23%、30.64%、23.11%、21.42%，而同期民事再审案件的发改率分别为 39.46%、38.86%、38.36%、33.8%。

提出抗诉的案件,这从一个侧面也反映出检察机关抗诉权的扩张。检察机关抗诉权的不当行使在一定程度上削弱了其法律监督的正当性,浪费了有限的司法资源,对法院生效裁判既判力和社会关系的稳定性造成冲击,有些案件抗诉后还会造成当事人期望值增加,增大案结事了难度,有时甚至会激化矛盾,引起当事人不断缠访。

(2)当事人滥用处分权现象不断出现。对民事检察抗诉制度的修改和完善是为了解决司法实践中的"申诉难"、"再审难"问题,不可否认,检察抗诉的加强一定程度上使得当事人的申诉渠道更为畅通。但与此同时,也助长了当事人滥用抗诉的现象。实践中有些当事人向检察机关提请抗诉的目的并非认为原审裁判不公,有的是利用抗诉启动再审程序,达到中止原判执行的目的,从而拖延执行期限或转移、变卖、隐匿财产逃避执行;有的是为了规避缴纳上诉费,一审裁判后不在法定期限内提起上诉,也不直接向法院申请再审,而是直接向检察机关申请抗诉。同时,当事人多头申诉、反复申诉现象时有发生。由于法律并不禁止当事人同时向法院和检察院寻求救济,实践中一些当事人往往会同时向法院申请再审和向检察院提请抗诉,或在被法院驳回再审申请后又以同样的理由向检察院提请抗诉。2008 年至 2011 年江苏法院受理的抗诉案件中,当事人已向法院申请再审被驳回的为 19 件。这种情况虽不多,但会造成法院和检察院重复审查,造成审判程序的交错和司法资源的浪费。

(3)审判机关审理抗诉案件的实践问题层出不穷。随着 2008 年《民事诉讼法》的修改实施和 2011 年"两高"会签意见[①]的下发施行,民事抗诉案件审理中的一些问题逐步得到明确和规范,如抗诉事由、抗诉受理期限、抗诉审级、抗诉范围等。但囿于法律规定本身的粗疏、冲突和认识上的差异,民事抗诉审判实践中仍然存在不少具体法律问题亟待解决规范。例如裁定再审问题,实践中有的法院是不经审查直接裁定进入再审,法院对检察机关提出的抗诉是否有审查权利,审查内容有哪些,有待明确。又如检察机关的调查取证问题,实践中检察机关调取的新证据多是证人谈话笔录或检察机关委托的鉴定结论,对这些证据是否符合检察机关主动调取的情形往往争议颇大,对检察机关调取的证据如何进行举证、质证、认定由于缺乏相关具体规定,也是再审审理的难点。又如再审审理范围问题,检察院抗诉内容和当事人申诉内容不一致时应如何处理,法院能否超出抗诉范围进行审理等,实践中的做法也不一致。这些法律问题直接影响到民事抗诉审判工作的规范性,制约着民事抗诉案件

① 最高人民法院、最高人民检察院《关于对民事审判活动与行政诉讼实行法律监督的若干意见(试行)》,本文中简称为"两高"会签意见。

质量的提高。

二、民事抗诉审判活动的特点

审判规律是审判活动各要素之间必然、本质、稳定和反复出现的联系。[①]作为特定的审判活动，民事抗诉审判也有其特定的审判规律。它是民事抗诉审判活动各主体在审判中应当遵循的行为法则。消弭法检机关的矛盾冲突，规范抗诉审判各主体的诉讼行为，遏制司法实践中的乱象，促进民事抗诉制度的健康运行，需要我们把握民事抗诉审判规律，尊重审判规律，依照审判规律开展民事抗诉审判活动。在探究民事抗诉审判规律前，首先需要正确认识民事抗诉审判活动的特点。

（一）从诉的要素看民事抗诉审判活动的特点

民事抗诉案件虽然本质上仍属于民事诉讼，但在诉的要素方面与普通民事再审案件相比有不同之处：

（1）主体要素：在普通的民事再审诉讼案件中，存在人民法院、纠纷双方当事人三方主体，双方当事人平等对抗，法院居中裁判，三方形成一个等腰三角形的诉讼模式。而在民事抗诉案件中，检察机关通过抗诉介入到审判活动之中，成为第四方主体。由于检察机关抗诉的目的是对法院的生效裁判进行法律监督，它既不偏帮某一方当事人，也不依附于某一方当事人，"检察机关作为国家的法律监督机关，它在诉讼程序中没有自己的私益，亦没有与任何一方当事人相纠结的利益，这种利益关系上的独立性决定了检察机关在再审程序中只能代表法律和公益为相关的诉讼行为"。[②] 因此，检察机关是作为一个独立于双方当事人及法院的主体参与到抗诉之中，其属于民事抗诉中的独立一方。

（2）客体要素：诉的客体要素是诉讼标的，即法院审理和裁判的对象。民事诉讼标的包括了当事人的诉讼请求及诉讼理由。[③] 在普通民事再审案件中，诉讼标的仍是原审诉讼标的，即当事人在原审中主张的请求权。在民事抗诉案件中，抗诉机关通常仅提出法院生效裁判应当再审的法定事由及事实理由，其不可能也无权代替当事人向法院提出明确具体的权利主张。但从最高人民法院司法解释的规定看，"人民法院应当在抗诉支持当事人请求的范围内审理再审案件"，说明检察机关的抗诉事实理由也是法院的审理对象。因此，在民事抗诉审判活动中，除了当事人的诉讼请求及事实理由，检察院的抗

---

① 江必新："审判管理与审判规律抉微"，载《法学杂志》2011 年第 5 期。

② 许尚豪："论独立民事抗诉再审程序之构建"，载《政治与法律》2010 年第 4 期。

③ 李浩著：《民事诉讼法学》，法律出版社 2011 年版，第 135 页。

诉事实和理由也是客体范畴。

（二）从抗诉权、审判权、处分权的关系看民事抗诉审判活动的特点

由于检察机关的介入，民事抗诉案件中存在着抗诉权、审判权、当事人处分权这三种不同性质的权利（权力），这三者的相互作用也使民事抗诉审判活动的运行与众不同。

（1）抗诉权与审判权是相互制衡的。审判权的一个重要特征是终局性，即经过法院终审裁判的案件即具有权威性，应当得到当事人及社会的认可和执行。检察机关通过抗诉能够直接启动再审程序，这破坏了生效裁判的既判效力，因而对法院的审判权形成制约。同时我们要看到的是，这种制约关系是双向的，抗诉权在对审判权进行监督制约的同时，其同样也受到来自审判权的制约。无论检察院对生效裁判的程序问题还是实体问题提出抗诉，所起的作用仅是使可能存在错误的案件得以启动再审程序，原审裁判实体结果能否得以改变仍取决于法院的再审审理，“法律监督权实质是程序启动权和建议权的结合，而非实体处置权”。① 因此，检察机关通过抗诉启动再审制约审判权的同时，法院也在通过再审审理对检察权进行着反向制约，从而形成两者相互制衡的关系。

（2）抗诉权与审判权是相互统一的。确保司法公正，维护社会公平正义是人民法院的天职，而“民事检察监督的基本目标是通过依法监督纠正诉讼违法和裁判不公问题，维护司法公正，维护社会主义法制统一、尊严、权威”。② 检察机关开展抗诉监督，促使人民法院错误裁判得到及时纠正，并不是损害司法权威，而是维护司法权威，是对审判权的支持和保障。可见，在民事抗诉审判中，虽然检察机关与审判机关处于一种监督与被监督的地位，抗诉权和审判权也存在着相互制约的关系。但同为国家公权力，抗诉权和审判权行使的终极目标是一致的，检察机关与审判机关都肩负着维护当事人合法权益，促进司法公正权威的职责。

（3）抗诉权、审判权既是当事人处分权的实现保障又受其合理制约。在民事抗诉审判中，作为私权利的当事人处分权，与同为公权力的抗诉权、审判权又是如何作用的呢？首先，后者是前者的实现保障。审判权对当事人处分权的保障无须赘言，正是由于法院正当行使审判权解决讼争双方的民事纠纷，才能保障当事人处分权的实现。而抗诉权对当事人处分权的保障则体现在检

---

① 姜伟主编：《中国检察制度》，北京大学出版社 2009 年版，第 82 页。

② 转引自最高人民检察院曹建明检察长在 2010 年全国检察机关第二次全国民事行政检察工作会议上的讲话“坚持法律监督属性努力实现民事行政检察工作跨越式发展”。

察机关抗诉权启动再审的强制性上，它有助于畅通当事人申诉渠道，保障了当事人申诉权的行使。其次，前者对后者有合理制约。民事诉讼是一种私权之争，对当事人诉讼自治权和主导权的尊重是民事诉讼的基本特征。审判权和抗诉权的行使应当以尊重当事人的自由处分、维护当事人的平等地位为前提，而不能僭越当事人意志。因此，在民事抗诉审判活动中，审判权抑或抗诉权，都必须受到当事人处分权的合理制约。无论是法院的审判行为还是检察院的抗诉行为，要充分尊重当事人在法定范围内对自己权利的自由处置，确实保证双方当事人地位和力量的平等均衡。

三、民事抗诉案件的审判规律

从上述民事抗诉审判活动的特点可以看出，民事抗诉案件存在着双方当事人、法院、检察院四方不同的诉讼主体，这四方主体行使着三种不同的诉讼权利（权力）。每个主体通过行使各自权利（权力），作出的诉讼行为按照一定的规律交互作用，共同推进着民事抗诉审判活动的发展运作。因此，从民事抗诉审判中抗诉权、审判权、处分权这三种权利（权力）的相互作用关系我们可以揭示民事抗诉案件审判规律的所在。

（1）以保持检察权的谦抑行使为先决条件。任何权力的行使都要受到限制。民事抗诉审判中，抗诉权的行使受到审判权和当事人处分权的制衡，这决定了检察权行使的谦抑性原则。检察机关在充分运用抗诉手段监督纠正确有错误的民事裁判的同时，必须保持抗诉权行使的必要克制和适度收敛。要强化审慎抗诉、理性抗诉和依法抗诉的理念，防止抗诉权的过度扩张。要优先适用审判机关自我纠错的机制，在没有穷尽审判监督救济渠道前，不宜轻易启动检察抗诉监督程序。要规范抗诉行为，提高抗诉质量，避免滥抗、乱抗、不当抗诉现象的发生。

（2）以寻求法、检两院的协作配合为重要保障。如前所述，抗诉权与审判权在本质上是相互统一的，检察机关和审判机关共同担负着维护当事人合法权益，实现司法公正，维护司法权威的职责。因此，在民事抗诉审判中，法院与检察院不应当是一种相峙对抗的关系，而应当是一种协作配合关系，双方应当共同努力构建一种相互支持、相互配合的工作格局。法院要摒弃对检察抗诉的排斥心态，承认抗诉监督的合理性和积极作用，认真审理好检察抗诉案件；检察院要尊重法院再审生效裁判的效力，配合法院共同做好矛盾化解、案结事了工作。

（3）以尊重当事人意思自治为基本原则。在民事抗诉案件审判中，要将加强法律监督与尊重当事人意思自治统一起来。虽然普遍民事再审审判也需要遵循该原则，但在抗诉案件中更强调的是检察权的行使要充分尊重当事人的意思自治。在抗诉程序的初始运作上，正如审判机关遵循“不告不理”原则一样，检察机关的抗诉一般应以当事人申诉为前提，除非原审裁判侵害了国家或社会公共利益，否则检察机关不得依职权提出抗诉。在抗诉程序的运行过程中，审判权的作用范围受制于当事人的请求事项和争议事实，检察机关的抗诉事由也应以当事人的申诉理由为限。在抗诉程序终结上，因抗诉启动的再审程序也可以因申诉人的撤回申诉而停止运作。

四、民事抗诉审判规律对司法实践的要求与规制

依照《民事诉讼法》的规定，从法院受理抗诉直至最终作出裁判，抗诉案件进入法院后需经过再审裁定和再审审理两个环节。无论是抗诉案件的审查还是审理，我们都应当遵循民事抗诉审判规律的要求来开展审判工作。

（一）抗诉案件的审查阶段

对于检察机关提出的抗诉，法院是否负有审查义务，法检系统一直意见相左。法院系统认为，其对检察机关的抗诉负有审查义务。检察系统则认为法院不应进行审查而应直接作出再审裁定，如果抗诉违反法律规定的，法院可以在裁定再审后依法作出维持原判的处理，其法律依据是《民事诉讼法》第211条的规定。[①] 但从法律规定看，该条规定仅是对法院作出再审裁定期限的限制，并未对法院的审查义务作出禁止性规定。从司法实践看，检察机关抗诉权行使不当及当事人滥用申诉权的现象客观存在，这使得一些不应当进入再审或没有必要进入再审的案件被提出抗诉，法院对这些案件如果不作审查，会导致再审审判资源的浪费。正如前文所述，检察权的行使必须保持必要的限度，而法院的审查正是检察权谦抑行使的保障。因此，为保证再审程序启动的有效性，法院应当对抗诉进行必要的审查。当然，这种审查应是对抗诉范围、抗诉条件、抗诉期限等问题的程序性审查，而非对抗诉理由是否能够成立进行实体审查。并且，为保证审查的合法性，应在立法上明确规定法院对抗诉依法审查的权利，同时明确规定审查后若认为不应当启动再审的处理程序，如可以先商请检察机关主动撤回，如果检察机关不撤回的，可以裁定不予受理，如果已经受理的，可以函退检察院或裁定终止审查。审查内容具体应当包括：

（1）抗诉范围问题。根据“两高”会签意见的规定，对已经发生法律效力的民事判决、裁定及损害国家、社会公共利益的民事调解可以提出抗诉。检察

---

① 《民事诉讼法》第211条规定：人民检察院提出抗诉的案件，接受抗诉的人民法院应当自收到抗诉书之日起30日内作出再审的裁定……

监督是一种事后监督，这一观点检察机关也是认可的，[①]因此，对于诉前或诉讼过程中法院作出的有关裁定，如财产保全、诉前保全、先予执行等裁定检察机关不能提出抗诉，这一点最高人民法院也有相关批复规定。其次，对一些已无再审必要或没有再审可能的案件，法院也应从严审查，不应启动再审。如当事人已经达成和解协议并已执行完毕的案件，当事人没有提出申诉又没有损害国家或社会公共利益的案件，从尊重当事人处分权的角度考虑，对这类抗诉案件不应当启动再审；又如解除婚姻关系或收养关系的案件（涉及财产分割的部分除外），由于身份关系具有不可逆转性，再审也不可能恢复原来的身份关系，启动再审没有意义。最后，应审查抗诉事由是否属于《民事诉讼法》第179条规定的情形，如果超出规定情形的，法院应不予受理。

（2）抗诉期限和次数问题。对检察机关提出抗诉的期限和次数，民事诉讼法目前均没有明确规定。实践中常出现检察机关在法院裁判生效多年后提出抗诉的情况，重复抗诉的情况虽然不多，但也存在。抗诉没有期限和次数的限制，会造成当事人滥用申诉权，破坏法律、社会关系的稳定，加剧终审裁判的不确定。并且，民事诉讼法规定了当事人申请再审的期限是裁判生效后2年，如果对抗诉期限不作限制，会导致当事人在丧失申请再审权利后，通过抗诉启动再审，使得申请再审的2年期限丧失实际意义。因此，法院在受理时应当对抗诉期限和次数予以审查。在期限上，当事人向检察机关申诉应当自法院裁判生效之日起2年内提出，2年后据以作出原判决、裁定的法律文书被撤销或变更，以及发现审判人员有贪污受贿、徇私舞弊、枉法裁判行为的，自知道或应当知道之日起3个月内提出。在抗诉次数上，也应以一次为宜，不得重复抗诉。对超出上述期限、次数，检察机关向人民法院提出抗诉的，法院应不予受理。

（3）当事人不上诉直接提请抗诉问题。江苏法院2011年受理的抗诉案件中，检察机关针对一审生效裁判提出抗诉的案件约占全部抗诉案件的70%，比例甚高。我国民事诉讼实行的是两审终审，二审是纠正一审错误的正常程序，再审是纠正错误裁判的非常救济程序，二审应当是优先选择的救济程序。如果支持当事人放弃上诉而寻求抗诉，会使上诉审功能得不到有效发挥，还变相鼓励了当事人规避上诉费。因此，法院应通过对抗诉的审查遏制此种现象。根据“两高”会签意见的规定，“当事人对可以上诉的一审判决、裁定在发生法律效力后提出申诉的，应当说明未提起上诉的理由，没有正当理由的，

---

① 最高人民检察院副检察长姜建初2011年5月10日《在贯彻落实两高会签文件精神座谈会上的讲话》中提出，民行检察监督要坚持依法监督、居中监督、有限监督、事后监督的法律定位。

不予受理”，此处虽然规定的是检察院不予受理，但笔者认为，对于当事人一审后未上诉而直接向检察院申诉，检察院又提出抗诉的案件，法院也应当审查当事人未上诉是否有正当理由；没有正当理由的，也应不予受理。当然，对于“正当理由”如何理解、检察机关如果认为当事人有正当理由仍提出抗诉时应向法院移送哪些材料等具体问题，还需要法、检两院在实践中进一步统一认识。

（4）当事人多头申诉问题。根据法律规定，法院生效裁判进入再审的途径包括当事人申请再审、检察机关抗诉、法院依职权再审这三种方式。对于这三种方式，法律并没有规定适用的先后顺序，这导致了当事人多头申诉。因此，为避免多头审查，法院应当加强对抗诉案件关联情况的审查，如果发现本院就抗诉针对的原审案件正在进行再审审查或已经裁定再审的，应及时对抗诉案件作出相应处理，终止申请再审的审查或不予受理抗诉。当然，要从源头上防止此种情况的出现，必须通过立法理顺当事人申请再审和检察院抗诉的顺序。从检察权的谦抑性考虑，可以将当事人申请再审设置为抗诉的前置程序。因为检察监督属于外部监督，在当事人可以通过法院自身的内部监督途径寻求救济时，应优先适用内部监督程序自我纠错。

（二）抗诉案件的审理阶段

1. 明确检察机关庭审地位和职能

检察机关庭审中的地位和职能在实践中一直颇多争议。根据《民事诉讼法》的规定，人民法院再审抗诉案件时，应当通知人民检察院派员出席法庭。“两高”会签意见虽然进一步明确了检察机关的出庭任务是宣读抗诉书、对依职权调取的证据予以出示并说明以及对庭审违法活动进行监督，但对于检察机关在庭审程序中的地位和具体的权利义务仍缺乏详尽规定。虽然抗诉的作用在于启动再审程序，但检察机关在抗诉中是具有独立的程序主体地位的，“它是以民事诉讼中第二公权力名义介入民事诉讼过程的，必定获得民事诉讼程序上的内在化角色，而不是那种游离于诉讼程序之外的松散型外在角色”，[①]因此，在抗诉庭审中不应当将检察机关摒弃在外。检察机关出庭人员应当参加庭审的全过程，这使检察机关能够充分听取当事人在庭审中的质证、辩论意见等，更好地了解抗诉案件情况，提高庭审活动的参与度，有利于提高其对法院裁判的认同度。但检察机关不得参与一方当事人的举证、质证及法庭辩论，这主要是基于对双方当事人处分权的尊重，检察机关代表的是中立的

---

① 许尚豪：“论独立民事抗诉再审程序之构建”，载《政治与法律》2010 年第 4 期。

法律监督者，如果其直接到参与法庭调查、辩论之中势必影响到双方当事人诉讼力量的平衡。对于检察机关出示证据问题，“两高”会签意见已规定检察机关依职权调取的证据应由其在庭审中出示并予以说明，至于检察机关依申请调取的证据如何出示，应由申诉人向法庭出示，必要时法庭可就调查收集该证据的程序合法性请检察人员说明。

2. 合理界定抗诉案件的审理范围

根据《民事诉讼法》的规定，人民法院应当在检察机关抗诉支持当事人请求的范围内审理再审案件，但实践中往往出现检察机关以当事人没有提出的申诉理由作为抗诉理由，或当事人在再审中又提出超出检察机关抗诉范围的申诉理由的情形。检察机关抗诉内容与当事人申诉内容存在差异的情形下应如何确定审理范围，是目前较为突出的一个问题。虽然抗诉案件是基于检察机关公权力的特殊作用启动的，但尊重当事人意思自治应当是处理此问题的一个基本考虑因素。对于检察机关抗诉理由超出当事人申诉请求范围的，人民法院在审理过程中应征询申诉人的意见。如果申诉人明确认可抗诉内容的，可将抗诉理由视为申诉人主张予以审理；如果申诉人明确表示不同意的，除存在损害国家利益、社会公共利益的案件外，应视为申诉人放弃该项抗诉内容，法院不予审理。对于申诉人再审中提出超出抗诉内容的其他理由、请求的，如果不超出原审诉讼请求范围，从尊重申诉人的处分权利出发，应当纳入再审审理范围，这也有利于案件矛盾纠纷的实质化解，取得良好的司法效果，否则即使法院作出判决也难以得到当事人的认可。

3. 构建法、检联动化解矛盾纠纷机制

寻求法、检机关的协作配合是民事抗诉案件审判规律之一，这一规律在抗诉案件矛盾纠纷化解工作中体现最为显著。在普通民事再审案件的矛盾化解工作中，法院虽然也有可能与检察机关合力调解，但仅限于一些个案。而民事抗诉再审案件中，法、检共同开展矛盾化解工作应当形成一种工作机制。要强调法、检联动化解纠纷的普遍性、常态性，每个法院在每个民事抗诉案件的审理过程中，都应当自觉地寻求与检察机关的配合，以形成化解矛盾纠纷的工作合力。要加强法、检联动化解矛盾纠纷的互动性，人民法院在审判中可以邀请检察机关共同参与矛盾化解工作，检察机关对一些有瑕疵但不宜提出抗诉的案件，也可以通知人民法院共同参与和解息诉工作，人民法院应积极配合。2011年江苏法院民事抗诉再审案件的调撤率为47.55%，远高于全部民事再审案件35.91%的调撤率，这其中法、检联动化解矛盾纠纷工作机制应该说功不可没。

4. 建立法、检信息沟通工作机制

在民事抗诉案件中,法院和检察院的协力合作不仅体现在矛盾纠纷化解工作上,在案件信息的沟通交流方面法检协作也十分重要。应建立抗诉前或再审维持前交换意见制度,对一些涉及群体性纠纷或政策性较强的敏感案件、当事人严重对立、可能引起矛盾激化或连锁反应的案件、法律适用争议较大的案件,检察院在拟提起抗诉前、法院在拟再审维持前可以先行交换意见,以保证案件的抗诉和审判效果。要形成案件信息沟通反馈机制,法院在案件审理结束后应及时向检察机关送达再审裁判文书,对再审维持案件应定期向检察机关通报,以确保抗诉案件审理结果得到及时反馈。此外,人民法院可以与同级检察院组成联合调研组,对民事抗诉工作中的相关理论和实践问题开展跟踪调研,努力探索解决之道。

民事抗诉有限限制问题的研究

广东省广州市中级人民法院 陈冬梅 汤 琼

一、含义:作为讨论的前提

再审程序作为一种特殊的纠错程序,是对已经发生法律效力,但仍有错误的民事判决和裁定加以纠正的程序,即可以通过撤销已经生效的判决和裁定,以再次审理来实现民事争议解决的正确性。① 民事抗诉制度,则是由人民检察院对人民法院的民事审判活动以提出抗诉的方式实施法律监督的程序制度。②

对于民事抗诉有限限制问题的质疑,主要包括以下两方面的讨论:(1)民事抗诉制度与既判力的价值冲突。既判力从实现诉讼经济、程序安定性、审判权威等价值功能的角度出发,讲究确定判决的效力就不应再被动摇,否则有损法律权威以及社会关系的稳定;而民事抗诉制度则从民事诉讼活动追求正义的价值取向,强调对欠缺正当性判决给予纠错。(2)民事抗诉制度"废"、"立"之争。民事抗诉制度自确立以来即陷入"废"、"立"之争。持"废"之说者认为,民事抗诉是对审判机关的独立裁判权以及当事人的平等诉讼权的破坏,甚至认为"人民检察院的抗诉监督的合理性和必要性确实令人怀疑,无存在必要",③"提起再审的主体只能是确定终局裁判的双方当事人",④"废除民事抗诉权是一种明智的决策";⑤持"立"之说者认为,在民事抗诉问题上,检察机关的监督职权过于狭窄、效力、权威性不够,应从立法上扩大民事抗诉的范围,强化抗诉的效力,如"在现有审判监督程序的抗诉制度的基础上,增加上诉程序的抗诉"。⑥

近年来,更多理性观点认识到,"有错必纠"的司法理念有很深的传统哲学认识和政治背景,⑦完全否定或废除宪法及《民事诉讼法》规定的检察监督权亦是不现实的。与其辗转于"废"、"立"之争,不如在维护民事抗诉制度作

---

① 张卫平:"有限纠错——再审制度的价值",载《法律适用》2006 年第 7 期。

② 汤维建:"论民事抗诉制度的完善",载《人民检察》2007 年第 9 期。

③ 景汉朝、卢子娟:"论民事审判监督程序之重构",载《法学研究》1999 年第 1 期。

④ 李祖军:"论民事再审程序",载《现代法学》2002 年第 2 期。

⑤ 方加初:"民事抗诉质疑和民事检察工作的基本思路",载《法制论丛》1996 年第 2 期。

⑥ 杨立新:"民事行政诉讼检察监督与司法公正",载《法学研究》2000 年第 4 期。

⑦ 张卫平:"民事再审:基础置换与制度重建",载《中国法学》2003 年第 1 期。

为非常程序的基础上,对符合法律规定的部分错误裁判“有限纠错”,既符合当今“依法纠错”的司法理念,以兼顾裁判的终局性,又平衡了纠错理念与纠错成本之间的关系。

本研究报告基于民事抗诉制度现行有效的法律法规,以及对广州中院民事抗诉案件的实证考察,对民事抗诉有限限制问题进行梳理和分析,讨论民事抗诉制度在法律运行中的出现的典型性问题,为立法提供实证的视角。

二、检讨:立法与制度运行现状

(一)制度性规定

1991 年《民事诉讼法》确立了现行的民事抗诉制度,“总则”第 14 条规定了“检察监督原则”,即“人民检察院有权对民事审判活动实行法律监督”,第 186 条至第 188 条规定了检察监督权的程序实现系对有错误的生效判决、裁定提起抗诉的方式,从而以程序法的方式落实了检察监督原则。但自此之后,民事抗诉制度的立法却止步不前陷入一个徘徊期,迄今为止在程序及实体上均未能形成一个规范的法律体系。即使 2008 年新《民事诉讼法》对审判监督程序的诉讼化改造,亦集中对再审申请的管辖、再审事由、提起、法院受理与审查程序、审查期限、再审法院级别等环节进行了较为系统、具体的规定,对于民事抗诉制度的修正仅涉及两方面:其一,抗诉事由的具体化和细化,将抗诉事由与当事人申请再审的事由统一起来;其二,限定法院对抗诉案件再审的期限及再审法院的级别。同年 12 月,最高人民法院公布实施的《关于适用〈中华人民共和国民事诉讼法〉审判监督程序若干问题的解释》亦仅是对于当事人民事抗诉中增加或变更诉讼请求的审理范围确认,以及案件中当事人撤回诉请的法律后果作了补充性规定。2011 年最高人民法院、最高人民检察院《关于对民事审判活动与行政诉讼实行法律监督的若干意见(试行)》系目前对民事抗诉制度中较系统的规定,在内容上涉及人民检察院的调查取证权、抗诉范围、检察建议适用,但均不足以形成系统完整的体系。

此外,最高人民法院自 1995 年以来对人民检察院的抗诉范围方面作出的限制性规定达 11 个,具体情况如表 1 所示:

表 1　1995 年以来对人民检察院的抗诉范围方面作出的限制性规定

序列	施行时间	最高人民法院批复	主要内容
1	1995 年 8 月 10 日	《关于对执行程序中的裁定的抗诉不予受理的批复》　法复[1995]5 号	针对执行程序中裁定的抗诉,不予受理

续表

序列	施行时间	最高人民法院批复	主要内容
2	1995年10月6日	《关于人民检察院提出抗诉按照审判监督程序再审维持原裁判的民事、经济、行政案件,人民检察院再次提出抗诉应否受理问题的批复》 法复[1995]7号	再次抗诉仅由原提出抗诉的上级检察院提出的,法院才予以受理,提高了抗诉机关的级别
3	1996年8月8日	《关于检察机关对先予执行的民事裁定提出抗诉人民法院应当如何审理问题的批复》 法复[1996]13号	针对先予执行裁定的抗诉不符合民事抗诉"事后监督"的特点,故应以书面通知退回抗诉书
4	1996年8月13日	《关于在破产程序中当事人或人民检察院对人民法院作出的债权人优先受偿的裁定申请再审或抗诉应如何处理问题的批复》 法复[1996]14号	针对破产程序中债权人优先受偿裁定的抗诉,不予受理
5	1997年8月2日	《关于对企业法人破产还债程序终结的裁定的抗诉应否受理问题的批复》 法释[1997]2号	针对企业法人破产还债程序终结裁定的抗诉,不予受理
6	1998年8月5日	《关于人民法院发现本院作出的诉前保全裁定和在执行程序中作出的裁定确有错误以及人民检察院对人民法院作出的诉前保全裁定提出抗诉人民法院应如何处理的批复》 法释[1998]17号	针对人民法院作出的诉前保全裁定提出抗诉,不予受理
7	1998年9月5日	《关于人民法院不予受理人民检察院单独就诉讼费负担裁定提出抗诉问题的批复》 法释[1998]22号	针对人民检察院单独就诉讼费负担裁定提出抗诉的,不予受理
8	1999年2月13日	《关于人民检察院对民事调解书提出抗诉人民法院应否受理问题的批复》 法释[1999]4号	针对民事调解书提出的抗诉,不予受理
9	2000年7月15日	《关于如何处理人民检察院提出的暂缓执行建议问题的批复》 法释[2000]16号	针对人民法院生效民事判决提出暂缓执行的建议,没有法律依据

续表

序列	施行时间	最高人民法院批复	主要内容
10	2000 年 7 月 15 日	《关于人民检察院对撤销仲裁裁决的民事裁定提起抗诉人民法院应如何处理问题的批复》　法释[2000]17 号	针对撤销仲裁裁决民事裁定提起的抗诉,不予受理
11	2000 年 12 月 19 日	《关于人民检察院对不撤销仲裁的民事裁定提出抗诉人民法院应否受理问题的批复》　法释[2000]46 号	针对不撤销仲裁民事裁定提出的抗诉,不予受理

上述批复中除法复[1995]7 号关于同一案件再次抗诉的抗诉机关级别问题之外,其余均是关于抗诉机关抗诉范围的批复,说明两点问题:(1)法、检两院在抗诉范围上存在若干分歧,抗诉范围是民事抗诉制度研究的主要问题之一;(2)法院对于检察机关的抗诉具有立案审查权,对于检察机关提起民事抗诉依据不足的,人民法院可按不予受理处理。

(二)实际运行状况①

本调研报告试从民事抗诉案件收、结案情况及类型化基本数据着手,针对民事抗诉案件占再审案件的比重、抗诉意见被采信情况、抗诉案件来源、抗诉事由、抗诉时限等作类型化分析,为民事抗诉制度典型问题提供实证依据。

1. 基本数据分析

(1)关于民事抗诉案件收、结情况的分析(如图 1 所示)。2008 ~2011 年广州中院共新收民事抗诉案件 138 件、审结 140 件,分别占民事再审案件收、结案总数的 17%、16%,民事抗诉案件在民事再审案件中并不居于主导地位。与 2004 ~2007 年新收案件 93 件、审结 82 件的情况比较,2008 ~2011 年收、结案数分别上升 48%、71%,其大幅上升的趋势尚明显;而 2009 年之后,收、结案虽每年仍有波动但基本持平,每年收案数与结案数亦基本保持均衡。数据表明,因自 2008 年 4 月 1 日起实施的新《民事诉讼法》对民事抗诉事由的增加和细化已凸显作用,检察机关提抗数量明显增加。

① 本调查报告的相关数据来自于广州市中级人民法院 2008 年至 2011 年民事抗诉案件的相关数据,集中反映了 2007 年《民事诉讼法》颁布之后民事抗诉案件的审理情况。上述数据的每个检查年度数据均以上年度的 12 月 21 日至本年度的 12 月 10 日。

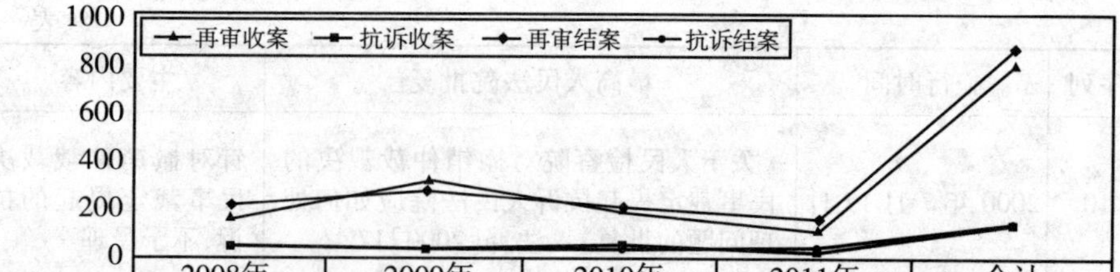

	2008年	2009年	2010年	2011年	合计
再审收案	165	320	210	112	807
抗诉收案	41	30	48	19	138
再审结案	220	278	206	159	863
抗诉结案	45	29	33	33	140

图1　2008～2011年民事抗诉再审案件收结情况图

（2）关于检察机关抗诉成功率的分析（见图2）。2008～2011年审结的140件民事抗诉案件，检察机关抗诉意见未被采信的69件，被采信的39件，因调解、裁定终结再审程序及其他因素无法统计的32件。数据显示，民事抗诉案件除因调解、裁定终结再审程序及其他因素无法认定的之外，抗诉意见被采信率占28%，与再审案件发改率37%相差有9个百分点，说明法、检两院关于民事抗诉程序以及实体法律适用的问题仍存在若干分歧，检察机关的抗诉意见被采信率有待提高。

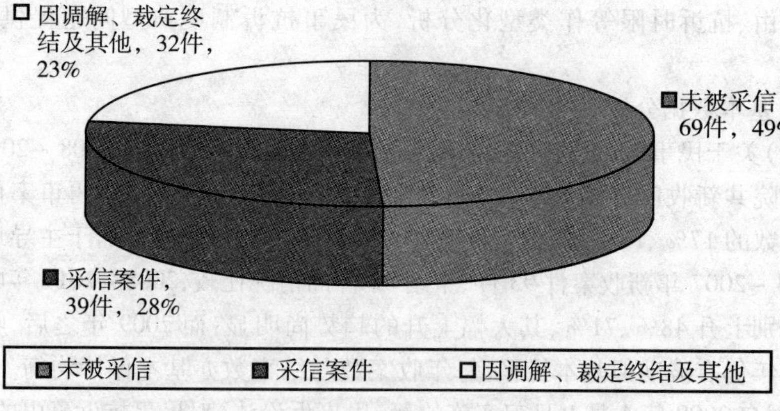

图2　2008～2011年民事抗诉案件抗诉意见采信率统计图

2. 类型化数据分析

（1）关于民事抗诉案件来源及管辖的分析（见图3）。2008～2011年由广州市检针对一审裁判提出的抗诉为46件，占民事抗诉案件审结总数的1/3；由广东省检针对二审裁判提出的抗诉为92件，占民事抗诉案件审结总数的2/3。数据显示，大部分民事抗诉案件均针对已经生效的二审裁判提抗；至于当事人对一审未上诉的裁判在发生法律效力后提出申诉的情形，直到2011年

3 月最高人民法院、最高人民检察院《关于对民事审判活动与行政诉讼实行法律监督的若干意见》出台之后，检察机关才在立案中对当事人未上诉理由进行审查，因此，本次调研数据中并未有相关数据的反映。此外，对于民事抗诉案件的级别管辖问题，《民事诉讼法》第 188 条规定，对于第 179 条第 1 款第 1 项至第 5 项规定情形之一的，可交由下一级人民法院再审。但数据反映，广州市检对一审法院生效裁判提抗的案件，广州中院均直接裁定本院再审审理，并无指令基层法院审理。一方面，法、检两院对一些抗诉事由存在分歧，且目前立法对法院立案审查阶段对于民事抗诉事由的审查权限未有明确规定，导致该条规定适用存在障碍；另一方面，法院对于民事抗诉案件的立案审查并不积极。实际上，笔者认为，对于案外人申诉的民事提抗案件，因大多因涉及追加案外人为当事人导致发回重审的情形，该类案件如符合《民事诉讼法》第 188 条的情形，可由本院在立案审查过程中直接交由下一级人民法院审理，有利于程序公正与程序效率的统一。

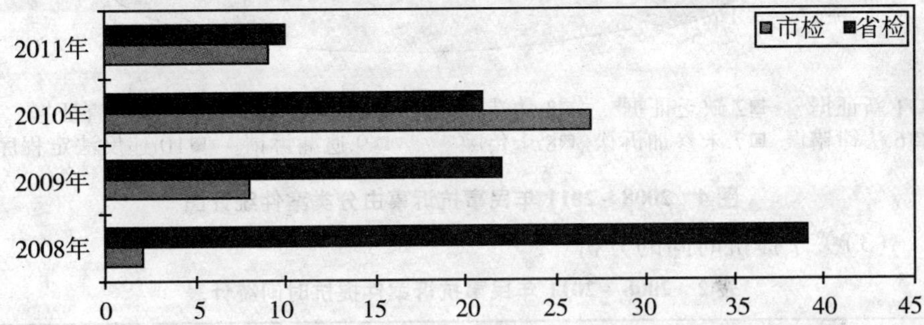

	2008年	2009年	2010年	2011年
■ 省检	39	22	21	10
■ 市检	2	8	27	9

图 3　2008～2011 年民事抗诉案件来源分析

（2）关于抗诉事由的分析（见图 4）。2008～2011 年审结的民事抗诉判决结案的案件中，剔除因调解、终结诉讼及其他处理的 32 件案件之外，通常情形下抗诉机关提抗的每一案件抗诉事由在一个或两个以上，主要事由集中为以下 5 个法定事由，其中“原判决、裁定认定的事实缺乏证据证明”的 77 件，占 57%；“原判决、裁定适用法律确有错误”的 36 件，占 26%；“有新的证据，足以推翻原判决、裁定”的 8 件，占 6%；“原判决、裁定认定事实的主要证据是伪造”的 5 件，占 4%；“违反法定程序可能影响案件正确判决、裁定的情形”的 5 件，占 4%。对于“原判决、裁定认定的基本事实缺乏证据证明”的抗诉事由包括“按现有证据，应当认定不同于已认定事实”及“遗漏认定部分事实”的情形。

据本次调研结果，抗诉事由涉及事实证据方面的92件，占68%，其中又集中于“缺乏证据证明”这一弹性较大的事由，其中涉及新证据的8件。抗诉事由涉及法律适用方面的36件，占19%。一方面，“缺乏证据证明”的抗诉事由过于宽泛，一些抗诉意见并未严格按照新《民事诉讼法》列明的具体事由提抗，而笼统地将其扔进该事由“筐中”，不利于民事抗诉的准确性；另一方面，违反程序的8件，仅占6%，证明民事审判中“重实体轻程序”的观念有了很大改观。

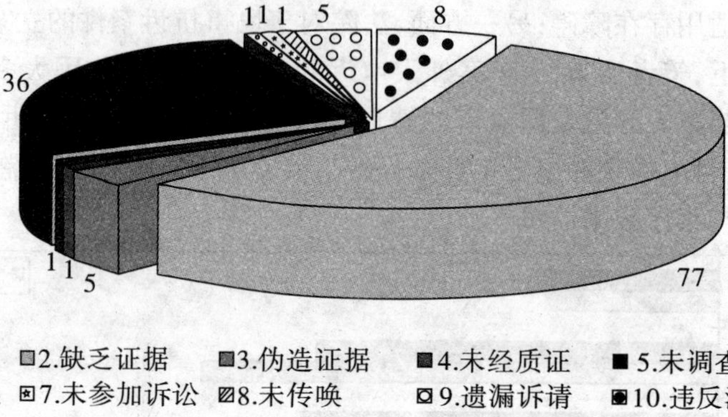

图4　2008～2011年民事抗诉事由分类案件统计图

(3)关于提抗时间的分析。

表2　2008～2011年民事抗诉案件提抗时间统计表

生效时间	案件数(件)	2008年	发改	2009年	发改	2010年	发改	2011年	发改	发改合计	比率
2年以内	70	24	4	14	4	14	5	18	6	19	27%
2～5年	47	15	3	10	3	11	4	11	7	17	36%
5～10年	16	6	0	5	0	2	1	3	2	3	19%
10～15年	6	0	0	0	0	5	0	1	1	1	17%
15年以上	1	0	0	0	0	1	0	0	0	0	0%
合计	140	45	7	29	7	33	10	33	16	40	29%

表2可较明显地反映2008～2011年民事抗诉案件提抗时间与原裁判生效时间差距的问题，其中2年以内提抗的案件为70件，2～5年内提抗的案件为47件，5～10年内提抗案件为16件，10～15年内提抗的案件为6件，15件以上提抗案件为1件。可见，为了保证原生效裁判的既判力，抗诉机关近年来

对于距离原裁判生效时间较长的案件的抗诉审查更为严格。此外,表 2 亦对上述案件的发改情况作一统计,其中 2 年以内提抗的案件发改数为 19 件,2 ~ 5 年内提抗的案件发改数为 17 件,5 ~ 10 年内提抗案件发改数为 3 件,10 ~ 15 年内提抗的案件发改数为 1 件,15 年以上提抗案件发改数为 0 件,亦呈递减趋势。比较上述五个期间的发改率,基本可得出距离原裁判生效时间越长的抗诉案件发改率越低的结论。

3. 反思:典型性问题研究

根据本次调研,我们认为民事抗诉有限限制的典型问题主要集中以下几方面:

(1)厘清:民事抗诉监督权的再界定。

立法对于民事抗诉监督权与民事检察监督权有着清晰的界定。其中,2008 年《民事诉讼法》在总则第 14 条明确规定了民事检察监督权,即"人民检察院有权对民事审判活动实行法律监督";分则第 187 条亦对民事抗诉监督权作出规定,"人民检察院有权对第一百七十九条规定情形之一的生效判决、裁定提出抗诉"。从立法本意看,民事检察监督与民事抗诉监督二者是包含与被包含,某种角度上说亦是目标与实现方式的关系。二者区别如下:其一,功能定位不同。民事检察监督权及于"民事审判活动"中,是国家强制力保证的法律监督权,其在位阶上同于刑事检察监督、行政检察监督;民事抗诉监督权系"事后监督",是人民检察院为实现其民事检察监督权在再审纠错程序中启动再审之诉的方式之一,与审判监督程序中当事人申请再审、本院发现错误进入再审的方式并行。其二,效力范围不同。民事检察监督效力及于整个民事审判活动中,而民事抗诉监督效力仅及于"符合第一百七十九条规定的生效判决、裁定",显然前者效力范围大于后者,后者更强调在民事抗诉程序中实现其功能。其三,实现方式不同。民事检察监督权立足于监督权的实现,除体现在民事抗诉监督权之外,其表现方式还包括民事公诉、[①]民事检察建议[②]等。

关于民事公诉,民事诉讼法明确规定,检察机关为维护公益可以原告身份起诉,但广州中院在司法实践中多年来无一例该种情形。《人民检察院民事

---

① 民事公诉,是指对于特定范围内的涉及侵害国家、社会公共利益或公序良俗的行为,在与之没有直接利害关系的当事人起诉的情况下,检察机关直接以原告的身份向法院提起民事诉讼的一种形式。参见蔡虹:"民事抗诉机制与再审程序关系探析",载《法商研究》2006 年第 4 期。

② 民事检察建议,是指检察机关在履行法律监督职责的过程中,对法院提出的有关纠正错案、改进工作、完善制度等方面的意见、建议和措施。

行政抗诉案件办案规则》第47条、“两高”《关于印发〈关于对民事审判活动与行政诉讼实行法律监督的若干意见〉(试行)的通知》第7条、第9条、第10条对检察建议作出相关规定,包括检察机关提出检察建议的法定情形,如“原裁定确有错误,但依法不能启动再审程序予以救济的”,“庭审活动违反法律规定的”、检察机关对同级法院的再审检察建议、不适用再审程序的检察建议,以及检察建议的程序规定。调查数据显示,民事公诉及检察建议在司法实务中实践力度和范围均有限,尚有待于提高。

由于立法对民事检察监督权的规定空泛抽象、对民事抗诉监督权的规定虽更为具体但未系统化,在理论及实务界二者仍存在混同,导致对民事抗诉监督作出不当或扩大性理解,司法实践中体现为民事抗诉案件中检察机关调查取证权与刑事公诉案件的调查取证权等同、抗诉事由模糊或超出法律规定、抗诉范围扩大的情形。上述民事抗诉监督权扩大化或泛化的现象与独立的民事诉讼程序原则相悖或冲突,实质上减损和否定了民事抗诉制度的独立性,从而引发人们对于民事抗诉制度的质疑。

基于上述讨论,笔者认为,检察机关的民事抗诉限制性问题的讨论应立足于民事抗诉监督权程序意义的定位。首先,民事抗诉制度须符合民事诉讼制度的本质。民事抗诉制度终其本质,是程序化意义的诉讼方式,民事抗诉权是检察机关通过诉讼方式实现法律监督机制的体现,作为民事诉讼活动中再审程序的一部分,须在民事诉讼的制度框架内运行,不悖于民事诉讼程序的基本原则和规律。其次,民事抗诉制度须符合审判监督程序的价值取向。再审程序是作为补充性、救济性程序而存在,一方面,其终极意义在于为正当性判决提供程序救济;另一方面,仍需维护生效裁判的既判力和法律权威。因此,对于当事人自身不当行为导致裁判不公,或是可另行救济的情形不宜通过再审程序解决。再次,民事抗诉制度不能偏离“事后监督”的性质。民事抗诉制度始于裁判生效之后,故其抗诉权的行使亦因自此发生效力。最高人民法院于1996年8月8日作出的《关于检察机关对先予执行的民事裁定提出抗诉人民法院应当如何审理问题的批复》(法复[1996]13号),便是基于民事抗诉“事后监督”的解读而认为检察机关针对先予执行裁定的抗诉缺乏依据。最后,民事抗诉制度需与一审、上诉审、再审的民事诉讼程序协调一致,如对个案抗诉请求的审查不仅要考虑是否与申诉请求一致,尚须考虑是否超出当事人一审、二审的诉求审查范围,以求得民事抗诉程序与一审、二审程序之间的内在统一。

(2)制约:民事抗诉调查权的再审视。

基于检察机关民事抗诉监督的特殊地位,立法及司法实践中对于检察机关在民事抗诉活动中的调查权一直持审慎态度。《人民检察院民事行政抗诉案件办案规则》第 17 条明确规定"人民检察院审查民事、行政案件,应当就原审案卷进行审查。非确有必要时,不应进行调查"。第 18 条则对检察机关可以进行调查的法定三种情形,即法院未合法行使调查取证权、审判人员违反廉洁性规定、存在伪证等三种情形。上述规定因民事抗诉调查权界定不清晰,以及与民事诉讼证据规则当事人主义精神相悖受到非议,最高人民法院、最高人民检察院在 2011 年 3 月的《关于对民事审判活动与行政诉讼实行法律监督的若干意见(试行)》中,对于检察机关的民事抗诉调查权作出调整和修正,规定人民检察院对于已经发生法律效力的判决、裁定、调解,存在以下三种情形可以向当事人或者案外人调查核实:其一,可能损害国家利益、社会公共利益的;其二,民事诉讼的当事人因客观原因不能收集书面申请法院调取,人民法院应调查收集而未调查收集的;其三,民事审判、行政诉讼活动违反法定程序,可能影响案件正确判决、裁定的。

本次调研对于检察机关的抗诉调查权主要包括以下几方面讨论:

第一,检察机关在申诉阶段对案外人所作的调查询问笔录,并以"有新的证据,足以推翻原判决、裁定"的抗诉事由提起抗诉的情形。该类调查询问笔录有以下几个特点:(1)证人与申诉人相识,所作陈述均有利于申诉人一方;(2)证人既未在原审中,亦未在再审庭审中出庭作证;(3)该证人证言无其他相关证据予以佐证。此类证据从性质而言应属证人证言,根据最高人民法院《关于民事诉讼证据的若干规定》第 69 条对证人证言审核认定的规则,因其大多存在"与一方当事人有利害关系的证人证言"、"无正当理由未出庭作证的证人证言"的特质,不得单独作为认定案件事实的依据;况且,该类证据在一审期间已客观存在但当事人未予举证证实,亦不应属于再审"新证据"的范畴。因此,检察机关若仅以该类证人证言作为再审"新证据"的抗诉事由,既不符合证人证言的认定标准,亦不符合"新证据"抗诉事由的认定标准。该次调研结果显示,法院多以"证人未出庭作证"、"其他证据的证明效力高于该证人证言"的方式对上述单一的证人证言未予采信。

第二,检察机关依当事人的申请对于原审法院未调取的证据进行调查取证的情形。首先,该类证据须属法院依职权应予调取的证据。最高人民法院《关于民事诉讼证据的若干规定》第 17 条规定,因当事人申请人民法院调查收集的证据包括属于国家有关部门保存并须人民法院依职权调取的档案材料,涉及国家秘密、商业秘密、个人隐私的材料,当事人及其诉讼代理人确因客观原因不能自行收集的其他材料。因此,对于超出上述规定范围之外的,不属于法院依职权可调取的证据,同样,检察机关在民事抗诉案件中即使因当事人申请也不宜依职权调取上述证据。其次,该类证据应由当事人在原审法院已申请调取或鉴定的证据。若法院未依当事人申请调取相关证据,对当事人的诉讼权利保护不当,检察机关作为抗诉监督权关有权依法调取相关证据;若当事人未在原审法院申请调取证据,根据"证据失权原则",检察机关不应接纳其调取证据的申请,理由是当事人不因申诉获得遭其他程序否定评价的不当救济,且法律程序本身亦存在逻辑自洽的问题。但在调研中仍有少数例子,虽因当事人未在一审、二审申请调查取证,抗诉机关仍将此作为抗诉事由启动抗诉程序,有意思的是,法院对此虽有微词但最终亦未完全依照证据规则作出否定性评价,反而采信了上述再审"新证据"。可见,追求"案件客观真实"、维护公平正义、"有错必纠"的司法理念和价值取向,仍是影响民事抗诉案件处理的重要因素。

第三,在二审判决生效之后产生的证据是否可作为再审"新证据"的认定。基于最高人民法院《关于民事诉讼证据的若干规定》第 44 条再审"新证据"为"原审庭审结束后新发现的证据"的规定,再审"新证据"应为在原审裁判之前业已存在且由当事人主张或举证,但因法院违反证据规则未予采信的情形。目前,判决生效后新生成的证据是否属"再审新证据"在理论及实务界仍存在诸多争议。其一,对于原审已发生或存在的事实或证据而在判决之后形成的书证、鉴定结论、评估,因其是对原审既存证据的替代证据,该类证据往往更接近于客观事实,且足以证明原审事实或证据存在瑕疵,故应作为"再审新证据"使用。其二,大部分判决生效后新生成的证据不能作为再审新证据使用。从程序保障的角度来说,在生效裁判作出后出现的事由是未发生的且当事人无法主张的事实,以此新事实阻却之前生效裁判自然不妥。比如,因新事实的发生引发的抚养费、探视权、后续医疗费问题,因其系在原审裁判之后出现新的事实或证据,不可作为再审新证据启动再审程序,而应通过另行诉讼的方式解决。因此,对于该种情形,笔者认为,检察机关不宜将二审裁判生效之后产生的证据作为"再审新证据"提起抗诉。

(三)重构:民事抗诉事由的再考量

民事抗诉事由是民事抗诉制度的核心。从 1991 年现行民事抗诉制度的建立,到 2008 年新《民事诉讼法》的修订以及 2008 年 11 月最高人民法院《关于适用〈中华人民共和国民事诉讼法〉审判监督程序若干问题的解释》(以下简称《审判监督解释》),均将民事抗诉再审事由作为修订的重要内容。较之前,2008 年新《民事诉讼法》在架构上保留了原民事抗诉事由的分类,即包括事实认定、法律适用、程序不当，以及审判人员枉法裁判四方面，并对"认定事实的主要证据不足"、"违反法定程序，可能影响正确判决、裁定的"抗诉事由作了细化和具体化。其中事实认定方面的抗诉事由具体化为"有新的证据，足以推翻原判决、裁定的"；"原判决、裁定认定的基本事实缺乏证据证明的"；"原判决、裁定认定事实的主要证据是伪造的"；"原判决、裁定认定事实的主要证据是未经质证的"；"对审理案件需要的证据，当事人因客观原因不能自行收集，书面申请人民法院调查收集，人民法院未调查收集的"等方面。程序方面的抗诉事由具体化为"违反法律规定，管辖错误的"；"审判组织的组成不合法或者依法应当回避的审判人员没有回避的"；"无诉讼行为能力人未经法定代理人代为诉讼或者应当参加诉讼的当事人，因不能归责于本人或者其诉讼代理人的事由，未参加诉讼的"；"违反法律规定，剥夺当事人行使辩论权利的"；"未经传票传唤，缺席判决的"；"原判决、裁定遗漏或者超出诉讼请求的"；"据以作出原判决、裁定的法律文书被撤销或者变更的"。上述抗诉事由的细化使得其在审判实务中更具可操作性，程序方面的事由规定被视为追求程序公正的体现。对于"原判决、裁定适用法律确有错误"新《民事诉讼法》虽未作细化，2008 年《审判监督解释》第 13 条对其作出补充性的解释，即"适用的法律与案件性质明显不符的"；"确定民事责任明显违背当事人约定或者法律规定的"；"适用已经失效或尚未施行法律的"；"违反法律溯及力规定的"；"违反法律适用规则的"；"明显违背立法本意的"。

民事抗诉事由解决的是检察机关在何种法定情形下有权提起抗诉的问题，其边界界定必然影响到民事抗诉权的行使，但目前民事抗诉事由在司法实践中仍存在尚待考量的问题。

(1)关于事实认定方面的抗诉事由。首先，对于抗诉事由"原判决、裁定认定的基本事实缺乏证据证明的"、"原判决、裁定认定事实的主要证据是伪造的"、"原判决、裁定认定事实的主要证据未经质证"的立法表述，因"缺乏证据证明"、"主要证据"、"事实"未作准确界定，易造成认定标准及在实务操作不统一的情形。其次，关于"有新的证据，足以推翻原判决、裁定的"抗诉事由。基于最高人民法院《关于民事诉讼证据的若干规定》第 44 条再审"新证据"为"原审庭审结束后新发现的证据"的规定，再审"新证据"应为在原审裁判之前业已存在且由当事人主张或举证，但因法院违反证据规则未予采信的情形。但如上文所述，再审"新证据"问题一直是民事诉讼证据规则中的难点问题，不可避免地影响到检察机关抗诉事由中"新证据"的认定亦存在争议。

(2)关于违反法定程序的抗诉事由。新《民事诉讼法》将管辖错误、审判组织不合法、违反回避、辩论制度等均纳入再审事由,是对"重实体轻程序"传统观念的矫正。但上述程序性事由并非均应作为检察机关启动再审的直接事由,理由如下:其一,对于审判组织不合法、违反回避制度、未经传票传唤缺席判决的、剥夺无民事行为能力人的法定代理人或应当参加诉讼的当事人参与诉讼权利的、原判决、裁定遗漏或者超出诉讼请求的、据以作出原判决、裁定的法律文书被撤销或者变更的,因直接关涉到审判组织的合法性、当事人诉讼权利的保护、裁判依据的变更,可能影响到案件的正确裁决,故应作为抗诉机关直接启动再审的事由。其二,对于管辖错误、违反辩论制度的,经审查虽存在程序违法,但并非必然影响到案件实体处理的,此类案件即使因抗诉进入再审亦不会确立新的民事法律关系,从维护既判力及节约诉讼成本的角度出发,不建议检察机关以此为抗诉事由提抗。但基于检察机关基于检察监督权可依检察建议的程序针对上述程序违法的情形提出建议和意见。

(3)关于违反审判人员廉洁性方面的事由。从民事抗诉制度通过诉讼化方式实现法律监督的特质而言,该项事由超出了民事抗诉监督的范畴,应属民事检察监督范围。况且,审判人员违反廉洁性规定导致影响案件正确裁判的,均可归结到事实认定错误、法律适用错误或违反法定程序的事由中,并不影响检察机关抗诉权行使的合法依据,故该事由可不纳入民事抗诉案件的事由。但检察机关仍可基于民事检察监督权对违反审判人员廉洁性行为提出检察建议。

(四)调整:民事抗诉范围的再规范

民事抗诉范围解决的是检察机关对哪种类型的案件应当允许提起抗诉。但检察机关抗诉范围是否及于所有的生效裁判,当事人未上诉即生效的一审裁判,经抗诉维持的原生效裁判,超出 2 年期限的裁判是否均应纳入抗诉范围,仍存在诸多争议。

(1)关于发生法律效力的判决、裁定及调解是否均属于民事抗诉范围的问题。2008 年《民事诉讼法》第 185 条规定,检察机关抗诉监督的案件范围及于已经发生法律效力的判决、裁定。1999 年 2 月 13 日最高人民法院作出的法释[1999]4 号《关于人民检察院对民事调解书提出抗诉人民法院应否受理问题的批复》,明确了针对民事调解书提出的抗诉,不予受理。但 2011 年 3 月的《民事、行政审判监督意见》第 5 条作出扩充性规定,基于抗诉权公益性原则考虑,认为检察机关对于损害国家利益、社会公共利益的已经发生法律效力的民事调解应当提出抗诉。但长期以来,法、检两院对于可抗诉的裁判客体是存在分歧的。最高人民法院自 1995 年至 2000 年专门作出 10 个批复,针对检察机关对已经发生法律效力的调解书、诉讼费裁定、诉前保全裁定、破产还债程序中的终结裁定及优先权裁判、先予执行裁定、执行程序中的查封财产裁定、中止诉讼裁定、暂缓执行裁定、撤销仲裁裁决裁定,不予撤销仲裁裁决裁定等情形,认为均不属于检察机关提抗的对象。

对于上述问题,理论及实务界仍存在相左的观点。一种观点认为,民事抗诉监督应当及于整个民事诉讼活动过程,故所有生效裁判均应列入抗诉的对象。另一种观点则认为,民事抗诉监督是检察机关在再审纠错程序中启动再审之诉的"事后监督",故检察机关仅对纳入审判监督程序范围的相关裁判可提起抗诉,管辖异议、财产保全、先予执行等裁定属审判过程中的程序性裁定,应排除在民事抗诉范围之外,最高人民法院作出的相关 10 个批复即持此观点。笔者基本同意第二种观点,理由如下:其一,审判权与法律监督权应相互独立、互相制约。在现行法律框架下,检察机关的民事抗诉监督权与法院的审判权均源于宪法与法律的授权,检察机关基于国家公权力通过诉讼程序对法院实现监督权,法院则依法享有独立的审判权,不受任何国家机关、组织或个人的左右。制度设定的目标一方面要肯定和维护民事抗诉监督权存在的积极意义;另一方面亦要尊重法院的独立审判权,在法律框架下规范民事抗诉监督权的行使。因此,为了保证法院审判的独立性,对于不影响当事人实体利益及重大程序利益的裁判,不属于抗诉范围。故除不予受理裁定、驳回起诉裁定之外,其他裁定包括驳回申请再审的裁定均不应纳入抗诉范围。其二,民事抗诉监督权属"事后监督",对于执行中的裁定,诉前财产保全裁定、先予执行裁定等中间性裁定,因不涉及法院的终局认定,不应纳入抗诉范围。其三,民事抗诉范围尚需与民事诉讼程序中相关制度契合。对于一裁终决的裁判,如依照特别程序、督促程序、公示催告程序、破产还债程序中作出的裁判,民事诉讼法未予设置上诉程序,若出现情势变更的情形法院可依职权撤销原裁判或认定自动失效,故此类情形亦不适用民事抗诉。

(2)关于一审当事人未上诉即生效的判决、裁定是否属民事抗诉范围的问题。司法是国家解决社会冲突、保障社会主体权益的最后一道防线,法治原理假设了这个活动的权威性并依规律设计了保障其裁判正确的司法程序,但不允许司法机关以外的国家机关直接对司法机关的裁判做出具有法律效力的否决,因而司法对社会冲突所作的裁判是最终裁判,具有终局性。[1] 因此,法律对于已经发生法律效力的裁判非经严苛的程序不予变更,否则有损于裁判

---

① 陈卫东:"我国检察权的反思与重构",载《法学研究》2002 年第 2 期。

的权威性。裁判的终局性之一体现在一审裁判因当事人未在法定期限内提起上诉即自上诉期限届满发生法律效力。从某个角度而言,当事人未在法定期限内提起上诉,应视为其接受一审裁判的结果,该裁判因而获得最终性和不可争执性。“两高”《关于对民事审判活动与行政诉讼实行法律监督的若干意见》第4条对于当事人在一审判决、裁定发生法律效力后提起申诉的情形,应符合“当事人未提出上诉有正当理由的”条件。该规定符合民事诉讼的诉讼机理,但因立法未对“正当理由”进行界定,实务操作中存在理解及标准不一的情形。对于“正当理由”,笔者倾向认定为“非当事人自身过错造成的”理由,即仅因客观或其他因素导致当事人未在法定期限内提起上诉的,法律基于程序公正,以及保护当事人诉讼权利和义务的平等性给予其申诉的诉讼权利救济。此外,当事人在主张“正当理由”时,必须向检察机关提供足以认定“非其主观过错”的相关证据。除此之外,对于“当事人未提出上诉虽无正当理由”检察机关仍提抗的情形,该条规定未明确法院的审查范围及权限,希望能在新《民事诉讼法》关于民事抗诉程序的修订中予以补阙。

(3)关于民事抗诉的次数及期限。民事抗诉权的主要功能之一即赋予检察机关再次启动程序的权力。但众所周知,民事抗诉权的实现在一定程度上是以损害裁判的既判力和确定性为代价的,且一味地追求“纠错”并将诉讼演变成永无止息的战争,不仅浪费了大量的司法成本,亦不利于已确定民事关系的安定。1995年10月6日,最高人民法院《关于人民检察院提出抗诉按照审判监督程序再审维持原裁判的民事、经济、行政案件,人民检察院再次提出抗诉应否受理问题的批复》(以下简称《批复》)(法复[1995]7号),认为上级人民检察院对下级人民法院已经发生法律效力的民事、经济、行政案件提出抗诉的,无论是同级人民法院再审,还是指令下级人民法院再审,凡作出维持原裁判的判决、裁定后,原提出抗诉的人民检察院再次提出抗诉的,人民法院不予受理。原提出抗诉的人民检察院的上级人民检察院提出抗诉的,人民法院应当受理。该《批复》实质上限制了同一检察机关对同一案件的再次抗诉权,但为了保证民事抗诉监督机制的作用,保留了原提出抗诉的人民检察院的上级人民检察院抗诉权的行使。从民事纠纷解决的时限性、诉讼成本,以及程序的安定性、裁判的终局性等多方面因素考虑,笔者认为,可规定检察机关以同一抗诉事由提起的抗诉,以一次为限。

现行《民事诉讼法》对抗诉的时效未作限制,仅对当事人申请再审的期限限定为两年且为不变期限。司法实践中,对于检察机关超出两年期限抗诉的亦存在两种观点:其一认为法律既无明文规定,检察机关不受抗诉期限的限制;其二认为法律仅保护当事人两年的申请再审期限,当事人并不因向检察机关申诉获得权利的扩张,故检察机关亦应受两年期限的限制。广州市中级人民法院作出的[2010]穗中法审监民抗再字第34号卢燕与被申诉人谭卫民等房屋合建合纠纷案,当事人在广州市天河区人民法院作出一审判决后提起上诉,后又撤回上诉,表示服从一审判决,却在距离生效裁判11年之后向检察机关申诉并由检察机关提起抗诉,本案涉及当事人达45人,其中原案两名当事人已死亡。基于上述情形,法院以其超出法律规定的两年申请再审期限为由,终结该案再审程序。据本次调研数据,自2008~2011年检察机关在生效裁判发生法律效力的两年内提起民事抗诉的为70件,占民事抗诉案件总数的二分之一,从各统计期间来看,距离生效裁判生效时间越长提抗案件越少,距离生效裁判15年以上的提抗案件仅为一件。从发改数据来看,距离生效时间越久的裁判发改率越低。从上述数据来看,距离生效裁判时间较长的抗诉案件,与案件质量的高低并无相关联性,且抗诉意见被采信率亦较低,可见未加限制的抗诉时限并未受到良好的法律效果及社会效果。

三、结语:从整合到契合的道路

民事抗诉有限限制问题不仅仅是民事抗诉制度的自身问题,究其根源,仍须还原于再审制度、民事诉讼制度乃至法律监督机制的设置问题,其制度设计的深刻含义及价值取向远非本文所能涵括。本调查报告所作的初期实证研究所要表明的态度是:一方面,肯定宪法与民事诉讼法关于民事检察监督权对于实现程序有效监督,以及促进当事人权益的合法救济的积极意义;另一方面,对于民事抗诉有限限制问题进行梳理和分析,在充分考虑法律运行的内在机理的基础上,促进民事抗诉制度自我整合与自我完善,最终探究出一条内部制度契合统一、多元互动的司法模式。

论削减法院审查冲突的抗诉

福建省高级人民法院 刘振宇

自1991年《民事诉讼法》颁布以来，民事抗诉制度已历时二十多年，其间理论界对该制度颇有争议，认为抗诉代表国家支持一方当事人，破坏了民事诉讼当事人地位平等的基本原则，应当弱化甚至取消该项制度。但是，2007年10月，第十届全国人民代表大会常务委员会作出了《关于修改〈中华人民共和国民事诉讼法〉的决定》，对我国审判监督程序进行了修改完善，仍然保留民事抗诉制度。根据中国现阶段的国情，法院与检察院之间分工负责，互相制约，才能保证准确有效地执行法律。在法院依法独立行使审判权的基础上，对审判权进行适当监督，已逐渐成为人们的共识。抗诉对促进公正司法，仍起着一定的作用。本文试着从审判监督方式对比的角度出发，分析民事抗诉存在与完善的必要性。

一、审判监督的目的

抗诉属于审判监督的一种方式，讨论抗诉应先明了审判监督的目的。人类的任何活动都带有一定的目的性，审判监督也不例外。对民事审判监督程序设置的目的，学术界存在着多种观点。云南省高级人民法院王树良等人撰写的《关于我国民事再审目的之思考》中，将目前学界对民事再审目的的主要观点归纳为四种。一是纠错说，即纠正已经发生法律效力裁判中的错误；二是监督说，即有权机关、人员对法院生效判决的失误进行监督纠正；三是解决纠纷说，即通过该程序使当事人之间的矛盾纠纷得以解决；四是救济说，即对生效裁判中被忽略或被侵害的正当权利进行救济。其文在分析四种学说的基础上，进一步提出自己的观点，认为民事再审的目的应当是兼顾依法纠错和妥善化解纠纷。① 笔者认为，作为一种非常救济程序，审判监督是民事诉讼一审、二审之外的特别程序，是针对确有错误的生效裁判而启动的另一套救济程序，从而维护司法公正。解决纠纷、权利救济，不能说不是审判监督的目的，但这是整个民事诉讼程序的大目的，而不是审判监督这一特别程序设置的主要目的。如果只是为了解决当事人之间的纠纷，保护当事人的合法权益，那么一审程序就可以实现；如果是为了纠正一审裁判中的错误与不足，那么设置二审程

① 许前飞主编：《审判监督程序的改革与完善》，人民法院出版社2011年版，第61～63页。

序也可以解决。为什么要在一审、二审程序之后再设置一道审判监督程序呢?孟德斯鸠说过一句名言:“一切有权力的人都容易滥用权力,这是万古不易的一条经验。有权力的人们使用权力一直到遇有界线的地方才休止。”按理说,法官按照程序认定事实和适用法律,靠的是其专业知识和丰富经验,由此作出的裁判一般来说是正确的。但受客观条件所限,认识不足、办案出错也在所难免。如果法官裁判不公,甚至玩忽职守、滥用裁判权,那该怎么办呢?因为是终审,当事人就没有上诉权了,失去制约监督的权力就有可能被滥用。为了防止权力被滥用,人们总是殚精竭虑,不断完善程序设计,使再聪明的智者在程序运行下也只能做好事,不敢做坏事。于是《民事诉讼法》就设置审判监督程序,来对终审裁判权进行制约,以保障二审案件能够得到最公正的审理与判决。所以,虽然再审有纠正错误、解决纠纷与权利救济的价值,但设置该程序的主要目的应该是制约终审裁判权,防止终审裁判权被滥用。

二、审判监督的方式

既然审判监督的目的是监督制约终审裁判权,那么由谁来行使监督权(或说制约权)呢?广义上讲,人大机关、纪检部门、社会媒体、人民群众都有权对二审终审裁判进行监督,但狭义上的民事审判监督权应该是依照《民事诉讼法》的规定来行使。《民事诉讼法》第177条、第179条、第187条、第188条规定了审判监督程序中启动再审的主体。虽然启动再审的裁定最终都是由法院作出,但大家一般将再审的启动依不同主体分为三种情形:一是法院依职权决定再审;二是检察机关抗诉启动再审;三是当事人(或与生效裁判结果有利害关系的案外人)申请再审。其中,当事人申请与通常民事诉讼程序中的起诉权和上诉权不同,它并不必然导致再审程序的启动,启动再审是一种公权力,而不是私权利,这是我国再审职权主义的特点。所以,真正行使审判监督权的是两个部门:检察院和法院。当事人申诉只是为法院决定再审与检察院抗诉提供线索,但这并不意味着再审案件都是由法院和检察院主动依职权启动的。恰恰相反,实践中引发再审最主要的缘由是当事人的申诉。一般人都有一定的惰性,“各人自扫门前雪,哪管他人瓦上霜”,那种专门寻找他人案件裁判错误的事毕竟不多见,而当事人的权益与案件的判决结果息息相关,如果终审判决后,当事人的权益仍受到侵害或没有得到保护,只要有机会,其一般都会不遗余力地要求救济。所以,案件当事人的申诉(或申请再审)虽然只是提供启动再审的线索,但却引发再审最主要的因素。这也是本文想要探讨的,如何设置处理当事人申诉(或申请再审)的程序,才更科学、更合理。

《民事诉讼法》向当事人提供了两条救济错误终审裁判的途径。一条途径是向检察院申诉,由检察院向法院提出抗诉;另一条途径是向上一级法院申请再审。当然,各级法院的审判委员会也可以决定本院的案件进入再审程序,但《民事诉讼法》修订后,这种案件已经不多了,而且也可以归入法院系统的监督,今天我们不作更深入的探讨。那么,对生效裁判行使监督权的就主要是检察院与终审裁判的上一级法院。根据审判监督主体的不同,本文将这两种审判监督方式分别称为“抗诉”与“法院审查”。

三、法院审查与抗诉的现状

虽然在审判监督中,“抗诉”与“法院审查”两种方式是并行的,但法律对两种监督的规定却不大一样。《民事诉讼法》对抗诉的规定跟 1991 年的一样,只有 4 条,都比较原则,而对法院审查的规定却增至 10 条,而且比较详细。《民事诉讼法》规定,当事人对已经发生法律效力的判决、裁定,认为有错误的,可以在 2 年内向上一级人民法院申请再审。人民法院应当自收到再审申请书之日起 5 日内向对方当事人送达申请书副本,3 个月内审查完毕,需要延长的,报院长批准。当事人的申请符合第 179 条规定情形之一的,裁定再审;不符合规定的,裁定驳回申请。因为比较详细、有章可循,许多当事人对二审判决不服,更多的是向上一级法院申请再审,要求权利救济。近年来,法院受理申请再审的案件不断增加,以福建省为例,2007 年,向省高级人民法院申诉的民事案件只有 165 件,2008 年申请再审案件数上升为 475 件,2009 年达到 1650 件,2010 年、2011 年分别为 1939 件和 1436 件。相应的,因上一级法院的指令而进入再审程序的案件也呈迅速增长趋势。2007 年、2008 年,福建省高级人民法院指令 9 个中院再审的案件分别只有 9 件、13 件,2009 年上升为 49 件,2010 年猛增至 301 件,2011 年又增至 345 件,占当年全省中级人民法院民事二审生效裁判数的 2.26%。而对应的抗诉再审案件数变化并不明显,2007 年至 2011 年全省高级人民法院受理的抗诉案件数分别为 115 件、88 件、185 件、94 件和 128 件。

四、法院审查中的冲突

按照法律规定,上级法院对下级法院的生效裁判,经审查后发现确有错误的,有权提审或者指令下级法院再审。上级法院在开展审查工作中,发现了如此多应当再审的案件(当然也有一些进入再审的裁判不一定有错),那么,我们是否应该再加强法院对生效裁判的审查力度呢?下面我们来分析一下法院审查中出现的一些冲突。

(一)审查量的冲突

当事人向法院申请再审,不用交纳诉讼费,只要提供再审申请书等材料即可,成本很低,而且有申必立,有申必复。需交纳上诉费时当事人还要上诉,现在二审败诉了,申请再审还不用交纳诉讼费用,为什么不申请呢?于是,很大一部分二审判决的案件都涌向省高级人民法院,大量的申请再审案件与有限的审判资源之间产生了冲突。本来应该主要负责指导和监督工作的省高级人民法院,变成了处理大量具体纠纷的法院,省高级人民法院审查民商事生效裁判的工作量与工作效率甚至超过了一审法院,由于法官精力有限,审查案件很难再出精品,更像是流水线上的产品。许多申请再审被简单处理后驳回,而裁定进入再审的案件情况也不容乐观。

(二)提审的冲突

按照法律规定,上级法院审查后有权提审,申请人也希望上一级法院提审,但现实中为什么提审的案件很少呢?根据法院立审分离的原则,法院一般会将审查工作与再审工作分由不同的业务部门负责,如在福建省高级人民法院,审查工作由立案二庭负责,再审工作由审监庭负责。审查其实跟审理一个案件差不多,也要经过阅卷、听证、合议、裁定等程序,有些甚至还要经过审委会讨论。如果裁定提审,基本上可以认定原审裁判有错,但提审后却由另一个业务庭负责处理。要再次阅卷、开庭、写报告、合议一次,这样不仅造成司法资源浪费,还会导致后面审理的法官有抵触情绪,既然结论都定了,为什么还要再次审理呢?如果两个业务庭的意见一致,还好处理;但如果两个业务庭对案件的处理意见产生分歧,那么提审后便会出现尴尬的局面。提审本是为了解决矛盾,但同时也是提起矛盾。提审法官不负责解决矛盾,不想提审的再审法官却要负责解决矛盾,这样就产生了冲突。维持有悖提审法官的意见,改判却有悖再审法官的意见。对当事人来讲,盖同一个法院的公章,两种意见是难以理解与接受的。本为解决纠纷的提审裁定,却成了再审判决的拦路石,使再审陷入困境。即使审查与再审意见有冲突,为维护司法的统一性,再审法官也不能维持原判,只能发回重审。2010 年,福建省高级人民法院审监庭审结提审案件 17 件,其中调解 3 件,改判 5 件,发回重审 9 件;2011 年审结提审案件 23 件,调解 10 件,改判 5 件,发回重审 8 件。两年中没有一件提审案件维持原判。为了避免冲突的发生,上级法院负责审查的业务庭除硬性规定外(如经过审委会讨论的案件不能指令再审),一般会将认为裁判有误的案件指令下级法院再审。

(三)指令的冲突

提审有冲突,再指令再审呢?为了防止出现尴尬局面,也为了防止矛盾上移,上级法院在审查后发现原审裁判有误,一般都会指令下级法院再审。上级法院认定原审事实认定或适用法律有误,指令下级法院再审,下级法院再审后还能维持原判吗?理论上讲一般是不能的。但是,现实情况如何呢?以福建省为例,2010 年,9 个中级人民法院审监庭审结省高级人民法院指令再审案件 250 件,其中,维持 35 件,改判 116 件,发回重审 66 件,其他处理 33 件(含调解、撤诉等);2011 年,审结指令再审案件 355 件,其中,维持 96 件,改判 103 件,发回重审 96 件,其他处理 60 件(含调解、撤诉等)。从以上数字可以看出,指令再审后又维持的案件数很多,省高级人民法院指令的意见与中级人民法院再审后的处理意见并不完全一致,甚至可以说有较大的差异。省高级人民法院指令再审,中院再审后许多案件又维持原判,这到底是上级法院的指令不对,还是下级法院的再审错了呢?但不管是哪一级法院出错,人们都会认为是法院的处理不对,或说再审很不严肃,这就会损害法院的形象,影响司法的公信力。请注意,还有很大一部分案件中院再审后又发回基层法院重审,为什么原来二审可以下判,再审后反而事实不清呢?这其中难免存在一些因省高级人民法院指令后中级法院难以处理的情况,只好找个理由发回基层法院重审。福建省十一届人大四次会议上,10 名人大代表曾联名提出建议,要求严格依法再审,杜绝无休止的再审和发回重审。

这些冲突的出现,不得不让人反思,为什么再审率这么高,再审后的处理结果却又不那么令人满意呢?那么,我们就要将其与另一种审判监督方式(抗诉)相比较。

五、抗诉的相对优势

有些学者认为抗诉是对法院独立审判的干预,但这种观点是片面的。抗诉虽能启动再审,但却不能决定一个案件如何判决,它只是一种再审启动权,或者说是改判建议权,最后行使审判权的仍然是法院。因此,抗诉在本质上体现了权力相互制约的法治思想。上级法院的审查是监督,检察院的抗诉也是监督,同为审判监督,因抗诉而进入的再审却不会产生上述那些冲突与尴尬。检察院的抗诉不仅可以分流法院审查的工作量,它还具有以下优势:

(1)主体更加中立。抗诉与法院审查都是审判监督,监督的对象都是生效裁判,但抗诉属系统外的监督,法院审查属系统内的监督。法院审查权一般由上级法院行使,虽然,上级法院与下级法院之间有别,但毕竟同属法院系统,上下关系十分密切,特别是目前下级法院由上级法院考核,案件审判实行庭长、院长管理及重大疑难案件由审判委员会决定的体制,[①]上级法院的监督很

① 张学武:"我国民事再审程序启动主体的反思与重构",载中国民商法律网,2012 年 5 月 20 日访问。

容易受到来自系统内方方面面的影响。有时因为上下级法官关系较好,该再审的案件就有可能在审查中被排除在外。而抗诉是一种系统外的监督,相对比较超脱,不容易受人为因素的干扰,这种制约结构更能确保对生效裁判分析的中立性。

(2)文书更加透明。法院审查后认为当事人申请有理的,会制作再审裁定书;检察院审查后认为当事人申诉有理的,会制作抗诉书。两者同为启动再审的法律文书,但相比起来相差很大。检察院的抗诉书一般会分析原审在事实认定与法律适用等方面的错误,提出抗诉的理由与法律依据,法院与当事人收到抗诉书后一目了然。但法院再审裁定书就显得十分简单,一般只讲原审有误,依照《民事诉讼法》哪一条(一般都是第179条)裁定再审,对哪里有误、为什么启动再审?裁定书均不会作更多的分析说明。如果是指令下级法院再审的案件,上级法院除了制作裁定书外,一般还附有一份内部函,这份内部函当事人看不到,但对案件的处理却起着决定性的作用。以上对比可以看出,对于当事人来说,抗诉启动再审比法院审查启动再审更加透明。

(3)范围更加明确。《民事诉讼法》没有明确规定民事再审案件的审理范围,但在实践操作中,却是比较明确的。对于法院审查后决定再审的,审理范围将会涵盖当事人申请的方方面面。对于因检察院抗诉而启动再审的案件,按照最高人民法院2001年《全国审判监督工作座谈会关于当前审判监督工作若干问题的纪要》和2008年《关于适用〈中华人民共和国民事诉讼法〉审判监督程序若干问题的解释》的相关规定,审理范围应围绕抗诉的内容进行审理,抗诉内容与当事人申请再审理由不一致的,原则上应以检察机关的抗诉书为准。这样,抗诉案件的审理范围基本上被限定在抗诉书范围内,审理范围十分明确。而且,当事人一些无理的申诉请求经审查后被排除在抗诉书之外,抗诉案件的审理难度与法院提审或指令再审案件相比也相对要小。

(4)制约更加平衡。法院审查后启动再审程序,对前面的裁判权形成制约,但是,裁定结论同时也会对后面的再审形成制约。虽然再审裁定没有对原判进行分析说明,但依据的法条也会告诉人们原判是事实认定错误,还是法律适用错误。如果再审判决维持,法院的两次意见就会发生冲突,损害到司法权威,这在前文也作了详细分析。而且,法院审查本身不受监督,指令再审的权力同样可能被滥用。这种"先定后审"的制约格局并不完全符合诉讼规律。抗诉启动的再审就不会产生这样的冲突,检察院以抗诉启动再审程序,实现了对法院审判活动的监督,但这种权力只是改判建议权,仅到启动再审程序为止,抗诉是否成立,它还要受到上一级法院对抗诉意见的评判,是否改判,最终由法院决定，就算再审维持原判，人们一般也会认为抗诉不对，不会损害法院的司法形象。作为检察机关的工作人员，要监督民事审判业务精通的法官，他们也都比较谨慎，这对当事人滥用申请再审权也是一种制约，防止造成司法资源浪费。这样，抗诉对终审裁判权进行制约，再审又对抗诉进行反制约，由此形成了检察权和审判权之间的权力制衡。平衡的制约将权力滥用的可能性挤压到最小空间。

六、完善抗诉程序的建议

通过以上分析，我们可以看出，抗诉作为一种系统外的审判监督，与法院审查启动再审相比，有其独特的优势和作用。为减少法院审查与再审之间发生过多冲突，我们不仅不能取消抗诉制度，还应通过立法不断完善抗诉程序，通过检察院的监督，来分流上级法院对生效裁判审查的数量，最大限度地促进司法公正。

(1)明确检察院审查的时限。目前如此多的申请再审案件涌向上级法院，主要原因是法院审查比较规范，不仅要发受理通知书，向对方送达申请书副本，还要求在3个月内审查完毕，当事人一目了然。要想分流法院的审查案件，必须在立法上对检察院的申诉审查进行规范，否则群众也不知道检察院到底有没有审查，什么时候审查完毕？只好转向法院申请再审。当然，作为法律监督机关，检察院对民事裁判的审查不可能像天天办案的法官那么娴熟，但也应该有个时间限制，以便当事人更好地向检察院行使申诉权。对当事人申诉的审查，建议《民事诉讼法》规定检察院在收到当事人的申诉书之日起6个月内审查完毕。

(2)明确当事人申诉的时间。《民事诉讼法》第184条规定，当事人申请再审，应当在判决、裁定发生法律效力后6个月内提出，但对申诉却没有时间限制。没有时间限制就没有紧迫感，所以，当事人过了多少年以后还可以向检察院要求抗诉。为了规范检察院的申诉审查，《民事诉讼法》应当规定，当事人向检察院申诉的，应在法院判决、裁定发生法律效力后6个月内提出，超出期限的，检察院不予受理。检察院超过期限抗诉的，法院不予受理。这样，可以促进当事人积极行使自己的申诉权利，保证法院裁判的稳定性。另外，一审裁判后，当事人非因客观原因无法上诉而直接申诉的，检察院也不应受理。

(3)规范出具抗诉文书。《民事诉讼法》规定，法院对再审申请书审查后，认为符合法定情形的，裁定再审；不符合法定情形的，裁定驳回。这样，当事人的申请是否得到法院的支持就很清楚。而《民事诉讼法》规定检察院决定抗诉的要制作抗诉书，但对不提出抗诉的却没有明确规定，这样，是否抗诉的等待变得遥遥无期。当事人因为法律对法院审查的规定比较明确而更愿向法院申请再审。笔者认为,《民事诉讼法》同样应当明确规定,检察院不予抗诉的也要制作决定书,明确答复当事人,让其了解程序的进展情况及不予抗诉的理由。

(4)单线运行审判监督。上级法院大量的审查容易与后面的再审发生冲突,而检察院的抗诉也可以实现审判监督的功能,作者认为,可以尝试单线运行审判监督制度,即取消当事人向上级法院申请再审的权利,改为当事人不服生效裁判的,只能向检察院申诉,由检察院审查后决定是否提出抗诉,启动再审程序。从法律监督的角度出发,检察院审查也是对当事人申诉权利的重视,也能有效保护当事人的合法权益。当然,应当规范检察院的申诉审查,认为有理的,提出抗诉,认为无理的,决定不予抗诉,同时由审查人员做好息诉工作。

衡平与制约:民事抗诉制度之再完善

云南省昭通市中级人民法院 陆 瑜 段琼梅

法律监督是检察权的固有属性,《宪法》、《民事诉讼法》及《人民检察院组织法》则从宪法和法律的高度赋予了检察院对法院民事审判活动进行法律监督的权力。这种法律监督主要是通过检察院对法院已经发生法律效力的民事判决、裁定,发现存在再审事由提出抗诉,由法院再审的形式进行。从民事抗诉实务来看,此制度涉及诉权、抗诉权与审判权三者的角色定位和职权配置,虽然该制度在现实运行中确实存在不少问题,但在对检察院法律监督机关的宪法定位没有改变之前,任何废除民事抗诉制度的主张都是不现实和不可行的。而今年年初最高人民检察院、最高人民法院出台的《关于对民事审判活动与行政诉讼实行法律监督的若干意见》(试行)(以下简称《法律监督若干意见》),传递出"两高"加强而不是削弱民事抗诉工作的声音,该意见对民事抗诉中检察院的调查取证权、一审民事抗诉的限制、再审检察建议的提出、出席再审法庭的任务、抗诉权与审判权的相互监督等方面有了新的突破,为民事抗诉实务中的一些问题提供了解决之道,但该意见毕竟是"两高"相互妥协的结果,对于建立完善的民事抗诉制度还远远不够。故本文将从民事抗诉实务出发,探讨如何从理念上改变检察官和法官对民事抗诉制度的认识,合理吸收《法律监督若干意见》的有益成分,从机制上完善民事抗诉制度和合理制约民事抗诉权,达到民事抗诉权与审判权和当事人诉权的平衡和优化配置,真正发挥民事抗诉制度维护司法公正和司法权威,保障国家法律统一正确实施的作用。

一、现实:民事抗诉实务情况①

(一)民事抗诉案件的数量及审理情况

1. 民事抗诉率地区差异明显

2008~2010年,全国法院共审结民事一审案件17,291,640件,全国各级检察院提出民事抗诉案件25,250件,占0.15%。同期,西部某省各级法院共审结民事一审案件316,969件,全省各级检察院提出民事抗诉案件1154件,占0.36%,高出全国0.21个百分点;西部某市各级法院共审结民事一审案件21,323件,检察院提起民事抗诉案件118件,占民事结案总数的0.55%,高出

---

① 本节所用数据来源于司法统计。

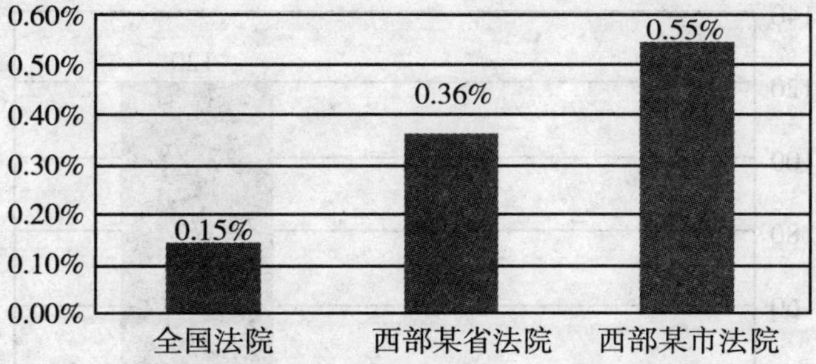

图 1　2008～2010 年民事抗诉率

西部某省 0.19 个百分点，高出全国 0.4 个百分点。（如图 1 所示）

2.《民事诉讼法》修改后部分法院民事抗诉案件激增

就全国整体而言，近三年民事抗诉案件呈现稳中略有下降的态势，与民诉法修改前相比，并未出现民事抗诉案件上升的情况，而是有明显下降。①　但从西部某省和某市的情况看，出现《民事诉讼法》修改后民事抗诉案件激增的态势（如图 2、图 3 所示）。就西部某省和某市法院来说，《民事诉讼法》修改后民事抗诉案件的成倍增长或可说明《民事诉讼法》的修改激发检察院更加重视民事抗诉工作，增强了法律监督力度；亦可说明《民事诉讼法》的修改唤醒了民众的维权意识，更多当事人通过向检察院申请抗诉的形式启动再审，从而达到其诉讼目的。

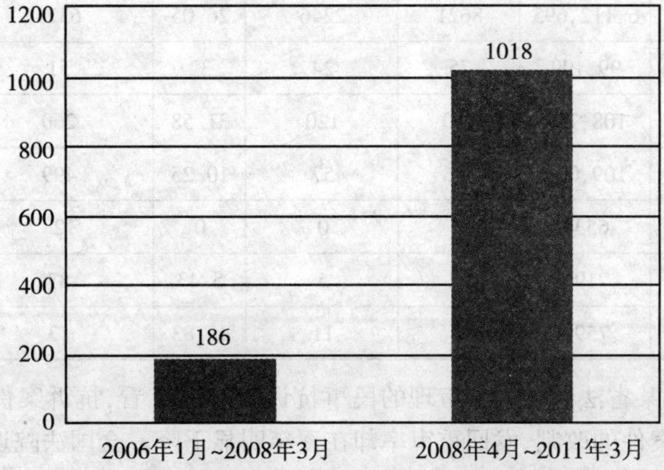

图 2　西部某省法院民诉法修改前后审理民事抗诉案件对比图

① 据统计，全国法院每年受理的民事抗诉案件为：2006 年 9936 件，2007 年 9211 件，2008 年 8519 件，2009 年 8497 件，2010 年 8234 件。

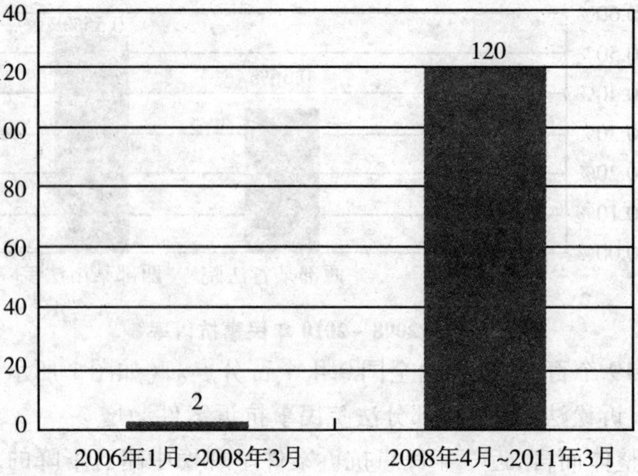

图3　西部某市法院民诉法修改前后审理民事抗诉案件对比图

3. 民事抗诉案件改判发回重审比例不高

表1　民事抗诉案件裁判情况表

区域	年份（年）	一审民事审结案数（件）	抗诉案件结案数（件）	改判发回重审案件数（件）	比例%	维持撤诉及其他处理案件数（件）	比例%
全国法院	2009	5,797,160	8653	2506	28.96	6147	71.04
	2010	6,112,695	8621	2246	26.05	6375	73.95
西部某省法院	2008	99,199	75	24	32	51	68
	2009	108,761	380	120	31.58	260	68.42
	2010	109,009	556	57	10.25	499	89.75
西部某市法院	2008	6534	2	0	0	2	100
	2009	7199	92	5	5.43	87	94.57
	2010	7590	24	11	45.83	13	54.17

从西部某省法院近三年审理的民事抗诉案件情况看，抗诉案件逐年大幅上升，但是案件的改判、发回重审率却在逐年明显下降。全国法院近两年审理的民事抗诉案件的改判、发回重审率也出现了小幅下降。民事抗诉再审案件的改判和发回重审率的高低直接反映出民事抗诉的质量，以上统计数据证实了就全国平均情况而言，近几年民事抗诉质量非但没有提高反而有所降低。当然，由于民事抗诉案件各地分布不均，案件质量也有所差异，就某一较小范围来说也可能出现民事抗诉案件改判、发回重审率较高的情形，如西部某市法

院2010年的民事抗诉改判、发回重审率就远远高于当年全国和全省平均水平。

(二)民事抗诉再审案件的程序运行情况

1. 民事抗诉案件的启动程序

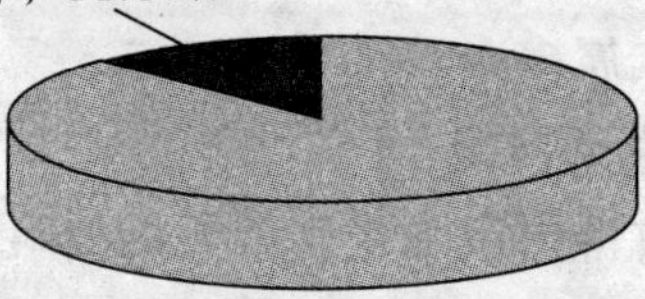

图4　西部某市法院民事抗诉再审案件来源图
(2008年4月～2011年3月)

以西部某市为例，民事抗诉再审案件源于两个途径：一是针对基层法院的一审生效民事裁判，由市检察院审查基层检察院的提抗申请后支持抗诉而向市中院提出抗诉，中院裁定再审交由审监庭审理。二是针对市中院作出的民事裁判，省检察院审查市检察院的提抗申请后支持抗诉而向省法院提出抗诉，省法院按照《民事诉讼法》第188条的规定裁定指令中级法院再审。但如图4所示，西部某市法院2008年4月后所审理的民事抗诉再审案件绝大部分来源于省法院指令再审，这表明《民事诉讼法》修改后，尽管检察院提高了民事抗诉的监督层级，但绝大多数案件以指令再审的形式再次回到原审法院，而并非由上一级法院进行再审。

2. 民事抗诉案件检察院的出庭情况

西部某中级法院审理的民事抗诉案件检察官的出庭包括两种情况：一种是市检察院派员出席由其抗诉的案件或接受省检察院的指派出席由省法院指令再审的案件；另一种是省检察院指派检察官出席由省法院指令中级法院再审的案件。在派员人数上，有一人或二人的区别。在庭审标志设置上，出庭履职的检察官一般是坐在支持申请抗诉一方当事人的旁边，并在其前面放置抗诉机关的标识牌。庭审中，先由出庭的检察官宣读抗诉书，法庭辩论结束后发表出庭意见，检察官不参与法庭调查。

二、辨析：民事抗诉存在的问题

(一)理念失衡、定位不正确

1. 检察院对民事抗诉权的理解偏差

检察院在民事抗诉中存有忽视法院裁判既判力和司法权威以及民事再审例外救济程序的性质，奉行实事求是、有错必纠的指导思想，强调绝对纠正错案，轻视程序的相对性、客观性及其独立的公正价值、效率价值以及当事人程序性权利保障价值的现象。

2. 法院对民事抗诉权的理解偏差

据调查，部分法官认为法院内有纪检监察部门的监督，外有党委、政府、人大、政协、上级法院、新闻界以及公民的监督，而民诉法已赋予当事人申请再审权，同时民事工作不是检察院的专业，以非专业监督专业无法保证抗诉质量，因此检察院的民事抗诉监督权实属多余。

（二）民事抗诉制度设计存在的问题

1. 检察院依职权启动民事抗诉再审不受当事人诉权限制

根据《民事诉讼法》的规定，检察院启动民事抗诉再审程序并不需要当事人向检察院提出抗诉申请，也不论已生效的裁判是涉及当事人个人的民事权利、义务还是涉及国家、集体、第三人的合法权益，只要检察院发现已发生法律效力的民事案件具有《民事诉讼法》规定的再审事由，即可启动抗诉再审程序。在我国审理的民事案件绝大多数为涉及当事人个人私权利的案件的情况下，检察院不加限制地依职权启动民事抗诉再审程序，既有违当事人自由行使处分权原则及意思自治原则，也有违民事诉讼的根本目的。

2. 民事抗诉权缺失公权力的有效制约

根据《民事诉讼法》的设计，民事抗诉必然启动再审程序，抗诉既不受当事人诉权的制约，法院也毫无审查筛选过滤的权利保障功能和既判力原则下的阻却功能。而检察院在"实事求是，有错必纠"思想的指导下，使得很多存在小瑕疵的民事案件被启动再审，启动再审程序的不确定性增加，法院生效裁判的稳定性受到威胁。民事抗诉权作为检察监督权的一部分，实际上是一种公权力，没有相应的公权力对之进行必要的制约，必然会导致该种权力的滥用。

3. 抗诉再审启动时限的无限性造成法律适用上的不统一

《民事诉讼法》未规定检察院提起民事抗诉的时限和当事人向检察院申请抗诉的时限，民事判决、裁定发生法律效力后，当事人可在任何时候申请检察院抗诉，检察院也可以在任何时候启动民事再审程序，而当事人向法院申请再审时限为两年，同一案件因走的途径不同，就有可能根本改变其最终结果，造成法律适用上的不统一。

4. 现行抗诉审级模式不利于提升案件质量和审理效率

《民事诉讼法》关于民事抗诉案件由作出终审生效裁判法院的上一级法院审理及民事抗诉案件可以交由下级法院审理的规定，使民事抗诉再审案件一方面呈"倒金字塔"形式挤压到司法顶层，不利于将矛盾化解在基层；另一方面呈环型转圈，增加了办案环节，影响到再审案件的审理效率和质量。

(三)民事抗诉实践运行中存在的问题

1. 民事抗诉质量不高

(1)检察院对民事案件审查不严，业务不精。

检察院从事民事抗诉的检察官民商事专业法律素养的先天缺失以及将提抗率作为业绩考评指标的做法，直接导致对抗诉条件的把握不严，对案件事实的审查不够，对法律规定的理解不深，民事抗诉程序被随意启动，笔者前文所做的分析也证实了实践中民事抗诉的准确率并不高。

(2)法院审判监督庭职责庞杂，人员配置不合理。

法院的审判监督庭在职责上通常负责民事、行政、刑事再审案件及发回重审案件的审理，办理减刑、假释案件，进行案件评查等一系列庞杂业务，无法保证再审业务的专一性。在人员配置上，"新手"法官占有绝对数量，欠缺具有多年审判实践经验的资深法官；也未形成民事、刑事、行政专业再审合议庭，再审法官不仅是"新手"还是"多面手"，如此人员配置也使再审案件质量在一定程度上受到质疑。

2. 调查取证权的错位

司法实践中，检察官审查时一般都会进行相应的调查取证工作。一方面，帮助其进行内心确认，判断是否提起抗诉；另一方面，因为检察官不可能在庭审中出示证据，为保证抗诉成功，检察官则会把相关证据信息告诉申诉人，再由申诉人或委托的律师去调取证据，然后由申诉人或律师向法庭出示。民事抗诉再审除去涉及国家利益、社会公共利益的之外，说到底还是当事人双方私权利的博弈，检察院不加限制的调查取证和为一方当事人提供证据信息的做法有违检察院在民事抗诉再审程序中的中立性和"谁主张，谁举证"的民事诉讼基本原则。

3. 检察院在庭审中的地位尴尬

民事抗诉再审案件庭审中，对于出庭检察官的位置和履职任务《民事诉讼法》都没有明确规定，似乎出庭检察官随便找个位置坐下宣读抗诉书就算完成了出庭任务，在法庭调查及法庭辩论阶段不能有所作为，甚至对于被申诉人对检察院的抗诉行为提出当庭质疑时也未作回应，[①]《民事诉讼法》程序设计上的疏漏导致了检察院在庭审中的尴尬。

---

① 应秀良："民事抗诉案件的审理范围与诉答程序"，载《人民司法·应用》2011年第11期。

三、应对：民事抗诉的理念定位与制度完善

（一）民事抗诉理念的准确定位

1. 树立“依法纠错”的民事抗诉理念

“实事求是、有错必纠”作为党的思想路线无疑是正确的，但是在具体的诉讼领域实行起来，则有可能混淆客观真实与法律真实的界限，导致纠纷解决的永无休止。[①] 在民事抗诉案件中，检察院如果一味追求绝对的客观真实，不仅使当事人的权利义务总是处于不稳定状态，也损害了程序安定性和司法权威。但是，如果生效判决确实严重违反诉讼程序，影响到裁判公正或者实体上存在严重错误，法院为维护既判力一概不允许推翻确有错误的裁判，既不符合公众的正义观，也有悖于诉讼公正。民事抗诉程序的司法纠错功能所能达到的只能是尽可能贴近客观真实的法律真实，其根本目的在于实现司法公正，对此，检察院、法院具有共同的价值取向。所以，检察院应当树立“依法纠错”的民事抗诉理念，正确发挥法律监督作用；法院不仅应当自觉为检察院抗诉提供便利，而且再审时也要正确对待原审裁判进行“依法纠错”。

2. 检察院应审慎行使民事抗诉权

（1）检察官应当理顺纠错思路

检察院在立案环节无须审查原判决、裁定是否有错，只要当事人的申请符合法定的受理条件，就应当予以立案。立案后，经过实质审查，认为原判决、裁定、调解（按《法律监督若干意见》的规定，[②]此处的调解仅指当事人认为调解违反自愿原则或调解协议内容违反法律，依照《民事诉讼法》第182条的规定申请再审被法院驳回后向检察院申请抗诉的情形）可能存在错误，即经过检察院的严格审查确定当事人的申请具有法律明确规定的再审事由的情况下，才能提抗进行再审。而对于没必要启动再审程序进行再审的瑕疵案件及一般性错误案件，则不应启动再审程序，而是向法院发出检察建议。

（2）应加强检察官“依法纠错”的能力

实践中刑事抗诉（包括二审抗诉和再审抗诉）的成功率远远高于民事抗诉，[③]借鉴刑事诉讼监督的做法，检察院有必要将民事诉讼监督专业化，配备

---

① 江西省高级人民法院课题组：“民事再审制度改革的实证研究”，载《审判前沿问题研究——最高人民法院重点调研课题报告集》，人民法院出版社2007年版，第194页。

② “两高”《关于民事审判活动与行政诉讼实行法律监督的若干意见》（试行）第8条第2款规定：“人民检察院经审查认为原生效判决、裁定、调解符合抗诉条件的，应当提出抗诉。”

③ 以西部某省为例，2008年至2010年，其民事抗诉案件的改判、发回重审率为18.28%，刑事二审抗诉为53.12%，刑事再审抗诉为28.57%。说明检察院民事抗诉质量不高受其专业性质的影响明显。

一支业务精、素质好、综合能力强的民事监督检察官队伍，提升检察官依法纠错能力，在案件审查上找准着力点，吃透法律规定，理顺整个流程，该抗则抗，该调则调，提高民事抗诉质量和做好服判息诉工作。

(3)检察院应慎重启动民事抗诉程序

检察院应当把维护司法权威及纠正错误裁判作为其不可有所偏颇的两项职责，努力寻求维护法院裁判的既判力与保障当事人权利之间的平衡点，竭力维护司法公正。民事抗诉程序的启动动摇的是已经发生终局效力的司法裁判，这一程序频繁提起的危险还在于其可能动摇某个当事人乃至社会群体对司法权威的合理期待和基本信任。因此，检察机关在行使民事抗诉权时，维护司法权威显得尤为重要，审查环节应当严格把关，启动再审程序应当慎之又慎。建立"应当抗诉"责任制度及"错误抗诉"责任制度①以保证检察院的抗诉质量，至于哪些情形属于应当抗诉而未抗诉以及哪些属于错误抗诉则应由法律明确界定。

3. 法院应当正确看待民事抗诉权

(1)法官应理顺民事抗诉再审思路

民事抗诉审查阶段，对于检察院的调卷等工作，法院要尽可能提供便利，坦然接受监督。一旦检察院提抗启动再审程序，法院要本着客观公正的态度，正确评价原审裁判，既不护短，也不盲目改判，只有那些确有错误(有《民事诉讼法》明确规定的改判情形)的案件才必须改判。经过程序的一再反复，此阶段的调解工作对于彻底解决纠纷和化解双方当事人之间的矛盾显得尤为重要，再审法官应予以特别重视。

(2)应加强法官的"再审"能力

法官在相对固定的业务范围内水平容易达到较高层次。② 要提升法官的"再审"能力，笔者认为：一是法院内设的审判监督庭应当只负责再审案件的审理；二是审判监督庭应当由具有5年以上其他业务庭审判经验的法官组成；三是审判监督庭应当分设民事、行政、刑事等合议庭，并由相关领域业务较精的审判人员担任审判长，总体上把握案件质量。

---

① 王燕："民事抗诉程序的缺失与补救攻略"，载《人民司法·应用》2011年第7期。

② 王秀叶："审判监督与再审的司法定位"，载《思考与探索：我们走过的路》，法律出版社2008年版。

(二)民事抗诉制度的完善

1.民事抗诉权的规制

(1)诉权对抗诉权的制约和监督。

笔者认为,当事人提出再审申请应成为启动再审程序的主导和基础,除涉及国家利益、社会公共利益的案件以及已经法定程序(包括经相关刑事法律文书确认和经纪律处分决定确认)确定审判人员在审理案件时有贪污受贿、徇私舞弊、枉法裁判行为的案件由检察院依职权提起抗诉而外,检察院的抗诉权实际上应受制于当事人的申请再审之诉权。这种制约表现为:一是在程序启动方面,除去上文所提特殊情形,没有当事人的申请,检察院不得依职权启动再审程序。二是在审查范围方面,检察院仅针对当事人的申请再审事由及请求范围进行审查,确认其是否符合启动再审程序的实质条件。但是在审查过程中,如果发现存有检察院可依职权启动再审事由的,则不受申请事由的限制,即使申请人撤回申请,检察院仍可依职权启动再审程序。三是在再审过程中,申请抗诉人经传票传唤,无正当理由拒不到庭,或者未经法庭许可中途退庭的,或者申请抗诉人明确表示放弃再审的,只要不损害国家利益、社会公共利益的,检察院应尊重申请抗诉人意愿,向法院撤回抗诉。

(2)审判权对抗诉权的制约和监督。

尽管民事抗诉针对的是法院已生效的民事裁判,启动的再审程序是对法院既往裁判的评判,但这并不意味着法院在此过程中只能保持沉默,欠缺公权力制约的抗诉权极易被滥用,用审判权制衡抗诉权确有必要。

一是分流抗诉审查权。实践证明启动民事抗诉再审程序完全由检察院决定并不恰当,应当适当分流抗诉审查权。《法律监督若干意见》在这方面有了新突破,规定检察院对符合再审情形的案件,先向同级法院提出再审检察建议,法院收到建议后,在3个月内进行审查并回复检察院,检察院认为法院不予再审的决定不当的,才提请上级人民检察院提出抗诉。在检察院提出抗诉前设置一个向法院发出检察建议,再由法院自查的环节,实际上是分流了民事抗诉审查权。笔者认为,在现行《民事诉讼法》框架下,如此规定,不仅检察院可以更加清楚地了解案件情况,而且法、检两家在此过程中的沟通有助于发现症结所在,过滤掉大部分无抗诉必要的案件,在此基础上由检察院提抗启动再审会更加慎重和具有针对性,能更好地发挥民事抗诉程序的纠错功能。

二是再审过程中审慎行使审判权。对于进入再审的民事抗诉案件,法院依法采纳检察院的抗诉意见,对确有错误的原审裁判进行改判是民事抗诉再审程序纠错功能的体现。但以下几种情况则体现了审判权对抗诉权的制约:第一,法院审理后认为原审裁判程序、实体处理并无不当,应否定检察院抗诉意见,判决维持原判。这里有一种情况应引起重视,《法律监督若干意见》第8条第2款“检察院经审查认为当事人申请再审被法院驳回的原生效判决、裁定、调解符合抗诉条件的,应当提出抗诉。法院经审理查明,抗诉事由与被驳回的当事人申请再审事由实质相同的,可以判决维持原判”的规定。笔者认为,同一案件通过当事人向法院申请再审被裁定驳回已解决完毕,又由检察院以同质的理由提起抗诉进而再审实在是浪费有限的审判资源,并会使矛盾进一步叠加到法院,对于这种情形,检察院不应提起民事抗诉,而是做好申请抗诉当事人的服判息诉工作。故对于被法院裁定驳回再审申请后,当事人又向检察院申请抗诉的,只有检察院经审查认为原生效裁判符合抗诉条件且与被驳回当事人的申请再审事由不同质的,才能提出抗诉。第二,法院审理后认为原审裁判程序及实体处理存在微小瑕疵,可以通过其他方法补救且不影响当事人权益保护的,也应判决维持原判,但应以法院的名义向检察院发出书面函,详细列明维持的理由及所采取的补救措施,争取检察院与法院达成共识,做好当事人的服判息诉工作。

(3)抗诉权应受的其他合理限制。

①受时限限制。

笔者认为,无限期的民事抗诉只会导致司法裁判永远处于不确定状态,司法权威也会消失殆尽。因此,有必要对抗诉时限作限制,即当事人向检察院申请再审,自知道或应当知道再审事由起3个月内,但是自判决、裁定生效之日起超过2年的不予受理。同时规定自判决、裁定生效之日起未满1个月的不得申请再审,为当事人提供一个“思考期”,冷静地作出选择。检察院依职权提起抗诉再审的案件除严重损害国家利益、社会公共利益的案件外,也应当受两年的时效限制;同时对于审判人员在审理案件时有贪污受贿,徇私舞弊,枉法裁判行为的,自审判人员的该违法行为经法定程序确定之日起3个月内,检察院可依职权抗诉。

②受生效裁判的审级限制。

实践中不乏当事人故意放弃上诉权,待一审裁判生效后直接向检察院申请抗诉而由检察院提起抗诉的情况。笔者认为,民事抗诉权具有一定的救济性功能,但民事抗诉再审程序属于事后救济程序,按照我国《民事诉讼法》的设计,两审终审是民事诉讼的基本制度,当事人只有用尽起诉权和上诉权后其权利仍然得不到正确保护的情况下才能动用申请抗诉权。除非出现下列情形：一是法院失误未告知当事人享有上诉权，使当事人错过上诉期的情形；二是出现一审裁判生效前虽已存在，但当事人因客观原因不知晓并足以推翻一审裁判的证据的情形；三是一审裁判生效前不存在，一审裁判生效后出现并足以推翻一审裁判的证据的情形，对于当事人放弃上诉权直接向检察院申请抗诉的，检察院不得提起抗诉。

2. 民事抗诉权对审判权的制约

当事人的申请再审权或提出再审之诉权均直接指向作出生效裁判的法院，此种权利实际难以受到切实保障。[①] 为防止权力滥用，必须用权力制约权力。对于法院已生效且确有错误的民事裁判，由同是司法机关且具有法律监督权力的检察院通过提起民事抗诉再审进行纠错，正是公权力制约公权力的体现。作为再审中的第三方，检察院因与再审案件毫无瓜葛，更容易做到客观、中立和公正，这不仅能获得当事人对法院裁判信任度的提升，转移当事人对法院的矛盾，[②]也可以借此有效保护当事人权益，体现维护司法公正的终极目标。[③] 司法实践中，检察院相当重视启动民事抗诉再审程序，但却存在对轻视抗诉再审过程进行法律监督的现象。笔者认为对再审庭审过程的法律监督应是民事抗诉权的有机组成部分，出席再审的检察官应本着高度负责的态度，认真听审，总结抗诉经验；对于再审活动违法的，应在休庭或庭审结束后及时向检察长报告以检察院名义向法院提出检察建议，这在《法律监督若干意见》第13条第3款中有明确规定。检察建议对于避免再审出现新错误具有良好的预防作用，法院对此要有清醒认识，对于检察建议必须予以高度重视，对照检察建议检省再审活动是否有违法之处，有则改之，且不管有无，均应及时形成书面意见经院长签发后回复检察院。

3. 完善民事抗诉制度还应明确的几个问题

(1)抗诉审级模式的确定

笔者认为，为了保留现行《民事诉讼法》对民事抗诉审级设定中的优势，

---

① 以西部某省为例，2008年至2010年共收到申请再审案件5169件，外加来信来访中当事人反映要求再审的23,826件案件，共28,995件，占民事一审生效案件的9.14%，最后人民法院经审查进入再审程序的只有1059件，占当事人申请再审和要求再审案件数的3.6%。也就是说法院每年判决的民事案件中，有近一成的案件当事人要求再审，而在这些案件中真正能够进入再审程序的案件不到半成，这说明通过当事人申请再审的方式所起的纠错作用微乎其微。

② 例如，2010年经检察院做工作，全国检察系统共有44,021件民事案件当事人服判息诉，说明检察院在民事抗诉审查中的服判息诉工作效果明显。

③ 冯仁强、谢梅英："民事抗诉程序立法宗旨与再审之诉制度的改革"，载《人民检察》2007年第9期。

同时避免抗诉案件向顶层挤压和再审案件呈环型转圈的不足，在吸收《法律监督若干意见》分流民事抗诉审查权有益成分的基础上，可建立同级申请同级建议同级再审上级提抗上级再审的民事抗诉审级模式，即当事人只能向与作出生效裁判的法院同级的检察院提出抗诉申请；检察院审查后认为符合抗诉条件的则向同级法院发出再审检察建议，法院必须在3个月内进行自查，并书面回复检察院，符合再审条件的，则由法院启动再审程序；同级检察院认为法院不予再审的决定不当的，则提请上级检察院提出抗诉，上级检察院启动的再审抗诉，上级法院不能再指定由下级法院再审。

(2)检察院的有限调查取证权

在民事抗诉中，检察院应以据卷审查为主，通过阅卷和听取双方当事人的诉辩主张，发现原审中存在的问题，以实现履行审判监督的职能目标，对于与民事争议实质内容有关的证据，应本着"谁主张，谁举证"的举证原则，由当事人收集、提供并承担举证责任。检察院除调查证明审判人员在审理案件时有贪污受贿、徇私舞弊、枉法裁判行为的证据和涉及国家利益、社会公共利益的证据外，不能主动进行调查取证。而《法律监督若干意见》第3条第2~3项关于检察院可以向当事人或案外人调查核实法院依当事人申请应调查收集而未调查收集以及法院审判活动违反程序的证据的规定使检察院的调查取证权过于扩张，会破坏当事人诉讼权利平等原则和辩论原则，造成诉讼结构的失衡。笔者认为，上述两项规定失当，应予以修改。

(3)确定检察官在庭审中的法律地位

庭审设置可采用圆桌审判的方式，在审判席的对面设置抗诉机关标识牌，出庭的检察官与法官对面而坐，双方当事人亦按不同的标识牌相向而坐。出庭检察官依法只具有民事抗诉启动权和再审过程监督权，其在庭审中应保持中立，不应倾向于任何一方当事人。在此基础上，出庭检察官的出庭任务包括：一是宣读抗诉书；二是回应被申诉人对检察院抗诉行为提出的质疑，但不参加法庭调查和法庭辩论；三是对再审过程进行监督；四是对于依职权提抗的案件，应向法庭出示损害国家公共利益、社会公共利益以及审判人员在审理原审案件时有贪污受贿、徇私舞弊、枉法裁判行为的证据，而检察院在审查抗诉申请过程中收集的其他证据材料不能作为证据在再审中出示，否则极易破坏抗诉机关的中立性和民事诉讼双方当事人的平等地位。

四、结语

就我国现实的司法需求而言，民事抗诉制度应当保留，但不论是公权力还是私权利，缺乏制约都会被滥用。重新定位民事抗诉理念，通过监督和制约，特别是对抗诉权的规制,达至抗诉权、审判权和当事人诉权三者的平衡,实现民事抗诉资源的优化配置,不失为完善民事抗诉制度的有效途径。笔者对此作了一定的思考和探索,希望对促进我国民事抗诉制度的进一步发展能有所裨益。

论协同主义语境下民事抗诉再审案件的证明标准

四川省高级人民法院　何　利
最高人民法院　何东宁

引言:民事抗诉再审案件呼唤证明标准

据不完全统计,2008～2011 年,全国各级法院共审结民事抗诉再审案件33,924 件。检察机关提起抗诉事由(抗诉时涉及多项事由)涉及证据类问题的30,113 件,涉及法律适用错误的19,651 件,涉及程序类和其他问题的5127件,其中改判8096 件,占23.8%;发回重审2308 件,占8.2%。面对这些数据,我们不得不感叹,虽然人民法院和人民检察院都是维护公平正义和法治尊严的司法机关,但是基于工作职责任务的不同,所带来的法律思维定式、职业培训模式、审视问题角度的不同,进而形成了对司法政策与效果的把握程度、法官自由裁量权的认同层面、通过证据推导案件事实的逻辑方法之间的差异性。特别我国的民事抗诉证据立法以及理论研究非常薄弱,对抗诉案件涉及的证据调查、举证责任、证据审查认定、证明标准等问题,几乎没有涉及,即便偶有论及,大多也是浅尝辄止,有隔靴搔痒之感。形成了法理研究、法律规定、司法实践、公众认知之间的严重脱节。

走出这种困境的有效途径之一就是加强人民检察院和人民法院之间的沟通与协作,统一人民检察院、人民法院和案件当事人对民事抗诉案件再审改判证明标准的认识。因此,对民事抗诉中的证明标准进行深入的研究和探讨,显得特别重要而迫切。[①] 特别是在民事检察监督理念转为现代协同主义理念[②]的背景下,对民事抗诉再审案件证明标准的诠释和对民事抗诉再审改判证明标准的明晰与完善,愈显得非常必要。

一、民事抗诉再审案件证明标准的法理分析

(一)前提——对证明标准的基本把握

证明标准是司法实践中非常重要的规范,任何一个诉讼案件的审判,都必然涉及证明标准问题,裁判者只能根据法律设定的证明标准,判断承担证明责任的一方对案件事实的证明是否达到规定的证明标准,进而决定是否支持其

① 蔡福华著:《民事抗诉问题研究》,中国检察出版社2011 年版,第117 页。

② 汤维建:“民事检察监督制度的八大‘转向’”,载正义网“诉讼监督论坛”,2012 年6 月20 日访问。

诉讼主张或请求。

1. 证明标准的内涵

何为证明标准？两大法系的传统观点不同。英美法系体现了当事人主义观点。英国学者摩菲认为，证明标准是负有证明责任的一方当事人，就其主张的事实予以证明应达到的水平、程度或量，即证明标准是为了避免遭到于己不利的裁判，负有举证责任的当事人履行其责任必须达到的法律所要求的程度。[①] 美国学者艾里欧特认为，证明标准是指"承担举证责任的当事人举证的分量相对于对方当事人举证分量来说，应当超过多少"。[②] 澳大利亚学者雷斯认为，证明标准是负有证明责任的当事人使其所举证据应达到具有某种说服力的程度。[③] 大陆法系国家体现的是职权主义观点，其内心确信的证明标准指证据的取舍和证明力的大小，以及案件事实是认定，均由法官根据自己的良心、理性自由判断，形成确信的证据制度。[④] 例如，《法国民事诉讼法典》第308条明文规定："接受还是拒绝接受有争议的文书，由法官依其掌握的材料定之。"

我国学者认为，证明标准又称证明要求、证明任务，是指诉讼中承担证明责任的人提供证据对案件事实加以证明所要达到的程度。当当事人提供的证据达到了证明标准，就意味着当事人完成了证明责任，他提出的主张就会成立，不因待证事实的证明问题受到诉讼中的不利益；相反，如果当事人提供的证据未能达到证明标准，就意味着他没有完成证明责任，他的主张将不会成立，会因待证事实的证明问题受到诉讼中的不利益。[⑤]

2. 证明标准的实质判断主体

从理论上讲，证明标准是当事人提供证据证明事实需要达到的程度，其实质上是法官判断和认定事实时达到的程度。证明标准的判断主体是法官或其他事实认定者而非诉讼当事人。[⑥]

3. 证明标准的理论意义

证明标准在诉讼过程中具有重要的意义，它是诉讼证明活动的方向和准

---

① Peter Murphy, *A Practical Approach of Evidence*, Blackstone Press Ltd., 1992, p. 104.

② 卞建林、郭志媛："论诉讼证明的相对性"，载《中国法学》2001年第2期。

③ Peter Gillies, *Law of Evidence in Australia*, Legal Books International Business Communication Fty Ltd., 1991, p. 64.

④ 刘金友主编：《证明标准研究》，中国政法大学出版社2009年版，第80页。

⑤ 樊崇义主编：《证据法学》，法律出版社2004年版，第304页。

⑥ 罗兰："关于民事诉讼证明标准的几个基本问题"，载樊崇义主编：《诉讼法学研究》（第7卷），中国检察出版社2004年版，第118页。

绳,指导着当事人和事实认定者实施正确的诉讼行为。[①]

(1)证明标准是当事人承担证明责任的行为尺度。按照证明标准的要求,当事人知道何时应当举证,以支持自己的主张或者反驳。

(2)证明标准是事实认定者决定具体事实是否真实的认定准则。通过对当事人提供的证据,当事实认定者认为这些证据对待证事实的证明满足了证明标准的要求,则认定该事实为真;反之,则认定该事实不真实。

(3)证明标准也是诉讼中事实认定程序终结的标志。[②] 从程序角度而言,诉讼中对案件事实的追求达到特定的程度和临界点后,事实发现程序即告结束。

4. 证明标准的实践功能[③]

证明标准对于事实举证者和判定者来说,都具有极其重要的激励与规范作用。

(1)激励举证。对举证者而言,负举证责任者通过证明标准明确知悉自己的举证达到何种证明程度才可以卸下举证责任,因此而积极举证;对不负举证责任者而言,能通过证明标准明确知悉负举证责任者的举证达到何种证明程度才可以卸下举证责任,从而积极反证,以抵消对方举证的证明效力,使其证明达不到标准。举证双方有了证明标准这一尺度,举证就具有了积极性、竞争性和可预见性。

(2)规范裁判。对于事实判定者而言,证明标准一方面是指导和衡量事实举证的尺度,另一个更重要的方面是指导和规范自己对事实判定的尺度。证明标准是举证责任者的责任标准,负证明责任者举证未达到证明标准,在法律上应承担对事实主张的后果责任;证明标准更重要的还是事实判定者对事实裁决的职责标准,事实判定者对事实判定未达到证明标准,是其事实判定被依法撤销的理由和根据。

(二)厘清——民事抗诉再审案件证明标准的特质

抗诉是人民检察院对生效裁判行使法律监督权的具体体现,是公权力对民事审判的介入,其效力是使人民法院启动再审程序。[④] 民事抗诉再审案件证明标准相对一般的民事案件具有以下特殊性:

---

① 樊崇义主编:《证据法学》,法律出版社 2004 年版,第 304 页。

② 宋英辉、汤维建主编:《我国证据制度的理论与实践》,中国人民公安大学出版社 2006 年版,第 415 页。

③ 刘金友主编:《证明标准研究》,中国政法大学出版社 2009 年版,序言一。

④ 江必新主编,最高人民法院审判监督庭编著:《最高人民法院关于适用民事诉讼法审判监督程序司法解释理解与适用》,人民法院出版社 2008 年版,第 228 页。

1. 完成民事抗诉事由证明任务的主体唯一性。

生效的民事案件因人民检察院向人民法院提起抗诉而进入再审，在其案件审理中，申诉人只能承担申诉理由的证明责任。若系人民检察院因职权提起抗诉的案件，当事人只承担对其诉求或其反驳的证明责任。因此，完成民事抗诉事由证明任务的主体只有人民检察院。

关于人民检察院在民事抗诉再审程序中是否要负举证责任，现行法律及司法解释均未规定，理论界有两种主张。一是否定说，①即认为检察机关作为抗诉机关，提出抗诉之行为，是依法行使监督权，不同于当事人的诉讼行为，抗诉机关既非民事法律关系的参加者，又无自己的实体权利义务之请求，更不承担案件审理的法律后果。二是肯定说，②即主张是检察机关提出抗诉就是主张，按照谁主张谁举证的原则，检察机关应承担举证责任。更有观点明确提出：③检察机关对原裁判存在适用法律错误、程序违法及审判人员职务违法犯罪等抗诉事由，必须举证证明上述抗诉事由的成立；而上述抗诉事由中，原裁判存在的问题，损害的都是司法公正，当然不能由当事人承担举证责任，由检察机关承担举证责任，就成为检察机关不可推卸的一种责任。其原理与刑事诉讼中检察机关承担举证责任的相同，否定检察机关在民事抗诉中负有举证责任的理由不能成立。

2. 检察机关有限行使调查取证权与出示调查证据、履行说明义务的对等性。

按照最高人民法院和最高人民检察院于 2011 年 3 月 10 日制定的《关于对民事审判活动与行政诉讼实行法律监督的若干意见（试行）》第 3 条的规定，检察机关仅对生效裁判损害国家利益和社会公共利益、人民法院怠于行使调查权、违反法定程序所涉及的事实，以及根据案件的需要对案件的当事人和案外人进行调查核实，不得对原审审判人员进行调查等。这说明人民检察院行使调查取证的对象和范围，必须受到一定的限制。同时，该规定的第 13 条明确了检察人员出席再审法庭的任务之一，是对人民检察院依职权调查收集的、包括有利于和不利于申诉人的证据予以出示，并对当事人提出的问题予以说明。这些规定在赋予人民检察院调查权的同时，明确附随规定了抗诉机关出庭履行举证责任的义务。这样规定符合权利与义务对等的要求，更有利于

① 郑学林："民事抗诉再审案件中抗诉机关不承担举证责任"，载《人民司法》2000 年第 3 期。

② 罗美英："检察机关在民事抗诉中应承担举证责任"，载《广西政法管理干部学院学报》2000 年第 5 期。

③ 蔡福华著：《民事抗诉问题研究》，中国检察出版社 2011 年版，第 121 页。

人民检察院通过举证来支持抗诉事由的成立。

3. 检察机关举证具有社会公益、职权监督、客观全面、适度弥补性。

虽然,人民检察院调查举证与当事人举证都是围绕案件待证事实进行;所举行之证都需要经过法庭质证;其证据只要符合民事诉讼证据特征和要求,即使提供证据的主体不同,仍具有相同的证明力。但人民检察院在民事抗诉再审案件的举证仍然具有以下特性:

(1)社会公益性。人民检察院举证的目的不是为了自己获得涉诉标的物的物质利益,而是为了查清案情,以维护国家利益、社会公共利益、他人合法权益。

(2)职权监督性。人民检察院举证是依法行使国家法律监督职权的一种方式,而非基于当事人的身份而应承担的责任。通过调查举证能起到对当事人举证的审查作用和对原判是否正确的监督作用。

(3)客观全面性。由于人民检察院处于监督者之地位,不应带有人情、主观的因素,且无须承担案件败诉的结果,所举之证据不仅包括对当事人有利的证据,而且包括对当事人不利的证据,故更显得客观全面。

(4)适度弥补性。人民检察院所举之证通常是当事人不能获得、不能提供的证据,也是人民法院应当提取而未提取的证据。对案件证据的完整性起到适度弥补的作用。

4. 涉及的证明标准呈现梯次、难度递增性。

民事抗诉案件是抗诉机关对原生效民事裁判的否定性评价,需要再审法院对抗诉机关提起抗诉的事由和对原审法院认定的事实和理由重新作出肯定或者否定性评价。故民事抗诉再审案件包含了三个层次的证明标准:

第一个层次是原审法院采用的证明标准。原审当事人提供的证据是否达到了支持其请求或者反驳理由的证明标准。这类证明标准涉及原审法院作出的生效裁判结果是否应当维持。

第二个层次是抗诉机关对抗诉事由的证明标准。一是申诉的当事人提供的证据和请求抗诉机关调查的证据是否达到了支持其申诉请求的证明标准;二是抗诉机关因为行使监督权而调查的证据是否达到了支持其抗诉的证明标准。这类证明标准涉及抗诉事由是否成立。

第三个层次是再审法院采用的抗诉再审证明标准。一是抗诉机关提起抗诉的证据是否达到支持抗诉事由的证明标准;二是当事人提供的证据是否达到原判认定事实错误或者适用法律错误的证明标准。这类证明标准原审法院作出的裁判结果是否应当改判。这也是本文要重点探讨的证明标准。

上述证明标准中,原判的证明标准低于抗诉事由的证明标准,因为抗诉事由的证明标准就是要证明原判未能达到其应有的证明程度,原判存在错误,应当进行再审。抗诉事由的证明标准低于再审改判的证明标准,因为抗诉事由具有明显的程序法上事实的属性,其抗诉标准不能定得过高,否则,申诉人申请抗诉的权利就可能被虚化而损害程序公正。而再审改判的证明标准必须高于抗诉事由的证明标准,才能保障实体公正和法院裁判既判力所形成的社会关系的稳定和法的安定性。

二、协同主义对民事抗诉再审案件证明标准的影响

(一)协同主义的追溯

协同主义①是指民事诉讼中法院(法官)运用职权发挥能动作用,与当事人实现充分地相互沟通与协作,从而使法官和当事人在事实发现、程序促进等方面共同推进民事诉讼程序的一种模式。据考证,协同主义源自于西方国家对当事人主义的批判。从19世纪末20世纪初,随资本主义经济危机爆发以来,自由主义思潮受到压抑,取而代之的是国家干预的加强,与此相对应的,法官在民事诉讼中的作用则被不断的加强。1895年的《奥地利民事诉讼法》、1930年的《德国民事诉讼法》、1938年美国的《联邦民事诉讼规则》以及1971年的《法国民事诉讼法》都对法官在民事诉讼中的能动作用有不同程度的规定。② 1972年,德国学者贝特曼第一次提出协同主义的概念,用来概括民事诉讼制度的变革。③ 之后,关于协同主义便在西方国家中引发激烈的讨论。1978年德国学者瓦塞曼在其著作《社会民事诉讼法》一书中提出,社会法治国家中的民事诉讼之模型是以"作业共同体"为其特征的。这种法院与当事人之间的协力既可构成一种行动倾向,亦可将其主义化为"协同主义"。④

德国学者巴沙曼对协同主义进行了更为详细的诠释。他认为,协同主义是与辩论主义完全不同的一种崭新的诉讼结构,它强调法院、当事人三方的协同关系。"从自由主义的民事诉讼步入社会的民事诉讼,从在诉讼中的力量对比的角度来理解,诉讼步入了法官的指挥和援助的所谓作业共同体,其大大

① 肖建华:"构建协同主义的民事诉讼模式",载《政法论坛》(中国政法大学学报)2006年9月第24卷第5期。

② 例如,《德国民事诉讼法》第139条规定,在口头辩论阶段,法院首先对案件及争讼情况进行说明,而且要对当事人进行询问、调查证据;在这以后,再次与当事人就案件和争讼情况进行讨论。在必要时,审判长应当与当事人共同从事实和法律两方面对于事实关系和法律关系进行释明,并提出发问。

③ 王福华:"民事诉讼协同主义:在理想和现实之间",载《现代法学》2006年11月。

④ [德]瓦塞曼著:《社会的民事诉讼——社会法治国家的民事诉讼理论与实务》,[日]森勇译,东京成文堂1990年版,第118页。

动摇了辩论主义的妥当性。”[①]协同主义针对传统辩论主义的不足，通过确保法官权力运用与责任强化，促进法官与当事人在诉讼中的互动。[②] 强化了法院发现案件事实的职权作用，正如日本学者三月章在《辩论主义的动向》所言，“诉讼中既不是绝对由法官一方来发现案件事实，也不是由当事人一方来支配诉讼，协同主义所强调的是两者相互协同的作用关系”。[③] 协同主义从法院角度强调释明义务，从当事人角度强调真实义务，[④]实际上是强调法院与当事人必须协同发现案件事实的思想，以达成实体真实的公正判决。

自此，协同主义便作为一项新型的诉讼理念不断在立法及司法中予以实践。近几十年来，英美法系认为当事人主义诉讼模式忽视了法官在查明案件真实方面的作用；大陆法系认为职权主义诉讼模式漠视当事人权利。两大法系不约而同地走向了协同主义，加强当事人和法院之间的协作，促进法官在事实发现方面的能动性。在法官和当事人之间产生的一种崭新的诉讼结构。由法官根据案件具体情况在社会与个人之间实现利益平衡，对于实现实体公正、避免实质正义与程序正义的对立有重要作用。

（二）协同主义对民事抗诉再审诉讼模式的影响

1. 协同主义模式的优势

协同主义是介于职权主义与当事人主义之间的一种诉讼模式，吸收了两种模式优点，克服了两种传统诉讼模式的弊端，主要表现为：[⑤]

（1）法官与当事人之间的程序制约与实体协同模式。

首先，将当事人对自己实体权利和诉讼权利的处分权作为诉讼的一项基本原则，当事人在法定的权利范围内自由处置其权利，法官不应当予以干涉。其次，法官对当事人的制约则表现在诉讼过程中，对当事人可能存在的滥用诉讼权利、作虚假供述妨碍诉讼、扰乱法庭秩序等情况予以规制。当事人对法官的程序制约体现为请求回避权、上诉权、申诉权的行使。最后，法官通过运用

---

① ［德］鲁道夫·巴沙曼：“社会的民事诉讼：在社会法治国家民事诉讼的理论与实务”，转引自唐力：“辩论主义的嬗变与协同主义的兴起”，载《现代法学》2005 年第 11 期。

② 田平安、刘春梅：“试论协同型民事诉讼模式的建立”，载《现代法学》2003 年第 2 期。

③ 唐力：“辩论主义的嬗变与协同主义的兴起”，载《现代法学》2005 年第 11 期。

④ ［日］内田武吉：“真实义务”，转引自刘荣军：“诚实信用原则在民事诉讼中的适用”，载《法学研究》1994 年 2 月。

⑤ 张珉：“协同主义诉讼模式的法理分析”，载《理论建设》2006 年第 4 期。

释明权[①]对当事人举证的权利义务进行释明，告知举证要求，指导其进行事实主张与证据收集。促使当事人在合理期限内积极、全面、正确、诚实地完成举证任务，履行真实义务。共同发现案件真实，着力解决纠纷，实现诉讼的目的。

(2)双方当事人之间的非绝对对抗和适度协同。

虽然，民事诉讼当事人因对抗状而启动民事诉讼程序。但此对抗非你死我活，在进入诉讼后更需要当事人之间的协同上。正如学者所言，“即使在以对抗为基调的诉讼结构下，两方当事人表现于程序中的相互作用也不仅仅是对立、争斗，同时还有协力合作的成分或侧面”。[②] 特别体现在当事人必须履行真实义务，即要求当事人在诉讼上，不能主张已知的不真实事实或自己认为不真实的事实，而且不能在明知对方提出的主张与事实相符，或认为与事实相符时，仍进行争执。

2. 民事抗诉再审案件特有的协同关系

民事抗诉再审案件中，抗诉机关先于再审法院介入其协同关系，形成与一般民事诉讼的不同协同关系：

(1)法院与检察院之间支持与监督的协同关系。

一般民事诉讼，只有人民法院一个公权力机关对诉讼活动进行主导。在民事抗诉再审中，人民检察院对人民法院原已经进行完毕的审判活动和正在进行的再审活动实施监督。两院彼此监督与支持，共同提高司法公信力。对此，法学家江伟认为，[③]检察机关在积极参与诉讼的同时，也要处理好与法院独立审判的关系，切莫越权，试图与法院共同审理案件。特别是在如何裁判问题上，检察机关只能提出意见供法院参考，绝不能将自己的意见强加于人民法院。“两高”形成共识：[④]人民检察院办理民事案件，经审查认为人民法院的审判活动合法、裁判正确的，做好服判息诉工作。当事人双方有和解意愿、符合和解条件的，可以建议当事人自行和解，并要求人民法院在认真接受检察机关

---

① 日本学者三月章在其著作《当事人主义的动向》中，对释明权作了这样的阐述：“释明权是为了避免机械式适用当事人主义所造成的不利而保证当事人的‘大宪章’，随着有关当事人主义评价的变化，阐明权的重要性也被提高，适用范围则逐步扩大，并且被强调为法院所不可欠缺的保证性机能。限于保证性机能而言，法院负有解明案情真相的责任，并不意味着向职权主义的转换。”参见［日］三月章著：《日本民事诉讼法》，汪一凡译，台北五南图书出版股份有限公司1997年版。

② 王亚新著：《对抗与判定——日本民事诉讼的基本结构》，清华大学出版社2002年版，第58页。

③ 江伟著：《探索与构建——民事诉讼法学研究》（下卷），最高人民大学出版社2008年版，第81页。

④ 参见最高人民法院和最高人民检察院于2011年3月10日制定的《关于对民事审判活动与行政诉讼实行法律监督的若干意见（试行）》第12条、第15条的规定。

监督的同时,加大对人民检察院的监督制约力度,不断促进检察机关依法监督、居中监督。发现检察监督中有谋取私利、滥用监督权力,或违反相关规则和纪律的,可以向相关人民检察院发出改进建议,要求纠正或改进。

(2)抗诉机关与国家权力机关或者其他机关之间政策指令与司法转化的协同关系。

国家权力机关或者其他机关需要监督的案件,通过人民检察院以抗诉形式提出,以依法维护国家利益和社会公共利益,维护司法公正和司法权威,保障国家法律的统一正确实施。

(3)抗诉机关与申诉人、被申诉人、案件当事人之间共同发现案件真实的协同关系。

人民检察院因民事抗诉形成个案监督。在其监督过程中,必然会与申诉人、被申诉人、案件当事人之间的产生协同关系。抗诉机关对申诉人制约为要求申诉人提交提供证据以证明其申诉主张的证据材料。一旦立案即应通知被申诉人和其他当事人就申诉人的申诉理由和请求发表意见。根据相关规定和抗诉的需要向申诉人、被申诉人、案件当事人或案外人进行调查核实。

(4)抗诉机关上下级之间配合支持与审查监督的协同关系。

下级人民检察院对某一具体案件是否抗诉,无权决定时,应当报请上级人民检察院决定和提出,最高人民检察院、上级人民检察院对抗诉案件可交有权办理的检察机关处理,上、下级检察院之间有法定的制约和协同关系。

(三)协同主义对民事抗诉再审案件证明标准的影响

协同主义的根本要求体现在民事抗诉程序中,就是要求参与诉讼的当事人与人民法院、人民检察院在法律规定和允许的框架内进行合作,共同发现或者促进发现案件真实,以实现处理民事抗诉案件的公正与高效。协同主义对民事抗诉再审案件证明标准的影响体现在以下几个方面:

(1)再审法院指导当事人积极发现案件真实。

再审法院的承办法官正确、及时行使释明权、认真履行释明义务,使当事人明确自己在该案中承担证明责任的行为尺度,能够预测自己和对方当事人所举之证达到证明标准。

(2)抗诉机关协同当事人在一定范围内发现案件真实。

抗诉机关作为提起抗诉的抗诉事由的事实认定者,通过对申诉人、被申诉人提供的证据,认真审查这些证据对待证事实的证明是否满足了提起抗诉证明标准的要求;否则,不予抗诉。检察机关不得无限制地行使调查权,防止导致当事人之间取证手段的不对等,造成民事诉讼两造的失衡。在行使调查权后，应当认真履行出示所调查的证据和相应的说明义务。

三、在协同主义下民事抗诉再审案件的证明标准之构建

（一）基本原则

1. 利益衡量原则①

证据法是证明领域的利益衡量法。证明不仅是一个案件事实真相的查明过程，而且是一个不同法律价值和社会价值之间的冲突协调的过程。证据法不可能回避或者消灭客观真实与形式真实、实质公正与程序公正之间的冲突，并在其中寻找各方认可的平衡点，以实现实质公正与程序公正、客观真实与形式真实发生冲突时的协调和利益最大化。该原则的内涵包括以下内容：(1)抗诉机关在申诉受理、提请抗诉前，应当全面了解原审出现的证据与认定的事实之间的关系；应当全面了解当事人申诉所提供的证据能否支持抗诉理由的成立；抗诉机关自行立案的证据是能否支持抗诉理由的成立；抗诉能否实现法律效果、政治效果和社会效果的最大化。(2)再审法院在审理民事抗诉案件时，应当全面审查抗诉机关支持抗诉的证据、各方当事人提供的证据；原审法院裁判是否达到了证明要求；协同抗诉机关、原审法院、当事人共同发现案件真实。以改判或者维持的方式来实现国家、社会、当事人利益的协调和利益最大化。

2. 平等保护原则②

抗诉机关虽然代表国家对民事诉讼进行法律监督，但是在抗诉个案中，申诉人的申诉请求和理由毕竟是得到了抗诉机关的部分或者全部支持。形成民事抗诉再审案件双方当事人的对抗力量不对等，申诉人获得了强大的公权力的支持。因此必须对抗诉案件的各方当事人实施平等保护。该原则的内涵包括以下内容：(1)人民法院和人民检察院必须树立坚定的平等纠错意识，强化平等保护意识。无论当事人的国籍、所在地域、在政治状况、社会地位、经济实力等方面是强势还是弱势，都要一视同仁、平等对待。(2)人民法院和人民检察院要注意平衡不同主体间的诉讼能力，确保当事人准确充分表达诉讼意愿。要把查清案件的客观真实情况作为司法证明活动的重要取向，最大限度地查明案件事实。(3)人民法院对于当事人举证存在困难，申请法院查证，并提供证据线索的，应及时依法进行调查取证；对于检察机关调查收集的证据，同样需要经过法庭质证和确认。

---

① 宋英辉、汤维建主编：《我国证据制度的理论与实践》，中国人民公安大学出版社2006年版，第83～88页。

② 江必新："论创新和完善审判监督纠错机制"，载《人民司法应用》2011年第15期。

3. 诚实信用原则

审判实践中当事人恶意诉讼、伪造证据、拖延诉讼等滥用诉讼权利的不诚实信情形时有发生，不仅浪费了司法资源，更损害司法公信力。因此诚实信用原则应当作为确立民事抗诉案件证明标准的基本原则，并包含以下内容：①(1)当事人应当履行诉讼促进义务，即当事人所为民事行为，有可能发生纠纷；发生纠纷后，有需要司法解决的可能。一旦发生诉讼，当事人必须以自己的行为促进诉讼的进行。在协同主义语境下，该义务就体现为双方当事人应当共同、平和地推进诉讼的正常进行，不得故意设置障碍阻止诉讼进展，一方当事人有协助他方当事人进行诉讼的义务。(2)当事人应当履行真实诉讼义务。这是诚实信用原则在《民事诉讼法》中的重要体现，是该原则的核心内容，它要求当事人在诉讼中遵循诚实信用原则，对他人的行为，即对他方当事人的诉讼请求或主张中，自己认为是真实的事项，不反对；在自己的行为中，自己认为是不真实的事项，不主张。(3)对不诚信者适当惩罚。当事人对自己提出的主张应当及时提供真实证据。未及时提供证据的，或者提供虚假证据的，人民法院应当责令其说明理由。理由不成立的，人民法院根据不同情形予以训诫、罚款、赔偿拖延诉讼造成的损失、不予采纳该证据。

4. 当事人举证为主，抗诉机关调查取证为辅的原则

虽然民事抗诉案件与一般民事诉讼相比，有其自己的特色，但对于诉讼举证而言，仍然应坚持"谁主张，谁举证"的原则，为查清案件事实，抗诉机关进行必要的调查取证是法律赋予的权力，但此仅为处于民事案件提供证据的补充和辅助地位，且二者为一个有机整体。该原则包括以下内容：(1)通过抗诉进入民事再审的案件，要以当事人举证证明为主要的证明方式，抗诉机关调查取证和举证是为当事人特定情况下不能举证的补充。(2)正确适用调查取证范围。抗诉机关对生效的裁判调解调查取证范围应该严格控制在有下列情形三种情形：一是可能损害国家利益、社会公共利益的；二是民事诉讼的当事人或者行政诉讼的原告、第三人在原审中因客观原因不能自行收集证据，书面申请人民法院调查收集，人民法院应当调查收集而未调查收集的；三是民事审判、行政诉讼活动违反法定程序，可能影响案件正确判决、裁定的。(3)公平取证、全面出示。为了保障民事、行政法律监督和裁判体现公平、公正原则，人民检察院依职权调查取证时，对有利于和不利于申诉人的证据均应收集。(4)准确把握调查取证对象。人民检察院调查取证对象应该严格控制在当

① 陈界融著：《证据法学概论》，中国人民大学出版社2007年版，第196～197页。

事人或者案外人。不能把法官作为调查取证的对象，以防止出现法官既做裁判员，又做运动员，确保人民法院作为国家的审判机关，依法独立行使审判权。

5. 所有本证、反证以优势证据决定案件事实认定结论的原则

民事抗诉案件事实的最终结论，应该由案件中所有的本证和反证共同决定。该原则包括以下内容：(1)民事行政抗诉案件的本证是指增强抗诉事由可靠性的证据，反证是指削弱抗诉事由可靠性的证据。二者之间是一种力量对比的关系，是此消彼长的。本证证据越可靠，改判可能性越高；反证证据越充分，维持原裁判可能性越高。(2)当本证和反证均不能充分证明各自主张、否定对方证据时，再审法院应当按照最高人民法院《关于民事诉讼证据的若干规定》第 73 条的规定，结合案件情况，判断本证方提供证据的证明力是否明显大于反证方提供证据的证明力，并对证明力较大的证据予以确认。

(二)民事再审抗诉案件再审改判的具体证明标准

(1)抗诉事由为诉讼证据类的，达到下列证明尺度的，再审法院应当根据查明的事实，进行实体改判：

①“新证据”要达到的证明尺度为足以推翻原裁判，即原审庭审结束前已客观存在庭审结束后新发现的证据，足以推翻原裁判的；原审庭审结束前已经发现，但因客观原因无法取得或在规定的期限内不能提供的证据，足以推翻原裁判的；原审庭审结束后原作出鉴定结论、勘验笔录者重新鉴定、勘验，推翻原结论，足以推翻原裁判的；当事人在原审中提供的主要证据，原审未予质证、认证，但足以推翻原裁判。

②“证据不足”要达到的证明尺度为对原裁判的结果有实质影响的事实缺乏证据证明；用以确定当事人主体资格、案件性质、具体权利义务和民事责任等主要内容所依据的事实缺乏证据证明的。

③“证据伪造”要达到的证明尺度为原裁判认定事实的主要证据是伪造的；伪造的证据证明的事实与裁判结果有直接因果关系。

④“主要证据未经质证”要达到的证明尺度为此证据是人民法院认定案件基本事实所必需的主要证据；此证据在法庭庭审或者证据交换记录中没有记载；此证据足以推翻原裁判的。三者必须同时具备。

⑤“证据收集未获支持”要达到的证明尺度为对审理案件需要的证据，当事人因客观原因不能自行收集；书面申请人民法院调查收集，人民法院未调查收集的；上述证据足以推翻原裁判的。三者必须同时具备。

⑥“举证责任分配不当”要达到的证明尺度为原审法院违反民事诉讼法关于证据的规定，使不应承担举证责任的当事人承受了不利后果；没有执行最高人民法院《关于民事诉讼证据的若干规定》，使不应承担举证责任的当事人承受了不利后果。

(2)抗诉事由为法律适用错误的，达到下列证明尺度的，再审法院应当按照法律规定予以实体改判：①适用的法律与案件性质明显不符的；②确定民事责任明显违背当事人约定或者法律规定的；③适用已经失效或尚未施行的法律的；④违反法律溯及力规定的；⑤违反法律适用规则的；⑥明显违背立法本意的。

(3)抗诉事由为诉讼程序违法的，达到下列证明尺度的，再审法院应当撤销原判，发回原审人民法院重新审理：

①“违反回避规定”要达到的证明尺度为审判组织的组成不合法；依法应当回避的审判人员没有回避的。

②“诉权保护不力”要达到的证明尺度为无诉讼行为能力人未经法定代理人代为诉讼；应当参加诉讼的当事人，因不能归责于本人或者其诉讼代理人的事由，未参加诉讼的。

③“剥夺当事人辩论权利”要达到的证明尺度为原审开庭过程中审判人员不允许当事人行使辩论权利；不送达起诉状副本或上诉状副本等其他方式，致使当事人无法行使辩论权利的；未经传票传唤当事人，缺席判决的；对下落不明的当事人未经公告送达法律文书、未经公告传唤，缺席判决的。

④“调解违法”要达到的证明尺度为损害国家利益或社会公共利益。

(4)抗诉事由为裁判事项判非所诉的，只要证明原裁判遗漏诉讼请求或者超出诉讼请求，再审法院应当在调解不成的前提下，对遗漏诉讼请求的，撤销原判，发回原审人民法院重新审理。对超出诉讼请求的，径行驳回。

(5)抗诉事由为裁判基础丧失的，只要证明据以作出原裁判的法律文书被撤销或者变更的。再审法院应当根据查明的事实，进行实体改判。

(6)抗诉事由为司法廉洁问题的，只要证明审判人员在审理该案件时有贪污受贿、徇私舞弊、枉法裁判的行为，为被相关刑事法律文书或者纪律处分决定确认的情形，并且审判人员的上述行为直接导致该案裁判结果不公的，再审法院应当根据查明的事实，进行实体改判。

四、结语

在协同主义语境下，民事抗诉再审案件的申诉人、被申诉人、人民法院、人民检察院都应当按照民事再审抗诉案件证明标准的要求，共同协助发现案件真实，以维护当事人合法权利，维护国家利益和社会公共利益、维护法律监督权威和司法公信力。因此，民事诉讼法以及民事证据法规都应遵循民事抗诉再审的特殊性，按照民事再审抗诉案件的审判规律，对其证明标准作出明晰和完善的规定。

民事抗诉案件审理范围探析

山东省青岛市市南区人民法院　魏慧慧

由于民事抗诉案件的特殊性，[①]以及民事诉讼法对其程序规定的缺位，民事抗诉案件的审理范围界定一直是实践中困扰法官的难题。2008 年，最高人民法院《关于适用〈中华人民共和国民事诉讼法〉审判监督程序若干问题的解释》（以下简称《关于民事审监程序若干问题的解释》）第 26 条和第 33 条对这一问题作出了规定，基本上将民事抗诉案件的审理范围限定于抗诉支持的当事人的请求，从表面上看，遵循这一司法解释，关于民事抗诉案件再审范围的难题似乎迎刃而解；但是审判实践中的案件复杂多样，这一界定规则并不能对所有问题均加以合理解决，加之理论上对这一界定规则也存在争议，因此可以说，民事抗诉案件审理范围的问题非但没有明确，反而更加复杂化。

一、表象分析：民事抗诉案件审理范围的问题类型与界定规则

（一）民事抗诉案件审理范围的问题类型

审判实践中，民事抗诉案件审理范围的具体情形复杂多样，四川高级人民法院的胡旭东法官将民事抗诉案件审理范围涵括为九种典型样态，[②]笔者在此基础上，结合审判实践中所遇情形，重新加以总结，也将其概括为九种问题类型。[③]

类型 1：双方当事人均未申诉，检察机关主动提出抗诉。

类型 2：检察机关的抗诉主张与申诉人的申诉事由完全一致，申诉人在再审中也未提出新的请求。

类型 3：检察机关的抗诉主张与申诉人的申诉事由完全一致，但申诉人在再审中提出新的请求。

类型 4：检察机关的抗诉主张与申诉人的申诉事由不一致，检察机关仅支持了部分申诉事由，或提出了不同的抗诉主张。

---

① 民事抗诉的特殊性，具体表现在两个方面：一是作为再审程序的一种启动形式，它具有再审程序共有的特点，即是审级外的程序，不同于一审、二审程序；二是民事抗诉期特有的特性，由于检察机关的介入，在民事抗诉中当事人主义和职权主义呈现出了共存的局面。

② 胡旭东："民事抗诉案件审理范围之厘定"，载最高人民法院审判监督庭编：《审判监督指导》（2010 年第 3 辑），第 59 ~ 60 页。

③ 笔者的概括主要是以胡旭东法官所提出的九种典型样态为蓝本，通过对其中某些样态加以合并以及对其未涉及一些类型加以补充而成。

类型5:再审中,被申诉人在抗诉主张事项之外提出了请求重新裁决的事项。

类型6:申诉人既向检察机关申诉,又向法院申请再审;或申诉人向检察机关申诉,被申诉人向法院申请再审。在法院审查再审申请期间,检察机关向法院提出抗诉。

类型7:检察机关提出抗诉后,申诉人或被申诉人又向法院申请再审。

类型8:当事人均向检察机关申诉,双方的请求并非完全对应,抗诉仅支持了一方当事人的请求,另一方当事人在再审中仍坚持其申诉请求。

类型9:检察机关仅以原审程序违法为由提出抗诉,当事人在再审中提出了具体请求。

(二)民事抗诉案件审理范围的界定规则

根据《关于民事审监程序若干问题的解释》第26条和第33条的规定,在不涉及国家利益、社会公共利益以及其他特殊情况①下,民事抗诉案件审理范围的界定应当遵循以下三点:其一,法院应当在抗诉支持当事人的请求范围内审理案件;其二,在法院审查再审申请期间检察机关提出抗诉的,法院应当将当事人的再审请求也纳入审理范围;其三,民事抗诉案件的审理范围不应超出原审的范围。

根据上述界定规则,可以准确适用于类型2和类型6所涵盖的情形,且适用结果合理,不存在争议。类型2中,法院以抗诉支持的当事人请求作为审理范围并不会引起任何争端和异议。类型6中,审理范围自然应包括抗诉支持的当事人的请求和已处于审查阶段的再审申请,这也没有争议。

对于类型3、类型4、类型5、类型8这四种情形,从表面上看,也符合上述界定规则的字面含义,可以加以适用。根据上述界定规则,将审理范围限定于抗诉支持的当事人请求,排除当事人的其他请求,并没有不妥。但是,问题、争议随之而来。这种将当事人主观意图排除在外,机械适用司法解释的做法不仅许多当事人不能理解,也有一些法官对此提出质疑。以类型4、类型8为例,这两种类型虽然情形不同,但其实质一致:抗诉机关对当事人的请求予以否定评价,法院是否应受到其约束。按照上述界定规则,答案是肯定的。但是无论是从法理,还是从普通人对法院职责一般理解上,都难以讲通。法院作为国家审判机关,享有对诉讼事项的最终裁判权;而作为抗诉机关的检察院只是在行使法律监督职能,法律监督职能并不能替代裁判权。

① 其他特殊情况主要是指《关于民事审监程序若干问题的解释》第33条规定的"当事人在原审诉讼中已经依法要求增加、变更诉讼请求,原审未予审理且客观上不能形成其他诉讼"的情况。

至于类型1、类型7、类型9这三种情形，根据上述界定规则无法有限界定审理范围。类型1、类型9中，不存在抗诉机关支持的当事人请求，自然也无法界定审理范围。类型7与类型6有相似之处，但是却有实质的不同，也无法适用上述界定规则。可以说，在这三种情形下，都存在法律真空，在具体的审理中，需要法官行使自由裁量权，这在一定程度上，可能造成裁判结果的混乱，继而影响司法的权威性。

二、深层解读：民事抗诉案件审理范围背后的争议

（一）关于民事抗诉案件审理范围的两种声音

对于现行民事抗诉案件审理范围的界定规则一直存在两种不同的声音，一种是主张按照现行界定规则，将民事抗诉案件审理范围严格限定于抗诉支持的当事人请求范围内。其理由如下：一是抗诉再审程序是因检察机关行使公权力而启动，当事人的申诉行为只是检察机关进行抗诉的来源，应受制于检察机关的审查，一旦检察机关决定抗诉，就将排斥排除当事人意思自治的适用，法院作为审判机关，自然应当在抗诉的范围内进行审理。二是检察机关作为国家的司法机关，有权通过审查作出是否抗诉与抗诉内容的决定，在这个过程中，检察机关所行使的是法律授予的法律监督权。法院应充分尊重检察机关的抗诉权，以捍卫检察机关的法律监督权威。[①] 三是从经济分析角度和制度博弈均衡理论看，“抗诉范围—审理范围”这一模型能够有效避免检察机关在对当事人申诉事由进行审查时所投入的人力、物力、财力资源浪费，而且相较于“申诉范围—审理范围”这一模式具有优越性，能够使抗诉成本发挥最大的功效，更符合制度效用理念。[②]

另一种声音则认为应当修改现行规定，将民事抗诉案件审理范围界定为当事人的请求。其理由如下：[③]一是民事再审制度的基本理念不同于一审、二审，应当将化解矛盾作为工作的指导理念，追求社会秩序和和谐。若法院拒绝将当事人的请求事项纳入审理范围，可能会引发新的再审申请、申诉，乃至上访。二是抗诉机关抗诉的作用仅限于启动再审，而不应该限定再审范围，民事抗诉再审案件仍是平等当事人双方之间的纠纷，法院仍享有对诉讼事项的最

---

① 江必新主编：《最高人民法院关适用民事诉讼法审判监督程序司法解释理解和适用》，人民法院出版社2008年版，第270页；王水明：《民事抗诉再审范围适用民事诉讼法审判监督程序司法解释理解和适用》，人民法院出版社2008年版，第270页。

② 王水明：“民事抗诉再审范围应以抗诉范围为准”，载http://news.sina.com.cn/c/1/2007-12-26/151914607472.shtml。

③ 胡旭东：“民事抗诉案件审理范围之厘定”，载最高人民法院审判监督庭编：《审判监督指导》（2010年第3辑），第63~67页。

终裁断权。三是辩论原则和处分原则是现代民事诉讼制度重要的原则，民事抗诉再审也不能例外，因此增减请求裁决事项应当是当事人的基本权利。四是再审当事人期待利益有特殊之处：申诉人期待申诉请求全部得到支持，因此不可通过公权力强行降低申诉人的期待利益。

（二）公权力运行与私权利行使的博弈

仔细探究上述不同声音背后的理论争议，其实质是检察机关抗诉权行使与当事人处分权和申诉权的冲突，或者可以再进一步地说，这是公权力运行与私权利行使之间的博弈。

1. 现行界定规则体现了公权力特征

诚如上文所介绍的观点所言，支持现行界定规则的重要原因是因为检察机关作为公权力机关，其启动本身就体现了国家公权力的介入。现行界定规则将抗诉支持的当事人请求作为审理范围，实质上是认为抗诉作为与当事人申请再审并列的一种启动再审的方式，其与后者最重要的区别就在于它的公权力特征。当事人既然选择向检察机关申诉这一方式，就是对检察机关行使公权力的认可。

2. 当事人请求说体现了私权利特征

以当事人请求作为审理范围的实质是认为检察机关的抗诉在诉讼中的作用仅仅是启动再审程序，并不能改变民事诉讼解决平等主体民事争议的特性，也不能否定当事人在民事诉讼中所享有的处分权和辩论权这两个基本权利，因此在民事抗诉再审中，仍应当将当事人意志放在首位，充分尊重私权利行使。将这一基本理念贯彻到审判范围这一问题上，就是应当以当事人请求作为界定规则。

3. 公权力运行与私权利行使的选择

法律根源于生活，是对现实生活中人们行为模式的确认和矫正。[①] 因此在探究两种模式孰优孰劣之时，我们不妨可以将上述模式应用于上文的 9 中类型中，以便通过具体的司法实践做出衡量、选择。本文的第一部分已经对抗诉支持的当事人请求这一模式作了具体的分析，在此不再赘述。重点对当事人请求这一模式进行分析。根据这一模式，类型 1 所规定的情形由于没有当事人的请求，因此无法确定审理范围。其他 8 种类型，根据这一模式，都可以将当事人的请求作为审理范围。但是问题仍然存在。以类型 3、类型 5 为例，这两种类型都属于当事人在再审中提出了新的请求。将当事人在再审中的新

---

① 孟祥刚、徐兴军："平衡或谦抑——当事人申请再审权与检察机关抗诉权之冲突与协调"，载最高人民法院审判监督庭编：《审判监督指导》（2010 年第 3 辑），第 49 页。

请求纳入审理范围,从表面上看并无不妥,但是笔者认为这种做法并不合理。理由如下:其一,与普通一审、二审不同,再审是以生效裁判文书作为审理对象,因此再审中必须处理好生效裁判文书的司法权威和当事人合法权益之间的关系。裁判文书司法权威的重要特征即当事人对裁判文书的认可。如果申诉人在申诉时,从未对裁判文书的某部分提出异议,即表明了申诉人对裁判文书该部分的认可;如果被申诉人在再审审理前,从未对裁判文书提出异议,即表明了被申诉人对裁判文书的认可。将当事人在再审中提出的新请求纳入审理范围中,不利于司法权威的树立和社会稳定的实现。其二,直接向法院申请再审或向检察院申诉以寻求抗诉支持,是法律赋予当事人的权利,通过这两种途径,当事人的诉讼利益完全可以得到保障,没有必要将当事人的权利扩大至在再审审理中提出新请求。

通过上述分析,可以看到,我们难以在体现公权力特征的抗诉支持当事人申请说和体现私权特征的当事人请求说这两种模式中做出非此即彼的选择。现实生活往往比我们想象的更加复杂,公权力运行与私权利行使的博弈,并非一场你死我活的决斗,在博弈中寻找平衡,才是合理界定民事抗诉审理范围的康庄大道。

4. 探寻出路

在公权力和私权利中寻找平衡,合理界定民事抗诉审理范围

5. 抗诉权的合理界定

民事抗诉制度设立的初衷是“实事求是,有错必纠”的司法理念,在这种基本思路的指导下,职权主义盛行。将民事抗诉再审的审理范围限定于抗诉内容,即体现了这种抗诉权行使的职权主义。公权力基于纠错的目的,介入私权纠纷中,不仅作为一种私权纠纷再审的启动方式,更主导了私权纠纷解决的范围。然而这种抗诉权运行的无限性已经备受诟病。越来越多的学者、法官、检察官,开始着眼于民事抗诉权的合理定位,将民事抗诉权的行使定位为法律监督。从权力制约的理论出发,认为民事抗诉权应当有其运行的界限。一方面,抗诉权要受到当事人意思的制约,在当事人没有申诉情况下,抗诉机关应审慎行使抗诉权,除涉及公共利益外,不应行使抗诉权。另一方面,明确抗诉权行使的诉讼作用在于启动再审程序,不能也不应限定诉讼的走势和范围,对诉讼事项的最终裁断权应严格控制在法院手中,因此对于抗诉机关在抗诉书中没有支持的申诉人的请求事由也应纳入到审理范围内。

6. 权利行使应有界限

权利的行使受主观意志的影响,这就产生了为保证公平和秩序而对权利

的行使加以限制和约束的必要性。在诉讼领域,当事人的权利行使更应受到限制。一方面,当事人在民事抗诉再审中权利的行使应受制于其先前行为。诚如上文分析,当事人对生效裁判结果不服可以通过向法院申请再审和向检察院申诉这些途径提起,当事人在法律赋予的权利范围内可以自由行使权利。如果当事人在再审程序开始前,从未对裁判文书的全部或部分内容提出异议,即表明其对裁判文书的认可和提出请求权利的放弃。另一方面,民事诉讼法没有将当事人申请再审作为启动再审的充分条件,目的在于防止当事人滥用权利,继而影响司法权威和社会秩序的稳定。同样,在民事抗诉中,为防止当事人滥用权利,也不能将当事人肆意增加的请求列入审理范围中。

7. 寻找平衡,合理界定民事抗诉审理范围

在公权力与私权利间寻找平衡,妥当处理抗诉权与当事人申诉权、处分权之间的冲突,是合理界定民事抗诉再审范围的重要路径。从我国的司法传统[①]以及司法实践[②]来看,强调私权利,保护当事人申诉权、处分权具有更重要的现实意义。现行民事抗诉审理范围的界定规则,将审理范围界定为抗诉支持的当事人请求,虽然其实质仍是抗什么审什么,但相较于最高人民法院2001年印发的《全国审判监督工作座谈会关于当前审判监督工作若干问题的纪要》第15条规定的"抗诉案件的审理范围应围绕抗诉内容进行审理。抗诉内容与当事人申请再审理由不一致的,原则上应以检察机关的抗诉书为准",已经在寻求公权力、私权利平衡的路途中迈出了一大步。现行界定规则的起草者认为,现行规定对抗诉裁定再审案件的再审审理范围仍是围绕当事人的请求进行,只不过因该请求以抗诉方式支持的方式出现,并受抗诉范围的限制。通常这种规定,将当事人主义和公权力的介入有机结合。[③] 当然这样的一步还远远不高。

寻找平衡,合理界定民事抗诉审理范围,很难一而概之地指出平衡点在哪里,也很难以一种模式来应对复杂的情形。我们还需要回到具体的审判实践中,根据个案的情形做出不同的处理。回到本文开头所提到的9种问题类型,在具体情形中分析把握平衡点,才能实现民事抗诉案件审理范围的合理界定。

类型1中的情形和类型4中检察机关在申诉事由外抗诉的情形,都属于抗诉超出了申诉范围,这种对当事人声明不服范围之外的事项进行审理,实质

---

① 我国司法传统中,职权主义盛行。

② 目前的司法实践中,还是以"抗什么审什么"这种模式为主。

③ 江必新主编:《最高人民法院关于适用民事诉讼法审判监督程序司法解释理解与适用》,人民法院出版社2008年版,第264页。

上侵犯了当事人的处分权，因此应要求检察机关撤回抗诉。但是也有例外，例外情形应包括：未请求事项与请求事项之间存在从属关系；请求事项的变动将导致未请求事项的判决产生严重不公平的结果。①

类型2和类型6的情形按照现行规定界定，并无不妥，仍应按照现行规定确定审理范围。

类型3和类型5的情形的实质是当事人在再审审理中提出新的请求，根据上文的分析，从维护司法权威、社会稳定以及当事人权利运行界限的角度出发，不应将当事人的新请求纳入再审审理范围中。

类型4所涵盖的抗诉与申诉事由不一致和抗诉仅部分支持申诉事由的情形以及类型8中抗诉机关仅支持一方申诉事由的情形，由于当事人已通过申诉及时行使了自己的权利，如果再审中将当事人的这部分申诉理由视而不见，是对当事人申诉权的漠视，不利于捍卫当事人的权利，也不利于纠纷的解决。还有可能引起当事人申请再审，反而会浪费司法资源。因此对于这样的情形，应将申诉人与抗诉事由不一致、抗诉不包含以及被申诉人没有被抗诉支持的申诉事由纳入到再审审理范围中。

类型7中检察机关提出抗诉后，当事人又向法院申请再审的情形，其实质是抗诉与当事人申请再审这两个启动再审的基本途径之间的关系。对于申诉人是因为部分诉请未得到检察机关的支持而申请再审和被申诉人向法院申请再审，则应充分尊重当事人申请再审的权利，虽然按照法律规定，应将申请事由进行审查，但由于抗诉案件实行应当再审的原则，从有利于纠纷及时全面解决的原则出发，没有必要单独对申请事由进行审查，可直接纳入审理范围进行审理。② 而对于申诉人以新理由在再审阶段向法院申请再审的，则说明申诉人行使权利不及时，为了避免纵容当事人肆意行使权利和对被申诉人造成损害，对于其再审申请应不予纳入审理范围。

类型9中的情形，检察机关在抗诉时并未提出实体的请求，此时案件的审理范围只能是当事人提出的请求事项。

对民事抗诉案件审理范围的界定，体现了公权力与私权利的碰撞和融合，只有平衡、协调二者之间的关系，才能真正实现民事抗诉案件审理范围的合理界定。

---

① 应秀良："民事抗诉案件的审理与诉答程序"，载《人民司法》2011年第11期。

② 《审判监督指导》研究组："检察机关抗诉后当事人又申请再审的，申请再审人提出的具体再审请求应否纳入审理范围"，载最高人民法院审判监督庭编：《审判监督指导》（2010年第3辑），第223页。但是在该文中，研究组认为对于申请人申请再审的情形，应一律不纳入审理范围。

民行抗诉的检视反思与制度完善

——以山东法院民事行政抗诉案件审理情况为视角的分析

山东省高级人民法院 李 军 范翠真 冯 波

一、民行抗诉制度运行的实证考察

2008~2011年,山东各级人民法院民事行政抗诉案件收案4812件,结案4029件,结案率为83.73%。在已审结的案件中,维持1542件,占38.27%;改判1034件,占25.66%;发回303件,占7.52%;调解634件,占15.74%;裁定终结322件,占7.99%;撤回抗诉189件,占4.69%,当事人撤诉5件,占0.12%。结合其他相关统计数据分析,山东法院民事行政抗诉案件的审理态势呈现八大特点。

(一)民事抗诉案件数量呈上升趋势

2008~2011年,法院受理的省、市两级检察机关提起的民事抗诉案件数分别为1163件、994件、1132件、1286件,基本呈逐年递增的趋势。导致民事抗诉案件数量有所增加的原因是多方面的,主要包括:一是《民事诉讼法》修订后,检察机关法定抗诉范围明显扩大;二是检察机关不断强化民事、行政检察监督工作,2009年最高人民检察院制定《关于进一步加强对诉讼活动法律监督工作的意见》,抗诉工作力度不断加大;三是当事人的趋利因素,申请检察机关抗诉可以免去因新证据等原因申请再审的诉讼费用,缩短案件进入再审程序的时间以及便于通过检察机关调查取证等。

(二)大部分民事抗诉案件指令到下级法院再审

2008~2011年,全省指令(指定)再审案件数占省、市两级抗诉案件受理数的72.39%。其中省法院受理的民事抗诉案件中指令下级法院再审的共计1116件,占同期受理省级检察机关抗诉案件数的81.7%;中级法院指令(指定)再审的共计2196件,占同期受理市级检察机关抗诉案件数的68.68%。民诉法修订实施以来,再审管辖上提一级,中、高级法院的再审职能凸显,再审案件数量多压力大,为了保证再审案件的质量和效率,根据《民事诉讼法》第188条的规定,对再审案件进行了分流。

(三)针对一审生效裁判的抗诉所占比例较大

2008~2011年,市级检察机关提出抗诉的案件数分别为676件、798件、800件、936件,这些案件都是对一审生效裁判提出的抗诉,加上四年来省级检

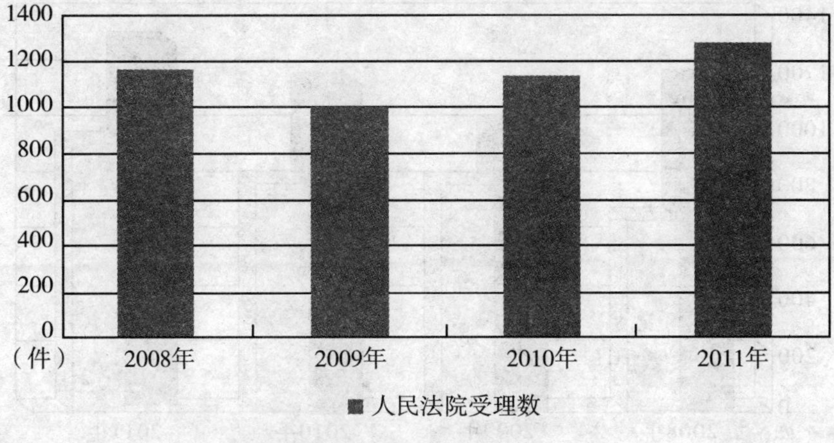

图 1　民事抗诉案件收案受理情况图

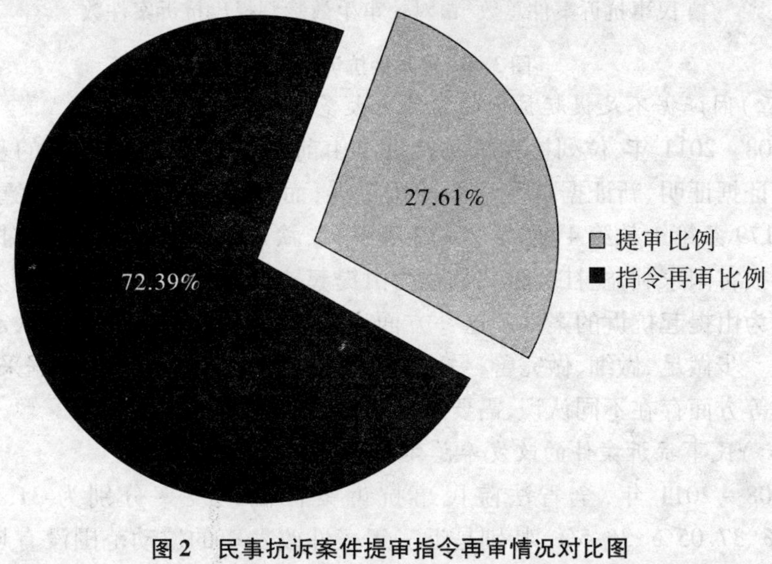

图 2　民事抗诉案件提审指令再审情况对比图

察机关抗诉的 7 件，对一审生效裁判提出抗诉的案件共计 3217 件，占检察机关提出民事抗诉案件总数的 70%。其中相当一部分案件是在一审裁判生效后很短时间内由检察机关提起抗诉的，当事人规避上诉费用的意图比较明显。

（四）部分抗诉案件未经审查进入再审程序

2008～2011 年，未经审查直接裁定进入再审程序的有 924 件，占检察机关提出民事抗诉案件总数的 20.1%。除省法院有 20 件经审查不予受理外，中级法院审查的抗诉案件仅有 1 件不予受理。由于《民事诉讼法》对抗诉案件是否审查以及审查的标准没有明确规定，中级法院之间以及中级法院和省法院掌握的审查标准也不一致，影响了审查效果，也影响了司法裁判的统一。

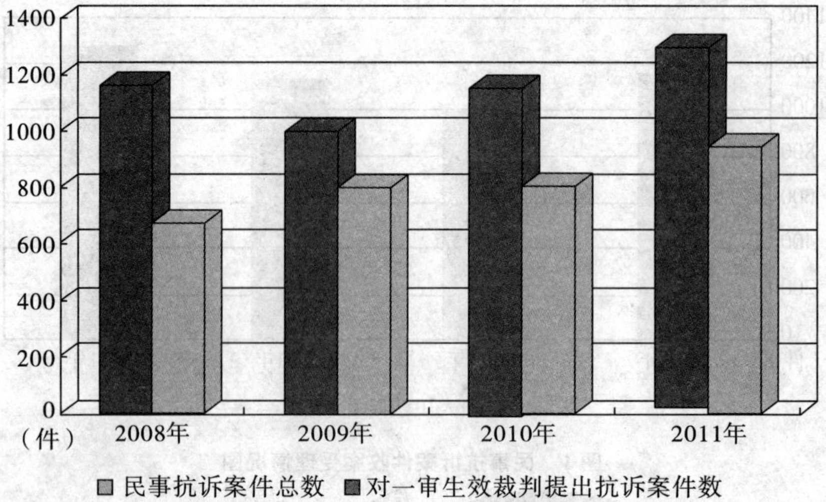

图3　一审案件抗诉情况图

（五）因证据不足提起抗诉的案件占大多数

2008～2011年，位列检察机关抗诉事由前三位的是，原判认定的基本事实缺乏证据证明、新证据以及法律适用错误，而因违反法定程序（《民事诉讼法》第179条第1款第4项、第7～12项，第2款）提出抗诉的案件相对较少，鲜有因损害国家利益、社会公共利益为由提起抗诉的案件，没有以审判人员贪污受贿为由提起抗诉的案件。这一方面说明，原审法院在案件事实认定方面有待进一步做足、做细、做完善；另一方面也反映出，法、检两家在证据采信、事实认定等方面存在不同认识，需要进一步加强交流沟通。

（六）民事抗诉案件的改发率总体比较均衡

2008～2011年，全省法院民事抗诉案件的改发率分别为31.05%、36.27%、37.05%、36.5%，特别是近三年案件改发率的波动范围没有超出一个百分点。但是统计数据表明，省法院和中级法院抗诉案件改发率呈现不同的变化趋势，四年来省法院改发共计79件，改发率呈下降趋势；中级法院改发共计1234件，改发率呈稳定上升趋势。

（七）民事抗诉案件调解率呈上升趋势

2008～2011年，民事抗诉案件调解结案数分别为151件、140件、146件、197件，总计634件，占民事抗诉案件结案总数的16.64%，而且案件在中级以下法院的调解成功率较高。近年来，山东法院与检察机关合力化解矛盾的力度加大，抗诉案件调解率呈上升趋势发展，但由于再审案件当事人积怨深、矛盾尖锐等原因，再审案件调解难度大的形势没有改变，而且审级越高，历经的调解次数越多，调解难度越大，调解率的上升空间不容乐观。

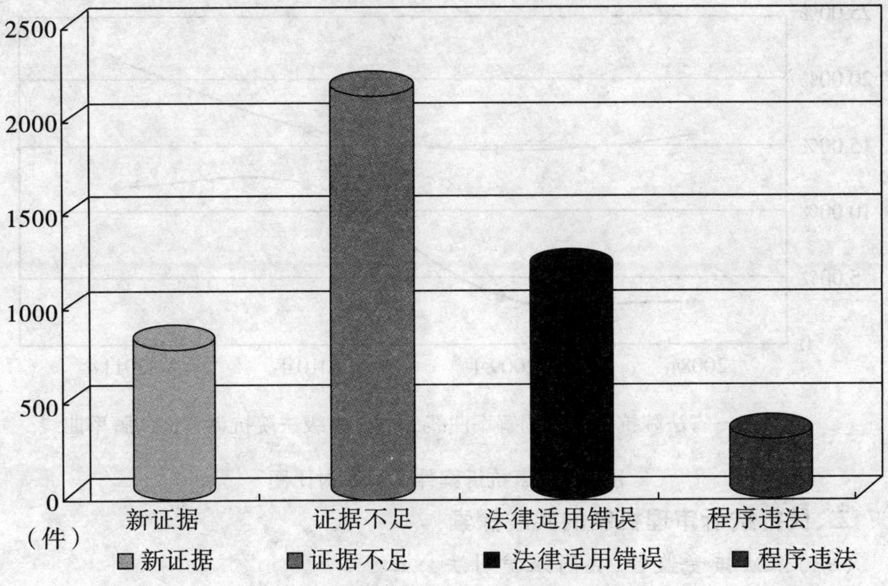

图4　检察机关抗诉案由对比图

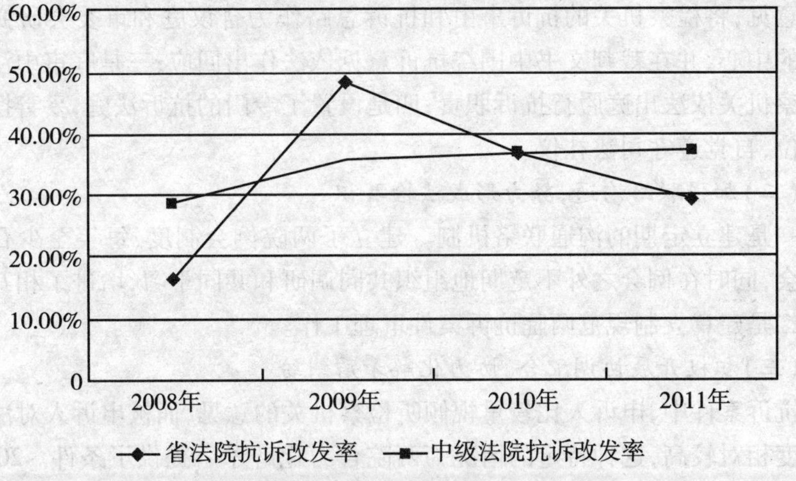

图5　民事抗诉案件改发趋势图

（八）行政抗诉案件数量相对较少

2008～2011年，山东法院受理的行政抗诉案件分别为34件、22件、144件、26件，数量相对较少，在已审结的219件中，维持89件，占结案总数的40.64%；终结99件，占结案总数的45.21%；发改仅有24件，占结案总数的10.96%。

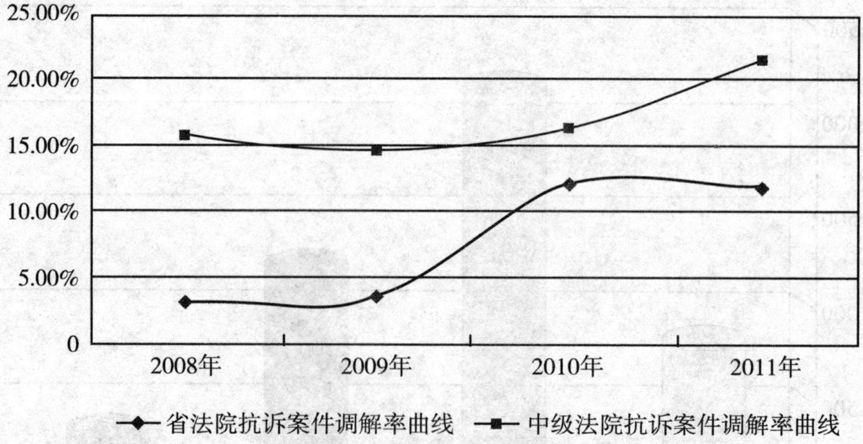

图6 民事抗诉案件调解率对比图

二、民行抗诉审理机制的实践探索

(一)依法接受监督,共同维护司法公正

一是凡抗诉案件均须向审委会汇报;二是在案件研究和文书撰写中突出抗诉意见,将检察机关的抗诉事由和抗诉思路作为合议庭和审委会研究抗诉案件的中心,并在裁判文书中围绕抗诉意见依法作出回应;三是庭审中注重保障检察机关依法出庭履行抗诉职责;四是设置了专门的抗诉法庭,妥善摆放抗诉席位,自觉遵守司法礼仪。

(二)加强联络沟通,努力形成法检共识

一是建立定期的沟通联络机制。建立了两院例会制度,每年至少召开两次例会,同时在例会之外不定期地组织共同调研和共同学习,增进了相互的理解。二是建章立制规范两院抗诉案件审理工作。

(三)积极开展协调配合,协力化解矛盾纠纷

抗诉案件中,申诉人比较重视倾听检察机关的意见,而被申诉人对法院的信任度相对较高,这种特定的情况为两院合力化解矛盾提供了条件。2010年5月,青岛法检两院率先达成一致,制定了《关于加强民事行政案件检察和解和再审调解工作合力化解社会矛盾的实施办法(试行)》,该办法施行一年多以来,两院合力促成再审调解和撤诉的有28件,实现了较好的法律效果和社会效果。

(四)注重调查分析,抗诉理论研究成果斐然

建立了制度化的再审案件改判发回分析制度,其中,对典型的抗诉改发案件进行逐案分析和重点说明,并将有关情况通报检察机关,力求实现法检两院对法律适用的统一理解。在注重实务总结分析的同时,积极鼓励开展和参与

理论调研,多项调研成果在全国全省获奖,调研能力得到提升。

三、民行抗诉制度运行中存在的问题和对策建议

(一)关于滥用申请抗诉权的问题

一是当事人规避上诉费的交纳。根据《诉讼费用交纳办法》的规定,未上诉而申请再审的案件,需交纳诉讼费,而抗诉案件是不收诉讼费的,因此,有些当事人为规避交纳诉讼费用,不在法定期限提起上诉,也不向法院申请再审,而是选择申请检察机关抗诉,统计表明,检察机关对一审生效裁判提起抗诉的比例占抗诉案件总数的70%,这种行为也在客观上扰乱了正常的审级关系,一定程度上影响了上诉制度的程序价值。二是为达到拖延原生效裁判执行的目的。按照《民事诉讼法》的规定,只要裁定再审的案件,原判决就中止执行。有些判决义务人在判决生效后向检察机关申诉,进而启动再审程序,为转移财产、逃避履行争取时间。

建议:一是明确规定未提出上诉的案件被提起抗诉的,申诉人应交纳诉讼费用。二是在申诉人提供相应的财产担保后,裁定再审时才能中止原审判决的执行。

(二)关于检察机关行使抗诉权的问题

个别检察院抗诉的指导思想有待商榷。一是有些检察院将提请或提起抗诉案件的数量作为工作业绩考核的指标,出现了为追求和完成一定数量指标而滥用抗诉权或提请抗诉权的现象,影响了案件的抗诉质量。二是检察机关以国家、公共利益为由抗诉的案件较少。省法院和绝大部分中院截至目前没有审理过以损害国家、公共利益为由抗诉的案件。少数法院,如青岛中级人民法院受理了4件,但经审查案件均无涉国家、公共利益。

建议检察机关:一要建立合理的业绩考评体系,从审理而非审查的角度审视抗诉案件,避免出现片面追求抗诉数量,忽视抗诉质量和社会效果的现象。二要正确处理维护国家公共利益和私权保护的问题,避免在民事诉讼中过度介入,打破当事人在诉讼结构中的平衡。

(三)关于抗诉审查的问题

由于《民事诉讼法》对抗诉审查并没有作出明文规定,目前,我省法院对抗诉审查的操作不一致。一是是否审查不一致。从统计的情况来看,一方面,有1/5的案件没有经过审查;另一方面,经过审查受理的案件仍存在诸如当事人主体资格不清、联系方式不准、协议和解情况不了解等一些问题,导致诉讼程序不当拖延。二是审查部门不一致。省法院由再审立案庭负责审查,青岛中级人民法院由审监庭负责,枣庄中院由信访部门负责。

建议完善法院抗诉案件立案审查制度。一是明确抗诉审查的部门。二是明确审查的内容:第一,是否属于法律规定的抗诉范围;第二,是否符合法律规定的抗诉事由;第三,是否经过了申请再审前置程序;第四,是否缺少当事人的主体资格材料和文书送达材料等;第五,是否符合法律规定的抗诉期限和次数规定。

(四)关于抗诉事由的问题

修改后的《民事诉讼法》确立了再审之诉制度,但又将检察机关抗诉再审事由与当事人申请再审事由等同,其合理性值得商榷。一是检察机关的抗诉事由主要集中在原裁判认定事实的证据不足、适用法律方面,而因违反法定程序而抗诉的只占极少数,如省法院只占0.3%。二是由于事由相同,当事人为增加获得再审的可能性,多选择同时向法院、检察院申请再审(申诉)。这样就会出现三种不同的情况:法院对案件作出再审裁定,检察院也就该案提起抗诉;法院对案件作出再审裁定,而检察院作出不抗诉决定;法院对案件作出驳回申请再审的裁定,而检察院就案件提起抗诉。前一种情况,当两个不同司法机关的法律文书同时出现时,法院应如何处理,法律、司法解释均没有明确规定。后两种情况,则出现了法院、检察院处理结果的不一致,无疑损害了司法的权威。

因此,建议在《民事诉讼法》修改时,对于民事抗诉事由的设定,应从法律监督为基点,以国家公益为标准来考虑,并坚持以当事人启动再审程序为主,检察机关启动民事抗诉程序为辅的原则。一是规定申请再审前置。将检察机关提出民事抗诉作为法院内部监督的一种后续手段,除裁判结果损害国家利益或者社会公共利益的情形外,只有在当事人向法院申请再审,法院未受理的情况下,当事人才可以选择向检察机关申诉。二是合理设计抗诉事由:(1)法院裁判结果损害国家利益或者社会公共利益的;(2)案件审理严重违反法定程序、可能影响案件正确裁判的;(3)法官在审理案件中有重大枉法行为,导致错判的。

(五)关于抗诉期限的问题

检察院抗诉是否受2年期限的限制,立法无明确规定。2001年最高人民检察院《关于规范省级人民检察院办理民事行政提请抗诉案件的意见》中规定:“申诉人在人民法院判决、裁定生效二年之内无正当理由,未向人民检察院提出申诉的案件,应不予受理。”2001年最高人民法院《关于当前审判监督工作若干问题的纪要》规定,“原审案件当事人在原审裁判生效二年内无正当理由,未向人民法院或人民检察院提出申诉的案件,人民检察院提出抗诉的,人民法院不予受理”。但对于何为“正当理由”都没有作出明确的解释。另外,立法也没有对检察机关审查申诉的期限予以明确,以致当事人申诉时未超过 2 年,但经过检察机关审查提起抗诉时已超过 2 年。此时,一些案件基于生效裁判往往已经发生和发展了新的社会关系,如果允许对这类案件抗诉的话,不仅破坏了裁判的既判力和权威性,而且使相应的关系长期处于不稳定状态,以致一些案外人的正当权益也受到影响。从全省情况看,虽然省法院在立案审查时将超过 2 年时限的案件排除在外,但是中院仍受理了一部分超过 2 年时限的案件,甚至有的已超过 10 年,这些案件随着事过境迁,许多证据已经灭失,再审查清案件事实的难度较大。

建议《民事诉讼法》修改时,若不规定申请再审前置程序,应参考当事人申请再审的期限和抗诉审查时限,对民事抗诉的期限作如下规定:一是检察机关提起抗诉,应在裁判生效后 2 年内提出。二是检察机关在受理当事人申诉后,应在 3 个月内决定是否提起抗诉。三是对审判人员审理该案件时有贪污贿赂、徇私舞弊、枉法裁判行为的,以相关生效刑事裁判或纪律处分决定作出后,当事人知道或应当知道的时间来计算起算点。四是案外人申请检察机关抗诉的时限,应以该案外人知道或应当知道自己的合法权益被侵害时起 2 年内为限。

(六)关于抗诉书送达的问题

虽然《人民检察院民事行政案件办案规则》第 41 条规定,抗诉书副本应当送达当事人,但实践中检察机关一般只送达给申诉人,被申诉人往往在法院开庭时才看到抗诉书并对此提出异议,要求答辩期,影响了案件的正常审理。有的法院曾建议检察机关直接向双方当事人送达抗诉书,但实际效果并不理想,只好要求检察机关提供满足案件当事人数量的抗诉书,由法院将抗诉书与应诉通知书、答辩通知书等一并送达当事人。

建议明确规定,由检察机关送达抗诉书给各方当事人,尚未送达的,法院不予受理。

(七)关于抗诉的审理范围

民事抗诉再审案件的审理范围如何确定,《民事诉讼法》没有作出明确规定。最高人民法院《关于适用〈中华人民共和国民事诉讼法〉审判监督程序若干问题的解释》第 33 条规定,人民法院应当在抗诉支持当事人请求的范围内审理再审案件。最高人民法院审监庭于 2011 年 7 月 6 日作出(2011)民监他字第 6 号答复意见,规定:“……要找到申诉人的请求与抗诉支持部分事由及其理由的对应关系,协调好抗诉事由及其支持的理由,确定抗诉支持申诉的请求，然后在抗诉范围内作出最终的裁判”。根据上述司法解释和答复，民事抗诉案件审理范围可简单归结为：抗什么，审什么。然而，在审判实践中，审理范围的确定却存在诸多问题：一是抗诉范围超出申请抗诉的事由和请求；二是抗诉范围小于申请抗诉的事由和请求；三是申诉人在案件庭审中能否对检察院的抗诉理由申请补充、变更等问题。

建议立法对抗诉范围予以明确，原则上申诉人只能在检察机关抗诉支持的范围内主张权利，但在不违反国家利益和社会公共利益的情况下，当事人可以放弃部分和全部抗诉事由，而不能增加或变更请求。

（八）关于检察机关调取证据的质证问题

“两高”意见明确了检察机关抗诉时的调查取证权，但对调取的证据在庭审中如何质证，能否采用等问题，则未予明确，容易在审判实践中造成混乱。

我省大致有三种处理模式：一是首先由检察机关出示证据，申诉人表态是否认可，申诉人不认可的不作为新证据使用；申诉人认可检察机关出示的证据，由被申诉人质证。二是由检察机关在庭审中予以出示，并作出说明，从实际效果看，极易引发当事人与检察机关的当庭冲突，形成当事人对检察机关的质询，影响庭审的效率和秩序。三是由法院依职权再次调查或核实，将检察机关调取的证据转化为人民法院依职权调取的证据，以便双方当事人进行质证。但是这种情况实际是通过国家公权力获取证据对抗另一方当事人，打破了举证能力的平衡。

建议立法或司法解释对此作出进一步明确。

（九）关于庭审程序的问题

《民事诉讼法》第 213 条规定，人民检察院提出抗诉的案件，人民法院再审时，应当通知人民检察院派员出席法庭。但检察人员出庭支持抗诉应如何安排座席？除宣读抗诉书之外，还应参加哪些诉讼活动？法律都没有作出具有操作性的规定。“两高”意见第 13 条规定：“检察人员出席再审法庭的任务是：（一）宣读抗诉书；（二）对人民检察院依职权调查收集的，包括有利于和不利于申诉人的证据予以出示，并对当事人提出的问题予以说明。检察人员发现庭审活动违法的，应当待庭审结束或者休庭之后，向检察长报告，以人民检察院的名义提出检察建议。”但在审判实践中，各地的做法不尽一致。一是检察人员在庭审中宣读抗诉书，发表出庭意见，并且向当事人发问。二是检察人员宣读抗诉书，发表出庭意见，但不向当事人发问。三是检察人员只宣读抗诉书，不发表出庭意见也不向当事人发问。

我们认为，基于检察机关在抗诉案件中所处的法律监督地位和代表国家行使“公”权力的身份，检察机关在庭审中不宜过多地参与庭审活动，不应介入当事人的对抗，避免检察机关成为一方当事人的代理人，或等同于案件的一般诉讼参与人，破坏当事人之间的平衡对抗。而且在参与诉讼的同时，应正确处理好与法院独立审判的关系。

（十）检察机关不到庭问题的处理

在审判实践中，有时会遇到检察机关忘记出庭支持抗诉的情况，经电话通知，才临时来参加诉讼，容易引起被申诉人的强烈不满，影响案件的及时审理。这种情况如果比照一般再审案件，应裁定按撤回抗诉处理，但由于没有明确的法律规定，比照处理没有法律依据，但是放任这种情况既不利于矛盾纠纷的解决，也冲击了法院的司法权威。建议立法对抗诉中的撤诉和缺席判决问题予以明确。

（十一）关于再审检察建议的问题

“两高”意见实施以来，我省受理的再审检察建议还较少，且在承办部门、案号、处理方式等方面存在不统一的状况。一是承办部门不统一。威海中级人民法院和菏泽中级人民法院由立案庭承办，青岛中级人民法院由审监庭负责。二是案号不统一。大部分的法院对再审检察建议不予立案，也没有相应的案号，只进行备案审查，如济南、威海中院、菏泽两级法院；青岛中院则立“监”字号。三是处理方式不同。一种是在收到检察机关的再审检察建议后，由立案庭按照再审立案审查标准和内容对检察机关再审检察建议进行审查。经审查，再审检察建议提到的内容符合再审条件的，以院长发现程序对该案提起再审，不符合再审条件的，由立案庭向检察机关出具书面不予再审的决定。威海中院、菏泽两级法院均采取这种模式。第二种是由审监庭审查并作出相应处理。青岛中院采取这种模式。

建议立法或司法解释对再审检察建议的办理程序予以明确。

（十二）关于案外人申请抗诉的问题

最高人民法院《关于适用〈中华人民共和国民事诉讼法〉审判监督程序若干问题的解释》对案外人向法院申请再审作出了明确规定，但对检察机关是否有权因案外人申诉而提出抗诉没有明确。目前，虽然这类案件总量较少，但裁判尺度不一，有的法院不予受理，而有的法院正常受理，受理该类案件的法院在审理程序的把握上也不尽一致。

我们认为，在当前的制度设计下，只要生效裁判属于抗诉范围，无论案外人向法院申请再审还是向检察院申诉，其救济实体权利的方式都应得到一致对待，具体的审理原则可参照案外人向法院申请再审的程序办理。

民事抗诉案件若干问题探讨

甘肃省天水市秦州区人民法院　许龙泉　崔文芳

检察机关对民事案件依法提起抗诉是其行使法律监督权的一个重要内容,也是人民法院启动再审程序的一个有效途径。近年来,随着公民法制意识的提高和法律监督力度的加强,法院受理的民事抗诉案件逐年增多。2008 年 1 月至 2012 年 5 月,我院审监庭共受理天水市人民检察院提起抗诉、天水市中级人民法院指令再审的民事抗诉案件 19 件。应该承认,通过对这些再审案件的审理,从一定程度上防止和纠正了我院的错误裁判,确保了司法公正。但是,由于现行法律对民事抗诉再审的权利、义务、职责规定的不明确,民事抗诉权的法律规定弹性过大,抗诉条件限制不严,加之检察机关与审判机关对法律有不同的理解,对案件公正标准的认识不同,导致实践中容易产生分歧和冲突。同时,个别检察人员为完成抗诉工作指标,抗诉过于主动,这对维护法院生效裁判的既判力、树立司法权威是不利的。法院审理案件是为了化解矛盾,定纷止争,促进社会和谐稳定。在法院的生效法律文书已经确定了某种权利义务关系后,检察机关的抗诉将导致这种已经稳定的某种权利义务关系趋向于不稳定。下面,结合笔者审理这些抗诉案件的体会,就当前民事抗诉再审程序中存在的若干问题作一粗浅探讨。

一、抗诉案件总体质量不高、抗诉理由难获支持

天水市人民检察院提起抗诉、天水市中级人民法院指令再审的 19 件民事抗诉案件,经审理,完全改判或部分改判的共 6 件,仅占全部抗诉案件总数的 31.58%。其余 13 件抗诉案件,除 2 件裁定终结、1 件调解处理外,均维持原判。造成这些抗诉案件质量不高的原因主要有以下几点:

(1)未准确把握当事人申诉的原因、草率抗诉。

当事人对生效判决不服,向检察院申诉,其申诉的缘由多种多样,未必是原审判决真有错误,这就需要检察院进行认真细致的审查,准确把握当事人申诉的原因、避免草率抗诉。我们审理的 19 件抗诉案件中就有 2 件存在草率抗诉的问题,占全部抗诉案件总数的 10.53%。这些案件的主要表现在:一是向检察院申请抗诉,并在一定程度上引起抗诉的申诉人很难传唤到庭,总以种种理由拒不到院接受送达。二是向检察院申请抗诉的申诉人开庭时拒不到庭。申诉人的上述表现足以证明其申诉并非针对案件本身,而是另有理由,检察院

显然未能准确把握。而且现行的一些实际做法也不妥,如检察院每年的考核项目中就有抗诉案件数这一项考核指标,导致有些案件在可抗可不抗的情况下,为了考核指标而从案卷中非找出抗诉理由,进而提请上级检察院抗诉。

(2)检察机关以"原审认定事实错误"作为抗诉的理由,证据不足或没有证据即认为"原审认定事实错误"。

检察机关在作出抗诉的同时也是对原审案件的重新评价。涉及对原审事实是否为法律事实的评价,即对原审证据的重新评价问题。从法理上讲,检察机关原则上不得在原审认定的证据的基础上作出不同判断而进行抗诉。原因是证据的审核与认定属法官自由裁量的范畴,不同的法官或者说一个法官的不同阶段,对证据的判断都会存在不同。法官在判断证据推定案件的法律事实时,是根据证据的实际,依据经验法则等多种因素进行理性判断,这种判断的过程贯穿于庭审前后的全过程,其判断的形成并不能全部表现于裁判文书和卷宗中,实际上在案件事实查明过程中就是不断判断的过程,即证据优势促进自由心证和内心确信的过程。因此,除非原审法官违反证据规则进行了司法认定,原则上,在检察机关没有新的足以推翻或影响实体裁判结果的证据之前,不能以原审认定事实错误作为抗诉理由。否则,就会出现以检察官的证据判断否认法官的证据判断现象,等于否定了原审法官的自由裁量和心证过程。

从我们审理19件再审案件看,有16件抗诉的理由是"原审认定的主要事实错误"。那么,检察院得出"原审认定的主要事实错误"这一结论的根据是什么?仅对人民检察院的民事抗诉书进行分析就能得出结论。人民检察院的民事抗诉书第一部分是当事人的基本情况,第二部分是"审查认定的案件事实",而问题也就出在这一部分。检察院自己"审查认定的案件事实"往往是在没有新的足以推翻或影响实体裁判结果的证据之前,抛开了原审法官的判断,以检察官自己的证据判断否认了原审法官的证据判断,事实上否定了原审法官的自由裁量和心证过程。造成的后果就是案件再审后,检察院自己"审查认定的案件事实"难以得到法院支持。

(3)对案件的处理结果,以检察官自己的自由裁量代替原审法官的自由裁量。

民事案件,如彩礼返还、离婚后共同财产的分割、赔偿款的给付、侵权责任的分担等往往需要法官根据案情、当事人的实际情况及各种主客观因素进行综合考量才能得出处理结果。因此,除非法官有意偏袒一方当事人而出现显失公平的结果,原审法官的处理结果应认为是恰当的,因为原审法官最了解案情,最了解当事人的情况,其处理结果往往也是最恰当的。我们审理的黄某某与成某某财物纠纷案、王某与王某某人身损害赔偿纠纷案、庞某某与天水某房地产开发有限公司房屋拆迁合同纠纷案即是如此。再审后发现原审结果并无实质的问题,均属可改可不改的范畴,即使改变了原审结果,也仅是微调,很难说原审判错了。这种结果产生的实质也是检察官以自己的自由裁量代替原审法官的自由裁量。检察官毕竟未审理案件,接触的往往也是单方申诉人,一个案件的处理结果是否恰当,往往是案卷中反映不出来的。因此,造成抗诉质量不高也是正常的。

(4)检察机关以自己收集的证据否定原审认定的案件事实存在问题。

检察院不同于法院,检察院是国家的法律监督机关,依法独立地监督民事审判活动。而法院是国家的审判机关,依法独立审理民事案件,两者职能不同,不能互相代替。检察官也不同于法官,检察官依法履行法律监督职责,依法对民事案件进行审查,认为案件判决可能错误的,依法提出抗诉,引起再审程序。法官在审判活动中依法独立行使审判权,案件是否改判,取决于法官对案件事实和证据的再认定。检察机关提起抗诉,并不仅仅是为了当事人的利益,而是履行法律监督职责,保证法律的正确实施。因此,作为监督机关的检察院不得进行调查取证。但在实践中,当事人提出申诉后,检察机关在当事人不能提供证据的情况下,代为当事人调查取证仍有发生。例如,杨姓三人侵权纠纷一案,检察院就从某拆迁公司调取了当事人拆迁补偿款的证据。应该讲,这种调查取证有一定倾向性,同时,这种检察院自己调取收集的证据未经质证往往具有片面性,并不能准确反映案件事实。杨姓三人侵权纠纷一案,检察院从某拆迁公司调取的拆迁补偿款的证据就没有采用。

二、民事抗诉案件中几个法律适用问题

(一)抗诉案件再审中,出席再审法庭的检察人员诉讼地位问题

《民事诉讼法》第190条规定:“人民检察院提出抗诉的案件,人民法院再审时,应当通知人民检察院派员出席法庭。”民事诉讼法也未进一步明确规定出席再审法庭的检察人员的诉讼程序和地位问题。

根据2008年12月1日起施行的最高人民法院《关于适用〈中华人民共和国民事诉讼法〉审判监督程序若干问题的解释》第32条的规定:“人民法院开庭审理再审案件,应分别不同情形进行:……(二)因人民检察院抗诉裁定再审的,先由抗诉机关宣读抗诉书,再由申请抗诉的当事人陈述,后由被申请人答辩及其他原审当事人发表意见……”从该条规定可以看出,人民法院开庭审理再审案件时,应通知抗诉机关派员出庭参加诉讼,而且抗诉机关也应派员出席法庭参与诉讼。但从以往几年的情况看,我们审理的民事抗诉案件,虽然

每次开庭都给检察院发了出庭通知书,但检察人员从未到庭参与诉讼。关于抗诉机关是否派员出席法庭了,则无人问津,更没有其他相关的监督措施。如果出现庭审违背程序和实体的问题,抗诉机关也无法进行法律监督。似乎抗诉机关只是履行完自己对案件的抗诉职能就了事了,之后只是等待再审案件的审理结果,是维持了原审判决还是改判了。实际上最终关心的还是其抗诉能否得到支持。

(二)检察机关以发现新的证据为由提起抗诉的问题

目前检察机关抗诉提起再审的,绝大部分是由当事人申请或向其反映而引起,检察机关提起抗诉的新证据大部分是由一方当事人提供,这些申诉人大多以"有新的证据"作为抗诉理由,而且有部分申诉人提供"新的证据"的目的是为规避上诉需要支出的上诉费用。这就涉及什么证据为"新的证据"的问题。最高人民法院制定的《民事诉讼证据规定》第 44 条将新证据定义为"原审庭审结束后新发现的证据"。对此,一般理解,有以下三种情形的证据当事人虽然在原审庭审结束前未提交,但仍应属新的证据:第一种情形是当事人及其诉讼代理人因客观原因不能自行收集的证据申请人民法院调查和收集,人民法院存在过失或不作为导致定案依据偏颇而错判的;第二种情形是该证据形成于原审庭审结束前,客观上没有出现,但在通常情况下当事人不能发现的证据;第三种情形是该证据就是形成于庭审结束之后。我们认为,检察机关应据此认定当事人提供的证据是否为新证据;否则,就会在对是否为新证据的判断上出现理解上的不一致,并导致抗诉案件的产生。

(三)抗诉案件申诉人申请撤诉及拒不到庭的处理问题

我们在审理再审案件的过程中,有时会遇到向检察机关申诉的当事人在检察机关抗诉后,提出撤诉申请的问题。例如,2004 年审理的原告刘某诉被告刘某某房屋买卖纠纷一案,刘某某将自己在青年南路 61.23 平方米的楼房屋以 80,000 元卖给刘某后,刘某从天水市的规划图上看到青年南路以后要加宽马路,担心自己买到的房屋今后会被拆迁,故不想再要房屋,起诉到民二庭要求撤销买卖合同,民二庭判决撤销买卖合同,刘某将楼房退给刘某某,刘某某将 80,000 元购房款退给刘某。刘某某申诉后抗诉。案件审理过程中,天水市房价大涨,刘某某的房屋已升值到十二三万元,刘某某这时已后悔申请抗诉,不再坚持卖房给刘某,否则,一旦认定当时的买卖合同成立,意味着她现值十二三万元的楼房只能卖 80,000 元。但作为原审被告的刘某某无法向我们法院提出撤诉申请,而原审原告的刘某也很后悔当时的起诉,如当时不起诉,楼房要下,仅不到一年时间就能挣几万元。后来,刘某到检察院要求撤回抗诉遭拒绝。那么,对此类情况究竟应如何处理?因再审程序的提起是由检察机关抗诉而引起,所以我们不能下裁定准许或不准许当事人撤诉。所以,申诉人提出申请后,法院应通知抗诉的检察机关,检察机关同意撤回抗诉的,法院以检察机关撤回抗诉为由裁定终结再审诉讼。例如,检察机关仍坚持抗诉的,法院仍应对抗诉案件继续审理并进行裁判。同理,对申诉人无正当理由拒不出庭的,不论其处于原告地位还是被告地位,法院均应当裁定终结再审程序。再如,2011 年审理的原审原告王某某诉原审被告杨某某建筑工程承包合同纠纷一案,申请检察院抗诉的是被告杨某某,在再审开庭时,经我院传票传唤被告杨某某无正当理由拒不到庭,我院遂依据《审判监督程序若干问题的解释》第 34 条第 2 款的规定,裁定终结该案的再审程序,恢复原判决的执行。

根据最高人民法院《关于适用〈中华人民共和国民事诉讼法〉审判监督程序若干问题的解释》第 34 条的规定"……申请再审人经传票传唤,无正当理由拒不到庭的,或者未经法庭许可中途退庭的,可以裁定按自动撤回再审申请处理。人民检察院抗诉再审的案件,申请抗诉的当事人有前款规定的情形,且不损害国家利益、社会公共利益或第三人利益的,人民法院应当裁定终结再审程序;人民检察院撤回抗诉的,应当准予。终结再审程序的,恢复原判决的执行。"因此,无论申请抗诉的当事人是原告还是被告,如出现上述情形,处理结果只有一种,就是人民法院应当裁定终结再审程序,恢复原判决的执行。

(四)抗诉案件中证据的取证问题

审理案件最主要的就是要查清案件的事实。例如,原、被告提供的现有证据仍不能查清案件事实,原、被告也没有向人民法院申请调取证据的,但会影响案件的实体处理,该如何处理?笔者认为,在这种情况下,人民法院也可以依职权调取相关的证据,以查清案件的事实。例如,2009 年我院审理的原审原告中国东方资产管理公司某某办事处与原审被告张某某借款合同纠纷案,被告张某某与某银行签订借款合同,借款 6 万元用于购房。后该银行对此笔借款做了转贷处理,并给张某某出具了《个人贷款还款凭证》,但之后张某某却并没有和该银行办理转贷手续。只是在该银行发出的逾期贷款催收通知书上签字认可。后该银行将此笔债权转让给原告。在原审时,被告出具了《个人贷款还款凭证》,原审认为被告已向该银行归还了借款本息,据此驳回原告的诉讼请求。原审法院因事实认定错误导致判决结果发生错误。在再审过程中,合议庭认为本案的债权系该银行转让给原告,案件的处理结果显然与该银行有法律上的利害关系。因此将该银行追加为第三人。通过追加该银行为第三人以及双方提交的证据、开庭审理,合议庭认为仅凭被告提供的该银行出具的个人贷款还款凭证就认定被告已归还银行借款，证据比较孤立，案件的有些事实仍然不清楚。如轻易下判，会导致纠纷仍旧没有得到解决。考虑到会影响案件的实体处理，我院依职权从该银行调取了一些证据，与原、被告提供的证据相互印证，形成了一个完整的证据链条，查清了案件的事实。同时也进一步从侧面反映出该银行工作人员在办理业务过程中存在一定的疏漏，对该银行以后的工作也起到了警醒的作用。而我院依职权调取的证据对案件的最终处理起到了关键性的作用。如果原审在证据的认定上能仔细斟酌，也不会导致前后两次的处理结果截然相反。

(五)抗诉案件中对法律适用的理解问题

从事实的认定、证据的采信、法律的适用上，往往能反映出一个案件的整体情况。对有些案件的处理，不能仅仅依据案件中的证据单纯办案，也就是不能就案办案，要吃透法律的立法本意，体现出法律的公平公正。例如，2012 年我院审理的原审原告马某某与原审被告天水市秦州区某建筑工程公司建筑设备租赁合同纠纷一案，双方当事人在合同中已约定违约金的计算方式，但根据案件的实际情况看，被告拖欠原告的租赁费仅 40,562.34 元，按照双方约定的违约金的计算方式，违约金为 65,699.39 元，竟占拖欠租赁费损失40,562.34元的 162%。原审仅依据双方当事人合同的约定，就判决被告赔偿原告违约金65,699.39元。被告认为违约金过高，申请检察院抗诉，引起该再审案件。再审中对其他事实的认定都没有异议，争议的焦点仍是违约金的赔偿问题。该案存在的主要问题就是双方当事人对违约金的计算方式有约定，但根据最高人民法院《关于适用〈中华人民共和国合同法若干问题的解释〉(二)》第 29 条第 2 款的规定："当事人约定的违约金超过造成损失的百分之三十的"，一般可以认定为《合同法》第 114 条第 2 款规定的"过分高于造成的损失"，因此，该案原审直接判决被告赔偿违约金 65,699.39 元错误。再审审理中，依据上述司法解释的规定，对违约金进行了调整，由被告给原告给付违约金12,168.7元。这就从一个侧面反映出办案法官没有吃透法律的立法本意，只是简单地就案办案。

(六)申请人提出抗诉时原裁判文书已生效的时间相对较短

我院受理的 19 件抗诉案件中，根据抗诉机关提出抗诉时原裁判文书已生效的时间统计，1 年以内的 14 件，2 年以内的 3 件，3 年以内的 2 件。其中 1 年以内抗诉的案件数占总抗诉案件数的 73.68%。从以上数据可以看出，申请抗诉的无论是原告还是被告，对原判决有意见时，都不想通过上诉的途径来解决，而是想通过检察机关抗诉的途径来实现自己的诉求。一是通过抗诉的途径,申请人可以不用交上诉费。二是有些当事人知道即使案件上诉到上级法院后,多半也是维持的结果,认为上诉基本上起不到什么作用。这不难看出当事人对上级法院存在一定的看法。三是当事人认为检察机关是监督机关,对法院有法律监督的作用,通过抗诉,法院的处理结果也许会有所改变。

关于完善民事抗诉案件审理的几点立法建议

湖北省高级人民法院　张乐喜　宋　攀

一、关于当事人申请抗诉与申请再审的关系问题

现行《民事诉讼法》规定,民事抗诉与民事申诉都是启动民事再审程序的方式,二者并无先后顺序之分,对当事人而言,其既可以选择就原生效判决向上级人民法院申请再审,也可以选择向抗诉机关申请抗诉,还可以同时进行上述两个程序。《民事诉讼法》的这种制度设计无疑最大程度地保护了当事人的申诉权,但是也直接导致当事人申请抗诉与申请再审之间矛盾不断。如在实践中普遍存在的当事人同时向人民法院和抗诉机关进行申诉,人民法院裁定驳回其再审申请后,抗诉机关却就原判决向人民法院提出抗诉,由此形成了抗诉再审与驳回再审申请两份相矛盾的裁定。这不仅浪费了司法资源,也严重影响了司法权威的建立。实践中,还经常出现当事人拿着两份裁定在法庭上质问法官的情形。为了解决诸如此类的无序的抗诉案件审理的乱象,笔者认为,《民事诉讼法》应在综合考虑民事诉讼当事人意思自治原则以及抗诉机关法律监督的滞后性特点的前提下,对申请抗诉与申请再审之间的关系进行合理定位。只有将申请抗诉与申请再审的关系梳理清晰了,才能从根本上解决抗诉再审案件审理中的诸多难题。为此,笔者建议,《民事诉讼法》在修订时,可以建立以当事人向人民法院申请再审为前置程序、以人民检察院的抗诉为补充救济的民事再审启动程序,解决当事人申请抗诉与申请再审之间的冲突。[①] 具体而言,即规定:"检察机关只有在当事人向人民法院申请再审被裁定驳回后,才能就原生效判决向人民法院提出抗诉;如果当事人未向人民法院申请再审而直接向人民检察院申请抗诉的,或者当事人同时向人民法院与人民检察院申诉时,告知当事人先向人民法院申请再审或者先由人民法院受理其申请再审,人民检察院暂不受理;在人民法院裁定驳回当事人申请后,人民检察院认为原判决确有错误的,可以对原生效裁判向人民法院提出抗诉。"

二、关于民事抗诉再审程序的启动问题

(一)关于民事抗诉再审程序提起的事由问题

《民事诉讼法》第187条的规定将检察机关提起抗诉的条件与《民事诉讼

① 张乐喜、宋攀:"民事抗诉制度的反思与重构",载《法官论行政审判》,长江出版社2011年版。

法》第179条当事人申请再审的条件进行了统一,即检察机关只要认为原生效判决、裁定符合《民事诉讼法》第179条第1款第13项规定情形的,都可以向人民法院提出抗诉。《民事诉讼法》之所以这样规定,也是为了解决当事人申诉难的问题,强化抗诉机关的检察监督权。但是,随着司法实践的深入,我们发现《民事诉讼法》的这一规定过于具体,已经对人民法院独立行使审判权造成了影响,同时也使得抗诉机关公正监督的立场普遍受到质疑。事实上,从新《民事诉讼法》施行以来,人民法院受理民事申请再审案件的门槛已经降至很低,全国各级法院关于民事申请再审案件的收案数量均急剧增加,这说明新《民事诉讼法》已经极大地强化了当事人的申诉权,已经很好地解决了人民群众申诉难的问题。从这个角度来讲,《民事诉讼法》第187条再次强化抗诉机关的检查监督权已无必要,反而使得对方当事人认为再审程序可任意启动,诉讼永无止境。此外,在设置当事人申请再审为前置程序的再审启动程序的框架下,也不宜再将抗诉机关提起抗诉的事由与当事人申请再审事由进行合并。因为当事人申请再审时,人民法院已经依照《民事诉讼法》第179条的规定,对原审判决进行了审查,如抗诉机关再就原判决以《民事诉讼法》第179条规定的事由向人民法院提出抗诉,将极大地弱化申诉复查程序的作用,同时也浪费了大量的司法资源。对于社会公众而言,抗诉机关针对同一事由提出抗诉,既不利于司法权威的建立,也损害了抗诉机关监督的公正性。此外,抗诉事由的扩大也会与抗诉机关法律监督的性质和功能相悖,有违抗诉制度设置的初衷。实践中,经过统计以及各级人民法院的反映,抗诉机关提出的抗诉事由绝大部分集中在《民事诉讼法》第179条第1款第2项、第6项,有部分抗诉事由从未涉及过。[①] 可见,即使法律赋予了抗诉机关极大的权力自由,但是实践中这种权力也并非得到了充分的行使。因此,不论从社会公众对司法公正的要求出发,还是从法检双方对公正、效率的价值追求考虑,将抗诉事由与当事人申请再审的事由进行统一都是缺乏合理性的。笔者认为,对抗诉机关提出抗诉的事由只做原则性的规定会解决当前抗诉事由过于细化导致的矛盾。具体而言,可以将《民事诉讼法》第187条修订为:"最高人民检察院对各级人民法院发生法律效力的判决、裁定,上级人民检察院对下级人民法院已经发生法律效力的判决、裁定,发现实体处理或审判程序明显违法的,应依法向人民法院提出抗诉。"

① 本文中的统计、法院观点及做法均来自于湖北省三级法院关于抗诉案件的调研成果,具体数据及观点详见最高人民法院《审监工作动态》第3期《2008～2011年湖北省民事、行政抗诉案件的调研报告》一文。

（二）关于民事抗诉再审程序提起的时限问题

抗诉机关提出抗诉的时限问题一直是社会各界讨论的焦点问题。目前，学界已基本形成一致观点，认为：有必要为抗诉机关提出抗诉设置一定的时限，防止抗诉无期限情形的出现。上述观点符合现阶段民事抗诉案件审理的实际。从目前民事抗诉案件的审理实践来看，抗诉机关提出抗诉的绝大部分案件距生效判决作出的时间均在2年以内，只有少数案件超过2年。这说明，通过人民法院审理后的案件，如超过2年，绝大部分当事人都已经认可了人民法院作出的判决或者其他处理方式，矛盾已经化解。如抗诉机关对已经生效多年的案件再进行抗诉，不仅不会化解矛盾，反而还会激化原有的矛盾。所以，笔者认同学界的一致观点，《民事诉讼法》应当对抗诉机关提出抗诉的时限予以限制，不能无期限地抗诉。关于具体时限，法院和社会各界的观点各不相同。法院的观点大多倾向于2年的时限。对此，笔者认为，在实行申请再审程序前置、抗诉机关提出抗诉为补充救济的民事再审启动程序的制度下，不能笼统的将抗诉机关提出抗诉的时限设置为2年，必须考虑抗诉机关提起抗诉是在当事人向人民法院申请再审被裁定驳回之后的情形，所以抗诉机关提起抗诉的时限应当是从人民法院作出驳回当事人申请再审的裁定生效之日起算。对于具体期限问题，从维护社会关系的稳定性维护生效裁判的既叛力和法的安定性角度考量，生效判决如果长时间不能得到确定，不利于当事人正当权益的保护。考虑到现行《民事诉讼法》已规定当事人申请再审的时限为2年，这已经为当事人主张权利预留了较长的时间，所以，人民检察院提出抗诉的时间不宜规定太长，以6个月为宜。综上，笔者建议，《民事诉讼法》在修订时增加关于抗诉时限的规定，即"人民检察院就原生效判决、裁定向人民法院提出抗诉应在当事人向人民法院申请再审被裁定驳回之后六个月内提出"。

（三）关于民事抗诉再审程序提起的次数问题

关于抗诉次数的问题也是抗诉再审案件审理中争议较大的问题。目前，《民事诉讼法》关于抗诉再审程序提起的次数未做规定，实践中，抗诉机关普遍的做法是实行无限抗诉。笔者曾办理过一个案件，市检察院就二审生效判决提请省检察院向高级法院提出抗诉，高级法院依据《民事诉讼法》第188条的规定，将该案指令中级法院再审，经中级法院再审后，是检察院再次就该案提请省检察院向高级法院抗诉。类似这类多次抗诉的案件在实践中普遍存在，大多是针对再审后维持原判决的案件。这种无限抗诉的做法赋予了抗诉机关无限的抗诉自由，也使得申诉人认为，可以通过抗诉机关不断的抗诉来达到想要的结果。"众所周知，民事抗诉程序的价值在于其制约法院的擅权或滥权”,[①]而无限抗诉的做法不仅不会起到制约法院审判权的效果,反而还会导致社会大众对于抗诉机关的抗诉失去应有的信赖。因此,对抗诉次数进行规制,也是抗诉再审启动程序完善的重要内容。对于抗诉次数的规定,最高人民法院1995年10月6日发布的《关于人民检察院提出抗诉按照审判监督程序再审维持原裁判的民事、经济、行政案件,人民检察院再次提出抗诉应否受理的批复》有所涉及,该批复规定:“上级人民检察院对下级人民法院已经发生法律效力的民事、经济、行政案件提出抗诉的,无论是同级人民法院再审还是指令下级人民法院再审,凡作出维持原裁判的判决、裁定后,原提出抗诉的人民检察院再次提出抗诉的,人民法院不予受理;原提出抗诉的人民检察院的上级人民检察院提出抗诉的,人民法院应当受理。”这一规定有一定道理,但正如有学者所指出的,“对于检察机关能否对维持原判的判决、裁定再行抗诉,由哪一级检察机关抗诉,向哪一级法院抗诉,显然不能由最高人民法院的一个司法解释解决”。[②] 笔者认为,对于抗诉次数的限制问题《民事诉讼法》在修订时,可以将上述批复纳入其中,并进一步规定:“人民检察院对于同一案件的抗诉应以一次为限。”

三、关于民事抗诉再审案件的审理程序问题

《民事诉讼法》对于民事抗诉再审案件的审理程序仅在第190条作出了“人民法院应当通知人民检察院派员出席庭审”的原则性规定,《审监解释》关于民事抗诉再审案件的审理程序也只对抗诉范围进行了规定。法律的空白导致现在各地法院对于抗诉再审案件的审理做法各异。有的抗诉机关在庭审中宣读完抗诉书后即申请退庭,不参与庭审的其他活动;有的抗诉机关参与了庭审全过程却不履行任何监督职能;还有的对方当事人在庭审中要求向抗诉机关发问;等等。这些不同的做法使法律实施的统一性受到了挑战,当事人对于民事抗诉再审案件的公正性提出了质疑。所以,要最终实现民事抗诉制度的公正价值和纠错目的必须要对民事抗诉再审案件的具体审理程序进行详细的规定,要实现民事抗诉再审案件的审理有程序可依、有法律保障。从理论上而言,民事抗诉再审案件是基于抗诉机关提出的抗诉而启动再审程序的,启动再审的程序不同于当事人申请再审或者其他再审启动程序;所以,抗诉再审案件审理的具体范围以及抗诉机关在该类案件中的身份和职责也应不同于其他再审案件。尤其对于抗诉机关而言,如不对其检察监督的对象以及如何进行监督作出详细规定,会使其提出抗诉的目的难以实现,最终对民事案件的监督纠

---

① 冯仁强、陈莺:“检察院民事抗诉再审制度的完善”,载《法学》2007年第10期。

② 田平安、丁保同:“我国民事抗诉制度之考量”,载《人民检察》2007年第9期。

错功能流于形式。目前,实践中,各地法院反映抗诉再审案件审理程序的难点主要在于如下四个方面:抗诉案件的审理范围,抗诉再审案件的庭审方式,抗诉机关的庭审身份以及出庭的职责,抗诉机关调查取证的问题。鉴于此,笔者将分别从上述四个焦点问题展开论述,并提出立法建议。

(一)关于民事抗诉再审案件的审理范围问题

对于抗诉再审案件的审理范围问题,目前争议很多,有的法院认为:应严格按照《审监解释》第33条的规定:"人民法院应当在抗诉支持申诉人请求的范围内审理再审案件。"确定审理范围,有的法院认为:对于当事人申诉理由与抗诉理由进行合并审理,还有的法院认为应按照当事人的真实申诉意思进行审理。笔者认为,鉴于民事抗诉再审程序是依据抗诉机关行使检察监督权而启动,并非是依当事人的意思表示而启动再审程序的,所以,抗诉机关对于原生效判决的不同意见应成为抗诉再审案件的审理范围。尽管当事人可能存在与抗诉理由不同的意见,但是鉴于抗诉再审程序启动的特殊性,不能将当事人的申诉理由作为抗诉再审案件的审理范围。2011年11月1日,最高人民法院发布的《全国审判监督工作座谈会〈关于当前审判监督工作若干问题的纪要〉》也持上述观点。该纪要第15条规定:"如果抗诉理由与当事人申诉理由不一致的,原则上围绕抗诉内容进行审理。"此外,实践中还常出现抗诉机关的抗诉理由不明确的情形,也应一并在《民事诉讼法》中予以明确。因此,笔者建议,应将《审监解释》第33条的内容纳入《民事诉讼法》中,并增加"如果人民检察院未明确对申诉人申诉理由的支持范围,人民法院在庭审中应当要求人民检察院在庭审时予以明确"。

(二)关于民事抗诉再审案件的庭审方式问题

民事抗诉再审案件的庭审方式问题主要涉及的是此类案件是否需一律开庭审理的问题。目前,审判实践中关于民事抗诉再审案件的审理方式,各地做法也不一样。有的法院认为,根据《民事诉讼法》第186条"对二审生效案件再审及上级法院提审的再审案件是按照第二审程序进行审理"的规定以及《民事诉讼法》第152条第1款"第二审人民法院对上诉案件,应当组成合议庭,开庭审理。经过阅卷和调查,询问当事人,在事实核对清楚后,合议庭认为不需要开庭审理的,也可以径行判决、裁定"的规定,民事抗诉再审案件的审理可以采取开庭审理与书面审理两种方式,考虑到在很多民事抗诉再审案件中存在当事人主体资格灭失,或者被申诉人已受刑事处罚,或者已无可供执行的财产等特殊情形,如果一律实行开庭审理,不仅缺乏实际意义,也浪费了司法资源、降低了审判效率,因此,对于民事抗诉再审案件的审理可以实行"书面审理”。对此,笔者认为,从节约司法资源、提高审判效率的角度考量民事抗诉再审案件的审判方式并无不妥,但是要区分原审生效裁判的类别。如原审作出的生效裁判是驳回起诉或者不予受理的裁定,那么此类抗诉审再审案件,可以进行书面审理。因为,此类案件中,当事人的纠纷还只停留在程序层面,当事人的实体权利并未得到处理,对此类抗诉案件进行开庭审理实无必要。对于原审生效裁判是以判决形式作出的,应规定一律开庭审理。因为,以判决形式作出的生效裁判涉及当事人实体权利的处分,合议庭必须在庭审中对案件事实进行调查,才能正确认定事实和适用法律,同时,开庭审理也能更充分地体现抗诉机关对庭审活动的监督职能。因此,针对判决而抗诉启动再审的民事案件应一律开庭审理。综上,笔者建议,《民事诉讼法》关于抗诉再审案件的庭审方式可增加如下规定:“人民检察院对于以裁定作出生效裁判的民事案件提出抗诉的,可以进行书面审理;对于以判决作出生效裁判的民事案件提出抗诉的,一律开庭审理。”

(三)关于抗诉机关在庭审中的身份以及职责问题

《民事诉讼法》第190条已经明确抗诉机关应该出庭履行职责,但对于抗诉机关在庭审中的身份如何确定以及职责如何履行未做规定。实践中,有的法院认为,抗诉机关除履行宣读抗诉书、发表抗诉意见的抗诉职责外,还应有选择地参加庭审调查活动,并监督全部庭审活动。也有的法院认为,为有效、全面地履行法律监督职责,上级人民检察院不应采取指派下级检察院派员出庭的方式履行出庭职责。这些观点都是基于现阶段抗诉机关参与庭审的现状提出的,笔者表示认同。就立法层面,如何规制抗诉机关在庭审中的身份以及职责问题,笔者提出如下观点:(1)关于抗诉机关的身份问题。考虑到抗诉机关是独立于当事人的第三方诉讼参与者,因此,《民事诉讼法》应明确规定:“人民检察院在因抗诉启动再审的民事再审中应以法律监督机关的身份参与庭审。”(2)关于抗诉机关的庭审职责问题。最高人民检察院《民事行政抗诉案件办案规则》第45条规定:“检察人员出席抗诉案件再审法庭的任务是:(一)宣读抗诉书;(二)发表出庭意见;(三)发现庭审活动违法的,向再审法院提出建议”的规定,抗诉机关应当具有参加庭审活动,发表出庭意见以及监督庭审过程两项职责。鉴于抗诉机关的中立身份和庭审监督的全程特点以及庭审程序的延续性,笔者认为,《民事诉讼法》关于抗诉机关的庭审职责应作出如下规定:“人民检察院在庭审监督中,认为庭审活动存在违法之处,可以在庭审后提出纠正意见,但是不宜直接参与当事人之间的辩论以及法官主持的对案件事实的调查活动。”

（四）关于抗诉机关调查取证的问题

抗诉机关在民事抗诉案件中依职权调取相关证据的情形普遍存在。由于抗诉机关调取的证据均是对申诉人有利的证据，所以，被申诉人往往认为抗诉机关存在偏袒申诉人之嫌，且往往在庭审中对抗诉机关调查取证的问题表示强烈的不满。为此，对于抗诉机关能否行使调查取证权以及调取的证据如何认定一直存在很大争议。关于这一问题，笔者认为，抗诉机关作为法律监督机关，其职责是行使法律监督权，依法纠正错误裁判，保证法律正确实施，维护司法公平公正。而保证抗诉机关行使法律监督权的前提必须是赋予抗诉机关行使权力的空间和手段。调查取证权就是保障抗诉机关法律监督权行使的一项重要内容，同时也是抗诉机关实行法律监督的前提。如果不能赋予抗诉机关调查取证权，会使得抗诉机关的法律监督职权难以实现。因此，笔者建议，《民事诉讼法》应明确赋予人民检察院在民事抗诉案件中的调查取证权，但是必须是在人民法院审理案件查证的范围内的有限调查取证权，否则将超越检察机关法律监督的权力边界，破坏民事纠纷平等对抗的诉讼模式。此外，对于当事人在原审中申请人民法院调查取证，人民法院经审查不予准许的，抗诉机关就该问题向人民法院提出抗诉的，考虑到上述证据是当事人在原审中就已提出，并未超出原审案件当事人举证的范围，人民法院应当予以准许调取相关证据。关于检察机关调取的证据如何质证的问题。笔者认为，由于检察机关作为独立的一方公权力机关加入到案件诉讼中，因此，对于检察机关调取的证据，也应在庭审中出示，并且在人民法院的主持下，由各方当事人进行质证，未经质证的证据不得作为案件定案的依据。具体而言，《民事诉讼法》或者最高人民法院《关于民事诉讼证据的若干规定》中应增加如下规定："1. 人民检察院在人民法院审理案件查证的范围内享有调查取证权；2. 当事人在原审中申请人民法院调查取证，人民法院经审查不予准许的，人民检察院认为有调查取证需要的，可以调查取证；3. 人民检察院依职权调取的证据应在人民法院的主持下，由各方当事人进行质证，未经质证的证据不得作为案件定案的依据。"

四、关于规制恶意申请抗诉的问题

对于再审程序的启动，《民事诉讼法》未作时限限制也未规定缴纳诉讼费的门槛，为当事人恶意申请抗诉提供了条件。实践中，常出现当事人一审判决后，不服法院判决不行使上诉权而选择申请抗诉的情形，这样一方面可以达到使抗诉机关介入案件的目的，另一方面还可以逃避缴纳诉讼费的义务。此外，《民事诉讼法》第185条规定："按照审判监督程序再审的案件，裁定中止原判决的执行。”当事人在检察机关提出抗诉和申请再审后,人民法院一旦裁定进行再审程序,原判决必然中止执行。该中止执行是无条件的中止。因此,在实践中,不乏当事人通过对生效判决申请抗诉,规避执行。有些当事人在案件通过抗诉进入再审程序后,还采取逃避法院送达的方式,阻止再审案件审理工作的开展,使得原判决的执行处于停滞状态。这类情形不仅在抗诉案件中存在,在由人民法院裁定进入再审的案件中也大量存在。针对实践中出现的恶意申请抗诉以及申请再审的情况,笔者认为,《民事诉讼法》应当进行规制,应当实行设置一定的再审程序的诉讼费门槛以及有条件的中止执行制度,否则将使得生效裁判的法律效力大打折扣,当事人的实体权利得不到保障。就恶意申请抗诉的规制问题,笔者建议,《民事诉讼法》可作如下规定:“1. 申诉人在向人民检察院申请抗诉或者向人民法院申请再审时,必须提供各方当事人准确的送达地址,确保再审程序的顺利开展;2. 对于进入执行阶段的原审生效案件,人民法院在裁定再审的同时,应在申诉人提供相应的财产担保后中止原判决的执行;3. 对于当事人不行使上诉权而直接申请再审或者申请抗诉的情形,应按照《诉讼费缴纳办法》的关于一、二审诉讼费缴纳的规定向人民法院缴纳诉讼费。”

五、关于检察建议应否写入《民事诉讼法》的问题

检察建议应否写入《民事诉讼法》是当前学界以及法检双方讨论的热点问题。关于检察建议,2001 年 9 月 30 日最高人民检察院发布《人民检察院民事行政抗诉案件办案规则》第 47 条规定了人民检察院可以向人民法院提出再审检察建议的四种情形,[①]2001 年 11 月 1 日最高人民法院发布的《全国审判监督工作座谈会关于当前审判监督工作若干问题的纪要》第 17 条规定:“人民检察院对人民法院审判工作提出检察建议书的,人民法院应认真研究改进工作;经与人民法院协商同意对个案提出检察建议的,可依职权启动再审程序。”2011 年,“两高”会签的《关于对民事审判活动与行政诉讼实行法律监督的若干意见(试行)》再次提出了检察建议的问题,并规定了再审检察建议

① 《人民检察院民事行政抗诉案件办案规则》第 47 条规定的四种情形分别为:(1)原判决、裁定符合抗诉条件的,人民检察院与人民法院协商一致,人民法院同意再审的;(2)原裁定确有错误,但依法不能启动再审程序予以救济的;(3)人民法院对抗诉案件再审的庭审活动违反法律规定的;(4)应当向人民法院提出检察建议的其他情形。

的适用范围与程序。[①] 就上述规定而言，法检双方对于检察建议做了有益的尝试，但是，从实践效果来看，各级法院普遍反映民事检察建议案件数量很少，尤其在高级法院民事检察建议案件数量极少。可见，检察建议在实践中作用有限。此外，从检察建议的内涵而言，只是检察机关纠正错误裁判进行法律监督的一种形式，其与抗诉制度的作用和形式均存在一定程度的重合。事实上，抗诉上提一级的程序相比检察建议更能实现法律监督的纠错功能，检察建议的作用完全可以在抗诉制度中得以体现。因此，笔者认为，检察机关若认为原判决确有错误，可以依法向人民法院提出抗诉，而不必采用检察建议的方式，检察建议并无存在的必要，无须写入《民事诉讼法》。

① 《关于对民事审判活动与行政诉讼实行法律监督的若干意见（试行）》第七条：地方各级人民检察院对符合本意见第5条、第6条规定情形的判决、裁定、调解，经检察委员会决定，可以向统计人民法院提出再审检察建议。人民法院收到再审检察建议后，应当在3个月内进行审查并将审查结果书面回复人民检察院。人民法院认为需要再审的，应当通知当事人。人民检察院认为人民法院不予再审的决定不当的，应当提请上级人民检察院提出抗诉。

关于我省民行事抗诉案件的现状分析及对策建议

——2008～2011 年全省民行事抗诉案件调研报告

海南省高级人民法院　郑　船　赖凯萍

当前我国正处于社会矛盾凸显期，各类民行事纠纷日益增多，当事人对司法公正的强烈期待，审判机关、检察机关对抗诉监督权的理解分歧以及现行抗诉法律法规的不完善共同导致了民行事抗诉案件审理难、调解难、反复再审的困境。本文通过对我省 2008 年至 2011 年民行事抗诉案件的情况进行梳理，总结我省民行事抗诉案件的特点，并在此基础上分析当前审理民行事抗诉案件存在的主要问题，同时结合 2011 年“两高”出台的《关于对民事审判活动和行政诉讼实行法律监督的若干意见》的相关规定，提出相应的对策建议，以期对民行事抗诉案件审理的改革与创新提供些许思路。

一、案件基本情况分析

2008 年至 2011 年，我省共受理民事再审案件 718 件（新收 672 件，旧存 46 件），结案 690 件，结案率 96.10%。其中抗诉再审案件共受理 134 件（新收 108 件，旧存 26 件），占民事再审案件案件数的 18.66%，结案 127 件，结案率 94.78%。审结的 127 件抗诉案件中，维持原判 20 件，维持率 15.75%；改判 46 件，改判率 36.22%；裁定发回重审 13 件，发回率 10.24%；调解结案 48 件，调解率 37.80%；没有裁定撤回抗诉及裁定终结案件。2008 年至 2011 年，我省共受理行政再审案件 65 件（新收 61 件，旧存 4 件），结案 64 件，结案率 98.46%。其中抗诉再审案件共受理 4 件（新收 3 件，旧存 1 件），结案 4 件，结案率 100%。审结的 4 件抗诉案件中，维持原判 1 件，维持率 25%；改判 2 件，改判率 50%；当事人撤诉 1 件，撤诉率 25%。

具体情况如下：

（1）从抗诉机关上看，审结的 127 件民事抗诉案件中，省检抗诉 109 件，占 85.83%，下级检察院抗诉 18 件，占 14.17%，无最高检抗诉案件。

（2）从抗诉依据上看，审结的 127 件民事抗诉案件中，以认定事实缺乏证据证明和（或）适用法律错误为由提出抗诉的约占 90%，以违反法定程序提出抗诉的约占 8%，以新证据、证据伪造的提出抗诉的各为 1 件，各占 0.79%，没有超法定事由抗诉情形以及以违反国家利益、公共利益为由提起抗诉的案件。

（3）从抗诉时原裁判已生效的年限上看，审结的 127 件民事抗诉案件中，在裁判生效 2 年内提出抗诉的 109 件,占 85.83%;2 ~5 年内提出抗诉的 15 件,占 11.81%;5 ~10 年内提出抗诉的 2 件,占 1.6%;10 ~15 年内提出抗诉的 1 件,占 0.79%,无对生效 15 年以上裁判提出抗诉的案件。

(4)从抗诉对象上看,审结的 127 件民事抗诉案件中,对一审生效裁判提出抗诉的 5 件,占 3.94%;法院驳回再审申请后检察机关抗诉的 3 件,占 2.4%;就同一案件重复抗诉的为 10 件,占 7.9%;基于案外人申诉提出抗诉的 1 件,占 0.79%。

(5)行政抗诉案件中,审结 4 件案件均为省检抗诉,高院提审;均为在裁判生效 2 年内提出的抗诉以及对二审生效裁判提出的抗诉;抗诉依据均为认定事实缺乏证据证明和(或)适用法律错误(其中 1 件同时以超诉讼范围审理作为抗由)。

二、我省民行事抗诉案件的主要特点

我省民行事抗诉案件的主要特点如下:

(1)民事抗诉案件仍占绝对数量(97.10%),行政抗诉案件数量极少(四年仅 4 件,且 2008 年及 2010 年没有收案)。客观上说明我省行政执法逐步规范,法院审理行政案件质量有所提高。另外也反映出抗诉案件依然向民事案件倾斜。

(2)抗诉力度自 2010 年以来有所减弱。特别是民事抗诉案件,2010 年抗诉案件收案仅为 14 件,2011 年抗诉案件中,倘除却 24 件系列案,其他收案仅为 9 件。客观上反映出检察机关经过检委会把关后提起抗诉的慎重性。

(3)民事抗诉案件调解率总体较高(37.80%),但不同年份波动较大(分别为 42.22%、7.41%、9.09%、75.76%)。原因如下:其一,系列案调解卓有成效。2008 年及 2011 年各因系列案的调解成功而使当年调解率分别达到 42.22% 及 75.76%。系列案调解难度大,但通常因一方或双方当事人均为企业,对判决终决风险的担忧较大,以及法院、检察院因有系列案调解共识,为降低判后风险而共同投入努力,依靠调解方式的创新、领导出面调解以及反复做调解工作等多种调解手段而使系列案成功调解。其二,扣除系列案,其他案件调解率平均为 10.23%,客观上是民事再审案件案情复杂,各方当事人分歧过大、矛盾难以调和所致,主观上来说也和部分承办人存有畏难情绪,调解不到位有一定关系,仍有上提空间。

(4)民事抗诉案件改判率 36.22%,发回重审率 10.24%,客观上反映出我省法院生效裁判质量确实存在一定问题,且大部分案件因事实认定和(或)证据认定而改判或发回,抗诉的纠错功能得以发挥。

(5)再审检察建议数量少,2008~2010年仅为1件。客观上反映出我省检察机关单纯依赖于抗诉纠错手段,再审检察建议这种监督方式未在我省广泛使用。

三、审理中存在的主要问题

(一)再审审理范围规定过死

2008年最高人民法院《关于适用〈中华人民共和国民事诉讼法〉审判监督程序若干问题的解释》第33条规定:"人民法院应当在具体的再审请求范围内或在抗诉支持当事人请求的范围内审理再审案件"。根据该条规定,抗诉审理的范围应当以检察机关的抗诉书为准。但在实践中,以下两种情况时有发生:(1)抗诉机关的抗诉意见与申诉人的申诉意见不一致,且从申诉人的申诉意见发现原裁判确有错误;(2)被申诉人的答辩意见与抗诉书不对应,辩非所抗。若仅仅是简单地依据抗什么就审什么,则一方面不利于实现再审程序纠错的功能;另一方面也剥夺了被申诉方将其主张纳入法庭审理范围的权利,一定程度上违背了民事诉讼中当事人诉讼地位平等原则。

(二)以新证据作为抗诉事由值得商榷

检察机关的职能从本质上来说是为了纠正因审判人员行为导致的错案,以维护当事人的利益以及法律的尊严。而新证据的介入引起了原有定案证据的变化,并通过这种变化得出一个不同于原判的诉讼结果,但这一不同结果并不因审判人员而起,也并非审判人员可预见和避免,允许检察机关以新证据为由提出抗诉从而引发再审程序并最终定案,一是扩大了检察机关的监督职能。二是以新证据提起抗诉,必然涉及对新证据进行举证和质证,从而不可避免地使检察机关成为申诉人一方的"代理人",事实上免除了申诉人一方所应承担的举证责任,违背了民诉法当事人诉讼地位平等原则。三是容易导致部分当事人在一、二审中恶意隐瞒证据,在裁判生效后通过抗诉达到胜诉的目的。

(三)抗诉无法定期限限制弊端明显

2008年《民事诉讼法》将民事抗诉事由完全与当事人申请再审事由等同起来,且明确规定当事人申请再审的时间为裁判生效后2年内,但却对抗诉期限没有作出规定,两者的不对接导致了如下困境:若当事人怠于向法院申请再审而超过2年诉讼时效,其仍能在2年后通过向检察机关申请抗诉为自己的消极行为"讨回公道"。这一方面使得当事人申请再审制度的实际意义受到严重损害;另一方面,由此带来的判决的不稳定状态也时刻威胁着在判决生效后新形成的法律关系的稳定性,同时也会导致当事人想方设法寻求抗诉,为抗诉权寻租提供了隐性市场。

（四）对一审生效裁判抗诉的情况仍然存在

当事人自由处分原则是《民事诉讼法》的基本原则。当事人在一审裁判送达后未在法定期限内提起上诉是当事人权衡上诉风险后做出的选择，应视为当事人对一审裁判的接受。允许对一审生效裁判进行抗诉，对当事人出尔反尔的不道德诉讼行为进行保护，既容易导致上诉程序形同虚设，也常常损害了另一方当事人的利益，同时也因为当事人通过抗诉成功规避诉讼费用而将部分诉讼成本转嫁给国家。

（五）检察机关抗诉质量有所提高，但仍存在一定问题

（1）对《人民检察院民事行政抗诉案件办案规则》执行力度不够，部分可抗可不抗的案件被提起抗诉。部分抗诉案件仅是属于在法律适用上有不同理解的，事实认定上存在见仁见智的情况，处理结果仍属于法官对法律的掌握和自由裁量的范围；部分抗诉案件虽然认定事实或适用法律确有错误或程序上存有瑕疵，但处理结果对国家利益、社会公共利益和当事人权利义务影响也不大。上述案件虽然抗诉后部分予以改判，但主要是基于对抗诉机关监督权的尊重，改判以后社会效果和法律效果均不是很好。

（2）对当事人申请抗诉的动机研究不够。部分案件中，当事人申请人抗诉的主要动因并非是认为原审裁判确有错误，而是利用抗诉后中止执行的法律规定，拖延执行时间或者达到转移、变卖、隐匿财产的目的，造成错过最好执行时机；甚至有部分案件当事人是因为不接受调解败诉后，利用抗诉手段压迫胜诉方再进行“判后调解”。

四、解决目前存在问题的对策

“两高”《关于对民事审判活动和行政诉讼实行法律监督的若干意见》（简称《意见》）的颁布和实施，结束了两家长期以来以各自司法解释审理民事、行政抗诉案件的局面，很大程度上解决了两家对于检察机关民事抗诉权的行使长期存在各种的分歧。结合《意见》的相关规定以及上述审判实践中存在的问题，提出建议如下：

（1）调整再审审理范围，建议以抗诉书为主，结合再审中发现的案件事实，在不超出原审诉讼请求的范围来确定抗诉案件的再审范围。第一，原则上，申诉人或被申诉人提出与抗诉机关不同的再审理由及抗辩理由时，由庭审法官及时地予以制止并说明对抗诉理由不作超范围审理的依据。第二，申诉人或者被申诉人对原判不服确实提出了有理有据的看法，不管是否超过了抗诉机关的抗诉书所列明的抗诉范围，也应在庭审中予以审理，并根据原判是否错误，是否应该改判的原则加以处理。

(2)逐步设立"民事抗诉再审前置程序"。当事人因各种目的在裁判生效后放弃向法院申请再审而转向检察机关申请抗诉的趋势,加大了检察机关的负担,不利于检察机关法律监督权的有效实施。从立法本意上来说,当事人申请再审属私权救济,抗诉再审属公权救济,在没有穷尽私权救济的前提下,应不允许当事人寻求公权救济。但鉴于当前当事人申请再审渠道的不够完善以及法检两家对于法律监督权行使存在的分歧,完全设立民事抗诉再审前置程序缺乏现实基础,可根据不同抗诉事由进行相应修改:第一,当事人以新证据为由申请抗诉的,检察机关应一律告知其向人民法院直接申请再审。第二,当事人以认定事实不清为由,即以《民事诉讼法》第179条第2~4款为由申请抗诉的,因事实方面的确定通常难以简单断定是否真正存在错误,检察机关应一律告知当事人向人民法院直接申请再审,只有确定当事人再审申请已被法院驳回的情况下,检察机关才能提起抗诉。第三,当事人以《民事诉讼法》第179条其他款项为由申请抗诉的,检察机关在了解当事人是否曾向法院申请再审以及相关处理结果后即可提起抗诉。

(3)明确规定当事人向检察机关提起抗诉的时间为裁判生效后2年,以实现与申请再审之诉期限的对接。但以下两种情况不受2年期限的限制:第一,生效裁判的结果损害国家利益或社会公共利益的;第二,法官在审理案件时有重大枉法行为,导致案件错判的。

(4)关于对一审生效裁判进行抗诉的问题。《意见》第4条规定了当事人对一审生效裁判提出抗诉申请而没有说明未上诉的正当理由的,人民检察院不予受理。但对何谓"没有正当理由"并没有做出明文的规定。一审裁判生效是因当事人对自我权利放弃而形成的,即使裁判结果存有对当事人一方不公正之处,原则上应不予再审。但以下两种情况仍为例外:第一,生效裁判的结果损害国家利益或社会公共利益的;第二,法官在审理案件时有重大枉法行为,导致案件错判的。

(5)完善再审检察建议的适用范围、条件、程序、法律效力、审查部门等,使再审检察建议协商性、非对抗性与高效性的作用得以发挥。特别是规定对拟对一审裁判生效及生效2年以上的裁判提出抗诉的,应先向法院发出再审检察建议,由法院决定是否自行启动再审,若法院未自行再审且理由不获检察机关同意,检察机关方可提起抗诉。

(6)检察机关收取执行保证金以防止当事人借抗诉拖延和逃避执行。凡涉及执行内容或者已进入执行程序的抗诉案件,检察机关在抗诉前应告知当事人交纳执行保证金,数额与原判执行内容相同或等值,否则不予抗诉。

(7)制定完善的《民行事抗诉再审案件办案规程》和《民行事抗诉再审庭审规程》,规范民行事抗诉案件再审审理程序,不断提高审判质量和效率。

(8)建议"两高"建立良性互动的协调调解机制,从审判机关和法律监督机关的不同角度,引导当事人互谅互让,共同做好服判息诉工作。建立联席会议制度,商议重大、疑难、复杂案件的调解方案。

检讨与完善

——民事抗诉制度的功能定位与制度重构

天津市滨海新区人民法院大港审判区　王剑虹

现行《民事诉讼法》第14条规定,人民检察院有权对民事审判活动进行法律监督。检察院进行民事审判监督的方式是对法院作出的生效判决、裁定提出抗诉。与1991年通过的《民事诉讼法》相比,现行《民事诉讼法》虽然在人民检察院抗诉事由的具体化、明确规定"上级抗"原则和明确规定抗诉案件的裁定进入再审的期限三个方面规范和丰富了检察机关抗诉监督权的行使,但理论界普遍认为现行民事诉讼法对人民检察院抗诉制度的规定沿袭了1991年《民事诉讼法》的"职权主义",在设计理念和具体规定方面均存在着缺陷。司法实务中,检察机关抗诉权设置和运行也出现了种种问题。本文立足审判实务,结合现行民事诉讼法关于抗诉制度的相关规定,对我国民事抗诉制度的功能、价值定位及改革方向进行探讨,以期对我国民事抗诉制度的完善有所裨益。

一、对抗诉制度的设计理念的检讨

包括抗诉制度在内的我国民事审判监督程序设计的指导思想是我们党关于"实事求是,有错必纠"原则。① 然而,这一指导思想在晚近的诉讼理论研究中,受到了普遍的批评。② "实事求是"是理想化的司法观念,表现为裁判认定的事实与客观事实毫无二致,在审判监督过程中则表现为裁判的实体内容绝对公正。按照唯物论的观点,事实的绝对真实只存在于事实产生的过程,事后任何再现的努力只能是相对的。司法裁判都是基于时过境迁的事实,司法事实不是也不可能完全再现客观事实。民事案件的"事实"只能是法律意义上的事实,即以经法庭质证后认证的证据证明的事实。"有错必纠"也只是一种理想状态,在诉讼证据对客观事实不能再现的前提下,有错必纠客观上没有实现的可能;更为重要的是,"错"与"对"只是一种主观评价,不同的个体对同一事件的认识可能有截然不同的结论。无论法院的判决多么公正,也难以让各方当事人都满意。就连宋鱼水法官都坦言:在很多案件中,不可能达到当事人

---

① 柴发邦著:《体制改革与完善诉讼制度》,中国人民公安大学出版社1991年版,第273页。

② 江西省高级人民法院课题组:"民事再审制度改革实证研究",载最高人民法院研究室编:《审判前沿问题研究——最高人民法院重点调研课题报告集》人民法院出版社2007年版,第194页。

"胜败皆服"。

从审判监督程序启动后再审的结果来看,抗诉制度也不是为了"纠错",因为包括抗诉案件在内的很多案件经过再审后是维持原判内容。一个可以参考的数据是,2008 年,全国法院经过再审,对民事抗诉案件予以改判和发回重审的比率分别为 23.67%、4.58%。① 也就是说,在全国检察机关提出的抗诉案件中有近 72%是维持了原审判决。我们认为,对于抗诉制度设置的理念和功能定位应该是:无论裁判是否正确,裁判的公信力由于存在某种瑕疵受到动摇,故设置一种法律程序对案件进行一次救济性的审理从而恢复裁判的公信力。一方面,如果原审判决确有错误,予以纠正,保证当事人的合法全院,维护司法公正;另一方面,原审判决没有错误,依法维护生效判决的既判力。

二、对抗诉制度的立法规定的检讨

民事抗诉监督权制度设置的初衷,是为体现以"合法、平等、高效、公正"为核心内容的公平正义理念。② 虽然抗诉制度在客观上满足了少数当事人申请再审的要求,纠纷了部分发生法律效力裁判中的"错误",在一定程度上有利于法院裁判的公正,但民事抗诉制度的实施并未如立法者最初所愿,民事抗诉制度在实施过程中产生了不小的消极影响。

(一)抗诉制度损害了判决的终局性,危及司法权威

现行《民事诉讼法》第 188 条规定,检察院提出抗诉,人民法院应当在收到抗诉书之日起 30 日内作出再审裁定。检察机关一经提出抗诉,法院就应当对抗诉案件进行再审,使判决、裁定失去了既判力,再审前必须中止原判决、裁定的执行,从而中止了判决、裁定的执行力。抗诉制度的存在决定了法院判决、裁定的效力永远受到挑战,判决所应当具有的终局性不再存在,当事人之间的权利义务关系的稳定性难以得到保障。秩序是法律的价值取向之一,也是民事诉讼应有的价值目标。如果确定的终局判决面临时刻被推翻的危险,就容易造成法律关系的不稳定,法律的秩序价值无法实现。

由于抗诉中止了法院判决的效力,使判决不能得以执行,因而当事人诉讼的预期目的不可能达到。判决效力待定状态特别不利于保护判决确定的权利人的合法权益。长此以往,在一定程度上就必然降低当事人对法院的信赖,甚至不再寻求司法救济。这样当事人及其他人对法律的信赖程度无疑下降甚至不复存在。

---

① 参加《最高人民法院公报》2009 年第 3 期。

② 王琼芬:"民事抗诉监督权制度设置缺失与完善的研究",载万鄂湘主编:《公正司法与构建和谐社会》,人民法院出版社 2006 年版,第 738 页。

（二）抗诉制度降低了诉讼效率，浪费司法资源

现行《民事诉讼法》规定了启动再审程序的三种方式，即法院本身的监督、检察机关的监督和当事人申请，与1991年《民事诉讼法》完全一致，保留了国家本位主义和职权主义“血统”。[①] 检察院抗诉再审没有时间和次数的限制，严重违反了诉讼效率原则。

公正和效率是人民法院工作主题，现代司法理念的效率应当包含两层含义：一是以最快的速度实现司法公正；二是以最低的成本实现司法公正。[②] 对判决提出抗诉，案件必须再审，当然影响诉讼效率。由于抗诉没有时间和次数的限制，理论上抗诉可以使案件再审无数次，直到检察机关对再审结果满意为止。每一次再审，无论是按照第一审程序，还是按照第二审程序，法院必须开庭审理（书面审理为例外），完成各种程序。从法院再审立案到再审判决或者裁定的宣布，都会持续较长的时间。

民事案件经过多次审理，无论最后的结果如何，各方当事人均要承担高昂的诉讼成本，包括时间的支出、财力的支出、人力的支出，等等。对同一案件的多次审判，也必然增加国家的司法成本，浪费有限的司法资源。

（三）抗诉制度打破了诉讼当事人之间的平等和平衡关系

《民事诉讼法》第8条规定，当事人有平等的诉讼权利。人民法院审理民事案件，应当保障和便利当事人行使诉讼权利，对当事人在适用法律上一律平等。民事诉讼法在当事人之间建立了一种平等和平衡关系。当事人在诉讼过程中享有平等的诉讼权利，承担平等的诉讼义务。抗诉制度在事实上破坏了民事诉讼当事人之间的平等和平衡关系，因为当事人申请检察机关抗诉的目的就是为了借助检察机关行使的公权力维护自身利益，只要检察机关向法院提出抗诉，客观上就改变了当事人之间的平等和平衡关系。在目前检察机关抗诉的案件中，抗诉的提出，主要基于当事人向检察机关的申诉，极少数源于检察机关的自行发现。司法实践中当事人利用抗诉制度规避法律对于申请再审期间和执行期间的限制、检察院向法院提交对一方当事人有利的证据均为抗诉制度打破当事人之间的平等和平衡关系的表现。

三、对抗诉制度的设置运行的检讨

由于设计理念的失当和立法条文带来的消极影响，在实务操作中，检察院和法院因为抗诉制度的设置运行问题发生分歧，抗诉制度在不同的运行阶段

---

① 张光琼、皮修雁：“民事诉讼法审判监督程序修改得失谈”，载《人民司法》2008年第17期。

② 最高人民法院民事诉讼法调研小组编：《民事诉讼程序改革报告》，法律出版社2003年版，第306页。

均弊端凸显。

(一)抗诉提出阶段

抗诉提出阶段存在的问题主要表现在检察机对抗诉权的滥用、抗诉准确率不高、抗诉权的越位和当事人利用抗诉权规避法律等方面。

1. 抗诉权的滥用

抗诉权本应是一项监督权和特殊的司法救济权,但不少检察机关对抗诉工作定位出现偏差,将抗诉数量的多少作为考评检察机关业绩好坏的一个依据,列入目标管理考评,导致实践中抗诉权被滥用。实务中有的检察机关以公告的方式鼓励民事案件当事人向检察机关申请抗诉;有的检察机关采取信息台发布信息、电视台广告、通过律师帮助等方式广开抗诉案源;有的检察机关采取积极选调和吸纳法院有民事审判经验的法官充实自己的民行监督部门的措施拓展抗诉权的行使。由于检察检察对抗诉的考核只注重抗诉了多少案件而不关注案件抗诉结果,其着重点与法院对"纠纷解决、案结事了"的司法追求努力出现偏差。实践中不少检察院抗诉的案件由于一方当事人对判决的预期提高,导致案件处理难度加大,甚至当事人对法院工作不信任,出现严重信访、上访、缠访、缠诉的情况。

2. 抗诉准确率不高

检察机关对抗诉的提出缺少必要的审查,有的抗诉案件所涉及的民事法律关系和法律适用问题未搞清楚即草率提抗。有的检察机关对抗诉条件把握不严,对案件事实审查不够,对法律规定理解不深,导致抗诉准确率不高。实践中有的检察机关提出抗诉根本没有经过检察院检委会讨论通过,有的检察机关甚至出现对法律未生效的民事判决提出抗诉的情况。

3. 抗诉权越位

有的检察机关根据当事人的抗诉申请,对法院已经生效的裁判文书主持双方当事人进行调解,虽然其本意是希望能最终解决纠纷,但这无形中对法院独立裁判权的越位,是违法的。这种情况法院完全可以用在执行过程中组织双方当事人进行和解的方式进行解决。另外,近年来有的检察院适用检察建议,对一些有瑕疵但又不够抗诉条件的法院生效裁判向法院提出再审建议。但有的检察建议在内容上定性法院判决或执行"确有错误",虽然法院经审查判决和执行没有问题,但当事人仍然依照检察建议认为"法院有错"进行上访、缠访,使本来平息的社会矛盾逐渐激化。我们认为,对检察建议没有法律规定,而且也会出现检察院和法院同时对同一当事人的再审申请立案审查的情况,浪费有限的司法资源,检察机关对这类案件应建议当事人直接向法院申请再审。

4. 当事人利用抗诉权规避法律

一是当事人通过抗诉可以规避申请再审和申请执行的时限规定。当事人申请再审时限和申请强制执行时限过后,可以通过抗诉达到不受时限限制的目的。二是抗诉可以为当事人不交上诉费用和寻求多次审判提供条件。实践中,一些当事人在一审法院作出判决、裁定后并不依法行使上诉权,而是等待判决、裁定生效后申请检察机关抗诉。三是抗诉客观上为极少数当事人拖延甚至逃避履行法定义务提供了方便,由于抗诉案件法院必须再审且中止对生效判决、裁定的执行,因而抗诉客观上为极少数当事人拖延诉讼,逃避履行法律义务,甚至转移财产等不法行为提供了方便。

(二)抗诉的审理和裁判阶段

抗诉审理阶段在实务操作中出现的问题主要表现在抗诉案件的管辖不明、庭审程序缺失、运行模式不规范、裁判文书制作不统一等方面。

1. 抗诉案件的管辖不明

不论是1991年《民事诉讼法》还是现行《民事诉讼法》均没有对民事抗诉案件的管辖进行规定,究竟是同抗同审,即上级人民检察院对下级人民法院的裁判提出抗诉的,应由与提出抗诉的检察院同级的人民法院审理,还是上抗下审,即对于上级检察院作出的抗诉案件,由作出生效裁判的下级法院进行审理实践中存有争议。形成了实践中抗诉案件的审理管辖多元的局面,有的上级法院接到检察机关的抗诉作出再审裁定后,也是将案件交由作出生效裁判的下级法院对案件进行审理。

2. 抗诉案件庭审程序缺失

由于没有对抗诉案件的庭审程序进行明确规定,抗诉机关在开庭审理中的地位不明确,检察机关如何行使监督权实践操作极为困难。例如,检察机关座位的设置、庭审中能否参加法庭调查和辩论、是否有权对庭审过程发表评论意见等难以解决。有的检察机关出庭人员宣读完抗诉书即申请退庭,以避免造成被对方当事人反驳的尴尬局面;有的检察机关出庭人员还参与法庭辩论,俨然一方当事人的诉讼代理人。

3. 抗诉案件运行模式不规范

为支持一方当事人的申诉主张,确保抗诉的成功,检察机关常常有意或无意地将自己置于一方当事人的立场上,甚至以职权调查取证。在司法实践中,检察机关调查取证并非特别现象。检察机关在抗诉案件中,对大多数案件"主动调查取证,包括寻找证人证言,对法院原来委托的专业鉴定人员进行查问，重新以检察院名义委托再次审计、评估鉴定等”。这明显违反了“谁主张，谁举证”的民事诉讼规则，使双方当事人的举证能力产生明显不对称。而且，法院如何在庭审中对检察机关调取的证据进行举证和质证，现行民事诉讼法没有明确规定。

4. 裁判文书制作不统一

现行立法和司法解释对抗诉案件的裁判方式规定简单且不明确，导致实践中裁判环节弊端显现。民事抗诉案件裁判文书没有统一的制作规范，抗诉机关和抗诉理由是否或怎样列入民事裁判文书，以及检法两院对于抗诉案件的最终裁判结果（如能否判决驳回检察机关的抗诉）在认识上的差异等都会在检法两院引发难以缓解的矛盾。

四、民事抗诉制度存废和定位

鉴于民事抗诉制度在设计理念、立法规定和实务操作中存在的缺陷和问题，对于民事抗诉制度的存废之争，也就成为理论界和司法实务界争论的焦点。主要有三种观点：一是取消说，认为检察机关的民事诉讼抗诉权，完全基于国家本位主义的立法思想，违背了私法自治原则；二是扩大说，认为检察机关的民事诉讼抗诉权是宪法赋予的权力，也是遏制私法腐败的需要；三是限制说，认为对检察机关的民事诉讼抗诉权应当有条件地限制，只能就涉及国家利益、社会公共利益的案件实行国家干预。①

我们赞同第三种观点。首先，检察机关是法律监督机关，享有法律监督权，这是宪法所确定的。一个对法律人和非法律人进行的针对抗诉制度的问卷调查结果显示，民事抗诉制度还是与当今国情相适应，与当事人的需求相匹配，作为当事人申请再审的补充来构建民事诉讼的再审机制，应当是必要的。② 但《宪法》并未明确法律监督的具体职能和范围。根据《宪法》第135条“人民法院、人民检察院和公安机关办理刑事案件，应当分工负责，互相配合，互相制约，以保证准确有效地执行法律”的规定，分析《宪法》本意，人民检察院对人民法院的监督和制约重点应在刑事诉讼。而民事诉讼实行当事人主义，检察机关对民事诉讼的监督不宜强化，不能将人民检察院的监督陷入纯民事纠纷，甚至是几百元、几千元的案件中，用国家公权力去保护某一部分当事人，否则会助长当事人对申诉抗诉权利的滥用。检察机关对民事诉讼的监督应当限于国家利益和社会公共利益才能行使。

其次，监督应追求科学，尤其对审判工作的监督更应遵循其自身的规律。

---

① 高洪宾：“信访制度与再审制度”，载《人民司法》2005年第4期。

② 王燕：“民事抗诉程序的价值定位与改革对策”，载《人民司法》2006年第8期。

“在任何社会，只有法院才是通过诉讼最终解决纠纷的机关，绝不能在法院之外再创设另外一个司法机构，与法院分享审判权，或有权否定法院的最终裁判，否则既不利于维护审判的独立，也不能实现裁判的公正，并将使法院毫无权威而言，司法越具有权威，法律才越具有权威。”[①]另外，案件的处理结果往往是法官针对当时、当地的情况，考虑案件的法律效果和社会效果统一的因素进行的利益衡量的结果。正如有的学者所言，“由于社会生活的变化使法律条文的实体内容过时，加之法官基于不同的知识水平对法律产生不同的理解，导致法律运行的不确定性，使得对具体案件的判决很难达到唯一正确答案”。[②] 况且再现案件事实也只有当时审案的法官更具条件，事后的检察官仅凭案卷材料和当事人的申诉，很难把握当时裁判的具体因素。

最后，因为防范司法腐败而对法院强化监督与加强与扩大检察院的抗诉权是两个概念。不论考察有关检察机关立法历程和对宪法规定的解读，我们都看不出“法律监督机关”和民事抗诉的关系。[③] 对民事审理案件的监督，在现有司法体制下，除了法院内部近年来自下而上推行的“案件流程管理、案件质量评查、审判质效评估”三位一体的监督管理之外，还有“上诉监督”、国家赔偿机制等。再加上到社会各界的监督，目前对法院的监督不可谓不多。检察机关也可以对民事审判中的法官违法违纪问题进行监督。退一步讲，我们也不能因为个别法官办错了几件案件，对就整个审判工作怀疑和不信任。特别是在民事诉讼中，将大量属于私法范畴的问题用公权进行干预更无必要。

通过以上分析，我们可以看出，在目前的司法条件下，民事抗诉制度仍不失为不可或缺的，有效发动再审程序的有效制度，但审判监督程序的改革和设计应当以当事人的再审申请为主导取向，我们对民事抗诉制度的定位是不应扩张，而应限制，将民事抗诉权的行使范围限制在只是关乎国家利益和社会公共利益案件之内；[④]将民事抗诉权的发动限制在当事人行使自身的申请再审权之后。

五、对民事抗诉制度的改革完善建议

从公平正义理念的视角，一种程序制度设计，应当是积极的、正义的。如

---

① 王利明著：《司法改革研究》，法律出版社 2000 年版，第 497 页。

② 王晨光：“从‘错案追究制’谈法律运行中的不确定性”，载梁治平主编：《法律解释问题》，法律出版社 1998 年版，第 255 ~ 256 页。

③ 最高人民法院民事诉讼法调研小组编：《民事诉讼程序改革报告》，法律出版社 2003 年版，第 326 ~ 327 页。

④ 关于“国家利益”和“社会公共利益”的范畴，可参见郑钢、张连忠：“如何建立中国特色的审判监督体系”，载《审判监督指导与研究》2001 年第 3 卷，第 263 ~ 264 页。

何一种程序设计本身就存在缺陷与弊端，这种程序则应当得到修正与完善。为使民事抗诉制度更具科学性、实用性和可操作性，针对其立法设置上存在的缺陷和司法实践中凸显的弊端，我们认为，应该从三个方面加以完善。

(一)在制度设置理念方面

1.要坚持“保留限制”立场

以上分析可见，在目前的中国国情的司法体制下，对民事抗诉制度改革不能取消，但也不能扩大其职能，正确的立场是保留检察院的抗诉权但要对其采取限制约束的立场。这种限定可以包括以下两种情形：一是生效判决可能违反国家利益、社会公共利益；涉及国家利益和社会公共利益的案件，适当限制当事人的处分权利不但符合法理，也符合国家干预民事诉讼的价值取向和现实功效。① 二是在审判过程中法官有枉法裁判和严重违反法定程序的案件。在对民事诉讼的监督中，检察院应当着重对法官审判案件的过程监督，即注重程序公正问题，纠正以往偏重结果的审查。因为结果不仅包含当事人的处分权，还有法官的自由裁量权，对此检察机关是不应监督的。

2.将“有限抗诉”原则确立为抗诉权运行的基本原则

在当前形势下，无论是修改现行民事诉讼法抑或是法院制定司法解释，都必须依照中央确定的司法体制改革方向和最高人民法院向社会公布的“三五”改革纲要的精神，以“有限抗诉”作为民事抗诉权设置的法理基础。尽管民事抗诉制度是以纠正程序和实体两方面存在错误的裁判为对象的，但民事抗诉权的设置绝非为一切错误裁判所设计的，其仅仅是为错误裁判提供一种补救途径，其纠错的功能是有限的。要将抗诉制度从现在主要偏重于纠正错案转变为对审判权的监督和制约为重点，因为抗诉的主要目的不是救济一方当事人的需要，更重要的是实现诉讼公正和遏制司法腐败。因此，应当将“有限抗诉”确立为民事抗诉权行使的基本原则。

(二)在立法的具体设置方面

1.增设合理限定民事抗诉权行使的条款

对于检察院可提起抗诉和禁止提出抗诉案件的条件范围和标准，在立法上应分别从程序和实体两方面进行限定性的细化设置。考虑到现行《民事诉讼法》和相关司法解释对当事人申请再审制度的完善规定，当事人向法院申请再审的渠道将逐渐畅通，检察院应主要针对审判人员枉法裁判或明显违反法定程序的行为行使监督权。例如，修改《民事诉讼法》时，可以将检察机关

① 程黎明：“民事诉讼中国家干预之检讨和思考”，载《人民司法》2005年第10期。

民事抗诉案件严格限定在涉及国家利益、社会公共利益的错误裁判和审判人员有违法行为的案件范围之内；或以纠正损害国家利益和社会公共利益的错误裁判为主导，其他为例外。检察院作为法律监督机关，应更多地体现事后监督，建议从程序上规定只有在上一级人民法院裁定驳回当事人的再审申请后，检察院才可以接受当事人的申请抗诉申请，进行审查。为了避免当事人利用抗诉制度规避法律，建议规定当事人无正当理由不提起上诉或2年内不申请再审的，检察院不应受理当事人的申请抗诉申请。

2. 增设法院对民事抗诉案件的受理审查权

立法上赋予检察机关提出抗诉的权利，应当同等地赋予人民法院对检察院提出抗诉案件的受理审查权。如对于同一案件法院已经受理当事人申请再审或法院欲依职权提起再审的案件，可以不予受理检察院的抗诉。这样既可以将抗诉是否符合条件和抗诉权的被滥用的问题解决在立案审查阶段，节省了司法资源，也可促使对法院内部提升监督水平。立法上给予法院对抗诉案件的受理审查权，在某种程度上可以防止抗诉权被滥用和扩张行使，对检察院的抗诉权和法院的审判权均有很好的制衡作用。

3. 明确抗诉案件的再审管辖规定

由于现行《民事诉讼法》对于抗诉案件的管辖规定不明确，审判实践中，大多数抗诉案件被接受抗诉的法院指令或移转作出生效判决的原审法院重新审理，如果将抗诉案件一律交给原审法院审理，抗诉再审制度的功能作用将得不到充分有效地发挥，这对实现司法公正是极为不利的。应该完善《民事诉讼法》关于再审案件管辖的规定，对抗诉案件的再审管辖进行明确。如可以确定为“同抗同审”，即再审管辖由接受抗诉的法院直接审理；也可以参照《民事诉讼法》关于当事人申请进行再审案件的规定，确定何种情况不得指令原审法院审理，如经过原审法院审委会讨论决定的案件，应由接受抗诉法院审理等。

（三）完善实务操作的建议

如果对民事抗诉制度的设计理念和功能价值有了明确的认识和定位，那么在司法实务过程中，检察院和法院对待现行的民事抗诉制度都要有一种适当的、理性的认识，实事求是地妥善处理抗诉权运作和民事抗诉案件审理中出现的争议和分歧问题。

1. 检察院应规范抗诉权的行使

由于现行《民事诉讼法》关于民事抗诉制度的立法不足，民事抗诉的具体规范缺失。检察院应对抗诉的提出进行严格把关，从受理申请、审查、提出抗诉、抗诉结果的总结反馈等环节进行规范和细化,依法理性地规范民事抗诉权的行使,提高抗诉案件的准确率。

2. 法院应积极探索和规范抗诉案件的审理程序

针对实践中出现的检察机关的座位设置、证据调取、出庭退庭时间和监督庭审方式等争议问题,法院在现行立法及其司法解释对民事抗诉案件审理程序方面的规定过于原则的前提下,面对《民事诉讼法》难以短时间内再进行全面修订的情况,应针对民事抗诉案件特点对审判组织形式、开庭程序、检察院抗诉监督在审理中的行事方式进行探索。等条件成熟时,由最高人民法院制定相关司法解释作出相对统一的规定,弥补现行立法不足和满足司法实务的需求,规范民事抗诉案件的审理。

3. 建立健全沟通机制,加强法、检两院的协调配合

法、检两院应就抗诉案件情况建立健全信息通报和反馈机制,法院应重点向检察院反馈检察机关提出抗诉法院不支持而维持原生效裁判的案件,便于检察机关及时了解和掌握法院审理民事抗诉案件的总体思路和对某一类型案件的司法理念。法、检两家还应以检察长列席法院审判委员会制度为契机,针对民事抗诉案件审判实践中亟待解决的问题和检察机关进行沟通、协调,既增强法院审理民事抗诉案件的透明度,又利于法、检两家统一执法尺度。

关于民事抗诉案件审理的规律及其把握

——以贵州省近四年民事抗诉案件审理情况为视角

贵州省高级人民法院　李圣瑞

民事抗诉案件在案件来源、诉讼参加人的地位、适用的审理程序上明显区别于普通一、二审民事案件，具有其独特的审理规律。发现规律必须从蕴藏规律的实践出发。对民事抗诉案件审理的规律探究和把握，也应从民事抗诉案件审理情况着手。

一、全省法院民事抗诉案件收结情况

2008 年至 2011 年，全省法院共受理民事抗诉案件 435 件，占民事再审案件收案的 15%，其中提审 141 件，指令再审 268 件，指定再审 26 件；审结 374 件，结案率为 86%。四年来，全省法院受理对一审生效裁判提起抗诉案件 181 件，占收案数的 41.6%；受理对二审生效裁判提起抗诉案件 254 件，占收案数的 58.4%，其中对生效 2 年以上裁判提起抗诉的 46 件，占总收案的 10.6%，对生效 2 年以内裁判提起抗诉的，占总收案的 89.4%。案件收结呈现以下几个突出特点：

（1）从收结案数量看，总体平稳上升中势头趋缓：2008 年收案 137 件，审结 117 件；2009 年收案 97 件，审结 78 件；2010 年收案 113 件，审结 90 件；2011 年收案 98 件，审结 89 件（见图 1）。

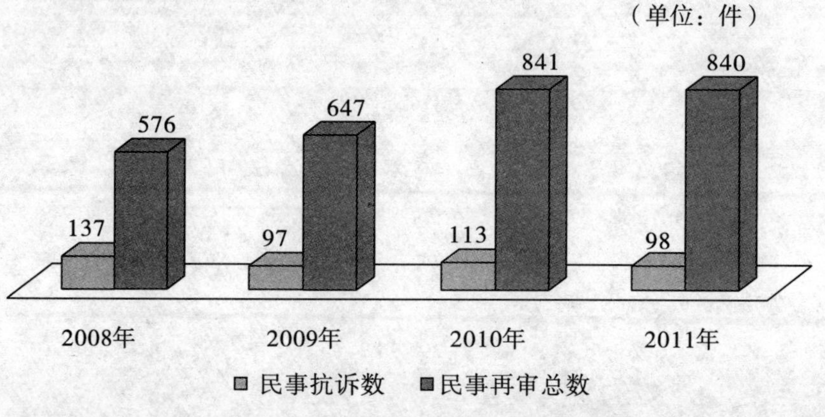

图 1　2008 年至 2011 年收、结案情况

（2）从案件类型看，类少面窄：合同类纠纷收案 235 件，审结 195 件；权属

类纠纷收案 187 件,审结 167 件;婚姻家庭类纠纷收案 13 件,审结 12 件。

(3)从结案方式看,维持所占比例较大:维持原判 117 件,改判 91 件,发回重审 34 件,调解 60 件,撤诉 12 件,终结 12 件,其他 48 件。维持率为 31.3%,发改率为 33.4%,调解率为 16.0%,终结率和撤诉率均为 3.2%,其他方式结案率为 12.8%(见图 2)。

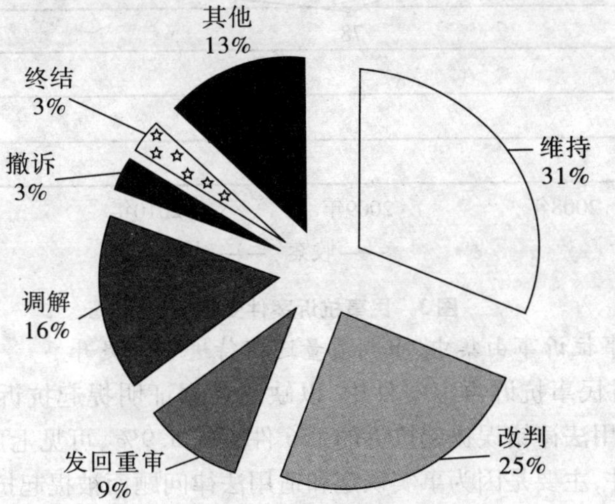

图 2　结案方式情况

(4)从抗诉事由看,以缺乏证据证明和适用法律错误提起抗诉事由为重头:缺乏证据证明的 157 件,适用法律错误的 156 件,新证据的 77 件,违反法定程序的 26 件,伪造证据的 5 件,遗漏诉请的 12 件,当事人未参加诉讼的 8 件,依据被撤销 9 件。可见,提起抗诉事由。

二、全省法院审理民事抗诉案件的主要特点

(一)收案总量不大,在再审案件总量中所占比例较小(见图 3)

四年来,全省法院受理的民事抗诉案件,先由 2008 年的 137 件下降到 2009 年的 97 件,2010 年上升到 113 件,后再次下降到 2011 年的 98 件,各年受理数量均不大,在总量上与发达省份存在较大差异,但与周边省份如广西相比基本持平。从其占再审案件数的比例看,最高为 2008 年的 23.8%,最低为 2011 年的 11.6%,总体占比不高。这从一定程度上反映出,一方面,自 2008 年《民事诉讼法》修改以来,由于申请再审渠道拓宽,当事人更多地选择了自行向人民法院申请再审这一更为便利的救济途径,导致通过申请抗诉启动再审程序的案件数量下降;另一方面,也表明全省法院审理民事一、二审案件的裁判质量正在不断提高。

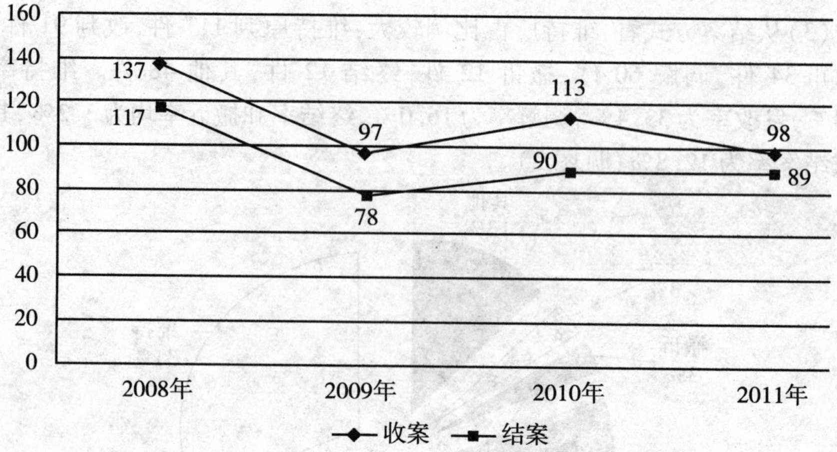

图 3　民事抗诉案件受理情况

（二）民事抗诉事由集中，审判质量还有待进一步提升

在 435 件民事抗诉再审案件中，以缺乏证据证明提起抗诉的 157 件，占 36.1%，以适用法律错误提起抗诉的 156 件，占 35.9%，可见七成以上的民事抗诉再审案件，主要是因为事实认定和适用法律问题而被提起抗诉。另外，在民事抗诉再审审结的 374 件案件中，维持率 31.3%、发改率 33.4%、调解撤诉等其他方式结案率 36.3%，这些数据充分表明：

(1) 发改率大于维持率，反映出一、二审民商事案件审判质量依然有待进一步提高；

(2) 其他方式结案率大于维持率和发改率，反映出再审审判人员多元化化解社会矛盾纠纷能力的增强，通过整合各方力量，通过再审程序实现案结事了人和的比例已经大幅提高。

表 1　民事抗诉案件结案方式

（单位：件）

年度	维持	改判	发回重审	调解	撤诉	终结	其他	结案数
2008 年	46	30	11	10	1	6	13	117
2009 年	27	22	7	16	1	1	4	78
2010 年	28	9	8	18	6	4	17	90
2011 年	16	30	8	16	4	1	14	89
合计	117	91	34	60	12	12	48	374

(三)民事抗诉再审案件类型单一,因为国家社会利益而抗诉较少(见表1)

四年来,全省法院共受理合同类抗诉案件235件,占受理案件数的54.0%;受理权属类抗诉案件187件,占受理案件案的43.0%,两类案件共计占受理民事抗诉案件的97%,知识产权等类型的抗诉案件为零。上述数据表明,全省法院民事抗诉再审案件类型较为单一,而且高度集中于传统的民事合同和权属类纠纷案件,检察机关很少以损害国家社会公共利益为由而提起抗诉,也很少就其他民商事新类型案件提起抗诉。

(四)办案难度高,调解难度大

民事抗诉再审案件,尤其省法院受理的民事抗诉再审案件,大多已经过数次审理程序,且前后持续数年。由于案件涉及的社会背景已经发生了根本性变化,且当事人之间因多年诉讼积怨较深,故彻底化解纠纷困难,办案难度高。近年来,再审加大了调解力度,全省法院再审调解率也大幅上升,2008年为8.5%,2009年为20.5%,2010年为20%,2011年为18%。但与同期普通一审民事案件38.84%、41.13%、42.71%、41.88%的调解率相比,仍有较大差距。

三、审理民事抗诉案件的规律及做法

(一)必须把促成检察机关与人民法院就抗诉案件事实认定和法律适用认识的统一贯穿到案件审理的始终

一方面,157件关于缺乏证据证明的抗诉事由、156件关于适用法律错误的抗诉事由,充分表明检察机关的抗诉集中于案件的认定事实和法律适用问题;另一方面,全省法院民事抗诉案件31.3%的维持率,充分表明检察机关的上述抗诉理由并没有得到人民法院的完全认可。检察机关与人民法院对部分民事抗诉案件的事实认定和法律适用问题在认识上不统一。

(二)必须突出能动司法加大案件审理的灵活性

民事抗诉案件大多经过数次审理,前后持续时间长,当事人对立情绪重,矛盾积怨深,对广大法官的审判素质和审理技巧挑战大。必须充分认识民事抗诉案件的特点,自觉增强服务大局的意识,主动把保护当事人权益和维护经济社会稳定结合起来。通过充分发挥由党委政府牵头,政法委、信访局、法院、检察院、公安机关、司法局等单位参加的社会矛盾纠纷化解机制的整合力量,社会矛盾纠纷才能得以妥善化解。我省近四年在民事抗诉案件审理上基本形成了31.3%的维持率、33.4%的发改率、35.3%的其他方式结案率的“三分天下”局面和结案方式多元化局面,这也再次证明,与普通民事一、二审案件相比,必须更加突出能动司法,强调审理的灵活性。

（三）必须充分运用多元化解矛盾纠纷的审理机制

民事抗诉案件中一些是陈年老案和诉访案件，办案难度高，调解难度大，必须积极发挥多元化解矛盾纠纷的审理机制。一是可以通过积极发挥乡镇村组织在矛盾纠纷的调解作用，利用其了解乡土人情的优势，灵活调处矛盾，及早纠纷解决，避免升级扩大。在贵州的一些少数民族聚居的村镇，通过资历老威望高的长者、能者出面做调解工作，往往能及时化解当事人之间的矛盾，起到良好的社会效果。如黔东南州的西江苗寨，就大量请民间长者参与再审案件的调解工作；二是可以通过充分发挥省委政法委作为协调政法几家共同化解矛盾的平台作用，整合各方力量化解矛盾纠纷。民事抗诉案件多为涉访维稳案件，单纯依靠法院或是检察院的力量都难以化解纠纷，需要几家的联动配合，甚至需要地方党委政府的支持；三是可以通过积极发挥诉前调解机制的作用，在当事人申诉抗诉的前期，通过检察机关组织涉诉当事人调解，或者由检察机关向人民法院通报案情、共同制定调解方案等方式，将纠纷化解在前，避免案件进入抗诉程序。

（四）必须把维稳放在案件审理的突出位置

民事抗诉案件大都存在办案难度大、维稳压力重、化解纠纷困难的问题。一是由于检察机关以公权力介入，容易造成一方当事人的心理预期过高，心态失衡，从而超出法律范围而提出不合理诉求；二是大多数抗诉案件已经经过多次审理，各方当事人之间的矛盾随着时间的推移而更加尖锐，“赌气”成分重，息诉服判难；三是当事人因诉求多年得不到支持而缠诉缠访，闹访上访，甚至群体访，以求通过不正当方式而给法院施加压力，制造声势。在此情形下，必须把维稳摆在案件审理工作的突出位置。

（五）必须把加强与检察机关的沟通协调作为审理工作的重要内容

民事抗诉案件从案件提起、立案、审理到最终结案，每个环节都联通着法、检两家的密切工作配合，沟通协调十分重要。必须着重加强和改进与检察机关的沟通协调工作。与检察机关建立起民事抗诉案件有关热点难点问题的定期协商通报制度，及时沟通审理思路。切实做到检察机关在抗诉前通气、法院在受理中通报协调，针对具体个案，尤其是那些对社会广泛关注的案件、当事人人数众多可能影响社会稳定的案件、法律适用有较大争议且再审后亦不利于纠纷最终化解的案件，促进法、检两家形成合力，共同化解矛盾纠纷。

综上，民事抗诉案件的特点决定了，审理民事抗诉案件，不仅能依程序就案审案，结案了事，而应在吃透案情依法公正审理的同时，把促成法、检两家就抗诉案件事实认定和法律适用认识的统一贯穿到案件审理的始终，突出能动司法加大案件审理的灵活性,充分运用多元化解矛盾纠纷的审理机制,把维稳放在案件审理的突出位置,把加强与检察机关的沟通协调作为审理工作的重要内容。这就是民事抗诉的审理规律。

四、对民事抗诉案件审理规律的把握

(一)多途径增进法、检两家就案件法律适用和事实认定问题的共识

在法律适用和事实认定上的不统一,势必会造成一定程度上的滥抗,造成司法资源的浪费,因此,法、检两家应多途径增进双方就案件法律适用和事实认定问题的共识。一是通过共同培训或者举办法律适用座谈会等方式,促使双方在对民事抗诉法律规范理解和适用上共识;二是对民事抗诉涉及的复杂疑难案件以及类案,建议检察机关实行抗前通报制度,以增加抗诉的精准度;三是建立民事抗诉案件情况定期通报制度,以便法、检两家及时采取有效措施,积极应对民事抗诉中出现的新情况新问题。

(二)在多措并举中做到重点突出

充分认识和良好把握审理民事抗诉案件的规律,应在把办案作为第一要务的同时,多错并举全面推进民事抗诉审理工作的科学发展。一是切实做到司法为民,服务大局,不断增强思想政治水平。二是深入总结审判经验,以调研促审判以审判强调研。适时梳理全省民事抗诉再审工作中共性问题疑难问题,进行专题调研,以调研成果推动提升审判业务水平。三是创新民事抗诉审理模式工作机制,完善与检察机关的沟通协调机制,完善典型案例指导机制,等等。四是加强队伍建设,打造强有力的审监队伍,加大业务培训力度,建立定期培训和专题培训制度,提升队伍业务能力,加大反腐倡廉教育力度,打造风清气正廉洁公正的队伍。

第三编　民事再审改判标准与发回制度研究

原审视野内外的再审改判情形辨析

云南省高级人民法院　王树良　刘晓虹

民事审判监督程序的根本价值在哪里？要回答这个问题，应当将审判监督程序纳入民事诉讼程序的整体加以系统考察和把握。笔者认为，对于民事审判监督程序而言，再审改判应坚持依法纠错与维护生效判决的既判力相结合的原则，[①]因为再审和改判都不是终极目的，再审和改判最终都是服务于司法公正这一终极目的，因此再审本身并不因其发生在原审之后而当然地具有正当性。我们在坚持通过再审纠正原审错误的同时，同样要警惕再审本身可能存在的随意性和由此引发的错误。再审的权威是有限度的，超越限度地行使再审的权力，只能加大诉讼不公的风险，并同时损害再审本身的权威。

从民事再审工作的实践看，民事再审改判界限的难点不在于再审法官如何对案件进行再次审理和分析，而是在于再审的裁判思路与其结论在何种情况下可以取代原审的裁判思路和结论。对此，在实务中通常采用的标准是“可改可不改的一般不改”，[②]对于这一标准所体现出的尊重原审裁判的价值取向，笔者深表认同，但是从实践操作的角度看，可改可不改这一命题的提出，是为了填补法定改判情形(《民事诉讼法》第153条规定的改判情形)过于原则造成的空缺，但可改可不改中隐含的前提是原审已经存在错误，而原审是否存在错误，又取决于该案是否符合法定的再审改判情形，于是，这一问题似乎陷入了循环论证的困境。

笔者认为，要解决上述问题，应当将再审改判标准纳入原审诉讼的视野中加以考察，根据再审与原审出现分歧的不同原因，分别确定再审改判事由及其相应尺度，而再审改判标准对原审裁判行为指引的有效性，亦是研究这一问题的有效思考进路。

一、几个基本问题的讨论

(一)再审改判标准原则上应当以原审诉讼视野为限

司法裁判是人类最为复杂的一种认识和理解客观社会的行为，虽然每个法官的思想历程对于案件的审理及其裁判结果都发挥着独一无二的作用，但

---

① 山东省高级人民法院审监一庭：“关于民事再审改判发回原则与标准的思考”，载《山东审判》第27卷总第203期。

② 王信芳：“民事再审制度功能实现的路径思考”，载《法学》2009年第10期。

这仍然受制于其所研究和判断的客观事实，因此，如果在不同意见之间加以取舍的话，应当以共同的事实为基础并承认原审时的事实对法官认知所存在的限制。如果再审据以改判的理由在原审中是无法预见的，那么以此作为改判理由是否具有足够的正当性就值得研究了。所谓改判，就其本质而言，乃是对发生法律效力的裁判所进行的修正，其结果是对生效裁判的既判力产生了动摇。① 所以笔者认为，再审改判标准的意义，不在于依据该项情形或理由所推导的结论先验地具有正当性或者可以由此证明再审实体结论是正确的，而是在于为推翻或废弃原审裁判结论提供正当性依据。而如果原审和再审是基于不同的基础，就无法将它们的差异进行有效比较，更无法对原审裁判的不当性加以准确的说明。因此，一般而言，再审改判标准的正当性与其在原审中的可预见性应当有着内在的关联关系，只有在特定情形下，超出原审既有范围的理由方可作为再审改判的事由。

关于这一问题，在对原审行使自由裁量权如何改判的问题上显得尤为突出，有的观点认为，原审行使自由裁量权未超过限度的，一般不予改判，但结果显失公平的除外。但是从原审立场而言，自由裁量权的限度是法官行使自由裁量权的有效指引，如果脱离这一指引而讨论是否公平的问题，势必使原审法官无所适从。从立法角度而言，立法者赋予法官自由裁量权并确定其限度，这就意味着在限度内的结果都是公平的，也可以说在限度内行使自由裁量权就不存在显失公平的问题。更重要的是，由于再审与原审所适用的自由裁量权的限度是一样的，再审对于诉讼结果是否公平的定义与原审相比并无本质区别，因此其正当性与原审结果是同一的。如果允许再审以此改判原审，就意味着再审结果在作出时就在正当性上与原审存在同样的不足，这在逻辑上是矛盾的，也势必为案件的反复再审埋下隐患。

(二)再审改判的原因应基于对原审裁判行为而不是结果的判断

在审判中，无论是认定事实还是适用法律，都依赖于逻辑分析和推理，案件结果只是逻辑推理的必然结果，因此，再审得出与原审不同的结果，并不意味着二者之间必然出现本质性的差异，而应考察二者在推演过程中产生分歧的原因，并据此判断二者的正误，不同的结果并不意味着产生他们的裁判行为必有一错。而更为大家所公认的是，同样的裁判结果不能掩盖原审中存在的错误。例如，原审判定当事人按照51%和49%承担主次责任，若A案中再审认为双方应承担同等责任，而B案中则应按照90%和10%继续承担主次责

① 汤维建："论民事诉讼中的依法改判"，载《法制与社会》(理论版)2004年春季号。

任，虽然后者在具体改变比例上远超于前者，但前者意味着原审确定民事责任失当，而后者却不构成这一错误，可见不能从结果出发反推行为的正当性。

（三）再审改判标准与再审启动标准的关系

在2007年《民事诉讼法》的修改中，将再审启动事由通过立法的方式加以列举固定，这一改变对于再审改判标准的思路带来一定参考作用，特别是像“适用法律错误”这种既可以作为再审启动事由又可以作为再审改判事由的情形，是否意味着该概念在两种情形下保持着同一的内涵？研究再审改判标准是否可以借鉴乃至移植再审启动事由的研究成果？一般认为，启动再审程序关注的是程序正义的保障，而再审审理关注的是实质正义的保障。① 笔者认为，再审启动与再审改判是不同层面的问题，再审改判问题并非再审启动事由的继续与深化，因此不应将再审改判与再审启动在实质上联系起来。

如果承认以再审启动标准作为再审改判的前提，就意味着以诸如原审合议庭组成人员不合法这样的程序性事由启动再审的案件，将无法获得实体改判的结果，这显然不符合民事诉讼法的本意。如果依托申请再审的事由而寻求再审改判的结果，那么很多再审案件将审无可审，仍以合议庭组成人员不合法为例，如果再审就此审理，则该项事由的成立在启动再审时就已经解决，而如果不就此进行审理，就必然要允许当事人以再审改判为目的就实体问题另行进行攻击与防御。因此，虽然一般认为再审改判标准应严于二审，但对此应理解为在某项事由是否构成改判的掌握尺度上应严格把握，而不是当事人提出改判请求的范围和权利受到限制，即使当事人以程序性事由提起再审，但再审一旦开始，对其权利的保护就与依照实体性事由而提起的再审并无不同。

二、在原审诉讼范围内能否列举再审改判情形及其再审改判尺度辨析

（一）在原审诉讼范围内能否列举再审改判情形

如何科学界定再审改判的标准，这一问题在上一轮《民事诉讼法》审判监督程序修改的过程中就已经有过很多思考和争论，从当时的情况看，主要的思路集中在再审改判事由和标准的有限化、明确化上，但是这样的思考在当时欠缺必要的实证对照参考。而2007年《民事诉讼法》将再审启动事由予以明确列举之后，使得我们可以客观观察列举性事由及其运用效果，并据此对再审改判情形加以反思。不可否认的是，确实存在若干可以预先设定的再审改判标准，但如果我们试图用列举的方式规定再审改判情形的时候，就要求以此种方式能够穷尽所有需要改判的情形。

① 王信芳：“民事再审制度功能实现的路径思考”，载《法学》2009年第10期。

如果某项事由能够确定地作为再审改判事由,那么至少应具备两个基本条件:一是对该情形能够加以客观描述;二是对该情形存在统一的评价标准,使得该情形作为改判标准无争议。但如果以此为标准,客观上就有若干情形难以纳入这一范围:首先,穷尽改判事由的前提是穷尽原审裁判结果,但是民事实体法律不但未将裁判结果限定在有限的范围内,反而倾向于鼓励法官根据不同的情况而对裁判结果进行相应的调整,这就使得民事诉讼的结果处于相对无法预测和穷尽的状态。其次,即使对于已经预知的裁判结果,对其正当与否也未必存在共识,由于民事诉讼裁判结果包含着社会经验和价值判断等主观因素,而不是完全依照形式逻辑的推理得出,因此在推理的过程中出现合理的分歧是正常的,可接受的诉讼结果也就不会是一个明确的点,而应是一个相对宽泛的范围。由于不同的推论过程所依据的方法和重点不同,使得它们难以在一个相同的基础上进行比较,也就难以在统一的基础上评判其正当性。最后,语言的有限性决定了某些再审改判情形难以通过语言精确描述,自然也就难以在立法上明确规定。

将再审改判情形加以列举限定,同样取决于社会对此的心理预期和接受程度。即使在客观上不能穷尽再审改判情形,如果社会普遍心理能够理解并认同这种客观不能,并认为此种改判情形定义方式符合社会公正的理念,则这一方法仍然是可行的。事实上,再审启动事由同样面临着客观上不能穷尽的问题,而2007年《民事诉讼法》修改中使用列举的方法对此加以规定,实则是在放弃若干相对不确定的再审启动情形与降低法定情形下进入再审难度之间寻求平衡的结果。而当同样的问题摆在再审改判标准面前时,有两项原因对此形成阻碍:首先,《民事诉讼法》对申请再审事由加以列举的同时,还赋予人民法院依职权再审的权力,实则使得第179条以外的情形仍有获得救济的机会,但在再审改判标准的问题上,缺乏这样的代偿渠道,因此难以通过制度设计规避对列举再审改判标准正当性的质疑。其次,再审启动事由在制度上面对的是能否进入再审程序的选择,此种制度成本构成对再审启动事由进行筛选的基础,相比之下,再审的改判与维持缺乏这样的筛选基础,因此如果放弃纠正某种不当情形,也就更加难以被社会接受。

(二)上述两类情形下再审改判尺度的把握

由于上述两类情形在设定的角度上存在差异,因此在根据不同改判事由进行判定的过程中,其尺度亦存在差异。

首先,对于能够明确列举的再审改判事由,其掌握尺度是客观明确的,即符合该项事由的法律要件,而不需要再审法官考察该项事由发生的原因。之所以应当作出这样严格的规定，是因为对于原审法官而言，该项事由所标定的禁止性界限是明确的，如果在原审构成该项事由的情况下仍不予以改判，实则意味着再审判决在该项情形中同样违反了强制性禁止规定，再审的正当性亦将因此丧失。

其次，对于不能明确列举的再审改判事由，必须赋予再审法官对原审行为发生原因进行考察的权力，在此情形下，应以原审裁判结论缺乏正当性为改判的依据。所谓具备正当性，是指原审诉讼视野下，作为一般的法律人对其裁判行为和理由具有预见的可能，即该项裁判结果是该案可能的裁判结果之一，即使这种结论发生的概率低于再审裁判结论的发生概率，再审裁判亦应对此加以尊重而不应进行改判。只有在原审裁判超出一般法律人的全部预见可能的时候，该原审裁判才属应予改判的范围。

之所以将此种情形下的再审改判尺度掌握在原审毫无可预见性，是因为民事诉讼法将再审的改判原则界定在原审错误的基础上，相比之下，二审的改判标准并不以一审存在确定的错误为前提，因此，二审改判一审的基点是二审裁判结论是正确的，而再审改判的基点则是原审裁判结论存在错误。由此推论，原审裁判的正当性只能从其本身加以说明，而不是将其与再审结果加以比较后得出结论。基于这一原因，在法律没有对原审诉讼结果加以明确限制的情况下，就不能要求原审在多个诉讼结果的合理性之间进行比较后方能作出裁判，同样，原审结论的合理性与再审结论的合理性相比，即使二者发生的概率存在差异，但它们在性质上仍然是平等的，并不能由此说明原审的不当。

（三）界定再审改判情形是否以改变原审结果为前提

原审裁判的不当性仅仅是再审改判的必要条件，原审裁判即使存在不当，但其最终结果可能仍然与再审结果相同。在此种情况下，很多观点认为应当将再审是否改变原判决的结果作为设定再审改判标准的条件，笔者认为这一观点在逻辑上存在悖论。再审改判情形的作用是为改变裁判结果提供指引，如果某种情形根本不存在改变裁判结果的可能，那么这种情形本身就不应作为再审改判情形；如果原审和再审结果相同仅仅是基于个案的情况而出现的巧合，则不能以此影响再审改判标准存在的价值。因此个案再审结果不变应视为再审改判情形的一种偶然性的结果，而不是以此界定再审改判标准。如果将再审与原审结果是否相同作为界定再审改判标准的条件，则原审在裁判时，不但要预见到未来可能被再审，还要预见到自己的裁判结果是否与未来的再审相同，这样的再审改判标准客观上是无法把握的，也不能对原审产生有效的反馈。因此笔者认为，原审与再审结果相同，应当视为再审中出现的一种偶然现象，而不应以此作为界定改判标准的因素。

三、在原审诉讼范围外允许改判的情形

原审诉讼视野原则上应该构成再审改判标准的限制，但是这并不意味着再审中仅能依据原审的诉讼材料作出结论，也不意味着再审裁判只能限于代行原审裁判本应完成的工作。

（一）基于新证据而发生的改判

新的证据是再审突破原审视野的主要原因，新的证据直接涉及再审案件事实的认定和处理。但《民事诉讼法》对再审新证据过于笼统的规定，加之现行司法解释的相互矛盾与冲突，势必造成司法实践中对再审新证据的认定和运用存在诸多困难。[①] 对基于新证据发生的改判，主要争议的问题是：第一，允许进入再审的新的证据范围是否应与原审裁判正当性有关联？第二，基于新的证据的改判与一般改判有何不同？

首先，允许新的证据进入再审程序，是立法对于程序安定性和对当事人权利救济这两种价值取向加以平衡的结果。是否允许新的证据进入再审视野以及对新的证据的界定等，固然有原审采信证据存在程序瑕疵等原因，但这并不是新的证据所要解决的根本问题。新的证据存在的主要意义应是解决原审中该证据未能纳入视野且原审中对此情形的出现并无过错的问题。因此，新的证据的出现和采信并不必然以原审存在错误为前提，而只是立法赋予当事人在特定情形下再次获得救济机会的权利。

其次，由于新的证据并不以原审存在错误为必要条件，因此再审无须在实体上考虑原审裁判结果与新的证据之间的关系。即使考察原审是否存在不当排斥某项证据的情形，也是为解决该项证据能否符合新的证据的程序条件而已。相应的，基于新的证据作出判决时，只应考虑该项证据是否应被重新接受以及在实体上是否应予采信，并基于该项证据所认定的案件事实直接作出判决，而无须考虑原审判决与此之间的差异是否存在不当。即在新的证据情形下进行的改判，原审和再审判决的正当性是可以同时成立的。

（二）对原审后变化情况的承认及补充判决

与再审不改变原审结果相对，再审中面临的另一个问题是，虽然原审裁判存在错误，但是原审判决作出后发生了其他事实，使得改变原审裁判结果在客观上丧失可能。例如，对某财产进行的物权确认之诉中，诉争标的物在原审终结后灭失，因此，再审无法再就该项物权争议作出确认判决，此时再审是应承

---

① 湖北省高级人民法院审判监督第三庭："民事再审新证据的认定与运用"，载《人民司法·应用》2010 年第 17 期。

认自身的有限性而对原审裁判不予变更，还是应无视该项事实而按照原审中确定的事实作出再审裁判？

笔者认为，因事后原因导致再审改判客观不能的情形下，原审对于裁判出现错误是可以预见的，但是对于事后发生的情形则是无法预见的，因此，对于原审裁判错误的评价仍是再审判决的基础，但此时再审裁判的任务已经不限于纠正原审裁判的错误，而应包括根据新发生的事实而另行调整当事人权利义务关系的内容。如果因该项事后因素不予变更原审裁判，则无法对当事人予以公正的保护，而无视该项事实，则势必使相关当事人的权利客观上无法实现，同时可能增加不同法律关系之间的冲突，所以上述两种观点都有偏颇之处。之所以会造成这样的冲突，乃是因为在现有诉讼体系下并未区分此种情形与一般再审的不同，并赋予当事人在此种情形下获得有效救济的手段。就此，应当准许当事人对自身权利的实际实现作出判断和选择，即当原审生效后发生的事实对再审改判形成客观阻碍时，应当准许当事人在坚持宣告原审裁判错误的基础上，根据新发生的事实而要求人民法院作出新的判决以使其实体权利获得有效保护。例如，在标的物灭失的物权确认案件中，权利人得将确认权属的诉讼请求变更为请求对方当事人对标的物的灭失承担赔偿责任等。此外，在当事人未对此有明确认识的情况下，人民法院应当根据查明的事实向当事人进行释明，当事人经释明仍坚持按原诉讼请求行使权利的，人民法院可以在保留当事人另行寻求救济的权利的基础上，作出纠正原审错误的相应再审判决。

四、结论与实践意义

（一）结论

通过以上分析，我们可以看到，并非所有再审改判的情形都发生在原审裁判终结之前，并能够在原审诉讼中寻找到其错误的根源，因此在讨论再审改判标准的时候，应当分析再审改判情形与原审裁判不当的关系并以此指导再审改判标准的设定以及判断具体个案是否符合再审改判的条件。

首先，再审改判总体上应当基于原审的不当行为，而判断原审行为是否得当的依据应基于实体和程序法律规范，再审改判标准只是基于既有规范对原审裁判行为作出的评价，而不能独立创设一套评价体系。

其次，再审改判情形是否能够被明确描述，并非取决于其在再审中的发生概率和危害程度，而是取决于该情形本身的性质。因此在研究再审改判情形的具体表现时，应当根据其性质确定某项情形的表述方式，使得再审改判情形的设定更加科学。

最后,不同性质的再审改判情形意味着不同的尺度把握标准,实际上也就意味着对于再审本身正当性的评价标准存在不同。对于再审结果而言,评判其正当性的标准已经从实体结论的正当性转化为对再审改判标准把握的正当性。如果说立法对申请再审事由加以列举的目的在于解决不当启动再审程序,那么对于再审改判标准及其尺度的明确则承担着解决不当改判的责任。当案件实体结果存在多个可能的时候,一个独立标准的存在将帮助避免案件结果的无谓反复。

(二)区分的实践意义

应当说,人民法院依照审判监督程序依法纠正原审裁判错误的过程,同时也是对原审裁判行为进行总结和反思的过程;对原审裁判错误成因的分析与判断,既是合理界定再审改判标准的前提,也为提高原审裁判质量提供了可行路径。

1. 这一思路为确定再审改判标准提供了路径指引

再审改判标准应是建立在对诉讼及其结果加以整体反思的基础上的。就某项情形是否应当改判加以个别的讨论,固然对于理解该项情形下的再审改判问题有所助益,但从某一具体情形乃至典型案例出发展开的论述,在一定程度上会受到个案偶发因素的影响,这是论者应当加以注意的。很可能由于关注点的不同,导致我们对于具体案件或者命题的认知出现偏差,以至于其结论难以对相应领域的事实加以合理覆盖。而本文提出的方法,则为从整体上把握改判标准提供了路径指引,既可以在最大程度上避免结论与整体的偏离,同时将结论纳入诉讼整体加以考察,也有助于不同情形之间的比较和辨析。

2. 明确不同改判原因可以改善对原审裁判行为的规制

区分不同的改判原因,既是深化审判监督制度改革的需要,也是加强对原审裁判行为规制的需要。古人云:"上医治未病"。如果将错误裁判比喻为诉讼过程中的疾病,那么目前审判监督程序更多的是发挥着被动治疗的作用,而从长远来看,必然要求我们向前延伸,从以治疗为主向防治结合转变,努力实现降低原审差错率、从根本上提高裁判质量的目的。而为了实现这一目的,就必须考察改判行为及其标准对原审裁判行为加以规制的有效性,并将有限的精力集中在有效的范围内。根据前文的分析,笔者认为应将对原审的规制集中在原审裁判视野内发生的改判情形,同时,其规制的具体手段应有所区别:

首先,对于能够明确界定的再审改判事由,对于事由本身的界定已经在制定规则的时候完成,其规制工作的重点就不在于就事由本身进行讨论,此时更应注意加强防范上述行为,通过研究相应的有效制度,降低乃至避免此类行为的发生。

其次,对于原审诉讼视野内不能明确界定的再审改判事由,则应注意降低规制行为的烈度。基于此类再审改判事由而产生的规制,从另一个角度说,就意味着对原审自由思考的限制。笔者认为,自由思考是法学理论和司法实践发展最为重要的途径,对于原审自由思考行为的过度限制,在微观上会对本属正当的行为予以错误扼杀,在宏观上则会阻碍法学和司法实践的发展。当不能从源头上清晰区分结论是否正确的时候,就必须容忍合理限度内的维持原审裁判的结果。因此,基于此类改判事由而试图对原审行为加以规制时,就必须坚持最大安全和最低限度的原则,尽量避免对原审裁判行为的不当限制。

最后,对于新的证据这种超出原审裁判视野的改判原因,由于原审对此无法加以预见和避免,也就意味着事实上无法提出有效的规制方法,因此应当改变将不同类型的改判均视为原审缺乏正当性的观点,避免将有限的精力耗费在无效的工作中。

参考文献:

著作类:

1. 虞政平主编:《再审程序》,法律出版社2007年版。

2. 周晖国主编:《民事再审制度理论与实务研究》,人民出版社2006年版。

3. 刘洋等编:《我国民事审判监督程序的反思与重构》,知识产权出版社2007年版。

论文类:

1. 赵刚、刘学在:"民事审监程序修改过程中若干问题之思考",载《中国法学》2009年第4期。

2. 邓自力:"对我国民事再审功能偏失的检讨——透视《民事诉讼法》修改后审判监督的司法现状",载《民事程序法研究》第6辑。

3. 浙江省高级人民法院审判监督庭课题组:"再审发现什么——基于近年浙江省高、中两级法院再审改判与发回重审案件的实证分析",载《杭州师范大学学报》(社会科学版)2008年第5期。

4. 山东省高级人民法院审监一庭:"关于民事再审改判发回原则与标准的思考",载《山东审判》第27卷总第203期。

5. 丁俊峰:"建立我国再审案件指导制度的若干理论问题",载《审判监督程序的改革与完善》,人民法院出版社2007年版。

6. 王信芳:"民事再审功能实现的路径思考",载《法学》2009第10期。

7. 刘伟、张丹;"二审改判行驶的限度——以二审改判存在的问题为视角”，载《山东审判》第26卷总第196期。

8.王仙国:“法官民事自由裁量权的限制”，载《法制与经济》2008年9月总第180期。

9.冯波:“关于民事再审改判发回原则与标准的思考”，载《山东审判》2011年第6期。

10.吴美来、阎强:“论民事再审案件的改判标准——以维护裁判的既判力为中心”，载《西南政法大学学报》2012年4月第14卷第2期。

11.汤维建:“论民事诉讼中的依法改判”，载《法制与社会:理论版》2004年春季号。

12.湖北省高级人民法院审判监督第三庭:“民事再审新证据的认定与运用”，载《人民司法·应用》2010年第17期。

民事再审发回重审制度的法律思考

福建省泉州市中级人民法院　肖森华

在我国民事诉讼特定语境中，再审发回重审制度并未像二审发回重审制度那样获得广泛的探讨。这一方面与再审程序的纠正救济性有着特殊的关系；另一方面则在于《民事诉讼法》对再审程序的运行要求依照普通程序来推进的具体规定相关。规定的明确要求一定程度上削弱了在程序意识还不十分发达的中国司法土壤下司法参加者——不管是理论研究者，还是实践者，抑或是当事人或社会大众—对再审程序运行、推进进行考究的斗志和冲劲。而司法实践中，再审程序与一、二审程序相比所形成的错误的"次要性、无关紧要性"观念亦使再审程序得不到应有的更多的关注。因此，当实践者或研究者遇到再审程序问题时，往往不自觉地把问题放到一、二审程序的框架下企图寻找答案，似乎一、二审的程序规定自然能涵盖再审程序的所有问题，而置再审程序的特有性质于不顾。从再审发回重审制度的现行设计及其运作状况来看，该制度存在较大的问题，一定程度上导致了民众对司法的更加不满和愤怒，损害了法院的公信力。为此，本文以此为视角将其置于再审程序的框架内进行探讨，一是基于司法实践中所遇到一些问题迫切需要解决的愿望；二是期冀民事诉讼发回重审制度的研究不再单纯地局限于二审发回重审，而应兼顾再审程序特殊性质下的再审发回重审制度，即使二者之间将不可避免地存在一些重复的共同点。

一、问题切入：透过发回重审率的观察

学者王福华教授曾通过对我国民事审判方式改革以来（1989～2004年）的民事二审发回重审跌宕起伏的情况研究后得出结论认为，[①]影响民事上诉案件发回重审率变化的主要因素来源于法律制度，包括对于发回重审条件严格限定和对法官审判责任监督的加强，并指出，立法规定的宽泛或含糊，将为发回重审的滥用找到合适的程序。笔者以为，王教授的观点同样适合于再审程序中发回重审制度的适用现状。通过最高法院近三年来关于民事再审案件的数据统计分析（见表1、表2，图1），[②]或许能从中发现一些问题。

---

① 王福华、融天明："民事诉讼发回重审制度之检讨"，载《民事程序法研究》2007年第3辑。

② 数据来自于最高人民法院网。从近三年的统计数据分析，我们可以看出，我国民事再审案件发回重审率高达10.81%，远远超于二审案件6.07%的发回重审率。

表1　2008～2010年全国民事二审案件审结情况表

（单位：件）

年度	结案	其中						
		驳回	维持	改判	撤诉	发回重审	调解	其他
2008年	517,873	31,436	248,954	61,420	58,516	34,138	64,371	19,038
2009年	598,355	36,574	280,246	65,164	73,491	36,334	89,886	16,660
2010年	593,373	35,222	281,547	58,049	74,733	33,348	94,316	16,158
合计	1,709,601	103,232	810,747	184,633	206,740	103,820	248,573	51,856

表2　2008～2010年全国民事再审案件审结情况表

（单位：件）

年度	结案	其中					
		维持	改判	撤诉	发回重审	调解	其他
2008年	35,684	11,719	10,492	612	3107	4452	5302
2009年	38,070	11,649	10,106	1097	4325	4853	6040
2010年	41,331	11,683	9953	1709	5012	5936	7038
合计	115,085	35,051	30,551	3418	12,444	15,241	18,380

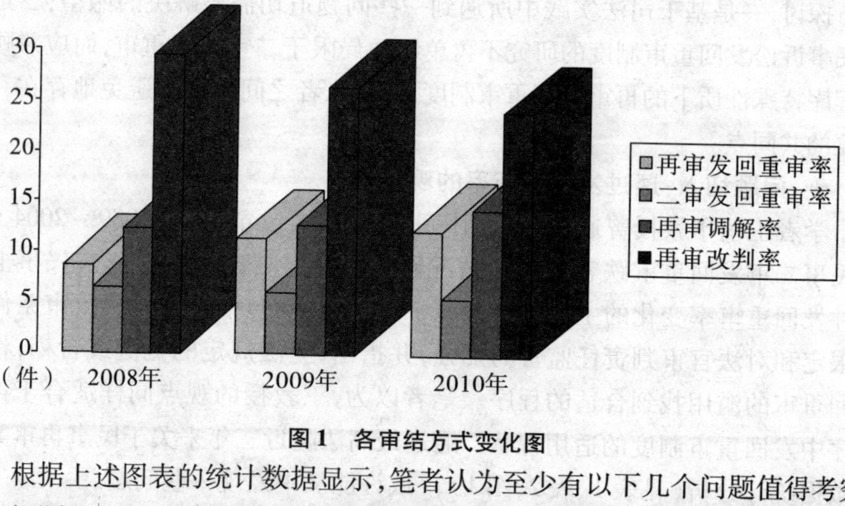

图1　各审结方式变化图

根据上述图表的统计数据显示，笔者认为至少有以下几个问题值得考究：

问题一：近三年来我国民事再审案件发回重审率相对处于一个较高的水平，并逐年递增，而我国二审发回重审率却逐年下降，并且二者之间的差距逐年扩大，这与二者在立法上的地位是否相适应？

问题二：近三年来我国民事再审案件改判率逐年递降，分别为29.39%、26.55%、24.08%，而发回重审率却逐年递增，二者之间是否存在“此消彼长”的潜在关系？

问题三：近三年来我国民事再审案件调解率虽然逐年稳步上升，但从另一方透析，如果这些案件调解不成，必将有一部分将以发回重审方式结案，在一定程度上又将提高再审发回重审率。

综合上述问题，我们可以将之归结为为一个当前不得不面对的严峻课题——近三年来我国民事再审发回重审率处于高位运行中，超于二审发回重审率达4个百分点，显然与再审的性质和目的相违背。或许通过活生生的案例，从更加微观、具体的现象入手，可能更有助于我们掌握发回重审的现状，并有助于挖掘与之相关的周边制度要素的作用，能够更合理、更深刻地解释这个程序问题。

案例：[①]吴某与方某、某省工业设备安装有限公司及其Q市分公司建设工程合同纠纷案。原审法院判决方某应返还吴某25万元；某省工业设备安装有限公司应就方某不能返还的上述款项而给吴某造成的损失承担赔偿责任；驳回吴某其他诉讼请求。宣判后，吴某、某省工业设备安装有限公司及其Q市分公司均不服，向Q市法院上诉，Q市法院裁定发回重审，原审法院审理后，吴某、某省工业设备安装有限公司及其Q市分公司又不服，提出上诉，Q市法院予以维持。判决生效后，吴某、某省工业设备安装有限公司及其Q市分公司又均不服，向F省法院申请再审，省法院经审查后，以事实认定不清、适用法律错误为由，裁定指令Q市法院再审。Q市法院再审后，案经合议庭评议并经院审判委员会讨论认为，原一、二审判决认定事实不清，应予发回重审。原审法院受理后再次判决方某应返还吴某25万元，驳回吴某对方某的其他诉讼请求以及对某省工业设备安装有限公司及其Q分公司的诉讼请求。但吴某又不服，向Q市法院再提起上诉，Q市法院依法撤销重审后的判决，改判方某应返还吴某25万元，并按银行同期贷款利率计息；某省工业设备安装有限公司对上述方某的还款义务承担连带责任。判决后，某省工业设备安装有限公司及其Q分公司又不服，向省法院申请再审，目前本案正在审理中。

对于该案，目前省法院正在审理中，审理结果我们尚未知，或许当事人就此服判，或许还向继续向最高法院申请再审或申诉。但仅凭已走完的整个程序，我们不难发现，整个案件到目前已历经四年多，当事人间积怨不谓不深，对

① 案例来自于泉州市中级人民法院(2012)泉民再终字第2号民事判决。

当事人而言,在有限的人力、物力、财力、精力以及心理承受力均已耗尽或疲软的状态下,再审程序承载着更多希望和期冀,然而,原本期冀的再审程序首先是指令再审形式将案件下移给原来的二审法院,而二审法院又以第二次的发回重审形式将案件下移给原审法院,使得当事人本以为期冀更高级别法院审理的愿望落空,且在某种程度上进一步激发了当事人对司法工作的不满。笔者认为,在适当的情形下,将案件发回原审法院重审,不仅有利于上级法院对下级法院的审判监督,而且对于维护审级利益和当事人诉权也有着重要的意义。因为,“在程序法上设立发回重审,其立法意图是司法自身救济和纠错的必要机制,保障司法的公正”。[①] 但倘若对历尽艰难走到再审程序的为数不多的案件不是“快刀斩乱麻”,而是“踢皮球”,[②]那么再审发回重审制度的设置功能反而将衍变为损害司法的权威性与公正性。“二审法院或再审法院对案件因违反民事诉讼法之规定而将案件发回重审本无可厚非,现今发回重审之所以广受各界批评,主要是因为发回重审率过高和被滥用的问题。”[③]而该现象的产生,是司法理念、司法制度等各种因素综合作用的结果。

二、弊端溯源:影响民事再审发回重审制度适用的负面因素

(一)职权主义——传统司法理念的影响

我国《民事诉讼法》是根据“实事求是、有错必纠”的立法指导思想设计再审程序的,对此学者还有专门论证:“实事求是是我们党的思想路线,人民法院审理一切案件,必须贯彻这一思想路线,认识案件事实的本来面目,严格遵循法律规定,按法律规定的精神处理,解决争议。生效裁判错误,背离了实事求是的思想路线,认定事实错误,适用法律不正确,应本着有错必纠的原则,坚决纠正过来。”[④]对此,随着现代法治社会的发展进步,许多学者从诉讼效率、程序的安定价值、裁判的稳定性以及司法的权威性等方面进行了广泛的探讨和批判,[⑤]认为该指导思想并不符合我国的社会经济发展形势,应从“实事求是、有错必纠”向“法定事实、依法纠错”转变,再审程序的定位也应从“重实体、轻程序”向实体程序并重转变,具体地体现便是修订后的《民事诉讼法》第179条之规定。应该说,程序性事由作为再审事由是程序公正成为司法公正重要内容的现代司法理念的必然要求。

---

① 厚德顺:“论我国民事发回重审制度的理性重构”,载《山东审判》2009年第1期。

② 王冬冬:“对民事诉讼发回重审制度的思考”,载《山西农业大学学报》(社会科学版)第5卷第4期。

③ 秦旺:“民事案件发回重审制度研究”,载广州审判网,2011年4月27日访问。

④ 柴法邦著:《体制改革与完善诉讼制度》,中国人民公安大学出版社1995年版。

⑤ 柴法邦著:《体制改革与完善诉讼制度》,中国人民公安大学出版社1995年版。

然而，两千多年所形成的"强国家—弱社会"、个人必须服从于国家的国家主义理念以及传统法律文化并不能轻易的被三十年的改革开放所冲淡，"在这种国家主义理念的笼罩下，在中国传统法律文化中，作为国家意志集中体现的公共权力和公共权力观念极度发达，在社会政治、法律领域，表现为作为个体人之'私人'意志的弱势与无效，而作为社会最高团体——国家之'公法'意志的必然的主导性，及其对于社会生活无孔不入的无限渗透性和无所不在的无限干预性，乃至对于人之个体其'私人'意志的无视、排斥甚至直接的替代。这种思维意识深深影响了一代又一代的国人……"①这种痕迹在刚刚修改的《民事诉讼法》再审程序的启动主体规定中仍然可以得到鲜明的体现。因此，我国民事诉讼仍然深受超职权主义因素和程序工具主义的影响，而"超职权主义下所奉行的有错必纠原则不仅是审判监督程序设计的理论基础，同时也是发回重审最强有力的依据"。② "'有错必纠'是人民群众对司法审判尤其是再审程序的朴素要求，也是再审程序所必须承载的使命"。③ 它要求审判活动尽可能地发现、挖掘案件的客观事实真相，"体现到审判监督程序中就是要对当事人的权利义务产生实质性的不利影响的错误裁判必须坚决予以纠正，纠正得越彻底越好"。④ 在这种理念的指引下，生效判决的合法性便主要是来自于判决本身的正确性，而不是来自于程序正当性，发回重审的功能定位于追求实体的"客观事实"或"绝对事实"。⑤

（二）再审发回重审事由——制度自身的缺陷

在我国民事诉讼法领域，于再审程序中是否适用发回重审制度一直备受争议。从现有可查阅的资料来看，学者们大多持负面评价，主要理由是认为再审发回重审制度与再审制度的目的、功能相悖、违背法院审级设立原理等。⑥即便在立法领域，我们也不难发现，再审发回重审制度并不像二审发回重审制度那样有着基本法的法律地位，而是以"附件"形式在司法解释中出现。毋庸置疑的是，学界的探讨并不足以阻滞司法实践对该制度的需求以及立法者对该制度的肯定。2008 年最高人民法院《关于适用〈中华人民共和国民事诉讼

① 李晓明、丁雷："人民检察院民事抗诉权的法理学解析"，载《人民检察》2003 年第 8 期。

② 黄智勇："民事诉讼发回重审制度研究——以当事人审级利益保障为中心"，厦门大学 2008 年硕士学位论文。

③ 江必新："论民事审判监督制度之完善"，载《中国法学》2011 年第 5 期。

④ 同上。

⑤ 同上。

⑥ 杨翔、谷国艳："民事再审发回重审制度的正当性考察与改革"，载 2011 年《全国法院第二十二届学术讨论会论文集》。

法〉审判监督程序若干问题的解释》(以下简称《审监适用解释》)第38条规定的出台对这一争论作出了积极回应。《审监适用解释》第38条扩大了再审发回重审的适用情形,把再审发回重审适用情形明确地还原于二审发回重审适用情形,改变了以往再审和二审发回重审适用情形不同的立法规定,并较之作了更加严格的限制,即在原审认定事实错误或事实不清的情况下,再审法院应当以自行改判为原则,除非原审法院更便于查清事实、化解纠纷。该规定表明了立法者企图进一步严格规范实践中再审发回重审存在弊端决心,然而"但书"的立法模式以及不易操作和把握的"便于查清事实,化解纠纷"的标准,并不足以消除再审发回重审频频适用的诟病。"但书"只不过成为司法者适用发回重审的又一次不是理由的理由。从某种意义上讲,第38条规定的出台,反而为再审发回重审适用《民事诉讼法》第153条提供了更加充足的依据和理由。因此,我们有必要对《民事诉讼法》第153条规定进行更多的关注。

1. 再审发回重审事由的不易把握性

虽然《审监适用解释》第38条第一部分对再审发回重审作出了更加严格的规定,即再审案件原则上不发回重审,而是由再审法院在查清事实的基础上直接改判,除非原审法院更便于查清事实、化解纠纷。但在实践中,什么情形属于原审人民法院便于查清事实、化解纠纷呢?

"所谓便于查清事实,是指有关案件具备审理查明的条件,对于原审和再审法院而言,查清事实都不是不可完成的任务,在此基础上加以比较,认为由原审法院审理更加方便。"①既然原审法院和再审法院对查清事实均可完成,那么比较的基础又是什么呢?基于什么情形的考量才能确定原审法院审理更加方便,更有利于化解纠纷呢?并没有统一的标准,仍然需要法官的自由裁量权决定,因此,在一定程度上,并不能成为有效避免再审发回重审滥用的有力措施。

2. 改判与发回重审的情形重合进一步扩张了再审法官的自由裁量权

根据《民事诉讼法》第153条的规定,二审法院对一审判决认定事实错误或者事实不清、证据不足,可以查清事实依法改判,也可以发回重审。程序上以可能影响案件正确处理作为发回重审标准。然而实践中,这种企图赋予法官自由裁量权的"选择性"立法规定则"会使二审法官包括再审法官具有较大

① 江必新主编:《最高人民法院关于适用民事诉讼法审判监督程序司法解释理解与适用》,人民法院出版社2008年版,第297页。

的主观随意性，不该发回重审的发回了，该发回重审的不发回”。[①] 笔者简单地将这两个条款以改判、发回重审作为界限进行梳理，发现二者之间重合或交叉情形在一定程度上为发回重审轻易适用提供了机会（如下）。

改判与发回重审重合情形

- 1. 事实审方面改判与发回重审相重合
- 2. 事实方面改判、发回重审与程序方面发回重审相重合
  - （1）事实方面发回重审与程序方面发回重审交叉
  - （2）事实方面部分改判与程序方面发回重审交叉
  - （3）事实方面全部改判、发回重审与程序方面发回重审交叉

司法实践中，适用发回重审的案件往往并不是单纯的某一事实方面瑕疵、错误或程序方面的瑕疵，而是多种情形的结合。因此，这就必然导致适用改判与发回重审之间存在重合或交叉，而司法者（同样是理性经济人）在效益优先的考虑下将案件发回重审无疑是最佳的选择。

（三）“潜理由”——博弈上的策略选择

我国立法规定的不完善使这一制度在实践中甚至被异化为一种“投机”行为。而这其中的因素是多方面的，笔者简单分析后，认为除了制度设计先天缺陷这一根本原因外，当前法院的内部管理体制以及司法独立性缺失是再审发回重审适用较高的主要原因。

（1）错案追究责任制。当前我国法院系统的内部管理体制实行的是绩效考核办法，每位审判人员的办案情况将主要根据工作业绩予以体现，并与相应的晋职晋级、评先评优、相关福利等挂钩。审判人员作为一位理性的“经济人”，诚然不得不考量与己相关的利益得失。当案件存在改判与发回重审相重合或交叉的情形下，选择将案件发回重审无疑是利益衡量基础上的最佳选择，因为根据我国法院现行管理体制，对案件直接改判，首先即有可能面对的便是严格的错案责任追究制度，特别是民事再审案件，一般是通过多次申诉、信访或申请再审才进入再审程序，姑且不论改判将直接触动原审法官的利益，仅再审案件的复杂、疑难性就足以使自身的办案风险系数维持在较高的标线上。

（2）便于推卸疑难复杂案件。实践中，案件再审发回重审后，一般是将案

---

① 曹书瑜：“民事二审改判与发回重审相重合的法律适用原则”，载《人民司法·应用》，2007年第5期。

件移送原来的相关业务庭室另行组成合议庭进行审理，因此，当当事人对发回重审案件不服上诉时，案件一般是又回到原二审业务庭，而不是回到再审业务庭，这种不同二审发回重审的模式，不仅使再审法官倾向于适用发回重审，也使有些签发领导对此予以宽容放行。

(3)转移关注焦点和压力。有些再审案件往往是党委、人大、政协、纪检等相关部门单位关注的案件，对于承办法官而言，压力不可小视，而转移身上关注焦点的最好办法便是将案件发回原审法院重审。“只要同时存在权力和裁量，审判也和其他政策决策机关一样，不得不卷入各种利害关系错综复杂的对立的旋涡之中。”①“在这种情况下，法官面临的最佳选择当然是发回重审，因为这样可以使自己担当的风险降到最低。”②

(4)发回重审的简便性。发回重审案件法律文书制作相对简单、审限要求严格、结案率要求等一些“潜理由”也促使一些法官倾向于将案件发回重审。

三、方向选择：民事再审发回重审制度的设计理念及原则

“应当说，将实事求是作为我们党的思想路线无疑是非常正确的，但将实事求是这一哲学上的理性原则直接运用到某一学科领域，不过是一种形而上学唯物主义反映论的体现。尤其是将‘实事求是、有错必纠’联系起来，作为再审程序的指导思想，而不考虑民事诉讼自身的特点，则必然会产生片面性。”③在我国现行的社会主义市场经济体制下，“现代民事诉讼的基本法理要求，服务于市场经济的法律体系应以权利为本位，使权利成为构筑一切法律关系的起点、核心与主导，只有权利到位，市场经济才能到位”，④这就要求在权力与权利的关系中，权利是基础和前提权力的行使应该服务于权利的充分实现。因此，在权力与权利发生冲突的情形下，衡平的方法为当事人的权利优先，权力让位于权利，以当事人的诉讼权利为本位。具体到民事诉讼领域则体现为应当充分体现当事人的意思自治，因为民事诉讼是当事人的民权益即私权之争。这意味着再审制度设计理念在从“事实求是、有错必纠”向“法定事实、依法纠错”的同时，制度的运行模式也应从国家职能主导向给予当事人私权处分权转变。因此，我国的民事再审发回重审制度应着重把握以下几个

---

① [日]棚濑孝雄著：《纷纷的解决和审判制度》，王亚新译，中国政法大学出版社2004年版，第163页。

② 王福华、融天明：“民事诉讼发回重审审判制度之检讨”，载《法学研究》2007年第1期。

③ 柴法邦著：《体制改革与完善诉讼制度》，中国人民公安大学出版社1995年版。

④ 汤维建：“市场经济与民事诉讼法学的展望”，载《政法论坛》1997年第1期。

原则:

(1)客观真实与法律真实辩证统一原则。

民事再审程序是不同于一、二审的救济性程序,再审的目的是依法纠错和妥善化解纠纷,而不是单纯的监督,更不是对已经走完的整个程序的推翻而重新再来。作为已经发生的事实,作为再审法官只能尽可能地接近其,并不能完全地掌握它,倘若一味地追求事实真相,频繁地将再审案件发回原审法院重审,不仅会造成不必要的司法资源浪费,而且还会进一步增加当事人的讼累,反倒不利于纠纷的解决。

(2)公正与效率的辩证统一原则。

公正与效率是民事再审程序的价值目标,两者虽具有统一的一面,但也在一定程度上存在着矛盾和冲突。司法公正固然是现代司法最核心、最本质的东西,但诚如法谚有云,“迟到的争议亦非正义”,倘若片面地为了追求公正、还原事实真相而将案件频繁的发回重审,以牺牲效率为代价,显然并不符合现代的司法理念。

(3)尊重当事人的程序选择权。

基于当事人的程序主体地位之要求,当事人在诉讼过程中有一定的意志自由并享有处分权,根据对诉争的实体利益的分析取舍,当事人在一定范围内有权选择适用审理的程序、审理的方式。这种当事人双方在一定范围内合意选择程序或者单方选择程序的权利,就是当事人的程序选择权。基于程序选择权,当事人既可以选择使用诉讼成本比较高的程序,也可以选择使用诉讼成本比较低的程序;既可以选择使用程序保障比较高的程序,也可以选择使用程序保障比较低的程序。在民事诉讼中,赋予当事人程序选择权是尊重当事人的程序主体地位的需要,是提升当事人对司法信赖度的需要。在发回重审制度的设计上,应当体现对当事人程序选择权的尊重。

四、理性应对:民事再审发回重审制度的重构

司法实践中,再审发回重审制度的存在确有其必要的价值,但从上文分析得知,也极易被滥用,从而损害司法的权威性与公正性。因此,必须对再审发回重审的适用进行有效控制,把民事再审发回重审限定在最小的范围和限度内。而解决这一问题首先必须从立法源头的设定上进行正本清源,科学规范发回重审,明确发回重审的适用条件和具体标准。

(一)取消因事实原因而发回重审的规定

笔者以为,虽然在一般意义上,初审法院比上级法院更加接近案件事实,也有更好的条件对案件事实进行审查认定。但是再审案件大多历时较长,到再审时，距离纠纷往往时过境迁，对于审查认定事实而言，难度更大，案件事实也就更加难以查清，而在这种情况下，显然一审法院原来所具有的优势已经因时间的流逝而不能实际发挥作用，一审法院和审理再审案件的上级法院在审查认定事实的问题上已经处于同一起跑线。因此，如果不能在程序上对审理再审案件的法院加以有效制约，则有关法院就会有较强的动力，通过发回重审的方式将审查案件事实的责任和事实难以查清的风险转移给下级法院，这对于下级法院是不公平的，而且这种发回重审，并不能降低案件审理的难度，反而额外增加了诉讼的时间和成本。

从另一角度分析，一件案件经过第二审程序审理，就意味着二审法院已经对案件事实作出认定。而再审程序又以事实不清为理由将案件发回一审法院，此时所说的事实不清当然包括二审确认的事实，而二审法院与再审法院就是同一法院，那么本院认定事实不清为什么要让一审法院去查清呢？而且一审法院是二审法院即再审法院的下级法院，发回重审就意味着要一审法院重新认定案件，那么又怎么能由一个下级法院认定的事实来改变已由上级法院确认的案件事实呢？[①] 因此，"现有规定在二审的再审程序中启动发回重审，将案件直接转入一审程序，由一审法院来纠正二审中的错误，有悖法理"。[②]

（二）对违反法定程序而发回重审的情形区分对待

《审监适用解释》第 38 条后半部分规定："原审程序遗漏必须参加诉讼的当事人且无法达成调解协议，以及其他违反法定程序不宜在再审程序中直接作出实体处理的，应当裁定撤销原判决，发回重审。"该规定应该是对《民诉意见》第 210 条第 2 项、第 211 条规定的新概括。从"不宜在再审程序中直接作出实体处理的"规定，可以透析出立法者对违反法定程序适用发回重审情形也是更为谨慎的。笔者对此非常支持，因为我们不能一概地将自己在程序上的疏忽或错误所导致的后果转嫁给当事人承担，从而剥夺了他们的上诉权利，所以，对违反法定程序是否适用发回重审，应予以区别处理：

（1）对于属于法律手续不完整或者在具体程序环节方面有瑕疵的程序性违法，程序性错误不影响结果的，即一种无害错误的一般程序违法，再审并无须发回重审，而可以直接作出纠正程序错误的裁判。

（2）对于程序严重违法，导致当事人的诉讼权利受到重大损害，致使审判程序公正性受到重大影响的，可直接推定其有损裁判结果的妥当性的应发回

---

① 金雨杰、张英霞："再审民事案件若干问题探讨"，载《法律适用》2004 年第 3 期。

② 王冬冬："对民事诉讼发回重审制度的思考"，载《山西农业大学学报》（社会科学版）2006 年第 4 期。

重审。这种情况主要包括《民诉意见》第 181 条规定的三种情形以及第 211 条规定的情形。

作为例外，当程序违法没有侵害社会公共利益或者他人利益的情况时，倘若当事人合意请求再审法院予以改判，笔者认为，再审法院应在查明事实的基础上依法改判，不应强行发回重审。虽然“从立法者角度考虑，发回的案件，当事人可以多一次上诉机会，维护了其审级利益，给司法者多一次发现真实的机会，也给当事人多一次获取结果公正的机会。但这只是立法者的一己之愿，并没有站在当事人的立场上来考量此问题。个案中的当事人都在公正与效率的博弈中挣扎，并不是所有人都愿意为了不确定的公正结果而付出大量时间与物质精力”。[①] 这就要求赋予当事人对程序拥有自己的选择权，因为“一个人对选择权的拥有意味着所有结果对他而言都具有程序上的正义性”。[②]

（三）严格限制民事再审发回重审的次数

为了进一步规范民事案件发回重审问题，最高人民法院于 2002 年 4 月出台了《关于人民法院对民事案件发回重审和指令再审有关问题的规定》（以下简称《发回重审和指令再审规定》），明确规定二审法院对同一案件只能就事实方面原因发回重审一次。但规定并没有对程序瑕疵以及再审发回重审是否适用“一次性”原则予以明确，导致实践中，可能出现这样四种情形：（1）二审已发回重审一次，再审可以再发回重审……（2）二审已发回重审一次，再审不可以再发回重审；（3）二审未发回重审，再审发回重审一次后，又上诉的案件可以再发回重审……（4）二审未发回重审，再审发回重审一次后，又上诉的案件不可以再发回重审。究竟到底应适用哪一种情形，则完全取决于法官各自的理解和掌握。实践中，有相当一部分再审法官认为不应受二审发回重审的“一次性”原则的限制，显然这是一种利益导向的结果，这种否定观点十分容易导致“马拉松式”的循环诉讼，也就是笔者所说的第一种、第三种情形，使得案件循环反复、诉讼无限拖延，不仅影响法院审判工作效率、浪费审判资源，而且极大地增加了当事人的讼累，并使整个社会关系处于不稳定状态。因此，这种弊端已广受批评，对其限制已是必然趋势。

笔者在上文就再审中取消事实原因的发回重审作了陈述，那么对于再审中程序瑕疵发回重审的次数是否应予以规制？从一定意义上讲，一审法院程序上的瑕疵、错误与事实认定错误、不当具有根本区别。如果在原二审中已将案件发回重审一次，意味着原一审法院已有充分的机会去纠正自身的程序瑕

---

① 任凡：“民事诉讼发回重审制度：反思与重构”，载《南京审计学院学报》2009 年第 3 期。

② 齐树洁著：《民事上诉制度研究》，法律出版社 2006 年版，第 270 页。

疵或事实方面的错误、不当,在再审程序中就不应再适用发回重审,浪费不必要的资源;若在原二审程序中未曾发回,作为再审法院发现原一审存在程序瑕疵或错误予以发回,不仅有利于原审法院实现自我救济和监督,而且也有利于保护当事人诉权,如果发回后,审判程序又一次违法,那么上级法院就应当直接作出裁判,不得再次发回,不能让当事人为一审法院的程序错误而付出时间和金钱的代价。简言之,民事再审发回重审应是以原审程序中未曾发回重审为必备条件的一次性原则。

五、结语

如果说,2007 年修订的《民事诉讼法》为解决"申诉难"、"申请再审难"开启了一扇门,那么我们是否还更应该为从这扇门进去前往正义之巅的道路扫清不必要的障碍呢?因为这扇门的开启是何等艰难!我国民事再审程序不同于一、二审程序的根本不同之处在于存在在先的生效裁判,触及的是法的安定性和公正性之间的协调与冲突,因此,基于再审程序上的任何问题的探讨均不应忽视这一根本区别。再审发回重审作为民事再审的裁判结果之一,与再审程序参照一、二审程序的立法规定是分不开的。实践中,司法者将二审发回重审制度完全"搬套"在再审程序中显然忽略了再审程序的纠正补救性质。再审程序的特殊性质要求我们,不仅应该严格限制发回重审,防止"循环诉讼",再审不终,损害法的既判力和司法权威性,而且还应始终维护再审程序的特殊性质,不能因发回重审而改变案件的再审性质。

对我国民事再审发回重审制度的重新审视

上海市黄浦区人民法院　章其苏

在我国《民事诉讼法》的语境中，发回重审是“撤销原判、发回重审”的简称，是指上诉审法院撤销原审法院判决，并将案件发回原审法院重新审理的制度。民事诉讼发回重审制度是我国民事诉讼中的重要制度之一，不仅适用于二审案件，也适用于再审案件。长久以来，大家对发回重审制度的讨论往往集中在二审发回重审，而对再审发回重审则关注较少，这主要是由于我国民事诉讼法没有专门的再审程序设计，而是规定再审按照第一审程序或第二审程序进行审理。因此，当实践中遇到再审的程序问题时，往往都会不自觉地去套用一、二审程序中的相关规定。最高人民法院对再审程序适用发回重审制度的解释，也印证了上述观点，它认为“审判监督程序，没有采取独立的程序设计，而是根据不同的情况，分别按照第一审或第二审程序审理，而改判和发回重审作为第二审程序中的裁判方式，当然也适用于按照第二审程序审理的再审案件”。[①]

不可否认再审与二审（上诉）在诸多方面存在一定的相似性，如请求再审与提出上诉都是法律救济手段，他们都是当事人对已经做出的判决声明不服，都是要求撤销原判决，通过对案件的重新审理作出对其有利的判决。但同样不能否认的是，两者之间存在一个最重要的区别，即再审的对象是已经生效的判决，而二审针对的是未生效的裁判。正是这点区别，决定了再审程序具有诸多一审或二审程序难以遇到的问题，简单“套用原审程序进行审判不是方枘圆凿，就是审判效果大打折扣”。[②] 笔者认为，不论是一、二审或再审程序中的具体制度选择，都应当符合该程序的性质与功能，契合该制度的特点。因此，对再审发回重审制度的讨论，应当将发回重审制度安置在再审程序的框架下进行，而不能仅仅因为再审案件按照二审程序审理，就当然地认为再审适用发回重审制度，毕竟再审不等于二审。

一、再审发回重审制度现状

发回重审制度作为二审程序的裁判方式之一，其设计的初衷是“司法自

---

① 江必新主编、最高人民法院审监庭编著：《最高人民法院〈关于适用民事诉讼法审判监督程序司法解释〉理解与适用》，人民法院出版社 2008 年版，第 298 页。

② 江必新：“论民事审判监督制度之完善”，载《中国法学》2011 年第 5 期。

身救济和纠错的必要机制,保障司法的公正”。[①] 但事实上,发回重审制度实际运作以来,一直广受诟病,对其的批评意见主要集中在以下几个方面:发回重审的标准不明确、范围不准确;[②]容易造成案件的反复审理并引起诉讼程序的不当拖延,增加了当事人的讼累,浪费了司法资源;[③]易成为二审法院回避矛盾、甚至上下级法院之间互相推诿的渠道,[④]等等。

对于发回重审在制度设计及二审程序实际运作中存在的问题,最高人民法院显然已经注意到了,因此在制定《关于适用民事诉讼法审判监督程序司法解释》(以下简称《审监程序司法解释》)时,在二审发回重审的基础上将再审发回重审的适用条件限定为三种:一是原判决认定事实错误或认定事实不清,且原审人民法院便于查清事实、化解纠纷的;二是原审程序遗漏必须参加诉讼的当事人且无法达成调解协议的;三是其他违反法定程序不宜在再审程序中直接作出实体处理的。并且最高人民法院在对上述三个适用条件进行解释时,一再强调再审实践中对发回重审适用条件要“从严把握”,发回重审是“再审审理的例外”,要“严格限制”上级法院“通过发回重审的方式将审查案件事实的责任和事实难以查清的风险转移给下级法院”等,[⑤]但不能否认的是,上述适用条件除第二条明确具体外,其他两条均是模糊不清的:一方面,“原审人民法院便于查清事实,化解纠纷”过于抽象,只能“由审理再审案件的法院酌情认定”;[⑥]另一方面,“其他违反法定程序不宜在再审程序中直接作出实体处理”的标准过于原则,需要审理再审案件的人民法院,“根据案件具体情况,在坚持有利于当事人权利保护、有利于纠纷解决和有利于人民法院审理等原则的基础上予以灵活掌握。”[⑦]这实际上赋予了再审法院在决定是否发回重审时较大的自由裁量权。

同时,在自由裁量权的掩盖之下,尚存在着诸多制度外的、使再审法官倾向于发回重审的“潜理由”或“潜原因”:(1)再审案件管辖上提一级,给中级

---

① 厚德顺:“论我国民事发回重审制度的理性重构”,载《山东审判》2009年第1期。

② 刘敏:“民事诉讼发回重审制度探讨”,载《法律科学》(西北政法大学学报)2011年第2期。

③ 聂叙昌、金晓荣、申遇友:“对民事诉讼发回重审制度的法律思考”,载《人民司法》2005年第8期。

④ 王旭光、满洪杰:“民事诉讼发回重审制度之重构”,载《法律适用》2006年第9期。

⑤ 厚德顺:“论我国民事发回重审制度的理性重构”,载《山东审判》2009年第1期。

⑥ 厚德顺:“论我国民事发回重审制度的理性重构”,载《山东审判》2009年第1期。

⑦ 厚德顺:“论我国民事发回重审制度的理性重构”,载《山东审判》2009年第1期。

以上法院带来了巨大的再审案件审理压力。[①] 在此情况下，发回重审审理难度小、裁定书制作简单，可以提高结案率、降低审限，无疑是减轻审判压力和应对绩效考核的一种方法。(2)再审案件一般是经过多次申诉或申请再审才进入再审程序的，往往案情复杂、审理难度大，且当事人对再审抱有较大希望，一旦判决结果与预期相左，极易吵闹纠缠，甚至信访、闹访，因此将一些疑难的、当事人"难搞"的案件发回重审，不仅可减轻审判责任负荷，还能降低办案风险系数、避免承担错案追究责任。(3)再审时当事人救济自身权益的最后途径，因此一方当事人或双方当事人往往会采取某种手段、通过某种渠道给法官施加压力，希望自己的诉求得到判决的支持。这种情况下，法官的最佳选择当然是发回重审，以避免人情压力和影响，从而使自己担当的风险降到最低。[②]

同时受到再审没有独立程序设计的影响，《审监程序司法解释》对再审案件发回重审后的审理程序未作具体规定，而是认为再审发回重审应当按照一审程序进行。对此，最高人民法院解释是："发回重审是再审的裁判结果之一，对发回重审的案件的审理，是在法院对该案所作出的裁判已被全部撤销，当事人的诉讼争端重新回到第一审宣判前的状况。""发回重审适用第一审程序，当事人按照第一审程序的规定享有权利义务。"[③]这就意味着，再审案件发回重审后：原告可以变更、增加诉请，被告可以提起反诉，双方当事人不服重审判决可以提起上诉，对上诉后的判决不服的，还能再次申请再审。

可见，我国民事再审发回重审在制度设计上"先天不足"：没有独立的符合再审程序性质的发回重审制度；适用条件含混不清，赋予了再审法官过大的自由裁量权；发回后的审理程序又简单套用一审程序规定。

二、再审发回重审实践中现状(在审判实践中存在的问题)

再审程序等同于二审程序的观念、适用条件的模糊化及诸多"潜原因"的存在，使得我国发回重审作为裁判方式之一在再审实践中更易于被使用；而在发回重审的审理程序上，则完全摒弃再审属性、按照一审程序进行审理，又在审判实践中给再审发回重审案件的审理带来诸多问题。

第一，不利于维护裁判的既判力。

既判力是指法院生效裁判在法律效力上的普遍约束力，它是生效裁判得

---

① 《民事诉讼法》修订以来，全国法院新收及审结的再审案件呈逐年递增趋势：2008 年新收 39,719 件、审结 40,083 件；2009 年新收 41,575 件、审结 42,410 件；2010 年新收 45,710 件、审结 46,214 件。参见《中华人民共和国最高人民法院公报》2009 年第 4 期、2010 年第 4 期、2011 年第 4 期。

② 王福华、融天明："民事诉讼发回重审制度之检讨"，载《法学研究》2007 年第 1 期。

③ 厚德顺："论我国民事发回重审制度的理性重构"，载《山东审判》2009 年第 1 期。

以执行和保障司法权威性的重要因素。正因如此,法院作出生效判决后,非依法律规定,不得随意撤销和变更已生效判决。只有在原审生效判决确实存在差错的情况下,才能启动对案件的再审程序。因此,再审程序不是重新开始新的诉讼,而是对原审的再次审理,是对原审生效裁判存在错误进行纠正的救济程序,其与通常的诉讼程序不同,必须立足于原审裁判:一方面,当法院裁定对原审案件进行再审时,并不撤销原审裁判,而只是中止原审判决的执行。经过再审审理后,发现原审裁判确有错误的,才能变更或撤销原审裁判;另一方面在再审程序中,案件的审理范围必须以原审诉请范围为限。而且,在当事人申请再审和检察院抗诉引起的再审案件中,再审案件的审理还要受到当事人申请再审的内容和检察院抗诉内容的限制。

而再审发回重审则完全不受上述限制:再审案件一旦裁定发回原审法院重审,则必须同时裁定撤销原审裁判,审判程序重新开始。审理范围不仅不受申请再审内容和抗诉内容的限制,当事人甚至可以按照一审程序的规定增加新的诉讼请求或者提起反诉,同时也可以根据增加的诉讼请求和反诉的内容增加新的当事人。这在实际上造成了诉讼范围的任意扩大,诉讼结果与原审相比也是面目全非,同时也造成了诉讼程序无法处于安定状态,社会经济关系也处于不确定状态,这显然与维护生效裁判的既判力、实现有限再审的原则是背道而驰的。

第二,不利于查明案件事实。

查明案件事实是案件得到正确裁判的前提,《审监程序司法解释》规定因事实不清或事实错误而发回重审的情形中,也是必须以"原审法院便于查清事实"为条件的。但实际上再审案件发回重审不仅不能"便于查清事实",反在很多情况下是加大了查明事实的难度:

其一,再审案件大多历时较长,到再审时,距离纠纷往往时过境迁,对于审查认定事实而已,难度更大,在这种情况下,原审法院原来所具有的"便于查清事实"的优势已经因时间的流逝而不能实际发回作用。

其二,案件发回重审,不可避免地要延长案件的审理时间。而随着时间的流逝,当事人对案件事实回忆的可靠性也随之降低;原本就不愿出庭作证的证人在重审中更不愿意再次出庭作证,甚至有申请再审的对方当事人,对持续不断的一审、二审、再审申请审查、再审和发回重审感到疲惫不堪,从而消极地不参加发回重审的庭审,给事实查明带难了困难。

其三,发回重审以撤销原判为前提,而原判一经撤销,则意味着原审中当事人对事实的确认、对权利的认可,所做司法鉴定、审计、审价等,均对重审不产生作用,重审中需要重新对案件所涉全部事实进行重新审查,增加了查明事实难度。同时,原裁判的撤销及案件发回重审,动摇了当事人对司法的信任或使当事人产生侥幸心理,希望通过重审为自己争取到更大的利益。当事人往往会采取否认原审中认可的事实等方式干扰重审的审理。实践中笔者就曾遇到过一起借款纠纷,其中一名被告在一审中认可借款事实。裁判后,其既未上诉,也未申请再审,但当案件因另一名被告申请而再审并被发回重审后,该被告在重审中对自己在原审,甚至再审中所做陈述完全否定,给案件事实查明带来难度。

第三,不利于纠纷的化解。

司法的目的在于解决纠纷,在再审中同样如此。而发回重审对于再审纠纷的化解则会有以下不理因素:(1)《民事诉讼法》将再审案件的管辖上提一级,其目的之一就是提高人民法院办理再审案件的公信力和权威性。但再审案件一旦发回重审,虽然由原审法院重新组成合议庭进行的审理,但由于原审法院与原审判决之间的联系,不仅难以打消当事人和社会大众的疑虑,对裁判结果往往难以信服,则会提起上诉甚至产生新一轮的再审申请。(2)发回重审对于再审申请人、申诉人有着很强的心理暗示,意味原审裁判存在着严重的瑕疵,同时再审发回重审裁定书的"简洁",更是增强了这种心理暗示,由此导致其对发回重审抱有较高的期望值,而且一旦裁判结果与其预期不相符,就会提起上诉。(3)对于重审判决不服的,可以提出上诉,这在一定程度上使当事人寄希望于上诉,从而增加了调解的难度。

第四,违背了司法经济和效率。

司法资源的有限性和司法裁判的终局性,要求司法必须在追求公正的同时还必须兼顾到经济和效率,即诉讼应以最快的速度、最小的耗费、最大限度地实现司法的公正。而发回重审则是有违司法经济和效率的:其一,再审法院不直接作出裁判而是发回重审,意味着当事人必须投入更多的人力、物力和精力到重新审理中去,增加了当事人的讼累。其二,原审裁判被撤销后,重审中需要对原审、再审中已经审查过的事实,进行重新审查,甚至需要重新进行司法鉴定、审计等,浪费了有限的司法资源。其三,发回重审极有可能导致进一步的上诉和新一轮的申请再审,如此"再来一遍",造成了有限司法资源的巨大浪费;对当事人而言,不但诉讼目的无从实现,还要卷入纠缠不清的诉累中,背上沉重的经济压力和精神包袱。同时,再审裁判结果的一再拖延,意味的案件所牵涉的法律关系、利益归属等始终处于待定状态,对整个社会经济的发展也是不利的。

第五,造成案件审理程序上的混乱。

一方面,再审发回重审案件是案件经过审判监督审的审理后的裁判方式之一,其在属性上理应属于再审案件,因此即使是发回重审后按照一审程序进行审理,但还是应当受到再审程序的相应限制。但同时《审监程序司法解释》却规定再审发回重审完全适用第一审程序进行审理。上述矛盾,造成了再审发回重审中程序上的混乱,表现在:按照正常的民事一审程序要求,原告一旦提起诉讼,启动诉讼程序,便要承担相应的法律后果,如果原告无正当理由不参加诉讼,法院不得缺席审理,而应按撤回起诉处理,若被告无正当理由不参加诉讼的,则应缺席判决。但再审发回重审的程序界定为完全的第一审程序,则有可能产生这样一种现象:作为再审申请人的原审被告以原审原告为被申请人启动再审程序,而当再审发回重审后适用一审程序时,就会造成当事人在民事再审发回重审后的程序中诉讼地位错位,即作为启动再审程序的再审申请人的原审被告若无正当事由拒不到庭参加诉讼,本应视为按自动撤回程序发动之申请处理的,却只能因其诉讼地位系原审被告而缺席审判。相反,作为再审程序发动之被动的原审原告,却只能按其在原审诉讼中的原告身份作自动撤回起诉处理。

三、再审性质和功能的重新定位

如上,再审发回重审不管是制度设计还是制度运作,都是问题重重。面对这些问题,我们不禁要问,再审发回重审制度究竟应该何去何从?是应该直接取消再审发回重审制度,①还是应当保留并进一步限制?②

笔者认为,探讨再审发回重审的存废问题,应当以该制度是否具有存在价值作为前提,即发回重审制度是否符合再审的性质,能否实现再审功能。

(一)发回重审要解决问题

抛却施行中的种种制度外因素造成的弊端,单从《民事诉讼法》及相关司法解释规定的发回重审的适用条件来看,无论在二审发回重审或是再审发回重审,其作用都体现在两个方面:一是便于查明案件事实,保障当事人的实体权益,即事实原因发回重审;二是纠正原审中的程序瑕疵,保障当事人审级利益,即违反法定程序的发回重审。

针对事实原因发回重审,笔者认为,在再审中"对于原审和再审法院而

① 奚玮、谢佳宏、余茂玉:"比较法视野下的我国民事诉讼发回重审制度",载 http://www.law-lib.com,2012 年 6 月 20 日访问。

② 肖森华:"民事再审发回重审的限制与规范",载《政法论丛》2011 年第 26 卷第 5 期。

言，查清事实都不是不可完成的任务"，[①]既然原审法院和再审法院对查清事实均可完成，那么再审法院完全可以通过自己的审判，在"查明案件事实"的基础上直接改判，而没有必要发回重审：一方面，原审法院在查明事实上并不比再审法院更为便利。虽然在一般意义上，原审法院比上级法院更加接近案件事实，也有更好的条件对案件事实进行审查认定。但如前所述，再审案件大多历时较长，再审时距离纠纷往往时过境迁，对于审查认定事实而言，难度更大，案件事实也就更难以查清，在这种情况下，显然原审法院原来具有的优势已经荡然无存了，原审法院与再审法院在审查认定事实的问题上已经处于同一起跑线上。另一方面，事实原因发回重审自身就存在着认识论上的矛盾：认识论的常识告诉我们，事物是在比较中存在的。要判断原审认定的事实是"不清"的，或者是"错误"的，就必须有可以参照的清楚、正确的事实。如果再审法院对原审判决"认定事实错误或认定事实不清"的判断是正确的，则意味着再审法院已经根据证据查明了清楚、正确的事实。在此情况下，把案件发回重审，完全是多此一举。如果再审法院没有查明可供参照的清楚、正确的事实，那么再审对对原审判决"认定事实错误或认定事实不清"的判断就是无源之水、无本之木。因此，对于原审判决事实认定上的瑕疵完全可以通过再审法院直接改判来予以纠正，而没有必要发回重审。

对于违反法定程序的再审发回重审，学者大多认为应当予以保留并限制，理由在于，"我们不能一概的将自己在程序上的疏忽或者错误所导致的后果转嫁给当事人承担，从而剥夺了他们的上诉权利"；[②]"发回的案件，当事人可以多一次上诉机会，维护了其审级利益"。[③]

发回重审制度具有维护当事人审级利益的程序意义，对此笔者完全赞同。但是笔者同时认为，上述学者的观点，实质上并未将发回重审制度置于再审程序中去，还是在二审程序框架下考虑问题。

(二)对再审性质与功能上的思考

长久以来，我国再审程序无论在制度层面或审判实践中，都是以"实事求是、有错必究"作为内在的指导思想。[④] 不仅《民事诉讼法》相关的法律条文规

① 厚德顺："论我国民事发回重审制度的理性重构"，载《山东审判》2009 年第 1 期。

② 肖森华："民事再审发回重审的限制与规范"，载《上海政法学院学报（法治论丛）》2011 年第 5 期。

③ 任凡："民事诉讼发回重审制度：反思与重构"，载《南京审计学院学报》2009 年第 3 期。

④ 邓辉辉："既判力视角下民事诉讼再审程序的进一步完善和改革"，载《广西社会科学》2011 年第 11 期。

定体现了这一指导思想，而且民事诉讼法学者一般也作这样的阐述。①

在这一指导思想的影响下，我国的再审程序的制度设计都充分的体现了再审的救济性，即强调错误裁判是可纠正和可救济的，而忽视了再审补充性和复审性。再审的补充性，是指再审相对于上诉、申请复议而言是一种补充性的救济方式，也就是说再审应该是一种有限制的只适用于少数情形的救济程序。复审性即相对于初审而言，再审是对业已生效或确定的裁判进行审查并重新作出裁判的程序。

体现在再审的功能上，救济性要求再审的程序设计要保障再审的错误纠正功能，以求最大程度纠正原审裁判的错误，保障当事人权益，实现裁判的正确性和公正性。我国民事诉讼法对再审事由的放宽、再审案件审级上提一级及其他力图为再审的启动和审理创造最为有利的条件的规定，都充分体现了立法者纠正错误判决，解决"申诉难"、"再审难"，实现司法公正的决心。而补充性和复审性则要求要尽可能维护生效判决的稳定性和既判力，把再审限定在一个比较小的范围内。

众所周知，诉讼是社会矛盾解决的最后一道防线，既然是末了的处理方案，那就要有权威。权威来自于国家的强制力，更来自于判决所具有的既判力。既判力要求当事人、社会尊重和遵守业已生效判决，要求判决具有终局性，不会被轻易打破的。试想，如果败诉方相信他们可以在另一个地方或者另一极法院提起诉讼来打一场新的"翻身仗"，他们就永远不会尊重法院的判决。如若他们始终怀有侥幸心理，诉讼无休止进行，诉讼作为纠纷的最后解决突进难免也要受到质疑。

再审承担着维护生效裁判既判力的职责，要求：一方面，再审程序不能轻易启动，不能鼓励、放任当事人轻易地挑战生效裁判，这也是法律严格限定再审事由、法院对再审申请需要进行审查的原因。另一方面，在已经启动的再审程序中，要最大限度地减轻再审对生效裁判既判力的冲击，不得轻易否定生效裁判的效力。正因如此，《民事诉讼法》规定案件进入再审程序后，只是中止原审判决的执行，而并不直接撤销，只有在经过再审审理后，发现原审裁判确实存在瑕疵，才予以改判。而发回重审则正相反，在案件事实尚未查明、原审

---

① 例如，柴发邦教授指出："实事求是是我们的思想路线。人民法院审理一切案件，必须贯彻这一思想路线，认识案件事实的本来面目，严格遵守法律规定，按法律规定的精神处理问题，解决争议。生效裁判错了，违背了实事求是的思想路线，认定事实有错误，适用法律不正确，应本着有错必纠的原则，坚决纠正过来。"参见柴发邦著：《体制改革与完善诉讼制度》，中国人民公安大学出版社 1991 年版，第 273 页。

程序瑕疵是否影响当事人权益尚未明确之时，即直接否定了原审判决的效力，对生效裁判的既判力构成了极大的冲击。从这一点上来看，发回重审制度毫无疑问是不能体现再审的补充性和复审性的性质，也是无法实现再审维护生效裁判既判力的功能的。

但如果取消再审发回重审，如何保障当事人的程序性利益，特别是对原审中应参加诉讼却因非自身原因而未能参加诉讼的当事人来说，其审级利益如何实现呢？笔者认为，再审程序是一种特殊的诉讼程序，是二审终审制度的一种例外和补充，其功能之一就是对错误的生效裁判进行司法救济。那么，在再审程序已经启动、再审法院已经在对当事人的权益进行救济的情形下，又有什么必要将案件发回原审法院进行审理，增加当事人的讼累，浪费司法资源，完全可以由再审法院直接在查明案件事实后予以改判，即可实现再审的救济功能。如果必须通过发回重审以增加一次审级的方式进行救济，那不论怎样，原审未参加诉讼的当事人的诉求都比对方当事人少了一次审判的机会。再审原本就是审级制度的例外，又何必在再审程序中，纠缠于审级问题。

同时，一项裁判的公正程度，并非决定于审理次数——审理次数越多裁判就越公正，因此，再审法院的直接改判也并不意味着当事人的程序利益未能得到救济。事实上，当事人更关心的往往是诉讼的结果，对于一些程序上违法的案件，大多数的当事人是希望上级法院能够审查案件的实体处理是否有缺陷，从而使实体权利得到实现，而不是希望法院审查程序问题，在程序上纠缠不清。[①]

四、结语

有学者曾指出：我国现行民事诉讼再审程序存在的问题，绝大多数与对其功能定位的认识不正确有关。因此，正确认识民事诉讼再审程序的功能定位，是进一步改革和完善我国民事诉讼再审程序的前提和基础。[②] 对此，笔者深以为然。在我国，再审程序与一、二审程序相比所形成的“次要性，无关紧要性”观念，使得一直以来再审程序得不到应有的关注，表现之一就是民事诉讼法甚至没有根据再审自身的性质和功能进行再审程序设计，而是简单的规定再审适用一审或二审程序。这也是再审发回重审制度问题重重的原因所在。再审发回重审制度只是整个再审程序诸多问题中的一个只有充分重视再审程序的重要性，建立符合再审特点的独立程序制度，才能真正使我国的再审制度完整、健康地发展。

---

① 王福华、融天明：“民事诉讼发回重审制度之检讨”，载《法学研究》2007 年第 1 期。

② 邓辉辉：“既判力视角下民事诉讼再审程序的进一步改革和完善”，载《广西社会科学》2011 年第 11 期。

民事再审改判发回原则与标准研究*

山东省高级人民法院　冯　波

民事再审面对的是涉及劳动就业、社会保障、医疗、教育、住房及“三农”等民生领域发生的案件,关涉人民群众日常生活的切身利益。经过一审、二审甚至多次审理后,许多案件矛盾相对复杂,处理不当将会引发不良的社会后果,因此,加强对再审改判发回标准的研究,准确、及时、妥善地处理民事再审案件,对于人民群众合法权益的保护、司法权威的维护以及社会和谐稳定的保障,都具有非常重要的意义。

一、民事再审改判发回标准的本体研究

(一)概念

民事再审改判发回标准是人民法院按照再审程序审理民事纠纷案件后,作出改判或发回重审裁判时应遵循的规则和尺度。其中包含两个层面的内容:第一,民事再审案件改判和发回重审共同遵循的准则;第二,判断民事再审案件直接改判还是发回重审时应遵循的准则。在我国,再审发回重审只能适用《民事诉讼法》第153条的规定,这意味着再审发回重审的案件必定是按照二审程序审理的,因此,我们研究的对象也局限于二审终审后进入再审程序的案件。

(二)概念辨析

1.再审改判发回标准与二审改判发回标准

依照《民事诉讼法》的规定,二审终审后进入再审程序的案件准用二审程序审理,那么是否要用二审的改判发回标准取代再审改判发回标准呢?实务中有观点指出:再审可改可不改的一般不改,但在当前的社会背景下,二审“可改可不改的一般不改”的尺度应当修正,法院更应当把当事人的合法权益和社会正义的实现放在首要位置,把案结事了放在突出地位,缓释法院内部压力只能放在次要位置。① 我们认为,在我国现有的民事诉讼体制下,再审的纠错功能是受到多重限制的,更多地体现补充性,二审应承担着常规的纠错职责。再审程序中的改判,是真正意义上的改判,因为所谓改判,就其本质而言,

---

* 本文系山东省高级人民法院重点项目“修订完善再审改判发回标准”的调研成果,有删节,执笔人冯波。

① 王信芳:“民事再审制度功能实现的路径思考”,载《法学》2009年第10期。

乃是对发生法律效力的裁判所进行的修正，其结果是对生效裁判的既判力产生了动摇。[①] 二审的改判发回则不涉及生效裁判的既判力问题。因此，再审改判发回的标准理所当然应当严于二审改判发回的标准。

2. 再审改判标准与裁定再审标准

由于当事人申请再审的目的在于实现案件的实质性改判，所以比较再审改判标准和裁定再审标准更有意义。裁定再审标准的直接体现是法定的再审申请事由，只有与之相契合，再审程序才能启动，才能谈及是否改判的问题。也只有再审改判标准对裁定再审标准予以恰当回应，整个再审环节的不同阶段才不会脱节。但是，二者的侧重点也有明显的差异，裁定再审标准主要在再审审查阶段发挥作用，审查的程度只要达到能否判断当事人的申请事由是否符合法定标准即可，不需要对案件作出实质性判断，而再审改判标准适用于对案件的实体审理。另外二者的价值取向不同，裁定再审标准既关注对当事人实体权益，又不能忽视对当事人重大程序权益的保护，而再审改判发回标准更强调对当事人实体权益的实质救济，强调案件法律效果、社会效果、政治效果的统一，故裁定再审的案件不一定都符合改判的标准。

二、民事再审改判发回标准的共性研究——以改判发回基本原则为视角的思考

广义的再审改判可以分为实质性改判和形式性改判。[②] 发回重审由于首先必须撤销原生效裁判，故可以视为改判，但因其并未对案件的实体作出实质性的裁断，所以发回重审往往被列为形式性改判。故改判和发回重审都有对原裁判既判力的否定，具有一定的共性，理所当然也应共同遵循一定的原则。

（一）依法纠错与维护生效裁判既判力相结合的原则

再审程序是一项特殊的救济程序，它有两个基本特点：一是救济性。之所以当今世界各国普遍设置了针对生效裁判的再审程序，是因为错误的裁判在一定程度上是无法避免的。从事实认定的角度看，判决必须以事实为依据，而诉讼所谈论的事实是认识论上的事实，而非本体论上的事实；从法律适用角度看，法律规范的适用必须经过一个从抽象到现实，从一般到具体，从应然到实然的过程，这个过程也会因参与主体的不同、主体秉性的不同、主体与社会互动的不同而产生不同的结果。[③] 依靠国家强制力暴力维护确有错误的裁判必定不能树立司法权威，司法的公正才是司法权威的源泉，所以依法纠错是再审

---

① 汤维建："论民事诉讼中的'依法改判'"，载《法制与社会：理论版》2004 年春季号。

② 王超："我国再审改判标准的架构"，载《中国矿业大学学报》（社会科学版）2002 年第 2 期。

③ 王晨光："改判带来的思考"，载《清华法学》第 6 辑。

承担的基本功能。二是补充性。纠纷终结是司法的基本功能,国家强制性地以法律的形式赋予生效裁判既判力的目的在于,是非已辨,纷争到此为止,近而稳定社会关系。如果这种既判力被打破属于常态的话,法院就无法走出纠纷的漩涡,最终损害的是当事人的利益。再审的本质是对既判案件的再次审判,是一事不再理或既判力的法定例外。[①] 其中隐含的含义是,再审改判发回既然是例外,那么再审当然也承担着维护生效裁判既判力的职责,它与依法纠错构成了再审功能的矛盾结合体。依法纠错不意味着有错必纠,要体现有限纠错的精神;维护生效裁判的既判力不是维持错误裁判的挡箭牌,如果当事人的实体权益受到损害,应当及时、有效地予以纠正。

(二)保护当事人个体权益与维护社会关系稳定相结合的原则

民事再审处理的是私权利之间的纠纷,而私权利的集合正是民生的体现,国家对私权利的保护程度一定意义上也昭示着国家法治文明发展的层次,从理论上讲保障每项私权利是维护社会和谐稳定的需要。但是现实和理论总是有差距的,再审是权利义务纠纷经法院生效裁判确定后进行的程序,具有事后性的特点。由于裁判生效与再审有时间上的空隙,基于原生效裁判可能又产生、发展了一些新的社会关系,因此,我们必须站在更高的角度,透过再审程序中个案的表象,重视案件背后延伸的各种社会关系,统筹考虑各种救济途径,慎重适用改判和发回重审,避免对社会关系造成巨大冲击,避免产生新的矛盾和冲突。

(三)平等保护申请再审人和被申请人权益的原则

再审具有终局性,这种终局性需要以实体正义和程序正义相结合为基础。前述两项原则主要站在实体正义的角度,本原则意在保障改判发回的程序正义。按照程序正义的理论,一个纠纷的解决,唯有经过必要的程序阶段,才能使当事人感到更加满意。正如英美法系国家强调的,“即使审理法官能够维持必需的客观性,并且他们的决定也通常是正确的,但是,维护在诉讼者眼中那公正的外观,也是同等重要的目标”。[②] 程序正义的基础价值是中立,无论各方当事人的诉讼角色、社会地位如何,这些差异都不应妨害对他们诉讼权利的平等保护。对于当事人存在生理缺陷、举证困难等特殊情形的案件,人民法院还应通过行使释明权等方式平衡各方的诉讼能力,确保平等保护的实质性。只有这样,使改判发回建立在程序正当化基础之上,成为程序正当化自身的表

---

① 邵明:“现代民事再审原理论”,载《审判监督程序的改革与完善》,人民法院出版社 2011 年版。

② 汤维建:“论民事诉讼中的‘依法改判’”,载《法制与社会:理论版》2004 年春季号。

征,改判发回的结果也才具有正当性。[①]

(四)调解前置,促使当事人服判息诉原则

"最恶的调停也胜于最善的诉讼。"调解所体现的妥协、退让、协商的精神正是再审所提倡的。[②] 所以我们将全程调解、全员调解、全面调解作为再审工作的基本原则,不论是对拟改判发回的案件还是维持的案件都将调解作为定分止争的最优选择。调解不是"和稀泥",调解是高质量的审判,是"柔性纠错"的重要方式,能够调解结案通常可以实现纠错与化解纠纷等多重利益。民事再审案件大多诉争多年,当事各方情绪激烈,矛盾激化,处理不当可能导致矛盾走向社会化、信访化,甚至政治化。特别是对拟改判发回的案件,终审胜诉方对生效裁判维持的预期较高,一旦改判发回可能无益于当事人之间的矛盾化解,甚或加剧当事人对原审法院的不信任,因此有必要将调解作为再审案件拟改判发回的前置程序,最大限度地减轻再审对生效裁判既判力的冲击。纵然案件最终被改判发回,当事人仍可以在诉讼程序中感受到法官对调解工作倾注的努力,也有利于促使当事人服判息诉。对法官而言,在当事人没有接受调解方案的情况下,应重点做好改判发回案件败诉当事人的判后答疑工作,及时讲解法律政策,解答法律疑问,使他们真正解开法结、心结,实现服判息诉。

三、民事再审改判发回标准的个性分析(一)——关于改判标准的再审视

原则上,再审如发现原审认定事实或适用法律有误,影响到案件裁判结果,损害到当事人实体权益的均应改判,这种改判是从再审应然结果的意义上来讲的,而此处的改判则是狭义的,即二审终审的案件经过再审审查后,再审法院初次审理该案时改判尺度的把握问题。

(一)事实原因导致的改判

根据《民事诉讼法》的规定,原判决认定事实错误或者认定事实不清证据不足的,既可以由再审法院直接改判,也可以发回原审法院重新审理,其标准如何掌握是不同审级法院争论的焦点。我们可以将事实细分为免证事实和待证事实予以具体分析。

1. 免证事实被依法撤销或变更导致的改判

法院对事实的认定主要是通过对证据的判断推演而成,但也有部分事实不需要当事人举证证明,属于免证事实。最高人民法院关于《民事诉讼证据

---

① 汤维建:"论民事诉讼中的'依法改判'",载《法制与社会:理论版》2004年春季号。

② 崔艳:"从立案和审理重构民事再审制度",载《审判监督程序的改革与完善》,人民法院出版社2011年版。

的若干规定》第8~9条对免证事实的范围作了具体规定,这种规定符合诉讼规律,有利于诉讼效率的提高,其中日常审理案件最常用的是有关法律文书已确认的事实,这些事实往往构成后案裁判的基础,但如果相应的法律文书被变更或撤销,影响到后案处理结果,且新作出的法律文书等够为后案提供定案依据的,再审审理法院应当直接改判。主要包括五种情形:(1)以另案裁判为定案依据,而该裁判被依法变更或撤销的;(2)以人民调解协议确认决定书为定案依据,而该确认决定书被依法撤销的;(3)以仲裁机构作出的裁决为定案依据,而该仲裁裁决被依法变更或撤销的;(4)以公证机构的公证文书为定案依据,而该公证文书被依法撤销或者变更的;(5)以国家行政机关的行政决定作为定案依据,而该行政决定被依法被撤销或者变更的。

2. 待证事实认定错误或认定不清时导致的改判

原裁判认定事实错误或认定事实不清主要有三种情况:一是在原有证据真实的情况下,证据与待证事实之间缺少逻辑关联;二是原有证据被证明是虚假的,导致证据与待证事实之间的逻辑关系断裂;三是有新的证据否定原审证据与待证事实之间的逻辑关系。所以,认定事实错误或不清本质是证据与待证事实间逻辑关系的阙如。在我国,尚不存在对事实审和法律审的严格区别,相较再审法院,原审法院对事实认定承担着最基础的责任,也有查明事实、化解纠纷的便利。但再审人民法院在裁量是否发回时也要考虑以下因素:(1)原裁判证据和事实认定间缺少关联,当事人在再审举证期限内不能提供与本案待基本事实有关的证据,原审法院依法已尽调查职责的;(2)原裁判认定案件基本事实系依据当事人伪造的证据,或其提供的证人等的虚假证言作出的。

我们认为,证明案件基本事实的证据不足的情况主要有:证明当事人主体资格的证据不足;证明案件争议事实的证据不足;证明案件性质的证据不足;证明责任承担的证据不足;以间接证据作为定案依据的案件,间接证据不能形成完整的证据体系的。对于新证据,可以是新证据的提出导致上列情形的证据不足,也可以是新证据足以推翻原裁判认定的事实,如果新证据仅仅使法官产生原审证据与待证事实之间逻辑关系的质疑,则不宜直接改判。如果新证据的提出,使诉讼参与人发生变动,为保障新参加诉讼人的审级利益,不宜直接改判。

(二)适用法律错误导致的改判

实务中,对适用法律错误应由再审审理法院直接改判并无疑义。审监解释规定了适用法律错误的六种情形,应当说是比较全面的。实务中常常遇到的合同效力认定有误，责任认定有误等实际是上述六种适用法律错误导致的结果，不宜与上述情形并列规定。另外，该规定也有可商榷讨论之处。第一，"确定民事责任明显违背当事人约定或者法律规定的"表述是否有内容重复之嫌？第二，明显违背立法本意的作为兜底条款，如何具体适用？第三，适用法律错误，不包括适用了不能作为裁判依据的规范性文件的情况吗？

（三）原裁判应予维持的情形

根据司法统计，近三年全省基层法院年人均结案都在100件以上，去年达到106件。[①] 在社会转型的特殊时期，人民法院承担了化解社会矛盾维护社会稳定的艰巨责任和光荣使命。在如此大的工作量下，容忍一定范围的"错误"是正常社会心理的反映；在人类认识能力未臻完美之前，容忍一定范围的"错误"是社会理性的表现；在经贸往来快速发展的今天，容忍一定范围的"错误"是维系社会稳定的必要。没有一种社会制度天生就是完美无瑕的，当然我们也不可能期待权威建立在错误的基础之上，统计表明近几年我省二审后的服判息诉率达到99%以上，[②]绝大多数的案件质量是有保障的，正是有这样一个前提，维护裁判权威和安定显得十分重要。我们认为，在再审这一特殊的救济程序中，需要秉持一种"忠于法律而又高于法律"[③]的理念，除原裁判认定事实清楚，适用法律正确外，以下情形也不宜改判或发回重审：(1)原审法院依法行使自由裁量权，无明显不当的；(2)原审裁判在案件性质、事实认定、理由阐述、适用法律方面有疏漏，但裁判结果仍在可维持范围内的；(3)法律、法规以及司法解释没有明确规定，改判依据不充分的；(4)本应一并审理，但未审理部分可以另案解决的；(5)原裁判确有错误，但已经通过其他方式补救的，或者基于原裁判已形成多重法律关系，改判不能实现较好社会效果的。

四、民事再审改判发回重审标准的个性分析(二)——关于发回重审标准的再思考

无论是理论界还是实务界，都有观点主张直接取消再审发回重审制度，[④]实务界也多认为应限制发回重审的适用，可以首先取消因事实不清而发回重

---

① 周玉华院长在第23次全省法院工作会议上的讲话。

② 周玉华院长在第23次全省法院工作会议上的讲话。

③ 崔艳："从立案和审理重构民事再审制度"，载《审判监督程序的改革与完善》，人民法院出版社2011年版。

④ 奚玮、谢佳宏、余茂玉："比较法视野下的我国民事诉讼发回重审制度"，载《审判研究》2005年第4辑，法律出版社2005年版。

审的规定，以避免司法扯皮影响法院公信力。① 还有另外一种声音，建立独立的一裁终局的再审审理程序，其当然结果也是对再审发回重审制度的摒弃。最高人民法院明确规定，第二审人民法院根据《民事诉讼法》第 153 条第 1 款第 3 项的规定将案件发回原审人民法院重审的，对同一案件，只能发回重审一次。其限制发回重审的态度也十分明显。我们认为，第一，在法律未作出修改前，再审发回重审的标准应进一步严格；第二，发回重审制度本身并无问题，关键在于如何正确适用；第三，当前发回重审的适用既有法律上的需要，也是政策上的考量。关于再审发回重审的标准设定，我们作如下分析：

（1）事实不清导致的发回重审。

既不符合本文前述裁判维持条件，也不能直接改判的，应发回重审。这其中，实务中普遍关注的是审计、鉴定的问题。首先，需要明确审计、鉴定的性质，鉴定结论是一种法定证据，需要经过质证、认证才能做出采信与否的判断，不能将审计、鉴定异化为事实本身。对存在多个合法鉴定结论的，法官应结合具体案情作出判断。其次，对确有审计、鉴定必要才可以查清案情而未予审计、鉴定的或做出原审计、鉴定者不具有相应审计、鉴定资质的或审计、鉴定有明显瑕疵的，应发回重审。但明显不具备鉴定条件的，可根据证据规则分配举证责任，直接认定案件事实并作出裁判。如果按照社会一般人的标准不足以判断是否具备鉴定条件的，可以将案件发回。再次，结合相关证据能够认定事实，而不需审计、鉴定的不能因审计、鉴定有瑕疵而发回重审。最后，对当事人在再审中审计、鉴定的申请，如原审计、鉴定程序合法，无显著错误，一般不予准许。“这是因为，鉴定，系鉴定人基于其专业知识和经验而作出的判断，因为鉴定人本身的能力、素质以及检材的不同，不同鉴定人作出的判断可能会有不同。但是，原审法院既已在原审中认真审酌原鉴定结论，并已采信该证据，说明原审法院以对原鉴定结论的证明力进行了充分的判断、分析并予以了肯定，这种肯定是具有一定排他性的，实无必要再引入新的鉴定结论。”②当然原审庭审结束后原作出鉴定结论、勘验笔录者重新鉴定、勘验，推翻原结论的可作为例外。另外，随着科技的进步，如果依照具有更高准确率的新的鉴定方法得出的鉴定结论，推翻原鉴定结论的，也可以作为重新鉴定的例外。

---

① 蔡晖：“事实不清发回重审：一个与认识论和证据规则矛盾的制度”，载《法律适用》2006 年第 9 期。

② 万毅：“审判监督程序改革若干基本问题研究”，载《审判监督程序的改革与完善》，人民法院出版社 2011 年版。

(2)程序违法导致的发回重审。

程序违法实际可以区分为严重的程序违法和一般的程序违法。从程序正义的角度考虑,严重程序违法和具备可能导致案件裁判错误要件的一般程序违法都应发回重审,但也需要考虑具体的程序违法行为是否给发回重审提供了可能和必要。比如,依法应当公开开庭审理的案件没有公开审理,理应发回重审。但是,如果情形相反,公开审理了不应公开审理的案件,在原审事实清楚的情况下,一般应由再审法院直接予以纠正并做出裁判为妥,发回无助于增进或保护当事人的利益。另外,法律及司法解释对严重程序违法的列举并不全面,还需要在实务中不断总结。同时也要考虑到,对一些程序上有瑕疵但裁判结果正确的不应发回重审。"程序不公平并不必定导致错误的结果。因而,有人会怀疑,如果并无错误,基于程序理由而撤销判决究竟合不合理。因程序错误而败诉的当事人可能会认为,程序错误影响其获得有利结果的机会。对这类错误提出上诉的机会可能有助于从心理上和行动上解决争执。但由于重新审判直接成本不小,所以如果上诉法院认为程序错误不影响结果——一种无害的错误,则有权维持原判。"①有的国家,如日本,还赋予了当事人程序责问权,如果当事人不能在规定的时间内行使该权利,则不能再因程序瑕疵为由而起争议。这种观点的基础是:虽然法官负有纠正一般性程序瑕疵的责任,但如果遭受程序不利益的当事人自己不予追究的话,法官再予纠正会造成诉讼的延宕和程序的不安定。② 这样的规定也值得我们借鉴。

---

① [美]迈克尔·D. 贝勒斯著:《法律的原则——一个规范的分析》,张文显等译,中国大百科全书出版社1996年版,第78~79页。

② 王福华、融天明:"民事诉讼发回重审制度之检讨",载《法学研究》2007年第1期。

民事再审发回重审若干问题探讨

北京市高级人民法院　于志远　陶志蓉

民事再审发回重审案件,是指上级法院对案件进行再审后,将案件发回原一审法院重新审理的案件,再审发回重审是再审的一种结案方式。目前,我国法律、司法解释关于民事再审发回重审制度的规定比较简单,学者对该制度的理论探讨也很少见,实践中存在不少问题和困惑,需要进一步研究和探讨。

一、问题的提出

原告A公司于2002年起诉至一审法院,请求法院判令被告B公司给付工程款39万余元及违约金。2003年一审法院作出判决支持了原告A公司的诉讼请求。被告B公司不服,上诉至中级人民法院,中级人民法院经审理,驳回了B公司的上诉,维持了一审判决。2004年6月该案执行完毕。2008年12月检察机关根据B公司的申诉,以生效判决认定的基本事实缺乏证据证明、程序违法为由抗诉到高级人民法院,高级人民法院指令中级人民法院再审。2009年中级人民法院经再审认为部分事实不清,撤销原生效判决发回一审法院重审。2009年6月一审法院重新审理此案,原告A公司重新提出起诉状,并增加诉讼请求为49万余元以及欠付工程款的利息、违约金8万元。一审法院经重审支持了检察机关关于被告B公司支付的工程款应当扣除双方已认可部分的意见,同时也支持了原告A公司关于欠付工程款利息的诉讼请求,并根据2005年出台的最高人民法院《关于审理建设工程施工合同纠纷案件适用法律问题的解释》的相关规定计算了工程价款的利息。B公司不服一审法院重审判决,上诉至中级人民法院,中级人民法院经审理驳回了B公司的上诉。该案审结后,B公司通过人大代表对本案在再审发回重审后允许原告A公司增加诉讼请求以及法院重审适用2005年的司法解释等问题提出了质疑。

上述案例是一个比较典型的再审发回重审的案例。根据法律和相关司法解释的规定,目前司法实践中民事再审发回重审的通常做法是:上级法院审理再审案件,套用二审程序进行审理,并套用二审发回重审的理由将案件发回一审法院。案件发回后一审法院比照二审发回重审案件,重新立一个新案号,当作一个新起诉的案件,按照普通一审程序进行审理。原告可以增加或变更诉讼请求,被告可以反诉。法律适用上也没有限制,法院可以适用重审时新颁布的法律、司法解释。当事人不服一审判决，可以提出上诉；不服二审判决，可以申请再审。上述程序按现行法律和司法解释并无不当之处，但确实存在如下疑问：再审发回重审与二审发回重审性质相同吗？再审发回重审案件能适用原生效裁判作出以后颁布的新法规及司法解释吗？笔者结合北京市法院的工作实际，试就再审发回重审案件的性质、再审发回重审的事由、再审发回重审案件的审理范围及再审发回重审案件的法律适用等问题做一个粗浅的探讨。

二、民事再审发回重审案件的性质

再审发回重审案件回到一审法院后，是同二审发回重审案件一样，作为一个新案件重新审理；还是作为一个再审案件，在原生效裁判范围内继续审理。对此，理论上有不同的认识，实践中做法也不一致。

上述问题，不仅是一个理论问题，也是一个实践问题。对于再审发回重审案件性质的不同认识，会影响再审发回重审案件的审理结果。如果把再审发回重审案件等同于二审发回重审案件，回到一审法院后作为一个新案件重新审理，则原告可以增加或变更诉讼请求，被告可以提出反诉，对于原裁判生效后发生的事实也可以主张。如果把再审发回重审案件定义为再审案件，应当在原生效裁判范围内继续审理，审理结果则大为不同。当事人不能增加诉讼请求或提起反诉，更不能主张原裁判生效后发生的事实。

现行法律、司法解释并未将再审发回重审案件与二审发回重审案件予以区分，审判实践中，大多数法院也把再审发回重审案件等同于二审发回重审案件作为一个新案件重新审理。我们认为，再审发回重审案件与二审发回重审案件二者在本质上是不同的。

首先，二审发回重审是一个正常的救济程序，我国实行二审终审制，一审程序终结时，一审裁判并不当然发生法律效力，如果当事人在法定上诉期内提出上诉，则案件仍处于未决状态，进入二审程序后，二审撤销一审裁判发回重审，当事人之间的权利义务关系仍处于未确定状态，案件又进入一审程序重新审理。再审发回重审则不同，再审发回重审是一个特殊的救济程序，在发回重审前，当事人之间的权利义务已经生效裁判确定，属于已决状态，且有的已执行完毕。只是因为案件存在法定的再审事由而启动再审予以特殊救济，即使再审发回重审，也只是为补救原生效裁判的错误，而并非作为一个新案件重新予以审理。因此，二审发回重审案件是重新审，即作为一个新案件重新审理，原告可以增加或变更诉讼请求，被告也可以提出反诉；再审发回重审案件本质上仍属于再审案件，是继续审，即在原生效裁判范围内通过审理，补正原生效裁判的错误或不当之处。

其次,从时间上看,二审发回重审在时间上是连续的,没有间断。一审程序终结后,当事人提出上诉,案件随即进入二审,二审发回重审,案件又回到一审。再审发回重审则不同,在时间上是不连续的,原生效裁判生效后,当事人即使申请再审,案件并不当然进入再审程序。审判实践中,许多再审发回重审案件发生在原生效裁判作出很长时间后,如本文开篇所引 A 公司与 B 公司工程款纠纷一案,再审发回重审就发生在原生效裁判执行完毕的五年后。在如此长时间之后,再审发回重审后仍如二审发回重审案件一样重新审理,则对申诉人或申请再审人会很不公平,尤其允许原审原告增加诉讼请求,则等于原审原告借助被告的申请再审实现了自己的利益诉求,被告所享有的诉讼时效抗辩等也被化于无形之中。

总之,再审发回重审是对原生效裁判的一种特殊补救,应在原生效裁判范围内继续审理,以实现对原生效裁判进行补救的程序目的。若把再审发回重审案件等同于二审发回重审案件,按照全新的案件看待,审理的事实和诉讼标的就会同原生效裁判已确定的不一致,那再审发回重审的"此"案与原生效裁判确定的"彼"案有何关系?无异于借再审发回重审之"尸"还重新审理之"魂",会制造出新的程序不公。

三、民事再审发回重审的事由

根据我国《民事诉讼法》的规定,人民法院按照审判监督程序再审的案件,发生法律效力的判决、裁定是由第一审法院作出的,按照第一审程序审理;发生法律效力的判决、裁定是由第二审法院作出的,按照第二审程序审理;上级法院按照审判监督程序提审的,按照第二审程序审理。同时,根据我国《民事诉讼法》第 153 条的规定,第二审人民法院对上诉案件,经过审理认为原判认定事实错误,或者原判决认定事实不清,证据不足的可以裁定撤销原判决,发回原审人民法院重审;原判决违反法定程序,可能影响案件正确判决的,裁定撤销原判决,发回原审人民法院重审。

最高法院的相关司法解释对再审发回重审的事由也作了一些补充解释。例如,最高人民法院 1992 年颁布的《关于适用〈中华人民共和国民事诉讼法〉若干问题的意见》(以下简称《意见》)第 210 条规定,人民法院提审或按照第二审程序再审的案件,在审理中发现原一、二审判决违反法定程序,可分情况处理:(1)认为不符合《民事诉讼法》规定的受理条件的,裁定撤销一、二审判决,驳回起诉。(2)具有本《意见》第 181 条规定的违反法定程序的情况,可能影响案件正确判决、裁定的,裁定撤销一、二审判决,发回原审人民法院重审。而该《意见》第 181 条的规定正是关于二审发回重审事由的规定。《意见》第

211 条规定:依照审判监督程序再审的案件,人民法院发现原一、二审判决遗漏了应当参加的当事人的,可以根据当事人自愿的原则予以调解,调解不成的,裁定撤销一、二审判决,发回原审人民法院重审。

此外,最高人民法院 2008 年颁布的《关于适用〈中华人民共和国民事诉讼法〉审判监督程序若干问题的解释》(以下简称《审判监督解释》)第 38 条规定:人民法院按照第二审程序审理再审案件,发现原判决认定事实错误或者认定事实不清的,应当在查清事实后改判。但原审人民法院便于查清事实,化解纠纷的,可以裁定撤销原判决,发回重审;原审程序遗漏必须参加诉讼的当事人且无法达成调解协议,以及其他违反法定程序不宜在再审程序中作出实体处理的,应当裁定撤销原判决,发回重审。第 42 条规定:因案外人申请人民法院裁定再审的,人民法院经审理认为案外人应为必要的共同诉讼当事人,在按第一审程序再审时,应追加其为当事人,作出新的判决;在按第二审程序再审时,经调解不能达成协议的,应撤销原判,发回重审,重审时应追加案外人为当事人。

从上述法律及司法解释规定不难看出,再审发回重审的事由主要包括事实事由和程序事由两大类。为进一步分析再审发回重审具体事由在实践中的体现,我们抽取了辖区法院民事再审发回重审案件共计 139 件案件,对其发回重审事由进行了统计分析,在 139 件再审发回重审案件中,因事实事由而发回的为 109 件,占 78.4%,因程序事由而发回的为 30 件,占 21.6%。(见表 1)因事实事由被发回重审的案件占有较大的比重,是因程序事由被发回重审的案件的 3.6 倍。

表 1　再审发回重审案件类型

类　型	数　量(件)	所占比例
事实原因	109	78.4%
程序原因	30	21.6%

进一步分析以事实事由而发回的具体情况,主要分为认定事实不清、当事人提供新证据,以及原裁判处分第三人财产三种情况。其中以认定事实不清发回重审的案件数为 105 件,不仅在事实事由中占有 96.4% 的比例,同时还占全部 139 件再审发回重审案件的 75.6%,是再审发回重审的主要原因;因当事人提供新证据而发回重审的 2 件,占事实事由的 1.8%,占全部再审发回重审案件的 1.4%;因处分第三人财产导致发回重审的案件 2 件,占事实事由的 1.8%,占全部再审发回重审案件的 1.4%。(见表 2)

表 2　事实事由的具体情况分类

类　型	数量(件)	占事实原因比例	占全部发回案件比例
认定事实不清	105	96.4%	75.6%
新证据	2	1.8%	1.4%
处分第三人财产	2	1.8%	1.4%

因程序事由再审发回重审的主要有以下五大类:(1)因送达手续不合法而发回的有 15 件,占因程序事由再审发回重审案件的 50%,占全部再审发回重审案件的 10.8%。(2)因当事人诉讼主体瑕疵或无权代理、超过代理权限代理发回的 8 件,占因程序原因发回重审案件的 26.7%,占全部再审发回重审案件的 5.8%。(3)因遗漏当事人而发回的 5 件,占因程序原因发回重审案件的 16.7%,占全部再审发回重审案件的 3.6%。(4)因未按公告期开庭而发回的 1 件,占因程序原因发回重审案件的 3.3%;占全部再审发回重审案件的 0.7%。(5)因遗漏诉讼请求而发回的 1 件,占因程序原因发回重审案件的 3.3%,占全部再审发回重审案件的 0.7%。(见表 3)

表 3　严重违反法定程序的具体分类

类　型	数量(件)	占程序原因比例	占全部发回案件比例
送达手续不合法	15	50%	10.8%
当事人诉讼主体瑕疵或无权代理、超过代理权限代理的	8	26.7%	5.8%
遗漏当事人	5	16.7%	3.6%
未按公告期开庭	1	3.3%	0.7%
遗漏诉讼请求	1	3.3%	0.7%

通过前面的分析可以看出,因事实事由再审发回重审的案件占有极大的比重,其中尤以认定事实不清为主。我们认为,对于程序事由,相应的司法解释规定的比较明确,易操作;而"事实错误"或"事实不清、证据不足"实际上没有比较清晰的标准,弹性很大,容易造成随意性。对于事实是否查清、证据是否充足,很多时候是一个主观判断和认识问题,很难有一个统一的标准。案件事实并不是审查越多越清楚,没有新的证据,发回多少次也不能保证案情的查清。而且调研也发现,很多发回重审的案件事实都无法进一步查清,或者事实已经发生重大变化,即使查清,也是变化后的事实,与原来诉讼请求的事实已

经相去甚远。因此，对因事实事由发回重审有必要进一步限定，原则应将再审发回重审的事实事由仅限于原审事实不清，且上级法院不方便查清的情况。至于事实错误或新证据的案件，上级法院应直接查清事实作出裁判，没必要以此为由发回重审。实践中有一种观点认为，事实错误或新证据的案件，上级法院如直接改判，会剥夺当事人的上诉权。这种观点是错误的，因为我国未将一审、二审区分为事实审和法律审，上级法院仍承担事实审的重任，且从理论上说，上级法院对事实或证据的判断水平应高于一审法院。

四、民事再审发回重审案件的法律适用

关于再审发回重审案件适用原审时的法律还是重审时的法律，现行法律、司法解释无明确规定。若将再审发回重审案件等同于二审发回重审案件，作为一个新案件重新审理，适用重审时的法律、司法解释则理所当然。若将再审发回重审案件定义为再审案件，只在原生效裁判范围内继续审理，则理应适用原审时的法律、司法解释。通常来说，法不溯及既往是法律适用的基本原则，即法律只适用于其施行以后的行为，而不能追溯适用于其施行之前的行为。这也是法律规范指引功能的体现，使当事人对于自身行为的后果具有可预测性。如果将再审发回重审案件等同于二审发回重审，看成是一个新的案件，适用重审时的法律，客观上会与不溯及既往的法律适用原则相冲突，制造出一种"时空交错"的乱象，用"此"时新颁布的法律、司法解释来评价"彼"时的法律行为和法律关系，重新调整原生效裁判已确定的法律关系，显然会产生新的不公平。如实践中最常见赔偿标准问题，原审时法定的赔偿标准和重审时的法定赔偿标准相差迥异，用重审时的法定标准重新确定当事人之间的赔偿数额，往往会高出许多。仅仅重新走了一个程序，赔偿数额就翻番。通过一个再审发回重审程序，彼时的已决案件还魂为现时的一个新的待决案件，时空对倒，对赔偿一方当事人来说显然是不公平的。综上，再审发回重审案件本质是再审案件，应当适用原审时的法律、司法解释。

五、审理民事再审发回重审案件的具体程序问题

由于理论探讨的缺乏及法律规定的欠缺，审判实践中再审发回重审案件审理中存在许多程序问题，亟须解决。

（一）审理范围问题

对于再审案件，最高人民法院《审判监督解释》第 33 条明确规定，人民法院应当在具体的再审请求范围内或在抗诉支持当事人请求的范围内审理再审案件。当事人超越原审范围增加、变更诉讼请求的，不属于再审审理范围。对于再审后发回重审案件的审理范围，该条却规定，再审发回重审后，当事人增

加诉讼请求的,可以合并审理。由此可以理解为再审发回重审后当事人可以增加诉讼请求。其结果是再审发回重审案件的审理范围,远远大于再审的范围。实践中会出现这样的困境:当案件处于再审时,该案只能在原审的范围内审理,而再审发回后,案件却可以扩大审理范围。正如前面案例所揭示的那样,此时的请求范围已发生变化,一旦改判,实际上就是用扩大审理范围的新案件来纠正以前的裁判,原审裁判究竟是否正确无从判断。

(二)适用一审程序问题

一般认为再审发回重审后,一审法院应当适用一审程序的规定进行审理。但审判实践中也出现了一些问题。比如,原审裁判生效后,申请再审的当事人有可能是原审原告,也有可能是原审被告。如果被告方为再审申请人,案件再审后发回重审,原审原告往往不予配合,既不接收开庭传票也不参加开庭审理。按照现行民事诉讼法的规定,第一审普通程序审理的案件,原告经传票传唤,无正当理由拒不到庭的,或者未经法庭许可中途退庭的,可以按撤诉处理。但是,再审发回重审案件,并不是真正的新立案件,尤其是再审案件是由原审被告引发的,被告实际上处于积极主张的地位,原告反而处于答辩方。此时双方的实际地位已经与原审时的诉讼地位不一致,此时再适用普通的一审程序按照原告撤诉处理显然不合适。又如,按照普通的一审程序,原告作为诉讼的主动发起者,应受到民事诉讼法的严格规制,原告要承担完全的举证责任。再审发回重审案件中,原审被告一方作为申请再审人,在启动再审发回重审后,如果按照普通一审程序审理,他并不需要积极地证明原审中存在的错误;相反,原告方却需要再一次证明其主张的事实,这显然是一种错位的安排,不能很好地处理重审和原审之间的关系。

(三)对原审证据的认定问题

对于证据认定也存在一些值得探讨的问题。比如,证人证言在原审、再审、重审期间发生变化时应如何采信?当事人在原审开庭期间的陈述在重审庭审中是否应作为证据出示,进行质证,还是可以直接引用?当事人在原审中没有争执的事项是否可以直接认定?

六、完善民事再审发回重审制度的几点建议

基于上面的论述和思考,我们认为应从以下几方面对民事再审发回重审制度进行完善:

一是明确将民事再审发回重审案件界定为再审案件,由一审法院审判监督庭在原生效裁判的范围内进行审理。实践中,上级法院审监庭再审发回重审的案件往往由下级法院相应民事审判庭作为一个新案件进行审理,下级法院审监庭按一审程序审结的民事再审案件上诉后则由上级法院相应民事审判庭审理。其结果是由于上下级审判庭不对口，且程序理念不同，不利于再审程序特殊救济功能的发挥。我们认为再审发回重审案件不同于二审发回重审案件，应当定位为再审程序的延伸，理应由审监庭来审理再审发回重审案件及其上诉案件。具体建议为：上级人民法院审判监督庭再审后裁定撤销原判、发回原审人民法院重审的案件（不含撤销驳回起诉裁定、指令第一审人民法院进行审理的案件），应由原审人民法院审判监督庭审理，编立"再初字"案号；下级人民法院审判监督庭按一审程序审结的"再初字"号案件（含上级人民法院审判监督庭再审后发回重审案件），当事人提出上诉的，由上一级人民法院审判监督庭审理，编立"再终字"案号。

二是重构民事再审发回重审事由。再审发回重审是对原一审甚至二审法院审理的全盘否定，它使原审法院的所有工作归于无效。发回重审后，一审法院必须另行组成合议庭，确定举证期限、送达、开庭、判决，整个案件从头开始。发回重审对于整个审判工作而言，既耗费司法资源，又牺牲效率，而且有时会造成新的不公平。因此，再审发回重审是代价高昂的"补救"，必须慎用、少用。再审发回重审作为再审一种处理方式，在设计上应当最大限度地体现效率与公正的统一。关于事实事由，对原裁判事实不清的案件，上级法院应以再审查清事实后改判为原则，以发回为例外，只有上级法院不便于查清事实或查清事实成本过高的情况下才允许发回。至于原生效裁判事实错误或出现新证据的情况，上级法院应当直接再审改判，不应发回重审。对于证据没有明显变化的案件，更不应发回重审，应当根据现有证据，按照证据规则予以裁判。因为审判中所能查明的仅是法律事实，而非客观事实。客观事实是过去已经发生的事实，无法完全复原，法官不是神或先知，不可能完全再现案件所有的客观事实，只能根据双方当事人提供的证据来认定事实。如果当事人没有提出充分的证据，法院只能通过证据规则和证明责任来进行裁判。有些案件，由于客观条件的局限，无论如何也无法查清全部事实，发回重审只能在上下级法院之间转嫁成本，造成诉讼资源的浪费。对于程序事由，除了法律和司法解释明确规定的情形外，对于违反其他程序问题不影响案件实体裁判的，一般不应发回，上级法院再审对原审程序问题补救后应直接裁判。

三是进一步完善再审发回重审案件的审理程序。我们认为，再审发回重审案件的程序应当改变传统"全部推倒，重头开始"的做法，在程序的设计上，应当结合其自身的特点规定相应的审理范围、举证责任等。关于审理范围，应当尽量以原审范围为限，一般不应允许当事人增加、变更诉讼请求，提出反诉。

只有在特殊情况下,如原审因未合法送达诉讼文书而缺席审判致原审被告丧失诉讼权利的、追加新的诉讼当事人的,可以增加、变更诉讼请求、提出反诉;关于程序的适用,应当结合再审发回重审案件的性质重新制定相应程序规则,不应完全套用一审普通程序,如原审原告不出庭的,不能视为撤回起诉,应当按照缺席判决的原则处理。又如举证责任问题,申请再审方或导致案件再审的一方应当充分举证证明原裁判中的错误;关于原审已认定证据的采信问题,除非有相反证据予以推翻,不能随意否定原审中认定的证据。当事人在原审中明确表示放弃自己的诉讼请求和明确表示承认对方当事人诉讼请求的内容,重审时可以直接予以确认;关于法律适用问题,实体法原则上适用原生效裁判作出时的法律及司法解释,程序法则可适用重审时的法律及司法解释。关于裁判文书的制作问题,应当按一审民事诉讼文书样式制作裁判文书,但在案件来源及审理部分,应当述明案件原审审理经过及上级法院再审后发回重审的情况。

浅谈民事再审改判的生存空间

安徽省池州市东至县人民法院　唐翠平

再审程序,是指人民法院为了保证司法的公正,使已经发生法律效力但认为确有错误的判决或裁定得以纠正的补救、监督措施。再审改判是指人民法院按照审判监督程序对案件进行重新审理后,对于有错误的原裁判予以变更。其理论基础来源于实事求是、有错必纠的原则,这也是我党一贯坚持的方针。再审改判,既要保证司法公正,又要维护生效裁判的稳定性,防止随意性。再审改判应当坚持从严原则、适度原则。再审法院对原审裁判进行再次审理和裁判,其目的不仅是保障裁判的正确性和公正性,同时也是对不服原审裁判的当事人给予的诉讼救济。然而对于法院作出的生效判决所具有的既判力与再审改判这一静一动各自不同要求,如何能做到两者相得益彰,既维护了司法权威又尊重了事实、公正正是考验法官的所在。笔者认为此动静之间便是再审改判的生存空间,既不能随意扩张也不能无视它。

一、再审生存空间有限

首先必须明确的是,法院生效判决所具有的既判力、拘束力必然要求维护法院裁判的稳定性,维护国家司法权威,这就注定了再审改判的适用范围是非常狭窄的。一方面,再审是对当事人的权利最后救济;另一方面,也是司法机关对自己错误行为的补救。这种与生俱来的使命—补救性要求再审从发生的开始就必须严格遵循一定规则,从《民事诉讼法》规定的再审之法定事由来看,再审与改判几乎是一致的,两者是相辅相成的,有改判的可能,才有必要提起再审,再审启动的目的是纠正错误的判决、裁定,改判就是把错误的判决、裁定改正过来,它是再审程序追求的最终结果。在再审程序的启动前,应秉承这样的理念:为了改判而再审,即启动该案件的再审,就是为了改判,如果极有可能维持,那又何必再审！此时心中默念的是追求公正！只有达到需要改判这种程度的案件才能开始再审程序,严格把关控制源头不随意性。需要再审的最终极的原因就是事实认定错误、证据原因、违反法定程序、法律适用等造成实体上的重大错误、明显不公。随意启动再审与二审终审原则也是相悖的,该上诉的不上诉,等待再审,二审形同虚设,违背了再审程序补救性的初衷,再审不是为了审理案件追求结案数,一个法院的再审案件数字过大一定程度上也是社会隐患的凸显。

二、再审改判的生存空间有限

再审程序启动后,法官心中默念的应该是维持而不是改判了。改判有它存在的必要性,再审的宗旨实事求是、纠正错误,面对错误的判决给当事人的权利影响是巨大的,改判让百姓更加信服法律,避免信访等极端方式,但改判不是无条件、无限制、无宗旨的。改判与维持各自站在天平的两端,法官左看右看,左端是事实公正,右端是司法权威,再审的法官不是一审的法官,以事实为依据、法律为准绳,作出最公正的判决。站在天平前的是再审的法官,在自由裁量范围内的判决、有证据或程序瑕疵但不影响实质实体的判决都是合法的,是否也必须改判呢?答案是否定的,事实与司法权威的博弈在实体合法的情况下法官应该作出的不是改判,只要事实认定准确,实质不受影响的案件都不应该改判,此时更多应注意的是维护司法的权威性。保证判决的既判力、拘束力,判决的执行力才能落到实处,一个容易被改判的判决将是很难被执行的。牵一发而动全身,过多随意的改判动摇的是整个司法。判决缺少严肃性,没有对判决形成信仰,执行永远只能流于表面,造成判决只判,一纸文书而已,落不到实处又何谈法律的作用?因此,改判的标准必须是规范严格的,能不改的则不改,更可在审理过程中组织双方调解、和解等以柔和的结案方式结案避免改判,从而维护司法的权威。

三、再审是当事人的救命稻草

再审对于当事人来讲是一种救济方式,在特定的时候当事人可以对生效的判决提出申请再审,这是个人对判决拘束力、既判力的挑战也是二审终审制在公平正义面前的让步。笔者认为,只有对事实的认定错误、证据不足等已切实影响到各方权利义务、明显不公的情况下才可以改判。最高人民法院副院长沈德咏在考察上海审判监督工作时指出:"新的申诉和再审体制,不能是无限度的,无限再审势必动摇二审终审原则,也不利于维护终审裁判的既判力和公信力,不利于树立司法权威。从根本上讲,无限申诉、无限再审,会使许多合法权益长期处于悬置状态和不确定地位,长此以往,势必导致社会关系紊乱,危害社会稳定。所以,今后启动再审程序,一定要十分慎重,从严掌握"。只有在事实认定错误、明显不公等才能改判,救命稻草很珍贵,不能滥用,才能体现救命稻草的价值。

四、再审改判是原生效判决的膏药

通过检察院的抗诉、法院认为需要再审会启动再审程序,这好比司法机关给自己织出来的衣服贴了一剂大膏药。法院是开药方的,老是开错药还有人敢来看病吗?随意的、过多的改判给司法权威带来重重的一击。过于强调裁判的绝对正确性,忽视诉讼公正的相对性;过于强调错误裁判的可救济性,忽视诉讼程序的安定性和法律关系的稳定性;过于强调法院的客观公正性,忽视司法的被动性与中立性。最终导致无限申诉,无限再审的后果,使得再审程序被频频启动,其结果是导致既判力的弱化,司法终审权受到严重挑战。使司法的公正与效率价值目标无法实现,从而对整个法制建设产生潜在危害。可以想象,一个国家的裁判文书,不管什么错都要改,甚至连最高人民法院的裁判都可反复改判,都可以不断的再审,那么中国的裁判文书就没有既判力,中国亦无终审可言。可见,实事求是、有错必究要辩证的看待。

五、结合实际案例谈再审改判

民事再审改判的生存空间是有限的。笔者所在的基层法院里所接触到的再审案件几乎都是棘手案件,当事人多为欠缺法律知识的百姓,他们大多无视法律规定,在再审审理中只想得到改判达到自己的要求。但是能得到真正改判的又有几个?曾碰到过这样一个再审案例,提供保姆劳务的申诉人金某执意认为其提供劳务时摔倒致腿骨受伤的损失应由被申诉人负主要责任,要求在原判基础上再予以赔偿1万元;经审理发现,被申诉人认为自己不负责任,保姆的受伤完全是其自己不小心造成并且原审确定的赔偿款已经履行到位,申诉人的申诉毫无理由。虽然案情并不复杂,但申诉人与被申诉人并不在法的理念里讲责任,均已是纯粹的赔偿问题。再判多赔付1万元确实也在法官自由裁量权范围内,但原审认定事实正确,证据充分,如果改判法院判决拘束力、既判力何在?改判也必然导致后来者的效仿,认为只要使使劲抓住再审,谁使的劲大,再审判决就向谁倾斜,导致再审量增大,反而占去了那些真正原判决、裁定存在错误的司法资源。

六、再审改判的生存空间

2001年11月1日法[2001]161号《关于当前审判监督工作若干问题的纪要》中第6条"符合下列情形的,应以改判:民事案件确定案由错误、认定合同效力错误、认定责任错误导致错判的;民事案件错判承担民事责任形式、错判承担民事责任致显失公正的;调解案件严重违反自愿原则或者违反法律的;其他应当改判的情形"这一会议纪要,虽然还未形成正式的司法解释,但它已涉及再审改判的标准之问题,如果把它同再审立案的法定事由结合起来,则笔者所理解的再审改判标准可包括如下几方面:

(1)关于"有新的证据,足以推翻原判决、裁定的"的再审改判标准问题。提供以前不知道或举证不能的新证据足以推翻原判决、裁定的,且其新证据的性质必须能证明原判决、裁定在认定事实或适用法律上不当的,应当进行改判。

(2)关于“原判决、裁定认定事实的主要证据不足”的再审改判标准问题。当事人提供证据足以证明原判决、裁定认定的主要证据不足。主要证据不足是指主要证据不充分或者不具有证明力的,如果要达到改判,必须是:①其主要证据不充分,却对案件中当事人之间的法律关系、权利义务的分配起到关键作用;②作出判决、裁定的主要证据系伪造、变造或有其他虚假情况;③作出判决、裁定依据的另一判决、裁定已被依法变更、撤销或本案判决、裁定与另一已生效的相关判决、裁定相抵触;④就同一法律事实或同一法律关系,存在两个相互矛盾的生效法律文书,申请再审人对后一个生效法律文书提出再审申请的。

(3)关于“原判决、裁定适用法律确有错误”的再审改判标准问题。当事人提供的证据证明原判决、裁定适用法律错误,具体包括:①适用法律、行政法规的错误和适用法律、行政法规条款方面的错误;②适用法律、行政法规条款的内容解释方面的错误;③因案件事实没有实体法规范,类推法律不当或适用法律原则不当的错误;④应当适用特别法而适用普通法方面的错误;⑤因定性不准确导致的适用法律错误;⑥对责任的划分和责任的承担违反了法律规定;⑦超出法律规定范围的法官自由裁量权方面的适用法律错误;⑧适用失效法律的错误;⑨违反法律关于溯及力规定的错误。由于适用法律错误已严重影响到案件的性质及公正处理结果,因此,对此应当进行改判。

(4)关于“人民法院违反法定程序,可能影响案件正确判决、裁定”的再审改判标准问题。当事人提供证据证明原判决、裁定存在人民法院违反法定程序,已严重影响到案件正确裁判的,应当改判。违反法定程序包括如下几方面内容:①合议庭组成不合法的;②应当回避的审判人员没有回避的;③没有依法传唤或通知当事人的;④证据取得不合法或主要证据未经质证的;⑤遗漏应当参加诉讼的当事人的;⑥未按规定送达,即缺席审理和判决的;⑦依法应当公开开庭审理而没有公开开庭审理的;⑧违反受理案件管辖规定的;⑨人民法院违反专属管辖规定受理案件的;⑩无民事行为能力或限制民事行为能力的当事人的监护人未出庭代理诉讼而由该当事人直接进行诉讼的;⑪一般授权的诉讼代理人未经特别授权处分了当事人的实体权利。上述这些违反法定程序的各种情形,只是再审立案的法定事由,还不是再审改判的充分条件,只有达到确已严重影响到案件正确裁判的,才能进行再审改判。

(5)关于“审判人员在审理该案件时有贪污受贿,徇私舞弊,枉法裁判行为”的再审改判标准问题。当事人提供证据证明原判决、裁定存在审判人员在审理该案件时有贪污受贿，徇私舞弊，枉法裁判行为的：①有充分的证据证明审理该案的审判人员存在受贿行为；②受贿人对该案件提出的处理意见左右了所作出的判决、裁定；③审判人员犯有与本案有牵连的职务上的犯罪行为；④有充分证据证明参与案件审理的审判人员违背其法官职业准则对案件作出不公正裁判的行为。上述情形之一，只能作为再审立案的法定事由，并未作为再审改判的标准。只有当事人提供证据证明原判决、裁定存在审判人员在审理该案件时有贪污受贿，徇私舞弊，枉法裁判的行为且与本案有密切联系，并导致该案件不公正裁判的，才能改判。如果审判人员的贪污受贿，徇私舞弊，枉法裁判的行为是发生在其他案件或其他问题上，或其受贿的行为并不影响案件的实质性审理与裁判，则一般都不宜进行再审改判。

(6)关于调解协议的再审改判标准问题。当事人提供证据证明调解协议明显或严重违反自愿原则、内容违反法律或损害国家利益、社会公共利益和他人利益，才能启动再审程序加以改判。

(7)关于民事再审案件实体改判的标准问题。原判决存在确定民事案由错误、认定合同效力错误、认定责任错误导致错判的，或民事案件错判承担民事责任形式、错划承担民事责任导致显失公正的，应当提起再审予以改判。这是纯粹性的实体改判的标准，只要具备上述情形之一，则就应当启动再审程序加以改判。

综上，我们知道再审的纠错特性与司法权威的博弈之下，再审改判的生存空间是有限的、适用范围是狭窄的。改判不改判之间透露的也许是法官不同的法律信仰和追求，终究是为民解忧，期待随着法制的发展，就算找不到那样一把尺子直接去度量，人人心中也应有把尺子去规范自己！

民事再审改判标准体系之构建

——司法公正与司法既判力的冲突与平衡

浙江省宁波市北仑区人民法院　马艳华　方燕儿

所谓民事再审改判，是指人民法院按照审判监督程序对民事案件进行重新审理以后，对于有错误的原裁判予以变更的审判形式。根据改判是否将原裁决的实体内容加以改变，可以将再审改判分为形式性改判和实质性改判两类，撤销原裁判并发回重审属于形式性改判，撤销原裁判并直接改判属于实质性改判。①民事诉讼法设立审判监督程序依法对民事案件进行再审改判，是为了纠正已经发生法律效力的错误裁决，确保法院裁决的正确性，真正实现司法公正。

再审改判在维护司法公正的同时，对原生效判决的司法既判力会带来一定的冲击，因此，为确保民事再审的司法效果，民事再审改判应把握好一定的标准。所谓再审改判标准，是指人民法院按照审判监督程序对案件进行重新审理以后，对于确有错误的原裁判予以改判时所应遵循的准则和尺度。它是人民法院改判时所必须达到的要求，如果达不到这些改判标准的要求，人民法院就不能对案件的原裁判进行改判。②但是目前我国现行法律体系中并未对民事再审改判标准予以明确，造成了民事再审改判无法可依的局面，影响了民事再审案件的质量，也造成了对司法既判力的冲击，亟待立法予以明确。

一、现行法律体系中民事再审改判标准的缺失

现行法律体系对民事再审的改判标准并没有作出明确具体的规定，仅最高人民法院于2001年11月1日以法[2001]161号《关于当前审判监督工作若干问题的纪要》文件形式对这一问题进行了笼统的规定，该文件第6条指出，符合下列情形的，应予改判：民事案件确定案由错误、认定合同效力错误、认定责任错误导致错判的；民事案件错判承担民事责任形式、错判承担民事责任致显失公正的；调解案件严重违反自愿原则或者违反法律的；其他应当改判的情形。这一会议纪要虽对再审改判的标准进行了明确，但它并不属于正式的司法解释，法律效力较低，仅能在审判工作中作为参考依据。

---

① 盛焕炜、车军："民事再审改判初探"，载《社会科学》2001年第11期。

② 王超："试论我国再审改判标准的立法构想"，载《杭州商学院学报》2002年第5期。

在司法实践中，再审的改判标准多参照再审事由进行把握，主要原因在于现行法律对民事再审事由的规定较为明确，其中《民事诉讼法》第 179 条中规定，当事人的申请符合下列情形之一的，人民法院应当再审：(1)有新的证据，足以推翻原判决、裁定的；(2)原判决、裁定认定的基本事实缺乏证据证明的；(3)原判决、裁定认定事实的主要证据是伪造的；(4)原判决、裁定认定事实的主要证据未经质证的；(5)对审理案件需要的证据，当事人因客观原因不能自行收集，书面申请人民法院调查收集，人民法院未调查收集的；(6)原判决、裁定适用法律确有错误的；(7)违反法律规定，管辖错误的；(8)审判组织的组成不合法或者依法应当回避的审判人员没有回避的；(9)无诉讼行为能力人未经法定代理人代为诉讼或者应当参加诉讼的当事人，因不能归责于本人或者其诉讼代理人的事由，未参加诉讼的；(10)违反法律规定，剥夺当事人辩论权利的；(11)未经传票传唤，缺席判决的；(12)原判决、裁定遗漏或者超出诉讼请求的；(13)据以作出原判决、裁定的法律文书被撤销或者变更的。对违反法定程序可能影响案件正确判决、裁定的情形，或者审判人员在审理该案件时有贪污受贿，徇私舞弊，枉法裁判行为的，人民法院应当再审。但是民事再审所谓的"原判决、裁定确有错误"的表述，给再审是否改判带来了困扰，再审事由认定原裁决确有错误，导致当事人认为凡是提起再审的案件就应该改判，但是事实上，再审可能出现的结果有三种：一是维持原判；二是撤销原判、发回重审；三是撤销原判，予以改判。可见，再审并不必然带来改判，但是误将再审事由作为再审改判的标准，就会带来认知上的困境，影响再审的审理结果。笔者认为，民事再审事由侧重于对生效判决裁定正确性的判断，而再审是否改判侧重于对案件本身的认识和裁决，二者不可混同，将再审事由作为再审改判的参考依据，无异于"先定后审"，有悖于司法规律。

二、再审改判标准缺失对司法既判力的损害

(一)改判标准不统一带来的同案不同判现象损害司法既判力

相同的事实和情节应按相同的法律依据进行同样的处理，不同的情节应区别对待，这是法治社会对公平的基本要求。但是，再审改判标准的缺失，容易造成相同的事实和情节有的案件再审予以改判，有的案件再审并未改判，甚至同样是再审改判的案件判决结果也不相同，损害了公众对司法公平的期待，导致再审判决缺乏公信力，最终损害了司法既判力，导致判决难以执行。

(二)改判标准缺失导致改判随意性较大，造成了改判范围的扩大和再审次数的增多

再审改判标准的缺失，导致了再审改判在司法实践中范围的扩大，许多非

实体或程序上的重大瑕疵,非严重损害当事人诉讼权利和实体权利的生效裁决也被改判,再审改判变得异常广泛。从法律经济学的角度来看,任何瑕疵都予以改判是一种追求绝对公平的理想主义司法态度,不利于维护生效裁决的既判力和稳定性,不符合司法所追求的长远效果。

同时,通过审判监督程序对原生效判决裁定予以改判,这一诉讼程序作为一种对权利的特殊救济是不应被反复使用的,既然再审对裁决的内容重新进行了明确,这种明确就应该是具有终局性的,这样的裁决才具有稳定性和可执行力,才具有实际意义。否则,一旦某一案件进行循环再审的怪圈,权利义务无法明确下来,各方当事人的合法权益都无法落实到位,对大家都是不利的。最高人民法院副院长沈德咏曾就再审的次数问题明确指出:"新的申诉和再审体制,不能是无限度的,无限再审势必动摇二审终审原则,也不利于维护终审裁判的既判力和公信力,不利于树立司法权威。从根本上讲,无限申诉、无限再审,会使许多合法权益长期处于悬置状态和不确定地位,长此以往,势必导致社会关系紊乱,危害社会稳定。所以,今后启动再审程序,一定要十分慎重,从严掌握。"而再审改判标准的缺失,造成了再审改判的随意性,提高了当事人对再审结果的预期,给再审工作带来了不良导向,许多当事人认为凡经再审必然会改判,因此频繁启动再审程序,导致无限再审,严重损害了原生效判决的既判力。

(三)改判标准的缺失导致"有错必纠"原则的滥用

再审改判标准的缺失,导致再审实践中有错必纠原则的滥用,产生了诸多负面作用,加剧了无限再审的局面,影响了司法效率,浪费了司法资源。笔者认为,司法不仅仅是一项单纯的认识活动,可以随时对错误或瑕疵予以纠正,司法实践中过分追求"客观真实"、"有错必纠",而置"一事不再理"、"禁止双重起诉"等司法原则于不顾,不充分考量裁判的既判力、程序终结性、诉讼经济原则会造成司法实践中的混乱局面。

综上,再审改判标准不明确,再审容易陷入新的错误或无限再审的怪圈,同时也会影响司法公正与效率,造成有的再审案件之所以久拖不决,或者再审改判后又再次出错的现象;只有明确再审改判标准,再审结果才能够统一,才能提高司法的透明度和公信力。

三、构筑民事再审改判标准的价值

(一)明确标准,使再审工作有法可依

再审改判标准的缺失给再审工作带来了诸多法律困境,造成了再审改判无法可依的局面,使再审改判随意性较强,再审案件数量较多且质量不高。制

定详细明确的、可操作性强的再审改判标准,可以使再审工作有法可依,提高再审案件的审判质量,降低再审改判的随意性,规范再审活动,提高司法公信力。

(二)变"有错必纠"为"依法纠错",实现司法公平与司法既判力之平衡

一方面,通过审判监督程序对于符合民事再审改判标准的案件进行改判,还原事实真相,纠正已生效的错误判决与裁定,真正实现司法公正,这符合法治原则的要求,有利于维护当事人的利益,实现社会和谐与稳定;另一方面,明确并严格把握再审改判标准,为司法实践提供有力的法律依据,杜绝再审改判的随意性,在一定程度上遏制"无限再审"现象,维护已生效判决裁定的稳定性与既判力,树立司法权威。

(三)有助于提高司法效率

一方面,通过严格把握再审改判标准对再审改判加以限制,避免因再审改判标准模糊带来的再审改判范围的扩大,使不符合再审改判条件的案件免遭改判,保证有限的司法资源利用在合理之处;另一方面,通过再审改判标准的严格把握,引导再审的走向,减少了不必要的再审案件数量,从而提高诉讼效率。

四、构建民事再审改判标准之价值进路

制度的价值目标决定制度具体设置,我国再审改判仍沿用"实事求是,有错必纠"的指导思想,在这种思想的指导下,认定案件必须以事实为依据,凡是认定事实、适用法律或其他原因导致的裁判错误,都必须予以纠正。然而,裁判错误的大小、性质、后果各不相同,既有有纠正可能的也有无纠正可能的,既有有纠正必要的也有无纠正必要的,以有错必纠、一律改判的方式"一刀切",过多牺牲了裁判的稳定性,危及裁判既判力,造成审判监督与既判力制度之间表象冲突凸显,而内在衡平机能降低,亟须确立新的再审改判价值目标指导实践。

(一)追求司法公正与维护司法既判力并重

民事审判活动是运用法律规定对纠纷进行裁判,受办案人员个人认知的限制不可避免出现错误。再审程序的出现即是为纠正原审过程及原审裁判中的程序性、实体性错误,其追求的最终目标是司法公正。因此,将司法公正作为再审改判的价值目标是再审程序存在的应有之义。

再审程序是通过打破原审裁判的既判力从而追求个案的司法公正,但并不意味着再审改判的作出仅以司法公正为唯一价值追求。生效裁判文书的既判力是衡量一个社会司法权威的重要标准,裁判文书一旦生效,就有了法律上

的效力，其所调整的社会关系就得到确认和保障，任何人不得随意变动、破坏。再审程序并不是审理案件的必经程序，而是对错误裁判的事后补救，相对于正确裁判来说，错误的裁判总是少数，因此，再审改判也应该是少数，而不能广泛应用。要合理确定改判标准，注意防止再审改判的滥用，维护原判的既判力，同时也要本着审慎原则进行改判，防止造成新的错案，对既判力形成更大损害。

日本学者认为："再审是当事人对已经确定的判决以诉讼程序上的重大瑕疵或作为其判断的基础资料里有严重缺陷为理由，请求撤销该判决并且恢复已终了的诉讼，进行重新审判、非常的不服声明的方法。判决被确定后，如仅仅因为判断不当或发现新的证据就承认当事人的不服声明，则诉讼是无止境的；但从作出正确、公正的裁判的理想来说，不管有什么样的瑕疵一律不准撤销已确定的判决，也是不合理的。"①司法公正和既判力既相互冲突又相互衡平，共同追求司法公信力的提升，如何寻找二者最佳结合点，合理协调矛盾，充分发挥内部衡平机能，是构建再审改判标准的重要议题。

（二）以实体正义为中心的再审改判司法公正价值观

司法公正包括实体正义和程序正义，两者互有联系却又不相同。实体正义是指立法者在确定人们实体权利义务时所要遵循的价值标准，如平等、公平、合理等，而程序正义是立法者在程序设计、司法者在操作过程中所要实现的价值目标。② 在实体正义和程序正义的关系上，有"实体正义优先论"与"程序正义优先论"。"实体正义优先论"主张程序法附属于实体法，程序正义没有独立的价值，过分偏重实体正义，忽视公开、平等的程序；"程序正义优先论"强调程序正义的至上目标，会导致烦琐冗长的程序过程，忽视当事人权利的目的性，削弱了实体正义，难以平息社会纠纷。现在审判活动遵循的一般是实体正义和程序正义的"并重论"，认为实体正义与程序正义各有独立的价值，应坚持两者的同时并重。③ 再审作为审判活动的一个分支，理应兼顾实体正义与程序正义，因而再审事由不仅包括实质性错误，还包含了程序性错误。然而再审改判标准作为再审活动结论性判断标准，与再审程序整个审判活动所遵从的原则并不完全相同。裁判是对当事人实体权益的处分，再审改判也

---

① 盛焕炜、车军："民事再审改判初探"，载《社会科学》2001 年第 11 期。

② 贾俊："论实体正义与程序正义的关系"，载《山西省政法管理干部学院学报》2011 年 6 月第 2 期。

③ 鲍家志："论实体正义与程序正义的动态平衡——兼评民事再审事由的修正案"，载《人民论坛》2011 年第 20 期。

应是对原审实体权益的错误处分进行纠正,若原审程序上的错误并未影响实体权益处分的正确性,则再审改判即失去了基础,在再审得出的最终裁判结论与原审相同的情况下,改判不仅于当事人无实际意义,反而损害司法既判力和公信力,得不偿失。因此,再审改判标准应确立以实体正义为中心的价值导向,将程序正义的价值追求交由合法、合理的再审程序来实现。

五、民事再审改判标准之构建

(一)建立以原审裁判的错误后果为主要依据,适当考虑错误性质与程度的再审改判标准

再审改判标准是指人民法院按照审判监督程序对案件进行重新审理以后,对于确有错误的原裁判予以改判时所应遵循的准则和尺度。[①] 我国民事诉讼相关法律、法规对于再审改判标准并无涉及。仅2001年《全国审判监督工作座谈会关于当前审判监督工作若干问题的纪要》对再审改判标准作了初步探索,规定五种应予改判的情形,并列举了六种可不予改判的情形。笔者认为,该纪要以列举的方式规定再审改判标准,主要是对实体处理错误类型的归纳,并不全面,缺少原则性、系统性规范,无法应对实践中形形色色的裁判错误,且仅以裁判的错误形式和性质作为改判依据,未综合考虑错误的影响及后果,会导致再审改判适用范围的扩大,不利于维护司法既判力。

1. 应予改判的标准

(1)以原审裁判中的错误影响实体权益作为改判依据。

从追求司法公正与维护既判力的衡平角度来看,当事人诉讼的目的是维护自己的实体权益,裁判的最终结果也是对当事人实体权益的处置,若裁判中的错误并未导致对当事人实体权益的错误处置,则当事人及司法的目的均已经达到,裁判在实体上是公平正义的,在此情况下若以改判的方式修正原审裁判中的错误,既未能进一步维护当事人合法权益,又有损于司法既判力,有违司法公正与司法既判力的衡平原则。

因此,原审裁判确有错误且影响本案实体结果的并进一步影响国家利益、社会公共利益和当事人合法权益的,再审应予改判。反之,国家利益、社会公共利益和当事人合法权益并未因此受到影响,即原判最终结果是正确,则该判决结果仍应维持,而不应改判,反映在裁判文书中,则经常表现为事实认定和裁判理由出现错误,但该错误并未影响判决主文的正确性,对此类错误,不应改判,但若该错误影响第三人合法权益或影响其他案件的实体处理的,可通过

---

① 王超:"试论我国再审改判标准的立法构想",载《杭州商学院学报》2002年第5期。

瑕疵补正的方式进行纠正。

原审裁判中可能影响原审实体权益的错误主要包括:认定事实有误、适用法律错误、实体处理不当。根据笔者所在法院所作统计,民事再审改判原因大多为事实认定有误,具体包括有新的证据,足以推翻原判决、裁定的以及原判决、裁定认定的基本事实缺乏证据证明的;适用法律错误包括违反溯及力规定、适用失效法律、定性不准确导致的适用法律错误、适用行政法律条款错误等;实体处理不当包括确定民事案由错误、认定合同效力错误、认定责任错误、错判承担民事责任形式、错划承担民事责任等。上述错误均需导致裁判的最终结果损害国家利益、社会公共利益和当事人合法权益的,才属于必须通过再审改判加以纠正的范围。

(2)调解、撤诉严重违反自愿原则或法律规定。

《民事诉讼法》规定,调解必须双方自愿,不得强迫,调解协议的内容不得违反法律规定。公民有起诉的权利,也有撤回起诉的权利,不得非法干涉,撤诉应基于当事人自愿。法院积极主持调解或在充分释明的情况下动员当事人撤诉,对于迅速解决纠纷、提高办案效率,起到了良好的社会效果。但审判实践中,有的审判人员片面追求调撤率,连哄带吓促成调解或撤诉;有的当事人为解决纠纷,迫使对方同意调解协议或撤诉,对民事诉讼制度的运行造成了不良影响。有些调解协议内容违反法律禁止性规定,甚至侵犯了他人合法权益,也应通过再审程序进行纠正。因此,对于调解违反自愿原则或者法律规定的,应在再审中促成双方自愿达成新的调解协议或者改判;对于撤诉违反自愿原则或者法律规定的,应通过再审予以改判。

2. 可不予改判的例外

原审裁判存在错误并影响实体权益,但有以下情形的,可不予改判:

(1)原判结果误差在自由裁量幅度内,除显失公正的,一般不予改判事物发展千变万化,社会生活中利益冲突和价值要求的时代性,是相对滞后的法律无法完全涵盖的,为法官留下了自由裁量的空间。民事再审程序中,再审法官需将抽象的法律规则经过考量综合运用于具体个案,特别是在实体法规定不明确、法律规定相冲突、法律与政策相抵触、涉及公共利益以及公序良俗案件等时,再审法官不可避免重新进行自由裁量,并对原审自由裁量权行使情况进行评判。[1] 当再审与原审法官不能就相关问题的自由裁量权行使形成完全统一意见时,是否适用改判支持再审法官的是需要讨论的问题。我们认为,在具

---

① 马燕、金俭:"论民事再审自由裁量权的边界",载《南京社会科学》2011年第11期。

体判断过程中，适用法律的角度，考虑问题的侧重，逻辑推理的方法，裁判案件的方式，法官个体本身的差异以及影响个人认识的各种因素的存在，让原审与再审自由裁量权的变化空间极大，只要原审自由裁量权的行使未违反法律规定使裁判结果显失公正，则再审应尊重原审法官自由裁量权，不得随意变更或补充原审根据自由裁量得出的判断，特别是在生效判决对案件法律性质、责任分担认定正确的情况下，对于赔偿幅度的大小、违约金调整的高低、民事法律责任承担的种类等不得改判。否则原审法官的自由裁量权可能落空。

(2)能用其他方法弥补的，可不予改判。诉讼请求没有一并审理的，可以通过另案审理进行弥补。民事裁判行为在实施过程中因过失或者疏漏产生的瑕疵，如文字笔误、金额误算、诉讼费误算或遗漏、法律条文引用不当、义务履行方式表述不清导致无法执行等，对当事人的权益造成损害，使裁判不能达到预期的司法效果，可以通过民事裁判瑕疵补正程序进行纠正。

(二)再审改判之有益补充——瑕疵补正程序

裁判中的错误除了事实认定、法律适用、实体处理方面，还包括裁判文书记载内容歪曲了裁判者真实意思的技术性错误、裁判者因疏忽遗漏非诉请事项、裁判文书表述违反基本法律表述规范等类型。这些错误虽不是实质性的法律错误，未达到应通过再审改判来纠正的严重程度，但也影响了实体权益，应通过法定程序来纠正，如此才能限制再审改判的适用，既保证司法公正，又维护原审裁判的稳定性、权威性，这一法定程序即民事裁判的瑕疵补正程序。

我国《民事诉讼法》虽然对这一程序作出了规定，但适用范围较为狭窄，仅限于误写、误算、诉讼费用漏写、误算、调解书与调解协议不一致等文字表述错误，导致不属于上述范围的技术性错误不得不通过再审甚至改判来纠正，人为扩大了再审改判范围，不利于司法既判力的维护。笔者认为应适当扩大瑕疵补正程序的适用范围，将误写误算、裁判项目的技术性遗漏、调解中的技术性失误、口头与书面宣判内容的不一致等裁判瑕疵，均归入这一程序的补正内容。针对瑕疵补正程序缺乏具体操作性规定的情况，笔者认为应完善程序设置，确定启动主体、审查方式、补正方式、管理制度，作为再审程序的有益补充。

民事再审独立改判标准研究

广东省高级人民法院　钟　蕾

2007年，第十届全国人大常委会第三十次会议曾对《民事诉讼法》审判监督程序和执行程序的部分规定作了修改，具有中国特色的再审之诉初步建立，随着再审立案标准的修改，再审案件结构和审级发生变化，存在的问题也很多，社会信访的问题依然很严重，当事人滥用诉权的问题依然没有解决。①2012年，民事诉讼法的修改推进到第二稿，从向社会公开征求意见的第一稿内容看，完善审判监督程序仍然是此次《民事诉讼法》修改的重要内容之一。本文拟借《民事诉讼法》修改之际，对民事再审案件改判设置独立标准展开初步的研究。

一、民事再审案件改判的现状和问题

按照现行《民事诉讼法》第186条的规定，人民法院按照审判监督程序再审的案件，发生法律效力的判决、裁定是由第一审法院作出的，按照第一审程序审理，所作的判决、裁定当事人可以上诉；发生法律效力的判决、裁定是由第二审法院作出的，按照第二审程序审理，所作的判决、裁定，是发生法律效力的判决、裁定；上级人民法院按照审判监督程序提审的，按照第二审程序审理，所作的判决、裁定是发生法律效力的判决、裁定。

从上述规定内容可以看出，审判监督程序的特殊性和独立的审判价值在案件审理中得不到体现，从目前的审判实务看，对原生效裁判作出改判或发回重审的依据也参照第二审程序的相关规定，民事再审裁判文书常见的引用现行《民事诉讼法》第153条，第二审人民法院对上诉案件，经过审理，按照下列情形，分别处理……

在有此参照适用的立法表述背景下，各地高院根据实际出台对于再审案件改判的指导意见也往往将依照第二审程序和审判监督程序改判的情形放在一起，如广东出台的广东省高级人民法院《关于民事案件改判和发回重审若干问题的指导意见（试行）》的行文：为进一步统一和规范我省民事二审、再审案件的改判和发回重审标准，提高民事二审、再审案件的审判质量和效率，促进服判息诉，维护司法权威……按照二审程序审理的再审案件，再审程序没有

① 转引自最高人民法院审判监督庭宫鸣庭长于2011年12月1日在对外经贸大学的讲话。

规定的，适用本意见关于二审程序的规定。

在审判实务中，一方面，没有明确的再审改判原则和标准；另一方面，畸高的改判率与司法公信力形成了鲜明对比。依据最高人民法院对民事二审（再审）案件改判的对口司法统计，改判原因有以下几种：一是原判决适用法律错误；二是原判决认定事实错误；三是原判决认定事实不清，证据不足，查清事实后改判。从我院近三年审结的民事再审案件看，平均改判率在30%左右，其中改判案件的3/4为合同、不当得利、无因管理类纠纷，适用法律错误占改判原因的50%左右，认定事实不清或证据不足被依法改判的占到24%，认定事实错误占17%左右。此类案由和原因统计的数字准确性是相对的，很多案件存在改判原因复合的情形，既有认定事实不清，又有适用法律错误、处理不当的问题，这在单一口径的司法统计中无法显示出来。

审判监督程序的概念设置受苏联的影响，带有明显的职权主义色彩，广义的审判监督程序是指审判机关、检察机关对人民法院已经发生效力的判决和裁定认为确有错误，而提起再审或申请再审的程序，狭义的审判监督程序是指司法机关为了保证法院裁判的公正，使已经发生法律效力但认为确有错误的判决和裁定得以纠正，从而防止适用法律和诉讼程序上的偏差，而特设的一种补救和监督的制度。[①] 审判监督程序是一种事后的救济性程序，很多程序性事项均参照第二审程序，但两者并不等同。在程序启动方面，不同于第二审程序由当事人发起的单一启动模式，审判监督程序的启动主体多样，不仅包括当事人，还包括法院依职权和检察机关抗诉；而涉及案件改判方面，第二审程序决定改判时审理的案件尚未生效，审判监督程序改判时面对的是已经生效的裁决，审监法官审理案件时需要在考虑生效判决业已形成的新的社会关系中，权衡依法纠错和维护既判力的关系。因此，在《民事诉讼法》中设置独立的再审改判标准，是审判监督程序自身特点的必然性要求。

二、国外审判监督程序参考

在现有的两审终审的体制下，为了解决申诉难问题，上一次《民事诉讼法》修改后，我院再审案件数量激增，重复信访的问题也未得到解决。

英美法系的国家并没有特别设定的审判监督程序，所谓的第三审程序，实际上是法律审，所谓的上诉许可，实际上类似于我国的再审审查，这些国家的法院遵循事实判断无绝对正确标准可依的原则，事实审往往不会上升至上级法院。

---

① 王利明："审判监督程序的概念和特征"，载王利明著：《司法改革研究》（修订本），法律出版社2000年版。

大陆法系的国家则实行职权主义的诉讼模式，在这种诉讼模式中，对案件客观事实的探询始终是诉讼程序的内在目的和主要价值所在，法官在此过程中起着主导性的作用，法官负有发现客观真实的审判职责。因而法院作出的裁判具有一个明确的判断标准，案件事实的认定有正确和错误之分，法律的适用也有是否确当的界限，法院裁判是否正确，是可以加以判断的。凡是符合法定标准的，就是正确的裁判，否则就是错误的裁判。二审法院在对一审法院的裁判进行审查复核后，可以对其得出是正确的裁判还是错误的裁判的结论。对于不正确的裁判，二审法院可以对之加以修改或调整；对于正确的裁判则加以维持。①

我国受大陆法系影响较大，事实审的审级跨度也很大，一直到再审还在查明事实，并且出于事实认定的原因也占了改判案件的一半。

三、完善审判监督程序，规定独立的再审改判标准

基于第二审程序和审判监督程序的混同现状，结合事实审和法律审并存的实际情况，笔者认为，在正确处理依法纠错和维护生效裁判既判力关系的原则下，应当在《民事诉讼法》审判监督程序部分设置专门的民事再审改判标准规定。

（一）严格控制事实审改判数量

案件审理中还原的是法律事实，而非绝对真实，这说明事件发生后，随着时间关系，还原会发生困难，而每个人对事件的认识也会有偏差，绝大部分案件进入再审阶段时，已经过一、二审法官的事实查明和性质判断，一方面，从我国的审判实际看，80％的案件在一审法院审理，某种程度上讲，面临被发改压力，一审法官依照程序对案件查明事实、适用法律的过程甚至更加严格自我要求；另一方面，人们通常存在一种普遍认识，认为审级越高的法院的法官在知识体系和实务经验上都相对优于审级稍低的法院的法官，而实际上也存在审级较高的法院的年轻法官改判审级较低的法院的资深法官的案件的情形，因此，审级高低和法官的认识并无必然联系，不同的法官对查明的事实所作的判断以及性质的认定存在偏差是正常的，因此在事实审中，要尽量减少认知偏差所导向的改判，这既是对原审法院及承办法官劳动成果的尊重，也是对司法公信力的维护。

现行《民事诉讼法》中涉及事实审改判的主要是第 153 条第 3 款，原判决认定事实错误，或者原判决认定事实不清或证据不足，查清事实后改判。在此

① 汤维建："论民事诉讼中的'依法改判'"，载《法制与社会》2004 年第 1 期。

首先对两者进行区分,关于前者,改判数量并不多,应当在原审认定事实确有错误,对当事人的权益造成严重损害的情形下方可适用改判。例如,南通四建公司与华爵公司买卖合同纠纷一案,华爵公司一方明知无权代理人用于签订合同的公章为以不正当手段盗取,不符合表见代理的构成要件,原审法院认定表见代理成立,从而认为被无权代理人为合同主体,属认定事实错误;如对当事人自由处分权利的尊重,叶林与何金合伙协议纠纷一案,《民法通则》规定合伙经营积累的财产,归合伙人共有,而本案当事人另有约定,其后各合伙人委派的人员的债务由各方负责,归各方收入,因此委派人员收入部分不应归入共同债权,予以改判。

关于后者,改判数量较多,需严格把握。要认定原审查明的事实存在质量问题的,需严格控制在新证据出现且对原查明事实的定性产生影响的情况,而目前最常见的改判包括对公平原则的适用,对因果关系的认定不同等方面。审判监督阶段应当严格控制此类案件的改判数量,对出于对当事人的安抚考虑而改变责任主体赔偿比例的,应善用调解化解纠纷,而不是强硬地改判。例如,再审法官引用公平原则,变更责任主体的赔偿比例的;某道路交通事故人身损害赔偿纠纷一案,对交通事故负主要责任的主体认定问题,再审法官和原审法官就收费站的行为是否与事故发生存在必然的因果关系观点不同;又如,某人身损害赔偿纠纷一案,检验报告没有明确药品是否含有毒性,和当事人的急性中毒是否存在因果关系,再审通过当事人陈述、检验报告认定两者存在因果关系,出售药品方未对药品毒性尽告知义务,符合侵权行为构成要件,应承担相应的侵权赔偿责任问题。上述案件最终都以原审认定事实不清或证据不足予以改判,而原审法院在查明事实方面都较为准确,只是在认识方面各有倾向,因为改判被认定为错案并不适宜。

严格控制事实审改判的数量是一个长期的过程,不仅在立法层面要予以独立和规范,更需要注重一、二审法官业务素养的养成和提升,不断完善上下级法院之间法律适用的协调,定期开展案例指导,完善法官培训机制,切实提高一线法官的裁判技能。

(二)规范法律审改判标准

现行《民事诉讼法》第 153 条第 2 款规定原判决适用法律错误的,依法改判。目前看来,这一项也成为改判中占比重最大的原因,而因法律适用错误被改判也应当成为未来民事再审案件改判的主流。广东省高级人民法院《关于民事案件改判和发回重审若干问题的指导意见(试行)》将法律审改判细化为几个方面:适用的法律与案件性质明显不符的;确定民事责任明显违背当事人约定或者法律规定的；适用已经失效或尚未施行的法律的；违反法律溯及力规定的；违反法律适用规则的；明显违背立法本意的。笔者认为上述规定所列举的内容较为详尽和全面，值得再审改判标准设定的借鉴。实务中涉及此项改判的情形繁多，如对法律术语的错误理解，谌洪斌与曹羽顺等道路交通事故人身损害赔偿纠纷一案，适用《关于审理人身损害赔偿案件适用法律若干问题的解释》第 35 条第 2 款的规定，"上一年度是指法庭辩论终结时的上一统计年度"，原审法院以事故发生的上一年度适用 2004 年度人身损害赔偿标准计算赔偿金额，属于适用法律错误；又如对诉讼时效的适用，廖颂华与谢维新等房屋买卖合同纠纷一案，当事人的起诉已超过诉讼时效，原审法院未作审查直接予以改判，不符合《民事诉讼法》的规定，因而被改判；某出资人与新会农行等存单纠纷系列案，出资人将款项交付黄楷，并收到以储蓄所名义出具的存单，应视为资金进入金融机构，原审法院认为出资人直接将资金交给用资人，从而适用《关于审理存单纠纷案件的若干规定》第 6 条第 2 项第 4 目的规定，认定新会农行承担 20% 的赔偿责任，属于适用法律错误。

四、完善再审改判的价值目标，统一民事再审改判标准

审判监督程序既要兼顾司法公正和司法效率，又肩负着维护既判力的重任，上一次《民事诉讼法》的修改更是将审判监督程序作为疏导申诉难问题的突破口，同时也带来了再审案件的井喷，除了兼顾政治维稳功能外，我们更需要还原审判监督程序固有的司法价值。

首先要坚持依法纠错原则与灵活适用情势变更原则相结合，化解社会矛盾，树立司法权威，维持社会的安定和谐。实事求是、依法纠错是民事诉讼法的重要指导思想，在审判监督程序中依法纠错并非单一价值目标，需要和情势变更原则相结合，再审案件当事人从一审开始参与诉讼，历时弥久，情势变更对当事人服判息诉的影响力很大，再审案件比寻常的二审案件存在更多不可预见的情形，如诉讼主体发生变更、诉讼标的价值或者形式有所增减或者转化、社会矛盾可能进一步激化以及经济环境的发展带来的其他问题，当已生效判决已经形成稳定的新的社会关系，就需要再审法官对改判变动的法律关系与既有社会关系进行司法价值的权衡，而通过对确有错误又对当事人权益造成严重影响的案件实行依法纠错，审判监督功能又能得到切实发挥。

其次是追求裁判的终局性，减少申诉信访量，谨慎改判，建立先例制度，统一法律适用。美国的一位大法官说过："我们能够作出最终判决并非因为我们判决正确，相反，我们之所以判决正确，是因为我们享有终审权"。这既需要司法内向的努力，也需要法院外围的支持。一方面，司法内向的努力对审监法官业务涵养建设提出了更高的要求,如某房地产买卖合同纠纷一案,经历一审、二审和两次再审,最后一次再审改判原再审判决,维持原二审判决,这是再审中典型的“翻烧饼”现象,说明改判的随意性依旧存在,一事多次再审的情况并不鲜见,既增加当事人的诉累、造成司法资源的重复浪费,更是对司法公信力的践踏。另一方面,终局性要求排除任何意义上的“领导”,也排斥法院之外的人动摇法院裁判的可能性,①司法独立在审判监督程序中显得尤为重要。为了解决申诉难问题,审判监督程序似乎被修改地要求面面俱到,其实却仍没有解决重复申诉和重复再审的问题,有学者提出建立审前程序有助于减少申诉信访量,笔者十分认同该观点,现有的信访部门是一种事后疏导却无实质性作用,在一审法院设置审前程序,通过速裁和调解直接与执行环节相衔接,以此对正式进入诉讼程序的案件进行分流,从源头开始减少立案数量。此外,具有终局性的再审案件应当成为最高人民法院案例指导的重要来源,按照我国台湾地区的做法,每年选择少量的典型案例作为先例附在《民事诉讼法》之后,逐年增加,统一法律适用。

① 何兵:“司法之根本:最后的审判抑或最好的审判?——对我国再审制度的再审视”,载《比较法研究》2000 年第 4 期。

反思与重构:走出民事再审改判与发回之困境

——以改判发回原则与标准为视角

四川省高级人民法院 张蜀俊

再审程序是对有失司法公正的生效裁判的一种特别救济程序。近年来理论界更多地注重再审期间、再审事由、再审次数及抗诉范围等问题的探讨,而对再审改判发回原则与标准涉猎较少。基于《民事诉讼法》第186条第1款①的规定,再审改判发回标准适用二审程序第153条②改判发回规定,但囿于该条规定过于原则,加之二审与再审功能定位各不相同,如再审改判发回标准仍继续沿用二审规定则不能充分发挥再审功能,甚至因该改发标准规定不明、界限不清,导致很多案件被反复再审或应改判的却被发回重审,其结果不仅使裁判的既判力受到损害,浪费诉讼资源,亦使当事人之间业已稳定的法律关系受到冲击。为此,笔者拟从司法实践的困境提出问题,反思与探索再审改判、发回的功能与原则,并重构民事再审改判与发回标准,以期对民事诉讼制度的构建提出建议。

一、困惑与反思:发回与改判的纠结

(一)现实之惑:混乱的司法实践

案例一:发回的滥用,发回后案件事实仍无法查清

1995年7月,李某、秦某口头约定合伙经营餐饮业,此后双方对经营场所进行装修,但未清算各自投资(多数系白条),经营数月发生纠纷。秦某向一

---

① 《民事诉讼法》第186条第1款:人民法院按照审判监督程序再审的案件,发生法律效力的判决、裁定是由第一审法院作出的,按照第一审程序审理,所作的判决、裁定,当事人可以上诉;发生法律效力的判决、裁定是由第二审法院作出的,按照第二审程序审理,所作的判决、裁定,是发生法律效力的判决、裁定;上级人民法院按照审判监督程序提审的,按照第二审程序审理,所作的判决、裁定是发生法律效力的判决、裁定。

② (一)《民事诉讼法》第153条:第二审人民法院对上诉案件,经过审理,按照下列情形,分别处理:……

(二)原判决、裁定认定事实错误或者适用法律错误的,以判决、裁定方式依法改判、撤销或者变更;

(三)原判决认定基本事实不清的,裁定撤销原判决,发回原审人民法院重审,或者查清事实后改判;

(四)原判决遗漏当事人或者违法缺席判决等严重违反法定程序的,裁定撤销原判决,发回原审人民法院重审。

审法院起诉，要求解除合伙关系，退还投资款并清算合伙盈利。一审法院委托鉴定，鉴定单位以资料不全难以认定及隐型成本费用无法鉴定为由，仅对电冰箱、冰柜等动产进行估价。一审法院认为，双方有合伙事实，秦某要求解除合伙关系的请求应予支持。因双方无书面协议明确权利义务，故仅对双方认可的投资予以认定，并判令在判决生效后1个月内，将该经营场所以现价竞价按各自的投资比例受偿。李某不服提起上诉，二审法院维持原判，李某仍不服向二审法院申请再审，该院审理后以事实不清为由，将该案发回一审法院重审。

问题：即使该案认定事实不清，但属发回后仍无法查清的情形，再审法院应根据证据规则作出实体判决，而不能以事实不清发回重审。

案例二：因规避风险发回，上级法院的博弈选择变相成为拒绝裁判

原告尹某、刘某等12人分别诉被告某置业公司、某物业中心及第三人某电梯公司房屋买卖合同纠纷案，12名原告称，房款已付清，并已装修入住，请求确认其与被告签订的《商品房买卖合同》有效，判令被告为其办理房屋产权登记并承担诉讼费用。第三人则认为原告侵权，要求原告腾退房屋酿成纠纷。一、二审法院均判决：《商品房买卖合同》有效；驳回原告的其他诉讼请求及第三人的诉讼请求。第三人不服，向四川省高级人民法院申请再审。该院经审委会讨论决定，以原审就诉争房屋是否处于有效司法查封之中、是否具备办理产权证条件以及某置业公司出售诉争房屋时是否有处分权等事实未予查清为由，将上述案件发回重审。

问题：该案虽然案件事实不清，但当事人合意要求上级法院查清事实后直接改判，上级法院事实上也可查清事实后直接改判。但由于该案系群体性纠纷，涉及维稳、信访等一系列问题，有较大诉讼风险，故上级法院经评估风险后宁可选择发回也不直接改判，最终该案因上级法院的博弈选择变相被拒绝裁判。

案例三：法律条文适用困惑

例如，某饮品公司（一审原告）诉邓某（一审被告）与公司有关的纠纷案，一审法院以无明确被告为由驳回某饮品公司的起诉，二审法院则以另案已生效，某饮品公司本次起诉违反“一事不再理原则”为由，维持原裁定。某饮品公司以二审法院适用法律错误为由，向四川高级人民法院申请再审。经再审查明，本案被告明确，某饮品公司在本案中的诉讼请求与另案中的反诉请求基本一致，但一审法院已裁定准许某饮品公司撤回反诉。四川高级人民法院认为，某饮品公司已撤诉，其以同一诉讼请求再次起诉，人民法院应予受理，遂以二审裁定适用法律不当为由，撤销一、二审民事裁定，指令一审法院对本案进行审理。

问题:同一案件三级法院处理本案所适用的法律却各不相同,究其原因既存在认定事实不清的问题,也存在法律适用不当的问题,即使是四川高级人民法院在指令一审法院对本案进行审理时,亦对《民事诉讼法》第153条第1款第2~3项的法律适用存在分歧。一种意见认为,因当事人申请再审的理由仅为适用法律不当,故只能适用第2项关于适用法律错误应予改判的规定,否则超出当事人的诉讼请求范围。另一种意见则认为,本案系违反第3项认定事实错误而导致的适用法律错误,故第2~3项均应同时引用。

(二)立法现状:粗疏的法律规定

司法实践中之所以出现前述案例一、二的处理结果,除了上级法院乃至承办法官为规避风险而为之外,立法规定过于原则也是原因之一。根据《民事诉讼法》的规定,再审案件的改判发回标准适用二审程序的改判发回标准:适用法律错误的属依法改判情形;程序违法的属发回重审情形;认定事实错误或不清的既可改判也可发回重审。由于在事实不清的情形下,立法者在理论上赋予了二审法院与再审法院发回重审或依法改判的选择权,这就给二审法院或再审法院的司法者赋予了自由选择的裁量权,即可由司法者视每个具体案件作出抉择。

然而,由于二审与再审功能的实际差异,导致二审与再审就改判与发回的标准在实际操作中出现不一致,为此,2001年11月1日最高人民法院作出法[2001]161号《关于当前审判监督工作若干问题的纪要》,该纪要第6条规定:"符合下列情形的,应以改判:(1)原判定性明显错误的;民事案件确定案由错误、认定合同效力错误、认定责任错误导致错判的。(2)违反法定责任种类和责任标准的、民事案件错判承担民事责任形式、错划承担民事责任致显失公正的。(3)原判主文在数量方面确有错误且不属裁定补救范围的。(4)调解案件严重违反自愿原则或者调解协议严重违反自愿原则或者违反法律的。(5)其他应当改判的情形。该纪要虽然还未形成正式的司法解释,但它已涉及再审改判的标准问题。"

《民事诉讼法》修改后,最高人民法院又相继颁发了《关于适用〈中华人民共和国民事诉讼法〉审判监督程序若干问题的解释》(以下简称《解释》),该《解释》第38条规定:"人民法院按照第二审程序审理再审案件,发现原判决认定事实错误或者认定事实不清的,应当在查清事实后改判。但原审人民法院便于查清事实,化解纠纷的,可以裁定撤销原判决,发回重审;原审程序遗漏必须参加诉讼的当事人且无法达成调解协议,以及其他违反法定程序不宜在再审程序中直接作出实体处理的,应当裁定撤销原判决,发回重审。"这一最新规定,虽对改判发回的标准作了进一步的规范,但在实践中仍存在改判发回界限不清、标准不明的情形，如前述案例。

二、问题深入：诉讼样态分析及功能区别

（一）诉讼样态：再审案件改判与发回重审的比例

以民事抗诉为例，2008 年至 2011 年四川三级法院共受理民事抗诉案件 1153 件，其中维持原判 283 件，占 22.97%；改判 269 件，占 21.83%；发回 39 件，占 3.17%；其他结案方式详见图 1。

因改判与发回所占比例合计为 25%，略高于维持比例，故有必要根据诉讼样态对改判、发回的原则及标准作进一步探析。

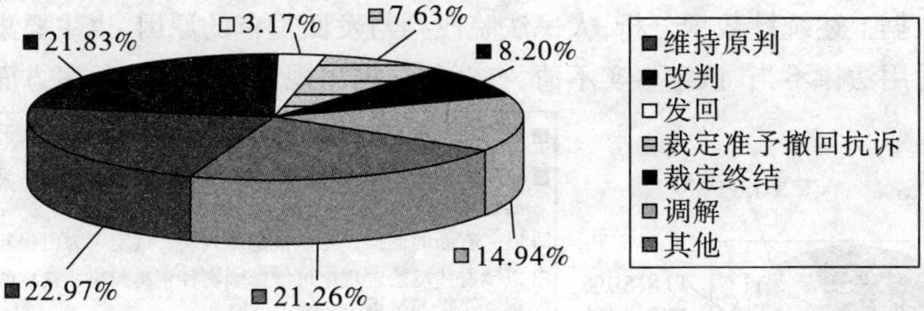

图 1

（二）改发事由：以民事抗诉事由为基础

2008 年至 2011 年四川三级法院共受理民事抗诉案件 1153 件，其中检察机关依据《民事诉讼法》第 179 条①提出抗诉占前四位的分别是：以"原判决、

---

① 《民事诉讼法》第 179 条当事人的申请符合下列情形之一的，人民法院应当再审：

（1）有新的证据，足以推翻原判决、裁定的；

（2）原判决、裁定认定的基本事实缺乏证据证明的；

（3）原判决、裁定认定事实的主要证据是伪造的；

（4）原判决、裁定认定事实的主要证据未经质证的；

（5）对审理案件需要的证据，当事人因客观原因不能自行收集，书面申请人民法院调查收集，人民法院未调查收集的；

（6）原判决、裁定适用法律确有错误的；

（7）违反法律规定，管辖错误的；

（8）审判组织的组成不合法或者依法应当回避的审判人员没有回避的；

（9）无诉讼行为能力人未经法定代理人代为诉讼或者应当参加诉讼的当事人，因不能归责于本人或者其诉讼代理人的事由，未参加诉讼的；

（10）违反法律规定，剥夺当事人辩论权利的；

（11）未经传票传唤，缺席判决的；

（12）原判决、裁定遗漏或者超出诉讼请求的；

（13）据以作出原判决、裁定的法律文书被撤销或者变更的。

对违反法定程序可能影响案件正确判决、裁定的情形，或者审判人员在审理该案件时有贪污受贿，徇私舞弊，枉法裁判行为的，人民法院应当再审。

裁定适用法律确有错误”的共889件，占77.1%；以“原判决、裁定认定的基本事实缺乏证据证明”的共695件，占57.16%；以“有新的证据，足以推翻原判决、裁定”的共188件，占16.31%。此外，适用该条兜底条款以“有违反法定程序可能影响案件正确判决、裁定的情形”的共99件，占8.59%。其他提起抗诉的事由（主要指该条第1款第3～5项、第13项）涉及证据因素直接影响认定案件事实的仅90件，占7.48%，而此类情形也可归类为认定事实不清；列明违反该条第1款第8～12项具体法定程序事由的共64件，占5.55%。其他事由详见图2。

依据上述统计数据分析，人民法院改判与发回重审的原因，也主要集中体现在适用法律不当、认定事实不清、有新的证据出现及违反法定程序方面。

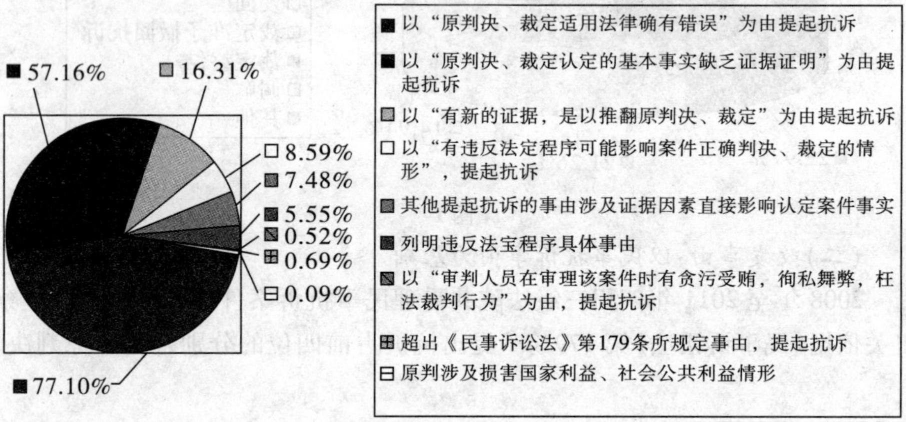

图2

（三）相关思考切入：二审与再审改判发回功能的定位区别

二审的改判发回针对的是未生效的裁判，不动摇判决与裁定的既判力，而再审的改判发回针对的则是已生效的判决裁定，从根本上影响了裁判的既判力，因此二者功能与价值的定位各不相同。再审改判发回的功能与价值主要体现在以下方面：其一，纠正生效错误裁判，提高司法公信力，为司法公正提供终端性的保障与救济。即通过再审直接改判纠正错误，而非发回重审，此谓改判权的实体性功能之一。其二，及时化解矛盾。依法改判是对特定案件行使终审权，相对于发回而言，依法改判使纠纷及时化解，体现了诉讼效益价值。其三，通过改判发回指导法律适用。法律的适用和事实的认定在类似案件中应当得出相同或相似的结论，对于相似案件，上级法院可通过改判与发回分析，指导统一适用法律。

三、重构前提：依据再审功能构建民事再审改判与发回的原则

（一）坚持从严原则

再审程序作为特殊救济程序应当具有一定条件与限制；否则，有损裁判的稳定性和既判力。正如日本学者兼子一、竹下守夫所言。“判决被确定后，如仅仅因为判决不当或者发现新的证据就承认当事人的不服声明，则诉讼是无止境的”。① 由于原裁判生效后至再审立案审查有一定的时间间隔，而该期间基于原生效裁判，又建立了新的经济关系和社会关系，且一些关系是不可逆转的，因此，再审程序必须以更高的角度和不同的层面，全面分析和重视案件背后延伸的各种社会关系，统筹考虑各种救济途径，慎重适用改判与发回程序，力争避免对社会关系造成新的冲击或因该冲击引发新的矛盾与冲突。

（二）坚持适度原则

长期以来，我国坚持“实事求是、有错必纠”的原则，对生效裁判一律过分追求“客观真实”与“有错必纠”，这不仅与裁判的既判力原则、程序终结性原则、诉讼效益原则相冲突，而且破坏了裁判的公信力及司法的权威性，造成司法资源极大浪费，同时因反复“翻烧饼”引发大批案件重复访或越级访。因此再审改判与发回必须“适度”。当生效裁判确有错误时必须予以改判，以维护司法的公平与正义，但对于无纠错可能或基于国家政策、社会影响、风俗习惯、特殊形势及诉讼成本考虑，没有必要也不可能改判的特殊案件，则不能全部予以纠正，否则可能因为一件案件的改判带动诸多类似案件当事人上访，影响社会与法律的安定。

（三）坚持无害性原则

《美国联邦民事诉讼规则》②第 61 条规定：“无害的错误证据的采纳或排除中的错误，以及裁定或命令中的错误或瑕疵，或者法院或任何一方当事人的作为或不作为事项中的错误或瑕疵，都不应该成为允许重新审理的理由或撤销陪审团裁决的理由或者撤销、更改以及中断判决或命令效力的理由。但是，法院认为拒绝上述的行为违反实质的正义时不在此限。法院在诉讼程序的任何阶段均应无视不影响当事人实质权利的程序上的错误或瑕疵。”③因此，对于改判发回的适用应持审慎态度，无害错误（harmlesserror）原则是法院决定

---

① ［日］兼子一、竹下守夫著：《民事诉讼法》，白绿铉译，法律出版社 1995 年版，第 249 页。

② 白绿铉、卞建林根据美国 West Group 1997 年版译：《美国联邦民事诉讼规则——证据规则》，中国法制出版社 2001 年版。

③ 沈德咏主编：《最新再审司法解释适用与再审改革研究》，人民法院出版社 2003 年版，第 553 页。

发回重审时必须考虑的问题，意在避免那些耗费成本却不产生收益的重审。著名法律经济学代表人物波斯纳①曾指出："正义的第二种含义——也许是最普通的含义——是效率。"②因此，只要作出生效裁决的法院在程序上不存重大瑕疵，也未损害当事人审级利益，从无害性原则出发，都不应将"实事求是、有错必纠"的原则发挥极致，否则一个生效裁判被反复再审、发回，势必造成诉讼的延宕和程序的不安定。

（四）坚持客观事实相对性原则

"谁主张，谁举证"是民事诉讼的基本原则，法院审判虽然追求客观真实，但庭审并不能重现事实原貌，因此只能根据证据规则对当事人主张的事实加以证明而成为案件事实，但该事实绝非客观事实仅属"法律真实"的事实，因此，只要原审认定的"法律事实"达到了法定事实要件，哪怕属相对真实也不应随意改变。

（五）坚持裁判终局性原则

因启动再审的主体宽泛，再审次数也无限制，因此反复再审使当事人的权利义务关系长期处于不稳定状态，法律的安定性难以实现。考夫曼③认为法律安定性有两种意义：一是"透过法律达成的安定性"，这种安定性是外部视角、功能角度的安定性，是法律作用于社会后达成的秩序与安宁；二是"法律本身的安定性"，这种安定性是内部视角的、结构角度的安定性，其认知以"认知可能性、操作可能性和实践可能性"为标准。④ 因此再审的根本目的在于及时终结诉讼，对当事人争议的权利义务关系进行"确定"，从而达到法律的安定，使社会资源及时进入流转。

四、重构路径：新设民事再审改判与发回标准

因二审与再审功能定位不同，必然导致民事再审改判与发回所坚持的原则与标准亦不相同，因此，基于民事再审改判发回的原则思考，现行《民事诉讼法》第153条的规定显然已不符合再审改判发回的标准，该法第179条虽对再审事由作了较为详细的规定，但该规定仅系再审立案审查标准，并非再审改判发回标准。因此，笔者认为构建再审改判发回标准，宜以《民事诉讼法》第153条为基础并结合《解释》第38条与民事再审改判发回原则进行修改，并将

---

① 波斯纳（Richard Allen Posner，1939—）是20世纪70年代以来最为杰出的法律经济学家之一。

② ［美］波斯纳、蒋兆康著：《法律的经济分析》，林毅夫译，中国大百科全书出版社1997年版，第31～32页。

③ 考夫曼（Kaufman，Illarion Ignatievich，1848～1916年），俄国经济学家。

④ 贾焕银："论法律的安定性"，载《云南大学学报》2007年第1期。

修改后的条文单独列入《民事诉讼法》第十六章审判监督程序中(下文将详述)。这不仅具有理论依据,也是现实呼唤之必需,否则极有可能出现因法官在理论素质、社会阅历、道德修养、司法经验上的个体差异,导致不同法官在价值评判标准与法律价值取向之间的差异。因此,再审案件的改判发回标准究竟应如何掌握,各地法院分别进行了一些探索,如广东、湖南高级人民法院分别对再审改判与发回标准制定了相关规范,但囿于立法机构并未对此作出更为具体且便于操作的标准,为此笔者拟从民事抗诉案件改判发回的集中事由,结合《民事诉讼法》第153条的相关规定作一些探讨,以期对立法作出一些有益建议。

(一)关于适用法律确有错误的再审改判、发回标准的重构与理解问题

"适用法律确有错误"主要指,确定案件性质的法律适用错误、引用法条错误以及违反法律溯及力等。《民事诉讼法》第153条第1款第2项规定"原判决适用法律错误的,依法改判",依照文义解释该条似乎不涉及发回重审问题,但由于"法律问题与事实问题之间的区分往往极难辨别"①,甚至很多案件也往往是因案件事实认定错误直接导致法律适用错误,如案例三。当然因合同效力认定错误或因举证责任分配不当导致的适用法律错误,当事人乃至抗诉机关也一般会以认定事实不清、法律适用错误为由申请再审或提起抗诉,如图2所示。从该表看出,因以"原判决、裁定适用法律确有错误"提起抗诉的共889件,占77.1%;以"原判决、裁定认定的基本事实缺乏证据证明"提起抗诉的共695件,占57.16%,两者相加百分比已超出100%,究其原因在于统计抗诉事由时两者即有重复,据此不难判断包括司法机关在内,均难以准确把握"适用法律确有错误"的内涵。为此,笔者认为在新设再审改判发回标准时,为解决一、二审法院因认定事实错误导致适用法律错误或管辖错误或错误驳回起诉及不予受理等特殊问题(如案例三),可将该法第153条第1款第2项修改为:"原判决、裁定适用法律错误的,依法改判;原判决、裁定因认定事实错误导致适用法律错误的,依法改判或发回重审或指令一审法院审理"。此外,笔者认为,对法律适用错误主要应从以下方面予以把握:

(1)应当适用此法律、行政法规而适用了彼法律、行政法规、应当适用此条款而适用了彼条款;

(2)适用了已失效或未生效的法律、行政法规;

(3)违反法律关于溯及力的规定,应当适用新法律而适用了旧法律或者

---

① [德]K. 茨威格特、H. 克茨著:《比较法总论》,潘汉典等译,法律出版社2003年版,第187页。

应当适用旧法律而适用了新法律；

(4)适用法律位阶错误，应当适用特别法的适用了普通法；

(5)因法律滞后，法官适用自由裁量权类推法律不当或适用法律原则不当或对法律的解释与立法目的明显抵触；

(6)原判因定性及确定案由错误、认定合同效力错误导致适用法律错误；

(7)原判因认定法定责任种类和责任标准错误，导致错误适用法律错划民事责任及责任形式且显失公正。

需要注意的是，第1~5项系适用法律错误，应直接改判；第6~7项则系因认定事实错误导致适用法律错误，可改判亦可发回(区分界限下文将详述)。

(二)关于认定事实错误或不清的再审改判、发回标准的重构与理解问题

案件的基本事实是指据以确定当事人之间民事法律关系性质、民事责任的认定与分担等主要内容的事实。《民事诉讼法》第153条第1款第2~3项规定："(二)原判决、裁定认定事实错误或者适用法律错误的，以判决、裁定方式依法改判、撤销或者变更；(三)原判决认定基本事实不清，裁定撤销原判决，发回原审人民法院重神，或者查清事实后改判"。据此，对认定事实错误或不清的存在改判与发回的竞合现象，由此在司法实践中亦因改判与发回界限不清、标准不明而导致了如案例一与案例二的司法乱象。因此原判决认定事实是否错误或不清、是否缺乏证据证明，除应依照最高人民法院《关于民事诉讼证据的若干规定》第63条和第73条[①]的规定予以判断是否符合"客观真实"或"法律真实"并达到"高度盖然性"标准外，还应依照从严原则及裁判终局性原则，确定明确的改判发回标准原判认定事实错误的，为避免变两审终审为一审终审，应充分考虑当事人的审级利益和上诉权的行使，再审法院应以发回重审为原则，以自行改判为例外；原判认定事实不清，证据不足的，再审法院应以自行改判为原则，发回重审为例外；但当事人合意由再审法院直接审理的，应直接改判而非发回重审。据此，笔者认为，可将该项修改为："原判决认定事实错误，裁定撤销原判决，发回原审人民法院重审，但当事人合意要求人民法院审理的，人民法院原则上应予直接审理，原判决认定事实不清、证据不足，人民法院应查清事实后依法改判"。除作出如此修改外，笔者认为，还应

① 《关于民事诉讼证据的若干规定》第63条：人民法院应当以证据能够证明的案件事实为依据依法作出裁判。第73条：双方当事人对同一事实分别举出相反的证据，但都没有足够的依据否定对方证据的，人民法院应当结合案件情况，判断一方提供证据的证明力是否明显大于另一方提供证据的证明力，并对证明力较大的证据予以确认。

综合《民事诉讼法》关于立案标准规定，对该项中的“认定事实错误或事实不清”，从以下几个方面把握：

(1)证明当事人主体资格、案件性质、案件争议事实存在及证明当事人应承担法律责任的主要证据未经质证或系伪造、变造或有其他虚假情况；

(2)据以作出判决、裁定的法律文书已被依法变更、撤销或本案判决、裁定与另一已生效的相关判决、裁定相抵触；

(3)因举证责任分配不当导致事实认定错误；

(4)对证据的理解错误导致认定事实错误。

需注意的是，“认定事实错误”一般指原判认定的事实缺乏主要证据支持或者超出了当事人主张的事实范围，系认定事实全部错误或基本错误。“认定事实不清，缺乏证据证明”则一般指案件的某一方面或次要的事实未查清，缺乏相应的或充分的证据支持，如认定合同有效，但对违约事实认定不清的情形。

此外，下列两种情形，即使原判认定事实错误，依据从严原则、终局性原则亦应直接改判而非发回，否则徒走程序、无效“空转”。

第一，如原判认定事实错误，但发回也无法查清的，再审法院应根据举证责任分配、证据采信规则、当事人举证能力限制及社会稳定等因素直接改判；

第二，如案件曾被上级法院发回或经原审审委会讨论，再审法院均应根据举证责任分配及证明标准规则认定案件事实后直接改判。

(三)关于人民法院违反法定程序的再审改判、发回标准的重构与理解问题

《民事诉讼法》第170条第1款第4项规定：“原判决遗漏当事人或者违法缺席判决等严重违反法定程序的，裁定撤销原判决，发回原审人民法院重审。”由此可见，二审程序中对违反法定程序的判决，均系发回而非改判。但由于再审具有终局裁判的特殊功能，如当事人放弃程序利益和诉权的，从诉讼效益原则出发也可改判，即使必须发回，也要将调解作为发回的前置程序以充分发挥调解的柔性纠错功能。故笔者认为对该项应修改为“原判决违反法定程序，可能影响案件正确判决的，经调解无效后，裁定撤销原判决，发回原审人民法院重审，但当事人合意要求人民法院审理的，人民法院原则上应予直接审理。”此外，笔者认为，结合《民事诉讼法》第179条的相关规定，对该项的理解应主要从以下方面予以把握：

(1)合议庭组成不合法；

(2)未经传票传唤，缺席判决的；

(3)依法应当公开开庭审理而没有公开开庭审理的；

(4)违反法律规定，管辖错误的；

(5)应当回避的审判员、书记员没有回避；

(6)遗漏应当参加诉讼的当事人；

(7)证据取得不合法或主要证据未经质证；

(8)剥夺和限制了当事人法定诉讼权利；

(9)无民事行为能力或限制民事行为能力的当事人的监护人未出庭代理诉讼而由该当事人直接进行诉讼的；

(10)一般授权的诉讼代理人未经特别授权处分了当事人的实体权利；

(11)原判决、裁定遗漏或超出诉讼请求的。

需注意的是，上述第1~4项违反法定程序的各种情形，对当事人的实体权利不产生直接影响，且上述错误已通过再审予以纠正，因此在当事人选择放弃程序权利合意要求再审法院直接改判的情形下，法院可以直接改判而非发回，因为从诉讼效益原则及终局性原则出发，不能牺牲当事人的合法权益为法官的程序违法埋单。尤其是那些社会各界关注的案件，再审法院不能因绩效考评或所谓的审限内的高结案率或因当事人闹访或因利益驱动或因有人说情而在迈不开情面的情况下，以违反法定程序为借口再次将案件发回重审，使再审变为"遮羞布"。

属于第6~11项情形的，因程序违法直接影响到当事人行使诉讼权利，属必须发回的情形，但如果当事人声明放弃程序利益和诉权的，也可直接改判，但应将上述情形记录在案。

(四)关于有新证据出现的再审改判、发回标准的重构与理解问题

申请再审人提供以前不知道或举证不能的新证据足以推翻原判决、裁定的，且该新证据的性质必须能证明原判决、裁定在认定事实或适用法律上不当的，应当进行改判或发回。申请再审人在申请再审时提供所谓的新证据，依照最高人民法院《关于民事诉讼证据的若干规定》第41条、第42条[①]的司法解

---

① 《关于民事诉讼证据的若干规定》第41条：《民事诉讼法》第一百二十五条第一款规定的"新的证据"，是指以下情形：

(1)一审程序中的新的证据包括：当事人在一审举证期限届满后新发现的证据；当事人确因客观原因无法在举证期限内提供，经人民法院准许，在延长的期限内仍无法提供的证据；

(2)二审程序中的新的证据包括：一审庭审结束后新发现的证据；当事人在一审举证期限届满前申请人民法院调查取证未获准许，二审法院经审查认为应当准许并依当事人申请调取的证据。第42条：当事人在一审程序中提供新的证据的，应当在一审开庭前或者开庭审理时提出。

当事人在二审程序中提供新的证据的，应当在二审开庭前或者开庭审理时提出；二审不需要开庭审理的，应当在人民法院指定的期限内提出。

释，综合《民事诉讼法》规定的立案标准考虑后，可将“有新的证据，足以推翻原判决、裁定的”亦作为再审程序中认定事实错误或不清的改判和发回标准，但具体内涵则应从以下几个方面把握：一般应包括以下方面：

(1)原审庭审结束之前客观上没有出现的证据；

(2)该证据在原审庭审结束之前虽然出现，但在通常情况下当事人无法知道其已出现；

(3)原审庭审结束之前已经出现，但当事人提出后未被原审程序审查认定的证据；

(4)当事人经原审人民法院准许延期举证，但因客观原因未能在准许的期限内提供，且不审理该证据可能导致裁判明显不公的。①

这里的“新证据”必须理解为书证、物证和视所材料、鉴定结论等四种证据，其他如证人证言、当事人的陈述、勘验笔录不宜视为新的证据采信。同时，申请再审人提出新证据的时间也应在两年内提出，超过两年才提出的证据，即使是新证据也不再具有“新的证据”的法律效果。

(五)再审改判与发回中应注意的其他问题

1. 关于调解协议的再审改判标准问题

当事人提供证据证明调解协议明显或严重违反自愿原则、内容违反法律或损害国家利益、社会公共利益和他人利益，才能启动再审程序加以改判。

2. 关于因程序违法发回与认定事实错误发回的交叉问题

这是一个具体实务问题，实践中应把握如下原则：第一，在维护当事人的审级利益同时，注意引进现代诉讼契约化理念并充分尊重当事人的自由处分权。第二，调解优先。第三，因程序违法导致的发回重审权优于因事实错误导致的发回重审权。第四，无论是因程序问题或因事实问题均只能发回一次，但有最高人民法院《关于适用〈中华人民共和国民事诉讼法〉审判监督程序若干问题的解释》第38条规定情形的，即“便于原审人民法院查清事实、化解纠纷的”除外。

3. 几种有错误不纠的情形

原审判决、裁定确有错误是再审改判的前提条件，但绝不是原审判决、裁定确有错误的案件都应当改判。根据再审审理应坚持的从严原则、适度原则、无害性原则及客观事实相对性原则，下列情形可以允许有错不纠：

(1)依据无害性原则，对无害的错误案件，可不予改判；

---

① 黄松有主编，最高人民法院民事诉讼法修改研究小组编著：《〈中华人民共和国民事诉讼法〉修改的理解与适用》，人民法院出版社2007年版，第26页。

(2)原审认定事实、适用法律基本正确,裁判尚未超过法官自由裁量权限范围内的,可以不予改判;

(3)原审判决、裁定划分责任确有不当,但尚未颠倒主次责任的,可不予改判;

(4)法律无明确规定,认识上有明显分歧的历史老案,可以不予改判;

(5)当事人申请或申诉虽有一定道理,但没有明确法律、行政法规依据的,可以不予改判;

(6)已按判决、裁定生效时的法律、行政法规处理了的案件,不能按再审时的法律、行政法规对案件进行改判;

(7)对确有错误的案件,本应依法改判,但由于已经失去了改判条件或改判价值的案件(如当事人已经注销的),可以不予改判;

(8)原审判决、裁定确有错误,但用其他方法可以弥补或基于原裁判已形成多重法律关系无法纠正或纠正后会损害善意第三人合法权益,改判不能实现较好社会效果的,可以不予改判。

五、结语

综上所述,笔者认为,对于实践中改判与发回的种种问题,应通过修改法律的方式明确发改标准,设立科学的再审裁判制度,同时更应从制度上彻底消解上下级法院因自发博弈所带来的关于发回重审过分膨胀的自由裁量权,从而真正走出民事再审改判发回的困境。

浅析民事再审改判发回标准

江西省定南县人民法院　蔡艳艳

民事再审改判发回标准是人民法院按照再审程序审理民事纠纷案件后，作出改判或发回重审裁判时应遵循的规则和尺度。其中包含两个层面的内容：第一，民事再审案件改判和发回重审共同遵循的准则；第二，判断民事再审案件直接改判还是发回重审时应遵循的准则。在我国，再审发回重审只能适用《民事诉讼法》第170条的规定，这意味着再审发回重审的案件必定是按照二审程序审理的，因此我们研究的对象也局限于二审终审后进入再审程序的案件。

一、概念辨析

（一）再审改判发回标准与二审改判发回标准

依照《民事诉讼法》的规定，二审终审后进入再审程序的案件准用二审程序审理，那么是否要用二审的改判发回标准取代再审改判发回标准呢？实务中有观点指出：再审可改可不改的一般不改，但在当前的社会背景下，二审"可改可不改的一般不改"的尺度应当修正，法院更应当把当事人的合法权益和社会正义的实现放在首要位置，把案结事了放在突出地位，缓释法院内部压力只能放在次要位置。第一，我们认为，在我国现有的民事诉讼体制下，再审的纠错功能是受到多重限制的，更多地体现补充性，二审应承担着常规的纠错职责。再审程序中的改判，是真正意义上的改判，因为所谓改判，就其本质而言，乃是对发生法律效力的裁判所进行的修正，其结果是对生效裁判的既判力产生了动摇。第二，二审的改判发回则不涉及生效裁判的既判力问题。因此，再审改判发回的标准理所当然应当严于二审改判发回的标准。

（二）再审改判标准与裁定再审标准

由于当事人申请再审的目的在于实现案件的实质性改判，所以比较再审改判标准和裁定再审标准更有意义。裁定再审标准的直接体现是法定的再审申请事由，只有与之相契合，再审程序才能启动，才能谈及是否改判的问题。也只有再审改判标准对裁定再审标准予以恰当回应，整个再审环节的不同阶段才不会脱节。但是，二者的侧重点也有明显的差异，裁定再审标准主要在再审审查阶段发挥作用，审查的程度只要达到能否判断当事人的申请事由是否符合法定标准即可，不需要对案件做出实质性判断，而再审改判标准适用于对案件的实体审理。另外，二者的价值取向不同，裁定再审标准既关注对当事人实体权益，又不能忽视对当事人重大程序权益的保护，而再审改判发回标准更强调对当事人实体权益的实质救济，强调案件法律效果、社会效果、政治效果的统一，故裁定再审的案件不一定都符合改判的标准。

二、民事再审改判发回标准的共性研究——以改判发回基本原则为视角的思考

广义的再审改判可以分为实质性改判和形式性改判。发回重审由于首先必须撤销原生效裁判，故可以视为改判，但因其并未对案件的实体作出实质性的裁断，所以发回重审往往被列为形式性改判。故改判和发回重审都有对原裁判既判力的否定，具有一定的共性，理所当然也应共同遵循一定的原则。

（一）依法纠错与维护生效裁判既判力相结合的原则

再审程序是一项特殊的救济程序，它有两个基本特点：一是救济性。之所以当今世界各国普遍设置了针对生效裁判的再审程序，是因为错误的裁判在一定程度上是无法避免的。从事实认定的角度看，判决必须以事实为依据，而诉讼所谈论的事实是认识论上的事实，而非本体论上的事实；从法律适用角度看，法律规范的适用必须经过一个从抽象到现实，从一般到具体，从应然到实然的过程，这个过程也会因参与主体的不同、主体秉性的不同、主体与社会互动的不同而产生不同的结果。依靠国家强制力暴力维护确有错误的裁判必定不能树立司法权威，司法的公正才是司法权威的源泉，所以依法纠错是再审承担的基本功能。二是补充性。纠纷终结是司法的基本功能，国家强制性地以法律的形式赋予生效裁判既判力的目的在于，是非已辨，纷争到此为止，近而稳定社会关系。如果这种既判力被打破属于常态的话，法院就无法走出纠纷的旋涡，最终损害的是当事人的利益。再审的本质是对既判案件的再次审判，是一事不再理或既判力的法定例外。其中隐含的含义是，再审改判发回既然是例外，那么再审当然也承担着维护生效裁判既判力的职责，它与依法纠错构成了再审功能的矛盾结合体。依法纠错不意味着有错必纠，要体现有限纠错的精神；维护生效裁判的既判力不是维持错误裁判的挡箭牌，如果当事人的实体权益受到损害，应当及时、有效地予以纠正。

（二）保护当事人个体权益与维护社会关系稳定相结合的原则

民事再审处理的是私权利之间的纠纷，而私权利的集合正是民生的体现，国家对私权利的保护程度一定意义上也昭示着国家法治文明发展的层次，从理论上讲保障每项私权利是维护社会和谐稳定的需要。但是现实和理论总是有差距的，再审是权利义务纠纷经法院生效裁判确定后进行的程序，具有事后性的特点。由于裁判生效与再审有时间上的空隙，基于原生效裁判可能又产生、发展了一些新的社会关系，因此我们必须站在更高的角度，透过再审程序中个案的表象，重视案件背后延伸的各种社会关系，统筹考虑各种救济途径，慎重适用改判和发回重审，避免对社会关系造成巨大冲击，避免产生新的矛盾和冲突。

（三）平等保护申请再审人和被申请人权益的原则

再审具有终局性，这种终局性需要以实体正义和程序正义相结合为基础。前述两项原则主要站在实体正义的角度，本原则意在保障改判发回的程序正义。按照程序正义的理论，一个纠纷的解决，唯有经过必要的程序阶段，才能使当事人感到更加满意。正如英美法系国家强调的，“即使审理法官能够维持必需的客观性，并且他们的决定也通常是正确的，但是，维护在诉讼者眼中那公正的外观，也是同等重要的目标。”程序正义的基础价值是中立，无论各方当事人的诉讼角色、社会地位如何，这些差异都不应妨害对他们诉讼权利的平等保护。对于当事人存在生理缺陷、举证困难等特殊情形的案件，人民法院还应通过行使释明权等方式平衡各方的诉讼能力，确保平等保护的实质性。只有这样，使改判发回建立在程序正当化基础之上，成为程序正当化自身的表征，改判发回的结果也才具有正当性。

（四）调解前置，促使当事人服判息诉原则

“最恶的调停也胜于最善的诉讼。”调解所体现的妥协、退让、协商的精神正是再审所提倡的。所以我们将全程调解、全员调解、全面调解作为再审工作的基本原则，不论是对拟改判发回的案件还是维持的案件都将调解作为定分止争的最优选择。民事再审案件大多诉争多年，当事各方情绪激烈，矛盾激化，处理不当可能导致矛盾走向社会化、信访化，甚至政治化。特别是对拟改判发回的案件，终审胜诉方对生效裁判维持的预期较高，一旦改判发回可能无益于当事人之间的矛盾化解，甚或加剧当事人对原审法院的不信任，因此，有必要将调解作为再审案件拟改判发回的前置程序，最大程度地减轻再审对生效裁判既判力的冲击。纵然案件最终被改判发回，当事人仍可以在诉讼程序中感受到法官对调解工作倾注的努力，也有利于促使当事人服判息诉。对法官而言，在当事人没有接受调解方案的情况下，应重点做好改判发回案件败诉当事人的判后答疑工作，及时讲解法律政策，解答法律疑问，使他们真正解开法结、心结，实现服判息诉。

三、民事再审改判发回标准的个性分析——关于改判标准的再审视

原则上，再审如发现原审认定事实或适用法律有误，影响到案件裁判结

果,损害到当事人实体权益的均应改判,这种改判是从再审应然结果的意义上来讲的,而此处的改判则是狭义的,即二审终审的案件经过再审审查后,再审法院初次审理该案时改判尺度的把握问题。

(一)事实原因导致的改判

根据《民事诉讼法》的规定,原判决认定事实错误或者认定事实不清证据不足的,既可以由再审法院直接改判,也可以发回原审法院重新审理,其标准如何掌握是不同审级法院争论的焦点。我们可以将事实细分为免证事实和待证事实予以具体分析。

1. 免证事实被依法撤销或变更导致的改判

法院对事实的认定主要是通过对证据的判断推演而成,但也有部分事实不需要当事人举证证明,属于免证事实。最高人民法院《关于民事诉讼证据的若干规定》第8~9条对免证事实的范围作了具体规定,这种规定符合诉讼规律,有利于诉讼效率的提高,其中日常审理案件最常用的是有关法律文书已确认的事实,这些事实往往构成后案裁判的基础,但如果相应的法律文书被变更或撤销,影响到后案处理结果,且新作出的法律文书等够为后案提供定案依据的,再审审理法院应当直接改判。主要包括五种情形:(1)以另案裁判为定案依据而该裁判被依法变更或撤销的;(2)以人民调解协议确认决定书为定案依据,而该确认决定书被依法撤销的;(3)以仲裁机构作出的裁决为定案依据,而该仲裁裁决被依法变更或撤销的;(4)以公证机构的公证文书为定案依据,而该公证文书被依法撤销或者变更的;(5)以国家行政机关的行政决定作为定案依据,而该行政决定被依法被撤销或者变更的。

2. 待证事实认定错误或认定不清时导致的改判

原裁判认定事实错误或认定事实不清主要有三种情况:一是在原有证据真实的情况下,证据与待证事实之间缺少逻辑关联;二是原有证据被证明是虚假的,导致证据与待证事实之间的逻辑关系断裂;三是有新的证据否定原审证据与待证事实之间的逻辑关系。所以,认定事实错误或不清本质是证据与待证事实间逻辑关系的阙如。在我国,尚不存在对事实审和法律审的严格区别,相较再审法院,原审法院对事实认定承担着最基础的责任,也有查明事实、化解纠纷的便利。但再审人民法院在裁量是否发回时也要考虑以下因素:(1)原裁判证据和事实认定间缺少关联,当事人在再审举证期限内不能提供与本案待证基本事实有关的证据,原审法院依法已尽调查职责的;(2)原裁判认定案件基本事实系依据当事人伪造的证据,或其提供的证人等的虚假证言作出的。我们认为,证明案件基本事实的证据不足的情况主要有:证明当事人主体资格的证据不足；证明案件争议事实的证据不足；证明案件性质的证据不足；证明责任承担的证据不足；以间接证据作为定案依据的案件，间接证据不能形成完整的证据体系的。对于新证据，可以是新证据的提出导致上列情形的证据不足，也可以是新证据足以推翻原裁判认定的事实，如果新证据仅仅使法官产生原审证据与待证事实之间逻辑关系的质疑，则不宜直接改判。如果新证据的提出，使诉讼参与人发生变动，为保障新参加诉讼人的审级利益，不宜直接改判。

（二）适用法律错误导致的改判

实务中，对适用法律错误应由再审审理法院直接改判并无疑义。最高法院《关于适用〈中华人民共和国民事诉讼法〉审判监督程序若干问题的解释》规定了适用法律错误的六种情形，应当说是比较全面的。实务中常遇到的合同效力认定有误，责任认定有误等实际是上述六种适用法律错误导致的结果，不宜与上述情形并列规定。

（三）原裁判应予维持的情形

在再审这一特殊的救济程序中，需要秉持一种“忠于法律而又高于法律”的理念，除原裁判认定事实清楚，适用法律正确外，以下情形也不宜改判或发回重审：(1)原审法院依法行使自由裁量权，无明显不当的；(2)原审裁判在案件性质、事实认定、理由阐述、适用法律方面有疏漏，但裁判结果仍在可维持范围内的；(3)法律、法规以及司法解释没有明确规定，改判依据不充分的；(4)本应一并审理，但未审理部分可以另案解决的；(5)原裁判确有错误，但已经通过其他方式补救的，或者基于原裁判已形成多重法律关系，改判不能实现较好社会效果的。

四、民事再审改判发回重审标准的个性分析——关于发回重审标准的再思考

无论是理论界还是实务界都有观点主张直接取消再审发回重审制度，实务界也多认为应限制发回重审的适用，可以首先取消因事实不清而发回重审的规定，以避免司法扯皮影响法院公信力。还有另外一种声音，建立独立的一裁终局的再审审理程序，其当然结果也是对再审发回重审制度的摒弃。最高人民法院明确规定，第二审人民法院根据《民事诉讼法》第 153 条第 1 款第 3 项的规定将案件发回原审人民法院重审的，对同一案件，只能发回重审一次。其限制发回重审的态度也十分明显。我们认为，第一，在法律未作出修改前，再审发回重审的标准应进一步严格；第二，发回重审制度本身并无问题，关键在于如何正确适用；第三，当前发回重审的适用既有法律上的需要，也是政策上的考量。

关于再审发回重审的标准设定,我们作如下分析:

(1)事实不清导致的发回重审既不符合本文前述裁判维持条件,也不能直接改判的,应发回重审。这其中,实务中普遍关注的是审计、鉴定的问题。首先,需要明确审计、鉴定的性质,鉴定结论是一种法定证据,需要经过质证、认证才能作出采信与否的判断,不能将审计、鉴定异化为事实本身。对存在多个合法鉴定结论的,法官应结合具体案情作出判断。其次,对确有审计、鉴定必要才可以查清案情而未予审计、鉴定的或作出原审计、鉴定者不具有相应审计、鉴定资质的或审计、鉴定有明显瑕疵的,应发回重审。但明显不具备鉴定条件的,可根据证据规则分配举证责任,直接认定案件事实并做出裁判。如果按照社会一般人的标准不足以判断是否具备鉴定条件的,可以将案件发回。再次,结合相关证据能够认定事实,而不需审计、鉴定的不能因审计、鉴定有瑕疵而发回重审。最后,对当事人在再审中审计、鉴定的申请,如原审计、鉴定程序合法,无显著错误,一般不予准许。"这是因为,鉴定,系鉴定人基于其专业知识和经验而作出的判断,因为鉴定人本身的能力、素质以及检材的不同,不同鉴定人作出的判断可能会有不同。但是,原审法院既已在原审中认真审酌原鉴定结论,并已采信该证据,说明原审法院以对原鉴定结论的证明力进行了充分的判断、分析并予以了肯定,这种肯定是具有一定排他性的,实无必要再引入新的鉴定结论。"当然,原审庭审结束后原作出鉴定结论、勘验笔录者重新鉴定、勘验,推翻原结论的可作为例外。另外,随着科技的进步,如果依照具有更高准确率的新的鉴定方法得出的鉴定结论,推翻原鉴定结论的,也可以作为重新鉴定的例外。

(2)程序违法导致的发回重审程序违法实际可以区分为严重的程序违法和一般的程序违法。从程序正义的角度考虑,严重程序违法和具备可能导致案件裁判错误要件的一般程序违法都应发回重审,但也需要考虑具体的程序违法行为是否给发回重审提供了可能和必要。比如,依法应当公开开庭审理的案件没有公开审理,理应发回重审。但是,如果情形相反,公开审理了不应公开审理的案件,在原审事实清楚的情况下,一般应由再审法院直接予以纠正并做出裁判为妥,发回无助于增进或保护当事人的利益。另外,法律及司法解释对严重程序违法的列举并不全面,还需要在实务中不断总结。同时也要考虑到,对一些程序上有瑕疵但裁判结果正确的不应发回重审。"程序不公平并不必定导致错误的结果。因而,有人会怀疑,如果并无错误,基于程序理由而撤销判决究竟合不合理。因程序错误而败诉的当事人可能会认为,程序错误影响其获得有利结果的机会。对这类错误提出上诉的机会可能有助于从心理上和行动上解决争执。但由于重新审判直接成本不小,所以如果上诉法院认为程序错误不影响结果——一种无害的错误,则有权维持原判。”有的国家,如日本,还赋予了当事人程序责问权,如果当事人不能在规定的时间内行使该权利,则不能再因程序瑕疵为由而起争议。这种观点的基础是:虽然法官负有纠正一般性程序瑕疵的责任,但如果遭受程序不利益的当事人自己不予追究的话,法官再予纠正会造成诉讼的延宕和程序的不安定。这样的规定也值得我们借鉴。

(3)对于原判决、裁定存在改判的社会效果不好的,一般也不予改判。人民法院审理民事纠纷,必须考虑到审判的法律效果与社会效果,绝不能因为法院对某一案件的改判而引发或激化矛盾,导致到社会不稳定因素的发生。如果再审改判有利于息讼,有利于社会稳定,有利于审判的法律效果与社会效果的统一,就可以依照法律的规定加以改判。反之,如果再审改判不利于息讼,不利于社会稳定,不利审判的法律效果与社会效果的统一,人民法院只能做好申请再审人的说服、息讼工作或通过执行程序中的和解工作来解决。

浅析民事案件再审改判的标准

河北省张家口市桥西区人民法院　杨玉洁

一、民事再审与改判的区别与联系

审判监督程序，通常又称再审程序，是指人民法院为了保证司法的公正，使已经发生法律效力但认为确有错误的判决或裁定得以纠正，从而防止适用法律和诉讼程序上的偏差，而特设的一种补救和监督措施。如果说司法是社会正义的最后一道防线，那么审判监督程序无疑是司法程序的最后一道防线，它对于维护司法公正、保障法律的权威性和统一性有着重要意义。

再审改判是指人民法院按照审判监督程序对案件进行重新审理后，对于有错误的原裁判予以变更时所遵循的步骤和方式。再审改判，既要保证司法公正，保障审判效率，又要维护生效裁判的稳定性，防止随意性。

可见，再审与改判在民事诉讼的理念中密不可分，但在司法实践中，再审与改判的不一致却是普遍存在的，究其原因，是由于再审是民事诉讼中的一种特殊的救济程序，目的是纠正错误的裁判，为司法公正提供终端性的保障与救济；而改判是民事诉讼中的一种实体性的裁决，它是法定诉讼程序完成时所决定的一种结果与价值。同时，再审与改判毕竟是两个不同的概念，其内涵、外延都具有明显的差别与迥异。另外，从逻辑方面来分析，再审只是改判的一个必要前提，并非是充分的条件，再审的法定事由只能作为再审立案的必备条件，再审的前提并未就能得出改判的结论。因此，如何把再审、改判两者统一起来，在再审立案的法定事由中把握改判这一实体性标准，从而达到实体性改判与再审程序的有机结合，并形成共同认可的标准，此标准正是本文所要探讨的重点与核心。

二、再审改判标准的概念及意义

再审改判标准是指人民法院按照审判监督程序对案件进行重新审理以后，对于确有错误的原裁判予以改判时所应遵循的准则和尺度。它是人民法院改判时所必须达到的要求，如果达不到这些改判标准的要求，人民法院就不能对案件的原裁判进行改判。再审改判必须要依据一定的标准，如果再审改判标准不明确，不但再审改判难以避免再次出错，而且公正与效率及人民法院的司法权威也会受到严重的影响。有的再审案件之所以久拖不决，或者再审改判后又再次出错，其重要原因之一就是再审改判标准不明确所致。所以构筑我国再审改判清晰明确的标准有着深远的意义。

(1)有利于维护司法裁判的稳定性和终审裁判的既判力,使维护生效裁判的确定性和纠正错误裁判之间达到和谐统一。一方面,对于符合再审改判标准的案件进行改判,纠正错误的裁判,有利于稳定社会关系、经济关系,体现了党的实事求是的思想路线和"以事实为根据,以法律为准绳"的社会主义法制原则。另一方面,通过设计严格的再审改判标准,使原裁判不被轻易地改判,使生效裁判产生定分止争的作用,从而维护裁判结论的公信力和既判力,树立司法权威,对再审立案起到引导作用,使原裁判不会轻易地进入再审程序,使"无限再审"得到一定程度的遏制。

(2)有利于兼顾诉讼公正和诉讼效率。一方面,通过对符合再审改判标准的案件予以纠正,保护当事人的合法权益,有利于维护法律的严肃性和统一性,促进司法公正。另一方面,通过严格的再审改判标准对再审改判加以限制,使确无改判必要、确无改判可能或者可改可不改的案件免遭改判,有利于节约司法资源,使司法资源得到合理地利用,从而提高诉讼效率。

(3)有利于实践操作、公正执法。长期以来,我国再审程序立法一直都是粗线条的,操作性不强,使再审司法实践存在较大随机性,尤其是再审改判基本上无章可循。因此,从法律上规定一套详细的、可操作性强的再审改判标准,有利于再审法官做到"有法可依",减少任意性,有利于增强司法透明度,减少"暗箱操作",有利于为再审工作提供评判标准,发挥监督作用,促进秉公执法。

三、界定与掌握民事再审改判标准应当注意的几个问题

再审改判的标准不单是一个法律认识的问题,而且还涉及社会后果及司法权威、尊严等诸多问题,因此,对民事再审改判必须持严肃认真的态度,从严掌握即考虑再审改判时应当注意三个问题。

(一)坚持再审改判标准的基本原则

必须要坚持从严原则。首先,是保障诉讼效率的基本要求。在现代市场经济条件下,诉讼效率也越来越受到人们的关注,没有必要的诉讼,会使诉讼公正大打折扣甚至丧失殆尽。如果将"实事求是、有错必纠"原则发挥极致,一个生效的裁判就会被反复地拿来再审、改判,这必将造成人力、物力、财力的大量浪费。其次,是维护裁判稳定性的需要。再审程序作为特殊救济程序应当是有条件、有限制的;否则不利于维护裁判结论的确定力和既判力。因为法院的生效裁判结论一旦产生,就应当具有"定纷止争"的作用。如果反复地就某一已决案件进行再审、改判,裁判的稳定性、法院的权威性就会受到极大破

坏,而且使当事人不断地陷入诉累,其命运始终处于待确定的状态。最后,是司法实践总结经验的结果。长期以来,我国坚持“实事求是、有错必纠”的原则,对一个生效的裁判,只要发现有错误,不管是认定事实或者适用法律上的,还是违反程序上的,也不论是否符合诉讼效率或者是否考虑实际效果,都一律反复地进行再审或者改判,这不仅破坏了裁判的公信力、司法的权威性,而且浪费了大量的司法资源。因此,制定严格的再审改判标准势在必行。

必须要坚持适度原则。凡事都要适度,过犹不及均不足取。从我国再审司法实践来看,我们似乎过分地强调了“实事求是、有错必纠”这一指导原则,导致“无限再审”的弊端,产生诸多负面作用。因此,我们不能将诉讼活动看成是单纯的认识活动,过分追求“客观真实”、“有错必纠”,而置“一事不再理”、“禁止双重起诉”之类的基本原则以及包括裁判的既判力、程序终结性、诉讼经济原则在内的诉讼理念于不顾。由此看来,在构筑再审改判标准的时候,我们应当“适度”。一方面,对于确有错误的裁判并有改判必要的应当予以改判,以维护司法公正。另一方面,对于一些特殊的再审案件应具体问题具体分析,并非将所有错误裁判一律予以改判。在司法实践中,我们会碰到无纠错可能的案件,而且何为错案本身就难以界定,加之基于国家政策、社会影响、风俗习惯、特殊形势、诉讼成本等因素的考虑,我们没有必要也不可能对所有发生法律效力的错误裁判全部予以纠正。

(二)把握再审改判标准实践中的运用

1. 对于原判决、裁定单纯存在事实认定及程序方面的错误,但不影响实体公正裁判的,一般不予改判

原判决、裁定确有错误,既包括实体方面的错误,即包括认定事实、适用法律、处理结果的错误,也包括程序方面的错误。如果原裁判属于单纯的认定事实错误,但原裁判的处理结果并未受到相应影响而违法或有失公正的,就不属于必须通过再审改判加以纠正的范围;如果原裁判属于单纯的违反法定程序,但不影响原裁判的处理结果,均不属于必须通过再审改判加以纠正的错误范围。但如果原裁判属于认定事实明显错误,而且原裁判的处理结果致使当事人在利益获得上存在明显不公或有失公正的;或者原裁判在判决当事人承担民事权利义务属于适用法律明显错误,而且原裁判的处理结果又损害国家利益、社会公共利益、当事人的合法权益的;或者原裁判属于严重违反法定程序,而且又影响原裁判公正裁判的处理结果,均属于必须通过再审改判加以纠正的错误范围。

2. 对于原判决、裁定存在可改可不改的情形，原则上一般不予改判

所谓可改可不改的裁判，包括如下几种情形：第一种情形：(1)原判文书在事实认定、理由阐述、适用法律方面存在某些错误疏漏，但原判文书中的判决主文正确或者基本正确的；(2)原判结果的误差在法官自由裁量权幅度范围之内的；(3)原判定性部分有错误，但其定性问题纠正后，原判结果仍可以维持的；(4)原判有漏证或错引、漏引法条情况，但原判处理结果仍可以维持的；(5)原判应一并审理，但未审理部分可以另案解决的；(6)原判有错误，但可以用其他方法补救，而不必进行再审改判的。第二种情形：原审法官依法行使自由裁量权而形成的裁判，如因个别案件在事实认定、证据证明、法律性质及法律适用上存在认识或理论上的争议，在这种情况下，不能简单地以再审合议庭的法官自由裁量权来否定原审法官自由裁量权，因为法官依法行使自由裁量权而形成的裁判所涉及的往往不是一般的合法性问题，而是合理性及司法权威的问题，对此类裁判一般也不宜改判；否则，法官依法行使自由裁量权便可能落空。因此，再审改判必须充分尊重原裁判的法官自由裁量权。

3. 对于原判决、裁定存在改判的社会效果不好的，一般也不予改判

人民法院审理民事纠纷，必须考虑到审判的法律效果与社会效果，绝不能因为法院对某一案件的改判而引发或激化矛盾，导致到社会不稳定因素的发生。如果再审改判有利于息讼，有利于社会稳定，有利于审判的法律效果与社会效果的统一，就可以依照法律的规定加以改判。反之，如果再审改判不利于息讼，不利于社会稳定，不利审判的法律效果与社会效果的统一，人民法院只能做好申请再审人的说服、息讼工作或通过执行程序中的和解工作来解决。

(三)处理好再审改判中的几种关系

1. 服务与依法纠错的关系

人民法院应当为人民服务，为改革开放服务，为经济建设服务，为国家的长治久安服务，这是由人民法院的政治性质和任务所决定的。但无论如何也得不出“影响大的案件，即使错了也不能改判”的错误结论。依法纠错也是由人民法院的政治性质和任务所决定的，依法纠错就是为了更好地实践为人民服务，为国家的长治久安服务。因此，对于那些“影响大”的案件，只要查明原审错误达到了应当改判的程度，并且又具备改判条件和改判价值的，在做好各方协调工作后，也应当依法改判。人民法院要严守中立，平等地为一切当事人服务。在再审案件中，不论涉及何方利益，也不管任何组织和个人打招呼，只要原审错了必须改判的，都应当依法改判。只有这样，才能营造出好的环境，国家、地区、部门的长远利益才能得到有效的保护。

2. 关于有错必纠与依法纠错的关系

有错必纠一直是审判监督工作所遵循的指导原则。但是,随着改革的深入和国家法制的不断完善,实行该指导原则已显现出不少弊端:一是该指导原则规定过于绝对化,缺乏必要的灵活性,从字面上看就是只要有错误就必须纠正,不论错误大小,不论错误是否达到必纠的程度,也不论是否具备必纠的条件;二是容易误导当事人,造成不必要的缠诉;三是有错必纠对人民法院要求过于苛刻,且脱离客观实际;四是不利于维护人民法院判决、裁定的稳定,进而影响到人民法院的司法权威。从现行法律和司法实践来看,民事审判监督工作的指导原则应当是依法纠错,而不是有错必纠。依法纠错,就是指依照法律规定的程序、条件去纠错。一个民事案件经过再审后是否需要改判,只有在查明原审判决、裁定确有错误,达到必须改判的程度,具有改判条件和改判价值,且用其他方法难以弥补错误的情况下,才能改变原审判决、裁定,而不是有错必纠。

3. 关于以事实为根据与客观事实之间的关系

人民法院不论审理任何案件,也不论是一审、二审或再审,都必须坚持以事实为根据的原则。这个事实究竟是客观事实还是法律事实呢,对于当事人而言,他们往往经历了案件的全过程,对案件的来龙去脉、发展及最终结果可能是最清楚的,他相信他所陈述的事实就是客观事实,并要求法官予以采信。对于法官而言,他事前并不了解案件发生、发展及最终结果,所以,他只能通过诉讼程序和证据规则,依靠各方当事人提供的各种证据来认定案件事实,而不是按当事人所陈述的"客观事实"认定案件事实。如果法官不按当事人的陈述认定案件事实,当事人就要指责法官不公正。当然,可能当事人所陈述的事实是客观真实的,但作为法官,只能支持有证据证实的案件事实,即法律事实。所以,我们在强调以事实为根据时,这个事实只能是法律事实,而不是当事人所陈述的"客观事实"。我们有的当事人,由于其在原审中提不出证据来证明自己的主张而败诉,在事隔多年,一方当事人已经死亡的情况下,还要以原判决没有以事实为根据为由,要求对原审案件进行再审,这是没有道理的。

四、对具体再审改判标准的分析

(一)关于"有新的证据,足以推翻原判决、裁定的"的再审改判标准问题

当事人提供以前不知道或举证不能的新证据足以推翻原判决、裁定的,且其新证据的性质必须能证明原判决、裁定在认定事实或适用法律上不当的,应当进行改判。申请再审人在申请再审时提供所谓的新证据,包括:(1)该证据是由于申请再审人在一、二审开庭审理结束后因不可抗力的原因造成无法在

一、二审开庭前或开庭审理时提出；(2)申请再审人以前不知或不能知道的或举证不能的证据，可能推翻原裁判的，裁判后才取得当时举证不能的证据；(3)申请再审人在一、二审中已举出该证据，但一、二审在庭审中没有加以质证、认质，而该证据又严重地影响案件的实体判决结果，应视为新的证据。这里的“新证据”必须理解为书证、物证和视听资料、鉴定结论等四种证据，其他如证人证言、当事人的陈述、勘验笔录不宜视为新的证据采信。同时，申请再审人提出新的证据的时间也应在两年内提出，超过两年才提出的证据，即使是新的证据也不再具有“新的证据”的法律效果。

(二)关于“原判决、裁定认定事实的主要证据不足”的再审改判标准问题

当事人提供证据足以证明原判决、裁定认定的主要证据不足。主要证据不足是指主要证据不充分或者不具有证明力的，包括如下几个方面：(1)证明当事人主体资格的证据不足；(2)证明案件事实存在证据不足；(3)证明法律关系的证据不足；(4)证明当事人承担法律责任的证据不足；(5)认定案件主要事实的间接证据不足或不能形成完整的证据锁链。属于上述情形之一的，可作为再审立案的法定事由，但如果要达到改判，必须是：(1)其主要证据不充分，却对案件中当事人之间的法律关系、权利义务的分配起到关键作用；(2)作出判决、裁定的主要证据系伪造、变造或有其他虚假情况；(3)作出判决、裁定依据的另一判决、裁定已被依法变更、撤销或本案判决、裁定与另一已生效的相关判决、裁定相抵触；(4)就同一法律事实或同一法律关系，存在两个相互矛盾的生效法律文书，申请再审人对后一个生效法律文书提出再审申请的。

(三)关于“原判决、裁定适用法律确有错误”的再审改判标准问题

当事人提供的证据证明原判决、裁定适用法律错误，具体包括：(1)适用法律、行政法规的错误和适用法律、行政法规条款方面的错误；(2)适用法律、行政法规条款的内容解释方面的错误；(3)因案件事实没有实体法规范，类推法律不当或适用法律原则不当的错误；(4)应当适用特别法而适用普通法方面的错误；(5)因定性不准确导致的适用法律错误；(6)对责任的划分和责任的承担违反了法律规定；(7)超出法律规定范围的法官自由裁量权方面的适用法律错误；(8)适用失效法律的错误；(9)违反法律关于溯及力规定的错误。由于适用法律错误已严重影响到案件的性质及公正处理结果，因此，对此应当进行改判。

（四）关于“人民法院违反法定程序，可能影响案件正确判决、裁定”的再审改判标准问题

当事人提供证据证明原判决、裁定存在人民法院违反法定程序，已严重影响到案件正确裁判的，应当改判。违反法定程序包括如下几方面内容：(1)合议庭组成不合法的；(2)应当回避的审判人员没有回避的；(3)没有依法传唤或通知当事人的；(4)证据取得不合法或主要证据未经质证的；(5)遗漏应当参加诉讼的当事人的；(6)未按规定送达，即缺席审理和判决的；(7)依法应当公开开庭审理而没有公开开庭审理的；(8)违反受理案件管辖规定的；(9)人民法院违反专属管辖规定受理案件的；(10)无民事行为能力或限制民事行为能力的当事人的监护人未出庭代理诉讼而由该当事人直接进行诉讼的；(11)一般授权的诉讼代理人未经特别授权处分了当事人的实体权利。上述这些违反法定程序的各种情形，只是再审立案的法定事由，还不是再审改判的充分条件，只有达到确已严重影响到案件正确裁判的，才能进行再审改判。

（五）关于“审判人员在审理该案件时有贪污受贿、徇私舞弊、枉法裁判行为”的再审改判标准问题

当事人提供证据证明原判决、裁定存在审判人员在审理该案件时有贪污受贿，徇私舞弊，枉法裁判行为的：(1)有充分的证据证明审理该案的审判人员存在受贿行为；(2)受贿人对该案件提出的处理意见左右了所作出的判决、裁定；(3)审判人员犯有与本案有牵连的职务上的犯罪行为；(4)有充分证据证明参与案件审理的审判人员违背其法官职业准则对案件作出不公正裁判的行为。上述情形之一，只能作为再审立案的法定事由，并未作为再审改判的标准。只有当事人提供证据证明原判决、裁定存在审判人员在审理该案件时有贪污受贿、徇私舞弊、枉法裁判的行为且与本案有密切联系，并导致该案件不公正裁判的，才能改判。如果审判人员的贪污受贿，徇私舞弊，枉法裁判的行为是发生在其他案件或其他问题上，或其受贿的行为并不影响案件的实质性审理与裁判，则一般都不宜进行再审改判。

（六）关于调解协议的再审改判标准问题

当事人提供证据证明调解协议明显或严重违反自愿原则、内容违反法律或损害国家利益、社会公共利益和他人利益，才能启动再审程序加以改判。

（七）关于民事再审案件实体改判的标准问题

原判决存在确定民事案由错误、认定合同效力错误、认定责任错误导致错

判的,或民事案件错判承担民事责任形式、错划承担民事责任导致显失公正的,应当提起再审予以改判。这是一个纯粹性的实体改判的标准,只要具备上述情形之一,则就应当启动再审程序加以改判。

第四编　刑事再审程序问题研究

论刑事再审提起权的协调配置

福建省高级人民法院 徐进伟

一、现状陈述:刑事再审提起权配置失衡

诉讼的本质特征就是“三方组合”,诉讼中的原告和被告形成一定的诉讼对抗,法官则是居于其中、踞于其上的仲裁者,由此形成一个等腰的正三角结构。[①]在刑事诉讼中,这个三角形结构的三个基点就是控辩双方加上审判方。刑事再审作为一种特殊的诉讼也不例外,拥有再审提起权的主体也不超出这三方之外。

(一)法律对三方在再审提起权上的规定

1. 法院可自行决定再审

(1)各级法院。各级法院发现本院生效裁判确有错误的,可自行决定再审。《民事诉讼法》第205条第1款规定,“各级人民法院院长对本院已经发生法律效力的判决、裁定、调解书,发现确有错误,认为需要再审的,应当提交审判委员会讨论决定。”同时,最高人民法院《关于执行刑事诉讼法若干问题的解释》第304条规定,各级法院院长认为本院确有错误的裁判,提交审判委员会讨论决定再审的案件,“应当另行组成合议庭进行再审”。需要说明的是,刑事诉讼法并没有规定可以进行再审的生效裁判的类别,也即如发现确有错误,法院可以对依照再审程序进行再审过的刑事案件再次再审,既可以将有罪、重罪改为无罪、轻罪,也可以将无罪、轻罪改为有罪、重罪。

(2)最高人民法院和上级人民法院。最高人民法院有权对各级法院的生效裁判提起再审,上级法院有权对下级法院的生效裁判提起再审。《民事诉讼法》第205条第2款规定:“最高人民法院对各级人民法院已经发生法律效力的判决、裁定、调解书,上级人民法院对下级人民法院已经发生法律效力的判决、裁定、调解书,发现确有错误的,有权提审或者指令下级人民法院再审。”据此,最高人民法院和上级人民法院对下级法院的生效判决,既可以自己再审,也可以指令下级法院再审。

2. 检察院抗诉可提起再审

最高人民检察院有权对各级法院的生效裁判提出抗诉,上级人民检察院有权对下级法院的生效裁判提出抗诉。《民事诉讼法》第205条第1款规定:

① 龙宗智著:《相对合理主义》,中国政法大学出版社2000年版,第95页。

“最高人民检察院对各级人民法院已经发生法律效力的判决和裁定，上级人民检察院对下级人民法院已经发生法律效力的判决和裁定，发现有本法第二百条规定情形之一的，或者发现调解书损害国家利益、社会公共利益的，应当提出抗诉。”检察院的抗诉，必然导致法院的再审，法院无权先行审查抗诉的合理性，只能无条件再审，选择权只有自己再审或指令下级法院再审。

3. 申诉人的申诉不必然导致再审

申诉权既是一种宪法权利，也是一种诉讼权利。《刑事诉讼法》中规定了三种不同的申诉，[①]本文所述的申诉仅指要求对生效刑事裁判进行重新审判的申诉，即《民事诉讼法》第 203 条规定的“当事人及其法定代理人、近亲属，对已经发生法律效力的判决、裁定，可以向人民法院或者人民检察院提出申诉，但是不能停止判决、裁定的执行。”《民事诉讼法》第 204 条规定了法院应当再审的几种申诉，第 302 条规定“对不符合民事诉讼法第 204 条规定的申诉，应当说服申诉人撤回申诉；对仍然坚持申诉的，应书面通知驳回。”申诉人提出的申诉，并无检察院抗诉的效力，是否提起再审，取决于司法机关的审查，或者被驳回，或者由法院、检察院启动再审程序。[②]

关于法院、检察院、申诉人三方在提起再审上的权限，可通过下表直观地说明：

<table>
<tr><th colspan="2">主体</th><th>提起对象</th><th>所经程序</th><th>法律后果</th></tr>
<tr><td rowspan="3">法院</td><td>最高人民法院</td><td>各级人民法院裁判</td><td rowspan="2">不明确</td><td rowspan="2">提审
或指令再审</td></tr>
<tr><td>上级人民法院</td><td>下级人民法院裁判</td></tr>
<tr><td>各级人民法院</td><td>本院裁判</td><td>审委会决定再审</td><td>进行再审</td></tr>
<tr><td rowspan="3">检察院</td><td>最高人民检察院</td><td>各级人民法院裁判</td><td rowspan="2">向同级法院抗诉</td><td rowspan="3">进行再审
或指令再审</td></tr>
<tr><td>上级人民检察院</td><td>下级人民法院裁判</td></tr>
<tr><td>各级人民检察院</td><td>本级人民法院裁判</td><td>提请上级检察院抗诉</td></tr>
<tr><td colspan="2" rowspan="4">申诉人（当事人及其法定代理人、近亲属）</td><td rowspan="4">已经发生法律效力的判决、裁定</td><td>向法院提出申诉</td><td>决定再审</td></tr>
<tr><td rowspan="3">向检察院提出申诉</td><td>驳回申诉</td></tr>
<tr><td>检察院抗诉</td></tr>
<tr><td>不抗诉</td></tr>
</table>

① 分别见《刑事诉讼法》第 96 条、第 145 条、第 146 条、第 203 条。

② 关于检察院对刑事申诉的审查，参见《人民检察院复查刑事申诉案件规定》第 28 条、第 29 条、第 40 条。

（二）三方在再审提起权上的失衡

借助上表可以直观地看出，各级法院经审委会决定可以对本院生效刑事裁判自行提起再审，上级人民法院可以对下级法院的生效裁判提起再审，不需要征求控辩双方中的任一方或任何其他机关的意见；各级人民检察院对本级法院的生效刑事裁判，可以提请上级人民检察院提起抗诉，最高人民检察院对各级人民法院的生效刑事裁判、上级人民检察院对下级人民法院的生效刑事裁判可以提出抗诉，检察院的抗诉不需要经过任何其他机构，包括法院的审查，直接产生再审的后果。申诉人，包括案件当事人及其法定代理人和近亲属，是案件的利害关系人，但作为案件诉讼利益的关系人，对案件的再审并无决定权，其申诉行为不具有启动刑事再审程序的效力。在法院决定再审和检察院抗诉引起再审的情形下，案件的当事人在这一过程中没有发表意见的机会，甚至无法参与到再审的提起程序中来，只能被动地接受。控辩审三方所拥有的再审提起权反差巨大，三方权限失衡。

二、弊端呈现：刑事再审权失衡导致的冲突

（一）法院主动提起再审导致的冲突

如前所述，各级人民法院可以主动提起对本院刑事裁判的再审，上级法院还可以主动提起对下级法院的再审。“可以说，法院有权主动提起再审程序，并自行提起程序，这是中国再审制度的最大特点。”[①]这种做法导致了司法理念和实践上的冲突。

1. 与控审分离原则冲突

控审分离原则要求控诉权和审判权分别由两个不同的国家机关或个人行使，没有控诉就没有审判，法院审判只能在检察机关合法起诉的前提下才能开始和进行。[②] 也就是说，在没有控诉人的情况下，裁判者不能主动发起裁判行为。“从性质来说，司法权自身不是主动的。要想使它行动，就得推动它。向它告发一个犯罪案件，它就惩罚犯罪的人；请他纠正一个非法行为，它就加以纠正；让它审查一项法案，它就予以解释。但是它不能自己去追捕罪犯，调查非法行为和纠察事实。如果它主动出面以法律的检查者自居，那它就有越权之嫌。”[③]再审权既属于司法权，自然不能背离司法权的性质，也应保留司法权的被动性特征。法院提起再审后的审理结果无非两类：一类是维持原判；另一类是改判，而改判又可以分成有利于原审被告人的改判和不利于原审被告人

① 陈瑞华著：《刑事诉讼的前沿问题》，中国人民法学出版社 2000 年版，第 488 页。

② 虞政平主编：《再审程序》，法律出版社 2007 年版，第 150 页。

③ [法]托克维尔著：《论美国的民主》（上卷），董果良译，商务印书馆 2006 年版，第 110～111 页。

的改判，在后一种情形下，法院既是指控原审被告人有罪、重罪的追诉者，又是裁判者，自控自审、控审合一，这与控审分离的原则产生明显冲突。

2. 与司法中立原则冲突

我国法院的院徽是一柱华表支起一个天平，象征法院的中立性。“裁判者中立是指在诉讼构造中，相对于控诉一方或辩护一方的活动各自具有明显倾向性，法院作为居间裁判者，应当保持中立，冷静地观察，客观地分析，依据证据和法律对争议事项做出裁判。”①中立性要求法院居于控辩双方之间，没有利益倾向，保持其与诉讼双方都无牵连关系的第三者地位。在法院主动提起再审的情形下，“确有错误”系法院在开始再审前主动作出的判断，即已经在作出裁判前预设了立场，某种程度上已经形成了确信，丧失了中立性。

3. 与司法公信力要求的冲突

“司法公信力是司法对公众的信用和公众对司法的信任。”②公众对司法活动的认知主要来源于对诉讼活动的认知，也即公众对司法的信任或不信任来源于对裁判公正性和有效性的判断。刑事诉讼从某种意义上讲是国家惩罚犯罪，实现刑法权的活动，也要求有一个相对稳定的终局性裁判。公正与否作为一种评价本质上就是主观的。③ 法院未经其他机关的提请，自行推翻原判决，在丧失中立性的同时，既难以取信于公众，也难以维持一个相对稳定的终局性裁判。尤其在提起不利于被告人的再审时，法院难以排除对原生效判决的偏见，不可避免地先入为主，即使审判的结果在实体上是公正的，也难以令被告人甚至社会公众信服。

（二）检察院抗诉决定再审导致的冲突

1. 背离一事不再理原则

1998年10月，我国政府签署加入了《公民权利与政治权利国际公约》。该公约第14条第9项规定：“任何人已依一国的法律及刑事诉讼程序最后定罪或宣告无罪者，不得就同一犯罪再予审判或惩罚”。这条规定就是一事不再理原则在公约上的体现。我国《刑事诉讼法》虽无明确的条文规定一事不再理原则，但“人民法院审判案件，实行两审终审制”④的规定，可以看作暗含一事不再理原则。一事不再理原则要求对于任何已经生效裁判予以处理的案

---

① 宋英辉：《刑事诉讼原理》，法律出版社2003年版，第252页。

② 关玫：“司法公信力初论：概念、类型与特征”，载《法制与社会发展》2005年第4期。

③ ［日］谷口安平著：《程序的正义与诉讼》（增补本），王亚新、刘荣军译，中国政法大学出版社2002年版，第92页。

④ 参见《刑事诉讼法》第10条、《人民法院组织法》第12条。

件法院不得再行审判，对已经起诉的案件，也不得再次起诉，即"一事不再理涵括了判决的既判力与诉讼系属效力两个层面，不仅判决确定后不得就同一案件再次起诉，而且诉讼一经提起就不得以同一案件再次起诉"。① 检察院抗诉即可决定再审，等同是在裁判生效后对案件的再次起诉，是对这一原则的严重背离。

2. 加重控辩双方权利的失衡

"一般认为，平等创造了司法和构成了司法。"②相对于检察机关以抗诉提起再审的权利，申诉人享有的不过是提出意见，要求再审或抗诉的权利。在刑事诉讼中，"控、辩、审"三者应当是"等腰三角形"似的关系，法院作为审判者高高在上，控辩双方处于同一位阶，没有高低之分，才能相互制约，在此基础上，实现真正有效的对抗，整个刑事诉讼才会实现公正的结果。③ 控辩双方在提起再审权利上的失衡加重了双方在再审诉讼中本应平等的不平等，损害了控辩平等、法官中立的诉讼构造。

三、路径选择：刑事再审提起权的协调配置

（一）协调配置的理论基础和实践借鉴

1. 对导致三方主体失衡的理论检讨

尽管刑事诉讼法并没有明文规定再审程序的指导思想，但从其规定法院、检察院可以"确有错误"作为提起再审的理由来看，现行刑事再审程序的指导思想是"事实求是，有错必究"的原则，即无论事实认定错误，还是法律适用错误，再审程序都应当按照全错全改，部分错部分改的原则加以纠正。④ 因此，《刑事诉讼法》追求的是案件实体上的真实、结果上的公正，不论在何时发现刑事案件存在错误，都可以推翻原裁判，重新进行审理并作出裁判，以达到客观真实，最大限度地实现刑事诉讼法的任务。为了追求绝对的实体真实，纠正"确有错误"的、已经发生法律效力的裁判，《刑事诉讼法》赋予法院和检察院完全的再审提起权，再审随时可以提起，再审后发现错了，还可以再次再审，并无次数限制。这种对实体公正的苛求是以牺牲刑事诉讼的其他价值目标为代价的。"在这一过程中，诸如裁判的确定力、既判力以及判决的稳定性和法的安定性等概念，诸如国家刑罚权的节制，被告人不受双重危险等方面的理念，

① 谢佑平、万毅：《刑事诉讼原则：程序正义的基石》，法律出版社 2002 年版，第 391 页。

② [法]皮埃尔·勒鲁著：《论平等》，王允道译，商务印书馆 1988 年版，第 22 页。

③ 马贵翔著：《刑事速发程序正义论》，中国检察出版社 2002 年版，第 35 页。

④ 虞政平主编：《再审程序》，法律出版社 2007 年版，第 40 页。

统统让位于事实真相和错误裁判结论的纠正等方面的目标。"[①]应该承认，不论制度设计如何精细、法官技艺如何高超，错误结果总是不可能完全避免。案件事实本身的难以还原、诉讼时限及证据规则的制约都会构成法官做出最正确的裁判的阻碍，甚至法官自身的情感特性、个人偏好也会影响其判断的能力。正如罗尔斯所言，"刑事审判是一种不完善的程序正义。即便法律被仔细地遵循，过程被恰当地引导，还是有可能达到错误的结果"。[②] 任何一种价值目标的实现都只能是相对的实现，绝对实现是不存在的，无止境地追究实体真实往往会适得其反。

2. 协调配置的理论基础

(1)协调配置符合实体正义与程序正义兼顾的理念。实现实体正义是刑事诉讼的价值目标，但实现实体正义的程序也应是正义的。程序具有限制恣意、保证理性选择、消化吸收部分甚至全体当事人的不满等功能。[③] 法律程序作为一种形式正义，是一种高成本的正义，且并非总与实质正义保持一致，在不少情况下，甚至没有严格遵循程序反能达致最后的行为目的，而参与法律程序又需耗费一定的费用。因此，程序的实施本身可能对当事人不具有实质性利益。但正当程序的功能并不在于保证结果的公正，而有其独立的价值，"作茧自缚"的效应即是其一。[④] 一个公正且得到充分运行的程序本身即可在一定程度上强化结果的社会效果、消解结果可能遇到的排斥，经由这种程序得到的结果不仅更可接受而且质量也会更高。在这个意义上，正当程序应能为增强司法公信力提供助力。在我国传统法律文化中，正义的客观判断被认为出自民心和群情，同意作为法律制度的基础范畴具有普遍意义。在这个背景下，程序消解社会排斥的功用就格外珍贵，应为刑事再审程序所借重，因为刑事再审程序本就是为了消除社会对之前错误判决的排斥。因此笔者认为，应遵循实体和程序兼顾的原则协调配置再审提起权。

(2)协调配置追求惩罚犯罪与保障人权的平衡。既然刑事审判追求的是程序正义，那程序就应该既能惩罚犯罪，又不使无辜的人受到追究，即使是犯罪分子的合法权益，也应得到充分保障。个人拥有不受公权侵犯的基本权利与自由，作为公权之一种的刑罚权必须受到适当节制并在合理的限度内依照法律事先规定的程序行使，在任何情况下均不得侵犯个人所应有的基本人权。

---

① 陈瑞华著:《刑事诉讼的前沿问题》,中国人民法学出版社 2000 年版,第 486 ~ 489 页。

② [美]罗尔斯著:《正义论》,何怀宏等译,中国社会科学出版社 1988 年版,第 81 页。

③ 季卫东著:《法律程序的意义》,法制出版社 2004 年版,第 59 页。

④ 季卫东著:《法律程序的意义》,法制出版社 2004 年版,第 28 页。

如果说检察机关的指控行为是代表国家惩罚犯罪，维护公共利益，那么司法机关就应扮演个人权利维护者的角色，对国家采取的各项强制措施的合法性和合理性进行司法审查，使刑罚权的实现过程及刑罚权本身都符合公正性要求。

3. 协调配置的实践借鉴

我国法律体系多借鉴大陆法系国家，现以大陆法系的代表德国和法国为例。《德国刑事诉讼法典》将再审程序分为有利于被判刑人的再审和不利于被判刑人的再审，法院不能提起再审程序，检察机关和原审被告人均只有申请再审的权利，被告人死亡的，他的配偶、直系或旁系亲属以及兄弟姐妹也有权申请再审，由管辖法院进行审查后决定驳回或接受申请。① 对有利于被告人的再审，只要有证据证明被告人受到错误对待即可提起，但对不利于被告人的再审，设置了严格的时效和实体限制。② 法国基于保护被告人的人权，再审的范围仅限于为被告人的利益，且任何人都可以为被判有罪的人向最高法院提出申诉，检察长也可以为纠正法律适用中的错误，保证法律的统一实施，向最高法院上诉；最高法院对上诉和申请再审进行审查，并决定是否提起再审。③ 法国和德国均规定法院作为中立的审判机关，不具有主动发起再审的权力。苏联曾一度是我国法律制度学习的榜样，不妨看看他们现在的革新。在苏联时代，苏联最高法院院长及其副院长，以及自治共和国的最高法院院长及其副院长等有权提起审判监督程序。④ 2001 年颁布的《俄罗斯联邦刑事诉讼法典》已经不再允许法院主动提起刑事再审。⑤ 这一改变，将法院从控审合一的危险中解脱出来，保持了法院的中立性和消极性。

（二）协调配置的具体设想

1. 限缩法院的再审提起权

法院主动提起再审的权力因其违背控审分离、不告不理原则一直为学界所诟病，但对是否保留法院的主动提起再审权，有两种不同意见，一种意见认为应取消法院提起再审权，仅保留再审决定权，以保证法院的绝对中立地位；⑥另一种意见认为应从我国的实际情况出发，并适当借鉴外国的有关立法，将再审分为有利于被告人的再审和不利于被告人的再审。对于不利于被

---

① 虞政平主编：《再审程序》，法律出版社 2007 年版，第 127 ~ 128 页。

② 《德国刑事诉讼法典》，李昌珂译，中国政法大学出版社 1995 年版，第 213 页。

③ 汪建成、黄伟明著：《欧盟成员国刑事诉讼概论》，中国人民大学出版社 2000 年版，第 92 ~ 95 页。

④ 《苏俄刑事诉讼法典》，王之相译，法律出版社 1962 年版，第 121 页。

⑤ 《俄罗斯联邦刑事诉讼法典》，黄道秀译，中国政法大学出版社 1999 年版，第 269 页。

⑥ 杨建成、王学广："刑事再审程序改革研究"，载《河北法学》2007 年 8 月。

告人的再审，不能由法院主动提起，而必须经由人民检察院抗诉或者被害人方申诉才能提起；对于有利于被告人的再审，可以由法院主动提起。[①]

笔者同意第二种意见。完全取消法院的刑事再审提起权，不利保障被告人人权，可保留法院提起有利于被告人的再审的权利。检察院提起抗诉的理由是原审裁判“确有错误”，考虑到检察院在原审中的地位是公诉机关，其职责是代表国家行使刑事指控权，追求刑罚权的实现，法院作出有罪、罪重判决意味着法院认同检察院的指控，检察院自不会轻易推翻自己的立场，转而对法院的有罪、罪重判决提起抗诉。因此，检察院以“确有错误”为由提出的抗诉，不论是适用法律错误还是认定事实错误，多系不利于被告人的。笔者所在的省高级法院近两年来所审理的抗诉再审案件 8 件，无一例外都是不利于被告人的再审。虽然被告人及其近亲属提出的申诉都是出于被告人的利益，但因被告人获取案件信息的能力相对欠缺，与检察院相比处于弱势地位，可能无法获得有利于自己的新证据，而法院则可能在审理其他相关案件中发现有利于原审被告人的证据。这种情形下，就需要法院主动提起有利于被告人的再审。

2. 规范检察院的抗诉权

检察院既是公诉机关也是法律监督机关，在公诉案件中，检察院行使的是追诉权，追求被告人被定罪量刑，当这种追求没有实现或没有完全实现时，检察院又可以华丽转身，成为法律监督机关，行使监督权，提出抗诉，法院必须再审。检察院身份的双重性影响控辩双方地位和诉讼权利的平等，也容易引起公众对法院再审公正性的质疑，作为被监督者的法院总难摆脱屈从监督者的嫌疑。为了改变这种现象，“要淡化检察机关的法律监督地位，增强其刑事追诉者的意识，使得再审真正成为检察机关继续履行公诉职能的诉讼活动，而不是行使法律监督权的行政活动”。[②] 在不利于被告人的抗诉中，检察院履行的依然是公诉机关的职责，是作为控方当事人向法院提出再审申请，效力应等同于被告人及其近亲属的申诉，由法院审查决定是否提起再审。在有利于被告人的抗诉中，检察院履行法律监督机关的职责，系维护被告人的利益。因此，笔者认为应对检察院的抗诉权进行规范，依照其履行的不同职责赋予其抗诉不同的效力，即将检察院提起的不利于被告人的抗诉限制为申请再审性质，不具有决定再审的效力；同时保留检察院提起有利于被告人的抗诉再审权。

3. 优化当事人的申诉权

有意见认为，刑事诉讼中的当事人申诉不是一个法定程序，只是检察院抗

① 江必新：“完善刑事再审程序若干问题探讨”，载《法学》2011 年第 5 期。

② 陈瑞华著：《刑事诉讼的前沿问题》，中国人民大学出版社 2000 年版，第 503 页。

诉、法院再审的材料来源，这使得一方面一些正当申诉无法实现；另一方面又造成无限申诉的混乱现状，因此，应参照我国民事申请再审的规定，赋予当事人申请再审人的法律地位，将申诉制度纳入正式的诉讼轨道。[①] 笔者对此持保留态度。刑事诉讼上的申诉权可以分为对侦查机关的处理决定或结论不服的申诉、对检察院的不起诉决定不服的申诉、对法院生效裁判不服的申诉。本文所探讨的当事人的申诉权仅指最后一种，即"所谓申诉，是指当事人及其法定代理人、近亲属对已经发生法律效力的判决、裁定不服，向人民法院或人民检察院提出重新审查和处理案件的一种诉讼请求"。[②] 既然申诉是一种诉讼请求，申诉权自然是一种诉讼权利。我国《民事诉讼法》中已经将申诉改称为申请再审，但不论是对刑事申诉还是对民事申请再审，法院的处理方式均是进行审查，并依审查的结论驳回申诉和申请再审或决定再审。从其引起的法律后果来看，刑事申诉和民事申请再审并无明显区别。[③] 最高人民法院《关于执行〈中华人民共和国刑事诉讼法〉若干问题的解释》第 303 条规定："经两级法院处理后又提出申诉的，如果没有新的充分理由，人民法院可以不再受理。"这一条款将当事人的申诉限定在向两级法院提出，实际是两审终审的规定。因此，无限申诉现状似与当事人享有的到底是申诉权还是申请再审权并无多大关系。

有权向法院提起申诉的主体是当事人及其法定代理人、近亲属，而当事人包括了原审的被害人、自诉人、附带民事诉讼原告人。在一审程序中，被害人、附带民事诉讼原告人对刑事裁判不服的，只能向检察院申请抗诉。在裁判生效后，被害人和附带民事诉讼原告人却能向法院申诉，要求对被告人施以更重刑罚，这与他们在一审程序中仅有申请抗诉权这一规定不相符合，宜将其申诉的权利限定为向检察院提出，要求检察院抗诉。这种限定也与前述将法院提起再审权限缩为提起有利于被告人的再审相配合。

四、结语

惩罚犯罪和保障人权是刑事再审程序的两大的基本目标，两者能够均衡共存是我们的终极理想，但遗憾的是两者看起来经常处于矛盾之中。刑事诉讼制度的原始目的就是通过制裁犯罪，修复社会受到的伤害，恢复社会的秩序与安全，确保个人的自由和权利。因此，惩罚犯罪与保障人权并不是绝对对立

---

① 董艳："论刑事再审程序之完善"，载《法制与社会》2008 年第 9 期。

② 陈光中、徐静村主编：《刑事诉讼法学》，中国政法大学出版社 2001 年版，第 447 页。

③ 参见最高人民法院《关于执行〈中华人民共和国刑事诉讼法〉若干问题的解释》第 296 条、第 302 条，最高人民法院《关于适用〈中华人民共和国民事诉讼法〉若干问题的意见》第 206 条。

的，而是不可分割的一个问题的两个方面。在人的主体性和尊严日益得到尊重的背景下，刑事再审程序的人权保障机应得到加强，以成为确保公民自由的有效工具。“我国的再审程序改革和整个司法制度改革一样，前景是光明的，道路是曲折的。”①我们有理由相信，经过不懈的努力，再审程序改革必定能均衡实现惩罚犯罪和保障人权这两大目标。笔者希望通过协调配置控辩审三方的再审提起权，能对实现这两大目标提供一点思路。

① 陈光中主编：《刑事再审程序与人权保障》，北京大学出版社2005年版，第213页。

论我国刑事审判监督程序的风险及其控制

最高人民法院审监庭　李宗诚

一、问题的提出

任何事物都有风险，都有两面性，法律同样如此，尤其是刑事法律。德国社会科学家乌尔里希·贝克将当代社会概括为风险社会，认为全球性风险开始出现，使人类日益生活在文明的火山口上，面临着越来越多的威胁其生存的、由社会所制造的风险。[①] 该风险社会理论正对传统刑法学理论和我国刑法制度产生重大影响，刑法的触角开始规制抽象危险，强调防范性和前瞻性，"醉驾入刑"便是典型代表之一。在此背景下，刑法自身的风险受到重视并成为热点问题，有学者甚至认为"风险社会出现了刑法危机"。[②]

以风险理论来审视我国的刑事诉讼法可以发现，其作为保证刑法正确实施、维护安全秩序的程序法，在统筹惩罚犯罪与保障人权之间，实际上就是一个风险选择和风险控制的过程，其自身也不可避免地具有相当的风险性。而以维护司法公正、纠正错误裁判为基本出发点的审判监督程序，就像是刑事诉讼法实现自我风险控制的一道闸门。刑事诉讼的"河流"本应自然顺畅地流淌，但洪涝灾害不可避免地发生甚至是频繁发生，迫使立法者为其加上这道调节的关口。但这并不意味着万无一失，这道关口调节的好坏将直接影响到整条河流。

从目前我国刑事审判监督程序运行的实际情况来看，据相关统计数据，全国法院 2009 年至 2011 年刑事再审案件分别为 2935 件、3305 件和 3080 件，基本稳定在 3000 件左右。其中，检察机关再审抗诉的案件分别为 433 件、784 件和 729 件，仅占全部再审案件的 20% 左右。另据有关研究，在过去的十多年里，全国法院刑事再审案件发生了明显的减少，从 2000 年的 9836 件下降到 2009 年的 2935 件，下降了 70.2%，并且下降是渐进、稳定的。[③] 也就是说，刑事再审功能的发挥相当有限，且呈收缩之势。即使进入到再审程序的案件，改判率仅在 40% 左右，其中很多案件都经过了一些程序反复，还有的案件甚至

---

① [德]乌尔里希·贝克：《风险社会》，何博闻译，译林出版社 2004 年版。

② 劳东燕："公共政策与社会风险的刑法"，载《中国社会科学》2007 年第 3 期。

③ 顾永忠："特别程序应当特别安排——关于完善审判监督程序的几个问题"，载《中国刑事法杂志》2011 年第 2 期。

迟迟不能作出裁判。另外，刑事申诉难、申诉滥的问题客观存在，媒体还不时爆出一些冤错案件或者争议案件，引起社会广泛关注，刑事审判监督程序的处境尴尬。

早在审判监督程序改革之初，最高人民法院连续发布了《关于刑事再审案件开庭审理程序的具体规定（试行）》、《关于规范人民法院再审立案的若干意见（试行）》、《关于办理不服本院生效裁判案件的若干规定》等一系列司法解释和规范性文件，其中对刑事审判监督程序作出了较为完善、细致的规定。然而，这些规定在司法实践中显得相当脆弱，被漠视、被突破的情况普遍存在。本次《刑事诉讼法》修改中，审判监督程序最初没有被纳入到修改草案中，在最高人民法院审监庭的积极努力下，才最终得以修改完善。刑事审判监督程序似乎成为各方都不愿触及、不愿依靠的危险物，其中缘由值得深思。

围绕刑事审判监督制度的改革与完善，法学理论界和司法实务界从审判监督程序的正确理念，价值平衡，制度完善、构建、设计等各方面进行了深入研究，并提出了大量建设性意见。本文中，笔者意图通过反向分析刑事审判监督程序面临的风险及其控制，希望能够对全面认识我国刑事审判监督程序及其完善有所价值。

二、我国刑事审判监督程序的风险

概括起来，我国刑事审判监督程序的风险基本可以从自身属性、司法国情、工作机制三个方面来探析。

（一）刑事审判监督程序自身功能弱化

在申诉审查程序中，已经作出生效裁判的案件面临着可能被启动再审的不稳定性，而再审程序一旦启动，就打破了从侦查、起诉到生效裁判作出而形成的完结。程序各方主体此前的诉讼行为将处于不确定状态，或者说风险状态，他们或积极，或消极地期待着通过审判监督程序再次予以确实。然而，审判监督程序作为刑事诉讼活动的末端程序，就像已进入花甲之年的老人，“精力”有限，自身功能弱化，在再审启动与完结上都显得相当疲软。

其一，再审启动、再审改判的标准难以明确和统一。公正是绝对的、抽象的概念，而司法公正却是相对的、具体的。司法裁判是法官在现有证据的基础上，通过运用证据规则、综合分析推理并排除合理怀疑、达到内心确信来认定事实和适用法律的过程，这个过程“不是机械地套用法律条款，而是一个主观见之于客观的过程，是将法律的原则、规定运用于具体的个案的过程。法官基于个人的理论基础、社会阅历、司法经验，以及对法律规范的不同理解，甚至小到对一个文字的不同理解，都可能会造成对相同法律事实作出不尽相同的裁判。"[①]从而，人民法院在审判监督程序中所做的基本工作，成为了法官对"法官主观评价"的主观评价，两个评价难免会有所不同，对这些不同进行度上的把握，往往又会因为法官主观评价的差别而难以一致。司法公正的相对性、司法裁判的主观性决定了再审标准客观上难以明确和统一。此外，再审启动标准与再审改判标准的关系也值得进一步研究。

其二，再审是个"纸老虎"。审判监督程序作为一审程序和上诉程序的补充，主要被定位为"特殊救济程序"，[②]其有限性已经成为共识。但需要指出的是，意图通过诉讼化改造而被寄予厚望的再审审理程序，同样体现着鲜明的补充性、有限性以及功能弱化性，这在证据和庭审两个基本环节上体现得十分突出。刑事案件的证据需要及时收集和固定，而再审的启动需要经过一段时间的申诉审查后才能够作出，往往因为时过境迁而在证据的收集上难以取得进展。不仅如此，司法实践中反映出来，刑事案件的证据，尤其是被告人供述、被害人陈述、证人证言等言词证据，最初收集的往往最为真实，问题也比较容易发现。反而是后续收集的被告人供述、被害人陈述、证人证言等，出现反复的情况更多，真假更加难以辨别，问题更加不容易暴露，证据审查运用的难度也就更大。庭审可以说是再审程序之于申诉审查程序的最大区别，但经过一审、二审的全面审理以及申诉审查之后，再审庭审已经不容易再发挥出更多的作用。相反地，由于再审庭审对于司法资源的较大占有，刑事再审案件哪些需要开庭审理、开庭审理是否需要全面审理等问题都难以统一。加之我国刑事诉讼庭审的对抗制还不成熟、检察机关不重视再审庭审等实际问题，目前刑事再审案件的庭审往往是开庭前高度重视、积极备战，而庭审中又难以取得实质效果。当然，再审法官自身能力的高低也是影响证据审查运用和庭审功能发挥的重要因素。但总而言之，再审审理程序的功能是相当有限的。

其三，程序的延续和反复将不可避免地对实体处理产生影响。根据最高人民法院《关于适用刑法时间效力规定若干问题的解释》的规定，"按照审判监督程序重新审判的案件，适用行为时的法律"，审判监督程序似乎只要着眼于案件行为及行为时法律即可。然而司法实践中，却不能完全着眼和追求案件发生时的状态，因为案件申诉和再审延续的期间及该期间内添加的诸多因素，将不可避免地对实体处理产生影响。例如，罪犯被判处 15 年有期徒刑，通

---

① 沈德咏："谈审判监督工作和审判监督改革"，载《最新再审司法解释适用与再审改革研究》，人民法院出版社 2003 年版。

② 陈光中、郑未媚："论我国刑事审判监督程序之改革"，载《中国法学》2005 年第 2 期。

过审判监督程序认定其应当判处5年有期徒刑是最为恰当的，而在申诉和再审期间，罪犯已经实际服刑12年，那么，再审应当判处其5年有期徒刑还是12年有期徒刑？罪犯实际服刑的刑期客观上已经不难改变，也都难以获得国家赔偿。或者维持15年有期徒刑不变？又例如，罪犯被判处5年有期徒刑，通过审判监督程序认定其应当判处15年有期徒刑是最为恰当的，而在案件再审时，罪犯已经服刑期满并且有了固定工作、稳定家庭，那么，再审是否应当改判其15年有期徒刑？可见，即使原生效裁判是有所不当的，审判监督程序中对于案件的处理在很大程度上不得不受到该生效裁判的影响和制约。

（二）国情实际和司法现状使刑事审判监督程序处于高风险

其一，监督纠错成为刑事审判监督程序必须承担的历史使命。我国目前正处于社会转型期，矛盾多发且较为激烈，然而司法转型却比较滞后，且进程相对缓慢。在处理矛盾纠纷时，由于传统刑事司法理念仍然根深蒂固、司法能力相对有限、司法腐败问题比较突出等的影响，司法实践中确实存在并已经暴露出一些冤错案件，司法公正和司法公信力受到质疑。人民法院作为诉讼活动的中心和裁判者，难以做到置身事外。在此背景下，监督纠错被确定为具有补充性、救济性的审判监督程序的重要职责，或者说是主要职责。“因为有错案，才有审监庭，如果没有错案，就不可能各级法院都成立审监庭。”①也就是说，目前我国的刑事审判监督程序是救济性与监督性并存，在一定程度上就体现出诉讼性与行政性并存，相对弱化的刑事审判监督程序肩负着十分沉重的职责和使命。

其二，内部监督与外部监督并存。人民法院目前接受的外部监督主要来自党政机关、人大以及检察机关。依法独立公正行使审判权，是宪法赋予人民法院的权力，也是人民法院的职责和义务。但审判独立并不是不受监督，任何权力都应当受到制约和监督。尤其当前冤错案件以及人民法院的司法能力不足、司法腐败等问题客观存在的情况下，外部监督不但必不可少，而且具有合理性。然而，人民法院积极通过审判监督程序所进行的内部监督，与当前不但必要而且越来越强的外部监督并存时，柔弱的审判监督程序愈加难以安宁，其风险被进一步放大。“拥有再审启动权的机关又常常因为外部的监督而随意启动再审，造成‘正道拥堵、旁门畅通’的怪状，刑事再审程序已经随时有沦落

---

① 纪敏：“当前中国的审判监督工作”，载《最新再审司法解释适用与再审改革研究》，人民法院出版社2003年版。

为特权程序的危险。”[①]刑事审判监督程序应当如何应对和处理外部监督带来的压力，是必须面对和解决的问题。

其三，重视打击犯罪、追求客观真实的司法传统使得刑事审判监督程序进退维谷。重视打击犯罪符合我国社会文化传统，和谐安宁是中华民族在悠久历史进程中形成的普遍心理。“大多数人对犯罪的恐惧和痛恨远远超过政府权力扩张的担忧，对司法机关惩罚犯罪采取的一系列行为，包括限制涉诉公民权利的行为在内，一般都持支持或默许态度。”[②]重视打击犯罪也自然体现在我国刑事立法和刑事司法之中。在经过侦查、起诉并由人民法院裁判有罪后，意图通过审判监督程序改判其无罪的被告人，无论在道义上还是制度上都处于弱势一方。而追求客观真实的刑事司法传统又使得改判更加艰难，人们往往会认为，司法机关只要完全履行职责，就一定能够查清客观事实。从而，在证据不是很扎实而又补查不能的情况下，司法机关往往会陷入到两难境地，留有余地处刑成为主要选择。[③] 人民法院在审判监督程序中面对如此情形时，通常也是有心无力。

（三）工作机制不完善使刑事审判监督程序的风险暴露无遗

其一，审判监督程序中的立审分离被误读。“立审分离”对于推动人民法院构建规范有序的立案程序，其具有合理性、正当性，目前仍被普遍认可和遵循。但是，由于审判监督程序首先要审查认定是否符合再审条件，然后再决定是否启动再审程序，其比较明显地包括了形式审查、实质审查和再审审理三个阶段。目前，普遍认为审判监督程序的立审分离，是指形式审查、实质审查与再审审理的分离，体现在相应的部门分工上，一般由立案庭负责形式审查和实质审查，由审监庭负责再审审理。实质审查和再审审理由同一部门负责的情况则相对较少。这实际上是对立审分离原则的误读。审判监督程序中的实质审查与真正意义上的立案已经有了实质的区别，它需要对案件事实情节以及原审定罪、量刑、程序是否正确进行认定，对是否启动再审进行裁决，其本质已经属于审理程序的范畴。而实质审查与再审审理紧密相连，实质审查是再审

---

① 云南省高级人民法院审判监督第一庭：“关于刑事再审程序修改的几点思考——以云南省法院近三年刑事再审案件实践为例”，载《审判监督指导》2011年第3辑。

② 徐静村主编：《刑事诉讼法学》（上），法律出版社1997年版。

③ 还有的案件人民法院难以下决心裁判，检察机关、侦查机关也不解除羁押。据2012年5月24日《南方周末》A3版《判不了，就关着》一文报道：犯罪嫌疑人张法银因涉嫌故意杀人罪，中级人民法院一审被判处死刑；被告人上诉，省高级人民法院二审以事实不清发回重审；侦查机关补充了“现场分析意见”，中级人民法院一审改判死缓；被告人再次上诉，省高级人民法院二审再次以事实不清发回重审；检察机关撤诉，人民法院准许；市检察院表示，案件已退回公安机关补充侦查；被告人现仍在押。市委政法委工作人员坦言：被害人家属到省高级人民法院上访闹事，政法委也不好处理。

审理的基础和依据,实质审查发现的问题需要再审审理来解决。实质审查与再审审理的分离,使得审判监督程序程序复杂化,使得本来就弱势的审判监督程序力量进一步分散,甚至相互抵消,使得本就十分有限的司法资源无谓浪费,也使得本就已经高负荷的审判监督程序步履艰难。

其二,审判监督程序受到"信访潮"的巨大冲击。作为一项具有中国特色的制度设计,信访制度契合中国传统法律文化,内嵌中国特色现实宪法的制度安排,适用中国社会转型期化解社会矛盾的现实要求。[①] 目前,我国进入又一个"信访潮",从2005年开始,全国信访总量在持续12年上升后首次出现下降,但全年总量仍然在1000万件(人)次左右的高位运行。[②] 面对巨大的信访压力,尽可能将涉诉信访案件纳入司法救济程序,实现诉访分离,被普遍认为是解决当前信访困境的合理且有效的途径。然而,人民法院通过审判监督程序进行司法救济显然难以应对,效果也不佳,该司法救济途径甚至有湮没在"信访潮"之中的态势。这种状况的出现具有一定的历史必然性,在信访体制发展完善的过程中,作为诉讼救济途径的审判监督程序,仍将在较长一段时间内受到来自信访的冲击。

其三,人民法院往往自己启动、自己审理,缺乏配合与制约。虽然再审程序启动绝大多数是因申诉人申诉而引起,但能够启动再审的法定主体是人民法院和人民检察院。检察机关提出抗诉启动的再审,其在再审中一般能够较好地履行职能。但若人民法院依职权决定再审的,检察机关往往比较消极,出工不出力。而人民法院在再审启动和再审审理中,不但需要对原审裁判进行评判,还要对侦查阶段、审查起诉阶段进行评判,当然还要对申诉人的申诉进行评判。由于缺少配合与制约,人民法院显得有些无措和盲目。其单方面启动再审并作出的裁判,往往被认为仅是上级法院对下级法院、或者同一法院自己对自己的评判,说服力单薄,有时受到申诉人,甚至检察机关、侦查机关的抵制。人民法院的角色尴尬,法院之间有时甚至相互"踢皮球",审判监督程序的积极作用难以实现。

其四,责任追究机制对法官的保护不够。案件被改判,甚至仅被指令再审或者发回重审,承办法官以及合议庭成员就会受到不利评价。尤其是被改判的案件,往往会被认定为"错案",追究相关办案法官的责任。但改判的情况是不同的,有些改判案件确实与法官的违法裁判、玩忽职守、疏忽大意有关,这种情况下的确应当追究办案法官的责任。但有些案件改判是由于后来出现了

① 孙大雄:"信访制度功能的扭曲与理想回归",载《法商研究》2011年第4期。

② 李炳炎:"信访制度存废浅探",载《长江论坛》2010年第6期。

影响案件处理的新证据,或者发现关键证人作了伪证,有些案件改判则完全是由于法官对于事实证据理解和把握上自由裁量的不同,或者仅是存在一些不必要的瑕疵等,若“一刀切”地搞错案追究,直接后果即是加大再审改判的阻碍。“在解释法律时,法官拥有一定的自主权是非常重要的,这样才能够使得法律制度得以发展。希望法官在解释法律时不发生‘错误’,无疑是一种妄想,而利用法律责任来制裁这种‘错误’,无疑是摧毁法官在社会变革与法律演进中的作用。”①

三、我国刑事审判监督程序的风险控制

从以上分析来看,具有补充性、弱化性属性的刑事审判监督程序被赋予了救济和监督的双重职能,而司法权威、司法公信力已经不足的人民法院,面对该要求时明显难以应对。人民法院工作机制的不完善使得刑事审判监督程度的司法功能进一步弱化,外部监督机制、传统刑事司法理念等的影响,更使得刑事审判监督程序的司法功能近乎丧失殆尽。笔者认为,刑事审判监督程序自身的弱化性、矛盾多发的国情实际和人民法院外部监督的不断加强,短时间内难以改变,在这种情况下,实现我国刑事审判监督程序的风险控制,充分、有效地发挥其积极功能,人民法院应当将重心放在工作机制的完善上,包括构建再审启动前的沟通机制和再审裁判后的反馈机制等,同时结合诉讼制度调整,提高刑事审判监督程序的申诉审查能力和再审终结能力。

(一)刑事审判监督程序的诉讼化改造是个误区

对刑事审判监督程序进行诉讼化改造,实现诉访分离,也许是当前刑事审判监督程序改革的主流观点。但是,在司法视野下,在人民法院审判监督程序范畴内,刑事审判监督程序进行诉讼化改造、实现诉访分离却是一个不符合客观实际的伪命题。从性质上来看,申诉人到人民法院进行申诉,其是在信访外寻求司法救济,它本身并不是信访,而实际上已经是一个真正意义上的“诉”。人民法院受理的刑事申“诉”,已经是宪法性申诉权的具体化、诉讼化,具有诉的基本属性。只是在具体路径上,这个“诉”并不能当然地启动再审。刑事审判监督程序由其自身无法克服的补充性、有限性所决定的,是否启动再审前必须对申诉进行的实质审查,成为申诉人获得再审救济必须逾越的鸿沟。加之当前社会矛盾多发、人民法院自身权威不足、司法资源有限等诸多因素,申诉经过实质审查后进入再审的数量十分有限,人民法院不得不采取化解纠纷、平衡价值、平息事态等一些更类似于信访手段的多元举措,甚至将不能进入再审

---

① [意]莫诺·卡佩莱蒂著:《比较法视野中的司法程序》,徐昕等译,清华大学出版社 2005 年版。

的案件作为信访来处理。也就是说，刑事申诉审查程序实质上就是诉的一部分，但是其无法被逾越而直接以诉的形式来表现和完成。人民法院的刑事申诉案件实际上是由诉到访的转变，是诉中有访，而不是访中有诉。

若使申诉能够直接启动再审，即人民法院对申诉提供充分的司法救济，就应当填平再审启动前实质审查这道鸿沟。但由于裁判公正与否并没有绝对的客观标准，很难界定，程序公正是否属于应当通过审判监督程序予以保护的价值也未形成一致，尤其在目前我国完全的程序独立价值仍未确立，审判监督程序仅能在严重违反程序公正时才予以救济已基本成为共识。但对违反程序公正严重性的判断，往往又落入主观评价的范畴，难以外化为客观标准。也就是说，若申诉能够直接启动再审，这实际上是在构建三审终审制，已经不属于审判监督程序的范畴。而构建三审终审是否必要、条件是否成熟、是否能够解决审判监督程序当前的问题，也是值得怀疑的。

(二)刑事申诉审查程序风险控制的基本构想

刑事申诉审查程序是刑事审判监督程序功能弱化与职责重大两者矛盾的碰撞处，是刑事审判监督程序风险控制必须要解决的首要问题。基本思路是，通过刑事审判监督程序工作机制的调整和完善，提高人民法院申诉审查能力，使申诉审查程序成为有效过滤再审和阻却信访的关口，成为人民法院内部监督与外部监督沟通协商的平台，并为再审审理程序打下基础、提供支撑。主要构想是，人民法院由同一部门负责刑事申诉实质审查和再审审理，并确定由第二审人民法院负责申诉审查；引入公开听证审查程序，提供公开透明的沟通平台，只要申诉人要求公开听证审查即应当进行公开听证审查，并根据听证意见决定是否启动再审，以提高人民法院的审查能力和审查效率，先期消化外部监督可能形成的压力，分散驳回申诉裁定作出后人民法院可能形成的尖锐矛盾。人民法院将再审启动权较大程度让出后，对于经过公开听证审查后驳回申诉或者进行再审的案件，除因特定情况外，人民法院不再依职权启动再审。但上一级人民检察院提出抗诉的，人民法院应当再审，从而构建控审分离的再审职权科学配置。具体设计如下：

(1)明确并统一刑事审判监督程序中的“立审分离”模式，由同一部门负责刑事申诉实质审查和再审审理，提高审查能力和审查效率，避免重复审查和司法资源浪费。建议保持立案庭统一的职能，由其负责申诉人的接待，进行形式审查并决定是否受理；申诉材料齐全并属于本院管辖的，交由审监庭进行申诉实质审查，决定是否启动再审，并负责再审审理。

(2)确定申诉由第二审人民法院管辖。我国刑事案件基本由基层人民法院和中级人民法院审理，中级人民法院也仅管辖可能被判处无期徒刑、死刑的案件以及危害国家安全、恐怖活动案件，大部分案件由基层法院管辖。申诉由第二审人民法院管辖，具有可行性，能够更好地确保申诉审查的质量，也有利于推动切实发挥第二审程序的作用。

(3)构建人民法院主导、多方参与的公开听证审查制度。人民法院受理申诉后，认为不符合再审条件的，应当裁定驳回申诉；认为有必要启动公开听证审查程序的，或者申诉人不服驳回申诉裁定，申请启动公开听证审查程序的，人民法院应当启动公开听证审查程序。

听证人员一般应当由法官、检察官、人大代表或政协委员、知名专家、资深刑事律师各 1 人共 5 人组成。人民法院可以邀请案件有关当事人及其近亲属，被告人、申诉人居住地居民委员会、村民委员会等相关人员参加旁听。

听证在法官的主持下进行。原审承办法官应当书面或者当面说明认定原裁判认定事实、适用法律的依据和理由。申诉人或其委托的代理人提出其申诉理由及相关依据。申诉人或其委托的代理人与原审承办法官可以相互提问或补充发言，对有争议的问题可以进行辩论。听证人员可以向申诉人或其委托的代理人、原审承办法官提问。

辩论、提问结束后，听证人员休会进行评议。听证人员应当根据案件事实、证据以及听证情况，充分发表对案件的处理意见，并根据少数服从多数的原则，形成听证评议意见。听证评议意见由法官向申诉人宣布，并听取申诉人或其委托的代理人的意见。

听证评议意见认为案件应当再审的，可以由第二审人民法院直接进行再审或者指令下级法院再审。指令再审的，依照第一审程序进行审理，所作判决、裁定可以上诉、抗诉；由第二审人民法院直接再审的，依照第二审程序进行审理，所作判决、裁定是终审的判决裁定。听证评议意见认为案件不应当再审的，由第二审人民法院裁定驳回申诉。

(4)经过公开听证审查的案件，申诉人仍然不服驳回申诉裁定或再审审理裁判的，可以向上一级人民法院或者人民检察院提出申诉。

除因生效裁判据以认定事实的证据被证明是伪造的、变造的或者虚假的并影响定罪量刑的，或者确有新证据出现、足以推翻生效裁判认定的事实并影响定罪量刑的，或者为统一某类案件的法律适用问题，或者生效裁判显然存在重大错误的等情形，上一级人民法院不得依职权启动再审。

上一级人民检察院认为确有必要进行再审的，可以向同级人民法院提出抗诉，同级人民法院应当进行再审。

（三）刑事再审审理程序风险控制的基本构想

刑事再审审理程序是整个刑事审判监督程序的关键，影响甚至指引整个刑事诉讼活动的价值取向。做好刑事再审审理程序的风险控制，首先当然要发挥再审审理程序本身不可替代的作用，尤其是要抓住证据和庭审两个基本点。对于再审案件，原则上应当开庭审理，以进一步充分地听取申诉人、检察机关、被告人、辩护人、诉讼代理人等的意见，赋予再审法官必要的调查取证权，力争从证据和庭审两方面强化再审审理程序的功能。同时，再审审理是及时纠正错误裁判、尽快实现裁判稳定的最佳时机，除经过公开听证审查认为有必要指令下级法院再审的，案件进入再审后，不得再发回重审。在工作机制的完善上，主要建议是：

（1）固定合议庭负责刑事再审案件的审理，细化合议庭案件类别分工。固定合议庭审理再审案件，是区分申诉审查与再审审理的客观要求，有利于确保再审案件质量，统一把握再审标准，推动再审水平不断提高。同时，根据案件类型进行合议庭职能细化，能够丰富特定合议庭办理某类案件的经验，进一步提高专业化水平。

（2）明确将纠错作为目前刑事再审的首要任务。当前，刑事再审案件的改判尤其困难。但在少数错案客观存在、案件质量还有提升空间、司法公信陷入泥潭的情况下，对再审中确有必要改判的案件，必须坚决改判、勇于改判。尤其在确立公开听证审查机制后，进入再审的案件可能会增多，若再审改判不畅，该改的案件没有改，刑事审判监督程序恐仍难以很好地发挥救济与监督的作用。对于综合案件事实、政策把握、两个效果后可改可不改的案件，应当特别重视检察机关的意见，若检察机关支持改判，原则上应当予以改判。在一段时间内，刑事再审改判必将有利于进一步提高人民法院审理水平，更为重要的，将真正有效地促进侦查机关提高的侦查取证能力以及规范化水平，从根本上提高司法水平，提高司法公信力。

（3）构建裁判后的反馈机制。所谓裁判后反馈机制，是指人民法院再审作出维持裁定或者改判后，及时向申诉人或者作出原生效裁判的法院、审判部门进行解释说明的工作机制。主要包括两个方面要求：一是在人民法院作出维持原判的裁定后，应当向申诉人说明维持的理由，重点解释案件争论焦点，回答申诉人的相关疑问。目前，已经有些法院建立了在裁判作出后向当事人进行释明或者答疑的机制，经过实践检验，效果良好。[①] 案件再审后，是又一

---

① 上海市浦东新区法院："判后释明新路　延伸与回馈"，载 http://oldfyb2009. chinacourt. org/public/detail. php? id = 131041。

个化解矛盾、终结诉讼的良机，在裁判进行充分说理的同时，通过判后反馈机制来当面释疑，效果尤佳。人民法院应当努力把握这个时机，争取矛盾化解。二是在人民法院改判后，应当向原审法院、审判部门说明改判理由，并对改判是否涉及原审承办法官、合议庭的责任承担问题进行评价。这既有利于保持法院之间、法院不同部门之间的良性互动关系，也有利于区分情况来慎重决定是对法官进行追责还是免责。

(4)注重推动案例指导制度。案例指导制度正在受到人民法院高度重视，而刑事再审的案例指导无疑具有特别的价值。刑事再审案件能够全面反映我国刑事司法的现实状况和发展进程，真实记录我国刑事司法存在的突出问题和不足之处，对再审案件的分析总结，有利于找到真正符合我国国情现状的司法制度和改革措施。刑事再审案件政策把握的原则和规律，也需要通过再审案件来归纳提炼，而刑事再审案件的政策把握问题，往往是决定再审维持还是改判的重要因素。而且，刑事再审案件通常能够反映某类犯罪或某一犯罪案件在事实认定、证据运用、法律适用等方面的共性问题，通过案件指导，无疑能够为解决司法实践中的难点问题提供借鉴和帮助。

四、结语

"将欲取之，必先予之。"我国法治建设需要一个过程，而这个过程一定是全民形成法律信仰的过程。面对我国社会转型期的矛盾多发，人民法院司法公信力严重不足，人民法院的司法裁决权受到严重冲击。作为人民法院进行内部监督的刑事审判监督程序正承受着巨大压力，并受到外部监督以及信访的诸多干预。若完全立足在人民法院拥有绝对司法裁决权和司法权威的前提下着手改革，刑事审判监督程序恐怕将是"扶不起的阿斗"。相反的，或许只有当外部机关和社会民众一定程度地介入人民法院的司法裁决，并搭建起完善的工作机制时，刑事审判监督程序的积极功能才会真正发挥，人民法院的司法能力才会切实提高，裁判才会更加被接受、被认可，司法公信、司法权威和法律信念也才会逐步实现。

刑事审判监督法律适用难题与破解

——以未处理涉案赃款赃物的生效刑事判决应否再审为中心

重庆市第二中级人民法院 徐家清 向 亮

1998年,最高人民法院在修改《关于执行〈中华人民共和国刑事诉讼法〉若干问题的解释(试行)》[以下简称《解释(试行)》]时,删除了《解释(试行)》第86条的规定,①将被告人非法占有、处置被害人财产而使被害人遭受物质损失的情形排除在附带民事诉讼的范围之外。随后,2000年最高人民法院制定的《关于刑事附带民事诉讼范围问题的规定》(以下简称《范围规定》)为被害人提供了提起民事诉讼的救济途径。② 依据《刑法》第64条及上述司法解释,被告人非法占有、处置财产而遭受损失的被害人虽不能提起附带民事诉讼,但其权利救济途径是通畅的:可通过司法机关的追缴或责令退赔挽回损失,在经追缴或责令退赔仍不足以弥补损失时亦可另行起诉。然而,司法实践中出现了司法机关未进行追缴或责令退赔的新情况,产生了新情况之下被害人另行起诉是否符合"经追缴或责令退赔仍不足以弥补损失"起诉条件的理解分歧、进而出现实务中既不受理刑事申诉又不受理另行起诉导致被害人权利救济落空的新问题。如何应对法律适用中出现的此种新情况,现行法律及司法解释没有相应规定,理论上争议较大,实务上操作困难。因问题的处理涉及基本人权保障和涉诉涉法信访化解,对其深入研究,具有重要的实践价值。本文遵循源于实践又回归实践的思路,从请示案件及批复意见呈现问题,通过实证研究,介绍此种情形实务操作的两难处境,分析两难成因并提出解决法律适用难题的建议,以期对回应实务争议、破解实务难题有所助益。

一、类案请示与类案处理:未决的事项及其共同的问题

(一)请示与批复:刑事案件未处理涉案财物是另诉抑或再审

2010年5月30日,某基层法院向某中级法院书面请示:犯罪分子非法占

---

① 《解释(试行)》第86条规定:"因犯罪行为遭受物质损失,依照刑法有关规定已经得到退赔而仍不能弥补损失的被害人,也可以提起附带民事诉讼。"

② 《范围规定》第5条规定:"犯罪分子非法占有、处置被害人财产而使其遭受物质损失的,人民法院应当依法予以追缴或者责令退赔。被追缴、退赔的情况,人民法院可以作为量刑情节予以考虑。经过追缴或者退赔仍不能弥补损失,被害人向人民法院民事审判庭另行提起民事诉讼的,人民法院可以受理。"

有、处置财产而使被害人遭受物质损失的案件中，绝大多数被害人在刑事案件审理时未参加诉讼，法院作出的刑事判决亦未对犯罪分子非法占有、处置被害人的财物判决追缴或者责令退赔。刑事判决发生法律效力后，有的被害人向该院提起民事诉讼，要求犯罪分子赔偿其经济损失；有的被害人向该院提出申诉，以刑事判决漏判涉案财物为由申请再审；有的被害人长期来信来访，要求解决损失赔偿问题。此类案件法院是启动再审还是受理被害人提起的民事诉讼，缺乏法律依据，故请示此种情形人民法院应如何适用法律并进行处理。

2010年7月20日，某中级法院书面批复：犯罪分子非法占有、处置被害人财产而使其遭受物质损失的，应由人民法院依法作出予以追缴或者责令退赔的刑事判决。因工作疏漏等原因而未作相应判决的瑕疵案件，基于此类案件诸多的特殊性或者难以实际操作，因此人民法院对于此类案件不宜进行再审，如被害人另行提起民事诉讼要求被告人进行赔偿的，人民法院也应暂不受理。

（二）问题与影响：常态化的未决现象与消极应对的潜在危害

为了解其他省市的法院处理涉案财物的情况，笔者随机抽取了2012年1月4日至2月18日各地法院上传在中国法院网的刑事判决。经统计，该时段各地法院共上传盗窃案件一审刑事判决799份，其中审判前被盗财物已被全部追回或退赔的479件，审判时仍未追回或未全部追回的300件。详见表1：

表1 799份一审盗窃刑事判决在9省市分布情况 （单位：件）

案件情况＼分布地区	重庆	广西	河南	贵州	湖南	甘肃	福建	江西	陕西
全部追回或退赔	33	37	356	3	24	6	12	0	8
未（全部）追回	29	26	190	2	21	5	15	1	11
盗窃未遂	0	1	14	0	2	0	2	0	1
合计	62	64	560	5	47	11	29	1	20

数据显示：审判时被盗财物未被追回的300件案件中，不到四成的刑事案件对涉案财物进行了处理（判决追缴违法所得或责令被告人退赔），六成以上的刑事案件未对涉案财物进行处理（未判决追缴违法所得或责令被告人退赔被害人损失）。详见表2：

表 2　300 件盗窃案件处理涉案财物情况

处理财物情况 / 案件数及比重	处理涉案财物的案件	未处理涉案财物的案件
案件数(件)	109	191
所占比重(%)	36.33	63.67

数据表明:涉案财物在审判时仍未能追回且刑事判决未判决追缴违法所得或者责令被告人退赔被害人损失,是不同省市不同法院均存在的共同现象且此种现象十分普遍。司法实践中,财产犯罪案件的涉案财物在审判前未被追缴或责令退赔的,未或不处理涉案财物是其常态。

前述批复指出了未处理涉案财物的案件是瑕疵案件,但提出了既不受理刑事申诉亦不受理民事起诉的处理意见。该意见考虑到了刑事赔偿裁判可能产生的执行难,但采取的是一种“堵”的方法而不是“疏”的方法。按批复意见处理此类案件存在以下问题:一是被害人因犯罪分子非法占有、处置财物遭受损失时,只能依靠司法机关追缴或责令退赔,司法机关未或不追缴或责令退赔的,被害人救济无门;二是搁置的问题未得到解决,矛盾越积越多甚至越来越尖锐且缺乏排解程序,涉诉信访总量可能增加且难以化解;三是犯罪分子保有因犯罪行为所获取的利益,减损预防、惩治犯罪的功能,损害社会公平正义;四是为权力寻租和司法腐败打开了方便之门。被害人需司法机关“作为”,因为只能依靠司法机关追缴或责令退赔而别无他法;被害人希望司法机关“不作为”,因为一旦不判决追缴或责令退赔其将在事实上获得财产收益甚至巨大收益。而“作为”或是“不作为”纯均两可之事且无论如何处理均不产生违法审判责任。因此,批复意见难以平衡多种价值追求和解决问题的现实需要,欠缺正当性。故须重新回到问题的起点,更加审慎地思考请示案件中请示的问题。

根据《范围规定》第 1 条、第 5 条的规定,犯罪分子非法占有、处置其财物导致物质损失的情形不属附带民事诉讼范围,被害人可选的救济途径要么是另诉,要么是申诉。因乏明确法律依据,被害人的救济途径究竟是另诉还是申诉,不同主体基于各自不同的理解会作出不同选择。问题的关键在于:被害人可作出不同选择,或另诉或申诉,但人民法院则应统一法律适用并做到“类似情形类似处理”。当不同的被害人分别作出不同选择时,人民法院应如何处理并统一法律适用?问题的核心在于:此类案件中,刑事判决未判追缴或责令退赔是否属于生效刑事判决“确有错误”并构成启动再审的事由。如“确有错误”,此类案件应通过再审程序加以纠正,即使允许被害人另诉亦不影响通过审判监督纠正错误,因为另诉及作出的民事判决不能消除原生效刑事判决的错误。

二、观点之争与实践之困:实务的分歧及其选择的两难

(一)观点之争:未处理赃款赃物是否属于适用法律错误

第一种观点认为,未处理赃款赃物属于适用法律错误,此类案件应当再审。理由如下:根据《刑法》第 64 条、《范围规定》第 5 条的规定,犯罪分子违法所得的一切财物,人民法院应当依法予以追缴或者责令退赔,对被害人的合法财产,应当及时返还。1992 年最高人民法院研究室《关于对诈骗后抵债的赃款能否判决追缴问题的电话答复》中明确了刑事判决应当判决追缴或责令退赔。最高人民法院办公厅 2003 年编写的《刑法诉讼文书样式(样本)》中刑事判决书样式及说明中亦明确刑事判决应判决追缴或责令退赔。① 犯罪分子非法占有、处置财产造成物质损失的,不属于附带民事诉讼的范围,被害人亦不能单独提起民事诉讼,其权利救济依赖于司法机关的追缴或责令退赔。司法机关依法应将涉案财物追回发还被害人或责令犯罪分子退赔。经过追缴或者退赔仍不能弥补损失,被害人方可另行提起民事诉讼。因此,审判时犯罪分子非法占有、处置的财物仍未追缴或责令退赔的,人民法院应当适用《刑法》第 64 条的规定判决追缴或责令退赔。未判决追缴或责令退赔属公权力不作为,而且为被害人另行提起民事诉讼制造了障碍,因为被害人另行提起民事诉讼的前提条件是“经过追缴或者退赔仍不能弥补损失”,不或未判决追缴或责令退赔,导致被害人另行提起民事诉讼不符合“经过追缴或者退赔仍不能弥补损失”的前提条件。因此,未判决追缴或责令退赔的刑事案件实质上是应当适用《刑法》第 64 条而未适用该条的适用法律错误。② 根据《刑事诉讼法》第 242 条的规定,原生效裁判适用法律确的错误的,人民法院应当重新审判。

第二种观点认为,未处理赃款赃物不属适用法律错误,此类案件不应再审。理由如下:虽然《刑法》第 64 条规定应对犯罪分子一切违法所得予以追缴或责令退赔、最高人民法院研究室作出的电话答复、最高法院办公厅编写的书籍表明刑事判决应当判决追缴或责令退赔,但是追缴或责令退赔均不属实

① 最高人民法院办公厅编:《法院刑事诉讼文书样式(样本)》(增补本),人民法院出版社 2003 年版,第 21～29 页。

② 曲升霞、袁江华:“论我国《刑法》第 64 条的理解与适用”,载《法律适用》2007 年第 4 期。

体性处理措施,而属附带性行政处理办法。[1] 审判前仍未能追回赃款赃物的,追赃工作应在宣判前结束。如刑事判决判决(继续)追缴,无异于让法院承担追回赃物原物的职责,拥有强大侦查权力的侦查机关都未能追回的赃物原物,由法院去追回显属法院不能承受之重。责令退赔本质上属于民事赔偿,犯罪分子非法占有、处置财物而给被害人造成损失的案件,刑事部分审理时民事赔偿部分未经审判,法院不应就此做出判决,即使作出判决,亦不能强制执行,因为毕竟未经过审判,[2]法院不能就未经审判的事项作出裁判,更不能执行。如刑事判决判决责令退赔,那么责令退赔就变成了需要强制执行的民事判决,与司法机关承担的职责相悖。[3] 故刑事判决既不应判追缴,也不应判责令退赔;适用法律确有错误属法定的再审事由,但刑事案件的审理围绕是否构成犯罪、构成何种犯罪以及如何量刑而开展,"'适用法律确有错误'是指据以定罪量刑所适用的法律确有错误,包括确定罪名错误、确定量刑档次错误和具体量刑畸轻畸重等情况"。[4] 刑事判决本不应判追缴或责令退赔,未判追缴或责令退赔不影响定罪与量刑,不属适用法律错误,故不应以未判追缴或责令退赔为由对此类案件进行再审。

(二)选择之困:选择启动再审抑或不启动再审陷入两难

若采纳观点一启动再审,存在的问题如下:其一,如前文所述,司法实践之中刑事判决未处理涉案财物的情形极为普遍,如启动再审,此类案件均应再审,审监工作量大幅攀升,现有审监队伍难以承受如此巨大的工作量,亦将直接对生效刑事裁判的既判力造成面上的冲击。其二,如启动再审,其用意在于通过重新审理判决追缴或责令退赔,但再审面临裁判难以克服的困难。根据通常理解,追缴是指将犯罪分子的违法所得强制收归国有。责令退赔是指犯罪分子已将违法所得使用、挥霍或者毁坏的,责令其按违法所得财物的价值退赔。[5] 追缴的对象是赃物原物,责令退赔是原物的对应价款。再审判决要么补判追缴,要么补判责令退赔。我国奉行"追赃到底"的指导思想且赃物不适用善意取得,从法理上讲,无论赃物原物几易其手、辗转流落至何处,均应追

---

① 邓又天主编,最高人民检察院办公厅编审:《中华人民共和国刑法释义与司法适用》,中国人民公安大学出版社 1997 年版,第 88 页。

② 熊选国:"《关于刑事附带民事诉讼范围问题的规定》的理解与适用",载最高人民法院研究室编:《公检法办案指南》(2001 年第 2 辑总第 14 期),中国人民公安大学出版社 2001 年版,第 86 页。

③ 刘延和:"追缴、责令退赔和刑事没收探讨",载《人民司法》2004 年第 12 期。

④ 王尚新、李寿伟主编,全国人大常委会法制工作委员会刑法室编著:《〈关于修改刑事诉讼法的决定〉的释解与适用》,人民法院出版社 2012 年版,第 237 页。

⑤ 全国人大常委会法制委员会刑法室组织编写,王尚新主编:《最新中华人民共和国刑法释解与适用》,人民出版社 2011 年版,第 60 页。

回,故根本不存在赃物原物在法律上不能追回的情形,除赃物在事实上不能追回(如已毁坏)的极少数情形可判决责令退赔之外,其余情形均应判决追缴。而判决追缴意味着追缴赃物原物,拥有强大侦查权力的侦查机关都未能追回的赃物原物由法院去追,的确让法院有难以承受之重。其三,再审裁判难以进入执行程序。即使法院作出责令退赔的刑事判决,因追缴退赔制度与执行程序衔接不畅通,该类判决也因难以进行执行程序而沦为"空判"。实务中普遍认为,刑事诉讼法不涉及对追缴违法所得或责令退赔判项的执行。依据最高人民法院《关于人民法院执行工作若干问题的规定(试行)》第 2 条,执行机构执行的生效刑事判决、裁定,仅指刑事附带民事判决、裁定、调解书,而不包括非附带民事诉讼的刑事判决及追缴或责令退赔的判项。[①] 因此,无论是申请执行还是移送执行,都面临难以启动执行程序的共同障碍。[②] 正因为如此,实务中曾上演了因生效判决难兑现被害人一怒之下以 1 元的价格公开拍卖判决退赔其 175 万元的判决书的闹剧。[③]

若采观点二不启动再审,亦存在如下的问题:其一,被害人缺乏救济,财产权利落空。根据《刑法》第 64 条、《范围规定》第 1 条、第 5 条的规定,犯罪分子非法占有、处置财物而使被害人遭受物质损失的,先由司法机关追缴或责令退赔是前置程序,经司法机关追缴或责令退赔之后仍不足以弥补损失的,被害人方可另行提起民事诉讼。刑事判决不或未判决追缴或责令退赔,另行提起民事诉讼显不符合"经过追缴或责令退赔仍不足以弥补损失"的前提条件。也即如果司法机关不或未追缴或责令退赔,被害人既不能通过刑事追赃活动挽回损失,又不能通过附带民事诉讼挽回损失;[④]既不能通过单独提起民事诉讼的方式挽回损失,也不能通过另行提起民事诉讼的方式挽回损失。如不启

① 调研发现,多数法院认为追缴或责令退赔判决不是执行依据,不属于人民法院受理执行案件的范围。

② 有学者认为此种判决可作为执行依据,参见郭百顺:"刑事判决中的责令退赔能否申请执行",载中国法院网:http://www.chinacourt.org/article/detail/2009/04/id/355917.shtml,2012 年 5 月 21 日访问。但是,实践中被害人申请执行此类判决时,被答复不符合申请执行的条件是普遍存在的现象。参见林小毅:"刑法第六十四条作出的判决执行问题",载《人民法院报》2003 年 5 月 18 日理论专版;刘延和:"追缴、责令退赔和刑事没收探讨",载《人民司法》2004 年第 12 期。

③ 鲁荣:"法院判决难执行 陕西一男子'拍卖'判决书",载人民网:http://www.people.com.cn/,2012 年 5 月 21 日访问。

④ 主流观点认为此种情形本属附带民事诉讼的范围,但本文认为此种情形本不属于附带民事诉讼的范围。附带民事诉讼中主张赔偿的损失均属审判时已经产生且确定不变的物质损失。被害人的财物被犯罪分子非法占有、处置时,犯罪分子及其他受让赃物的主体并不能因此而取得赃物的所有权。被害人仅是暂时丧失对财物的占有,且可依靠国家追赃活动追回赃物原物或原物对价,故其并不必然导致物质损失,故此种情形不属于附带民事诉讼范围。

动再审,被害人程序救济的唯一通道亦会被堵死,其实体利益落空。财产权是人权的重要组织部分,亦是人权其他方面得以实现的保障。作为一项基本人权,受到侵害后如缺乏救济,显与“有权利就有救济”的法治原则不符。其二,放纵犯罪分子,减损刑法预防和惩治犯罪的功能。如不启动再审并判决追缴或责令退赔,违法所得即无从追回,这实际上为犯罪分子赋予了法外利益。虽然根据《物权法》的规定,犯罪分子不能取得盗赃物之所有权,但其实际占有盗赃物,既可直接对其使用价值加以利用,也可通过转让获得交换价值。这不仅未能实现“依法打击犯罪”、“使犯罪分子得不到经济上的好处”、有效保护被害人的合法的财产权益的目的,而且让犯罪分子因为其犯罪行为而获得利益甚至巨额利益。这种现象的存在不仅未能实现法律效果与社会效果的统一,而且明显与政策立法目的甚至与社会最基本的公平正义观念不符。其三,积累矛盾,涉诉信访不能纳入程序排解通道而难以化解。如不启动再审,被害人的损失问题始终不能得到法律上的解决。被害人来信来访或者上访时,人民法院除能进行有限的司法救济之外,只能回避问题,而不能拿出一个令人信服的“说法”。“堵”的策略难以持续,一方面,将诸多社会问题(如被告人本无可供执行的财产等)变成了由法院去单独面对的法律问题;另一方面,有将被害人的不满引至法院而法院又无力化解进而“引火烧身”的危险。

对同一法律问题持有不同法律观点本属正常现象,根据法律规定及相关法理即可作出选择。但前述实务争议之中选择陷入了两难境地。如若再审,面临审监工作量急剧上升、对生效裁判既判力形成面上冲击、再审难以裁判及再审裁判难以执行等困境。而如若不启动再审,又面临被害人财产权利落空、放纵犯罪分子、减损预防和惩治犯罪的刑法目的。

三、两难成因与成因分析:制度的理想及其实践的走样

(一)两难的成因:司法解释适用中出现了新的情况

犯罪分子非法占有、处置被害人财物的问题,一直为立法及司法解释所关注。《刑法》第 64 条、《刑事诉讼法》第 202 条均作出了相关规定。为指导司法实践,统一法律适用,《解释(试行)》第 86 条将犯罪分子非法占有、处置财物而给被害人造成物质损失的情形纳入了附带民事诉讼的范围。《解释(试行)》下发后,一些被害人对因盗窃、诈骗等财物犯罪遭受的物质损失提起附带民事诉讼,地方法院普遍反映附带民事诉讼的范围过宽,影响到刑事案件的及时审结。1998 年最高人民法院在修改《解释(试行)》制定《关于执行〈中华人民共和国刑事诉讼法〉若干问题的解释》(以下简称《解释》)时,考虑到这个问题比较复杂,删除了《解释(试行)》第 86 条的规定,而专门就附带民事诉

讼的范围问题起草司法解释。司法解释制定过程中，考虑到犯罪分子非法占有、处置被害人财产而使其遭受物质损失的情形应当允许被害人提起附带民事诉讼，为了防止刑事案件的过分迟延，宜采取由被害人另行提起民事诉讼的变通做法。因此种情况本质上亦属于侵权损害赔偿，故在"被害人是否可以另行提起民事诉讼"问题上，采纳了被害人可以另行提起民事诉讼的观点。同时，考虑到财产犯罪造成的物质损失，一般经过司法机关追缴或者责令退赔后，如仍不能弥补被害人损失，被告人往往无力赔偿，因此司法解释宜作灵活规定。[①] 基于上述考虑，《范围规定》将犯罪分子非法占有、处置财产而使被害人遭受物质损失的情形排除在附带民事诉讼范围之内，在允许被害人另行提起民事诉讼的同时又对被害人另行提起民事诉讼进行了限制：此种情形应先由司法机关追缴或责令退赔，经追缴或责令退赔仍不足以弥补损失的，被害人方可另行起诉。同时，对被害人的另行起诉，人民法院可以受理而不是应当受理。

回顾司法解释的修订、制定历史可知：《解释（试行）》将被告人非法占有、处置被害人财产而使被害人遭受损失的情形纳入了附带民事诉讼的范围。为防止刑事案件审理的过分迟延，《解释》将此种情形排除在附带民事诉讼的范围。《范围规定》在承继《解释》前述精神的同时，为被害人提供了另行起诉的权利救济途径。司法解释制定者认为，财产犯罪造成的物质损失，一般都能通过司法机关追缴或者责令退赔得到弥补，经过追缴或者责令退赔后仍不能弥补损失的，被害人可另行起诉以救济权利。应当承认，司法解释采取了实务的态度，力图在满足司法实践需求和尊重当事人的诉权保障之间寻求平衡。但是，令司法解释制定者始料不及的是：司法实践中出现了司法机关未进行或不进行追缴或责令退赔的新情况，产生了新情况之下被害人另行起诉是否符合"经追缴或责令退赔仍不足以弥补损失"起诉条件的理解分歧，[②]出现了常态化的既不受理被害人刑事申诉又不受理其另行起诉的现象，产生了被害人既不能依靠司法机关追赃活动挽回损失又不能通过刑事申诉或另行起诉的方式挽回损失的新问题，不仅导致被害人救济途径的名存实亡和被害人权利的落空，而且产生了如何处理的实务困惑和涉诉信访的化解尴尬。具体而言，被害

---

① 熊选国："《关于刑事附带民事诉讼范围问题的规定》的理解与适用"，载最高人民法院研究室编：《公检法办案指南》（2001 年第 2 辑总第 14 期），中国人民公安大学出版社 2001 年版，第 86 页。

② 实务中，司法机关追缴或责令退赔是否系被害人另行起诉的特别前置条件存在肯定说和否定说两种观点（参见曲升霞、袁江平："论我国《刑法》第 64 条的理解与适用"，载《法律适用》2007 年第 4 期），但实务中将司法机关追缴或责令退赔作为被害人另行起诉的特别前置条件的做法普遍存在，如本文前述某中级人民法院的批复意见。

人另行提起民事诉讼存在不符合司法解释规定的特别前置条件的法律障碍；启动再审存在再审难以裁判和再审裁决难以进入执行程序的法律障碍。被害人因合理诉求得到不程序救济、其财产权益得不到法律保护而信访甚至上访时，人民法院难觅良策，应对乏力。

(二)成因的成因：制度设计瑕疵以及重刑轻民思想

司法解释修改及制定过程中已充分尊重了实践需求，为何在实践之中又遭遇到了尴尬呢？调研发现，司法实践中法院未追缴或者责令退赔的主要原因在于以下四个方面：其一，《刑法》第64条难以适用。《刑法》第64条关于追缴和责令退赔的法律规定，承载着刑法预防、惩治犯罪和救济、保障人权的双重功能。虽然最高人民法院相关政策文件之中涉及该法条的理解和适用，但理论界和实务界对追缴和责令退赔的性质、范围、时限存在巨大分歧。[①] 刑事法官们在座谈中普遍反映如何适用该条缺乏明确指引，法律本身"不好用"。其二，追缴责令退赔制度与物权法律制度衔接不够。我国奉行"追赃到底"的指导思想并不承认赃物善意取得，除赃物在事实上不能追回之外，均应判决追缴赃物原物，而判决追缴赃物原物时法院根本不能胜任此种判决的执行。其三，追缴退赔制度与执行程序衔接不畅，即使放弃体系上的完美及理论上的顺畅判决追缴或者责令退赔，因《执行规定》未将追缴违法所得或责令退赔的判决纳入执行依据之中，作出的追缴或责令退赔判决亦难进行执行程序。其四，重刑轻民的执法意识。"由于主观客原因，公检法三家追赃意识淡薄。侦查阶段，追赃仅是附属工作，且追赃工作无利益可言(尤其在受害者为个人时，费九牛二虎之力追赃来的赃款赃物最终都退还给了受害人)，'与其将过多的时间和精力花在追赃上面，还不如多破一件刑事案件有实效'的执法心态明显。到了起诉阶段，检察机关通常认为拥有强大侦查能力的公安机关都追赃过了，能追都追了，不能追的也难追了。到了审判阶段，因刑事审判的任务在于揭示案件事实，认定犯罪及适用刑罚，追赃情况仅是量刑情节，故审判阶段的追赃只是具有形式意义。"[②]

法官群体是一个具有实践理性且天性保守的群体，审判时即考虑执行问题，如所作判难以执行，法官即会调整裁判思路。在立法本身规定不明且"能

---

① 学界争议的实质在于两个方面：一是作为实体判决的刑事判决应否判决追缴或者责令退赔；二是追缴和责令退赔的范围如何确定，是只及于违法所得，还是限于犯罪直接所得之物，抑或是可及于被告人的合法财产。参见胡成胜："我国刑法第64条'没收'规定的理解与适用"，载《河北法学》第30卷第3期；刘延和："追缴、责令退赔和刑事没收探讨"，载《人民司法》2004年第12期；广东省东莞市第一人民法院课题组："赃款赃物处理的法律实务问题研究"，载《法律适用》2010年第5期等。

② 陈飞霞："我国责令退赔制度的反思与建构"，全国法院第21届学术讨论会获奖论文。

追就追，追不到拉倒”执法心理影响下，保守的法官群体容易选择消极适用或干脆不适用，法律适用的实践走样现象因此合乎逻辑地产生。

四、对策建议与方案选择：破解的进路及其方案的选择

（一）路径分析：制度内破解的可能性及其进路分析

依据现行法律规定，刑事判决作出之后再对赃物进行处理，其可能处理的方式在事实上是一种非此即彼的选择：要么再审，要么另行起诉。此种情形之下，被害人的起诉虽符合《民事诉讼法》第104条规定的一般的起诉条件，但不符合《范围规定》第5条规定的特别前置条件，那么被害人可选择的救济程序就只剩下启动再审。

如前述，“追赃到底”思想和不承认赃物善意取得而导致的裁判困难以及追缴责令退赔裁决与执行程序衔接不畅等导致的执行困难，是再审的法律障碍。该法律障碍的关键在于：刑事判决应否判决追缴或责令退赔、如判决又应当如何判决、判决后如何启动执行等问题。再审之法律障碍同样存在于刑事一审之中，在刑事一审程序中解决此种法律障碍更具有本源意义或源头上的价值。因为法律不具有溯及力是一般原则，即使通过制度完善作出了新的明确的法律规定解决了此种法律障碍，新的法律规定亦不应具有溯及力，故此种法律障碍的解决虽有助于处理未决案件甚至从源头上解决了刑事被害人财产权利保护问题，对已决案件并无实质意义。[①] 故本文此问题不作展开，重点探讨已决案件如何处理。同时，涉财、侵财案件在整个刑事犯罪领域占据较大比重，实务中刑事判决未处理涉案财物的情形十分普遍，即使启动再审面临的裁判难和执行难能够基于制度完善而得以化解，从实务角度分析，审监工作量剧增以及将对生效裁判既判力造成面上冲击，的确是不得不慎重考虑的重大问题。同时，追赃是公、检、法三家的共同职责，人民法院的追赃活动是否一定要通过判决的方式体现亦属需要研究的问题。虽然最高人民法院研究室的答复和最高人民法院办公厅的书籍中有刑事判决应判决追缴或责令退赔的意见，但是均不属司法解释，刑事判决未依据该意见判决追缴或责令退赔的情形，不能当然得出其属于适用法律错误的结论。故此类案件不宜认定为是适用法律错误的案件，不宜仅以此种理由启动再审。

分析可知，另诉或再审这两种可供选择的救济途径在事实上均不畅通。故依据现行法律及司法解释的规定，为被害人提供法律救济的问题难以得到解决。上述结论是基于现行法律和司法解释的规定而得出的，这一方面印证

---

① 本文重点探讨已决案件如何处理，限于文章篇幅本文未就未决案件应的处理展开论述。

问题的症结就在于现行法律制度设计本上，因为现行法律制度提供的两条救济途径都不畅通；另一方面表明要畅通被害人的救济途径在现行法律制度框架难有作为，需另觅良策从制度完善角度进行探索。

（二）对策建议：两套备选方案及其方案选择的建议

方案一：通过非诉程序作出刑事裁定。规定刑事判决未判决追缴违法所得或责令被告人退赔的，可由被害人向原审理法院提出申请。被害人提出申请后，人民法院审查确认即可单独作出追缴违法所得或责令退赔的裁定。新修订的《刑事诉讼法》在对犯罪嫌疑人、被告人逃匿、死亡案件违法所得的没收程序中亦使用裁定处理涉案赃款赃物。

方案二：通过诉讼程序作出民事判决。“与其批评法律，不如善意地解释法律”是法律人应持有的务实态度和基本立场。可对司法解释进行再解释以畅通被害人另行提起民事诉讼的通道，将《范围规定》第 5 条规定的“经追缴或者责令退赔偿尚不足以弥补损失”再解释为：审判时未判决追缴或责令退赔的，视为“经追缴或者责令退赔仍不足以弥补损失”，允许当事人另行提起民事诉讼，进而作出民事判决。①

相比较而言，方案一的优点在于：非诉程序属单独处理程序，既可以通过救济被害人的财产权利，又不会对生效刑事判决的既判力形成面上的冲击。非诉裁定由原作出刑事判决的刑事审判庭承担作出，不涉及审监工作量大幅增加的问题，亦又不会导致刑事审判工作量大幅增加。因为非诉程序无须对全案进行重新审理，无须开庭审理，非诉程序在工作量上远小于再审程序，即使由刑事审判庭作出裁定，其增加的工作量亦属可控和可承受的范围。同时，此种非诉程序与新修订的《刑事诉讼法》违法所得没收程序较为类似，还可避免刑事判决主文究竟应否判决追缴或责令退赔的理论及实务争议，促进涉案财物处理方式上的规范和统一。方案一的缺点在于，此种非诉程序缺乏法律及司法解释依据，采取此种方案需对现行法律进行修改，其难度较大；同时，非诉裁定相当于补充裁定，在裁定时仍然面临是裁定追缴还是裁定责令退赔、追缴或责令退赔的是否及于被害人合法财产以及裁定如何进行执行程序等

① 有观点认为，通过当然解释即可得出此种情形被害人另行起诉符合司法解释规定的结论，而无须对司法解释进行再解释。经过追缴或责令退赔，仍有不能弥补的损失的，可另行起诉。“举轻以明重”，未经过追缴或责令退赔的，被害人的损失完全没有得到弥补，更可另行起诉。本文认为，通常情况下当然解释方法及得出的结论具有法理上的妥当性，但考虑到被告人的实际赔偿能力，《范围规定》制定时具有对被害人另行起诉进行限制的考虑，对其进行当然解释实质上扩大了司法解释的适用，与司法解释对另行起诉适当限制的本意不符。而再解释是将实践中出现的新情况归入司法解释之中解决本应由司法解释解决的问题，未扩大司法解释的适用，故本文认为再解释更为妥切。

问题。

方案二解决问题思路是在最大限度尊重并维护现有制度安排稳定性的基础上进行的,充分考虑了删除《解释(试行)》第86条以及《范围规定》对附带民事诉讼的范围进行适当限制以防止刑事审判过分迟延的实践需求。纯属对司法解释适用过程中出现的新情况新问题的补救措施,既不会对生效刑事判决既判力形成面上的冲击,又畅通了被害人的权利救济途径并解决了需要解决的实务难题。同时,可以彻底避免诸如究竟是判决追缴还是责令退赔、追缴和责令退赔是否可及于犯罪分子合法财产、追缴或责令退赔判决是否是执行依据等理论争执和实务难题。其最大的优点在于,此种方案本身仅需对现有司法解释进行再解释即可,既不需要修改现有立法,又不需要修改现有司法解释;既可畅通被害人权利救济途径进而满足实践需求,又可在不对现有法律制度造巨大冲击的基础上发展现有法律制度,最具可采性。

五、结语

财产权是人权的重要组织部分,亦是人权其他方面得以实现的保障。法律将财产权纳入其保护范围,本身就意味着财产权的易受侵害性和需受保护性。被害人被犯罪分子非法占有、处置的财物未被追回或退赔的绝大部分刑事案件未处理赃款赃物,这是一个不容争执的客观现实;依据现行法律制度此种情形之下被害人权利救济途径不畅进而引发信访等诸多问题,亦是一个不容回避的现实问题。本文介绍了未处理涉案财物的生效刑事判决应否再审这一务实问题引发的理论争议和实务困惑,在分析困惑成因的基础上认为刑事判决不或未处理赃款赃物是法律适用中出现的新情况,出现此种新情况并导致实务操作困难的原因在于《刑法》第64条本身难以适用、追缴退赔制度与物权法律制度以及执行法律制度衔接不畅。因现行制度未能解决前述问题,故本文认为即使启动再审亦不能克服实务困难。本文从非诉程序和诉讼程序两个方面提出了对策建议,并认为宜选择成本最低且对现行法律制度冲击最小的办法即通过法律解释方法畅通另行提起民事诉讼的救济途径,反向印证此类案件不应启动再审。因笔者能力水平所限,文中恐有疏漏,但揭示法律适用过程遇到的新情况、新问题并尝试探寻妥当的应对策略才是本文的用意所在,如能引发专家学者更有价值的思考,更为欣慰。

刑事再审审查诉讼化设计探讨

福建省泉州市中级人民法院　郑碧宗

刑事再审程序,又称刑事审判监督程序,是指人民法院对已经发生法律效力的确有错误的刑事判决和裁定进行重新审理的诉讼程序。如果说司法是社会正义的最后一道防线,那么再审程序无疑是最后一道防线中的坚强堡垒,它肩负着维护司法公正、保障法律的权威性和统一性、保障当事人的合法权益等使命。然而令人遗憾的是,我国现行刑事诉讼法对再审程序的规定却过于原则、过于粗陋,[①]操作性不强,使其运作状况与其所应承载的功能相去甚远。实践中暴露出诸多弊端,其中最令申诉人质疑的是"申诉难",即申诉立案难,申诉审查时限不明,审查程序不透明,其申诉能否启动再审难以获得及时回复。由此导致了"申诉滥"的现状,当事人申诉毫无限制,无论生效裁判由哪一级法院作出,无论裁判已生效多久,无论已进行过多少次的再审,申诉人还是韧而不懈旷日持久进行"马拉松式"申诉。这已经引发社会各界对司法权威的普遍担忧,对司法的终局性产生疑问,同时也浪费了大量的司法资源,司法解决纷争的应有社会价值面临着越来越严峻的挑战。正如最高人民法院原副院长姜兴长所言,"由于申诉行为的非诉讼性和随意性,申请再审理由标准模糊,造成了刑事再审程序启动的无序性,给人民法院的申诉、再审工作带来了沉重负担,损害了人民法院生效裁判的公信力"。[②] 如何公正、客观、依法审查申诉人的申诉请求,把握好依法保障申诉权和防止权利滥用、维护生效裁判既判力和依法启动再审的关系,保证做到规范、透明、及时、高效,既是刑法再审立法需要研究的重要课题,也是审判实践中亟待解决的重要问题。

一、问题:刑事申诉审查的实践困境

大陆法系一般将再审案件分为三个阶段:第一阶段是审查再审之诉是否合法;第二阶段是审查再审之诉有无理由;第三阶段是本案生效裁判的再审理阶段。前一阶段程序所审查之事项,如经审查认为不合法或不存在再审事由

---

① 《中华人民共和国刑事诉讼法》规定的审判监督程序仅有5个条款,最高人民法院《关于执行〈中华人民共和国刑事诉讼法〉若干问题的解释》相应的也只有17个条款,且大多是粗线条的。

② 参见2006年11月8日最高人民法院原副院长姜兴长在第五次全国刑事审判工作会议上的讲话。

时，后一阶段即不必进行。此种再审之诉的构造，被称为"再审之诉三阶段构造"。[①] 我国现行的司法实践中，实际上也包括这三个阶段。[②] 我国刑事诉讼法对第三阶段即再审审理阶段已作了明确规定，[③]但对第一、二阶段未作详细规定，如申诉案件的立案标准、如何对申诉案件进行形式要件的审查、决定再审包括哪些事由、审查的程序等待，均缺乏相应的法律规定和制度保障，给司法实践带来了很大的困惑，同时也造成了申诉人对再审审查的不信任，进而影响了司法公信力，容易导致申诉人不断上访、信访。[④]

（一）现行法律关于刑事申诉审查近乎空白的规定，致使审查工作缺乏法律制度上的保障

现行《刑事诉讼法》关于审判监督程序的规定仅有5个条款，即第203条至第207条。第203条是关于提出申诉的主体规定，限于当事人及其法定代理人、近亲属；第204条规定的是申诉如符合四种法定情形之一的，人民法院应当重新审判；第205条规定生效裁判的人民法院及其上级人民法院、上级人民检察院和最高人民法院、最高人民检察院为提起再审程序的主体，同时规定了提起再审程序的条件为已生效裁判"在认定事实或在适用法律上确有错误"；第205条、第206条是关于再审审理的规定。从上述5个法律条文可见，关于申诉审查的法律规定近乎空白，仅有3条规定，非常单薄，且其中第205条规定的检察院抗诉的案件必然启动再审，不属于申诉审查的范围。现行《刑事诉讼法》仅规定了提起再审的主体和决定再审的条件，对于再审程序的适用范围、提起再审程序的条件、申诉的期限、决定再审的条件等规定过于原则笼统或者没有规定，缺乏可操作性。

相应地，最高人民法院《关于执行〈中华人民共和国刑事诉讼法〉若干问题的解释》关于审判监督程序的规定有17个条款，其中关于申诉立案、审查

---

① 苏泽林主编：《民事案件申请再审指南》，中国法制出版社2010年版，第3页。

② "三阶构说"是目前的主流观点，以最高人民法院的再审案件流程为例，申请再审受理法官负责形式要件的审查并登记立案，为第一阶段；再审审查法官负责立案后对于再审事由是否存在的审查和裁定进入再审，为第二阶段；对裁定再审案件进行审判，为第三阶段。参见苏泽林主编：《民事案件申请再审指南》，中国法制出版社2010年版，第4页。也有学者提出"二阶构说"，即将我国再审之诉分为二个阶段，认为包括审判监督的启动程序与审判监督的审理程序。参见李中和主编：《人民法院立案审判工作理论与实务》，人民法院出版社2006年版，第202～204页。

③ 原来是第一审案件、第二审程序进行再审或者提审的案件，《中华人民共和国刑事诉讼法》第206条已作了规定，可以依据《刑事诉讼法》规定的一审、二审程序进行审理。同时，《刑事诉讼法》第207条也对再审审理期限作了明确规定。

④ 景汉朝："再审程序剖析及其完善"，载《依法治国、司法公正——诉讼法理论与实践》（1999年卷·上海），上海社会科学院出版社2000年版，第446～449页。

共有12条规定。[①]第296~298条、第303条是关于申诉立案的规定,第299~301条系对申诉处理的程序性规定,对法院如何审查略有提及,第302条是关于审查期限以及如何处理的规定,第304~306条的规定与《刑事诉讼法》第205条的规定相似。可见,最高人民法院的司法解释对于申诉审查的规定也较为粗线条,仅规定人民法院对于刑事申诉的审查标准为申诉是否《刑事诉讼法》第204条规定的情形之一,如符合则由院长提请审判委员会决定重新审判,如不符合则书面通知驳回,审查的工作方式表现为写出审查报告,提出处理意见,立申诉卷。[②]

不管是《刑事诉讼法》还是最高人民法院的司法解释,虽然明确规定了申诉人申请再审的权利,但都是沿用行政意义上关于申诉处理的规定,对于申请再审的构成要件、审查程序、提起再审的标准、审查方式没有明确规定,使审查工作程序定位法定化、审查过程公开化、审查方式阶段化、裁判文书说理化缺乏法律制度上的保障。[③]

(二)申诉与申请再审界限不清,难以保障当事人的合法权益,法院亦疲于应付

根据《刑事诉讼法》第203条的规定,[④]当事人及其法定代理人、近亲属不能直接启动再审程序,只能向人民法院、人民检察院申诉,且这种申诉只是人民法院、人民检察院启动再审程序的线索来源。刑事诉讼法将当事人在再审程序启动中的权利定位为申诉,实务中对于申诉和申请再审也没有明确的区分,申请再审权的程序保障不足。一般认为,申请再审权是一项诉讼权利,通过诉讼程序规范和保障;申诉权是一项宪法性权利,没有相应程序规定。由于申诉并非再审程序中的一个独立的法律概念,可以用于因对某种已经生效的处理决定不服而向有关国家机关提出异议并申述理由的各种情形,故其容易与信访联系起来,两者没有明确的界限,当事人可向人大、党委、纪委、政府、信访部门、法院、检察院等国家机关同时申诉,即同一时间多头申诉,对申诉的审查没有法定程序,带有很强的行政性和随意性,以致其长时间得不到回应也就

---

① 即第296~307条的规定。

② 参见最高人民法院《关于〈中华人民共和国刑事诉讼法〉司法解释》第299~302条之规定。第299条规定人民法院对申诉的审查,应当立申诉卷;第300~301条规定人民法院对申诉的审查,应写出审查报告,提出处理意见;第302条规定审查申诉是否符合第204条规定的情形,而决定重新审判或者书面通知驳回。

③ 自2003年召开第一次全国立案工作会议开始,最高人民法院将推动再审审查工作的规范化和专业化作为重要任务,并提出"五化"的努力方向。

④ 《刑事诉讼法》第203条规定,当事人及其法定代理人、近亲属,对已经发生法律效力的判决、裁定,可以向人民法院或者人民检察院提出申诉,但是不能停止判决、裁定的执行。

在所难免了。[①] 而对于人民法院而言，由于申诉是公民的一项宪法权利，任何申诉都能进入法院，不受限制，使得人民法院难以应付，最终也很难真正保障当事人的申诉权。[②] 因此，刑事再审程序中的申诉权可以考虑改造为申请再审权，其好处不仅能使三大诉讼法关于申请再审权的表述得以一致，同时有利于促使“诉访分流”机制的构建，更有利于将申请再审案件纳入诉讼程序，切实保护当事人的诉讼权利，并为构建再审申请之诉打下基础，具有积极的法律和现实意义。[③]

（三）司法实践中刑事再审审查的六大困扰问题

我国《刑事诉讼法》对再审审查程序没有规定，最高人民法院关于再审审查的期限、审查的处理方式、对审查不服的救济作出相应的司法解释，亦不是按照诉讼化的要求设计的，存在审查程序不透明、不规范、不公开等诸多问题。由于现行法律对于刑事再审审查的规定较为笼统原则，致使司法实践中对于审查程序和标准把握不一致，审查活动无所适从甚至无法可依，具有很大的随意性。

司法实践中刑事再审审查工作主要面临着以下几个问题的困扰：一是提出申诉（或称为申请再审）的期限、次数、形式未作规定，每一个生效裁判都可能面临着被申诉的情形，申诉后复查，复查后再审再判，判后再申诉，导致了“无限申诉、无限审查”。二是审查法院层级不明确，对于生效裁判的案件的再审申请，是由作出生效裁判的人民法院进行审查，还是由其上一级法院进行审查，抑或由上级法院进行审查，没有明确的规定，且最高人民法院关于刑事诉讼法的司法解释还规定了第二审人民法院对不服本院维持第一审人民法院裁判的申诉，可以交由第一审人民法院审查，[④]致使审查的法院不甚明确，更加导致当事人申诉状满天飞。三是申请再审主体规定较为模糊，[⑤]《刑事诉讼法》规定申诉主体为当事人及其法定代理人、近亲属，但实践中存在很多被害人及其近亲属对定罪量刑不服的情形，被害人、附带民事诉讼当事人的主体资

① 最高人民法院《关于执行〈中华人民共和国刑事诉讼法〉若干问题的解释》第 297 条规定了申诉按来信、来访处理的情形。

② 陈卫东主编：《模范刑事诉讼法典》，中国人民大学出版社 2005 年版，第 589 页。

③ 江必新：“完善刑事再审程序若干问题探讨”，载《法学》2011 年第 5 期。

④ 参见最高人民法院《关于执行〈中华人民共和国刑事诉讼法〉若干问题的解释》第 300 条的规定。

⑤ 我国《刑事诉讼法》规定了三个有权提起再审的主体：一是当事人及其法定代理人、近亲属；二是人民检察院；三是人民法院。但是在整个再审启动程序中，当事人自始至终都不是提起再审程序的主体，其申诉与其他的机关、团体、企事业单位或群众等对生效判决、裁定所提出的意见或情况反映一样，只是一种请求。参见卞建林主编：《刑事诉讼法学》，科学出版社 2008 年版，第 818 页。

格需进一步明确。四是审查形式未作规定，由于我国《刑事诉讼法》及相关司法解释对于当事人及其亲属申请再审的申诉如何受理、如何审查、到场人员、具体期限、告知方式等缺乏明确规定，使审查过程的透明性严重不足，正当性和公正性受到质疑。实践中审查形式五花八门，有阅卷、调查、询问、听证、提审等方式，但同时也存在未调卷阅卷仅经审阅申诉状即出具《驳回申诉通知书》的情形，缺乏相应的诉讼因素。五是审查范围不明确，再审审查的目的是审视申请再审人所提出的再审事由是否存在并符合法定的再审理由，但我国《刑事诉讼法》及相关司法解释对于审查的范围未作明确规定，实践中对于应否进行全案审查抑或仅对申请再审人提出的理由进行审查存在争议。六是审查标准较为模糊，《刑事诉讼法》对于当事人的申请再审理由与法院依职权启动再审的理由、检察院再审抗诉的理由的规定是不一致的，第204条规定当事人的申请再审审查的标准有四种情形，①即事实认定、证据采用、适用法律、枉法裁判，但对于程序性事由未作为再审申请理由。第205条对于后两者的标准是生效裁判“确有错误”，但对“确有错误”应达到多大的量即何种程度缺乏相应的规定，实践中不好把握，弱化了上述启动理由的可操作性。

二、方向：完善刑事再审审查程序

完整意义上的正义包括实体正义与程序正义，实体和程序两个方面相辅相成，不可有所偏废。按照“形式理性”主义的要求，只要是严格遵守了合理设定的诉讼程序，即使最终的结果虽不完全反映案件的事实真相，但仍然反映出法律上的真实即诉讼证据上的真实，仍然被认为是正义的，可接受的。② 当然我们不能走另一个极端，以绝对的程序至上否定探究案件事实真相的实体公正，但是，一个严格的程序法定主义，至少可以保证的是案件的审理结果对诉讼参与人的可接受性。我国《刑事诉讼法》应赋予当事人的申请再审法定化权利，并将程序正义的原则贯彻至再审审查的过程中，完善刑事再审审查程序。

（一）更新刑事再审审查理念，强调法的公平性同时兼顾法的安定性

“有错必纠”原则长期作为我国刑事再审程序的建立和运行的指导思

---

① 《刑事诉讼法》第204条规定，当事人及其法定代理人、近亲属的申诉符合下列情形之一的，人民法院应当重新审判：(1)有新的证据证明原判决、裁定认定的事实确有错误的；(2)据以定罪量刑的证据不确实、不充分或者证明案件事实的主要证据之间存在矛盾的；(3)原判决、裁定适用法律确有错误的；(4)审判人员在审理该案件的时候，有贪污受贿，徇私舞弊，枉法裁判行为的。

② 张文平：“刑事申诉再审的法定条件与程序正义的冲突”，载 http://www.66law.cn/topic2010/bqstj/lawarticle/5072.aspx，2012年5月10日访问。

想，[①]其本意是指对任何案件的处理都必须以客观事实为依据，凡是因认定事实、适用法律或其他原因而致使裁判错误的案件，都应予以纠正。[②] 这种愿望是美好的，该原则的确立有其现实基础和价值内涵。这就要求作为裁判机关的法院应不懈追求“实体真实”，力求发现案件的事实真相，达到不枉不纵，并认为唯有如此才能使诉讼程序发挥保障人权的作用。但在一定的历史时期和阶段，人的认识是有限，会受到其所处的历史条件、环境等因素的局限，故该项原则在司法实践中由于程序的保障和资源的有限性不可能完全贯彻。[③] “法官只能根据现有的证据凭借自己的分析和判断能力认识事情的真相，而不可能在任何案件中完全恢复事实的真相。”[④]笔者认为，树立禁止双重危险和既判力的理念，全面把握其内涵要求与发展趋势，更新理念是重构我国刑事再审审查程序的前提。

禁止双重危险原则是英美法系中的重要原则，其含义是指任何人都不得因为同一行为而被两次置于危险之中，即国家不得对任何人因同一行为进行重复追诉和惩罚。美国联邦最高法院法官布莱克对禁止双重危险原则的价值理念作了如下经典表述：“拥有各种资源和权力的国家不应被允许因为一个公民一项被指控的犯罪，而反复作出试图使他得到定罪的努力，以致把他置于尴尬、消耗和使其意志遭受痛苦磨难的状态之中，迫使他生活在一种持续的焦灼和不安全状态之中，同时增加即便他无罪，但也会被判定有罪的可能性。”[⑤]在大陆法系国家，类似的原则被称为“一事不再理”，即“案件经裁判并发生法律效力后，除法律另有规定的外，不得再行向法院起诉，法院也不得再行受理”。[⑥] 该原则与禁止双重危险原则的根本意义都在于保障刑事被追诉者的权利，保证裁判的既判力，强调法的安定性。

笔者认为，有错必纠仍然可以作为目前再审审查程序的指导思想，但在强调法的公平性的同时亦应兼顾法的安定性，不能仅仅考虑某一方面的事实和价值，而应全面考虑相关的事实和价值，应当根据不同性质的错误，综合衡平各种法律效果和社会效果。因此，刑事再审程序完善的理念应是多元价值的整合，是一种衡平、综合的价值，是法的公正性、合目的性和法安定性之间的统

---

① 张述元：“论刑事审判监督程序的理论基础”，载《政法论坛》2004 年第 1 期。

② 陈光中主编：《刑事诉讼法》（新编），中国政法大学出版社 1996 年版，第 420 页。

③ 陈光中、郑未媚：“论我国刑事审判监督程序之改革”，载《中国法学》2005 年第 2 期。

④ 王利明著：《司法改革研究》，法律出版社 2000 年版，第 64 页。

⑤ 转引自张毅著：《刑事诉讼中的禁止双重危险规则论》，中国人民公安大学出版社 2004 年版，第 71 页。

⑥ 陈光中主编：《中华法学大辞典》，中国检察出版社 1995 年版，第 714 页。

一，而不应单独强调某一价值。

（二）建立刑事再审申请制度，赋予当事人申请再审的法定权利

我国《刑事诉讼法》赋予当事人申诉的权利，但申诉只是司法机关发现再审案件材料的一个来源，它并不是诉讼行为，尚未纳入诉讼轨道，不能直接引起再审程序，再审与否尚取决于司法机关的决定。申诉审查带有很强的行政性和随意性，有“暗箱操作”之嫌，当事人的合法权益得不到应有的保护，容易导致当事人反复申诉。审查过程首先必须有利于纠正错误，而且必须体现再审审查程序应有的程序价值。“程序价值不是泛指评价法律程序的所有价值标准，而是专指通过程序本身而不是通过程序结果所体现出来的价值内涵。”[①]因此，在我国建立刑事再审申请制度具有现实基础和迫切性，且其建立有理论和立法依据。从诉讼理论上分析，当事人不仅是原裁判的诉讼法律关系参加者，也是再审程序的诉讼法律关系参加者，具有当然的诉讼主体地位，而不能仅把其作为诉讼客体对待。作为与诉讼结果有直接利害关系者，其应当有依法处分自己诉讼权利的自由和权力。再审申请与申诉是不同的，它是一种具有法律拘束力的诉讼行为，只要当事人依法提出再审申请，审查再审申请就成为一种诉讼活动进入诉讼程序，司法机关受理和审查申请必须严格依照法律规定进行。因此，在诉讼过程中，应当赋予当事人再审申请人的法律地位，允许其申请启动再审程序，以维护自己的合法权益。同时，应明确规定司法机关受理审查再审申请的具体程序、方法、标准，使刑事再审申请及其审查在操作上有章可循。为了防止再审申请权的滥用，可以规定当事人提出再审申请的条件和限期，使刑事再审申请制度化、规范化。与刑事再审申请制度的建立即赋予当事人提起再审之诉权利相对应的，应弱化法院和检察院依职权发动再审的权力。从我国刑事再审程序的由来及其与其他诉讼程序相互关系看，在人民法院自身发现其生效裁判存在错误时，还是应给予其自我纠错的权力。[②] 至于检察机关作为法律监督机关，当其发现已生效刑事裁判确有错误

---

① 陈瑞华：“通过法律实现程序正义——萨默斯‘程序价值’理论评析”，载《北大法律评论》1998年第1卷第1辑。

② 有的学者甚至提出要取消法院主动提起再审程序的资格，认为法院不应成为诉讼的发起者，自行启动再审违背司法的被动性和“不告不理”原则，严重阻碍司法及法官的独立发展。参见高一飞、陈海平：“困境与出路：再审制度改革之‘老调重弹’”，载《时代法学》2005年第3期；姜发根：“刑事再审程序问题研究”，载陈兴良主编：《刑事法判解》，法律出版社2001年版。但笔者认为，目前还应保留法院自我纠错的权力，但应弱化该权力，并予以适当的限制。

时,当然可通过抗诉来启动再审程序。[①] 但提起再审时应考虑是有利于被告人或者不利于被告人的再审,对于不利于被告人的再审,[②]应在时限上、级别上予必要的限制。

(三)刑事再审事由法定化,科学设置再审事由

再审事由,是指法院审查应否启动再审程序的理由和根据,被视为打开再审程序之门的钥匙。[③] 我国《刑事诉讼法》关于再审事由有二种标准,即当事人及其法定代理人、近亲属的申诉有四种法定事由,[④]而法院、检察院的再审事由只有一种即为"确有错误"。[⑤] 以上两种标准不一,且较为模糊。何为"确有错误"?法律没有作出规定。以"认定事实确有错误"和"适用法律确有错误"来解释"确有错误",但未能解释清楚何种情况属于"确有错误"。按照解释,只要在认定事实或适用法律上确有错误,就应当启动再审程序,而不问错误大小,是否影响了判决、裁定的公正性。这显然有违再审程序的慎重性和严肃性。另外,关于证据的问题,证明案件事实的主要证据之间存在矛盾是证据不确实、不充分的表现之一,如果证据确实、充分,足以定案,主要证据之间存在矛盾就无从谈起。因此,证明案件事实的主要证据之间存在矛盾无须另外写明。还有,一般刑事案件都要经过侦查、公诉和审判三个阶段,为什么仅对审判阶段法官的枉法裁判行为要提起再审,而对侦查人员、检察人员有上述行为是否需提起再审没有规定。

由此,统一刑事再审事由的标准,法定化再审事由显得尤为重要。刑事再审事由是否成立是启动刑事再审审理的关键,也是再审审查的主要对象,科学地设置再审事由,在追求实体正义、程序正义与保障生效裁判稳定性以及争议解决效率性之间求得衡平,是实现再审程序目的的关键。最高人民法《关于规范人民法院再审立案的若干意见(试行)》对此已有所作为,但还可更进一

---

① 根据我国《刑事诉讼法》第82条第2项之规定,被害人、附带民事诉讼的原告人和被告人均为当事人,对于刑事裁判部分理应可以提出再审申请,但根据第180条、第182条之规定精神,上述的这些当事人如不服,仅有权请求人民检察院提出抗诉。故第182条和第203条规定存在一定冲突。

② 一般认为目前不宜对启动权主体进行颠覆性改变,法院、检察院主动启动再审应区分是否有利于被告人。参见江必新:"完善刑事再审程序若干问题探讨",载《法学》2011年第5期。

③ 张卫平:"民事再审事由研究",载《法学研究》2000年第5期。

④ 根据我国《刑事诉讼法》第204条之规定,当事人的申诉符合下列情形之一的,就应当重新审判:一是有新的证据证明原判决、裁定认定的事实确有错误的;二是据以定罪量刑的证据不确实、不充分或者证明案件事实的主要证据之间存在矛盾的;三是原判决、裁定适用法律确有错误的;四是审判人员在审理该案件的时候,有贪污受贿,徇私舞弊,枉法裁判行为的。以上四种情形即为当事人申诉的法定事由。

⑤ 参见我国《刑事诉讼法》第205条之规定。

步细化。[①] 笔者认为,还可借鉴我国2007年修订的《民事诉讼法》,将再审事由划分为实体性再审事由和程序性再审事由,使再审事由进一步明细化、法定化,增加再审事由的可操作性。所谓程序性再审事由,指原审诉讼程序存在重大的瑕疵,应是对当事人基本程序权利和基本程序利益的侵犯和违背,一般的轻微瑕疵或者被称为不害性瑕疵并不包括在内。所谓实体性再审事由,是指裁判依据存在重大瑕疵,包括事实上的事由和法律上的事由。将申请再审的依据和理由予以法定化,法院可以通过审查当事人的申请是否符合法定再审事由,决定是否进入再审程序或者驳回当事人的申请。当然,再审事由的法定化也对当事人申诉(向检察院提出)以及检察院抗诉也会产生积极的影响,表现为二者也会以再审事由为依据。因此,再审事由的法定化必然有利于规范申诉和抗诉制度。

三、路径:刑事再审审查程序的诉讼化设计

欲完善刑事再审审查程序,笔者认为,应对其进行诉讼化设计,让当事人参与到再审审查程序中来,使其充分表达其诉求,法定化申请再审的诉讼权利,同时应考虑到裁判的稳定性和诉讼的终结性,对申请再审进行限制。如此,可减少上访和越级申诉,避免社会资源、行政资源、司法资源的浪费,同时又保护了当事人的合法权益。对刑事再审审查程序的诉讼化设计,可基于《刑事诉讼法》、最高人民法院《关于执行〈中华人民共和国刑事诉讼法〉若干问题的解释》关于再审审查之规定,结合最高人民法院《关于规范人民法院再审立案的若干意见(试行)》、《关于适用〈中华人民共和国民事诉讼法〉审判监督程序若干问题的解释》、最高检察院《人民检察院刑事诉讼法规则》的相关规定,参照2007年修订的《民事诉讼法》,在强调法的公平性的同时亦应兼顾法的安定性,将刑事再审审查按照诉讼模式重新定位与规范。[②]

---

① 2002年公布的最高人民法院《关于规范人民法院再审立案的若干意见(试行)》第7条规定:"对终审刑事裁判的申诉,具备下列情形之一的,人民法院应当决定再审:(1)有审判时未收集到的或者未被采信的证据的,可能推翻原定罪量刑的;(2)主要证据不充分或者不具有证明能力的;(3)原裁判的主要事实依据被依法变更或撤销的;(4)据以定罪量刑的主要证据自相矛盾的;(5)引用法律条文错误或者违反刑法第12条的规定适用失效法律的;(6)违反法律关于溯及力规定的;(7)量刑明显不当的;(8)审判程序不合法,影响案件公正裁判的;(9)审判人员在审理案件时索贿受贿、徇私舞弊并导致枉法裁判的。"

② 司法实践中,通常对刑事申诉案件的审查分为形式审查和实质审查,形式审查包括:申诉主体是否适格、申诉对象是否符合法律规定、是否归受诉法院管辖、申诉材料是否符合要求;实质审查包括:原裁判是否违反法定程序、在认定事实和适用法律上是否错误。对于符合形式要件和实质要件的,依法启动再审,制作刑事再审决定书。参见李中和主编:《人民法院立案审判工作理论与实务》,人民法院出版社2006年版,第219~224页。

(一)刑事申请再审案件的受理

1. 刑事申请再审案件的基本范围界定

(1)刑事申请再审案件的界定。

《刑事诉讼法》基于《宪法》规定的公民申诉权为权利基础，赋予当事人就其认为存在错误的生效裁判在满足一定条件的情况下，向上一级人民法院申请再审的权利。

(2)应明确申诉与申请再审之区别。

如前面所述，申诉与申请再审既有联系又有区别，应对申诉进行过滤、甄别，引导申诉人依法申请再审。当然，因为不涉及刑事裁判的附带民事诉讼原告人(包括被害人)、附带民事诉讼被告人并不能就刑事部分提出申请再审，但可向检察机关提出申诉，由检察机关审查并决定是否抗诉。①

(3)明确再审审查程序与再审审理程序之区别。

两者都属于审判监督程序，再审审查是连接当事人申请再审与再审审理之桥梁，是再审审理的前置程序，它的审查结果直接决定着生效裁判能否进入再审。两者的区别在于启动的途径、管辖法院、审查范围、审查方式以及裁判文书的形式均不同。

2. 当事人申请再审的法定条件

(1)再审申请的主体范围。

被告人是刑事诉讼的主体，申请再审理应为其权利，且在其死亡、服刑或属未成年等特定情况下，应可由法定代理人或者近亲属代为申请。为了充分保障当事人及其近亲属和法定代理人的权利行使，可当事人及其近亲属和法定代理人委托律师代理申请再审的权利。关于不涉及刑事裁判的附带民事诉讼原告人(包括被害人)、附带民事诉讼被告人，根据《刑事诉讼法》的立法精神，其应仅可就附带民事裁判部分申请再审，不能成为刑事判决部分再审申请的主体，但可向检察机关提出申诉。

(2)提出申请再审的期限。

规定申请再审的期限是对无限申诉予以限制的重要途径，应对该期限进行明确规定。申请再审人应在罪犯刑罚执行完毕后半年内提出申请，超期人民法院不予受理，除非具有以下列情形：可能宣告无罪的、在本规定的期限内向人民法院提出而未受理的。有特殊情况(如发现新证据)的，则以再审事由

① 根据《刑事诉讼法》第180条、第182条之规定，被害人及其法定代理人无权就刑事判决部分提出上诉，附带民事诉讼的当事人和他们的法定代理人，仅可就附带民事诉讼部分提出上诉。被害人及其法定代理人不服第一审判决的，有权请求人民检察院提出抗诉。

发现之后半年内应提出申请。

(3)提出申请再审的次数。

在申请再审的次数上应予一定的限制。根据我国司法实践,并参照国外相关规定,一般以一次审查为宜,即经两级人民法院依照审判监督程序复查均驳回的申请再审或申诉案件,一般不予受理。另外,案件若经审判监督程序审理后维持原判,也一般不予受理。但如果申请人提出新的理由,有新的事由或者被告人可能被宣告无罪,可予放宽至2次。

(4)管辖的法院。

申请再审只能向原生效裁判的上一级人民法院提出。通常,当事人更愿意向上级法院求得救济,且原审法院主观上也不愿意再次介入。改变为上一级人民法院提出申请,可以纠正实践中当事人四处申诉的无序状态,避免多头申诉,节约司法资源,减少当事人的诉累。

3. 提出申请再审的方式及必备材料

提出申请再审可以向法院直接提交申请再审材料,可以通过邮寄提交。但应提交必备的材料,包括:(1)申请再审人、其他当事人的基本情况包括有效联系电话、邮寄地址;(2)原审法院名称,原判决、裁定文书案号;(3)具体的再审请求;(4)申请再审的法定事由及具体事实、理由;(5)受理再审申请的法院名称;(6)申请再审人的签名或者盖章;(7)支持申请再审事由和再审诉讼请求的证据材料。提交再审申请书等材料的同时,应提交材料清单。

4. 申请再审案件的受理程序

申请再审人提交的再审申请书等材料不符合要求的,或者有人身攻击等内容,人民法院应将材料退回申请再审人并告知其补充或改正,经告知不补充或改正,不予受理。再审申请书等材料符合要求的,人民法院应在申请再审人提交的材料清单上注明收到日期,加盖收件章,并将其中一份清单返还申请再审人,在10日内予以受理并向申请再审人发送受理通知书。申请再审人向原生效裁判的法院申请再审的,原审法院应告知其可以向上一级法院提出。申请再审人越级申请再审的,应告知其向原审法院的上一级法院提出。对未在法定期限内提出申请的,应告知申请再审人,申请再审人认为未超过法定期间的,应提交新的事由或者被告人可能被宣告无罪的相应证据材料。

(二)刑事申请再审案件的审查

审查刑事申请再审案件,应当围绕申请再审事由是否成立进行,申请再审人未主张的事由不予审查。

1. 申请再审案件的审查方式

(1)径行裁定。

径行裁定主要是针对案件事实清晰明了,无须通过其他方式审查即可查明申请再审事由是否成立的申请再审案件,目的是提高审查效率。在此过程,法院并不采取其他的审查方式,如调卷审查、询问审查、提审审查等。其适用情形,一般为申请超过法定期限或者超出法定的再审事由范围,除此之外,应谨慎采取这一审查方式。

(2)调卷审查。

审查过程中,如果仅审查再审申请书等材料难以作出裁定的,应当调阅原审卷宗予以审查。通过对原审卷宗的审查,可以了解原审过程中的诉求、证据的质证认证过程、开庭情况、对案件的发展形成直观的认识,有助于对申请的审查并形成正确的判断。

(3)询问审查、提审审查。

审查时可以根据案情需要决定是否询问当事人、证人、鉴定人等,进行必要的调查,如果当事人以有新的证据足以推翻原判决、裁定为由申请再审的,则应当询问当事人。当事人如在监狱服刑,则到关押地予以提审。询问(提审)审查有利于当事人参与审查程序,陈述意见。但审查程序中的询问(提审)的事项因未通过审判程序加以审理认定,只能作为再审程序中的证据之一,应与其他证据一同通过审判程序审理质证、认证。

2. 申请再审案件的审查组织及审查范围

(1)审查组织形式。

受理再审申请后,应当组成合议庭予以审查,合议庭成员应由法官组成,且不能包括原审合议庭成员。如此,才能体现人民法院对发起再审程序的严格和慎重。

(2)审查范围。

对再审申请的审查,应当围绕再审事由是否成立进行,申请再审人未主张的事由不予审查。审查以能够确认再审事由是否成立为必要限度,当事人在申请再审案件中的原因集中体现在所宣称的再审事由之中,至于案件的是非曲直,则应留待再审审理后作出评判。

3. 申请再审案件的审查标准

对再审申请的审查,因是围绕再审事由①是否成立进行的,所以其审查并不以查清事实为导向,"事实清楚"并不是再审审查的标准。如果审查时已经足以确认案件事实,则无须进一步审理,也不必对全案进行审查。这与再审审理是有所区别的,两者分工不同,标准不同。

将再审事由细化、独立化、法定化,有利于审查的科学进行,但提起再审并不意味着生效裁判确有错误,审查的标准与再审改判的标准有明显的区别。对于再审事由的审查应严格把握,应有充分的证据证明,审查阶段并不要求达到查明原裁判确有错误的程度,不应再简单地以再审改判率来衡量审查工作质量,其重要性和必要性主要在于对当事人诉讼权利的保护。如果过多对案件实体进行全面审查,则容易对案件形成先入为主的判断,相当于在非公开、当事人不参与的情况下,对案件进行实体上的审查。这对于查清事实、保护当事人诉讼权利而言,是非常不利的。总之,再审事由审查的目的是决定是否进入再审程序,其与实体上的裁判是相对独立的,应正确予以认识和把握。

(三)刑事申请再审案件的裁定结果

笔者认为,刑事申请再审案件的审查结果,应改变过去通行的"决定书"、"通知书"形式,应出具正式的刑事裁定书,以体现法院、法律的严肃性。另外,刑事附带民事诉讼部分申请再审案件的处理主要适用《民事诉讼法》的规定。

1. 裁定驳回再审申请

如果超过规定法定期限,或者超出法定再审事由范围的,以及经审查认为申请再审事由不成立的,裁定驳回再审申请。

2. 裁定再审

如果经过审查,申请再审人的再审事由成立,并且符合法定情形,则裁定再审,进入再审审理程序。裁定再审的,通常以审查法院提审为一般原则,以指令原审人民法院再审为补充,以指定与原审人民法院同级的其他人民法院再审为例外。

3. 再审审查期间和送达

关于审查期限,可以依据最高人民法院《关于执行刑事诉讼法若干问题

① 2012年《刑事诉讼法》修正案确定的再审事由为:(1)有新的证据证明原判决、裁定认定的事实确有错误,可能影响定罪量刑的;(2)据以定罪量刑的证据不确实、不充分、依法应当予以排除,或者证明案件事实的主要证据之间存在矛盾的;(3)原判决、裁定适用法律确有错误的;(4)违反法律规定的诉讼程序,可能影响公正审判的;(5)审判人员在审理该案件的时候,有贪污受贿,徇私舞弊,枉法裁判行为的。但笔者认为尚不够科学,如侦查、检察人员存在受贿徇私舞弊的情形没有规定。

的意见》第302条的规定,人民法院受理申诉后,应当在3个月内作出决定,至迟不得超过6个月。另外,对于一些特殊的案件,应规定延长期限的审批程序。

申请再审案件的审查结果,应以裁定书的形式送达申请再审人、当事人、代理人以及关押机关、劳改机关、侦查机关、检察机关、原审法院、罪犯户籍所在地的公安机关。

四、结语

我国刑事再审审查制度的设置,应注重对生效裁判既判力的尊重。毕竟,对于生效裁判而言,法的安定性是极为重要的,但在出现重大裁判不公的情况下拒绝再审改判,会带来极为严重的后果。由此,我国应按照再审诉讼化的要求,对再审申请的审查进行诉讼化改造,以保障当事人的合法权益,规定严格、具体的再审事由和严格、规范的再审审查程序,以在整体上维持法的安定性的同时,使得极为严重的裁判不公能得以顺利纠正。笔者水平有限,观点浅薄,但衷心希望,对再审审查进行诉讼化设计,增加再审审查的透明性,能从制度上改变"申诉难"与"申诉滥"二者共存的尴尬局面,减少当事人的非正常上访、信访。"可以预见,理性的当事人将会最大程度选择申请再审权,从而减少程序之外的申诉上访,优化法院审判工作秩序。"①

① 苏泽林主编:《民事案件申请再审指南》,中国法制出版社2010年版,第11页。

刑事审判监督程序适用中的问题探讨

福建省莆田市中级人民法院　方蔚文　林美双

一、刑事审判监督的概念及功能

审判监督程序是一种既独立于普通程序但又与普通程序有着紧密联系的独立诉讼程序,该程序主要针对普通程序审理下已经发生法律效力具有错误可能性的裁判进行事后纠正与救济的特殊程序。审判监督程序的启动主要依靠人民法院、人民检察院对于已经发生法律效力的判决、裁定,人民法院或者人民检察院在初审时发现其在认定事实和适用法律方面确实存在错误,依法向人民法院提出要求对案件重新进行审理裁判的一种诉讼程序。刑事案件通常涉及国家、社会、当事人等多方利益,一件案件往往容易引起社会的各方关注,刑事司法审判的效果明显不同于民事审判的社会效果,刑事审判主要体现的是保障人权和维护国家的强制力,如果刑事司法审理裁判出现错误不能得到及时有效的纠正,那么毫无疑问的必将严重损害司法的公平、公正形象,也极易削弱普通百姓对司法的信赖和尊重。

正是基于司法人员正确实施法律、维护法律公正的神圣天职,我国的审判监督程序在司法实践中有着其特殊的目的和功能,能够有效地纠正已生效裁判的错误,维护司法公正,成为被判刑人合法权益保护的救济程序,并能充分体现司法的人权保障作用,进而实现法律适用统一,树立司法的权威。所以,一定要强调司法公正的重要性,司法"公正"的准则能够确保刑事法律的合理实施,限制国家机关滥用司法权力,最终有效惩治犯罪维护社会稳定,保障无罪的人不被处罚,有罪的人必遭追诉。

二、刑事审判监督程序适用中的普遍性问题

现实的司法审判当中,"公正"司法并不是唾手可得,司法裁判往往因受客观外部条件的制约,人们主观认识能力的局限以及法官素质个体差异的影响,在具体的社会历史和法制环境下,其自身永远无法保证绝对的正确性,错误裁判在所难免,这种错误现象的存在是哲学的必然,也是社会的必然。为了避免这种"必然"的不必然发生,审判监督程序应当始终贯彻以"事实为依据,法律为准绳"以及"有错必纠"的审判理念为指导思想,通过刑事审判监督程序准确依法实施法律,既有利于维护人民法院裁判的既判力,维护法律的严肃性、稳定性,又有利于发挥其强有力的纠错功能,切实维护当事人的合法权益,

化解社会矛盾，保障司法公正。所以，审判监督程序也成为了司法公正和被告人人权救济的最后一道屏障。

刑事审判监督程序一般遵循“实事求是、有错必纠”的原则。通过理想的诉讼理念来指导实践中的审判活动，并要求司法机关做到“不枉不纵”，以达到不使任何一个犯罪逃脱法律的惩处，也不让一个无辜的人遭受刑罚追究。但是这种理念只是种理想的“空中楼阁”，带有明显而强烈的主观唯物主义色彩，因此，审判监督程序中难免会出现人们常说的“主体无限、理由无限、审级无限、时间与次数无限”的问题。审判监督程序肩负着双重职责：一方面，要求“实事求是、有错必纠”，尽可能多地纠正错案；另一方面，又必须维护司法的稳定性与权威性，考虑给予当事人充足的救济。司法实践中又必须顾此思彼，而绝对不能舍此求彼，因此，司法机关解决这种正当利益间的冲突时，应当进行科学、合理的分析以达到社会效果与个人效果的平衡。

近年来，在司法实践中，存在少数人民法院在刑事审判监督程序在适用上暴露出的随意性和思想认识上的偏差以及是否应当依照刑事审判监督程序对已经生效的裁判决定再审问题上缺乏足够审慎的态度。同时，在审判监督程序的提起及审判监督程序运行方面的问题严重影响了司法公正，损害了当事人的合法权益。目前，因当事人及其法定代理人、近亲属申诉，上级人民法院以原审事实不清、证据不足或主要证据之间存在矛盾为理由，决定再审及再审后发回重审的案件呈明显增多的趋势。进而导致审判监督程序运行中出现普遍扁的问题。首先，再审案件较以往有较大幅度地上升，因再审案件增多，给工作任务原本就十分繁重的基层人民法院、基层人民检察院或中级人民法院、上级人民检察院增加了更重的工作压力；其次，从实践中经过审查人民法院决定再审的相关司法及工作文书中经常发现少数人民法院及少数审判人员对决定再审的法定条件把握的不够准确以及对生效裁判是否“确有错误”界定的不够准确，尤其是对定罪量刑的证据是否确实、充分，主要证据之间是否存在矛盾这一决定再审的法定条件，把握的不够准确，有的案件与定罪量刑有关的事实已经清楚，证据亦已达到确实、充分的程度，与定罪量刑无实质关联的事实应无再查清及补充的必要，但是少数人民法院及审判人员却以此为理由对案件决定再审或发回重审；最后，申诉人对人民法院的申诉压力及少数申诉人无理缠诉致人民法院规避矛盾或矛盾下缴决定再审的情形亦部分存在。

三、审判监督程序提起的主体方面存在的问题

根据我国《刑事诉讼法》和最高人民法院所作司法解释的规定，有权提起审判监督程序的法院是指各级人民法院院长对本院已经发生法律效力的判决和裁定，如果发现在认定事实或者适用法律上确有错误，应当提交审判委员会处理以及最高人民法院对各级人民法院已经发生法律效力的判决与裁定，上级人民法院对下级人民法院已经发生法律效力的判决与裁定，如果发现确有错误，可以指令下级人民法院再审，对于原判决、裁定认定事实正确，但是使用法律有错误的，或者案情疑难、复杂、重大的或者有其他不宜原审人民法院审理的情况，可以提审。上级法院的审判监督指导权如何通过再审程序的设计既能使法院遵守控审分离、不告不理原则，始终处于消极的、超然的、权威的审判者地位，又能达到程序的独立与公正、诉讼的基本价值，这是审判监督程序运行中应当考虑的问题。

根据我国《刑事诉讼法》的规定并未赋予当事人提起审判监督程序的诉讼主体资格，只是允许当事人享有申诉权。当事人及其法定代理人，近亲属不具有提起审判监督程序的主体资格，而仅为申诉主体，其目的旨在通过申诉提供案件相关的证据材料，促使人民法院和人民检察院形成对"已生效裁判确有错误的"认识进而对案件进行重新审查和处理的一种诉讼活动，他并不必然产生对案件重新审理的法律后果。当事人享有的申诉权只是宪法性的民主权利，还并非一种程序性的诉讼权利，申诉也并非一个诉。按照传统诉讼理念，当事人及其法定代理人是因为他们与案件有着密切的利害关系而享有诉权，享有请求法院进行司法救济的权利，而且审判监督程序关系到当事人的生命健康、财产安全，而现行法律并没有给予当事人"诉权"，从而导致现实中的申诉混乱、申诉无限。所以建立再审之诉和赋予被判刑人及其法定代理人诉权主体地位是审判监督程序改革中应当要考虑的趋势。

四、审判监督程序提起的理由方面存在的问题

最高人民法院《关于规范人民法院再审立案的若干意见（试行）》［以下简称《若干意见（试行）》］第 7 条规定法律对当事人的申诉理由作了严格的限制，然而，《刑事诉讼法》对检察院提上审判监督程序的理由仅作了一般性的规定，即原审裁判"确有错误"，包括认定事实的错误和法律适用的错误。根据《人民检察院刑事诉讼规则》第 406 条第 1 款有新的证据证明原判决、裁定认定的事实确有错误的作为启动再审程序的条件。这种不明确的"确有错误"往往导致再审程序扩大化以及诱导当事人的无限申诉。目前，法律对"确有错误"没有进行明确的界定，判断"确有错误"的主体也不是特定的，法院认为没有错误，而当事人却认为有错时，抑或法院认为没有错误，而检察院却认为有错误，或者当事人与检察院都认为没有错误，而法院认为有错误时都可能导致申诉、申请再审或再审活动的产生。另外，审判监督程序中"有错必纠"

的原则容易产生另一个问题,是不是只要法院的判决错误了,不管什么错误、基于哪种理由的错误,也不管哪一级法院(含最高人民法院)的错都要纠正呢?以确有错误作为启动再审的条件会使法院处于两难境地,同时也会导致法院先入为主。如果法院再审判决认为没有错误,会使法院的裁定和判决自相矛盾,反而加剧当事人申诉,这是目前审判监督程序运行中比较突出的问题。

五、审判监督程序适用中所引起的各种不良现象问题

《若干意见(试行)》第2条规定地方各级人民法院负责下列案件的再审立案:(1)本院作出的终审裁判,符合再审立案条件的;(2)下一级人民法院复查驳回或者再审改判,符合再审立案条件的;(3)上级人民法院指令再审的;(4)人民检察院依法提出抗诉的。以及第3条规定最高人民法院负责下列案件的再审立案:(1)本院作出的终审裁判,符合再审立案条件的;(2)高级人民法院复查驳回或者再审改判,符合再审立案条件的;(3)最高人民检察院依法提出抗诉的;(4)最高人民法院认为应由自己再审的。根据上述法律规定,各级人民法院对本院或者上级人民法院对下级人民法院作出的终审裁判,认为确有必要的,可以直接立案复查,经复查认为符合再审立案条件的,可以决定或者裁定再审。人民检察院依照法律规定对人民法院作出的终审裁判提出抗诉的,人民法院应当再审立案。但在实践中,各级人民法院依审判监督程序对案件的管辖存在很大的灵活性与随意性,主要是实行以原审法院管辖为主、上级法院管辖为辅的操作原则。这也使得法院审理的单一化,不利于把握案件的质量,再加上申诉没有时间限制,使法律关系总是处于不稳定状态,有的案件申诉时间长达几十年以上,使得当事人的申诉无法得到及时的解决,使诉讼秩序混乱,结果导致当事人无理纠缠形成大量上访老户,社会各界通过各种渠道进行监督,最后形成终审不终的局面;由于出现无限申诉、无限再审的现象,结果造成诉讼和司法资源的浪费,终审判决涉及的法律关系的稳定性受到挑战,对终审裁判既判力和司法公正都产生了巨大的影响,严重影响司法机关形象。老百姓到法院讨公正、讨说法是对的,但什么是公正、什么是司法公正?没有客观标准。另外,再审提起的前提是判决确有错误。反过来说,法院经常搞错误裁判,因此要错案追究、违法责任追究。但"错案"不应当经常使用,一个国家法院的错案比比皆是,并不利于国家形象,也不应该是这种状态。因此,基于审判监督程序所产生的各种乱象,启动审判监督程序应当持"慎之又慎"的态度,方能有法而不乱。

六、解决刑事审判监督程序适用中存在问题的对策

加强法院本身的组织体系和审判程序建设才是解决申诉泛滥的根本方

法。一方面，要加强司法独立，防止地方其他机关的干涉，保证审判机关的绝对独立，同时强化法院内部组织体系建设，排除一切人为因素的干扰，要强化二审终审制，好好利用二审程序，而不是让二审程序的虚无化，同时也应当强化区分各审级的事实审和法律审问题。另一方面，上级法院的审判监督指导权不能导致再审的启动，而应该体现在再审审级设计上，由原审法院的上级法院受理再审案件纠正原审法院的错误，不仅体现了上级法院的审判监督指导权，而且能有效地防止因“国家赔偿制度与错案追究制度的实施，再审法院与再审之间存在更为密切的利害关系”，而导致的可能违背回避制度，使再审流于形式的情况出现，进而维护司法公正和司法权威。

加强审判人员的刑事诉讼理论的学习和培训，增强审判人员的责任意识，提升刑事审判理论及实践业务能力。人民法院对按照审判监督程序决定再审的案件，要建立健全完善内部监督制约机制，对错误决定再审或再审后发回重审的案件要实行责任倒查和追究，督促审判人员严格、公正执法，避免再审决定权力的泛用及滥用。但是错案追究容易使法官与案件的结局直接发生牵连，法官成了当事人，在此情形下，即便有错案也会造成人为的设法阻挠纠正，从而使矛盾激化无限申诉，虽然错案追究制能够在一定程度上防止权力的滥用，但是如果没有审判机制的完善，也无法从根源上解决错案的发生，对错案追究制的使用，主要以警示教育和预防为主，事后惩戒为辅的原则。

检察机关对人民法院应否按照审判监督程序对案件决定再审应建立沟通衔接审查机制，可以通过以下方式：其一，与人民法院建立相关工作机制。对人民法院申诉立案的刑事案件，要求人民法院送达立案决定书，提前掌握人民法院申诉立案的刑事案件。其二，向人民法院调阅申诉立案案件卷宗，在人民法院作出是否决定立案前，先行对案件的事实、证据、适用法律及量刑情况进行审查。其三，在人民法院作出是否再审的决定前，向人民法院提出案件事实是否清楚，证据是否确实、充分以及适用法律、量刑是否正确得当，应否决定再审的检察意见，对人民法院的再审决定权进行制约。通过上述几种方式可以对错误决定再审的案件做到早发现，早建议，早制约。通过建立健全完善有效监督机制，进而能够保障刑事审判监督程序地依法准确适用。

综上所述，在“一事不再理”原则的指导下，体现各审级之间存在的监督与指导关系，避免司法资源的浪费，防止当事人滥用诉权，由于法院办案是按法律事实，以证据为依据进行的，而实事求是追求的是事实真实，很容易使当事人产生受到不公正待遇的感觉，如何避免人们对司法的认识与法院办案规律相矛盾，作为刑事审判监督程序作为保障司法救济的特殊程序，必须通过改进和完善相关审判制度,除了强化当事人申诉的诉权以及合理界定提起审判监督程序的理由外,还应当加强对启动审判监督程序的审理与时效配套的规定,弥补实践中的不足使之真正成为“公正与效率”相一致的特殊救济制度。

警惕程序的恶性循环：刑事审判监督程序的反思与重构

福建省福州市连江县人民法院　张炎梅

引言

生效裁判一旦错误，就意味着人的自由之权甚而生存之权遭受到了诸多侵犯。刑事审判监督或曰再审程序此时即当发挥其无可替代的重要作用。而制度性的保障、原则性的规定如若不能落到实处，只会是空中楼阁，除了让人浮想联翩，恐将一无是处。如何构建切合法理又比较完备的再审审理程序，使再审之诉符合程序公正、非常救济的制度特征，也是再审制度改革的价值追求和目标之一。刑事审判监督程序是有效解决生效裁判的既判力和纠正生效裁判错误之间矛盾的一剂良方；更可以有效化解社会矛盾，最终达到息讼服判、案结事了的基本目标，进而促进个体公义和社会公平的实现，构筑社会主义和谐社会。完善刑事审判监督程序是解决实践中诸多司法尴尬，保障司法透明、公平、公正和公开的需要。

刑事审判监督是人民检察院对刑事审判活动及司法裁判是否符合法定程序和法定标准进行审查监督，发现并纠正违反诉讼程序及诉讼标准的诉讼行为和司法裁判，保证刑事审判权依法正确行使的专门活动。从我国现行的法律规定和司法实践看，刑事再审程序，是指人民法院、人民检察院对于已经发生法律效力的判决和裁定，如果发现在认定事实或适用法律上确有错误，依法提出并进行重新审理的程序。[①] 司法实务界，无论最高人民法院历年的工作报告，还是从事审判司法工作的法官、检察官们编辑出版的书籍期刊杂志等，几乎毫无例外地都将审判监督程序等同于再审程序，或者说有意无意地没有将两者加以区分。笔者认为，在我国刑事审判监督程序与刑事再审程序存在着等同的关系，其价值模式和指导思想均为“有错必纠”型，即“实事求是、有错必纠、不枉不纵和客观真实”。其具有如下特征：首先，从诉讼实质来看，审判监督程序是一种补救性程序，或称救济程序，其正是为了纠正错误的生效裁判而设立的补救程序。其次，从诉讼进程来看，审判监督程序和二审程序一样，不是刑事诉讼的必经程序。审判监督程序不仅只适用于特殊对象、由法定

---

① 樊崇义著：《刑事诉讼法学》（修订本），中国政法大学出版社2002年版。

的主体提起,而且也不像一审、二审程序那样,只要有诉(如起诉或者上诉、抗诉),就必须进行审判。该程序的提起与否,并不取决于被告人等的申诉,有的甚至虽经数载、反复申诉、请求,也未必一定对案件进行重新审判,更不是无条件地逐级上报再审。从这一意义上来看,审判监督程序自然不是也不可能成为刑事诉讼的必经程序。①

一、问题切入:刑事审判监督程序的现实困境

在现行立法对审判监督程序总共5条的规定中,涵盖了再审提起理由、再审提起主体等内容,从中不难发现诸多不足之处。

(一)不停止原判决执行的绝对化

【案例】②佘祥林,湖北省京山县雁门口镇人。1994年1月2日,佘妻张某因患精神病走失失踪,张的家人怀疑张某被丈夫杀害。同年4月28日,佘祥林因涉嫌杀人被批捕,后被原荆州地区中级人民法院一审被判处死刑,剥夺政治权利终身。后因行政区划变更,佘祥林一案移送京山县公安局,经京山县人民法院和荆门市中级人民法院审理。1998年9月22日,佘祥林被判处15年有期徒刑。2005年3月28日,佘妻张某突然从山东回到京山。4月13日,京山县人民法院经重新开庭审理,宣判佘祥林无罪。2005年9月2日佘祥林领取70余万元国家赔偿。

根据《刑事诉讼法》的规定,当事人及其法定代理人、近亲属,对已经发生法律效力的判决、裁定,可以向人民法院或者人民检察院提出申诉,但是不能停止判决、裁定的执行。原判决、裁定的不终止执行有利于维护司法公信,保障法律权威,具有明显的积极意义。然而,在司法实务中,当刑事审判监督程序启动时,仍有相当一部分罪犯在处于服刑期限内。从佘祥林的案件分析,该案被害人并未死亡,佘祥林并未杀人。《刑事诉讼法》的规定就意味着即使有证据足以证明生效的判决是错误的,也不能终止原判决的执行,其只能寻求其他的救济途径。笔者认为该规定过于绝对化,不利于对一些罪犯的合法权益的保护,不符合当前倡导的尊重和保障人权理念。

(二)没有对再审的提起进行时间上的限制

【案例】③河南许昌中级法院发回禹州市法院重审的、1995年就开始诉讼的案件,直到2010年11月还在禹州市法院的档案室搁置着而未进行审理。

上述案例体现当前我国的刑事司法实践中,依然存在发回重审权滥用的

---

① 陈光中主编:《刑事诉讼法》,北京大学出版社、高等教育出版社2005年版,第383页。

② 参见 http://www.cqvip.com/Main/Detail.aspx? id=26975238,2012年5月2日访问。

③ 大河网:http://news.dahe.cn/2010/11-23/100531475.html,2012年5月1日访问。

现象。最高人民法院原副院长沈德咏认为,利用有限的审判资源进行不必要的重复劳动而且一项生效裁判,几乎可以不受任何时间和次数限制而被引发再审,导致生效裁判可能被多次撤销,极大影响了终审裁判的稳定性和权威性,变相地改变了我国两审终审制度,也造成人、财、物的浪费。限制,对于某个具体的案件可以无限期的提出再审,致使一定数量的当事人长期申诉或者以同一理由、同一请求事项重复申诉,大量申诉案件久拖不决。而且一项生效裁判,几乎可以不受任何时间和次数限制而被引发再审,导致生效裁判可能被多次撤销,变相地改变了我国两审终审制度。终审不终,一而再、再而三地再审,不仅浪费司法资源,而且还使司法的权威性受到了极大的挑战。再审的频频提起,意味着个案的司法过程频频被事后审查,司法干预增大,司法的独立性无从保障。

(三)启动刑事再审程序过分重实体公正

长期以来,我国司法界普遍将程序作为实现裁判结果的工具或手段,重实体而轻程序,为追求实体真实而漠视程序公正。其实,离开了看得见的程序上的公正,又如何寻求看不见的实体公正呢?英国大法官基尔穆尔说过:“必须遵守关于审判活动的程序,即使——在一些例外的场合——有损于事实真相也在所不惜。”美国法官杰克逊也指出:“苛刻的实体法能够被忍受,如果它们是被公平和公正地适用的话。确实,如果在两者之间选择的话,人们宁愿生活在用公正的诉讼程序实施的专制的实体法治下而不愿生活在用不公正的程序实施的宽厚的实体法的社会中。”当事人及其法定代理人提出刑事再审的理由有:第一点,有新的证据证明原判决、裁定认定的事实确有错误的;第二点,据以定罪量刑的证据确实不确实、不充分或者证明案件事实的主要证据之间存在矛盾的;第三点,原判决、裁定适用法律确有错误的;第四点,审判人员在审理该案件的时候,有贪污受贿、徇私舞弊、枉法裁判的行为的。这四点理由概括言之即生效判决确有错误,才可提出刑事再审。由此,我们可以看出,我国启动刑事再审程序的理由主要是实体错误,仅程序错误不可提起再审。这种重实体、轻程序的规定,不仅不利于对当事人权利的保护,也不利于纠正司法人员程序违法,难以树立司法公信力。

(四)减损了被告人的权利保障

刑事诉讼的价值目标不仅仅要惩罚和控制犯罪,而且应保障人权。国家权力的行使不应以损害公民的个人权利作为代价,同时应兼顾诉讼效率和诉讼的经济性。由于不加分析地推行有错必纠原则,在一定程度上导致了刑事追诉的恣意化、程序正义的牺牲以及诉讼形态的虚置化。[①] 我国的再审制度并没有区分有利于被告人的再审和不利于被告人的再审，只要司法机关认为生效判决量刑过轻，通过再审而加重对被告人的处罚是可能的、合法的。这意味着一国刑事诉讼中人性化、民主化发展水平的上诉不加刑制度虽在形式上未被反对，但实质上却几乎名存实亡，对被告人的权利保护也大打折扣。此外，再审程序由于涉及对当事人利益的重新分配和一审、二审裁判的再评价，其程序理应较一审、二审程序更为严格。但是，在现行的法律条文中，并未见对再审程序的详细规定。司法实务中，再审法院可以直接通过书面审完成再审程序，原公诉机关或二审出庭检察机关在不知情的情况下即可能收到再审改判的通知。作为国家法律监督机关，检察院对审判活动是否依法进行实行法律监督，是履行审判监督职能的需要。而由人民法院自己启动再审程序的情形使得检察机关对审判活动进行监督留下空白点，从而对被告人的权利，也影响审判的法律效果和社会效果。

二、世界视角：域外刑事审判监督程序的考察

当前，刑事审判监督程序以日益受到各国重视，当今世界两大法系国家都强调生效裁判的稳定性不得轻易被推翻，并对再审进行了严格的限制。一般来说，大陆法系的既判力理论是生效裁判不得被轻易推翻的法律基础；而在英美法系国家中，其法理基础则是"禁止双重危险原则"。笔者将对德美的刑事审判监督程序进行简要介绍及比较，以期为移植适合我国司法实务的程序制度提供必要参考。

（一）德国的刑事审判监督程序

大陆法系国家再审程序立法的价值模式通过既判力理论强调生效裁判的价值并严格限制再审。[②] 德国再审程序立法的价值模式具体为"实体真实模式"，即只要出现法律规定的情形，无论是有利于被告人的还是不利于被告人的，都可以提起再审；只是对于不利于被告人的再审的提起有更为严格的条件限制。《德国基本法》中关于既判力价值有五项基础性的规定，除了传统理论的"维护法秩序的安定性"这一基础性规定之外，其还包含人性尊严、自由权、比例原则和信赖保护原则四项基础。[③] 从再审事由分析，德国的再审事由包括了有利于被告人的和不利于被告人的两种。《德国刑事诉讼法典》第 359

---

① 陈瑞华著：《问题与主义之间——刑事诉讼基本问题研究》，中国人民大学出版社 2003 年版，第 344 页。

② [德]克劳思·罗科信著：《刑事诉讼法》，吴丽琪译，法律出版社 2003 年版，第 475 页。

③ 洪家殷："论一事不二罚原则在行政程序法上之适用"，载《台大法学论丛》1997 年第 4 期。

条、第362条明确规定了有利于被告人和不利于被告人的再审事由。该法典第363条还规定了不准许提请再审的两种情形。从刑事再审程序分析，德国的刑事再审程序被分成了非常规范的适法性和许容性程序，理由审查程序和重新审判程序三个阶段。从审判法院分析，德国的再审法院是与生效裁判法院同级的另一法院。这样，可以保障再审审查的严肃性和可信赖性，对于最终的再审结果，被告人等也比较容易接受，乐于"认罪服法"。德国纠正生效裁判事实认定错误程序的申请权大多仅属于总检察长，管辖权则仅仅属于最高法院。该类程序的目的只是统一法律的适用，即使在再审审理后撤销原判的，其撤销的效力也不及于当事人，不影响原生效裁判的执行。

（二）美国的刑事审判监督程序

英美法系国家通过"禁止双重危险"原则的适用来强调生效裁判不得被轻易推翻。美国是明确规定了"禁止双重危险"原则的判例法国家的代表。美国联邦最高法院在1969年Benton v. Maryland一案的判决中称，"禁止双重危险"原则代表着美国"宪法传统中的一个基本理想"，其与获得陪审团审判的权利一起，构成了"美国司法制度的基础"。[①] 根据美国联邦最高法院的判例，"禁止双重危险"原则主要包括两个方面的内容：(1)禁止在无罪判决或者有罪判决作出之后就同一行为再次起诉；(2)禁止就同一犯罪行为进行多次处罚。美国联邦最高法院的判例同时指出，支撑"禁止双重危险"原则的是以下在英美法律制度中根深蒂固的观念：国家不得运用其所拥有的各种资源和权利，以同一项指控对一个公民实施反复多次的刑事追诉；如果没有这一限制，被告人将会承担大量费用，反复经受痛苦考验，被迫长期生活在焦虑和不安全的状态之中，无辜却被错判有罪的可能性也会大增。

英美法系的"禁止双重危险"原则的理论基础至少包含以下几项：对国家刑罚权的限制，对公民权利的保障；公民预期和个人自治的保障以及避免错判无辜和诉讼效率的考量。

（三）德美刑事审判监督程序的比较

德国和美国的刑事审判监督程序有一些相似之处：既判力理论和禁止双重危险原则同源于一事不再理原则，两者都强调法的稳定性，都注重生效裁判不能被轻易推翻，都对再审进行了严格的限制。但基于不同的法律传统，两者之间又存在一定的差异：

(1)既判力理论强调"既决的案件不得重新审判"，即已经生效的裁决才

---

① Ronald L. Carlson, *Criminal Justice Procedure*, 4th ed., The W. H. Anderson Company, 1991, p. 318.

具有这种既判力，才会产生一事不再理的效果。在裁决生效以前，只要控辩双方依法提起上诉，案件都会进入第二审甚至第三审程序，此时法院的裁判则不具有既判力。禁止双重危险原则则强调，国家在追诉权的行使上，只有一次证明被告人有罪的机会，该原则强调被告人不得因同一行为而受到“双重危险”。因此，检控方不仅不能通过发动再审促使法院对一个已决案件重新审判，而且对一个已经进入第一审程序的案件，无论法院作出的是有罪、无罪的判决，还是终止诉讼的裁定，监控方都不能随意地重新起诉。①

(2)既判力理论更注重的是防止法院就同一事实作出前后矛盾的判决，从而维护国家司法权的威信。而禁止双重危险原则则着重于限制国家的追诉权，保障被告人的权利。

三、路径突围：刑事审判监督程序的重构

针对我国刑事审判监督制度目前存在的问题，在我国进行司法制度改革、强调法院独立行使审判权的大环境下，如何吸收两大法系刑事审判监督的“合理内核”，完善刑事审判监督制度，以达到对审判活动进行有效监督而又不干预审判的目的，就成为我国司法制度改革中一个重要问题。

(一)改革检察机关的监督体制

1. 在检察机关内部增设刑事再审审查委员会

在现行的诉讼活动中，负责向法院提起刑事诉讼的部门是检察机关内设的公诉部门，发动再审程序的具体操作也是公诉部门。但若由公诉部门发现误判，启动再审程序，不仅会加大公诉部门的工作量，而且往往会出现发现不及时，甚至不愿意启动的现象。因此，在检察机关内部增设刑事再审委员会，直接由检察长领导负责，不仅可以及时审查当事人再审申请，也可以扩大审查条件，不拘泥于实体审查，一并扩大审查程序是否合法。

2. 检察建议在刑事再审中的应用

对已经生效的法律裁判发现误判时，检察机关以检察建议的形式向法院提出再审建议，可以使法院及时发现审判时存在的问题，主动开展纠错程序。这样，能够促进司法机关内部协调配合，开辟出检、法两家沟通交流的良性通道，不仅可以减少纠纷和矛盾的产生，也可以尽快开展再审，提高诉讼效率。②检察机关要加强和法院的沟通，争取在再审问题上互相理解、配合，以促进刑事审判监督的有效性和权威性。

---

① 陈瑞华：“刑事诉讼中的重复追诉问题”，载《政法论坛》2002年第5期。

② 李立新、赵栩莹：“论检察机关如何参与更有利刑事再审”，载《法学研究》2011年第24期。

3. 抗诉之外的重大监督事项可邀请人大共同监督

检察监督的刚性不足是刑事审判监督不力的重要原因,人民检察院的监督手段除了抗诉之外,只有纠正违法一种手段,对重大违法采用书面纠正违法通知书的形式,一般违法口头纠正,但对于人民法院是否必须接受缺少规定和相关配套措施。由于人民法院在组织体系上的独立性,不仅和政府、人民检察院之间都没有隶属关系,其系统内部上下级之间也相对独立,仅仅是一种业务上的指导关系,因此检察院对法院的监督是有限的。而人大是我国的国家权力机关,享有立法权和一般监督权,人民检察院和人民法院都由其产生,受其监督,对其负责,且人大对法院的人事也有一定制约作用。因此就目前的体制来说,检察监督只有和人大监督结合起来才能起到更好的效果。检察院在人民法院有发现抗诉事项之外的重大违法行为时,可提请同级人大共同监督,以提高监督的效力。

(二)明确规定刑事再审监督程序启动的时效和次数

1. 对程序启动的时效限制

为了促使监督主体及时行使法律赋予的监督权,维护法院裁判的效力,防止和避免当事人反复申诉,浪费有效的司法资源,应当完善《刑事诉讼法》,明确规定刑事再审监督程序启动的时效和次数。从保护人权的角度出发,对有利于被告的再审不设时间上的限制,这也是各国的通行做法,容易被人接受。而对于不利于被告人的再审,即关于"原审法官在原审裁判时,有徇私舞弊、枉法裁判或者其他职务上犯罪行为的"的再审,应当有一定的时间和次数限制,笔者认为以两年为限。这是基于以下三点考虑:一是对于上述情况的发现,时间越近可能性越大,超过两年而发现问题的概率成几何比例下降,因此设置期限超过两年的意义并不大。二是在被告人服刑两年左右的时间段内,其心理和角色的转化逐渐完成,情绪日趋稳定,开始安心接受改造。如果在两年后进行再审继而加重刑期,对服刑人员的心理无疑是沉重的打击,易使其产生对抗心理,甚至将使先前的改造完全归于无效,这样刑法的报复功能虽然被完善,但教育改造功能很难实现,对整个社会而言并不是一个好的选择。三是在判决生效两年后再对其进行改动,无论实体上是否正确都难以再引起人们的注意,因为"迟来的正义不是正义",而对生效判决进行改动这一事情本身往往更容易引起人们的兴趣和猜测,继而是对裁判正义性的怀疑(不管是原审裁判还是再审裁判),这样的不良后果显而易见:裁判的权威性不复存在。因此,将不利于被告的再审的提起期限定为两年是十分恰当的。基于这一分析,再审只能是一审终审制。很难想象,在两年内提起两次再审是何等的不严肃,且在短短的两三年内对被告人三次判决又置司法权威于何处。

2.《刑事诉讼法》修正后对发回重审权限制的具体适用追溯力

建立在有罪推定基础之上的发回重审权的滥用,同时造成屡禁不止的超期羁押的现实尴尬。而超期羁押问题的长期存在,与人权保护的国际刑事诉讼立法司法理念背道而驰。2012 年 3 月 14 日,全国人大十一届五次会议通过了《全国人民代表大会关于修改〈中华人民共和国刑事诉讼法〉的决定》,并自 2013 年 1 月 1 日起实施。其中第 225 条增加规定,原审人民法院对于原判决实事不清楚或者证据不足发回重新审判的案件作出判决后,被告人提出上诉或者人民检察院提出抗诉的,第二审人民法院依法作出判决或者裁定,不得再发回原审人民法院重新审判。笔者认为,一旦修正后的《刑事诉讼法》实施,对于 2013 年 1 月 1 日之前审理的案件,也应适用关于发回重审的限制性规定。根据有利于被告人的溯及既往原理,应当让当事人早日摆脱一个案件由于发回重审、上诉在两级法院之间翻来覆去的情况,减轻由此产生的精神、体力与财力多重压力与折磨。①

(三)将再审制度的根本意义转变到对被告人利益的保护

当今世界各国的刑事诉讼法理论和法律规定普遍将再审程序分为有利于被告人的再审程序和不利于被告人的再审程序,但大多数国家都只规定有利于被告人的再审,且从再审程序的发展趋势来看,有利于被告人的再审程序将逐渐成为主流。虽然德国、俄罗斯的刑事诉讼法仍然规定了不利于被告人的再审程序,但不能草率地得出这些国家和地区对人权保护不力的结论。以德国为例,再审是以裁判者或诉讼参与人在诉讼过程中的枉法裁判或舞弊行为理由的,惩罚的是诉讼中的不诚实行为,并非在继行使追诉权,因为并未允许以发现新事实为由的不利于被告的再审。

为了使不利于被告人的再审受到更多、更严的限制,应将再审明确区分为有利于被告人的再审和不利于被告人的再审。可以根据再审是否对原审被告人有利来确定申请再审的理由,如原审的程序不合法、证据上的缺陷、审判人员的枉法行为及其他诉讼参加人的虚假证明等。(1)在原判决执行是否终止的问题上,笔者认为,为了像佘祥林这样的个案而修改法律是科学的,但应严格把握例外情形,以免减损司法的公信。可以通过司法解释对例外情形加以规定,达到拾遗补阙的作用。(2)在提起的理由上,不利于被告人的再审应与有利于被告人的再审有所不同。一般情况下,检察机关事后发现新事实和新

① 李玉华:"理想与现实的平衡——刑事诉讼法修改述评",载《人民司法》2012 年第 9 期。

证据的发现应成为这种再审提起的主要理由。(3)不利于被告人的再审应有追诉次数和追诉时效的明确限制。一般情况下,不利于被告人的再审一经提起,法院经过再审无论作出怎样的裁判,检察机关都不能再就同一案件重新提出再审。同时,这种再审申请的时效应短于刑法确立的犯罪追诉时效,应从犯罪发生后立即计算,而不应因刑事诉讼的发动而终止。由此,申请再审的有效期间应为有关犯罪发生后其时效的余数。相反,有利于被告人的再审在提起上则可以不受任何时效和次数的限制。当然,作为有利于被告人再审的例外,原审法官在原审裁判时,有徇私舞弊、枉法裁判或者其他职务上犯罪行为可以作为不利于被告人再审的理由。虽然这一过程中可能放纵了犯罪,但刑事诉讼追求的整体价值并未受损,所不同的只是不同价值间的增减而已,以个案的牺牲获得整个刑事诉讼观念的进步是值得的。

(四)明确保障再审不加刑原则

"再审不加刑"原则是指在刑事审判中,由被告人申请或者其他机关和个人为被告人利益而提起的再审审判中,不得加重被告人的刑罚。现代法治国家中,有关再审不加刑原则的规定可以分为绝对的再审不加刑和相对的再审不加刑。以法国为代表的绝对再审不加刑原则,绝对禁止提起不利于被告人的再审,以此保证禁止任何不利于被告人的再审裁判结果的出现。美国、日本和意大利实行的也都是该种原则。而以德国为代表的相对再审不加刑原则,既允许有利于被告人的再审,也允许不利于被告人的再审。当事人审请之再审或检察机关所发动的有利于被告人之再审中不得作出不利于被判刑人的变更,而检察机关所发动的不利被告人的再审则不受不加刑的限制。

我国的再审不加刑制度或者改造之后的再审不加刑制度理应具有这样的内涵:人民法院对刑事案件再审时,不得改判重于原判决所判的刑罚。《刑事诉讼法》(2012 年修正)第 226 条增加规定,第二审人民法院发回原审人民法院重新审判的案件,除有新的犯罪事实,人民检察院补充起诉的以外,原审人民法院也不得加重被告人的刑罚。这一规定将遏止二审法院通过发回重审来规避上诉不加刑的做法,兼顾了追求案件事实真相与保护被告人权利的平衡。笔者认为,再审程序与二审程序存在很多相似处与关联性,如果对再审程序加以此类合理性规定,同样也对具有重要意义。在具体再审审理程序中,还应当遵守下列具体规定:(1)共同犯罪案件,只有部分被告人提出再审的,既不能加重提出再审的被告人的刑罚,也不能加重其他同案被告人的刑罚;(2)对原判认定事实清楚、证据充分,只是认定的罪名不当的,在不加重原判刑罚的情况下,可以改变罪名;(3)对被告人实行数罪并罚的,不得加重决定执行的刑罚，也不能在维持原判决决定执行的刑罚不变的情况下，加重数罪中某罪的刑罚；(4)对被告人判处拘役或者有期徒刑宣告缓刑的，不得撤销原判决宣告缓刑或者延长缓刑考验期；(5)对事实清楚、证据充分但判处的刑罚畸轻，或者应当适用附加刑而没有适用的案件，不得撤销原判决加重被告人的刑罚或者适用于附加刑；(6)对漏罪漏判的，应当建议检察机关提起抗诉。

四、结语

"法律程序，无论民事还是刑事，都只是为获得正义而设置的权威方法。"①刑事审判程序的制度重构关乎个人公平正义的实现、社会公正公平、为中国特色社会主义法治理念增光添彩的刑事立法的重新塑造，我们不得不慎而重之。反观现行的规定，其显然捉襟见肘，难掩司法尴尬。而域外法系立法、司法方面的有关规定，也还有一个法律移植是否适合我国现时国情的问题。本文所涉及的只是形式审判监督程序中的部分内容，而且许多问题的看法和探讨只是粗浅的，仅希望通过此文抛砖引玉，促进我国形式审判监督程序改革进程中理论和实践的发展。

① [意]皮罗克拉玛德雷著：《程序与民主》，区小波、刘刚译，高等教育出版社2005年版，第1页。

第五编 减刑、假释制度研究

减刑、假释证据规则之思索

——以审理减刑、假释案件为视角

四川省高级人民法院 何 利

在构建社会主义和谐、积极化解社会矛盾的今天，运用减刑、假释制度，落实宽严相济刑事政策，使减刑、假释审判工作显得更加重要。最高人民法院对此也非常重视，要求强化减刑、假释案件的审理力度，探索建立并不断完善相关制度，以进一步规范减刑假释工作。但是，减刑、假释案件长期以来行政化式的办理，没有从审判的角度去构建起适合审理减刑、假释案件的证据规则，减刑、假释审理无章可循，已经导致了减刑、假释神秘化和备受社会公众质疑等突出问题。为此，笔者苦苦思索，试图针对减刑、假释证据规则之缺失，考证构建减刑、假释证据规则之必要，探析如何构建减刑、假释证据规则，以期能为减刑、假释审判制度的进一步完善作一点有益的探索。

一、减刑、假释证据规则之缺失

所谓“证据规则”，是指用以规范以何种证据可以在法庭上出示（证据的可采性），各种证据的证明力大小（证据力）、证明责任的分配以及证明的要求等为主要内容的法律规则的总称。①

所谓“减刑、假释证据规则”，就是用以规范在减刑、假释案件中，用以证明罪犯符合减刑、假释条件或者符合减刑撤销、假释撤销条件的证据之可采性、证据力、证明责任的分配和证明标准等为主要内容的法律规则的总称。

关于减刑、假释方面的规定，我国《刑法》在第四章“刑罚的具体运用”的第六节、第七节中，用9个条款对减刑、假释应当具备的条件，进行减刑、假释的机关以及程序等作了规定。《刑事诉讼法》只有第263条规定了人民检察院对人民法院减刑、假释的监督。《监狱法》在第三章“刑罚的执行”的第四节“减刑、假释”第30～34条对减刑、假释建议的提出，人民法院审核裁定期限，减刑、假释裁定副本抄送，被判处死刑缓期2年执行的罪犯减刑的上报审核，假释撤销，人民检察院对人民法院减刑、假释抗诉作了规定。最高人民法院《关于办理减刑、假释案件具体应用法律若干问题的规定》也缺少程序性规范。并且由于该规定使用“办理”一词，以至于一些法院错误地将审理减刑、

① 陈卫东、谢佑平主编：《证据法学》，复旦大学出版社2005年版，第70页。

假释案件的司法行为作为一般的行政审查行为。这些规定里面都没有关于“减刑、假释证据规则”的规定。

关于刑事证据的规定,《刑事诉讼法》在第五章用了8个条款就证据定义及种类、证据的收集、诉讼文书忠实于事实真象、收集证据、口供适用的原则、证言的审查判断、证人的资格与义务作了规定。《刑事诉讼法》的司法解释用了11个条款进行补充。最高人民法院没有制定“刑事诉讼证据规则”。况且,上述证据规定也主要是针对刑事侦查、刑事一审、刑事二审的特点和要求制定的,并不符合在刑事执行中的减刑、假释案件对证据规则的需求。

因此,减刑、假释证据规则的规定处于缺失状态。

二、构建减刑、假释证据规则之必要性

减刑、假释就其本质而言是对罪犯的刑罚种类和刑罚方法的改变,应该经过审判机关的裁判才能改变,这是法院依法行使司法权的一种体现。但是长期以来,人民法院对减刑、假释案件的审理工作存在着不同的理念和工作方式。有的法院认为,只需在刑罚执行机关提请减刑或假释建议的基础上进行形式审查即可,这是一种行政报批行为;有的法院认为减刑、假释案件的审理不过是准司法行为,在形式审查减刑、假释材料的真实性和合法性。产生这些错误观点的原因,就是没有厘清人民法院审理减刑、假释案件这一司法行为在刑罚权的定位。没有厘清制刑权、求刑权、量刑权、行刑权、法律监督权之间的关系。

减刑、假释具有的司法属性要求:裁判必须依据证据,进行裁判必须依据证据规则。减刑、假释作为刑罚执行中的裁判,有别于一般的审判,减刑、假释证据规则缺失不利于减刑、假释的客观公正和顺利进行,不利于实现减刑、假释的功能和价值,不利于维护社会稳定和促进和谐社会的构建。因此必须建立完善减刑、假释证据规则。

(一)减刑、假释审理工作的法理透析

(1)从刑罚权的角度看,在现行减刑、假释案件中,监狱和少管所、看守所提出减刑、假释建议,行使的是“行刑权中的求刑权”,人民法院对减刑、假释案件的裁判,行使的是“行刑权中的量刑权”。人民检察院行使的是“基于求刑权的法律监督权”。

刑罚权作为国家权力的外在表现,是国家基于独立主权对犯罪人实行刑事制裁的权力。其内在属性是惩罚、谴责、教育以及相互的辩证统一。其外在特征表现为强制制度的严厉性、适用对象的特定性、法律适用和适用机关的专门性。刑罚权根据刑事法律活动中的不同阶段和不同表现,依次分为制刑权、求刑权、量刑权、行刑权，它们作为一个有机的整体，共同构成国家刑罚权的完整内容。①

制刑权是刑罚的创制权，它包括对刑罚制度的设立、废止、修改。刑罚创制以后，还要适用于一定的犯罪人。这就发生了由谁通过何种方式请求对犯罪人适用刑罚的问题，这种请求对犯罪人予以刑罚处罚的权力，便是求刑权。在提起刑事诉讼以后，就发生了一个刑罚裁量的问题。根据求刑而决定是否科刑以及科处何种刑罚的权力，就是量刑权。量刑权包括是否科刑与科处何种刑罚两个方面的内容。是否科刑，是指在确定被告人构成犯罪的基础上，决定其应否受刑罚处罚。科处何种刑罚，则是指在确定犯罪人应当科刑的基础上，确定刑罚的具体分量。量刑权只是解决了刑罚的裁量问题。判决书所确定的刑罚还有待于付诸实施，这就发生了一个刑罚执行的问题。行刑权，就是对犯罪人执行刑罚的权力，行刑权是量刑权的自然延伸，但它又不是量刑权的消极依附物，而有其积极的内容，因而应当引起高度的重视。同时，在行刑权的行使中也赋予了刑罚执行机关在对服刑罪犯在原量刑范围内减轻刑罚和改变刑罚方法的求刑权。制刑权、求刑权、量刑权和行刑权是一个有机的整体，它们共同构成国家刑罚权的完整内容。② 因此，制刑权属于全国人大，求刑权属于人民检察院，量刑权属于人民法院，行刑权属于监狱和少管所、看守所。

（2）审理减刑、假释案件的本质在于审判机关对服刑罪犯的刑罚种类和刑罚方法之改变是否符合法律规定进行裁判，这是人民法院依法行使司法权的一种体现。

减刑、假释审判是我国《刑法》规定的两项重要的刑罚执行过程中的裁判制度。减刑、假释审判是指审判机关根据刑罚执行机关提交的减刑、假释建议书，对被提请拟减刑、假释的服刑罪犯，是否符合减刑、假释的法定条件，提请减刑、假释是否符合法律法规的规定进行审理后作出裁判。减刑、假释审判体现出国家在行刑权中对量刑权的自然延伸。因为国家把对犯罪分子科处何种刑罚的最初裁量权分配给了审判机关。基于刑罚法律适用和适用机关的专门性，③国家仍然需要将对犯罪分子变更何种刑罚的中途裁量权和最后裁量权分配给审判机关，即由人民法院来统一行使量刑权。故人民法院对减刑、假释

① 陈兴良著：《刑法的人性基础》，中国人民大学出版社2006年版，第374～375页。

② 陈兴良著：《刑法的人性基础》，中国人民大学出版社2006年版，第374～375页。

③ 此专门性要求：刑罚只能由国家刑事审判机关代表国家依照专门的法律适用。实施的刑罚所依据的程序法律只能是刑事诉讼法，所依的实体法律只能是《刑法》。在我国，刑罚只能由各级人民法院的刑事审判机关依据《刑事诉讼法》和《刑法》进行。

案件的审理是行使的裁判权。

（二）构建减刑、假释证据规则之必要性

1. 审理减刑、假释案件需要减刑、假释证据规则

审理减刑、假释案件必须有减刑、假释证据规则可供遵循。没有减刑、假释证据规则，人民法官如何去判别拟提起被减刑、假释的罪犯是否符合减刑、假释条件的待证事实？正如任何诉讼活动都需要认定与诉讼法律事务有关的待证事实，而完成这一任务就必须取得各种各样的证据，并运用已取得的证据证明待证事实。而要顺利取得和善于运用证据证明待证事实，就必须应用一定的方法，遵循一定的规律。

在减刑、假释案件中，什么样的证据应该向人民法院提交？由罪犯提交还是由刑罚执行机关提交，即由罪犯提交还是由刑罚执行机关承担举证责任？是由罪犯提交还是由刑罚执行机关承受举证不能的法律后果？在减刑、假释案件的法庭调查中，质证活动怎样进行？诸如此类，在相关法律和司法解释都没有明确的规定。这些证据规则都需要建立和完善。

2. 审理减刑、假释案件需要"符合减刑、假释特征"的证据规则

减刑、假释案件是刑罚执行中的裁判案件，不同于一般刑事案件。区别如下：

一是法律规定的详尽程度不同。

《刑事诉讼法》对公诉案件的立案、侦查（含人民检察院自侦）包括讯问犯罪嫌疑人、询问证人、勘验、检查、搜查、扣押物证、书证、鉴定、通缉、侦查终结以及提起公诉、进行审判的第一审程序、第二审程序、死刑复核程、审判监督程序以及自诉案件的审理都作了比较明确的规定；关于减刑、假释的规定如前所述非常粗略。

二是诉辩对抗的双方及对抗力不同。

一般刑事案件是公诉方（人民检察院）和自诉人与犯罪嫌疑人之间的对抗，是公权力与私权力之间的对抗；减刑、假释案件却是刑罚执行机关和罪犯与法律监督机关（人民检察院）之间的对抗，是公权力 + 私权力与公权力之间的对抗。因为在减刑、假释案件中，刑罚执行机关是代表国家在执行刑罚，为体现宽严相济刑事政策和节约行刑资源，刑罚执行机关需要对其认为罪犯符合减刑、假释的条件，提请减刑、假释。正如没有人希望得到制裁和继续接受制裁，罪犯自然希望得到减刑、假释。而法律监督机关基于求刑权的延续，需要对罪犯是否符合减刑、假释的条件提出质疑。因此在减刑、假释中，形成了公权力 + 私权力与公权力之间的对抗。

有的刑罚执行机关将经过法律监督机关诉前审查作为提请减刑、假释的前置程序。一旦法律监督机关认为罪犯不符合或者未达到减刑、假释条件的，刑罚执行机关对此罪犯的减刑、假释就不向人民法院提请；或者暂时不向人民法院提请，直到法律监督机关认为罪犯达到减刑、假释条件的，再向人民法院提请。有的刑罚执行机关是直接向人民法院提请减刑、假释。在人民法院作出予以减刑、假释的裁定后，法律监督机关认为罪犯不符合减刑、假释的条件，就会向人民法院提起抗诉。抗诉后，该减刑、假释案件将被重新审理。

三是证明负担的分配不同。

证明负担包括主张负担、举证负担、心证负担。“主张负担”是指当事人对自己所主张的事实应当提供证据，即提出证据的负担；“举证负担”指当事人所提供的证据应当能够证明其主张具有真实性，即证明所主张的事实成立的负担；心证负担是指当事人对证明其主张不能提供证据，或所提供的不能证明其主张具有真实性时，可能承受对其不利的判决，承担不利裁判后果的负担。①

在一般刑事案件中，被告原则上不承担证明负担，主张负担、举证负担、由公诉方和自诉人承担，心证负担的不利后果由公诉方和自诉人承受。当指控被告的犯罪事实的证据不确实充分时，犯罪事实不成立，被告不承担刑事责任。但是，当待证事实只要符合刑法规定的构成要件，即可以作出有罪认定时，公诉方和自诉人的证明负担卸除，被告将承受公诉方和自诉人的心证负担的有利后果，即接受刑罚的制裁。在减刑、假释案件中，证明负担的分配并不明晰，需要进一步探析构建。②

3. 构建减刑、假释证据规则，实现三个“有利于”

证据是裁判之基石，证据是诉讼之脊梁。减刑、假释证据规则的构建，有利于减刑、假释的审理客观公正和顺利进行，有利于实现减刑、假释的功能和价值，有利于维护社会稳定和促进和谐社会的构建。

第一，构建减刑、假释证据规则，规范了减刑、假释的审理行为，能够解决因为减刑、假释审理无章可循而导致的减刑、假释神秘化、备受社会公众质疑化等突出问题。

由于监狱和少管所、看守所等场所因为职责任务需要封闭管理，与外界隔绝，成为脱离公共视线的空间，使减刑、假释案件的审理更加蒙上神秘色彩。社会上关于“以钱买刑”的传说，以及“躲猫猫事件”、“喝水死事件”的发生，

---

① 江伟、尹啸亭：“民事诉讼举证责任若干问题的思考”，载《政法论坛》1991 年第 2 期。

② 这也是笔者进行探析的主要动因之一。

使社会公众对监狱和少管所、看守所更加关注。而减刑、假释案件呈批量的行政式提起；证据规则无章可循；审理期限又短；人民法院采取书面方式审理绝大部分减刑、假释案件。必然造成审理工作不公开不透明。少数因被减刑提前释放和被假释的犯罪再犯新罪以及个别权钱交易案件的发生，更加剧了社会公众对减刑、假释案件公正性的质疑，构建减刑、假释证据规则，进行减刑、假释阳光裁判，逐步消除人民群众对减刑、假释审判的不满情绪。

第二，只有构建减刑、假释证据规则，减刑、假释制度才能充分发挥其减轻和逐步消除"刑罚的负价值"之功效，实现刑罚的功能和目的。

刑罚是国家创制的对犯罪人适用的特殊制裁方式，是对犯罪人某种利益的剥夺，并且表现出国家对犯罪人及其行为的否定评价。刑罚的负价值则是指刑罚的消极效应，亦即与制刑、量刑、行刑所追求的正面价值相背离的伴生价值。刑罚负价值的主要表现形式可概括为三个方面：耗费人力物力、危及公民权利、留下情感阴影。①

减刑制度具有避免刑罚过剩、维护监管秩序的稳定、促进罪犯改过自新、节约国家行刑资源的功能。② 假释制度具有鼓励监狱服刑人尤其是长期监刑之服刑人自新，给予他们重返社会的希望，实现罪犯处待遇之个别化，为受刑人重归社会之桥梁，节约国家行刑资源的功能。③

搞好减刑、假释审理工作，对正确适用《刑法》、《刑事诉讼法》，维护监狱等执行机关的正常管理秩序，提高教育改造质量，预防和减少重新犯罪，发挥和实现刑罚的功能和目的，最大限度地减少社会对立面，实现社会和谐有着积极的作用和重要的意义。因此，构建减刑、假释证据规则就显得非常之必要和重要。

三、减刑、假释证据规则之构建

根据减刑、假释案件的自身特点，首先应建立符合减刑、假释证据规则必须遵循的基本原则。在此基础上，以证据法学应用论为指导，从取证、举证、质证、认证四个方面构建减刑、假释证据的具体规则。

（一）减刑、假释证据规则之基本原则

1. 公平原则

证明负担的分配重在公平，证明负担分配不公，必然导致裁判上的不公。

① 赵秉志主编：《当代刑法理论探索》（第3卷）《刑罚总论问题探索》，法律出版社2004年版，第23页。

② 韩玉胜等著：《刑事执行法学研究》，中国人民大学出版社2007年版，第266～268页

③ 韩玉胜等著：《刑事执行法学研究》，中国人民大学出版社2007年版，第284～286页。

公平分配证明负担的总的原则,即“谁主张,谁举证”,但对此应当加以具体限定:当事人无论属于何方,对自己所提出的主张事实,无论其为何种事实,只要不存在阻碍其举证的一般情况而被免除其举证责任的,应一律予以举证证明。因此,法律监督机关的抗诉也应当有证据予以证明其抗诉事由的成立。

2. 利益原则

在减刑、假释案件的罪犯仅对主张有利于自己的事实负举证责任,而对主张不利于自己的事实不负举证责任。这是符合刑事诉讼关于“无罪推定原则”和“辩护原则”的基本原理。因为当事人的主张应当对自己有利,当事人主张的事实,应为对当事人有利的事实。在任何情况下不得将对当事人不利的事实的举证责任,强加到当事人身上。不得强迫罪犯自证其不符合减刑、假释的条件。但被告人有权利为自己证明其符合减刑、假释的条件。

3. 便利原则

这是根据当事人举证的一般便利情况,分配当事人证明负担的原则。当事人对自己所主张的事实,只要不存在阻却其举证的一般不便利的情况(应予以免除举证责任的),则须对该事实负举证责任,有方便举证的便利条件的,应主动及时举证,而且应率先举证。如让罪犯积极提供能够证明其有发明创造或者重大技术革新的专利证书或者重大科技进步奖证书。

4. 平衡原则

证明负担的分配,要充分考虑到当事人双方举证地位和举证处境,如举证便利情况、主张的待证事实盖然性高低的平衡。当事人双方举证地位、举证处境平衡的,要在当事人双方间均衡地分配举证责任;当事人双方举证地位、举证处境不平衡的,分配举证责任时,要向举证地位、举证处境占优势或主张的待证事实盖然性低的一方倾斜,其证明负担分配上应当有相应侧重;当事人双方举证地位、举证处境、主张的待证事实盖然性高低完全失衡的,应当将证明负担分配给占绝对优势或主张的待证事实盖然性极低的当事人,而对占绝对劣势的当事人则应免除其举证责任。① 如要求抗诉机关对抗诉事由提供证据予以证明的同时,要求由刑罚执行机关和罪犯共同承担该罪犯符合减刑、假释条件的事实负担就是基于平衡原则的要求。

(二)减刑、假释案件提交证据应当全面充分规则

刑罚执行机关向人民法院提请减刑、假释建议,应当全面充分地提交足以证明罪犯符合法律规定的减刑、假释条件的证据。具体为:

---

① 刘金友主编:《证据法学》,中国政法大学出版社2001年版,第281~286页。

（1）刑罚执行机关应当提交被提请减刑、假释的罪犯的基本情况证明，包括原判决情况证明、历次减刑情况证明、被提请减刑、假释经过审前合法讨论以及报批证明、经过公示无异议的证明。

（2）对“可以减刑”的，刑罚执行机关还应当提交证明该罪犯，在服刑期间确有悔改或者立功表现的证据。

（3）对“应当减刑”的，刑罚执行机关还应当提交证明该罪犯有“阻止他人重大犯罪活动的；或者检举监狱内外重大犯罪活动，经查证属实的；或者有发明创造或者重大技术革新的；或者在日常生产、生活中舍己救人的；或者在抗御自然灾害或者排除重大事故中，有突出表现的；或者对国家和社会有其他重大贡献”的重大立功表现证据。

（4）对“可以假释”，刑罚执行机关还应当提交证明该罪犯有“认真遵守监规，接受教育改造，确有悔改表现，假释后不致再危害社会的”的证据以及有期徒刑已经执行原判刑期1/2以上，或者无期徒刑已经实际执行10年以上的证明。如果罪犯是“老、病、残、少”罪犯，还应当提交罪犯的亲属或者监护人同意照顾、监护该罪犯的证明。

（三）减刑、假释案件证明负担分配规则

在减刑、假释案件中，因为行使请求权的主体不同而分为刑罚执行机关提请的减刑、假释案件和法律监督机关抗诉的减刑、假释案件两种。二者证明负担的分配规则，因对抗焦点不同而有所区别。

（1）刑罚执行机关提请的减刑、假释案件证明负担的分配规则是：主张负担由刑罚执行机关承担；举证负担由刑罚执行机关和罪犯共同承担；心证负担中，提请的减刑、假释建议不被批准的不利后果由刑罚执行机关承担，未被减刑、假释的不利后果由罪犯承担。法律监督机关只承担认为罪犯不符合减刑、假释条件的举证负担，不承担主张负担、心证负担。

（2）法律监督机关抗诉的减刑、假释案件证明负担的分配规则是：主张负担由法律监督机关承担；举证负担由法律监督机关承担罪犯不符合减刑、假释条件的事实负担，由刑罚执行机关和罪犯共同承担该罪犯符合减刑、假释条件的事实负担；心证负担中，抗诉被驳回的不利后果由法律监督机关承担，但因抗诉成立而未被获得减刑、假释的不利后果由罪犯承担。

（3）人民法院依法不承担任何证明负担。人民法院不承担何证明负担是裁判者中立原则的要求。如果要求人民法院承担何证明负担，容易使提请方或者抗诉方与裁判者合二为一，不利裁判者正确行使量刑权，作出公正裁判。同时，还会使提请方或者抗诉方产生依赖思想，把本应由他自己承担的义务推给人民法院,使人民法院难以正确和正常履行自己的审判职责。在诉讼中,人民法院并没有自己的诉讼和举证主张;其调查收集证据是履行审判职权;法律也没有对其调查收集证据行为限定任何标准。因此,人民法院作为国家审判机关介入刑事诉讼,代表国家主持审判,人民法院依法对证据的调查和核实,属于审判权的权能和范畴,它不存在所谓追求胜诉的问题,也就不会因此产生证明的负担,更不可能承担举证不能的法律后果,不应当构成证明负担的主体。

(四)减刑、假释案件质证规则

由于减刑、假释案件的特殊性,其质证规则包括基本质证规则和特殊质证规则。

1. 减刑、假释基本质证规则

开庭审理的减刑、假释案件,首先由刑罚执行机关在法庭上出示被提请减刑、假释的罪犯的基本情况,在服刑期间的悔改、立功、重大立功表现的事实的证据;包括通知被提请减刑、假释的罪犯到庭陈述服刑表现,通知知情罪犯到庭证明被提请减刑、假释的罪犯的服刑表现,法律监督机关发表质证意见。

法律监督机关抗诉和认为不符合减刑、假释条件的案件,要在法庭上出示相关证据。刑罚执行机关发表质证意见。相关罪犯进行辩解。

2. 减刑、假释特殊质证规则

(1)裁前公示制度。人民法院受理审理减刑、假释案件后,在被提请减刑、假释罪犯的刑罚执行场所,张榜公告被提请减刑、假释罪犯姓名,原判刑罚,历次减刑情况,减刑或假释的依据,人民法院拟裁定减刑或假释意见,公示期限,举报方式以及向人民法院举报的联系电话、邮寄地址、邮政编码。裁前公示期间为5~7日。公示期满后,人民法院应派专人开箱取件,公示结果作为认定减刑、假释事实裁判依据之一。对公示提出的异议,人民法院与人民检察院一同进行调查,调查材料由人民检察院作为抗辩的证据在法庭上出示。对此,可以理解为广义的证据开示。

(2)无记名问卷调查制度。即在审理减刑、假释案件中,人民法院到拟被减刑、假释罪犯所在的监狱,向其同改犯①发放《减刑调查表》或《假释调查表》进行无记名问卷调查,就被提请减刑、假释的罪犯在服刑期间的表现情况开展更广泛深入的审查。充分征求其他罪犯对被提请减刑、假释罪犯是否应该被减刑、假释的意见。经过问卷调查,无异议提出的,调查结果予以公布;有

① 这里同改犯是指与被提请减刑、假释的罪犯同寝室、同监小组的罪犯。

异议提出的，经过调查核实后，再择日开庭进行审理。调查统计结果，作为认定被提请减刑、假释罪犯是否符合法定的减刑、假释条件的依据。

(3)裁前公示、问卷调查异议人保护制度。裁前公示、问卷调查异议人是指在裁前公示、问卷调查中，对被提请减刑、假释罪犯不符合减刑、假释条件的情况向人民法院提供了相关资料的人员。为保证人民法院能够查明减刑、假释事实。应该建立裁前公示、问卷调查异议人保护制度。通过法院审判人员直接到刑罚执行场所核实异议、协调刑罚执行机关调整监舍监区等方式切实保障异议人权利。对因反映真实情况，可能遭受打击报复的举报罪犯、知情罪犯，建议刑罚执行机关的上级主管机关采取调换监区或服刑地等措施。对打击报复检举揭发人员的行为，要依法向有关部门反映，追究相关人员的法律责任。

(五)减刑、假释案件的证明标准

人民法院判断罪犯是否符合减刑条件的标准，是我国《刑法》第78条规定："被判处管制、拘役、有期徒刑、无期徒刑的犯罪分子，在执行期间，如果认真遵守监规，接受教育改造，确有悔改表现的，或者有立功表现的，可以减刑；有下列重大立功表现之一的，应当减刑：(一)阻止他人重大犯罪活动的；(二)检举监狱内外重大犯罪活动，经查证属实的；(三)有发明创造或者重大技术革新的；(四)在日常生产、生活中舍己救人的；(五)在抗御自然灾害或者排除重大事故中，有突出表现的；(六)对国家和社会有其他重大贡献的。减刑以后实际执行的刑期不能少于下列期限：(一)判处管制、拘役、有限徒刑的，不能少于原判刑期的二分之一；(二)判处无期徒刑的，不能少于十三年；(三)人民法院依照本法第五十条第二款规定的限制减刑的死刑缓期执行的犯罪分子，缓期执行期满后依法减为无期徒刑的，不能少于二十五年，缓期执行期满后依法减为二十五年有期徒刑的，不能少于二十年。"

人民法院判断罪犯是否符合假释条件的标准，是根据我国《刑法》第81条关于"被判处有期徒刑的犯罪分子，执行原判刑期1/2以上，被判处无期徒刑的犯罪分子，实际执行10年以上，如果认真遵守监规，接受教育改造，确有悔改表现，假释后不致再危害社会的，可以假释"的规定。

特别需要把握"确有悔改表现"的四个方面：

一是认罪服法。看罪犯认识到其犯罪行为的社会危害性和违法性，并自愿接受刑罚执行、教育改造。包括认罪、服法、悔罪三个阶梯。

二是认真遵守监规、接受教育改造。即要求罪犯在服刑期间严格遵守《罪犯行为规范》、《犯人守则》和监狱内各种规章纪律，服从管理教育；在服刑期间应当主动接受、积极参与监狱安排的教育改造活动。并且作为一个长期状态,不能时好时坏,也没有任何违规违纪行为。

三是积极参加政治、文化、技术学习。即要求罪犯积极参加政治、文化、技术学习,接受思想教育、文化教育和技术教育。通过政治学习,有成为社会善良公民的良好愿望,希望成为自食其力的守法公民,注重自身文明素质的修养和训练,培养起更多的社会责任感。通过文化学习、技术学习,其文化水平和劳动技能有明显的提高。

四是积极参加劳动、完成生产任务。即要求罪犯通过掌握并提高劳动技能;在全面完成生产任务的基础上还超额完成生产任务。

上述情形中,"认罪服法"是罪犯确有悔改表现的先决条件和心理基础,是主观情节。"认真遵守监规、接受教育改造;积极参加政治、文化、技术学习;积极参加劳动、完成生产任务。"都是罪犯的外在服刑表现,只有同时具备上述四个条件,才能确认罪犯确有悔改,才能判断罪犯的人身危险性得到控制并逐步消除。

(六)减刑、假释案件的认证及裁判规则

审理减刑、假释案件的合议庭在经过阅卷审查、法庭调查、裁前公示、问卷调查后,应当遵循以下认证规则进行裁判:

(1)刑罚执行机关提供的证据能够证明罪犯改造情况与提请减刑、假释建议书载明的事实主张和请求主张(提请的减刑幅度、假释条件符合法律规定的),作出予以同意减刑、假释建议的裁定;但是罪犯减刑所依据的事实,不得重复使用。

(2)刑罚执行机关提供的证据仅能够证明证据罪犯改造情况与提请减刑建议书载明的事实主张的,但不能证明其请求主张的,即提请的减刑幅度不符合法律规定的,只能按与之相应的减刑幅度作出予以减刑的裁定。

(3)刑罚执行机关提供的证据不能够证明减刑、假释建议书载明的事实主张和请求主张,依法裁定不予减刑、假释。

(4)法律监督机关提供的证据能够证明抗诉的事实主张和请求主张成立的,应撤销原减刑、假释裁定。反之,则应维持原裁定。

四、结语

综上所述,针对我国减刑、假释证据规则的缺失现状,必须明确减刑、假释证据的可采性,合理分配减刑、假释的证明负担,建立完善与减刑、假释案件审理相宜的质证、认证规则,才能有利于减刑、假释审理的客观公正和顺利进行,有利于实现减刑、假释制度的功能和价值,有利于维护社会稳定。

“放”还是“不放”

——试论对假释罪犯“没有再犯罪危险”的审查标准

江西省景德镇市中级人民法院 贾 珺

我国《刑法》此前关于“假释后不致再危害社会”的规定，在实践中难以把握，一定程度上导致假释适用率普遍偏低。在《刑法修正案(八)》将其修改为“没有再犯罪的危险”后，增强了该标准的可操作性。最高人民法院《关于办理减刑、假释案件具体应用法律若干意见的规定》明确规定：办理假释案件，判断“没有再犯罪的危险”，除符合《刑法》第81条规定的情形外，还应根据犯罪的具体情节、原判刑罚情况，在刑罚执行中的一贯表现，罪犯的年龄、身体状况、性格特征，假释后生活来源以及监管条件等因素综合考虑。对该一般假释条件的进一步细化，将在很大程度上推动假释制度的进一步适用。

但在目前我国假释案件中对于“没有再犯罪危险”的审查判断标准模糊不清，司法机关在具体实践中不好准确把握，甚至出现理解的歧义。在现实中谨慎审查与准确判断“再犯罪危险”关乎个体人生道理的转折同时也涉及刑事司法的工作与公平。因此，笔者就假释中“没有再犯罪危险”的审查判断标准进行较详细的分析，希冀能为刑事司法体系“再犯罪危险”审查判断提供一个可供具体测量的科学标准，以便更好地促进司法公正。

一、正确理解“假释”及“没有再犯罪危险”的准确定位

所谓假释，是对被判处有期徒刑、无期徒刑的犯罪分子，在执行一定刑期之后，因其遵守监规，接受教育和改造，确有悔改表现，不致再危害社会，而附条件地将其予以提前释放的制度。被假释的犯罪分子，在假释考验期间再犯新罪的，不构成累犯。假释在我国刑法中一项重要的刑罚执行制度，正确地适用假释，把那些经过一定服刑期间确有悔改表现、没有必要继续关押改造的罪犯放到社会上进行改造，可以有效地鼓励犯罪分子服从教育和改造，使之早日复归社会、有利于化消极因素为积极因素。①

而所谓“再犯罪危险”，我国对其的研究可追溯至20世纪末个别学者关于重新犯罪预测与预防方面的讨论。② 从那时起直至现今，我国再犯罪危险

---

① 网络搜索自百度百科。

② 罗大华：“论对罪犯刑满释放后重新犯罪的预测与预防”，载《政法论坛》1987年第1期。

研究基本沿着两条主线展开。一是以个体心理与人格为界面，聚焦于再犯罪危险预测方面的研究；前者之研究多体现为一种低层次临床评估经验之总结或个案原因探究式的老调重弹。虽然少数研究者采用加权计点、多元回归等精准评估方法建立起了再犯预测表或再犯风险预测表，但其研究似乎仍然挣扎在刑事法律科学的边缘。① 二是以个体行为的刑法意义为界面，关注人性危险性的规范意义与危险犯的犯罪构成及犯罪形态。后者着力考量人身危险性的刑法构造与危险犯的刑法适用，其研究成果甚为繁盛。②

由是观之，我国再犯罪危险研究关注的焦点是实体问题，而其审查判断标准等司法适用程序问题则为我国刑事法律科学研究的盲点。试想，对于诸如拘留、逮捕、取保候审、缓刑、监禁、假释、限制减刑等涉及人生道路转折的司法决定或裁判来说，如果没有再犯罪危险审查判断标准作为其司法的指南或程序的指引，那么，司法的公正与公平又从何谈起呢？

二、纵观各国对于假释罪犯“没有再犯罪危险”的标准参考

各国判断假释罪犯没有“再犯罪危险”的标准主要为除实行必要假释制度的国家外，实行裁量假释制度的国家都对假释的具体规定大致包括以下三类：第一，在狱中行为良好或悔改表现。这是大多数国家要求一的。例如，苏俄刑法典规定：“只有当犯人以模范的行为和诚实的劳动态度证明自己已经得到改造时，才能适用假释。”罗马尼亚的法典规定：“在劳动与遵守纪律方面表现好或确有重大悔改表现。”瑞士刑法规定：“其（指犯人——笔者注）在执行期间之行状良好，并可认其于获释后亦能保持此一良好之行为时。”阿根廷要求犯人一贯服从行刑机构的管理。日本要求“有悔改表现”。第二，履行民事义务。有些国家授予假释以履行由犯罪而产生的民事义务为条件，如意大利刑法第 176 条第 4 款规定“假释以履行附带民事义务为条件，但证明受刑人无履行能力者，不在此限”；巴西刑法典也有类似规定。③ 第三，罪犯的人身危险性。如《美国联邦刑事诉讼条例》第 4203 条规定：“有充分理由证明罪犯在社会上居住和生活不会违反法律，如果该（假释）委员会认为他的释放不会给社会福利带来危害，那么该委员会有权对该犯予以假释。”

---

① 参见黄兴瑞、曾赟、孔一：“少年初犯预测研究——对浙江省少年初犯可能性的实证研究”，《中国刑事法杂志》2004 年第 4 期；邬庆详：“刑释人员人身危险性的测评研究”，《心理科学》2005 年第 1 期；前注{33}，曾赟文。

② 参见赵永红：“论人身危险性在刑法中的定位”，载《法学评论》2002 年第 2 期；游伟、陆建红：“人身危险性在我国刑法中的功能定位”，载《法学研究》2004 年第 4 期；陈伟：“反思人身危险性在定罪机制中的功能定位”，载《法商研究》2010 年第 4 期；刘明祥：“论危险犯的既遂、未遂与中止”。

③ “浅谈假释制度比较研究”作者：佚名，来源：中顾法律网。

鉴于上述,笔者认为,在构筑我国再犯罪危险概念时宜把握以下两个原则:一是攻击性与破坏性相结合原则,从而可将其他损害纳入其中一并考量。[①] 例如,在美国新泽西州诉卡罗(New Jersey v. Krol)一案中,新泽西州最高法院将危险的行为解释为:危险的行为不同于犯罪行为,它不仅仅是因违反社会规范而被责罚的行为,而且是对人的身体或精神可能造成严重伤害,或对财产可能造成实际损害的行为。[②] 二是危险与风险相结合原则,从而可将风险因素置于再犯罪危险研究视角中予以重点考量。因此,危险概念的构架应考虑人们未来面临危险的风险,而先前的矫正—治疗干预分析模式也应随之向基于风险视角的风险概率计算的风险分析模式转变。据此,我们将"再犯罪的危险"明确界定为:因犯罪被处以监禁刑或社区矫正,再犯被处以监禁刑或社区矫正的犯罪的风险。

三、深度分析、细化假释罪犯"没有再犯罪危险"的标准

目前对于假释罪犯"没有再犯罪危险"的判断主要采取风险评估的形式进行,所谓风险评估,是指以已知悉的信息资料为根据,通过临床的方式或数理统计方法来预测行为人将来实施犯罪的风险程度,继而依据预测结果采取相应预防措施和减少致害因素的过错。目前世界范围内预测行为人"再犯罪危险"的风险主要大致有两种基本评估方法:第一,临床风险评估(clinic risk assessment)主要依赖富有经验的决策者(解释官员、精神病学家、心理学家、社会工作者)之主管的判断;第二,精准风险评估(actuarial risk assessment)即客观规则由事先明确指定的风险因素的内容来测量的方法。笔者认为,我国对于假释罪犯"没有再犯罪危险"的判断依据应融合以上两种风险评估的方法,从主观与客观方面多方位的考察假释罪犯的危险程度,再根据实践的可行性制定较符合我国国情切实可行的判断标准,遂提出以下七个方面的参考方法,以便司法实践中更好地予以掌握。

1. 犯罪具体情况

对假释罪犯考察"没有再犯罪危险"的标准之一则是以该犯原判刑罚罪名的具体情况作为参考依据进行判断。考察假释罪犯是属于暴力性犯罪还是非暴力性犯罪,如属于暴力性犯罪则犯罪的主观动机是什么,是因为原社会关系恶化导致该犯一时冲动犯罪还是无缘由的犯罪。如因一时冲动而为的犯罪则在接受刑事制裁之后该犯悔改反省的效果应该更加理想,可作为考察"没

---

① See P. D. Scott, Assessing Dangerousness in Criminals, 131 *British Journal of Psychiatry*, pp. 127～142(1977).

② See State of New Jersey v. Krol, 68 N. J. ,301(197).

有再犯罪危险”的积极因素。如属于非暴力性犯罪则需考察该犯犯罪时低劣的社会关系是否在假释之后仍会影响该犯的矫正效果。就以上情况分为较细致的考察项目,从该犯原犯罪根源出发,判断该犯假释之后是否仍具有再犯罪的风险。

2. 服刑表现情况

这是考察假释罪犯的另一项重要判断因素,罪犯服刑期间的表现也直接体现该犯假释后是否具有再犯罪的风险,从该犯日常接受劳动改造情况、学习生活情况等可以从侧面体现出该犯认罪服法积极接受改造的效果。对于服刑表现情况须多方面收集情况,尽可能从更加全面、真实的角度反映该犯的真实情况。主要可以从以下几方面考察:(1)该犯近三年服刑的具体情况;(2)该犯的室友及周围的其他服刑人员的调查了解情况(5~10名人员);(3)该犯的直接监管负责人的意见;(4)该犯服刑监狱长期负责心理治疗医生的意见。

3. 社区矫正机构出具的可行性分析报告

社区矫正机构是负责对假释罪犯日常监管、教育的主要机构,而其相关硬件设施配置及工作人员现有状况等相关的实际情况决定着对矫正对象日后的矫正效果。因此,由其根据矫正机构现有矫正对象人数、矫正机构配置现状、负责矫正工作的工作人员对假释罪犯的可行性预测等出具一份较全面的假释可行性分析报告,这样有利于保障假释罪犯日后改造效果达到预期效果,避免由于矫正场所及其配套体系的不健全造成“二次犯罪的”的风险。

4. 年龄、身体状况、性格、控制情绪能力等特质情况的判断

假释罪犯的年龄、性格、身体状况等是考察有无“再犯罪危险”的依据之一,假释罪犯年龄结构是作为考察该犯是否还存在再犯罪风险的依据之一,对于年龄构成属于中青年阶段的罪犯应作为优先考虑准予假释的因素之一,目的在于给予年轻的罪犯更多的改过自新的机会,帮助其更好的回归社会。并且年龄偏大的罪犯也可作为优先考虑准予假释的因素之一,因为其存在再犯罪的风险较之其他偏小。对于身体状况则身体存在一些慢性及易突发性疾病的罪犯也可作为优先考虑的因素之一,主要考虑到监狱的医疗设施条件的限制及该犯再犯罪的风险较低。对于性格及控制情绪的能力这两方面也是考察该犯是否具有再犯罪风险的重要依据,因为对于罪犯性格较偏执或存在先天性缺陷以及情绪暴躁缺乏自我控制的能力者,这几类罪犯应慎重准予其假释。因此,为了更科学、合理地审查假释对象是否符合相关要求则可就该罪犯的年龄、性格特征、控制情绪的能力、身体状况等制作可行性评估表,并根据科学统计、分析计算出符合假释要求没有“再犯罪风险”的分值范畴,再由假释考察

工作人员3~5名组成考察工作组，根据假释罪犯的各方面情况逐一进行评分，取其平均分值后比照上述标准得出可行性评估结果。

5. 组成假释罪犯"身心鉴定专家团"作为专门鉴定假释罪犯身心健康度的组织。可由心理学、医学、神经医学等各方面领域的专家组成对假释罪犯的鉴定专家库，统筹各领域的专家资源融入假释考察的工作中更有利于科学有效对假释罪犯的鉴定。在程序上通过电脑随机抽取的方式组成对假释罪犯"身心鉴定专家团"，这样也能最大限度地保持鉴定结论的真实透明性，并通过相关高科技的辅助手段得出更加科学的鉴定结果。防止部分罪犯有意隐藏掩盖某些心理缺陷，造成假释后再犯罪危险的提高。

6. 假释后的生活来源

假释罪犯假释后的生活状况怎样、是否有生活依据都影响着假释后罪犯的服刑情况，是否有再次犯罪的风险。审核假释罪犯是否符合假释的条件应实地走访假释罪犯的家庭及生活社区，了解其家庭现有人员及经济状况。并且该假释罪犯具有何种工作技能有何工作计划等也可以作为考察的依据之一，对于具有较好的工作技能的罪犯、家庭经济生活环境较好的罪犯可以作为优先考虑的依据之一。因为假释罪犯重回社会工作、生活能有较好的生活保障可以防止罪犯的再犯罪风险，如能有较好的工作规划则也可以更好促进假释罪犯的改造工作。

7. 制定全国较统一的假释的危险评估表

参照世界各国较先进的有关资料，如美国社会学家伯杰斯（E. W. Burgess）早在1928年就开始了假释适用的定量危险评估探索工作。伯杰斯在美国伊利诺伊州对3000名接受假释的犯罪分子进行研究后，经过精心筛选，他认为下列因素与犯罪分子假释成败有密切关系，这些因素包括：犯罪史；家庭史；婚姻状态；就业情况；犯罪性质；犯罪分子是否是共犯；犯罪发生地；逮捕时是否有居所；近邻的类型；刑期长短；假释前服刑时间；狱内被惩罚的记录；性格类型；精神医学诊断的结果等。他将上面因素确定为假释成败的预测因子，然后，伯杰斯在调查统计基础上确定出不同的分值。例如，犯罪前有稳定职业者分值为1，犯罪前无业可就者分值为0。他建立了下列总分值与危险程度对应表（见表1）。

根据伯杰斯的假释成功或者失败预测总分值与危险程度对应表，如果拟被假释的犯罪分子，获得16~21分，该犯罪分子被假释后失败的可能是1.5%，而被假释后成功的可能性是98.5%；如果拟被假释的犯罪分子，获得2~4分，该犯罪分子被假释后失败的可能是76.0%，而被假释后成功的可能性是24.0%。伯杰斯的量表使被假释犯罪分子再犯罪可能性的定性语言转换为定量语言。①

表1　假释成功或者失败预测

得分	假释成功或者失败的预测	
	假释失败可能(%)	假释成功可能(%)
16~21	1.5	98.5
14~15	2.2	97.8
13	8.8	91.2
12	15.1	84.9
11	22.7	77.3
10	34.1	65.9
7~9	43.9	56.1
5~6	67.1	32.9
2~4	76.0	24.0

伯杰斯的假释成败量表制定后,不乏后人质疑该量表的准确性(信度与效度)。因此,美国社会学家欧林(L. E. Ohlin)于1951年将伯杰斯的假释成败量表进行了力度较大的修改。欧林将假释的预测因子确定为12项:犯罪罪名;判决刑期;犯罪者类型;家庭状况;家属的关心;社区的类型;职业经历;出狱后的工作适当性;居住社区;共同犯罪人数;人格;精神诊断结果。为操作方便,该量表将分值与预测因子通过量表直接联系起来(见表2)。②

在此基础上,欧林建立了下列总分值与危险程度对应表(见表3):根据欧林的总分值与危险程度对应表,如果拟被假释的犯罪分子,获得-5~-6分,该犯罪分子被假释后违反监督规定的可能性是75%;如果拟被假释的犯罪分子,获得5~10分,该犯罪分子被假释后违反监督规定的可能性是3%。前者再犯罪可能性很大,而后者再犯罪可能性很小。对其他分数的再犯罪可能解释如上。欧林对伯杰斯的假释成败量表的修改与完善,不仅提高了假释适用中的再犯罪危险评估的便捷度,更重要的是,巩固了定量性再犯罪危险评估在假释工作中的地位,促进了定量性再犯罪危险评估方法的传播,使得人们能够充分认识定量性再犯罪危险评估的作用与价值,使更多的人考虑运用定量性再犯罪危险评估工具。③

---

① 翟中东:"假释适用中的再犯罪危险评估问题",载《中国刑事法杂志》2011年第11期。

② 黄兴瑞著:《人身危险性的评估与控制》,群众出版社2004年版,第132~134页。

③ 翟中东:"假释适用中的再犯罪危险评估问题",载《中国刑事法杂志》2011年第11期。

表2　假释成败预测表

预测因子及细目		分值设置			预测因子及细目		分值设置		
		得分	零分	负分			得分	零分	负分
罪名	杀人、暴行 强盗 夜盗 盗窃、赃物 伪装文书 诈欺性犯罪 其他	1 0	0 0 0 0	-1	职业经历	规则 不规则 不能胜任 学生 无	1	0 0 0 0	
刑期	定期刑 其他	1	0		居住社区	城市 乡下 不定		0 0	-1
犯罪者类型	初犯 准初犯 偶发犯 青少年累犯 累犯 惯习犯	1	0 0 0	-1 -1	出狱后工作情况	适当 不适当 无工作		0 0	-1
家庭状况	条件好 普通 差 缺损 生活在收容机构 离家出走	1	0 0 0 0		共同犯罪情况	无 1~2人 3人以上	1	0 0	
家属关心	非常关心 关心 一般 消极 不关心	1	0 0 0	-1	人格情况	正常 不健康 不稳定 自我为中心 明显缺陷 无记录	1	0 0 0 0 0	
生活社区的类型	一般类型 农民 社会的落伍者 无赖 流浪者 不适应社会者 酗酒者 毒品使用者 性变态者	1 1 1	0 0	-1 -1 -1 -1	精神诊断	良好 有问题 可疑 危险 不良 不记录	1	0 0 0 0 0	

表 3

得分情况	假释失败可能性		
	轻度违反监督规定可能（%）	严重违反监督规定可能（%）	违反监督规定的一般可能（%）
5 至 10	2	1	3
4	5	2	7
3	7	3	10
2	10	8	18
1	10	9	19
0	16	13	29
-1	25	15	40
-2	27	19	46
-3 至 -4	34	22	56
-5 至 -6	62	13	75

四、结论

假释制度作为一种行刑制度，在我国的《刑事诉讼法》中，占有比较重要的地位，它是刑罚轻缓化及刑罚社会化的重要体现。现代社会，刑罚不再以严惩犯罪人为其最终目的，而以矫正罪犯并使其早日顺利回归社会为最高价值取向在众多的行刑制度中，倡导假释权利说理念，扩大假释的适用，充分发挥假释的特殊预防功能，创造罪犯顺利回归社会的条件，如社区矫正、就业指导等，通过抑制、减少导致重新违法、犯罪的社会原因和条件的影响，促使罪犯改邪归正。对于已被判处一定刑罚的罪犯，只要其在刑罚执行期间确有悔改表现，人身危险性已经降低或者消失，不致再危害社会，对所居住的社区不会产生大的影响，就可以对其适用假释，从而充分发挥假释制度的激励作用，给服刑人预留一扇早日脱离监禁之苦的希望之门，促使其积极掌握开启希望之门的主动权，给予受刑人一种自主选择命运的机会，使其能够通过自己的努力尽早离开监所机构。

方向与路径：减刑、假释中的罚金刑执行问题研究

福建省三明市中级人民法院　吴有强

引言

当今，刑罚的轻缓化、文明化、人道化已经成为世界刑罚发展的潮流。[①]罚金刑因可有效避免罪犯被判自由刑而在狱中交叉感染、出狱后不易再融入社会的缺点，且适用方式灵活、符合刑罚经济性，已成为对付贪利性犯罪的有效办法，在刑罚轻缓化的潮流中越来越多的受到各国刑事立法和司法的关注。在我国，从刑事立法的层面上看，可判处罚金刑的罪名越来越多，1979 年《刑法》中仅有 20 个条文、23 个罪名规定可以适用罚金刑，到 1997 年《刑法》（包括一个单行刑法及八个修正案）规定的可判处罚金刑的罪名多达 210 个，占总罪名数的 46%。在司法实践中，罚金刑的适用率也非常高，罚金刑已经成为我国的刑罚体系中不可或缺的一部分。然而，罚金刑也是所有刑种中在执行上存在问题最多、受制因素最多的刑罚，“甚至部分有赖于受刑人的配合和协助，这是刑罚体系中绝无仅有的”。[②] 执行难正成为困扰司法实践的一个重大难题。大量的罚金刑判处后得不到有效的执行，成为“空判”。“刑罚在于执行，刑罚离开了执行，就毫无意义，也不可理解。”[③]罚金刑大量“空判”现象的存在，不仅使立法规定的罚金刑的宗旨难以实现，影响刑事司法的严肃性和权威性，而且影响了刑罚的权威，弱化了刑罚的威力，使刑罚一般预防和特殊预防的职能难以很好的实现。[④]

本文拟在分析罚金刑执行难成因的基础上，结合司法实践，探讨如何在减刑、假释程序中对服刑的自然人罪犯执行罚金刑，进而探索建立罚金刑减刑制度的可能，以期进一步完善我国罚金刑的执行机制。

一、现实困惑与问题症结：罚金刑执行难与强制执行措施的缺失

（一）现实困惑：“先缴后判”的尴尬和“以钱买刑”的质疑

我国《刑法》规定，罚金刑的缴纳方式有限期缴纳、分期缴纳、强制缴纳、

---

① 王琼著：《罚金刑实证研究》，法律出版社 2009 年版，第 6 页。

② 马登民、徐安住著：《财产刑研究》，中国检察出版社 2004 年版，第 404 页。

③ 陈忠林著：《意大利刑法纲要》，中国人民大学出版社 1999 年版，第 277 页。

④ 王琼著：《罚金刑实证研究》，法律出版社 2009 年版，第 6 页。

随时追缴等几种，并在特殊情况下可申请减免部分或者全部罚金，即在判决中确定罚金的缴纳期限，要求被告人一次或者分几次缴纳完毕；当判决确定的缴纳期限届满后，被告人有能力缴纳而拒不缴纳的，由法院采取强制措施强制其缴纳；对于不能全部缴纳罚金的，法院在任何时刻发现被告人有可以执行的财产，可随时可以追缴；由于遭遇不能抗拒的灾祸，缴纳所判罚金数额确有困难的由被告人提出申请，人民法院经查证属实后可减少或者免除缴纳部分或全部罚金。限期缴纳和分期缴纳均是由被告人在判决确定后主动缴纳，只有被告人无力缴纳或逃避缴纳的，才需要法院强制缴纳或随时追缴。司法实践中的罚金刑执行难，是指法院对无力缴纳或逃避缴纳的被告人强制执行难、随时追缴难。

在司法实践中，法院执结的罚金刑主要依靠被告人主动缴纳，以强制缴纳或随时追缴的方式执结的很少。最高人民法院在1999年10月27日颁布的《关于全国法院维护农村稳定刑事审判工作座谈会纪要》（以下简称《纪要》）中规定："对于应当并处罚金刑的罪犯，如被告人能积极缴纳罚金，认罪态度较好，且判处的罚金刑数量较大，自由刑可适当从轻，或考虑宣告缓刑"。为保证罚金刑得以执行，许多法院都采取了判前要求被告人先缴纳罚金履行保证金或者先缴纳罚金的形式，即在下判决之前，通知被告人及其家属先向法院缴纳一定数额的罚金刑履行保证金，按《纪要》的规定，根据被告人缴纳的保证金数额，确定自由刑，判决确定后罚金就直接从保证金中扣除，多还少补，或者在宣判前通知被告人及其家属先缴纳罚金，根据缴纳罚金的情况调整自由刑量刑。

这种"先缴后判"的方式，因其执行成本上的经济性而成为实践中罚金刑执行采用最多也最行之有效的方法。但是，"先缴后判"的执行方式，尤其是要求被告人直接缴纳罚金方式，难免遭遇对尚未被判决有罪的人执行刑罚的尴尬。根据现代刑法的基本原则，任何人未经法院裁判，不得认定为有罪，也不受刑事处罚，罚金刑作为刑罚的一种，应当经生效裁判的裁决，方可适用于犯罪嫌疑人。即便是缴纳罚金刑履行保证金的模式，虽有最高人民法院的《纪要》为依据，也仍面临没有上位法依据的问题，更是饱受大众逻辑下"以钱买刑"的质疑。因先缴纳了罚金而获得更轻的自由刑，极易让被告人及其家属产生"以钱买刑"的误读。

（二）问题结症：强制执行措施的缺失导致罚金刑成为"空判"

如前所述，司法实践中对罚金刑的执行主要是靠被告人主动履行的方式实现的，在判决生效后，若罪犯不主动缴纳，罚金刑基本上处于"空判"状态，能得到强制执行的很少。资料显示，当前罚金刑的执行情况普遍不容乐观，罚金执行率低于1%，判决罚金的案件中止执行率达到90%左右。[①] 从原因上分析，执行难主要包括被告人无力缴纳与被告人逃避缴纳而强制执行措施缺失两种情形。

（1）被告人无力缴纳。[②] 罚金刑以剥夺被告人一定数额的财产为内容，当被告人的财产不足以缴纳罚金时，就必然导致罚金刑无法执行。适用罚金刑的很大一部分是盗窃、抢劫、抢夺等财产性犯罪，这些行为人往往生活本身贫困，或是贪图享乐之徒，且有很大一部分是农民、外来务工人员或流动人口，在判处刑罚后几乎没有可供执行的财产。对这些被告人判处罚金刑，往往只能流于形式，成为一纸空文。面对这些原本就执行不能的案件，笔者认为任何的执行手段都是无力的，或许更多地应从罚金刑的立法和选择适用上着手解决。这是以先定的、舍弃差异的普适性规则适用于具体的、充满差异的个案上而带来的法律适用上的不周延性，解决的方法不在于执行。

（2）被告人逃避缴纳且强制执行措施缺失。对于被告人及其家属而言，缴纳罚金与缴纳行政罚款并无区别。按照普通民众的逻辑，人被抓了，再交大笔的罚金，属于“人财两空”，当被告人知晓自己确定的要被判处较长的自由刑、缴纳罚金不能带来其所期待获得的利益时，就会尽量避免遭“又打又罚”的结果，因此在判处自由刑后，对罚金的缴纳会产生较强的对抗情绪，甚至有意转移财产，逃避缴纳。一旦失去了被告人及其家属的配合，罚金刑的执行就十分困难。虽然现行相关法律规定罚金刑的执行可参照民事案件采取财产保全及查封、扣押、冻结等措施，但是，实践中的审判、执行脱节，职能分工不明确，且缺少类似于民事执行程序中的申请执行人这样的利害关系人来申请和监督，使得罚金刑强制执行程序难以被启动。而法院往往苦于“案多人少”的现状，只重审判而轻执行，对罚金刑的执行重视不够，并没有作为一项硬任务来要求。有的法院执行人员由法官、书记员、司法警察兼任，身份和行为的多重性同时并存，不可避免会产生矛盾与冲突，也令执行效果大打折扣。[③] 正是强制执行措施的缺位，让被告人逃避执行成为可能，罚金刑难以得到有效执行。

---

① 俞静尧、林方芳：“罚金刑执行难解决途径之探索”，载《浙江工商大学学报》2009年第1期（总第94期）。

② 王琼著：《罚金刑实证研究》，法律出版社2009年版，第361页。

③ 李侦钰：“中国罚金刑执行问题研究”，中国政法大学2011年硕士学位论文。

二、实践经验与制度设计：在减刑、假释程序中破解罚金刑执行难问题

（一）实践经验：以三明法院做法为例

被并处罚金的罪犯一旦入狱服刑，因失去人身自由，没有收入来源，通常被认为已没有缴纳罚金的能力，法院疏于追缴。且受“重自由刑轻财产刑”观念的影响，一旦罪犯刑满释放，即认为刑罚已执行完毕，未缴纳的罚金不再有人问津。

服刑期间的罪犯，是否因其无收入来源，法院就无法对其继续追缴罚金了？笔者认为并非如此，对于原本有能力缴纳罚金而逃避缴纳的罪犯，可将罚金刑的执行与自由刑的执行相结合，利用执行自由刑的约束力，来弥补罚金刑执行中强制措施缺位的问题。这种结合，福建省三明市法院在实践中已经进行了有意义的探索。三明法院在审理减刑、假释案件过程中，一律审查报请减刑、假释的罪犯是否有并处罚金刑及罚金的缴纳情况。对判处罚金的罪犯，在作出减刑、假释裁定前一律前往罪犯服刑地调查复核，通过与罪犯的当面交谈及审查罪犯服刑期间的消费记录和会见记录等，严格区分无力缴纳与逃避缴纳的情形。对有能力缴纳的罪犯，在作出减刑、假释裁定前通知其财产代管人缴纳罚金，将是否积极缴纳罚金作为认定其认罪悔罪的情节之一，对拒不缴纳的，在减刑、假释时从严掌握，对情节恶劣的，可退回减刑或假释申请。对确实没有可供执行财产的罪犯，鼓励其以其服刑期间取得的劳动奖励来缴纳罚金。据统计，2010 年和 2011 年两年间，该法院共追缴罚金 600 余万元，出狱前经一次减刑的至少能上缴原判罚金的 10%，经两次以上减刑的至少能缴纳原判罚金的 20%，而对假释的罪犯则能执行到原判罚金的近 70%。①

尽管按三明法院的做法，在减刑、假释程序中也难以执结原判的全部罚金，尤其是在减刑程序追缴的罚金相对较低，但与因缺乏强制措施而导致罚金刑大量“空判”的现实相比，已经是非常大的突破了，而且通过制度的改进和实践的探索，所能追缴的罚金数额也还有很大的提升空间。这样的追缴，本质上属于罪犯的自愿缴纳，成本相对较低，将罚金刑的执行与自由刑的减刑、假释制度相结合，无疑是当下罚金刑执行中最可行和最有效的选择。

（二）权源分析：在减刑、假释程序中追缴罚金的正当性追问

由审理减刑、假释案件的法院在减刑、假释程序中追缴罚金，虽然在实践中已做了成功的探索，但因缺少规范层面的依据，受到权力来源正当性的质

---

① 数据来源于笔者对三明市法院减刑、假释案件的统计。

疑,甚至有观点认为这是在搞“搭车”或者“捆绑”式执法。[1] 笔者认为,自由刑执行的任务及减刑、假释的标准体系决定了在减刑、假释程序中追缴罚金具有正当性,应当赋予审理减刑、假释案件的法院罚金刑执行权。

(1)自由刑执行的任务及减刑、假释的标准体系决定了在减刑、假释程序中追缴罚金具有正当性。执行自由刑过程的任务,在于消除犯罪人的人身危险性及再犯可能性。[2] 当罪犯人身危险性明显降低时,可因符合法定条件而获得减刑或者假释。对人身危险性的改造,包括客观行为和主观人身两个方面。罪犯在服刑期间中,为早日获释,出于利害的比较,在客观上表现为服从管教,认真学习、改造,努力完成生产任务并不困难,然而,其主观恶性可能并不因此消除。在主观上,要求罪犯“认罪服法”、“真诚悔罪”,不仅要认识到自己所犯罪行的性质和危害,真诚悔过,服从对其作出的刑事裁判,还应当认识到一切犯罪行为的罪恶和危害,并决心不再实施其他犯罪行为,尊重和遵守国家法律,积极改造主观世界,树立正确的是非观和人生观。由此不难看出,要求罪犯服从法院裁判,自觉接受刑罚处罚是减刑、假释的标准体系中的应有之义,也是执行自由刑的任务之一,这里的刑罚包括自由刑和附加刑。对于有能力缴纳罚金而逃避缴纳的罪犯,很难谓之“认罪服法”、“真诚悔罪”,更难以作出其主观世界已改造完成的判断。罚金刑适用于贪利性犯罪,改造和消除贪利性是判处罚金刑的目的之所在,而贪利性本身也是罪犯人身危险性的主观表现之一。思想本身是看不到的,只有通过行为表现出来,才能被考察。[3] 罪犯逃避缴纳罚金的行为,即是其主观世界改造不彻底、人身危险性未消除的外在表现。因此,在减刑、假释程序中敦促罪犯缴纳罚金刑,对逃避缴纳罚金的罪犯从严掌握或不予减刑、假释,具有法理上的正当性。

(2)应当赋予审理减刑、假释案件的法院罚金刑执行权。2012 年 7 月 1 日起施行的最高人民法院《关于办理减刑、假释案件具体应用法律若干问题的规定》规定:“罪犯积极执行财产刑和履行附带民事赔偿义务的,可视为有认罪悔罪表现,在减刑、假释时可以从宽掌握;确有执行、履行能力而不执行、不履行的,在减刑、假释时应当从严掌握。”这是首次从规范的层面明确将罚金的执行情况作为减刑、假释案件审理的考察情节。[4] 而在此之前,类似规定

---

① 李忠诚:“未缴罚金不应阻却自由刑的减刑——兼谈罚金刑执行的对策”,载《人民检察》2005 年第 2 期(下)。

② 陈敏著:《减刑制度比较研究》,中国方正出版社 2001 年版,第 47 页。

③ 陈敏著:《减刑制度比较研究》,中国方正出版社 2001 年版,第 83 页。

④ 财产刑包括判处罚金和没收财产等。——笔者注

仅存在于各地出台的减刑、假释案件操作细则当中。例如,2008 年福建省高级人民法院、福建省人民检察院、福建省公安厅、福建省司法厅四部门联合制定的《关于办理减刑、假释案件实施细则(试行)》中规定:“对于积极执行财产性的罪犯,在减刑、假释时,可以适度从宽;对于明显有财产执行能力而没有执行的,应当从严掌握;对确有财产执行能力而拒不执行的,不予减刑、假释”。这些规定尽管明确了财产刑的执行情况应作为减刑、假释的考察情节,但并未明确授权给审理减刑、假释案件的法院以罚金刑执行权。2010 年 2 月,最高人民法院公布的《财产刑执行问题的若干规定》(以下简称《规定》)中明确,罚金刑由第一审人民法院负责裁判执行的机构执行。而审理减刑、假释案件的法院往往并不是第一审法院,减刑、假释案件的承办部门也非负责裁判执行的部门,虽然在减刑、假释程序中,罪犯缴纳罚金应属于自愿缴纳,但从规范刑法学的角度,审理减刑、假释案件的法院向罪犯追缴罚金,仍难以逃开对追缴罚金的权力来源的追问。这或许是实践中将罚金刑的执行与减刑、假释制度相结合的最大障碍。

笔者以为,虽然最高人民法院的《规定》明确了罚金刑的执行情况可以作为罪犯是否认罪悔罪的表现,但还应当从刑事立法的层面进一步明确由审理减刑、假释案件的法院可以对服刑期间的罪犯执行罚金刑,以解决权力来源的合法性和执行的正当性问题。一方面,由于罪犯往往是在异地服刑,一审法院执行的成本会高于审理减刑、假释案件的法院,而且,若由一审法院执行,还存在减刑、假释案件审理过程中对罚金刑执行情况的再次调查问题;另一方面,审理减刑、假释案件的法院可以通过复核程序、开庭审理程序等对罪犯作进一步调查,说服罪犯主动缴纳罚金,避免罪犯及其家属产生“交钱买减刑”的误解,同时也有利于取得自由刑执行机关的配合。

(三)制度设计:在减刑、假释程序中追缴罚金的具体设想

减刑是对犯罪人的奖励,作为制度化根由的减刑权是“国家权力”而非“犯罪人权利”,罪犯在服刑中并不是“不坏”就行,而只有“好行为”才能获得减刑。[①] 最高人民法院《关于办理减刑、假释案件具体应用法律若干问题的规定》将罪犯积极执行财产刑和履行附带民事赔偿义务作为减刑、假释时从宽掌握的依据之一,正是将积极执行财产刑当作“确有悔改表现”的“好行为”,而不积极执行财产刑属于应从严掌握的“坏行为”。如前所述,罪犯不缴纳罚金的原因包括无力缴纳与逃避缴纳两种情形,根据“宽严相济”的刑事政策,

---

① 陈敏著:《减刑制度比较研究》,中国方正出版社 2001 年版,第 99 页。

减刑、假释中只能对逃避缴纳的情形从严掌握。在减刑、假释程序中执行罚金刑,就是要依托自由刑的执行,在减刑、假释的审理程序中,充分掌握罪犯的财产状况,在区分无力缴纳与逃避缴纳情形的基础上,以对减刑、假释的宽严程度的掌握来敦促罪犯积极缴纳罚金。

(1)提请减刑、假释建议阶段,由执行机关在建议书中写明罪犯罚金的判处及缴纳情况。1990年8月司法部颁布的《关于计分考核奖惩罪犯的规定》中要求,对罪犯的减刑或假释,由劳改机关的大、中队干部集体研究呈报支队(监狱)有关部门讨论,并邀请驻劳改机关的检察院(组)人员列席参加,按照罪犯综合改造表现,择优提请减刑或假释。从提请减刑、假释建议的程序上看,在减刑、假释建议送到法院之前,罪犯的基本情况已经过中队、大队、监狱及检察机关的多层审核和把关。最初的建议则是由负责对罪犯的管理与改造的中队管教干部提出的,这些管教干部往往与罪犯"朝夕相处",是在整个执行过程乃至整个司法程序中与罪犯接触最多的人,对罪犯的基本情况有全面和直接的了解。应充分依托自由刑的执行措施,利用执行机关对罪犯充分了解这一优势,由执行机关在减刑、假释建议书中写明已掌握的罪犯罚金刑执行情况以及家庭经济情况,并提供相应的证据材料,对法院在减刑、假释审理阶段追缴罚金有很大帮助。

(2)完善减刑、假释案件复核和开庭审理程序,严格区分无力缴纳与逃避缴纳的情形。传统的减刑、假释案件审理以书面形式居多,由执行机关提供基本材料,法院对执行机关报送的材料进行书面审理。2011年,最高人民法院的《关于办理减刑、假释案件具体应用法律若干问题的规定》首次规定了六类减、假案件应当开庭审理。笔者认为,在减刑、假释案件的审理过程中,对未全部缴纳罚金的罪犯,可作为"人民法院认为有开庭审理必要的"情形,进行开庭审理,不需要开庭的,启动复核、调查程序,由承办法官前往执行机关对罪犯进行调查了解,通过与罪犯面对面的交流,了解其罚金缴纳能力,严格区分逃避缴纳与无力缴纳的情形。在复核和开庭审理程序中,抓住罪犯担心减刑、假释建议可能被退回的心理,引导其通过家属和财产代管人尽可能多缴罚金,并鼓励其以服刑中获得的劳动奖励缴纳罚金。① 对于明显有能力缴纳而拒不缴

① 根据《监狱法》的规定,"有劳动能力的罪犯,必须参加劳动",劳动是我国罪犯的一项义务。从福建省的情况来看,监狱通过对罪犯的劳动情况和生产产量进行考核,作为认定罪犯改造表现的依据,并根据生产产量的多少,给予罪犯一定的劳动奖励报酬。罪犯的该部分报酬,均存在监狱给每个罪犯开立的个人账户上,罪犯可用这部分报酬在监区内的小商店进行消费,购买生活用品等。——笔者注

纳罚金的罪犯，确定一个最低缴纳标准。若未缴纳到此标准，法院可以不积极履行财产刑为由，比照正常减刑的罪犯扣减一定的减刑幅度或者退回减刑、假释申请。对于被告知如果不能缴纳最低标准的罚金将被退回减刑或假释建议的罪犯，如果其仍表示无法缴纳，则应当进一步审核该罪犯在服刑期间的消费记录和家属的探监记录，对于超标消费的罪犯，不应认定为无力缴纳。

(3)引导和鼓励罪犯以劳动奖励缴纳罚金。对于确实无力缴纳的罪犯，如前所述，属于原本就执行不能，应从立法和罚金刑的选择适用上着手解决，不应当以未缴纳罚金为由，一律从严掌握或退回申请。对于无财产可供执行的罪犯，可鼓励和引导无力缴纳罚金的罪犯通过积极劳动、提高产量来获得更多的劳动奖励报酬，以节约下来的劳动报酬缴纳罚金。以劳动报酬缴纳罚金，一方面，可以敦促罪犯在狱中服从管理，积极生产劳动，认真改造，成为连接罚金刑执行和自由刑执行的桥梁，也促进自由刑的执行。另一方面，也有助于罚金刑功能和目的的实现，罚金刑的功能在于剥夺罪犯一定时间内的金钱利益，使受刑人感受到缺乏金钱的痛苦，从而达到遏制罪犯的贪利性、威慑和感化罪犯，引导罪犯通过辛勤劳动获取财富。对于确实无力缴纳罚金且无劳动能力的老、残、病罪犯，在减刑幅度和假释标准上则应综合其他改造表现从宽掌握。

三、理论构想与立法期待：罚金刑减刑的必要性与可能性

在减刑、假释程序中追缴罚金刑，固然是当前较为有力的执行方式之一，但是，仅仅依靠这一方式，还难以完全解决因强制执行措施缺失带来的问题。笔者以为，应当在此基础上，变通罚金刑执行方式，增设类似于自由刑减刑的罚金刑减刑程序，与前述追缴程序配合适用。

诚如判处自由刑的目的不在于把罪犯关进监狱，适用罚金刑的目的也不在于收钱。执行自由刑的任务在于消除罪犯的人身危险性，追缴罚金则旨在减轻罪犯的贪利性。对判处自由刑的罪犯减刑或假释，本质上应该属于行刑权的一种，通过减刑或者假释的方式使罪犯得以提前释放，是对自由刑的变通执行，以促进改造。而增设类似于自由减刑制度的罚金刑减刑制度，对罚金刑的变通执行，将在消除罪犯贪利性方面起到重要作用。同时，从功利性的角度来看，自由刑减刑在客观上起到了缓解监狱“爆满”的效果，而罚金刑减刑也将在结果上减少“空判”罚金的出现，维护判决的权威性。

(一)理论合法性：罪犯贪利性的可改造性

自由刑的量刑是法官对既有犯罪事实的社会危害性及被告人的人身危险性做出的评判，执行自由刑旨在消除罪犯的人身危险性和再犯可能性。如前所述，当罪犯在改造过程中对自己的罪行真诚悔过，人身危险性明显降低，再

犯可能性也明显降低，方得以减刑或假释。与量刑法官主要以既定事实为考察对象不同，减刑法官考察的是罪犯人身危险性和再犯可能性的变化情况，减刑或假释实际上是对罪犯改造成效的法律回应与确认。罚金刑的目的在于惩戒罪犯的贪利性，教育和引导罪犯以合法的方式通过自己的劳动获取财富，与自由刑类似，罚金刑量刑时也应考量既定犯罪行为的社会危害性，以及被告人在行为当时的贪利性和利用财产再犯罪的可能性。量刑法官的所有判断都是基于审判时的既成事实而作出的，而被告人的贪利性和利用财产再犯罪的可能性会随着罚金刑的部分缴纳以及自由刑的执行逐渐改变，特别在是执行自由刑的过程中，执行机关一般都是对罪犯实行劳动改造，劳动改造的过程本身就具有教育罪犯戒除不劳而获的思想、引导其通过劳动自食其力的功能。当通过一定事实可以判断出罪犯在自由刑的执行过程中贪利性和利用财产再犯的可能性已明显降低、改造成效显现时。笔者认为，法律同样应该对这样的成效给予相应的回应与确认，这样的回应与确认，就是对罚金刑减刑。正是贪利性的可改造性，决定了对罚金刑减刑是可能的，也是必要的。

这里所说的罚金刑减刑，区别于《刑法》第53条规定的罚金刑减交、免交制度。该条规定："……如果由于遭遇不能抗拒的灾祸缴纳确实有困难的，可以酌情减少或者免除。"减交或免除，以罪犯遭遇不能抗拒的灾祸并导致缴纳确实有困难为前提，且是"可以"而非"应当"减免。罚金的减免由执行法院依据罪犯本人或亲属申请，查实后予以裁定。但据调查，在司法实践中这种因灾祸而被减少或者免除罚金的情形非常之少，几乎没有。原因在于，即使是没有遭遇灾祸，在罪犯不主动缴纳的情况下，法院的强制执行也是无力的，也很少启动强制执行程序，其结局是罚金刑"空判"；从罪犯的角度来看，"空判"的罚金刑与减交或免除结果上无异，根本没有必要申请减、免。现行的罚金刑减少或免除制度出于刑罚的人道主义考虑，以不可抗拒的客观原因出现为前提，而罚金刑的减刑是基于罪犯贪利性改造的成效而在法律上作出的确认和奖励。

（二）现实可行性：贪利性变化的可判断性与附加刑减刑之先例

1. 贪利性的变化情况可以通过罪犯的外在改造表现作出判断

对自由刑的减刑和假释，主要通过执行机关对罪犯是否认罪遵守监规、是否服从管理、在生产劳动中态度是否端正、是否参加教育学习等情况进行日常计分考核，进而判断罪犯的人身危险性和再犯可能性是否降低或消除。而罚金刑的减刑主要是考察罪犯的贪利性变化情况，那么，如何判断罪犯的贪利性已经显著降低了呢？笔者认为，至少可以通过以下三个方面来判断：一是罪犯在生产劳动中的表现。贪利性的罪犯多是好逸恶劳之徒，因不愿意通过自己的辛勤劳动获得收入，转而以非法的方式获取财富，才走上犯罪道路。在我国，大部分罪犯的自由刑是通过劳动改造的方式执行的，罪犯服刑时参加特定的生产劳动，执行机关对罪犯的劳动情况作日常考核，并按产量的多少给予罪犯不同数额的劳动奖励。劳动改造过程本身，也是对罪犯贪利性进行改造的过程，以生产劳动的方式，教育罪犯戒除贪欲，以合法劳动的方式谋生。可以罪犯在服刑中是否积极参加劳动、在劳动中是否表现突出以及在得到的劳动奖励的多少来判断其贪利性的变化情况。二是罪犯在服刑中的消费记录，其可以很好地反映出罪犯对财产的控制和支配能力。是贪图享乐还是厉行节约，是判断其对财产贪欲的标准之一。试想，一个宁愿通过辛勤劳动和省吃俭用积累劳动报酬来缴纳罚金的罪犯是不是比一个尚有大额罚金未缴而在狱内超标消费的罪犯更应该被奖励呢？三是罪犯已缴罚金的多少本身也可以作为判断其贪利性的一个要素。罪犯主动缴纳罚金而不逃避，说明其对罚金刑罚有一定的认识，也已逐渐学会控制自身的金钱欲望，不再以金钱至上，而愿意拿出钱来为自己的错误承担责任，贪利性有所降低。

这里需要澄清一个疑问，即执行自由刑阶段的罪犯可以减少罚金刑，对那些在判决时就缴纳完全部罚金的罪犯是不是不公平？因为已经缴纳罚金的罪犯是不可能获得罚金刑减刑的。其实并非如此，罚金刑在刑罚轻缓化背景下被重新关注，在一定程度上是作为自由刑的易科制度出现的，对于实践中执行罚金刑最为有效的“先缴后判”模式而言，这些被告人在缴纳罚金后实际上已经获得法院在自由刑上面的酌情从轻判决；而对少数判后缴纳罚金的罪犯，其缴纳罚金的情况会被当作自由刑减刑、假释的考量因素，获得在自由刑减刑、假释上的从宽掌握，因此，并不存在不公平的问题。

2. 附加刑减刑的先例与罚金刑减刑的程序

判处罚金与剥夺政治权利同属附加刑，被附加剥夺政治权利的罪犯在减自由刑时，可以被酌情减少剥夺政治权利的年限。最高人民法院《关于办理减刑、假释案件具体应用法律若干问题的规定》第 12 条规定：“有期徒刑罪犯减刑时，对附加剥夺政治权利的期限可以酌减。酌减后剥夺政治权利的期限，不能少于一年”。司法实践中的操作是由执行机关在减刑建议书中写明罪犯被判处附加剥夺政治权利的情况以及历次减刑对剥夺政治权利的变更情况，法院在查明事实的基础上，在减刑裁定中一并裁定附加剥夺政治权利的年限减为多少年或维持原判的年限不变。笔者认为，罚金刑的减刑也可以参考这一操作模式，由执行机关在建议书中写明罪犯的罚金判处情况和缴纳情况，法院在审理自由刑减刑的复核过程中一并调查罪犯的贪利性改造情况，如审核罪犯的生产劳动情况、消费记录及家属探望情况等。根据罪犯的贪利性改造情况确定是否酌情减少罚金刑及减少的数额，并在自由刑减刑裁定一并作出裁定。但是，对罚金刑的减刑，也应当像减少附加剥夺政治权利年限一样，作一个最低数额的限制，即减去的罚金刑数额不得超过原判数额的一定比例，以彰显罚金刑的严肃性，防止罚金刑减刑被滥用。这个比例，有待于实践中进一步探索确定。

四、结语

罚金刑作为刑罚轻缓化背景下被重新重视的一种刑罚，在我国的司法实践中越来越多的适用。但与此同时，我们也必将面对罚金刑执行难这个世界性的难题。2010 年最高人民法院出台《关于财产刑执行问题的若干规定》，使罚金刑执行有了规范性依据，但这一规定未能解决罚金刑执行过程中的所有难题。本文认为依托自由刑的执行和现有减刑、假释制度，由审理减刑假释案件的法院在减刑、假释案件审理过程中对并处罚金的罪犯追缴罚金，是当前最行之有效的执行方式。笔者结合减刑、假释审理中的成功实践经验，论述在减刑、假释程序中追缴罚金的可行性和追缴的具体措施，并在此基础上，探讨建立罚金刑减刑制度的必要性和可行性，以期完善我国的罚金刑执行制度。本文研究对象仅限于被并处罚金且入狱服刑的自然人，而对单处罚金的及单位犯罪判处罚金的执行未涉及，对罚金刑减刑的制度架构仅提出了初步的轮廓，还有待做深入细致的研究。

笔者相信，随着我国刑事实体法、程序法及相应配套法律制度的出台和逐步完善，刑罚执行理论的进一步提升及实践的不断探索，罚金刑执行中出现的各种难题都将逐步破解，罚金刑本身刑罚效用将得以充分发挥。

诘问与期待：限制减刑视域下完善减刑制度的再思考

福建省三明市中级人民法院　刘涌泉

引言：从“减刑门”说起

“减刑门”事件回放：2008 年 10 月 14 日，河南省平顶山市一个 8 人犯罪团伙为敲诈钱财，绑架了该市新华区检察院工作人员夏某和许昌籍女设计师王某，并胁迫夏某强奸王某，致王某死亡。巧合的是，8 名罪犯中有 6 人都曾因被判处 10 年有期徒刑以上刑罚在河南洛阳豫西监狱服刑，且服刑时均被减刑 2 次以上，其中一人被处判无期徒刑后更是获得多达 6 次减刑，最终仅实际服刑 15 年就提前于 2005 年出狱。

事件之后，人们不禁要问，这 6 名重刑犯在豫西监狱里究竟有什么特别的表现才能获得如此多的减刑机会？减刑出狱后又再次打家劫舍、杀人越货，减刑的效果何在？

监所[①]是惩罚教育改造罪犯的特殊场所，监所的高压环境对服刑人员起到了极大的威慑作用，尤其是初入监服刑的罪犯，从心理学的角度分析，他们当中绝大多数会因消极情绪而滋生心灰意冷、前途渺茫的负面心理，并以“羊群效应”影响到其他服刑人员的改造情绪，这种不良情绪的叠加与放大，最终会破坏监管改造秩序的稳定和服刑改造的效果。而减刑制度此时就能发挥出积极的作用，其使服刑人员相信，只要能够遵守监规，积极改造，就能获得减刑的机会，从而提前回归社会与家人团聚。减刑制度的设置使服刑人员增强了改造的信心，对于充分调动服刑人员改造的积极性及维护监所秩序都起到了莫大的作用。但随着社会的发展，特别是“减刑门”、吉林省“黑老大”刘文义减刑案和最近云南晋宁张永明系列杀人案爆发后，减刑制度在司法运作中的问题也逐渐显露出来，这些问题不仅不利于实现减刑的任务、目的，也容易使司法偏离公正。因此，有必要对现行减刑制度予以修补以进一步完善减刑制度。

---

① 监所主要是指监狱和执行交付执行前，罪犯剩余刑期不足 1 年的看守所，但 2012 年修正的《刑事诉讼法》将看守所代为执行的罪犯刑期修改为交付执行前，剩余刑期 3 个月以下，因监禁时间太短，看守所提出减刑、假释的可能和比例将大大降低，监狱将承担绝大多数提请减刑、假释的任务。

需要说明的是,根据我国《刑法》第78条的规定,我国的减刑是指对于被判处管制、拘役、有期徒刑、无期徒刑的犯罪人,在刑罚执行期间,如果认真遵守监规,接受教育改造,确有悔改表现,或者有立功表现的,适当减轻原判刑罚的制度。[①] 因此,本文探讨的减刑,是指缩短自由刑执行期限的减刑,其适用对象限定在被判处管制、拘役、有期徒刑、无期徒刑的犯罪分子,死缓减刑不在本文研究之列。

一、制度之惑:减刑适用实践中存在的问题

为修正减刑制度存在的弊端,指导人民法院正确审理减刑、假释案件,《刑法修正案(八)》和最高人民法院《关于办理减刑、假释案件具体应用法律若干问题的规定》(以下简称《减刑、假释规定》)于近两年相继出台,明确了减刑、假释案件一律公示,有重大影响或社会关注度高的六类案件必须公开审理,加强了减刑程序的监督,删除了原解释中"重罪多减、轻罪少减"的规定等,进一步完善了减刑体系,但减刑制度在实践中仍存在以下比较突出的问题:

(一)减刑具有不确定性

1. 减刑条件具有不确定性

我国现行法律法规规定的减刑条件是"确有悔改表现"或"立功"。其中,对"立功"的法律规定是十分明确的,然而适用最广泛的"确有悔改表现"却十分抽象,不易把握。所谓悔改,即悔过并改造,是受刑人的主观认识的显露。其包括"悔"和"改"两方面的内容:"悔"是思想认识指标,"改"是行为表现指标。[②]《减刑、假释规定》虽解释"确有悔改表现"应同时具备"认罪悔罪"等四方面情形,但其首要要求的"认罪悔罪"仍属主观思想状态,难以具体量化考评,缺乏可操作性。

2. 减刑标准具有不确定性

不同地区的法院在减刑标准掌握上,存在标准不一的情况。以立功为例:甲法院认为一次立功表现可以减刑2个月,而乙法院却认为一次立功可以减刑3个月,因此不同法院对服刑人员相同的表现就会出现减刑幅度差异的问题。

(二)减刑不利于刑罚功能的实现

1. 减刑不利刑罚一般预防功能的实现

如果服刑人员因悔改或立功表现可在刑罚执行阶段被减掉最多可达1/2

---

① 张明楷著:《刑法学》,法律出版社2011年版,第548页。

② 周红梅著:《刑罚执行论》,辽宁人民出版社1993年版,第267页。

的刑期，那么大多数人会认为本应十分严峻的刑罚不过尔尔，更有甚者可能还会从犯罪成本收益的角度推导出犯罪成本低而收益高的结论，从而刺激他们也去犯罪。因此，减刑制度无形中起到了降低犯罪成本的副作用，不利于威慑社会上潜在的犯罪人，也不利于刑罚一般预防功能的实现。

2. 减刑也会妨碍刑罚特殊预防功能的实现

从每个服刑人员都是经济人的假设考虑，当他们通过减刑提前出狱，他们会认为犯罪后的刑期可以通过自己的努力缩短，犯罪成本可通过减刑降低，那么犯罪也不过如此。如果犯罪的收益很大，只要下次作案时更加小心，不被抓住，那么犯罪就值了。因此，服刑人员在服刑阶段的悔改和立功表现虽然反映了其人身危险性的降低，但为了实现刑罚特殊预防的目的，应慎用减刑。减刑至原刑期的1/2仅能适用于极少数表现特别突出的服刑人员，不应成为一种常态。

（三）减刑有损法院裁判的稳定和权威

由于法律法规未对服刑人员减刑次数作出限制，因此，监所对于刑期较长的服刑人员往往根据其悔改表现，相隔一段时间（一般为1年以上3年以下）就建议法院减刑一次，一些无期徒刑或者死缓罪犯甚至在服刑期间被减刑近10次，这样的间隔减刑法已成为全国监所适行的减刑通则。间隔减刑法最大的弊端是法院生效裁判宣告的刑罚被减刑裁定频繁更改，严重损害了法院最初作出的刑事裁判的稳定性和权威性，而且在减刑程序中基本上未征求被害人及其家属的意见，也严重降低了刑罚对被害人及其家属的情绪抚慰功能。

（四）减刑不可撤销

争取减刑是绝大多数服刑人员狱中的精神寄托和奋斗目标，当一次减刑成功实现后，他们又积极地向下一次减刑努力，所以减刑俨然成为监所对服刑人员最有力的监管改造方法之一。但在实践中却出现这样的怪现状：王某因故意伤害罪被判刑10年，入监以来一直担任分队的监督岗，协助干警管理分队服刑人员，表现良好，但在该犯最后一次减刑，余刑还有2个月的时候改造态度突然急转直下，先是参与打架斗殴，而后又在干警教育过程中公然顶撞，造成了恶劣影响，严重破坏了分队的监管秩序。

在我国减刑实践中，存在着“减刑到手、改造到头”的现象。有的服刑人员在服刑初期确实是有突出悔改表现的，但当减刑成为既成事实时，就消极改造，甚至大错不犯小错不断；有些服刑人员为了减刑，内心根本毫无悔改，但在行动上却伪装出积极改造的假象骗取监管人员的信任，一旦减刑裁定下达生效，就故态复萌，原形毕露；而那些减刑后余刑不长或已没有减刑希望的服刑人员更是因出狱在即抗拒改造，这不仅完全背离了设立减刑制度的初衷，而且严重影响了监所干警的教育情绪，其他服刑人员的改造情绪和监所的管理秩序。

根据现行法律，减刑裁定一经作出即发生法律效力，除非发现服刑人员在减刑前确有违反监规纪律等确凿证据，否则即使减刑后消极甚至抗拒改造，也不能撤销减刑。在减刑不可撤销的前提下，一些服刑人员能减刑则积极表现，不能减刑则消极改造，这种功利改造的行为显然是与刑罚特殊预防目的背道而驰的。①

（五）重减刑、轻假释的现状与国际刑事司法实践脱轨

近年来，全国平均假释率一直在2% ~3%之间徘徊，这一比率不仅低于亚太地区大部分国家，而且远远低于西方发达国家40%以上的假释率。为什么我国司法实践中法院和监所重减刑、轻假释，以致减刑泛滥，假释制度却反而被束之高阁，究其原因，一旦服刑人员在假释考验期内重新犯罪，特别是实施故意杀人、强奸、抢劫等重大恶性犯罪后，民众首先想到的是假释是否合理，而不是监管责任是否到位。为平息民怨，纪委、检察机关等部门往往会采取责任倒查的方法追究相应办案法官或经办民警的责任，《刑法》中“没有再犯罪的危险”的假释条件就成了法官和民警在假释适用中的阿喀琉斯之踵。因此，假释对于法院和监所来说都意味着巨大的社会风险和社会责任，在减刑、假释均满足适用条件时，法官和民警毫无疑问会优先选择减刑。

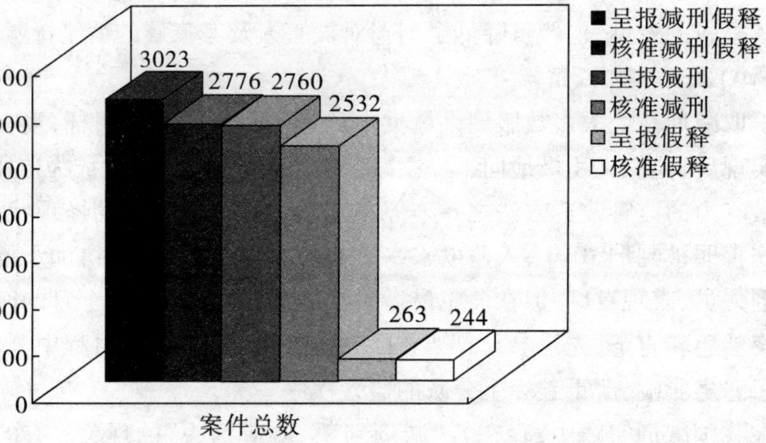

上图为三明中级人民法院2011年审理减刑假释案件基本情况，假释适用

① 王作富、但未丽：“关于减刑制度的正当性思考”，载《法学家》2006年第6期。

率不到减刑的1/10。

二、启明之星:减刑适用限制的可行性分析

我国的减刑制度从其立法宗旨考量本极具优越性,但因上述实践中存在的问题,影响了其功能的发挥,甚至有人提出应当废除减刑。客观而言,减刑不仅对被减刑的犯罪分子具有正向激励作用,促进本人的改造,同时,也对其他尚未被减刑的犯罪分子起着促进改造的作用,使这些犯罪分子确信党和国家的法律政策,确信只要自己努力改造,定有光明出路,从而充实改造自己的信心和力量,减刑也可用来调整我国过重的刑罚力度。因此,保留减刑制度是有其现实意义的。[①] 但与此同时,减刑制度由于屡次变更原裁判,破坏法院生效裁判的既判力,理应在适用上适当限制。但限制减刑是否是完善减刑制度的一条必由之路呢?笔者认为可从三个方面分析论证。

(一)对减刑进行规范化改革的可行性分析

我国《刑法》因位阶高,仅对减刑作出了原则性规定。但实践中减刑是监狱、法院、检察院、公安局等多方配合的刑罚执行变更活动,最高人民法院作出的《减刑、假释规定》因司法解释自身的属性无法涵盖减刑工作的各项细节,因此,在目前减刑工作中如何确定减刑幅度尚属法律空白,这样就导致了减刑审理程序不透明,有悖于程序正义和公开原则。为了改善法院裁定减刑案件存在随意性较大的问题,解决在减刑裁量工作中因自由裁量权行使而引起的司法不统一,有必要填补这一法律空白。

数字是绝对忠实的,这也是近年来法院各项工作盛行量化考评的原因(如法官自身的业绩量化考评)。就减刑制度而言,属于同一法律部门的量刑规范化改革已取得了成功,因此参照量刑规范化的模式对减刑制度进行规范化改革,在审理减刑案件过程中综合考评服刑人员在服刑前和服刑期间的悔改表现,明确呈报减刑周期内服刑人员改造行为将获得的评价,增强减刑的公开性和均衡性,是具有可行性的。

(二)设立减刑撤销制度的可行性分析

减刑撤销制度是变通刑罚执行方式的一种手段,是对不符合减刑条件的服刑人员全部或部分恢复其宣告刑的一种制度。目前我国现行减刑制度中不存在撤销程序,减刑是不可逆的,减刑一经获得,绝对不会再失去,这就导致在刑罚执行实践中服刑人员一旦出现减刑后严重违反监规的行为,只能根据《监狱法》给予警告、记过或禁闭的惩罚,但对于已减刑的刑期却没有任何影

---

① 庄建南、叶建丰:"宽严相济刑事政策与刑罚完善",载《浙江大学学报》2006年第6期。

响，服刑人员依然能提前回归社会，减刑制度在实践中丧失了激励部分服刑人员积极改造的"活性"，因此，借鉴缓刑和假释的可撤销性设立减刑撤销制度对于阻截减刑负效应的具有十分重要的现实意义。

1. 设立减刑撤销制度可以提高减刑的灵活性

减刑的直接前提是服刑人员人身危险性减小或消除，如果服刑人员的表现并不能证明上述前提，减刑就丧失了合理基础，所以不能仅根据服刑人员呈报减刑之前一时的表现减刑，也不能在减刑之后放任其自流，而应继续观察，以确定其人身危险性是否确实减小或消除。问题是目前减刑不可撤销的制度对减刑裁定生效后服刑人员重新犯罪或违反监规的情况束手无策，缺乏制约的手段，这种僵化的减刑模式长此以往势必影响刑罚目的的实现，损害法律的公信力。为了进一步提高减刑制度的灵活性，设立减刑撤销制度以完善整个减刑制度是可行的。

2. 设立减刑撤销程序有利于把握服刑人员的思想改造

监所的任务是对罪犯进行惩罚和改造，而改造应当以改造思想为主。刑罚的执行对于服刑人员而言就是一个从被迫改造、被动接受社会规则到自觉改造、内化社会规则的过程，这个过程从心理规律分析是长期、艰巨、螺旋上升的，减刑制度客观上是对这些自觉接受改造的服刑人员的肯定。因此在减刑中，服刑人员内心的积极悔改比外在良好表现更重要，只要服刑人员内心没有真正悔改，无论外部表现多好，都不应该获得减刑，而基于对自由的天然向往，服刑人员为了获取减刑可能会对自己进行伪装。如果设立减刑撤销制度，则可以在一定程度上解决假悔改，真伪装的问题。减刑撤销程序可以通过设置考验期为那些妄图通过欺骗手段获取减刑的服刑人员增设障碍，也有利于监管人员准确评价服刑人员的思想改造程度。

设立减刑撤销制度能够补救对服刑人员改造表现的错误判断，保证了减刑适用的正当性，为更准确地运用减刑这一激励措施，充分发挥其正面激励与评价功能提供了切实的制度保障。

(三)降低减刑暨提高假释适用率的可行性分析

假释为主、减刑为辅或仅实行假释的刑罚执行变更模式已在世界上大多数国家尤其是法制发达的西方国家普遍实行。从减刑、假释制度的世界发展趋势来看，假释制度自产生伊始就有压倒并逐渐替代减刑制度的趋势，这一趋势一方面诠释了减刑、假释制度演化发展的基本规律；另一方面也从实践上说明假释制度较之减刑制度有着更大的优越性，因此，降低减刑适用率，提高假释适用面在理论上应是可行的。[①] 但需要说明的是，减刑制度与假释制度一样都是罪刑相适应原则在刑罚执行中的体现，也是宽严相济刑事政策在刑罚执行中的具体运用。在现今刑罚执行体系中，减刑制度仍是不可或缺的。

1. 假释不会损害法院裁判的稳定性和权威性

假释没有变更法院生效刑事裁判确定的刑期，只是改变刑罚执行的方式。对于服刑人员来说，假释期间刑罚仍在延续，若放松了对自己思想和行动上的改造，实施违法甚至犯罪的行为仍将被撤销假释，收监执行。因此，假释不会损害法院生效刑事裁判的稳定性和权威性。

2. 假释可以节约国家的司法成本

转型中国的阵痛之一是犯罪率持续上升，各监所人满为患，行刑成本高昂，社会负担较重，而假释的行刑成本较之监禁为低，因此将确有悔改表现，不致再犯罪的服刑人员假释回社会，在接受社区矫正部门教育改造的基础上服务社会，不仅能够有效降低司法成本，同时将节省下来的司法资源集中用于社会危险性大，主观恶性深的在押服刑人员身上，也符合司法经济原则，有助于提高行刑效率，缓解监所压力。

3. 假释可以帮助罪犯顺利回归社会

服刑人员因久疏于社会，突如其来的自由将给其心理带来剧烈的冲击，并且社会上对服刑人员的排斥也将给其心理带来巨大的压力，此时如果没有相应的约束机制，容易因无法适应社会而导致重新犯罪。如果服刑人员经假释被纳入社区矫正范围，在执行机关的监管下在社会上服刑并自我改造，就能够稀释释放给服刑人员带来的心理冲击，而帮扶制度更是通过帮助服刑人员解决该阶段的心理、生活等方面的问题，进而帮助他们完成和社会的平稳接轨，其效果是显著的。通过假释制度，可以给予服刑人员逐步适应社会充分的过渡、缓冲时间，帮助他们完成从完全监禁状态，到假释考验期内的准自由状态，再到刑满后的完全自由状态的心理过渡，预防再次犯罪。

三、至善之路：减刑适用限制的制度设计

在当前我国减刑制度的改革和完善中既不能故步自封，因循守旧，更不能对我国目前的减刑制度一概否定，主张全盘西化。基于减刑制度以及审理减刑案件出现的弊端，笔者认为，减刑制度应当在三个方面进行改革和完善。

（一）在审理减刑案件中进行量化规范

根据相关法律规定，对服刑人员的减刑，由刑罚执行机关向中级以上法院

---

① 减刑率、假释率之间呈负相关关系，减刑率上升，假释率相应下降；假释率上升，减刑率应声回落。

提出建议，报请法院审核裁定。因为执行机关处在监管第一线，对服刑人员服刑期间的现实悔改表现无疑最有发言权，因此监所的减刑意见往往是法院是否裁定减刑的重要参考。在审理减刑案件中，法院一般根据监所《提请减刑建议书》中建议的减刑幅度作出准予减刑或不予减刑的裁定，具体应减去多长的刑期缺乏明确的审理标准，因此减刑程序往往流于形式。事实上服刑人员是否是累犯，是否积极退赃、退赔，是否积极赔偿被害人经济损失，是否在改造中获得监狱表扬等情节均应在审理减刑案件时纳入减刑幅度的考量因素并明确其作用大小。

为了配合减刑的量化改革，全面评价服刑人员的人身危险性和悔改表现，建议刑罚执行机关在《提请减刑建议书》中取消对服刑人员减刑幅度的建议。

减刑制度的量化规范可结合《减刑、假释规定》作如下设计：

(1)减刑的步骤：

①根据悔改或立功表现确定减刑起点；

②根据服刑人员的人身危险性，执行财产刑和履行附带民事赔偿义务的情况，在监所中的其他表现等在减刑起点的基础上增减刑期确定减刑的基准幅度；

③根据减刑幅度上限调节减刑的基准幅度，依法确定减刑的宣告幅度。

(2)减刑的起点：

①确有悔改表现，或者有立功表现的，减刑起点为2~3个月；

②既有悔改表现，又有立功表现的，减刑起点为5~6个月；

③有重大立功表现的，减刑起点为6~12个月。

以上3点不能重复适用。

(3)减刑情节的适用：

①获得监狱表扬的，一次追加减刑2~3个月。

②获得省级改造积极分子的，一次追加减刑5~6个月。

③积极执行财产刑和履行附带民事赔偿义务达到总额50%的，追加减刑1~2个月；达到总额70%的，追加减刑2~3个月；全部执行或履行的，追加减刑3~4个月。

④系未成年人、年满75周岁的老人、限制行为能力的精神病人、又聋又哑的人或者盲人犯罪、防卫过当、避险过当、犯罪中止、胁从犯、自首的，追加减刑1~2个月。

⑤涉黑、涉暴等主观恶性较大或其他犯罪情节恶劣的被判处7年以上有期徒刑的犯罪或系累犯的，扣减减刑1~2个月。

⑥有打架、斗殴,不服管教等严重违规行为或被处以警告、记过、禁闭等行政处罚的,扣减减刑 2 ~3 个月。

⑦服刑期间又犯罪的,扣减减刑 5 ~6 个月。

⑧消极执行财产刑和履行附带民事赔偿义务不到总额 50% 的,扣减减刑 1 ~2 个月;不到总额 30% 的,扣减减刑 2 ~3 个月;未执行或履行的,扣减减刑 3 ~4 个月;但确实没有执行、履行能力的,不得扣减减刑。

④、⑤、⑦可在每次审理减刑案件时重复评价,其他项减刑情节是指一次减刑考察周期内的情节,如从入监服刑始到第一次呈报减刑止为一次减刑考察周期,第一次呈报减刑始到第二次呈报减刑止为一次减刑考察周期,以此类推,不能重复评价。

(4)确定减刑基准幅度的方法:

①具有单个减刑情节的,直接对减刑起点进行调节;

②具有多种减刑情节的,采用同向相加、逆向相减的方法确定全部减刑情节的调节幅度,再对减刑起点进行调节。

(5)确定减刑宣告幅度的方法:

《减刑、假释规定》规定的减刑幅度为:确有悔改表现,或者有立功表现的,一次减刑一般不超过 1 年有期徒刑;确有悔改表现并有立功表现,或者有重大立功表现的,一次减刑一般不超过 2 年有期徒刑。如果减刑的基准幅度未超过上述减刑幅度的限制,则减刑的基准幅度就是减刑的宣告幅度;如果减刑的基准幅度超过上述减刑幅度的限制,则减刑的宣告幅度必须向下修正至一次减刑幅度的上限;如果减刑的最终基准幅度小于等于零,则应裁定不予减刑。

通过以上设计可以看出,对减刑进行量化规范不仅能统一减刑案件的法律适用标准,限制法官行使裁量权的恣意,确保办案质量,实现公平正义,也能给服刑人员的改造提供明确指引,激励他们在监所内按照减刑情节认真改造,积极服刑。

(二)创设减刑撤销制度

我国现行减刑制度中不存在撤销程序,无法制约服刑人员减刑后的行为,服刑人员一旦出现阻断再社会化进程的情形无法予以救济。针对服刑人员在减刑后放松改造,不思进取甚至破坏监管秩序的情形,如果能创设减刑撤销制度,将现行的绝对减刑改为附条件的减刑,由法院在裁定减刑时设定一定的撤销标准和考验期,如果服刑人员在该期限内达到撤销减刑的标准,法院可根据监狱或公安机关的建议撤销减刑,这样不仅有利于在服刑人员获得减刑后继续督促其遵守监规,认真改造,也能进一步完善减刑制度,重要意义不言而喻。

为避免打击服刑人员改造的积极性,减刑撤销标准应进行严格、慎重的规制,具体可设计如下标准:一是服刑人员以弄虚作假的方式获得考核分。考核分是监所对服刑人员改造程度最直观的评价,也是服刑人员获得减刑的基础,如果其在考核过程中弄虚作假,其所获得的减刑理应取消。二是服刑人员多次严重违规。撤销减刑是对服刑人员改造表现的完全否定,因此引起撤销减刑的行为也应为与聚众哄监闹事,辱骂或殴打管教民警相当的严重违规行为,且发生严重违规行为后,服刑人员仍未能认识错误,继续抗拒改造,造成恶劣影响时才可予以应用,以符合比例原则。对管教的轻微抵抗或者其他不严重的违规行为,不应随意撤销减刑。三是服刑人员在服刑期间又犯新罪的情形。在服刑期间又犯新罪表明服刑人员不思悔改,人身危险性并没有因为改造而降低,这种情形下应当撤销减刑。

从便于监所监督管理的角度出发,减刑考验期起始点可规定为准予减刑裁定生效之日,终止点按照服刑人员不同服刑阶段可设置为下一次准予减刑裁定生效之日,或获得假释之日,或刑满释放之日。设置减刑考验期的好处有两点:一是可以使服刑人员在获得减刑裁定后,不能立即享受到减刑成果,也不能放松改造,否则就面临前功尽弃的危险,只有在减刑考验期届满后,才能真正获得减刑。对于仍有减刑机会的服刑人员而言,减刑考验期也是下一个减刑周期,服刑人员又面临下一次减刑,这种周而复始的循环模式使其思想不能松懈,以实现刑罚改造的目的。二是可以增强减刑制度的灵活性,从制度上保证了服刑人员在整个服刑期间都能够保持稳定的改造状态,避免出现反复,从而进一步提高减刑制度的权威性和严肃性。

从程序法角度具体可以这样构建减刑撤销制度:

(1)减刑撤销程序的构造设想。

减刑撤销程序应由原作出准予减刑裁定的中级或高级人民法院开庭审理,监狱(看守所)机关、检察机关、被减刑人共同参与。

(2)监狱(看守所)机关的地位。

监所处于监管服刑人员改造的第一线,负责考核服刑人员减刑前后的表现,因此,由监所行使提请撤销减刑权最为合适,监狱机关在减刑撤销程序里应处于指控的一方。由于服刑人员获得一次减刑机会并非易事,应当慎重行使减刑撤销权,不能轻易启动该程序:如果服刑人员在获得减刑后抗拒改造,严重违规,监所在提请撤销减刑前应先告知减刑撤销制度并督促其改正;对于仍不悔改的,应警告其限期改正;依然我行我素、严重违规的,才可提请法院撤销减刑。

(3)检察机关的地位。

检察机关依法行使法律监督权,这种权力在减刑撤销制度中体现为对减刑撤销程序的监督权。因服刑人员所在监所的驻监所检察室的人员对服刑人员的改造情况相对更为熟悉,最好由他们出庭参与减刑撤销程序。检察机关在减刑撤销程序里既非原告也非被告,不是标准诉讼模式中两造的一方,而应是对服刑人员改造实际情况独立发表检察意见的诉讼参与人,其发表的检察意见既可能不利于监管机关也可能不利于被减刑人。

(4)被减刑人的地位。

被减刑人在减刑撤销程序里处于被告人的地位,应当享有普通刑事案件中被告人享有的大部分程序性权利,如辩护权(包括委托律师代为取证、出庭为其辩护或申请证人出庭作证)、申请回避权等。只有赋予被减刑人这些权利才能保证减刑撤销程序正确运行,防止因不当撤销减刑给服刑人员带来巨大的负面影响。

(5)撤销减刑的救济渠道。

对撤销减刑裁定不服的,监管机关或被减刑人均可要求作出撤销减刑裁定的法院复审一次。被减刑人对复审结果仍不服的,还应享有申诉权。

(三)建立减刑、假释并重的刑罚变更执行模式

在当今恢复性司法思潮的引领下,世界各国刑罚改革的普遍趋势是刑罚轻缓化、行刑社会化。假释是世界各国普遍适用的刑罚执行变更制度,其适用范围和适用比例均呈稳步扩大之势,但我国当前如此低的假释率却与国际通行做法背道而驰,因此应对现行假释制度做出修改以扩大假释适用面,降低减刑适用率,最终形成减刑、假释并重的刑罚变更执行模式。

1. 删除累犯不得假释的规定

根据我国《刑法》的规定,累犯虽然不得假释,但却可以通过减刑提前出狱。实践中累犯除减刑幅度的控制较其他类型罪犯严格以外,其他方面没有任何区别,因此,累犯不得适用假释的规定不尽合理,值得商榷。除中国大陆、阿根廷、墨西哥及美国部分州,对累犯规定不予假释外,大部分国家对于累犯之假释许可,均仅立法提高其应服刑期之比例,以与初犯有所区隔,[①]也取得了累犯假释后不再犯罪的预期效果。因此,应废除对累犯不得适用假释的规定。与此同时,提高假释适用面也不能矫枉过正,对那些因故意杀人、强奸、抢

---

① 赵秉志主编:《刑罚总论问题探索》,法律出版社2003年版,第561页。

劫、绑架、放火、爆炸、投放危险物质或者有组织的暴力性犯罪被判处十年以上有期徒刑、无期徒刑的罪犯,因其人身危险性极大,不应适用假释,以避免其获得自由后重新犯罪。

2. 设立假释保证金条款

对假释保证金的设立构想是:法院在作出准予假释裁定时视假释犯及其家庭经济状况,要求其本人或近亲属提供一定的假释保证金,假释保证金应综合服刑人员所犯罪名、原判刑期长度和假释考验期长度等因素确定具体数额。如果假释犯在考验期内遵纪守法、服从监管,在假释考验期满后,则返还假释保证金;如果假释犯在假释考验期内因法定事由被撤销假释,则将假释保证金没收上缴国库。设立假释保证金制度不仅施予假释犯积极改造的心理强制,降低了假释犯二次犯罪的风险,而且能够充分发挥假释制度独特的社会功能。

3. 摒弃不问缘由的责任倒查制度

现阶段民众对提高假释适用率最担心的就是出现放虎归山的可怕后果,但客观上,假释犯在假释期内再犯罪的原因是多元且难以预测的,可能是因为社会歧视导致的就业、生活困难,可能是因为家庭变故,还可能是受他人不良影响等。因此,监所和法院在呈报、审理假释案件时无法对假释犯将来的处遇和行为作出预测。而且在审理假释案件过程中,判断"没有再犯罪的危险"这一假释实质条件时没有客观标准可以参照,司法实践中通常依据服刑人员的服刑表现以及其他因素进行预测性判断,判断的准确性可想而知。而办理假释案件的法官为避免假释犯再犯罪后被倒查责任,往往对符合假释条件的人员不予适用假释,因此责任倒查制度实际上妨碍了假释制度的有效执行。

笔者认为对于假释犯再犯罪的问题,重点是分析再犯罪的主客观原因以及假释案件呈报、审理程序是否违法,只要准予假释裁定是依法依规作出的,就应该免除相关办案人员的责任,以消除办理假释案件法官适用假释后可能被追责的心理负担,提高假释适用率。

4. 适用假释中对被害人权利的救济

监所和法院在假释程序中应充分听取被害人的意见。基于目前重视犯罪人人权,忽视被害人权益的司法现状,对于被害人反对适用假释,而监所、法院坚持提请、准予假释的案件,应赋予被害人相应的救济权。如对监所坚持提请假释的案件,被害人有权要求法院开庭审理,并出庭表达自己的反对意见;对于法院坚持准予假释的案件,被害人如有证据证明在审理假释案件过程中存在裁定不公或程序违法等情形,有权向上一级法院申请复核一次,或者请求检察机关提出纠正意见。

四、结语

减刑制度是我国重要的刑罚执行变更制度，其正确、有效适用，体现着国家刑事法律的最后尊严。我国减刑制度从设立至今，对促进服刑人员改造，稳定监所秩序起到了至关重要的作用，但随着时代的发展，减刑制度也不可避免地出现了许多新情况、新问题。从何着手对减刑制度进行完善，最大限度地发挥减刑制度的激励功能和复归效益并非易事。本文从实体和程序出发，结合我国现行的法律法规，对减刑工作实践中出现的一些较为突出的问题进行了探讨，并认为适当加强减刑限制，才能推动减刑制度与时俱进，更好地发挥减刑制度的重要功能，为我国社会主义和谐社会建设作出应有贡献。

减刑、假释庭审规则的分析与构建

——以法院视角下的减刑、假释庭审为进路

四川省高级人民法院　段　玲　程媛媛

多年来，我国减刑、假释程序因缺乏一个可为公众所知的公开程序，屡屡引发各方对其公正性的质疑。随着减刑、假释庭审理论研究的日渐深入，各地开庭审理减刑、假释案件的探索和实践也是百花齐放。但由于没有充分按照减刑、假释的制度内核和运行规律，各种论说终因缺乏可操作性而难以得到来自立法者的重视，为数不少的实践也因直接套用或借鉴刑事诉讼庭审的做法导致庭审参与人定位不明、作用不明而使庭审流于形式。与其他论者不同，办案法官对减刑、假释庭审程序的关注会更多地着眼于规则设计与庭审目的的契合问题，以及在组织和推进庭审的过程中实现规则的可能性问题。笔者立足于减刑、假释现有制度框架，以一个减刑、假释案件审判法官的角度提出庭审规则的设想，以期提供可资借鉴的制度构建思路。

一、前提：减刑、假释庭审与诉讼庭审的“大异”与“小同”

尽管我国的减刑、假释制度建立已久，但对减刑和假释的定义多年来却因学者关注重点的不同，林林总总，不一而足，①笔者认为徐静村教授的界定最能体现减刑、假释制度的性质。徐教授主张，减刑是“基于罪犯在服刑期间的良好表现而由有关权力机关减轻其依照原判决还未被执行的刑罚量的刑罚变更执行制度”，②假释是“国家有关权力机关依据一定的程序，对确有悔改实据、人身危险性降低、再犯可能性小的罪犯，予以提前释放的刑罚变更执行制

---

① 例如，陈敏《减刑制度比较研究》中定义“减刑是受刑人因在服刑期间的良好表现而减轻其刑罚的制度”，袁登明在《减刑权归属之探讨》中定义“减刑是根据罪犯在服刑期间的良好表现，在法定限度内缩减尚需执行的刑罚”，康润森在《论减刑》中定义“减刑是对于被判处管制、拘役、有期徒刑、无期徒刑的犯罪分子，由于他们在服刑期间确有悔改或者立功表现而依法适当减刑其原判刑罚的制度”；又如，鲍圣庆在其《减刑、假释的理论与实践》中定义“假释是国家有关机关依一定程序对合乎法定条件的被判处剥夺自由刑的犯人给予附条件提前释放的刑罚执行中的奖励制度”，马克昌主编的《刑罚通论》中定义“假释是对判处徒刑的罪犯，在执行一定时期的刑罚以后，确有悔改表现或称有悔改实据，予以附条件提前释放出狱的一种刑罚制度”，陈兴良主编的《刑法适用总论》中定义“假释是指被判处有期徒刑、无期徒刑的犯罪分子，在执行一定的刑期以后，认真遵守监规，接受教育改造，确有悔改表现，不致再危害社会，附条件地予以提前释放的行刑制度”。

② 徐静村著：《减刑、假释制度改革研究》，中国检察出版社2011年版，第7页。

度”。[1] 这种定义明确了减刑、假释的实施主体是享有减刑、假释权的国家机关，也反映出我国主流观点对减刑、假释制度性质的界定，即减刑、假释是国家对具有良好表现的罪犯的奖励。

（一）正本清源：“权力”博弈还是“力”“利”对抗

由于减刑、假释是国家的“奖励”手段，则确定奖励条件的标准由国家制定，判断罪犯是否符合奖励标准的权力属于国家机关，决定是否给予奖励的裁决权也属于国家机关，监督奖励的程序和实体是否合法公正的主体仍然是国家机关。可见，作为自然人和被奖励对象的罪犯本人在获得奖励的整个过程中是十分消极和被动的。建基于“奖励说”的减刑、假释制度在某种程度上就是各个国家机关之间的一场“权力”博弈，其中很难看到自然人或私权利的身影。

随着刑罚理论向纵深发展，减刑、假释“权利说”逐渐崭露头角。就“权利说”论者主张的减刑、假释是罪犯的权利，笔者认为，尽管减刑、假释是国家对罪犯的一种奖励，但只要相关国家机关认可了某个罪犯的行为表现并作出了给予减刑、假释的意思表示，则罪犯在真正获得该奖励的过程中应当享有相应的程序性权利，如知悉权、陈述权、获得法律帮助权等。但由于整个减刑、假释制度的设计中完全没有罪犯作为自然人主体的立足之地，在程序进行过程中其利益诉求又与刑罚执行机关高度一致，因而，罪犯的权利应该分两部分来看：对内，罪犯认为自身符合减刑、假释条件即可以向刑罚执行机关申请减刑、假释，对执行机关不予提请减刑、假释的决定有申诉权，对本人重大立功表现或积极履行民事赔偿义务等可获得从宽奖励的改造情节有举证权，等等，此时其程序性权利对抗的权力相对方是刑罚执行机关；对外，由于执行机关出庭或提交材料的主要内容是证明罪犯符合减刑、假释的法定条件，罪犯本人极力想要证明的也是同样的内容，而罪犯本人的申请或提请却并不具有直接启动减刑、假释程序的效果，因此直接与人民法院的裁决权和检察机关的监督权相互作用的是执行机关的提请权，罪犯对人民法院和检察机关并无可以直接行使的权利。由于忽略了这一制度内核，我们常常可以看到，一些实务界的论者一方面大张旗鼓地论证应当赋予罪犯作为庭审主体的地位，赋予其在庭审中对抗国家机关不当行为的程序性权利，另一方面却在自己起草制定的庭审规则中漠视罪犯的主体地位和种种权利。这种矛盾的根源就在于没有理顺减刑、假释程序中各方主体、各种利益和权力与权利的内在逻辑关系，以至于论者无

---

[1] 徐静村著：《减刑、假释制度改革研究》，中国检察出版社 2011 年版，第 11 页。

法将自己的学术观点与实践融合。

作为本文立论的前提,也是本文首先急于论证和表达的一个重要观点,笔者认为,减刑、假释的提请、审理、裁决、监督等活动均是权力与权力之间的相互作用,唯一有权以自然人身份进入程序的罪犯也因其与执行机关利益的高度一致性而无法直接行使私权利并与减刑、假释过程中的种种公权力形成对抗,故而不涉及"权力"与"权利"的抗衡问题。

(二)减刑、假释无法进行"诉讼化"改造。

为了解决传统减刑、假释中"行政决策模式"在实践运用中的诸多问题,一些学者提出了对减刑、假释程序进行诉讼化的改革思路,主张对现有的减刑、假释程序按照刑事诉讼程序的要求进行改造。[①] 尽管这种进行诉讼化改革的方案在理论上比较完善,也有着非常具体的制度安排,并在学界和实务界具有相当的影响力,但笔者认为"诉讼化"改造的提法却未免失于文不对题,言不及义。

"诉讼"一词的"诉",是告知、倾诉,"讼"是言词纷争,[②]诉者、被诉者加上居中裁判的法官,即构成了诉讼法上所称的"三元结构"。一个"诉"存在的核心即是诉的利益的存在,诉的利益也是法院通过判决来解决纠纷的必要性。根据目前著述中的描述和各地法院已经采取的实践形式,人民法院开庭审理减刑、假释案件的过程中,唯一可以参加庭审的自然人是罪犯,但其并不具备独立的庭审地位。其他参加庭审的主体就只有人民法院、刑罚执行机关和检察机关,就人民法院而言,减刑、假释的裁决权尽管仍属于司法权,但已不是纯粹意义上的审判权;[③]就检察机关而言,尽管其在履行监督职责时可能会发表与执行机关不尽一致的意见,但这种"不尽一致的意见"与民刑诉讼中的"抗诉意见"或"控诉意见"有着本质的区别,并没有形成"诉""讼"双方的对立。因此,减刑、假释"诉讼化"改造的提法不能准确描述减刑、假释程序的特点,也无法解释如何对无诉亦无讼的减刑、假释程序进行"诉讼化"改造的矛盾。

可见,减刑、假释的庭审程序因其无"诉"亦无"讼",天然地具有与其他诉讼庭审不同的特质,并决定了它无法借鉴、模仿任何一种诉讼模式下的庭审构造和庭审规则。

---

① 宋世杰、彭海清:"试论减刑、假释程序的重构",载《社会科学家》2004 年第 3 期;于同志、陈伶俐:"论减刑程序的正当化",载《中国刑事法杂志》2006 年第 3 期;王伟:"对减刑性质和程序的理性思考及对策建议",载《新疆社会科学》2004 年第 2 期。

② 江平主编:《中国司法大词典》,吉林人民出版社 1991 年版,第 536 页。

③ 黄永维:《中国减刑、假释制度的改革与发展》,法律出版社 2012 年版,第 140 页。

二、定位:减刑、假释庭审是一种独立审判类型

对于减刑、假释庭审定位的问题,目前有两种代表性观点。第一种观点主张形成真正意义上的刑事诉讼构造。有学者指出,[①]为了在减刑、假释中充分实现刑罚理性,对我国当前减刑、假释适用机制进行改革"最根本和有效的出路在于:通过修改《刑法》和《刑事诉讼法》,重新对减刑、假释权进行权力配置,将检察机关从减刑、假释的监督者变更为减刑、假释对抗者,将其引入减刑、假释机制,从而在减刑、假释的过程中形成真正意义上的诉讼构造"。[②] 具体来说,监狱对符合法定减刑、假释条件的罪犯提出减刑、假释建议,人民法院在收到监狱的建议书后将建议书副本送达有关的检察机关;检察机关收到减刑、假释建议书副本后,通过提审罪犯等形式对是否符合减刑、假释条件进行实质性考察;人民法院组织开庭审理后,作出减刑、假释的裁定。出于降低诉讼成本提高审理效率的考虑,减刑、假释诉讼程序可以比照刑事诉讼案件普通程序简易审的思路来进行。第二种观点认为,[③]借鉴国外减刑、假释的成功经验,我国减刑、假释的审理程序有必要改造为一种刑罚执行机关、服刑人员与检察机关、被害人进行辩论、法官居中裁判的言词审理程序,即由刑罚执行机关和罪犯共同证明罪犯符合减刑、假释的条件,检察机关证明罪犯不符合减刑、假释的条件。

就第一种观点而言,其所建立对抗实际上是执行机关与检察机关之间的对抗,减刑、假释程序中,这样的对抗是根本不存在的,因为在刑罚执行机关提交人民法院的提请减刑、假释建议书上,有检察机关的驻监机构签署的同意意见。因此,在某种程度上,提交法院的减刑、假释建议书已经代表了检察机关与执行机关在提请阶段的共同意见,即服刑罪犯已经符合减刑、假释的法定条件,在公开展示提请阶段意见、证据的庭审中,很难想象检察机关会提出什么对抗性的观点。此外,立法赋予检察机关的是同步监督减刑、假释程序的权力,监督并不必然等于要提出反对意见,因此,监督机关也不必然就是对抗机关。第二种观点对辩论地位的设计犯了和第一种观点同样的错误,即双方根本不存在对抗。可见,减刑、假释程序是一种与刑事诉讼程序完全不同的特殊程序。刑事诉讼解决的是被告人是否构成犯罪以及如何定罪量刑的问题,在

---

① 李勇、杜永浩:"减刑、假释法律运作机制调查与研究",载《福建法学》2003 年第 3 期;宋世杰、彭海清:"试论减刑、假释程序的重构",载《社会科学家》2004 年第 3 期。

② 樊崇义:"减刑、假释程序的理性思考",载《河南社会科学》2010 年第 4 期。

③ 陈永生:"论减刑、假释裁决权之归属",载《中国刑事法杂志》2007 年第 4 期;于同志、陈伶俐:"论减刑程序的正当化",载《中国刑事法杂志》2006 年第 3 期。

这样的程序之中，控辩双方的对抗非常鲜明：控方证明被告人有罪、罪重，辩方则是否定对方的指控，证明被告人无罪或罪轻。而减刑、假释程序要解决的是罪犯在服刑期间的表现，即是否确实有悔改表现或者有立功表现，是否符合减刑、假释从宽从严条件，对符合条件的罪犯是否应给予减刑或假释奖励等问题。

在减刑、假释庭审中基本不会形成刑事审判中的控辩双方激烈对抗的局面，这是由检察机关在两个诉讼中截然不同的诉讼地位决定的。检察机关参与刑事诉讼程序的功能主要是控诉，参与减刑、假释程序更多的是基于法律监督职责的履行，而并不是像上述第二种观点所主张的检察机介入减刑、假释程序是为了证明罪犯不符合减刑、假释条件。从"控诉"到"监督"，决定了检察机关与刑罚执行机关或服刑罪犯之间不能形成"两造对抗"，不仅如此，检察机关的角色定位也在很大程度上将减刑、假释程序从刑事诉讼程序中独立出来。因此，不能因为参与减刑、假释庭审的主体在很大程度上与刑事诉讼庭审主体相重合，就将减刑、假释庭审程序的宏观构造建基于刑事诉讼的框架，而忽略其作为独立程序存在的价值。

三、现状："四不像"的减刑、假释庭审和形式化积弊

虽然部分学者的制度构建和各地法院的开庭审理实践各有不同，但在减刑、假释庭审主要规则的设计上还是具有很大的普遍性。例如，审判构造方面，均借鉴了刑事诉讼的做法，即审判席居中，检察机关与刑罚执行机关分列审判席两边，被提请减刑、假释的罪犯和作为证人出庭的同监罪犯同处于刑事被告人的位置，位于审判席的对面；在庭审环节上，也是包括查明当事人身份、法庭调查、法庭辩论等内容；为数不少的制度设计还包括允许被害人出庭参加减刑、假释案件审理并发表意见等内容。

上述制度构建的初衷都是为了让司法权在阳光下运行，接受内外部的监督，并通过庭审辩明事实和理由，从而使裁决更加客观公正。但由于对权力运行关系认知的逻辑混乱造成制度设计上存在种种难以弥补的"硬伤"，使得减刑、假释庭审最终流于形式化而无法实现庭审目的，更与减刑、假释案件公开审理的目的和价值相背离。

（一）"唯分是举"：庭审证据单一化

对减刑、假释罪犯考察的一个共同要件是其是否"确有悔改表现"，因此庭审的展开也围绕罪犯是否"确有悔改表现"进行，即庭审应重点审查罪犯是否同时具备以下四个方面的情形：认罪悔罪；认真遵守法律法规及监规，接受教育改造；积极参加思想、文化、职业技术教育；积极参加劳动，努力完成劳动任务。其中"认罪悔罪"属于"悔"的内容，是思想认识指标，其余三项属于

"改"的内容,是行为表现指标。"确有悔改表现"的这四种情形之间既相互联系,又相互渗透,不仅要求在主观上有认罪悔罪的愿望和表示,而且在客观上有认罪悔罪的行动和表现,法院只有把这几方面结合起来考察,才能确认罪犯是否"确有悔改表现"。但在实践中,对罪犯的减刑、假释,极少能做到四个要件同时具备,[①]而更多的是依据司法部《关于计分考核奖惩罪犯的规定》和各省市根据各自情况所制定的《罪犯奖惩考核办法》以及各执行机关根据监所制定的实施细则进行考核。这种实质上的单一考察标准,将审判机关全面掌握和判断罪犯改造情况的权力虚置,从而使减刑、假释庭审遭到形式化的诟病。

(二)无"诉"无"讼":庭审缺乏实质对抗

有论者认为,[②]由于刑罚执行机关的减刑、假释建议书本身不具有必然启动审判程序的法律效力和权力性质,则法院审理减刑、假释案件的程序实际是由法院自行启动的,故而属于无控诉审判,违背了控审分离的刑事诉讼原则。尽管笔者并不赞同这种对减刑、假释庭审发生机制的分析,但毕竟表明减刑、假释案件的庭审的确缺乏一个诉讼应有的利益对抗性。目前的减刑、假释庭审,主要由刑罚执行机关、罪犯本人和作为证人出庭的同监犯就发表意见、法官核实罪犯符合减刑、假释条件的证据,检察机关根据证据出示情况发表意见等构成。由于缺乏控辩双方的对立,整个庭审过程很难见到严格的示证、质证以及对抗性辩论的场景,这也使得减刑、假释的庭审难以发挥一般意义上的庭审功能。

(三)缺乏参与:"公开审理"有名无实

公开审判的价值被认为主要体现在两个方面:一方面,以公开审判作为实现司法民主的手段之一,保证公众行使对社会事务(包括司法事务)的知情权;另一方面,确保国家权力——司法权行使的正当化和合理化。《宪法》第125条"人民法院审理案件,除法律规定的特别情况外,一律公开进行"更是被视为公开审判制度的宪法依据。但就减刑、假释庭审的现状而言,开庭场所一般都设在监狱内部,社会公众既没有了解开庭信息的机会也没有到庭听审的途径,除了监狱指定出庭作证的罪犯外,几乎没有其他自然人能够到庭旁听减刑、假释案件的庭审(除非法院或其他机关作特别安排),即减刑、假释庭审实质是不对社会公众开放的,社会公众对罪犯减刑、假释运行过程的监督更无从谈起。可见,减刑、假释庭审公开对象对庭审信息实际上的不可得性造成了减

---

① 徐静村:"减刑、假释制度改革若干问题研究",载《法治研究》2010年第2期。

② 宋世杰、彭海青:"试论减刑、假释程序的重构",载《社会科学家》2004年第3期。

刑、假释案件的"公开"审理更像是一个"真实的谎言"。

(四)权力错位:监督手段乏力

目前检察机关对减刑、假释程序的进行法律监督的依据主要是《刑事诉讼法》第222条和最高人民检察院《关于减刑、假释法律监督工作的程序规定》第11条,人民检察院在收到减刑、假释裁定书后,如认为裁定不当,应在20日内提出书面纠正意见,并监督人民法院在1个月内是否重新组成合议庭进行审理。可见,检察机关被赋予了启动人民法院减刑、假释案件再审程序的强制力,但在执行中的各种障碍,却使得这一"事后监督"权行使不能。如人民法院审理减刑、假释案件往往批量进行,检察机关要在短短20天内审查并发现几十甚至数百份裁定中的不当,绝非易事。此外,人民法院的减刑、假释裁定一经作出,立即送达监狱执行,等检察机关发现问题并提出纠正意见时,裁定已经生效,甚至部分减余刑和假释的罪犯已经释放出监,纠正意见根本无从落实。

四、构建:减刑、假释庭审要素分析

对于减刑、假释庭审程序的构建,笔者认为一项规则的确立若没有对其内在运行规律的准确把握和功能定位的充分注意,将使规则的运行效果不仅未能实现立法者的预期,还可能引发许多立法时难以预见的问题。为免陷入局限性和片面性的弊端,笔者在此仅提供几项庭审要素作为制度设计时应予考虑的内容。

(一)庭审参加人

无论是现阶段已有的实践形式还是论者著述中涉及的减刑、假释庭审参加人均包括:人民法院、刑罚执行机关、检察机关、被提请减刑、假释的罪犯和证人。为了顺应人权保障观念的潮流,几乎所有涉及减刑、假释审理程序构建的论著均主张赋予罪犯、被害人参与庭审的主体地位,同时作为对罪犯诉权的保护在庭审中引入辩护代理制度。对此,笔者有不同观点。

(1)罪犯不应以主体身份参加庭审。一个主体是否能获得独立的诉讼地位,要看其是否具有诉权。一般认为,诉权包括两个方面的要件:[①]一是有适格的当事人;二是该适格的当事人具有诉的利益。虽然从广义上说,"诉的利益"也包括当事人适格,但是,当事人适格是指可以自己的名义成为特定诉讼当事人的资格,是决定何人可作为正当当事人的问题。因此,当事人适格和诉的利益都具有独立存在的意义。

---

① 刘辉:"被害人刑事诉权研究理论质评",载《中国刑事法杂志》2011年第3期。

从当事人的角度看,减刑、假释程序因刑罚执行机关的提请而启动,罪犯本人在程序的启动上并无贡献。在庭审过程中,罪犯有陈述意见的权利,但其陈述的内容与刑罚执行机关提请的内容高度重合,只是侧重点略有不同,执行机关的举证侧重罪犯"改"的部分,罪犯本人的陈述侧重"悔"的部分,双方共同完成证明罪犯符合减刑、假释条件的任务,同监罪犯的陈述也是作为执行机关的提请减刑、假释证据使用。因此,在诉讼利益上,刑罚执行机关与罪犯是一致的,共同证明罪犯符合减刑、假释的法定条件。可见,罪犯在减刑、假释程序中并无完整、独立的诉权,故而不应赋予其庭审参加人的主体地位,其与其他罪犯一样只能作为证人出庭,具有庭审参与人的资格。

尽管罪犯与执行机关的意见极少相左,但从理论上讲确实存在这种可能性,如罪犯认为自己符合"重大立功"的条件,而执行机关仅认定为普通"立功表现",从而产生双方对应减刑期的看法不尽一致。对于这种不一致,笔者认为不是诉讼利益的不一致,故这种分歧应当通过刑罚执行机关内部的申诉或复议程序来解决,而不应在庭审中将罪犯和刑罚执行机关分别作为不同的诉讼主体置于不同的诉讼地位。因此,如果在庭审过程中双方出现意见相左的情况,法官不应对不一致的意见进行审理,而是可以通过司法建议书等形式敦促执行机关通过内部程序解决罪犯的诉求。

(2)被害人参加庭审应慎行。被害人参与减刑、假释程序最重要的活动是陈述犯罪行为对其本人及其家庭所造成的痛苦和伤害或罪犯是否积极履行民事赔偿义务方面的意见和观点。虽然减刑、假释评价的是对罪犯服刑期间的表现,与被害人的关系不大,但被害人作为与犯罪有密切联系的群体对罪犯的减刑、假释有着天然的关注,他们希望通过了解刑罚的执行情况满足其"报应"罪犯和维护自身安全的心理需要。主张被害人应参加减刑、假释庭审的主要理由是,[①]程序公正的要求、当事人平等需要、刑罚理性的追求和域外经验的借鉴。

从理论上讲,笔者并不反对将被害人意见纳入减刑、假释庭审的审理内容,但被害人的确不应在庭审中享有独立的诉讼地位,姑且不论刑事公诉案件的庭审中,被害人尚且不具备诉讼当事人的主体地位,其利益需求往往通过检察机关来表达。如果将被害人直接引入减刑、假释庭审,将会使其处于尴尬境地:一旦人民法院因被害人的陈述内容裁决一个符合减刑、假释法定条件的罪犯不予减刑或假释,则国家设立这项奖励制度之初确立的各种价值和功能将

① 杨正万:"被害人参与减刑、假释程序思考",载《政治与法律》2002 年第 4 期。

无所依归;如果法院完全不理会被害人陈述的意见,仅依据其他方面的证据判断罪犯是否应予减刑、假释,则被害人的陈述便有画蛇添足之嫌,此外,被害人的意见若不到支持,也有可能引发被害人与公权力机关之间的矛盾,这显然背离了将被害人引入的初衷。从操作层面来看,我国目前异地服刑的情况十分普遍,组织庭审的法院与做出原生效判决的并不是同一个法院,查找被害人下落、送达文书的过程都将在不同程度上造成程序期间的拖延,反而不利于罪犯的改造。即使法院认为确有必要听取被害人关于罪犯民事赔偿义务履行情况等方面的意见,被害人也应当通过刑罚执行机关或检察机关的取证程序将其意见转化为庭审中可以出示的证据,来间接地参与或者影响庭审,而不能直接以主体身份直接参与庭审。

由于目前减刑、假释制度设计的功能定位,如激励、调节、回归、缓和、强化狱政管理等,较多地倾向于罪犯、行刑机关和社会三个层面,其有益性几乎不指向被害人,加之被害人对罪犯刑罚执行内容或执行方式的轻向变更有着本能的"敌对"心理,其陈述极有可能造成罪犯即使满足法定条件依然无法获得减刑、假释的后果。例如,美国有 45 个州在假释程序中都引入了被害人影响陈述,但宾夕法尼亚州的一项随机抽样调查发现,在 100 例被害人于假释程序中进行陈述的案件中,假释被拒绝的比例为 45%,在 100 例被害人没有进行陈述的案件中,假释被拒绝的比例只有 7%[①]。从另一个角度看,被害人此处看似"报复"的行为,同时也是其自身因不当司法行为所遭受的第二次侵害,这也是与当下流行的人权保障理念相违背的。[②]

(二)审判构造

现代诉讼结构的普遍模式是三方组合的"三角结构",法学家查比罗认为,可用"三方组合"的概念作为理解诉讼任务的出发点,即原告和被告形成一定的诉讼对抗,法官则是位于其中、居于其上的仲裁者,由此形成的三角形结构正是诉讼结构区别于"命令—服从"行政管理结构的本质特征。[③] 由于"三角结构"强调当事人对抗在审判中的重要意义,因此当事人之间的对抗被认为是发现案件事实真相的最佳途径,有助于法官兼听则明,正确判断和确定争议事实。近来也有学者提出借鉴检察机关参与民事诉讼的庭审构造模式,

① 郭建安著:《被害人研究》,北京大学出版社 1997 年版,第 221 页。

② 杨正万著:《刑事被害人问题研究》,中国人民公安大学出版社 2003 年版,第 361 页。

③ 卞建林、李菁菁:"从我国刑事法庭设置看刑事审判构造的完善",载《法学研究》2004 年第 3 期。

在减刑、假释开庭时采用“菱形结构”(见图1)①。在该庭审构造中,法官是居中裁判者,检察机关、执行机关和罪犯在庭上有不同的利益诉求,也有各自独立的地位和作用。

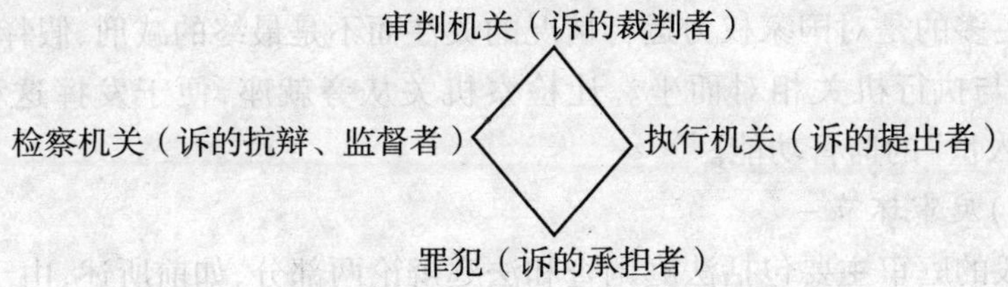

图1

笔者认为,庭审构造的模式由庭审自身的性质和目的决定,如刑事诉讼的“两造模式”通过正当的法律程序将被告人从讯问对象上升为诉讼主体,实现了控辩平等对抗,在惩罚犯罪的同时,最大限度地兼顾了被告人的人权保障。② 减刑、假释案件庭审的价值主要体现在通过一个正当程序,落实国家对改造情况良好的罪犯的奖励,同时教育和激励其他罪犯积极改造。“奖励说”的理论基础,决定了执行机关将提请罪犯减刑、假释的材料呈报人民法院、人民法院对罪犯减刑、假释裁决的过程更像是一个司法确认的过程,司法确认的双方就是请求司法确认的执行机关和给予司法确认的人民法院。因此,在减刑、假释庭审中,真正意义上的主体只有两个,即执行机关和人民法院,作为证人出庭的被提请减刑、假释的罪犯和其同监犯在庭审中与执行机关同席出庭,检察机关自始至终从旁监督。根据这一构想,减刑、假释庭审构造将呈现如下格局:

回归到本文设定的两个基本前提:一是减刑、假释主要体现国家权力之间的相互关系;二是减刑、假释庭审不适用诉讼庭审的构造。在这种庭审格局中,参加主体均是国家机关,以证人身份出庭的罪犯证明的内容与刑罚执行机关提请的内容一致,具有相同的利益指向,处于同一庭审席位上,由于不具备独立的主体地位,罪犯的庭审席位是依附于刑罚执行机关的。由于“无诉无讼”、“无控无辩”,加之新的减刑、假释司法解释赋予检察机关同步监督的权力,检察机关在减刑、假释庭审中的地位既“出世”又“入世”。“出世”主要是指检察机关出席庭审本身已经是一种监督,在整个庭审程序正常推进的情况下,由于不需发表不同意见,这种监督的作用并不明显;“入世”主要是指检察

---

① 刘天响:“减刑、假释开庭审理形式化之检讨”,载《中国刑事法杂志》2011年第11期。

② 卞建林、李菁菁:“从我国刑事法庭设置看刑事审判构造的完善”,载《法学研究》2004年第3期。

机关在审查材料、参加庭审的过程中发现不合法、不公正的情况时,主动发表监督意见的情况。此时监督意见指向的虽然是刑罚执行机关提请减刑、假释的事项,但由于最终获得减刑或假释利益的并不是执行机关,即检察机关的监督意见更多的是对国家权力运行情况的关注而不是最终的减刑、假释利益,因此,无须与执行机关相对而坐。让检察机关从旁就座,便于发挥这种既“出世”又“入世”的监督功能。

(三)庭审环节

一般的庭审主要包括法庭调查和法庭辩论两部分,如前所述,由于天然缺乏激烈对抗的格局,减刑、假释庭审只能更多着眼于对罪犯改造事实的查明。由于看守所、监狱等执行场所自身管理的封闭性导致唯一可能作为庭审对立方的检察机关无从了解罪犯更多的改造事实,故而难以在庭审中对执行机关的举证展开实质性对抗。从随机调取的数据来看,笔者所在省份①2011 年至2012 年省高院和部分中院逾千件减刑、假释案件中,检察机关提出异议的不足10 件。如果说检察机关的监督功能在庭审(笔者所在省份之前采取的是听证方式)中一定要以提出减刑、假释异议的法庭辩论方式呈现,那么这种“监督”几乎接近于无,这显然不符合检察机关的工作实际。而且辩论的构成需要有双方的交锋,如果检察机关一异议,执行机关就接受,也不能形成辩论。

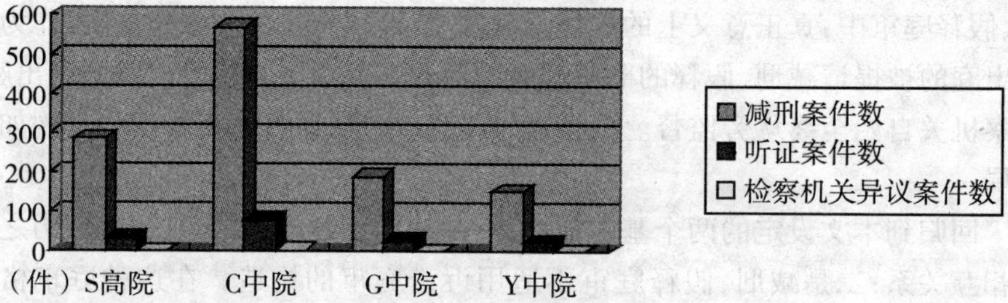

图 2 S 高级人民法院和部分中级人民法院 2011 年 10 月检察机关提出减刑异议案件情况

笔者认为,减刑、假释庭审应以法庭调查为中心展开,主要包括庭前准备,法庭调查、意见听取、裁决作出等主要内容,检察机关在履行事前监督职责的过程中发现问题或在庭审中对执行机关的陈述或举证有异议,均可以在“意见听取”环节进行表达,即便检察机关对罪犯的减刑、假释没有异议,也应在“意见听取”环节发表监督意见,以表明此次减刑、假释的提请、审理程序的公正性,以增强法院裁决的公信力。在实践中,许多地方的法院通过在监狱或其

① 笔者所在省份在 2012 年新司法解释出台前,一直采用听证方式,故数据中显示的是听证过程中检察机关提出异议的情况。

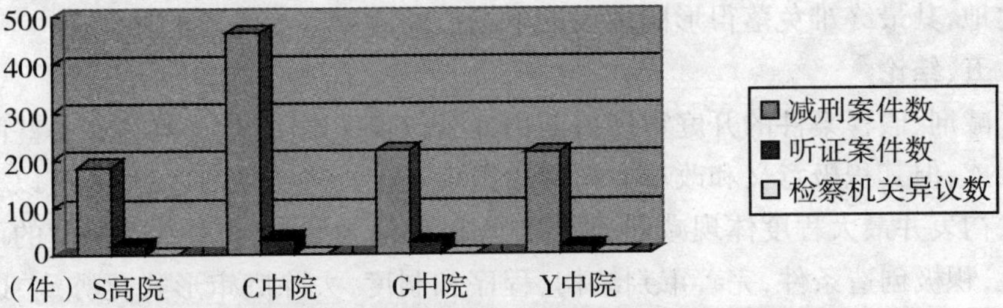

图3 S省高级人民法院和部分中级人民法院2012年3月检察机关提出减刑异议案件情况

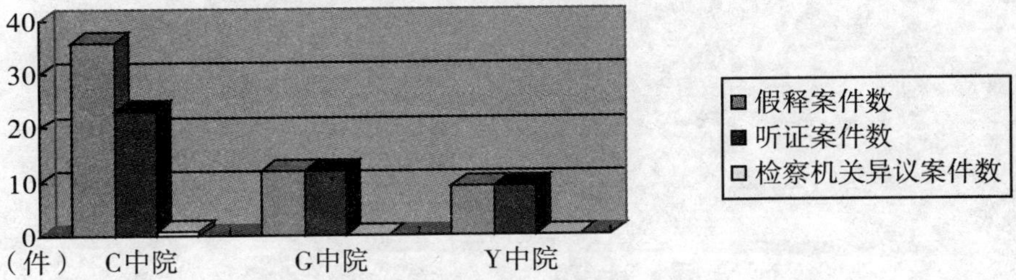

图4 S省部分中级人民法院2012年10月检察机关提出假释异议案件情况

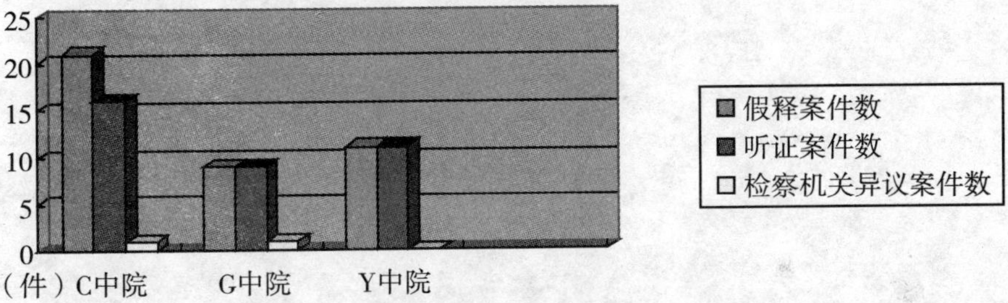

图5 S省部分中级人民法院2012年3月检察机关提出假释异议案件情况

他执行场所发放调查函、放置意见箱等方式了解罪犯改造情况，法院依职权获取的这部分材料如要取得证据效力并最终在裁决中得到使用，也需要检察机关的辅助才能得以实现，检察机关的辅助作用也主要在“意见听取”环节得以发挥。从某种意义上来讲，法庭辩论是法庭调查的继续，二者无法截然分开。[①] 法庭辩论是在法庭调查和各方当事人充分陈述和表达意见的基础上，对有争议的问题作进一步的阐述。

学界从制度构建的角度执着于对法庭辩论的种种设计无可厚非，但从一个办案法官的角度来看，无论法庭辩论环节设计得如何缜密和完美，由于无用

① 张卫平：“法庭调查与辩论：分与合之探究”，载《法学》2001年第4期。

武之地，其最终难免落得形同虚设的下场。

五、结论

减刑、假释案件的开庭审理目前仍处于初步探索阶段，虽然存在一些问题和困惑，但其积极意义和改革方向毋庸置疑。在具体实施的过程中，应以实现立法初衷并最大程度体现减刑、假释制度的价值为导向，充分注意制度的可操作性，积极创造条件，完善审判结构、程序和制度，去除庭审形式化弊病，以最大限度保障减刑、假释制度的功能发挥。

关于假释工作中建立假释与社区矫正对接机制的要点思考

云南省高级人民法院　钟　梅

一、假释与社区矫正的内涵和相互关系

(一)假释制度的基本内涵

假释制度是刑罚执行制度的重要组成部分。国外学界比较一致的观点认为,假释是指将执行监禁刑的罪犯予以附条件地提前释放的一种刑罚执行制度。在我国,假释是指对被判处有期徒刑、无期徒刑的犯罪分子在执行一定刑期后,因认真遵守监规,接受教育改造,确有悔改表现,没有再犯罪的危险,因而附条件地将其提前释放的一种刑罚制度。①

新中国成立以来,假释制度作为一种重要的刑罚执行制度,最早出现在政务院颁布的《劳动改造条例》中,该条例第 61 条、第 68 条将假释列为释放形式及犯人在服刑期间劳动改造表现好的奖励形式之一;第 70 条规定了假释的决定机关为省市人民法院。1964 年最高人民法院《关于提前释放和假释问题的复函》中对假释的使用条件、撤销条件、假释的考验期又作了更具体的规定。② 1979 年公布的《刑法》在总结了以往司法实践经验并借鉴国先进立法的基础上,对假释制度作了较系统的规定。1997 年的新刑法和历次修正案根据社会、历史条件的变化,对假释制度进行了修改,使其内容更加完善,假释的价值日显突出。然而,长期以来我国的假释适用处于低位徘徊水平,1995 年是2.3%,1996 年是 2.68%,1997 年是 2.93%,1998 年是 2.07%,1999 年是 2.13%,2000 年假释率为 1.63%。③ 云南省监狱在押罪犯的假释比率,2008 年为 2.9%,2009 年为 1.3%,2010 年为 1.07%;而云南法院对刑罚执行机关报请假释的裁定比率,2009 年为 98.65%,2010 年为 91.63%,2011 年为 85.36%。

假释适用水平与假释适用需求差距很大,造成这种状况的原因有很多,而对假释后犯罪分子再犯罪的评估措施存在缺陷无疑是重要原因之一。长期以

---

① 高铭暄、马克昌著:《刑法学》,高等教育出版社、北京大学出版社 2005 年版,第 335 页。
② 吴宗宪、陈志海、叶旦生著:《非监禁刑研究》,中国人民公安大学出版社 2003 年版,第 543 页。
③ 翟中东主编:《自由刑变革——行刑社会化框架下的分析》,群众出版社 2005 年版,第 239 页。

来，我国使用定性方式评估犯罪分子出狱后是否再犯罪、是否会危害社会，即根据犯罪分子服刑时间与服刑中的悔改表现综合判断犯罪分子出狱后是否再犯罪、是否会危害社会。由于定性评估的固有特点决定，犯罪分子再犯罪的危险程度描述不可能达到清晰、准确等标准，因而法院不敢大胆裁定假释，而公众对假释的公正性也有怀疑。《刑法修正案（八）》和最高人民法院《关于办理减刑、假释案件具体应用法律若干问题的规定》已经将犯罪分子再犯罪的危险评估带入我国刑法领域，规定为社区矫正的调查评估报告，可以考虑将适当采用定量性的再犯罪危险评估手段引入假释适用工作中。

（二）社区矫正制度的基本内涵

社区矫正（community correction or community based correction）是一个从国外引进的执法理念，指与监狱矫正相对应的社会矫正行刑方式，即将经法院宣告缓刑或处以其他社区刑罚、裁定假释以及由监狱等部门予以监外执行的罪犯放在社区，由专门的国家机构，在相关机关、团体、民间组织和社会自愿者的协助下，矫正其犯罪意识和恶习的刑罚执行活动。社区矫正又称为恢复性司法，有的国家称为社区矫治，是所有在社区环境中管理教育罪犯方法的总称。它旨在允许犯了罪的人进行重新改善自我，并为其提供相应的机会，使其不致再危害公共秩序和安全。自20世纪七八十年代以来社区矫正在西方国家普遍盛行，现已成为一个必然趋势。

2003年7月10日，最高人民法院、最高人民检察院、公安部和司法部联合发布《关于开展社区矫正试点工作的通知》（以下简称《试点通知》）以来，社区矫正逐渐成为中国刑罚改革特别是刑罚执行改革的重要举措。按照《试点通知》，“社区矫正就是与监禁矫正相对的行刑方式，是指将符合条件的罪犯置于社区内，由专门的国家机关在相关社会团体和民间组织以及社会志愿者的协助下，在判决、裁定和决定确定的期限内，矫正其犯罪心理和行为恶习，并促进其顺利回归社会的非监禁刑罚执行活动”。这一定义基本勾画了社区矫正的性质、对象、工作主体和工作目标，并在实践中被广泛使用。2011年《刑法修正案（八）》规定社区矫正概念，是在社区矫正经过多年试行后，才确定为成熟的刑罚执行方式之一。在以后连续颁布的刑事诉讼法、社区矫正实施办法，以及最高人民法院关于减刑、假释的司法解释，把社区矫正作为一种法定刑罚执行方式固定和完善起来。

（三）假释与社区矫正的相互关系

假释是社区矫正人员的重要来源，社区矫正在发展之初，即以缓刑和假释作为其基础与核心。在西方，社区矫正的起源可追溯到针对监狱的弊端及监禁刑社会化处遇的大胆尝试,即累进处遇制度的最后一环——假释。① 随着缓刑、假释制度的不断发展,集刑罚学、犯罪学、矫正教育学、心理学及社会学理论的综合成果于一身的矫正复归理论和社区保护观察制度,构成了当代社区矫正的灵魂与支柱②。当代,在刑罚轻缓化、行刑社会化的世界趋势下,由于假释制度的不断发展与成熟,其在调控刑罚执行、罪犯改造和罪犯顺利回归社会等方面尤显不可替代的重要作用,是社区矫正的重要组成部分。在大多数西方发达国家,假释作为行刑社会化的一项基本制度,在司法实践中有着很高的适用率。执行监禁刑的犯罪人大多是通过假释的形式出狱,作为他们回归社会的一个桥梁与途径。假释作为替代和补救监禁刑不足的刑罚执行制度,发挥着其他社区矫正项目无法比拟的优势,仍然是社区矫正的核心。

在我国,社区矫正对假释的发展起到关键作用。2003 年社区矫正开始试点,假释的执行方式由公安机关监控改变为更有效的社区矫正监管,随着社区矫正在全国的正式实施,基本为解决假释后执行能力相当薄弱这个关键后续环节创造了条件,《刑法》和《刑事诉讼法》的修订更加确立了社区矫正执行方式的法定地位,假释制度可预见到稳步发展的前景。社区矫正是执行假释考验期的有效方式:第一,前期的社区矫正调查评估机制,使得判断"假释后没有再犯罪危险"有了司法行政机关的社会调查和评估意见;第二,社区矫正机构工作职能的专业性,使执行过程能围绕"假释后没有再犯罪危险"的中心,对被假释罪犯监外执行的管理、教育、量化考核、奖励惩罚、检察监督等内容可以落实到位,巩固原有教育改造成效,发挥社会改造犯罪分子的作用;第三,社区矫正可以保证假释的考验期满、被假释罪犯死亡、撤销假释收监执行等收尾工作得以顺利完成。

二、假释与社区矫正对接的意义和内容

社区矫正工作是一项综合性很强的系统工程,涉及审判、刑罚执行、社区管理和群众工作等各个层面,需要审判、检察、公安、司法行政及社区矫正组织等国家机关的共同参与、紧密配合。假释制度和社区矫正制度的结合,确实是双向优势结合,将假释人员纳入社区矫正体系,体现的是刑事审判、司法一体化的司法理念,实际工作中非常讲求建立各机关之间的协调制约关系。本文中假释与社区矫正的对接就是指在协调制约关系下的工作秩序,对接范围在于假释工作与社区矫正工作中相互连接的部分,既包含社区矫正调查评估工作,也包含假释程序转向社区矫正程序的罪犯、文书、管理等交接工作,以及假

① 王顺安著:《社区矫正研究》,山东人民出版社 2008 年版,第 2 页。

② 王顺安著:《社区矫正研究》,山东人民出版社 2008 年版,第 42 页。

释保证、撤销假释等配套工作。

关于对接机制的具体内容，要规定各司法机关的职责、工作内容、相互关系。云南省高级人民法院在制定执行最高人民法院《关于办理减刑、假释案件具体应用法律若干问题的规定》（以下简称《减假规定》）的实施细则时，对社区矫正调查评估报告的内容进行了细化，考虑了罪犯、文书、管理的交接中各机关的职责，把总体目标设定为：使人民法院、公安机关、刑罚执行机关、社区矫正机构在被假释罪犯的移交管理工作中，做到法律文书、罪犯资料、罪犯本人的完全对接。

三、假释前罪犯社区影响调查评估报告的价值定位和方案设计

（一）价值定位

云南法院审理假释案件时，一向实行严格审查、区别对待，结合罪犯的犯罪情节后果、量刑情节、改造表现、生活着落、家庭状况、社区意见等，在是否适用假释的问题上区分对象，重点倾斜再犯罪危险性可能性较低的老、病、残罪犯，未成年罪犯，过失犯，适当考虑轻刑犯、积极履行附带民事赔偿和执行财产刑的罪犯和其他社会危害可能性较低的罪犯。云南省假释适用比例偏低是复合原因导致的，“没有再犯罪危险”这一前瞻性条件难以准确判断和预测，是主要原因之一。

对于“没有再犯罪危险”的评估调查应该包括两个大的方面：第一个方面就是罪犯的犯罪情况以及服刑期间的表现；第二个方面就是犯罪前个人情况及与之相关的周围社会情况。通过两个方面的调查和评估，对于“没有再犯罪的危险”这一假释的实质条件才能进行比较准确的把握。

最高人民法院《减假规定》为我国假释案件审判引入了社区矫正调查评估机制。社区矫正调查评估所完成的信息、结论，为刑事法官裁量是否适用假释提供客观且有来源的依据，也是在一定程度上对法官自由裁量权的约束、监督，有利于实现裁判更加公开、透明，防范腐败行为的滋生。基层法院轻刑刑罚的适用率较高。建立社区矫正评估机制，可给法官一个重要的材料依据，从而结合案情作出公正的裁判。实行判前评估，对于正确适用假释，实现程序公正、促进量刑合理以及矫正中客观公正地认识罪犯有着十分重要的意义。

（二）方案设计

1. 调查评估的指导思想

调查评估主要围绕拟假释罪犯放归社会、纳入社区矫正后，是否符合《刑法》第 81 条“没有再犯罪危险”的规定来开展。由拟假释罪犯居所地或户籍地的社区矫正机构通过走访调查，了解罪犯近亲属的基本情况和接纳态度、社区民意反应，以及居住同一社区的被害方态度，听取司法所、派出所、街道社区等基层组织意见，最后综合调查情况，对拟假释罪犯对社区安全的影响进行评估。

2. 调查评估的项目和方式

调查评估报告的内容可以包括三部分：一是客观背景内容。包括拟假释罪犯的个人状况、家庭概况、社区反响等，反映拟假释罪犯的一贯表现、家庭和社区背景；二是社区机关的主观意见；三是综合分析、评估，即在对拟假释罪犯进行充分调查和社区危险性分析的基础上，提出社区影响的结论意见。

调查评估的方式可以根据个案需要灵活掌握，有档案资料调查、向户籍地或居住地司法所、派出所、街道社区等基层组织走访调查、向群众调查、问卷调查、公示收集意见等。所形成的档案资料复印件、基层组织意见、调查笔录、问卷资料、综合报告等书面材料，归入每案一档。测评、评估的方式应有一定程序，如由司法所提出意见建议，县市司法局向派出所和检察院征求意见后，形成结论。报送刑罚执行机关、法院及检察院。

3. 调查评估的内容

社区矫正机构的调查评估报告应该包括以下内容：

(1)拟假释罪犯在社区的生活情况、个人特点、工作单位及经济状况；

(2)罪犯直系亲属和主要家庭成员住址、职业、单位、受教育程度及接纳态度；

(3)社区居民对拟假释罪犯纳入社区矫正的民意反应，及居住在同一社区的被害人及其家属的态度；

(4)社区的人员结构及监督管理、教育矫正条件，罪犯假释后对社区安全、稳定可能造成的影响；

(5)综合评估意见。

调查重点应放在对其家庭成员状况、社区态度及与犯罪相关的社区因素等方面：

关于罪犯家庭及家庭关系方面。罪犯被处以社区矫正刑罚后，意味着将和家庭继续相处在一起，家庭对罪犯的影响与作用渗透性非常强。对家庭的调查可以全面些，包括：第一，家庭品德状况调查。只有当罪犯原先生活的家庭是一个正常健康的家庭，且罪犯是因为家庭以外的因素而犯罪，罪犯家庭今后可能对罪犯接受社区矫正产生帮助，才可以选择对罪犯开展社区矫正。如果罪犯家庭本身就是一个不良家庭，没有正当的道德观念，则不宜将该罪犯放在社区矫正。第二，家庭成员相互关系状况调查。当罪犯和家庭成员关系融洽时，罪犯就能在家庭中健康地生活。如果一名罪犯家庭对罪犯产生拒斥力，罪犯与家庭矛盾尖锐，甚至正是因为家庭矛盾而犯罪，则不能将这样的罪犯仍留在社区。第三，家庭经济状况调查。家庭经济条件会直接导致罪犯犯罪。从最近几年我国刑释解教人员的重新犯罪情况来分析，不少人所以会走上重新犯罪道路，一个重要的原因是他们回到社会时，生活无着，他们外出找工作难度相当大，他们会有很长一段时间没有经济来源，他们的家庭经济无力保障他们失业期间的基本生活，因此，家庭经济条件是否能够对罪犯今后的服刑生活在经济上予以保障，也是进行家庭情况调查时必须要考虑的一个重要因素。

关于社区公众的态度。这里的公众是指与特定被告曾经共处于一个社区，对该被告持有一般心态的社区众多成员。社区公众会对某一名被告持有的一般态度，或同情，或愤恨，或无所谓。比如，有些被告由受害人转化为加害人，有些被告是因为过失犯罪，这样的被告往往容易得到他人同情；有些被告，他的犯罪与社区成员的基本利益无关，则社区公众对这样的被告常会持无所谓的态度；有的被告，生活在某一社区，其不良行为对社区公众从整体到个体的安全或利益都构成了威胁，那么将会被千夫所指。如果社区公众都非常愤恨一名被告，而愤恨的原因是他们的安全或利益受到该被告不良行为的直接或间接威胁，且没有办法转化这种情绪，则对这样的罪犯不宜放在社区服刑。

关于与被告人犯罪相关因素的调查。目前的社区矫正通常采用以住所地为主的属地原则，罪犯将留在原来居住的社区，接受管理与教育。因此，罪犯原来生活的那个社区的环境值得我们关注。有些社区外来流动人口多，甚至主要是由外来人员构成，这些外来人员情况复杂，素质层次相差大，低学历文化层次的人多，无稳定职业者多，无婚姻家庭者多，类似这些社区环境的地方，社会治安管理差，社区矛盾冲突多，诱惑犯罪的不良因素多，如果让罪犯在其中服刑矫正，不仅管理难度大，教育改造的效果也很差。①

4. 调查评估报告的应用

社区矫正机构同意假释的调查评估报告，在法院开庭审理时可作为证据用于有条件地进行质证、认证，在书面审理时可作为证据用于核查。调查内容或结论有疑问的，可以发函社区矫正机构补充调查或委托相关部门补充调查或核实，也可以审查后采纳部分内容。

四、法院与社区矫正关联衔接机制的建立

人民法院参与社区矫正其中一项重要工作，就是将依法适用非监禁刑的

① 云南省高级人民法院审监一庭 2009 年《关于建立和健全审前和决定暂予监外执行前适用非监禁刑罚风险评估体系的调研报告》。

罪犯安全地移送、交接给社区矫正机构,这也是社区矫正工作的有机组成部分。在假释案件中可将加强三个环节的衔接,作为改进人民法院与社区矫正机构有效衔接的努力方向。

(一)加强审判中的衔接

法院在审理假释案件时,应审核是否有社区矫正机构的调查评估意见,分析假释后“没有再犯罪危险”的可能性,生活是否有着落、对社区安全是否有重大不良影响;邀请社区矫正工作人员参与庭审或旁听庭审;实践中可实行调查评估报告当庭质证,听取包括社区矫正机构人员在内的各方意见;或由社区矫正人员担任人民陪审员,提前介入了解情况;宣判后让被告人当庭签订接受社区矫正保证书,由社区矫正机构办理入矫手续等。法官在庭审中对被告人加强庭审教育,以促使其认罪服法,同时调处钝化矛盾,促使罪犯真诚悔过,为其回归社会,接受社区矫正打下基础。在裁判前认真核实确定罪犯户籍地和居住地,以保证矫正对象登记、接收工作顺利。

人民法院正确使用假释是参与社区矫正工作的第一道关口,人民法院应充分认识到参与社区矫正既是审判工作的组成部分,又是审判工作的延伸部分;参与社区矫正工作是人民法院在法律框架内依法行使审判职能的活动,又是参与社会治安综合治理,预防、控制犯罪的一项重要社会义务。

(二)加强审判后的衔接

审判后的衔接包括法律文书的移送、矫正对象的移送、相关手续的移交等。人民法院应在裁判文书生效后,将裁判文书、执行通知书、接受社区矫正保证书等相关文书,送达罪犯服刑监狱,送到户籍所在地(户籍所在地与经常居住地不一致的,以经常居住地为准)的县(市、区)社区矫正机构、公安局、检察院的法律文书由刑罚执行机关送达;户籍在当地的罪犯,有条件的可将其随同上述文书一同移送社区矫正机构。对宣判前未被羁押的罪犯,人民法院应当以书面形式责令其自判决生效之日起十日内到户籍所在地县(市、区)社区矫正机构办理登记手续。

云南省为减少和避免社区矫正衔接中出现脱管、漏管现象,省公安厅、省司法厅制定的《关于加强社区矫正衔接工作的若干规定(试行)》第2条第3款规定:“对没有办理社区矫正登记手续、脱管、下落不明的矫正对象,公安机关可以协助社区矫正工作小组进行查找。对执行社区矫正期间,违反监督管理规定的矫正对象,根据具体情况依法予以治安处罚,或者建议撤销缓刑、假释和收监执行。发现有违法犯罪嫌疑的,应及时查证控制。对重新犯罪的对象,要及时依法处理。”

在必要情况下，建立代管机制。对属于流动人口，如居住地发生变化或在打工、治疗期间的假释矫正对象，如果居住地临时或长期变化的，应建立委托经常居住地临时或长期代为矫正的机制，以免出现监管疏漏；同时这类矫正对象的交接，法院应与代管地的司法局办理相应手续。

（三）加强矫正中的衔接

矫正中的衔接包括及时进行审理和裁判检察机关、执行机关及矫正机构提出的撤销假释建议；参与对重点对象的回访和帮教；协助社区矫正机构进行法律宣传，提供法律帮助等。人民法院应充分利用审判资源，积极配合社区矫正机构对假释对象进行法制教育，做好回访考察，巩固认罪悔罪态度，强化矫正效果，适当辅之监管令、社区服务令、训戒、责令具结悔过等非刑罚的处罚方法，将人民法院在延伸帮教、综合治理工作中的一些行之有效的做法带入假释的社区矫正工作中，参与延伸帮教。①

五、设立假释制度与社区矫正制度优势互补的其他对接机制

为了更有利于发挥假释与社区矫正的各自优势，从扩大范围来看，各相关机关对接机制还应将文书对接、保证人和保证金制度、撤销假释、假释监督也作为对接内容加以考虑。

（一）文书对接

实践中，执行文书有的送达不周全，法院、检察、司法相互之间不信息通畅，部门衔接不紧密，监狱、看守所对假释罪犯交付执行、文书送达不够完整、及时、准确。有的只接到判决、裁定书，未收到执行决定书，有的根本就没有收到任何法律文书；有的执行机关收到了有关法律文书，检察机关却没有；有的恰恰相反，检察机关收到了，执行机关却没有。

因此，有必要明确各机关之间的文书送达内容。假释裁定书生效后3个工作日内，由人民法院送达刑罚执行机关和承担监所任务的人民检察院。对危害国家安全罪犯的假释，假释裁定应送达给国家安全机关；刑罚执行机关在罪犯释放后5个工作日，将原审裁判文书、历次减刑裁定书、执行通知书、假释证明书副本等法律文书送达罪犯居住地县级司法行政机关，并抄送同级人民检察院。县级司法行政机关收到法律文书后，应当在3个工作日内送达回执；人民法院、公安机关、刑罚执行机关应当核实罪犯居住地，在向其宣判时或者在其离开监所前，书面告知其10日内到居住地县级司法行政机关报到以及逾期报到的后果，并通知居住地县级司法行政机关。

---

① 云南省高级人民法院审监一庭2009年《关于社区矫正中法院与矫正机构衔接机制的调研报告》。

（二）保证人和保证金制度

云南省的调研显示，有假释工作的中级法院均认为审理阶段采用假释保证人或保证金，并带到社区矫正执行中，对延续监狱内改造成效、促进社区矫正有较好效果。人民法院对罪犯裁定假释时，可以要求罪犯提出保证人、保证单位，或者出具保证金。保证人应为有经济收入和固定住所、享有政治权利、人身自由的自然人。保证人、保证单位向人民法院出具保证书。

保证人、保证单位履行两项义务：第一，督促、指导被保证人遵守《刑法》第84条的规定；第二，发现被保证人可能违反或者已经违反《刑法》第84条规定，及时向社区矫正机构或者公安机关报告。保证人没有履行义务的，对保证人处以罚款，取消保证资格，直至撤销假释。达到违法犯罪程度的，依法追究行政、刑事责任。

（三）撤销假释制度

假释案件中撤销假释是一种特例情形，产生法院与司法行政机关在裁决和执行方面的分工配合关系。

笔者认为被假释的罪犯具有下列情形之一的，应当撤销假释，依照《刑法》第86条的规定办理：（1）在假释考验期内又犯新罪的；（2）在假释考验期内，发现在判决宣告以前还有其他罪没有判决的；（3）未按规定时间内报到，或者接受社区矫正期间脱离监管超过1个月以上的；（4）因违反监督管理规定受到治安管理处罚，仍不改正的；（5）受到社区矫正3次警告仍不改正的；（6）其他违反法律、行政法规和监督管理规定的行为，情节严重的；（7）连续2年以上未将假释表现情况反馈给原执行机关和决定假释的人民法院的。

出现第三种至第七种情形时，由原裁定假释的人民法院在1个月内根据司法行政机关撤销假释建议书和相关证明材料，裁定撤销假释，并收监执行。

司法行政机关撤销假释的建议书和人民法院的裁定书同时抄送原刑罚执行机关、驻监检察室及社区矫正地同级人民检察院、公安机关。被撤销假释并决定收监执行的罪犯下落不明，由公安机关按有关程序追逃。被撤销假释的罪犯，已执行的假释考验期不计入已经执行的刑期。

（四）检察监督机制

假释罪犯在社区矫正方式下执行，更应加强对审判、执行过程的检察监督，避免权力滥用或徇私。

第一，实施全程监督。针对裁判生效、矫正执行、检察监督等环节衔接不畅的问题，探索建立派驻检察室与监所检察部门，本地监所检察部门与外地监所检察部门的联动机制，定期核对相关数据及登记报表，使每一名社区服刑人员，从审判（决定）机关到社区矫正机构的交付环节进行全程监督。

第二，深入社区实行驻地监督。可探索成立社区矫正检察官办公室，积极参与社区矫正的各类培训、集中教育活动，以及定期核对、查阅案卷、走访矫正对象等，对社区矫正的管理、教育矫正、考核奖惩活动进行全方位检察监督，及时了解掌握本地区社区矫正工作开展情况，出现问题及时纠正。

第三，推行约见检察官谈话制度。在加强检察监督的同时，积极推行约见检察官谈话制度，监所检察人员利用适当时机对社区服刑人员进行走访、谈心，了解他们的生活状况、居住情况、活动范围等，有针对性地做好转化工作。协助有关部门和基层组织加强对社区服刑人员的矫正帮教，依法受理社区服刑人员的控告和申诉，维护社区服刑人员的合法权益。

此外，多机关参与的回访机制、量化考核机制、奖惩效应机制尚未完全成形，有待进一步研究探索。

六、结语

社区矫正必将带来行刑社会化、经济化、开放化的问题，这是一个长久的、极富挑战性的课题。作为现行司法机制中配置的新功能系统，它超出了任何一个司法机关的能力范围，必须宏观协调各部门介入具体实务活动，至少必须解决目前的现实问题。非监禁刑与社区矫正两个制度的结合，赋予法院、监狱、社区矫正机构更积极介入行刑的角色，而行刑管理机制的权力分配与制约是推行社区矫正不可忽视的环节。本文只是对假释工作方方面面中的一小部分作探索性思考，是云南省高级人民法院制定执行司法解释配套文件时的感受和体会，希望对假释的实践操作能有一点启发或帮助。

我国减刑、假释裁定申诉制度研究

——以最高人民法院答复为切入点

辽宁省高级人民法院审监二庭

长期以来，我国减刑、假释制度处于相对粗疏的状态，特别是审理程序及救济机制不健全，申诉制度严重缺失。最高人民法院《关于办理减刑、假释案件具体应用法律若干问题的规定》（以下简称《规定》）的颁布实施，极大地推动了减刑、假释审理程序的规范和公开，但是，《规定》对罪犯能否向法院就减刑、假释裁定提出申诉等方面问题仍未予以明确。我们立足于最高人民法院对我省就相关疑请问题的个案答复展开法理解读，明确减刑、假释裁定申诉制度的积极意义，结合司法实践适用现状与问题，针对性提出适度前瞻的制度设计构想，不断推动我国法治建设向前迈进。

一、据以疑请的案例及问题阐述

（一）疑请案件问题的扫描

姜某系正在辽宁某监狱服刑的罪犯。该罪犯于2001年被认定犯故意伤害（致死）罪，判处有期徒刑13年，剥夺政治权利3年。在刑罚执行期间，于2005年先被裁定减刑1年零8个月，后经法院提起再审，改变认定其犯故意杀人罪，判处无期徒刑，剥夺政治权利终身。2009年我院裁定将其刑罚减为有期徒刑18年6个月，剥夺政治权利6年。此后，该犯父亲多次到最高人民法院及我院上访，要求将该犯因同一犯罪事实先判有期徒刑并予以减刑及在改判无期徒刑之前已执行的刑罚，在无期徒刑减刑时一并减去。

我院通过立案复查发现两个疑难问题：（1）对罪犯被判处有期徒刑已服刑，经再审改判为无期徒刑后，减为有期徒刑时，罪犯被交付执行前的羁押期间是否在无期徒刑减为有期徒刑时应一并扣减。（2）罪犯是否对减刑、假释裁定具有申诉权。虽经研究已形成意见，但为彻底解决相关法律问题，我们仍就该案向最高人民法院进行了疑难请示。

（二）最高人民法院答复的简析

最高人民法院于2012年5月31日以（2012）刑监他字第8号函答复我院如下：

（1）原判有期徒刑的罪犯经再审改判为无期徒刑的，无期徒刑的执行期间从再审判决确定之日起计算。将罪犯从无期徒刑减为有期徒刑的，在计算刑期时，应将改判前原判确定之日起已经执行的刑期，折抵为无期徒刑已实际执行的刑期。但是，罪犯交付执行前的先行羁押期间，不予一并折抵。

（2）根据《刑事诉讼法》第203条等规定，当事人及其法定代理人，近亲属对已经发生法律效力的判决、裁定，可以向人民法院或者人民检察院提出申诉。因此，罪犯及其近亲属对发生法律效力的减刑、假释裁定不服的，应当享有申诉的权利。

应当说，最高人民法院答复支持了我院研究后的基本意见。最高人民法院针对关于罪犯交付执行前的先行羁押期间在此案是否折抵问题所作的答复，体现了刑罚折抵的立法本意和刑罚公正的原则。从刑事立法上看，自由刑的刑期，系从判决执行之日起计算，所谓执行之日即判决生效交付执行之日。折抵刑期只适用于管制、拘役和有期徒刑。被告人在交付执行前被先行羁押，因尚未经法院确认是否犯罪及如何刑罚或者确认没有生效，所以该先行羁押期间显非对刑罚的执行，给予折抵是考虑先行羁押也对被告人自由予以限制，从刑罚人道和合理行刑角度所做的视为同等对待处理。无期徒刑因没有执行期限，自然没有先行羁押折抵问题。从刑罚公正的原则来看，本案罪犯必须承担其犯罪所应受刑罚。从等价公平的角度出发，对于受刑人判决所确定的刑罚，便是其因犯罪所应得的报偿。① 因此，疑请案件中姜某开始被错判为故意伤害罪处以有期徒刑，后经再审纠正，而改判为故意杀人罪处以无期徒刑，其原应受刑罚为无期徒刑，就应依据无期徒刑无先行羁押折抵情况予以处理，否则将使其在再行减刑时享受不该之优惠，有违法刑罚公正和行刑等价的理性要求。

同时，最高人民法院答复正面肯定罪犯及其近亲属具有申诉权，这不仅为我院依据《刑事诉讼法》第203条，将本案作为刑事申诉案件加以审理提供了权威意见，而且在一定程度上纠正了实践中关于减刑、假释裁定能否申诉问题存在的歧见，至少为进一步实践和探讨提供了新的起点。客观地讲，实践中罪犯被减刑、假释后不服相应裁定，通过向法院邮寄或者执行机关转交申诉书的现象并非本案独有。本案虽然不大，但是其反映出的问题却具有典型性。我们将由此展开减刑、假释裁定申诉制度确立的意义，申诉权的性质、法理依据，以及适用何种程序等思考，提出立法的初步构想和司法的制度设计，这也正是本文的价值和意义所在。

二、确立减刑、假释裁定申诉制度的积极意义

最高人民法院以个案答复形式不仅厘清了罪犯对减刑、假释裁定的申诉

---

① 邱兴隆著：《刑罚理性导论——刑罚正当性原论》，中国政法大学出版社1998年版，第1页。

权问题，更重要的是它实质上确立了减刑、假释裁定申诉制度。根据《刑事诉讼法》第203条的规定，它是指罪犯及其法定代理人、近亲属，对已经发生法律效力的减刑、假释裁定，可以向人民法院或者人民检察院提出申诉的有关规则。确立该制度的积极意义有以下三点：

第一，确立该制度有利于实现减刑、假释的公平正义。减刑、假释制度是我国刑罚执行制度的重要组成部分，是刑罚执行过程中奖励罪犯、激励罪犯改造的重要手段。① 由刑罚执行机关通过计分考核等方式预先评定罪犯是否符合减刑、假释条件，进而提出减刑、假释建议。法院对相关提请建议，采取书面或开庭审理方式，审查能够证明罪犯确有悔改表现或者有立功表现等事实情节的证据，从而作出一个公开、公正的裁决。减刑、假释案件量大面宽，无法排除法官在处理案件过程因疏漏或者其他因素产生不公正或者误裁，明确开通减刑、假释裁定申诉这一救济途径，对增强法官依法审判的责任意识，实现减刑、假释的司法公正具有极大的促进作用。

第二，确立该制度有利于完善减刑、假释程序制度体系。减刑、假释对于执行自由刑的罪犯中表现良好者，给予缩短刑期的奖励或者附条件让其提前获得自由，不仅体现国家威权的适度宽容和人道，而且具有激励罪犯改造、调节刑罚量度等多重制度效能。这些制度功能能否真正实现，在很大程度上要依赖减刑、假释相关程序制度的支撑。最高人民法院新颁布的《规定》第23～28条规范了减刑、假释案件受理、材料要求，以及必须开庭的案件范围等相关程序内容，在强化减刑、假释案件审理要求的基础上，进一步以第29条明确了人民法院自我监督纠错程序。人民检察院也可以依照法定程序，对减刑、假释裁定提出书面纠正意见。据此，法律和司法解释为公权力机关行使监督权已设立了相应的程序。但是，带有监督与救济双重意义的当事人申诉权及其程序似未明确，使减刑、假释程序保障制度的漏洞和缺失遗憾继续存在。所以，确立减刑、假释裁定申诉制度，对完善现行相关程序保障制度大有裨益。

第三，确立该制度有利于维护罪犯合法权益。关于减刑、假释本质的论说，学界向来有“奖励说”与“权利说”之争。简言之，“奖励说”就是将国家缩短刑罚以及提前释放，归结为国家对服刑人的一种奖赏，其目的是鼓励罪犯弃恶从善，着眼于维持监狱秩序；②而“权利说”则将其视为罪犯努力表现而预期应得的肯定，其立足于罪犯权利。我们对现行减刑、假释制度是以“奖励说”为基础构建的观点是不持异议的，但是，从《刑法》对各种减刑、假释情节评价

① 黄永维著：《中国减刑、假释制度的改革与发展》，法律出版社2012年版，第8页。

② 许福生著：《刑事学讲义》，国兴印刷厂2001年版，第147页。

性用语来分析，以第78条对重大立功的情形采用“应当减刑”表述为例，能否认为达到此项情形的罪犯其实被赋予被减刑的权利，这是一种有条件的权利，当然这种权利不是天然拥有的，而是经过努力获取的。可见，有条件的“权利说”对我国减刑、假释制度同样具有解释力。从预防与报应相统一的综合刑罚观出发，适当考虑这种罪犯权利期待因素，会更利于国家强化受刑人权益保障。当罪犯对这种权利被裁定认可与否的公正性，确实存在有根据的质疑，若不允许其申诉，既可能造成权利损害无法救济，又会导致其对国家依法保护其权益的信念发生动摇，这将不利于其服判息诉，积极改造。

三、减刑、假释裁定的申诉属于刑事申诉范畴

最高人民法院通过上述答复，对罪犯是否对减刑、假释裁定具有申诉权的问题态度明确，即罪犯及其近亲属对发生法律效力的减刑、假释裁定不服的，应当享有申诉的权利。该答复依据《刑事诉讼法》第203条，确立的基本判断是关于减刑、假释裁定的申诉属于刑事申诉范畴之内。我们认为，该基本判断具有合法性与合理性的双重依据：

一是以规范解释为依据，该基本判断具有合法性。一般来讲，刑事申诉是指公民对刑事诉讼中司法机关在行使职权过程中侵害其合法权益的公务行为，向有关国家机关提出申请，请求重新予以处理的权利和活动。[①]《刑事诉讼法》第203条属于确认诉讼当事人申诉权的基本规范。[②] 该条中所称当事人当然包括正在执行刑罚的罪犯，且已经发生法律效力的判决、裁定并未排除减刑、假释相关裁定。由此可见，关于减刑、假释裁定的申诉未超出《刑事诉讼法》第203条解释外延。之所以实践中存在减刑、假释裁定不适用《刑事诉讼法》第203条的误解，以往减刑、假释案件采取类似行政审批的办案模式是重要原因。由于执行程序中对刑罚及其执行方式的变更属于司法权，而对生效刑罚付诸实施权力则属于行政权，[③]这两种权力不仅在行使主体上要发生分离，而且行使方式也要明显区分。如今，最高人民法院在最新颁布的《规定》中，强化开庭审理，摒弃行政化，在着力恢复减刑、假释工作的司法属性上取得重要进展。所以，最高人民法院答复符合刑事诉讼法系统解释的语境，更体现了对减刑、假释作为独立案件由法院进行审理的认识已然明晰，进而罪犯

① 赵燕：“论刑申诉制度”，载陈光中主编：《刑事再审程序与人权保障》，北京大学出版社2005年版，第293页。

② 值得注意的是，我国《刑事诉讼法》第145条、第146条规定，对于人民检察院作出的不起诉决定，被害人、被不起诉人若不服，可以向有关的人民检察院申诉。这是一种针对不起诉决定的特殊申诉权。

③ 陈瑞华：“法律程序构建的基本逻辑”，载《中国法学》2012年第1期。

在减刑、假释案件中的主体身份和相应救济权利要求也已不能回避。

二是以法理阐释为依据，该基本判断具有合理性。首先，减刑、假释案件当事人享有刑事申诉救济的权利，具有正当性。众所周知，刑事申诉权是宪法规定公民申诉权在刑事诉讼法中体现。① 当公民认为自己的生命、自由、财产等权利被错误的刑事裁判侵害的时候，刑事申诉作为一项救济权利，将会扮演重要的权利维护和实现的角色。客观地讲，执行刑罚期间的司法裁决不能脱离刑事诉讼程序的规范。减刑、假释裁定对人民法院判决确定的刑罚内容或者执行方式进行变更，将会直接关系到罪犯行刑期限和人身自由，司法机关未能公正处理该类案件将可能侵害罪犯的合法权利。权利侵害的危险系引发救济的动力，这一针对减刑、假释裁定的申诉权为罪犯提供了寻找公权力救济，进而请求重新处理的法律可能。因此，针对减刑、假释裁定应当赋予罪犯刑事申诉救济的权利。其次，对减刑、假释裁定的申诉具有刑事申诉的特性。从程序意义上讲，刑事申诉是一种诉权，它具有三个特性：(1)它是刑事当事人针对已生效的实体裁决的司法请求。(2)它是国家保护刑事当事人合法权益的后续性、补充性诉讼手段。(3)它是导致国家重新启动审判权的一种方式和途径。我们依据刑事申诉的特性，展开如下对照分析。第一，关于减刑、假释裁定的申诉系在刑罚执行过程中为获得司法保护而提出的一种救济请求。第二，关于减刑、假释裁定的申诉是国家公权力保护罪犯合法权益的一种诉讼方式，罪犯正是以申诉途径引发司法机关启动对原审的再审查，从而取得司法的保护与纠偏。有观点称其对减刑、假释具有后控力。② 第三，关于减刑、假释裁定的申诉是法院针对生效裁定，再次行使减刑、假释审判权的选择性前提之一。作为生效减刑、假释裁定对罪犯刑罚变更或者执行方式转换，具有当然的既判力和执行力。除当事人对减刑、假释裁定提出申诉外，检察院向法院提出书面改正意见，以及法院发现减刑、假释裁定错误等方式，都能够导致法院对已作出的减刑、假释裁定进行重新审理。可见，关于减刑、假释裁定的申诉属于刑事申诉范畴是符合理论逻辑与内涵的科学判断。

四、减刑、假释裁定申诉是否适用审判监督程序

我们认为，按照最高人民法院答复意见，关于减刑、假释裁定的申诉适用《刑事诉讼法》第 203 条，且该法条属于审判监督程序一章，故罪犯申诉有理

① 武汉市中级人民法院："试析刑事申诉制度对当前刑事审判监督工作的影响"，载《最高人民法院刑事再审及减刑假释制度改革理论研讨会会议材料》，第 221 页。

② 夏成福等："建立减刑、假释申诉制度之探析"，载徐静村主编：《减刑、假释制度改革研究》，中国检察出版社 2011 年版，第 157 页。

则应当启动审判监督程序。但是,现行《刑事诉讼法》及相关司法解释确实反映出了一些问题和意见,有必要加以深入思考。

从刑事诉讼法中关于审判监督程序条文来看,减刑、假释裁定申诉适用相关条文存在诸多不适应、不协调的问题。首先,现行《刑事诉讼法》对减刑、假释审判程序亦未作出明确规定。虽然最高人民法院《规定》对开庭工作加以明示和强化,但是关于减刑、假释审判程序立法的缺失,使减刑、假释裁定申诉适用没有"上游"程序关照。其次,现行《刑事诉讼法》的申诉管辖及审级不明确。根据《刑事诉讼法》第203条,申诉人对生效判决、裁定,可以选择的申诉机关是法院和检察院。然而,两家都有受理权,但没有具体分工,有可能产生受刑人对减刑、假释裁定不满,向两家申诉却无人问津的局面。同时,罪犯对减刑、假释裁定不服应向哪级法院进行申诉也不够明确。再次,减刑、假释裁定的申诉时效没有规定。我国现行刑事申诉在立法中尚无时效规定,这是造成申诉案件历时长、重复申诉率高的重要原因之一。减刑实质是对罪犯缩短刑期的变更裁判,而减刑本身对单一个人也具有多频次、连续性的特点,并且此次减刑要以前次为基础,所以,这种申诉如果不受时效限制,则可能使救济失去实质意义。最后,现行法定再审条件与减刑、假释裁定申诉适用要求存在差距。《刑事诉讼法》第204条规定了四种应当引起人民法院重新审判的情形,其中第二种情形关于据以定罪量刑的证据不确实或主要证据矛盾的情形,不能作为减刑、假释案件重新审理的条件;第三种适用法律错误在减刑、假释案件可能适用较多。本文疑请案件中,原裁定在执行期限上没有扣除改判无期徒刑后实际执行时间,所以,应当属于适用法律错误情形。对实践中关于减刑、假释可能发生的考核材料作假等情形,只能适用第一种情形即有新证据证明原判事实确有错误。关于原减刑、假释案件的审判人员发生贪污受贿等问题,应当适用第四种情形。新修改的《刑事诉讼法》对法定再审条件,增加了违反法定诉讼程序的事由,对包括必须开庭而未开庭等程序性问题也有较大适用空间。另外,《刑事诉讼法》第206条规定的程序适用,以及第207条规定的再审审理期限,与减刑、假释一审终结和多频次的提起特点也不相符合。

从最高人民法院和检察院相关规范性文件来看,减刑、假释裁定申诉适用审判监督程序处于探索阶段,操作方面有"另起炉灶"的倾向。在最高人民法院1987年施行的《关于各级人民法院处理刑事案件申诉的暂行规定》和1998年施行的《关于执行〈中华人民共和国刑事诉讼法〉若干问题的解释》,以及最高人民检察院1998年施行的《人民检察院复查刑事申诉案件规定》,均没有明确涉及关于对减刑、假释裁定案件的申诉管辖,就适用审判监督程序问题也未置可否。长期以来,我国的减刑、假释被定位于审判上的司法行为,“裁定减刑、假释的权力,须握于人民法院手中”。[①] 它是具有中国特色的刑罚制度,完全不同于西方国家相似赦免性质的善时制度。[②] 但是,在学界关于该权力究竟系行刑权还是审判权的争议从未停止,加之追求处理效率及重视程度不高等原因,此类工作在法院始终处于边缘化地位,即便在工作量意义上,其也从未被真正作为刑事案件对待。近年来,随着最高人民法院逐步强化认同减刑、假释裁决权的审判权属性,在司法改革的强力推进下,以最新颁布的《规定》为标志,确立了减刑、假释工作是审判工作重要组成部分的地位。基于此,减刑、假释案件开庭工作的内在动力,来源于对罪犯参与法庭审理、发表意见权利的保护,以阳光审判的过程来实现程序和实体的双重公正。能够预期《规定》的施行,减刑、假释案件质量会有更大提升。

在这样的背景下,我们看到《规定》所突出的程序性规定,除了与开庭相关的内容外,还有针对性地确立了法院主动纠错制度。关于该纠错制度的性质问题,最高人民法院审监庭黄永维副庭长的解答极具权威性,即它是执行程序的监督程序,不是审判监督程序,应重新组成合议庭,作出新的裁定,说明理由,取代原生效裁定并执行。我们对此存有疑问:由于《规定》执行监督程序,以“人民法院发现本院或者下级人民法院已经生效的减刑、假释裁定确有错误”为前提,是否会产生与适用《刑事诉讼法》第 222 条类似的效果?即客观上回避了对院长发现等审判监督程序的适用。《刑事诉讼法》第 222 条规定检察院在一定期限内,具有提出书面纠正意见权,很多实务人士往往会产生此权力已经替代了对减刑、假释裁定行使抗诉权的误解。[③] 同理,因为成就执行监督程序的前提可以来源于多种渠道,经罪犯申诉而发现本院减刑、假释裁定确有错误也可包含其中,如此处理显然同样会避开由当事人申诉产生的适用审判监督程序问题。

还要看到,现在执行的《关于实施〈法院刑事诉讼文书样式〉若干问题的解答》中要求,对于执行机关提出的减刑、假释建议,经合议庭审理,认为不符

---

① 周振想著:《刑罚适用论》,法律出版社 1990 年版,第 364 页。

② 这方面以减刑更为突出,大多数西方国家采取由总统依行政权减免执行中的刑罚,这是一种司法上的行政行为。参见马克昌著:《刑罚通论》,武汉大学出版社 1995 年版,第 640 页。

③ 有观点认为,《刑事诉讼法》第 222 条规定,吸收了《监狱法》第 34 条第 2 款的规定并作了修改,其主要是考虑到减刑、假释的裁定并不是审判中的程序,而是执行中的一种决定,将“抗诉”改为“提出纠正意见”。对此,我们持有异议,《刑事诉讼法》增加“纠正意见”的规定,是对减刑、假释裁定进行检察监督具体方式的补充和完善。况且,现行法律从未排除检察院相关抗诉权,即便现在已有改正意见权而极少启动,从审判监督程序的运行逻辑来看,其权力备而不用,不等于失去价值和废止。参见张庆立:“对减刑假释裁定:可提出抗诉,也可提纠正意见”,载《检察日报》2011 年 11 月 30 日版。

合减刑、假释条件的案件,应当以决定书的形式将案卷退回执行机关,并在决定书中简要写明不符合减刑、假释条件,不予减刑、假释的具体理由。从法理上讲,这种经过审理作出的实体判定,要采用裁定书或者判决书,而非决定书,对此应予纠正。而且,这一做法的负面效果是依据《刑事诉讼法》第203条规定,这类直接关系到罪犯权利的决定书被排除在刑事申诉程序之外。毋容讳言,减刑、假释案件无论在实体认定还是程序要求,与刑事一审、二审案件确实不能完全等量齐观,而且由于数量和减刑频次多等原因,显然在能够做到公开、公正的同时,效率要求至关重要。也许正是因为适用审判监督程序本身的复杂性,与减刑、假释工作要求有些隔膜,最高人民法院对减刑、假释案件以院长发现程序或者申诉启动再审似乎都不予鼓励。对此,黄永维副庭长作出如下解释:"减刑、假释是刑罚执行中的变更制度,具有独立、简易、特殊的特点,要遵循减刑、假释本身的司法规律,把事情搞明白了就行,不要总想使之复杂化。"①

尽管,在现行规范条件下,减刑、假释裁定申诉适用审判监督程序存在诸多问题,而且,实践中不乏可以采取变通处理相关申诉的途径,但是,我们认为,减刑、假释裁定申诉应当适用审判监督程序,这不仅符合权利要求和制度逻辑,也是我们个案实践探索的经验。如前所述,罪犯对减刑、假释裁定享有申诉救济权利不容置疑。虽然多年来全国各地减刑、假释裁定申诉案件不多,但我们不能低估了罪犯权利意识的持续增强,罪犯寻求申诉救济的实际需求不容忽视,前文所谈到的案件就是一个典型例证。问题的核心在于,现有减刑、假释案件发展方向系趋于审判样态,其基本理据即审判权介入行刑变更的合法性。"司法部门既无强力,又无意志,而只有判断",②依据审判权的本质在于判断这一原理,减刑、假释裁定宣示着审判的结果,对其提出申诉救济应适用审判监督程序。上文所谈到的执行监督程序,说到底还是通过重新审理来纠错,在现有减刑、假释的审判语境下,法院自我纠错权实质就是审判监督权。从我院前文所涉案例来看,罪犯的父亲作为近亲属依法行使申诉权,我们就是经复查启动再审,进而以维持原裁定正确部分,变更确有错误的内容,作出新的减刑裁定,依法保护了罪犯的合法权益。

总之,我们要通过公正审判尽可能使此类申诉始终保持极低比例,更要尝试通过审判监督程序来妥善解决申诉问题,不断总结实践经验,本着更为简化、高效、公正的原则,将其与一般刑事审判监督程序区别对待,积极推动立法

---

① 黄永维著:《中国减刑、假释制度的改革与发展》,法律出版社2012年版,第250页。

② [美]汉密尔顿著:《联邦党人文集》,程逢如译,商务印书馆1980年版,第391页。

进一步完善减刑、假释裁定申诉制度，这是长期的司法目标和立法方向。

五、构建我国减刑、假释裁定申诉制度的初步构想

在今后对《刑事诉讼法》的修改过程中，要在审判编中增加减刑、假释程序一章的基础上，①坚持现有审判监督程序制度框架，健全完善刑事申诉程序性规定，特别是把握减刑、假释申诉案件的特点，从申诉主体范围、重审条件、审查、处理、时效和申诉人保护等多方面加以规范，逐步构建相对完备的减刑、假释裁定申诉制度，更好地保障罪犯的合法权利。我们的初步设想如下：

一是规定减刑、假释裁定申诉主体范围。包括正在执行刑罚的罪犯及其法定代理人、近亲属。罪犯的近亲属申诉的，须经罪犯的授权或者同意。罪犯有权撤回其近亲属申诉。

二是确定减刑、假释案件的重审条件。(1)有证据证明原减刑、假释裁定认定的事实确有错误，足以改变原裁定结果的；(2)伪造考核材料或者涉及减刑幅度、是否假释的重要情节确系虚假；(3)原减刑、假释裁定适用法律确有错误，足以改变原裁定结果的；(4)违反法律规定的诉讼程序，足以影响原裁定结果的；(5)审判员人员在审理原减刑、假释案件的时候，涉嫌有贪污受贿，徇私舞弊，枉法裁判行为的。

三是减刑、假释裁定申诉的受理。罪犯及其法定代理人、近亲属对人民法院作出的减刑、假释裁定不服的申诉，由该人民法院、同级人民检察院或者上一级人民法院、检察院受理。

四是减刑、假释申诉的处理。人民法院受理并经审查，对符合重审条件的，下发再审决定书并重新审理，依法作出减刑、假释裁定，不符合重审条件的，下发驳回通知书。人民检察院受理并经审查，对确有错误的裁定，向人民法院提出书面纠正意见。人民法院在收到书面纠正意见后 1 个月内，另行组成合议庭进行重新审理，依法作出减刑、假释裁定。如果检察院认为裁定仍有错误或者错误未予纠正，可以向人民法院提起抗诉。对检察院抗诉案件，人民法院再次重新组成合议庭，进行开庭审理。

五是确立减刑、假释裁定的申诉时效。罪犯及其法定代理人、近亲属因不服人民法院减刑、假释的裁定而提出申诉的，必须在收到上述裁定的 20 日内，向人民法院、同级检察院或者上一级人民法院、人民检察院提交以重审条件为事由的书面申诉状，以及能够支持其申诉理由的证据。减刑、假释申诉人就同一个减刑、假释申诉请求，在同一级人民法院或者人民检察院只能提起一次申

---

① 关于在审判编增加减刑、假释程序的问题，也是减刑、假释程序系统构建中的重要内容。鉴于本文的主题及内容的所限，我们暂不予赘述。

诉,不得重复申诉。

六是对减刑、假释申诉人的保护。对因提出减刑、假释申诉,反映真实情况,已遭受打击报复的罪犯,由受理申诉人民法院或人民检察协调刑罚执行机关的上级主管机关采取调换监区或服刑地等措施,对减刑、假释申诉人进行保护。①

六、结语

司法公正,需要法律程序作保障,司法的目的是保护客观正义,司法运作又必须受程序规范的制约。② 良法是法治的基础,符合司法实践需求和权利保障要求的程序更是良法的重要组成部分。在追求和构建社会主义法治的进程中,司法实务基于具体个案正义的制度适用与探索,同样具有不可低估的指导意义。我们对最高人民法院个案答复的解读和相关的法律构想,正是来源于实践的理性认识。我们期待关于减刑、假释裁定申诉制度适用和构建问题能够引起更多的关注和思考,逐步实现以完善、正当的程序,有效保障当事人的权利要求和司法的公平正义。

① 徐静村主编:《减刑、假释制度改革研究》,中国检察出版社 2011 年版,第 175 页。

② 鲁千晓、吴新梅著:《诉讼程序公正论》,人民法院出版社 2004 年版,第 1 页。

论我国减刑、假释庭审制度的构建

福建省宁德市中级人民法院　崔龙生

序言

长期以来,人民法院审理减刑、假释案件主要采用书面审理方式,这种审理方式的优点是便捷、高效,缺点是不利于人民法院科学判断罪犯是否符合减刑、假释的条件,也不利于充分保护罪犯的合法权益。2012 年 1 月 7 日最高人民法院公布了《关于办理减刑、假释案件具体应用法律若干问题的规定》,明确规定对六类减刑、假释案件实行开庭审理,以避免人民群众对减刑、假释审理工作"暗箱操作"的怀疑,同时可以使人民法院在审理减刑、假释案件时,听取刑罚执行机关、检察机关、罪犯本人以及同监区罪犯等多方面的意见,增强司法公信力,确保减刑、假释案件的公平公正。但是,现行的法律以及司法解释未规定开庭审理程序,而实践中各地的做法又不统一。司法解释将于 2012 年 7 月 1 日起实施,因此,有必要及时出台减刑、假释案件审理的程序性规定,以使开庭审理减刑、假释案件有章可循。

一、设立减刑、假释庭审制度的必要性

(一)庭审制度标准化缺失

1. 减刑、假释庭审制度在立法方面缺失

目前,我国刑事立法对减刑、假释案件审理程序的规定较为粗略,《刑法》第 79 条、第 82 条只简单提及对犯罪分子的减刑、假释办理程序。但采取何种审理方式如开庭审、书面审或其他形式的问题没有详细规定,这也造成了司法实践中"书面审理是原则,开庭审理是例外"的情况。最高人民法院在 2010 年和 2012 年分别以司法意见和司法解释的形式规定了减刑、假释开庭的原则要求,但并未对开庭的程序作任何规定,减刑、假释开庭目前没有可遵循的程序规定。

2. 减刑、假释开庭程序的标准不一

实践中,各地的做法大多是参照《刑事诉讼法》规定的刑事审判程序自行设计,审理程序差别较大。如有的没有明确的庭审程序规范约束,开庭程序较为随意。由于当前案多人少的矛盾突出,往往一天要审理多个案件,庭审被压缩到最短时间,难以充分展开;有的则完全参照刑事一审案件庭审程序的。实际上,减刑假释案件与普通刑事一审案件各有特点,在开庭审理程序上也应当

有所区别，完全照搬刑事一审开庭程序，偶尔一两个案件适用一下也未尝不可，但这种方法显然是低效率的。因此，应当创设出一种专门适用于减刑、假释案件审理的庭审程序，既能够充分体现公开公正，又能够适当提高工作效率。

（二）我国减刑、假释审理"形式化"现象应得到重视和解决

1. 现行减刑、假释案件审理过程的透明度不足

实践中，减刑、假释案件在监狱提请减刑假释建议后，由监狱所在地中级以上法院对罪犯档案进行阅卷，审查罪犯的改造情况、报请减刑、假释的幅度是否符合法律规定，然后作出是否决定减刑、假释的裁定，但合议庭甚至承办法官基本不与罪犯本人见面，仅仅依靠审查监狱报送的材料和罪犯书面档案的方式进行办理，无法通过与罪犯面对面的询问了解其思想改造情况。"监狱提请—法院决定"这种"行政审批式"的书面审理，审理过程公开度不够，理论上留有"暗箱操作"的空间，容易引起社会公众对减刑假释公正性的合理怀疑，社会效果不好。①

2. 现行减刑、假释案件审理过程的实质审查缺乏

在目前的书面审理中，主要审查的项目是罪犯原判刑罚情况、已服刑情况、改造得分情况、报请幅度是否符合法律政策规定以及财产型的履行情况等。对这些项目所涉及的书面材料主要是形式上的审查，只要材料齐全且未超出规定，一般都会裁定准许。法院裁定只能依据报送材料作出，对这些书面材料尤其是罪犯改造得分情况的真实可靠性如何、是否能证明罪犯确有悔改表现，目前大多无法进行实质审查。

（三）国外减刑、假释审理模式给我国庭审制度带来的启示

减刑制度是我们刑法特有的刑罚执行制度，②是我国刑法的独创。③ 国外许多国家和地区刑事法律上虽无减刑之名，但有类似我国减刑制度的行刑制度，只是其名称、内容存在差异。例如，美国称为"善时制"，在加拿大称为"赦免"，我国台湾地区称为"缩短刑期"等。④ 在减刑、假释决定程序中，主要是书面行政审批、听证以及审理三种方式。综观各国和地区的立法和实践，听证或审理程序因更能体现公开公正的程序正义，获得了越来越多的重视和适用，而

---

① 袁素华、徐龙震："从书面审理到开庭审理：减刑假释案件审理方式改革的问题评析"，载《法制与社会》2011 年第 10 期。

② 高铭暄、马克昌主编：《刑法学》，北京大学出版社 2000 年版，第 311 页。

③ 杨春洗著：《刑事法学大辞书》，南京大学出版社 1990 年版，第 249 页。

④ 刘志诚："论新形势下我国减刑、假释制度的重构"，载《减刑、假释制度改革研究》，中国检察出版社 2011 年版，第 178 ~ 179 页。

纯粹书面行政审批方式因欠缺公开透明，不利于对相对关系人权利的保障，故逐步减少了适用。

1. 书面审批程序

主要是指在行政模式中直接进行书面审核核准的程序，在由监狱长、司法部部长等行政长官直接决定的减刑、假释程序中适用。这类程序通常不听取当事人的意见。例如，美国罪犯获取善行折抵的程序、巴基斯坦罪犯减刑程序、我国台湾地区由法务部核准受刑人假释或撤销假释的程序等。囚犯多被行政官员直接通知审批结果，并且救济权利受限。

2. 听证程序

听证程序并不适用于所有的罪犯。根据《加拿大矫正与有条件释放法》的规定，对于初犯等轻微犯可以不以听证的方式作出假释决定。在完全假释的初次审查而言，在假释被中止、取消、终止或撤销之后的审查或法定释放被中止、终止或撤销之后的审查等情形下，假释委员会必须采用听证方式审查案件，除非罪犯以书面形式放弃听证或拒绝参加听证或罪犯以书面形式接受假释条件准予假释。对于其余案件，假释委员会以听证的方式审查。听证以公开为原则，不公开为例外。例外通常包括以下情况：申请旁听者参加或与其他人共同参加听证，听证很可能被打乱或委员会考虑事情的能力很可能受到负面影响；很可能对被害人、被害人的家庭成员或罪犯的家庭成员等向委员会提供信息的人产生消极影响；可能对该人或公众知情权与罪犯有效回归社会的公共利益之间的适当平衡产生消极影响以及危及听证机构的安全和良好秩序。①

3. 审理程序

审理通常指有管辖权的法院对诉讼当事人之间存在的事实争议和法律纠纷进行审查，并就当事人之间的权利义务关系或当事人提出的请求作出裁断的司法行为。② 减刑、假释审理程序无必要如庭审程序般严谨完善，但公正民主等程序原则仍要遵守。就减刑程序与假释程序两者而言，各国在具体适用中具有一定差别。如法国的减刑程序为不开庭书面审理，不经过审辩论作出，实质上为听取意见式，执行法官听取检察官和被害人的意见；假释程序则要经过对审辩论。在同类程序中，大陆法系各国之间也存在区别。如在减刑程序中，意大利采用开庭审理方式，检察官和律师在此程序中表现活跃，法官需充分听取当事人的意见，较法国的执行法官审理案件相比，更加强调当事人之间

① 徐静村著：《减刑、假释制度改革研究》，中国检察出版社 2011 年版，第 50～51 页。
② 薛波主编：《元照英美法词典》，法律出版社 2003 年版，第 1357 页。

的对抗。假释程序中德国不经过言词审理,法官在听取检察官、当事人的意见之后作出裁定,甚至在各方意见一致的情况下,听取意见程序均可省略。而法国、意大利均规定需进行言词审理。相比较采委员会模式较多的英美法系国家,采司法模式较多的大陆法系国家一般在言词审理程序中都保障了罪犯的出庭权。

应当说就审理方式的选择而言,提高审判效率的两种基本途径是书面审理或简化审理程序。在减刑、假释程序中罪犯并没有获得开庭审理的权利,因为此次他的身份不是处于刑事追诉中的推定无罪之人,而是接受法律惩处的受刑者,故在减刑、假释程序中开庭并非刚性程序规则。书面审实质上是非正式听证,给予了罪犯陈述表达意见的机会,法官中立无偏私,遵循程序自治与理性原则。法国、德国等国都在减刑书面审理程序中规定适用回避制度,法官听取检察官、被害人、罪犯等各方的意见,在裁决中说明理由等,以确保程序理性公正。[①]

此外,在减刑、假释审理中简化庭审程序也得到了广泛的运用。具体而言,庭审程序的简化包括准备程序的简化,审判程序的简化及审判期限的缩短等内容。其中,审判程序的简化主要是调整调查的顺序、简省调查的内容、放松证据规则对证据可采性的要求等方面。

二、设立减刑、假释庭审制度的必然性

(一)2010年最高人民法院《关于贯彻宽严相济刑事政策的若干意见》中关于减刑、假释开庭审理的主要规定

为增强减刑假释案件审理的透明度,以程序的公开促进实体公正,实现刑事司法的正当化,避免单纯书面审理引发的质疑,2010年2月,最高人民法院印发了《关于贯彻宽严相济刑事政策的若干意见》(以下简称《意见》),其中第43条规定:"对减刑、假释案件,要采取开庭审理与书面审理相结合的方式。对于职务犯罪案件,尤其是原为县处级以上领导干部罪犯的减刑、假释案件,要一律开庭审理。对于故意杀人、抢劫、故意伤害等严重危害社会治安的暴力犯罪分子,有组织犯罪案件中的首要分子和其他主犯以及其他重大、有影响案件罪犯的减刑、假释,原则上也要开庭审理。书面审理的案件,拟裁定减刑、假释的,要在羁押场所公示拟减刑、假释人员名单,接受其他在押罪犯的广泛监督。"该项规定第一次明确提出了必须通过开庭审理的减刑假释案件类型,强调了原则上应当开庭审理的减刑假释案件类型。这确保了案件审理的

---

① 徐静村著:《减刑、假释制度改革研究》,中国检察出版社2011年版,第58页。

公开、公正、透明,有利于教育、鼓励罪犯悔过自新,有利于接受检察机关及社会各界的监督。

(二)2012年最高人民法院《关于办理减刑、假释案件具体应用法律若干问题的规定》的司法解释关于减刑、假释庭审制度的主要规定

为了促进人民法院科学判断罪犯是否符合减刑、假释的条件,充分保护罪犯的合法权益,也为了避免人民群众对减刑、假释审理工作"暗箱操作"的怀疑,促使人民法院在审理减刑、假释案件时,听取刑罚执行机关、检察机关、罪犯本人以及同监区罪犯等多方面的意见,增强司法公信力,确保减刑、假释案件的公平公正,2012年最高人民法院颁布了《关于办理减刑、假释案件具体应用法律若干问题的规定》(以下简称《解释》)的司法解释,选取了现阶段人民群众反映较为强烈、社会关注度较高、司法实践中也容易出问题的六类减刑、假释案件,明确要求必须开庭审理,这六类案件分别是:(1)因罪犯有重大立功表现提请减刑的;(2)提请减刑的起始时间、间隔时间或者减刑幅度不符合一般规定的;(3)在社会上有重大影响或社会关注度高的;(4)公示期间收到投诉意见的;(5)人民检察院有异议的;(6)人民法院认为有开庭审理必要的。该项司法解释明确了减刑、假释开庭审理案件的类型,在《意见》的基础上进一步扩大开庭审理的范围。

(三)从司法意见以及司法解释的解读中理解减刑假释构建庭审制度的法理要求

1. 构建庭审制度是司法公开、公平、公正的必然要求

庭审制度保证减刑、假释案件的透明与公开。公开的庭审制度体现了司法民主与公开,便于检察机关和社会公众的监督,避免"暗箱操作"的嫌疑,增强了人民群众对司法公正的信心。开庭审理、听取包括受害人方面的建议、证据和接受减刑的罪犯及同监区罪犯的多方面意见的做法,有利于避免偏听偏信能使服刑人员及其家属等的信服,也有利于最大限度地实现正义。

2. 构建庭审制度是促进法治宣传教育的重要手段

减刑、假释是对改造较好的罪犯的一种肯定,也是对其他罪犯的一种激励。这种激励机制能否恰到好处的发挥,就在于它(减刑假释)是否具有公开性和公正性。以往的书面审理,裁定书交到罪犯手里,知悉的范围很少。而通过公开的开庭审理,使得服刑的罪犯,甚至社会大众了解减刑、假释制度,从而真正起到"减刑一个,教育一片"的效果。

3. 构建庭审制度是查明案件事实,规范司法行为的重要渠道。

开庭审理,不能仅仅是扩大公开度的一个符号化的手段,而是应当以此为

契机,探索通过庭审查明罪犯改造事实的模式,如可以通过罪犯本人询问其改造的具体情况、询问作为证人的同监区的其他罪犯了解情况、询问监狱管教干警了解其改造得分情况,这样就不仅仅拘泥于审查平时得分材料的真实性,更能够通过现场对相关主体的询问发现问题,使得庭审逐渐脱离形式意义,而真正成为查明罪犯改造事实、了解其主观状态的方法。同时,在当事人的参加下,司法机关处理案件的步骤、过程,接受多方面的监督,增强办理减刑假释案件的透明度,避免"暗箱操作",转变司法人员以我为主的传统办案观念,提高减刑假释办案人员的责任心,有效地规范司法行为,避免随意性。

三、减刑、假释庭审实践存在的困惑

最高人民法院《意见》颁布以后,全国各地的人民法院在落实减刑假释案件开庭审理方面做了一些富有成效的工作,积累了一些开庭审理的经验,但也暴露出一些亟待解决的问题。

(一)庭审程序增加了司法的成本

减刑假释案件庭审程序涉及审判机关、检察机关和刑罚执行机关,即使按照最高人民法院《意见》第 43 条的规定,有针对性地对特定的减刑假释案件实行开庭审理,也必然会增加刑事诉讼工作量,导致刑事诉讼司法成本的增加。审判机关原本就存在"人少案多"的问题,现在要对特定案件实行开庭审理,必然要增加审判人员。如果通过驻狱巡回法庭在监狱内审判,则仅能面向监狱内其他罪犯公开,广大人民群众无法实现无障碍参与,使得开庭审理的公开性和透明度大打折扣。如果在监外公开审判减刑假释案件,公开的问题解决了,但参与人员多,押解罪犯的手续繁琐,一旦出现罪犯脱逃等事故,后果不堪设想,故安全保障风险较大,投入成本也较大。刑罚执行机关要派人出庭,检察机关按照对等原则也要派人参与整个庭审程序。此外,即使国家有能力投入大量的人力、物力和财力,减刑假释案件庭审程序能否达到以公开促公正,有效打破"暗箱操作",消除公众疑虑的目的,即投入与产出比是否协调的问题也值得考虑。①

(二)庭审功能未能有效发挥

当前,减刑假释案件庭审程序的内容不够丰富和充实,整个庭审过程主要围绕着刑罚执行机关出示的证据材料的合法性、完整性进行。由于减刑假释案件相对比较简单,事实基本清楚,庭审程序形式上比较简陋;由于整个庭审过程没有所谓的"控方"角色,对抗色彩浓厚的交叉询问制度难以真正落实;

---

① 王希发:"减刑、假释庭审程序初探",载《河北青年管理干部学院学报》2012 年第 2 期。

由于庭审程序简化，庭审证据规则没有得到较好地遵守；单纯“以分折刑”的考核分认定模式，并不能完全反映出拟被减刑假释罪犯是否确有悔改表现，并不能完全反映其社会危害性和人身危险性程度的高低。这样就使得耗费大量人、财、物的庭审流于形式，违背了进行庭审的初衷。且当前实践中减刑、假释开庭，体现的是一种非常特殊的审判构造：法官、检察官、警官代表不同国家机关，各负其责，罪犯是审判对象，诉讼以法官为中心，以纠问方式展开。这是一种典型的“线性结构”，[①]缺少起码的抗辩，庭审难免流于形式。

（三）检察机关在庭审中的地位和作用定位不清

检察机关参与减刑、假释庭审，一般不积极主动举证、质证和辩论，也不提出独立的诉讼请求，而且检察官在庭上很少对执行机关的建议提出异议。检察官之所以在庭上显得不积极，一方面是监所检察部门的检察官不同程度有这样的认识，即认为检察机关以法律监督者的身份参与诉讼，地位应比较超脱，不是诉讼当事人，只需结合庭审发表监督意见即可，不宜积极主动举证、质证、辩论。另一方面还有一个制度设计的原因，监狱向法院报请减刑、假释建议之前，要提请减刑、假释评审委员会评审，而检察机关派驻监狱的检察室负责人是该减刑、假释评审委员会的成员之一。检察机关对减刑、假释有不同意见，检察室负责人可以在讨论会上提出来。这样，检察官感到出庭时已没什么意见可提了。[②]

四、构建减刑、假释庭审的设想与思考

（一）程序设计

刑罚执行对象数量多，涉及的减刑、假释面宽量大，人民法院和人民检察院案多人少，且减刑、假释仅仅是刑罚执行方式的改变，因此，如果在开庭程序设计上完全按照普通刑事诉讼程序进行，则会造成庭审不仅效率低下，而且需要投入大量的司法人力资源和司法物质资源，在我国现处的经济发展阶段，不符合刑罚执行经济原则。故对于庭审程序的设立既要需要满足当事人基本诉讼权利如程序参与选择权等之保障底线，符合程序公正原则，又要简化审理将优化司法资源配置，取得公正与效率的“双赢”。综上，笔者拟提出减刑、假释庭审程序如下：

（1）庭前准备。法院应该预先通知检察机关、刑罚执行机关、减刑、假释罪犯以及代理人、被害人以及代理人等参与人开庭时间、地点以及案件合议庭组成人员等内容。

---

① 杨建广主编：《刑事诉讼法》，中山大学出版社2001年版，第89~90页。

② 刘天响：“减刑、假释开庭审理形式化之检讨”，载《中国刑事法杂志》2011年第11期。

(2)权利告知。庭前应告知减刑、假释罪犯以及代理人具有申请回避、提供证据、陈述意见等具体权利,并征询是否提出回避的意见及请求。

(3)法庭调查。由提起方(执行机关)承担主要举证责任,法庭也可以行使调查职权以查明事实。此外,若检察官、被害人或其他参与人提出反对意见,对己方的主张承担证明责任。在质证程序中,各方当事人可以对提交法庭审理的所有文件材料进行争论和质询,检察院、罪犯、被害人均有向证人提问的权利。法官可以根据客观事实的发展进程或其他逻辑关系来安排证据的出示顺序或发问顺序,法官自身享有提问的权利。① 由于减刑、假释案件不存在强烈的对抗性,在减刑、假释程序中对审辩论的实质是保障参与各方的意见陈述权,保证法官充分听取各方意见。

(4)裁决作出。减刑、假释案件的说服责任采优势证明标准或合理证明标准。法院综合各方提供的证据及意见,根据减刑、假释的条件标准作出是否给予罪犯减刑、假释的裁决,并将裁决的理由在裁判文书中予以详细说明。

(二)庭审配套制度之构建

最高人民法院的司法解释对于减刑、假释开庭审理作了规定,但是庭审涉及刑罚执行机关、检察监督机关、罪犯以及被害人等各方参与人的利益,因此,除了设立法院开庭审理的程序,需要明确各方参与人庭审的权利义务关系,并设立相应的制度予以配套,才能让庭审制度的得以正常运行。

1. 健全检察机关监督制度

法律赋予检察机关履行监督的职能,其即使权力也是职责。因此,检察机关不仅有出庭履行监督职责的义务,在出席减刑、假释庭审时,还应积极、主动参与诉讼,包括法庭调查和辩论。执行机关与罪犯在庭上的诉求大多情况下是重合的。如果检察机关也消极应对,就会出现有“诉”无“讼”现象。因此,检察机关作为监督机关要全面履行监督职责的需要。在庭前认真调查,收集证据和各方面的意见,在庭上积极参与法庭调查,让法庭调查和辩论充分展开,而不是表态性地发表监督意见。

2. 引入辩护代理制度

减刑、假释直接关系罪犯的切身利害关系,应允许罪犯及其亲属委托辩护人参加庭审。罪犯在狱中服刑,其诉讼能力受到很大的限制,允许委托辩护人参与庭审,一些证据(如罪犯的家庭财产状况等)可由辩护人去收集提供。对一些病残导致诉讼能力低下的罪犯,可指定律师为其辩护,以便保证开庭审理

---

① 卡斯东斯特法尼著:《法国刑事诉讼法精义》(下),罗结珍译,中国政法大学出版社1999年版,第703~704页。

顺利进行。另外,要告知并允许被害人及其近亲属等利害关系人参与庭审,被害人及其近亲属自己无法参与庭审的,可以委托诉讼代理人参与庭审。总之,引入辩护代理制度,可以增强抗辩因素,体现诉讼规律和特点,有助于庭审的展开,真正起到兼听各方的作用。

3. 引入人民陪审员制度

在减刑、假释程序中,行刑社会化原则与司法民主原则相契合,因此,可以更多地运用陪审员制度,一则可以吸纳更多的社会力量参与罪犯的矫正;二则增强民众对减刑、假释案件审判活动的监督。陪审制通过吸收民众参与审判过程,将认定事实和适用法律共同合议,这就可以形成一种内在的民众监督机制。在一定程度上可以遏制法官滥用职权及以权谋私、权钱交易的行为。一方面,通过陪审员与法官共同审判有利于督促法官严格执法,也有利于促使司法进一步公开,防止司法的"暗箱操作"现象。另一方面,陪审员与法官共同审判也有利于减少司法腐败,保障司法的民主公正。

4. 建立减刑、假释申诉制度

现行的减刑、假释采用一审终审制,法律没有赋予罪犯不予减刑假释或减刑、假释不当和被害人认为减刑、假释不当的申诉权。在减刑、假释审理程序中,除极少数国家外,各大陆法系国家均较为普遍地规定罪犯、检察官等人员可以提起上诉、询问原由或重新提请,如法国、[①]德国、[②]意大利[③]等国刑事诉讼法典均对此予以规定。我国减刑、假释制度申诉制度的缺失不利于刑罚执行机关、法律监督机关、审判机关发现减刑、假释不当等问题,容易给公众留下公权力行使恣意化以及权力行使"暗箱操作"、公开性和透明度缺乏等问题,与减刑、假释案件公开、公平、公正之目的相冲突。笔者认为应赋予罪犯及被害人对于减刑、假释申诉的权利。罪犯及法定代理人、近亲属认为应该提起减刑、假释而执行机关不予提起的,可以向执行机关的上级机关或驻监检察室提出申诉;对于人民检察院不予同意减刑、假释建议的申诉,可向该人民检察院的上级人民检察院申诉;对于应该给予减刑、假释而人民法院不予减刑、假释或减刑、假释不当的,可以向该人民法院的上级人民法院或同级人民检察院提出申诉。被害人以及法定代理人、近亲属认为获得减刑、假释的罪犯能够履行原裁判明确的给付义务而未履行,人民法院给予减刑、假释不当的,可以向该

---

① 《法国刑事诉讼法典》第712-11条、第712-12条、第712-15条等条文规定了减刑案件的上诉程序。

② 李昌珂著:《德国刑事诉讼法典》,中国法制出版社1995年版,第170页。

③ 黄风著:《意大利刑事诉讼法典》,中国政法大学出版社1994年版,第231页。

人民法院的上级人民法院或同级人民检察院提出申诉。刑罚执行机关、人民检察院、人民法院及其上级机关受理申诉后，应该认真审查，提出审查意见，并在限定期限内做出处理。

五、结语

综上所述，构建减刑假释庭审制度的建立和完善势在必行。对于减刑、假释庭审制度的完善不仅要针对庭审程序进行合理设计，还要建立健全庭审程序相配套的各项制度，如罪犯及被害人的申诉制度、检察机关的监督制度、人民陪审员制度、辩护代理制度等。庭审制度涉及刑罚执行机关、检察机关和审判机关，三方角色的定位明确、相互协调制约才能确保减刑假释庭审制度的正常运行，并发挥其应有功能。因此，对于减刑、假释庭审制度的设计以及配套制度的完善在未立法之前，可通过法、检、司三方共同制定司法解释予以规范。当然本文中关于减刑、假释制度的完善建议，大多还停留在构想和推论阶段，笔者希望通过本文的论述能为我国减刑、假释庭审制度不断完善增添微薄之力。

第六编　审判监督相关问题研究

完善基层法院审判质量监管机制的思考

广西壮族自治区桂平市人民法院　陆福媛

审判质量是审判工作的核心,被誉为法院工作的生命和灵魂,审判质量的高低直接关乎司法公正的实现。由是,构建或者完善审判质量的监督管理机制,用之于科学系统地监督管理法院的司法行为,规范司法活动,提升法官的司法能力,提升审判质量效率,回应社会公众对公平正义的期待,实现司法在改变中对公平正义不变的守护,已成为当前各级人民法院努力探索的一项重大课题。本文试从基层法院的视角,试就如何完善审判质量监控机制予以探讨,以期对规范基层法院尤其是中西部地区基层法院审判质量监管有所裨益。

一、审判质量监管机制的性质定位及其功能认知

"机制"一词在《现代汉语词典》[①]中的解释是:泛指一个工作系统的组织或部分之间相互作用的过程和方式。本文探讨的审判质量监管机制是法院内部的监督管理机制,是监管主体和监管对象属同一组织、同一系统内的自我约束的机制,包括对审判质量的管理和监督两方面,管理中有监督,监督中有管理,管理监督融为一体。它是一个以提高审判质量为目的,以审判工作规律为依据,以指标体系为导向,以考评机制为动力,将审判流程管理、案件质量评查管理和绩效考评管理等加以有机整合的综合性监管体系。[②] 其核心是对审判工作的监督管理。

性质上,它是法院的内部监督管理,是人民法院为确保审判质量,维护司法公正,在行使审判权的过程中,从内部主动对立案、审判、执行等各环节进行的全方位、全过程的工作监督。同时,还是一种授权监督,是在法院内部设立的机构根据审委会的授权,对案件质量进行监督管理,它是审判工作综合评价系统的重要组成部分,具有联系性、制约性、合法性和管理性等基本特征。

功能上,它致力于通过管理监督使法律规定的各种审判程序在具体的审判过程中发挥预期的作用,从而保障与促进审判质量。作用有三点:一是事前引导,通过设计目标任务及其考核评估标准,让法官在开展审判活动前明确工作目标任务,引导其趋利避害,围绕优质标准的具体要求实施审判行为;二是

① 中国社会科学院语言研究所词典编辑室编(第5版)。

② 青山法:"基层法院建立审判质量监督管理机制的思考",载湖北法院网,2012年4月5日访问。

事中保障，通过在法定程序框架内合理配置资源，完善工作程序，形成有助于提升审判质量的审判运行机制，最大限度地减少审判差错和瑕疵发生的概率；三是事后评价，由评价主体以纳入管理的审判质量评价标准，对具体审判行为的质量进行评价并奖优罚劣，从而激励法官和其他法院工作人员努力追求优质审判的目标。

当下，大量的矛盾纠纷在基层，基层法院审判质量的高低更关乎司法公正的实现，更关乎社会的公平正义，于是对基层法院审判质量的监督与管理更是关键所在，更应普遍关注。

二、基层法院审判质量监督管理现状检视

目前，全国绝大多数的基层法院已成立了专门行使审判质量管理监督权能的审判管理办公室（以下简称审管办），专门负责审判质量的监督管理工作。许多法院现行的做法是将审管办设立于本院的审判监督庭（以下简称审监庭），理由如下：一是出于审监庭具有司法审判监督职能，审判质量监督是其工作内容之一；二是《民事诉讼法》修改后申请再审案件上调一级，基层法院再审案件锐减，审监庭的主要职能是对法院内部案件质量进行监督管理；三是对法院资源的进一步整合、配置。

基层法院的审判质量监督管理模式大致有以下三种：[①]一是"统一立案"，把送达、诉讼保全、排期开庭的工作交由立案庭或其他不是业务庭的专门机构来完成，审判流程的管理则由审管办负责，期望通过将这些辅助性的工作从审判权中分离出来和对案件的审限进行监督，起到对审判质量与效率的监督管理作用。二是审监庭或其他专门机构对结案后的案件进行质量评查，通过评查以对案件质量进行监督。三是对审判工作进行质量评估，通过案件质量评估体系的运行，激励和约束法官，促进司法公正高效。[②] 实务中，这三种模式并不是截然可分，单独运作，而是交错共存，只是重点不同而已。当前，基层法院侧重于运用第三种方式对审判质量进行监管。这些监管方式在一定程度上对审判质效的提高，起到了积极的作用，但不足之处也是客观存在的。主要表现在以下四个方面：

(1)监管主体权威性不高。首先，审管办是近年法院在创新管理过程中内部设立的新机构，基层法院的审管办多数尚没有正式编制，现行法律对其功

① 李振洪："构建基层法院审判质量 监督管理新机制的探索与实践"，载河北法院网，2012 年 4 月 9 日访问。

② 张军主编，最高人民法院研究室编著：《人民法院案件质量评估体系理解与适用》，人民法院出版社 2011 年版，第 4 ~7 页。

能定位也尚无任何规定，没有法律上的支持，必定影响其权威性；其次，没有专职的监管人员，管理比较分散。例如，笔者所在的法院，审管办设在审监庭，与审监庭合署办公，办公室主任由分管审监工作的院领导担任，成员由两名专职审委委员、政工科科长、立案庭庭长、研究室主任、监察室主任和审监庭全体人员组成。管理者涉及立案庭、审监庭、研究室等部门的工作人员，双重身份，业务工作与管理工作功能交叉，角色冲突，监管往往流于形式，难以真正发挥监控作用，导致监管职权弱化；最后是认识不到位。多数审管办是设在审监庭，实行的是“一套人马，两块牌子”的模式，同志们对审判质量监督管理工作的内容和形式的认识比较模糊、混沌，往往认为是审监庭在行使监管权能，而审监庭的职能只是按照审判监督程序设置的一个审判业务庭，体制上与其他审判业务庭的地位平等，没有动态监控审判质量的职能，没有权威性，因此，根本不把监管措施当作一回事。

(2)监管内容不全面。在审判质量监督的范畴内，一般是侧重于案件质量的事后监督，只注重案件质量的定期、重点和专项评查监督，重视实施纠错功能。忽视对审判执行过程的动态监督，未能将审判质量管理应有的案件流程管理、审判质量与效率的评估摆到重要位置上来。例如对案件是否在法定期限内立案，是否立错案，是否依法办理了财产保全、证据保全，是否及时送达立案受理相关法律文书，是否及时移交立案材料给相应业务部门等事项未能做到有效监管。此外，对案件的审判及执行进度，审理案件的合议庭是否实行了合议制度，是否依法办理评估拍卖，承办法官是否存在不当执行行为等事项也未能有效地进行事中监督。

(3)监管手段落后。表现为：①计算机信息网上管理软件设置不够科学；②案件流程管理系统与司法统计系统没有并轨，未能及时为审判工作决策提供全面、准确的信息；③对不严格按照规范要求录入案件信息的行为缺乏有效的约束；④分析与评价性的审判和司法统计信息广度、深度不足，没有发挥信息对发现监管漏洞、形势分析预测的作用。仍以我院为例，我院目前建设的“电子档案”制度涉及五个软件系统：一是人民法院案件信息管理与司法统计系统；二是法院司法统计数据处理系统；三是锐新审判系统；四是全国法院执行案件信息管理系统；五是人民法院诉讼档案管理系统。但这五个系统互不兼容，对每起案件当事人基本信息录入必须重复 5 次（不进入执行程序的也有 4 次），浪费人力、物力，效率低下。

其中锐新审判系统是网上办案必须使用的系统，这个系统是通过对案件的立案、分案、开庭、裁判、报结、归档 6 个节点进行全程监控的办法来监督检查案件是否超审限问题,但这个系统目前在实际操作中效果并不明显。主要原因是办案人员对电子档案及时、完整填写的重要性认知不够,他们认为,只要自己所办的案件没有超审限即可,没按照网上审判流程管理规定办理并不违法,他们往往不能及时将案件的基本信息情况全面录入,而电脑软件办公系统默认节点是以在系统上当天填写录入电子表格时间为准,事后补录的案件系统上往往显示为超审限,因此,仅从系统平台上来看,超期现象较为严重,导致了电子系统流程和案件实际审判情况脱节,出现了电子档案与纸质档案不一致现象。

(4)监管效果不佳。其一,在制度层面上,审判监督管理的规章制度缺乏科学分类、内容全面、操作明确的规则体系。如对案件的延期审理、主办人或合议庭成员的变更规定,立案、审判、执行环节中的监督管理规定等各项管理制度之间缺乏必要的协调与衔接,有些规定制度可操作性不强,执行效果不明显。其二,实务中,监管人员往往存在畏难情绪,或者是与案件承办人、承办庭沟通交流不够,怕得罪人,致使有些规章制度在实际操作中落实不到位。其三,在案件质量的事后监督中,对案件评查结果的转化、利用不足,质评工作仍停留在具体的工作层面,尚未上升到促进整个审判质量上升和公信力提升的制度层面。

三、完善基层法院审判质量监督管理机制的建议

要让审判质量监督管理机制焕发并永远保持蓬勃的生命力,必须顺应法院审判工作的规律,并随着审判工作的变化发展而不断地自我完善。实践中运作的审判质量监控机制,一般涉及三方面的内容:一是法官的审判行为质量,这是基础。审判活动的一系列过程离不开人,公众对法院的信赖是基于法官队伍具有高尚的品行和优质的审判作风,审判质量的高低归根到底是法官审判行为质量的高低。因此,只有切实提高法官队伍的司法能力综合素质,才能从根本上提高审判质量。二是领导者的管理质量,这是关键。院庭两级领导作为法院工作方针政策的直接制定者和落实者,不仅要做出正确的司法决策,而且要进行有效的司法管理,其管理质量影响着法院工作的质量。因此,必须重视院庭两级领导管理职能的充分发挥。三是案件监控质量,这是保障。审判质量监督管理机制存在的最终意义是提高审判质量、更好地实现司法公正。而对案件审判活动的监控与对案件质量的评查监督作为审判质量监督管理的重要环节,是为实现审判的法律效果与社会效果相统一这一目标而服务。因此,只有正确定位案件监控质量在审判质量监督管理机制中的保障性作用,始终把提升法官司法能力、法官化解矛盾纠纷的能力作为案件质检工作的根

本着力点,才能引导审判质量监督管理机制向正确的方向进一步发展和完善。以下是笔者的几点建议:

(一)提高监管主体的权威性

审管办是新时期法院审判管理改革的产物,是协调沟通整个审判管理体系的平台和枢纽,[①]是在院党组领导下,对全院审判质量效率进行宏观监测、动态管理和全面评估的综合性工作机构。通过审管办对日常审判执行工作的监管,对相关审判质量与效率的各个工作节点进行监控、协调、督促、检查并及时提出纠正、改进措施,确保审判执行工作合法、有序、高效地开展。所以,应着力提高审管办地位上的权威性,改变分散管理,职能重叠、职责不明的状况,落实专门监管人员,把那些政治素质过硬、审判经验丰富,又有一定管理能力和组织协调能力的人员充实到监管队伍中来,提升监管队伍的整体素质和水平。在评定审判职称、晋职晋级、评先评优时,专门从事审判监管的人员应与审判业务部门的人员同等对待。这样,才有利于充分发挥审管办的功能,充分发挥审判管理规范、保障、促进、服务审判的作用。[②]

(二)对审判和执行过程进行全程监管

首先要明确监管的范畴。从审判质量的内涵上看,应当包括实体、程序、效果和法律文书四个方面。从审判质量评估的角度上看,按照最高人民法院案件质量评估体系[③]的规定,审判质量包括审判公正、审判效率、审判效果三方面内容。基层法院的审判质量目前是以32项三级评估指标来评价的,具体指标有:第一,公正指标:(1)立案变更率;(2)一审案件陪审率;(3)上诉改判率;(4)上诉发回重审率;(5)判决书上网率;(6)生效案件改判率;(7)生效案件发回重审率;(8)执行中止终结数;(9)司法赔偿率。第二,效率指标:(1)简易程序适用率;(2)当庭裁判率;(3)两抢一盗结案率;(4)延长审限未结比;(5)结案均衡度;(6)法官人均结案数;(7)法院人均结案数。第三,效果指标:(1)服判息诉率;(2)调解率;(3)撤诉率;(4)实际执行率;(5)执行标的到位率;(6)裁判自动履行率;(7)调解案件申请执行率;(8)信访投诉率等。由此可见,监管的范畴应当包括审判活动的整个过程以及执行工作的整个过程,又可理解为包括:审判流程管理、审判质量与效率的评估、案件质量评

---

① "最高人民法院审判管理办公室正式成立",载《人民法院报》2010年11月24日第2版。

② 参见最高人民法院印发《关于加强人民法院审判管理工作的若干意见》的通知(法发[2011]2号)。

③ 张军主编,最高人民法院研究室编著:《人民法院案件质量评估体系理解与适用》,人民法院出版社2011年版,第78~190页。

查、审判效果社会评价四方面。

其次是实施监控。(1)审管办定期或不定期地对立案工作进行检查。包括符合条件的起诉是否在法定期限内予以立案、是否及时移送业务庭。(2)庭审监督。审管办每季度不少于一次不定期随机选出案件按照排定的开庭日期和地点进行庭审活动的旁听,监督内容包括程序和实体两方面。主要检查审判是否公开、是否按期开庭、合议庭审判作风是否严肃、当事人诉讼权利是否得到保障等。(3)审限跟踪监督。审管办对每一起审执案件的审限、执行期限进行跟踪、监督,检查是否在法定期限内审结、执结,需要延期审理是否依法申请延期。(4)执行听证监督。对当事人或案外人就执行过程中提出的执行异议,是否及时答复异议人,审管办认为有必要听证的,及时派员参加。(5)审、执中抽查监督。审管办根据立案登记随机抽取正在办理的审判、执行案件,对其程序和实体分别进行审查。抽查后,发现存在问题并能补正的及时通知限期纠正。(6)结案后的评查监督。对案件的事后监督仍采取常规评查、重点评查、专项评查相结合的方式,并根据案件过错的性质和分类、审判人员的过失程度及造成的后果追究责任人的过错责任。(7)审判效果的检查监督。这个监督主要是指对审判活动后进行收集反馈、分析评估,从中得出规律性的启迪,规范指导以后的审判活动,以达到不断提高审判效果,实现审判效果管理良性循环的活动。[①] 要求审管办对已审结、执结的案件,随机抽取做回访当事人的工作,听取当事人对承办法官及所办案件的意见,或就审判效果问题主动征求人大代表、政协委员、民主党派、社会团体、专家学者、其他法律工作者、基层群众等社会各界的意见和建议,尤其深入企业、社区、乡村,及时了解广大基层群众的意见和建议,并将回访意见作为确定群众满意度的标准。通过回访检查,综合分析评估好当事人和社会公众对审判效果的评价和意见,及时发现影响审判效果的各种潜在问题。然后,在此基础上总结规律、掌握动向,及时向审判委员会、院庭长以及其他部门提出切实可行的审判工作决策建议,以规范指引今后的审判活动,达到提高法院整体执法水平,提高人民群众满意度的目的。

(三)创新监管手段

其一,依托计算机信息管理平台对案件实行动态监控。对法院来说,没有什么东西比程序更重要。程序控制是审判质量监管的核心内容。加强对审判程序的控制,关键是加强案件流程管理。目前全国多数基层法院已投入较大

---

① 姚秀权:“审判效果管理机制的构建”,载《人民法院报》2011 年 3 月 23 日第 8 版。

资金建成了局域网等信息网络,其中包括审判管理信息系统,中西部地区的基层法院已全面要求并正在推行网上办案。我们应当进一步发挥其功能,充分发挥其监控作用,避免资源的浪费。案件流程管理能否发挥其应有作用,关键是监督管理是否到位。做到监管到位,必须从以下五个方面着手:一是抓案件信息的录入工作。对照网上审判流程设置的要求,分节点要求审判人员及时、完整、准确录入案件信息和诉讼材料,明确规定对案件信息录入、报结、档案流转、归档等关键环节的录入期限和录入责任。二是突出管理环节。要抓住立案、审判、执行流程中的重点环节进行节点控制。立案流程要抓住立案审查期限、审查结果、立案信息录入质量、立案审批、诉讼费收取等环节;审判流程重点抓住送达起诉书副本、开庭排期、财产保全、证据保全、庭前调解、开庭审理、庭后调解、合议庭评议、撰写裁判文书、宣判及送达裁判文书、案卷装订归档等环节;执行流程要抓住强制措施的采用、执行听证、执行款项的退付、执行结案、执行案卷装订归档等环节。对以上环节,要结合案件流程管理软件进行动态跟踪监管。三是明确管理标准。对案件流程每一个环节中的每一诉讼事项确定统一的质量标准和要求。例如,诉讼文书填写、合议庭评议、裁判文书、诉讼记录等,都应按上级法院统一的质量标准和要求填写、制作。四是建立案件跟踪管理卡制度,以表格形式对每一件案设立质量跟踪管理卡,从立案时附卷,要求案件主办人或书记员在流程运转中如实填写,结案后附卷归档。五是建立预警、督办制度,对可能不能按办理期限完成某一环节任务的经办人由审管办进行审限预警。对超过办理期限的经办人由审管办进行督办,必要时,由院长签发督办令督办。

其二,根据案件质量监控机制的要求,进一步开发完善信息管理相关软件。在原有的计算机信息网上管理软件基础上,开发系统兼容软件,解决实际中不同软件系统之间互不兼容问题,提高工作效率。对实践中普遍存在的微机中设定的具有监控查询功能的统计表(如部门收结案情况,法官个人收结案情况等)统计不准确问题,专门的监管人员要及时查明原因,排除故障,使这些统计表发挥功效。

其三,健全法官业绩评价制度。法官业绩评价制度,至少应包括法官办案业绩、办案技能和职业形象三个部分。其中办案业绩应当包括审判案件的质量、数量、效率、效果以及在审判工作中做出的其他贡献。办案技能应当包括庭审驾驭能力、裁判文书制作水平和司法调研能力。职业形象应当包括职业道德操守、职业纪律作风、司法理念意识和改革创新意识等。健全的法官业绩评价制度,要以审判质量档案、廉政档案以及政工人事档案为基础,按照科学化、民主化、规范化和透明化的程序进行，以确保对法官业绩评价的科学性、客观性、公正性。应当注意以下几点：

(1)科学设定考核内容。应当结合前文述及的32项审判质量评估指标数据的高低来考核，将32项评估指标，层层落实分解到各个部门、各个具体的人，并将法官每月结案数量、质量、效果等完成32项指标数据录入审判业绩考核档案中。促使一线法官、审判部门共同努力，提升业绩，最终达到提高审判质量与效率的目的。

(2)合理运用考核方法。为实现评估考核结果真正对法官个人和全院审判工作起到激励作用，把对审判执行工作的评估考核纳入审判质量监督管理体系中，把立案变更率、一审案件陪审率、上诉案件被改判发回重审率、判决书上网率、生效案件被改判发回重审率作为审判质量的重点指标，用于评价法官的办案质量和化解矛盾纠纷的司法能力，进而增强法官的质量意识。将简易程序适用率、当庭裁判率、两抢一盗结案率、延长审限未结比、结案均衡度作为审判效率中的重点指标，用于评价法官的办案能力和速度，以达到增强法官的审限意识与效率意识的目的。将执行案件的实际执行率、执行标的到位率作为评价审判效果的重点指标，以客观反映执行工作的实际效果，从而有针对性地采取相应措施，最大限度地为当事人兑现裁判文书的实体处理结果。在坚持考核激励性目标的前提下，还需考虑审判工作自身的规律和特点，体现考核的准确性和公正性。在考核中，按照不同业务部门和不同审判法官的工作差异，实行分类考核，使考核能够准确反映不同业务部门和不同审判法官的审判效果，并在横向比较中体现相对公平性。同时，考核过程中应当实行考核者与被考核者之间的双向沟通，给予被考核者发表意见和提供质疑的机会，以提高被考核者对考核结果的认同感。

(3)有效利用考核结果。将考核结果与激励机制联系起来，考核结果的好坏与对被考核者的奖惩兑现、晋职晋级等利益直接挂钩，真正发挥考核机制对审判质效的激励作用。法官审判业绩档案，不仅是法官评先评优、晋升的依据，也是审判质量责任追究的依据。

(四)加强对监管结果的运用

监管是为了进一步提高审判的质量与效率，为更有利于提高整体执法水平，我们要积极转化监管成果，应建立或健全以下相关的配套制度：

一是建立优秀示范庭审、优秀裁判文书、精品案件评选制度。通过开展评选优秀示范庭、优秀载判文书、精品案等活动，鼓励审判人员学习先进经验和好的做法，提高案件质量。要求每一件案做到实体裁判公正、办案程序合法、裁判文书规范、社会效果良好、案卷装订完整。首先是要求实体裁判公正，就是要求案件事实清楚，对事实的认定具体、明确，既不扩大，也不缩小；证据扎实充分，据以定案的证据必须准确无误、确凿；适用法律准确，确定诉讼主体、案件性质、法律关系和违法责任等符合法律规定，做到是非分明，责任明确，处理公正；裁判正确公平，裁判结果公平合理。其次是要求办案程序合法，就是要求做到办案程序合法，遵守案件管辖规定，执行公开审判、回避、辩论等诉讼原则和制度，定案证据经过庭审举证、质证、认证，严格执行办案期限的规定，审批手续齐全。最后是要求裁判文书规范，就是要求裁判文书做到论述认定事实清楚，列举证据具体充分，论证说理透彻有力，引用法律条款准确，结构层次清楚，用词恰当，语言精练。

二是完善上诉发回改判案件分析通报制度。各庭法官，一方面要重视对判决案件当事人服判息诉工作，做好判后答疑工作，尽量减少上诉案件；另一方面要多沟通，包括承办法官与庭领导之间、与上级法院之间的沟通，尽量争取上诉案件不被改判、不被发回重审。此外，对于已上诉并被发回重审或被改判的案件，要认真通过分析找出错误的原因，并作出整改意见，避免日后犯同样的错误。

三是实行重大案件通报制度。对全院发生的涉诉信访、当事人申请国家赔偿、群众举报、违法违纪、枉法裁判错案追究的案件情况，进行分析并予以通报，查找原因，提出对策。

四是进一步完善审判运行态势分析制度。用好用活司法统计数据，定期分析通报全院审判运行态势，及时了解审判质量、审判效率和审判效果各项评估指标变化动态，并通过对一定时期内审判工作基本走势进行分析研究，揭示审判工作的内在规律和存在的问题，进而提出推动和改进审判工作的办法和措施。

五是完善的案件质量评查制度和案件质量考评反馈制度。既要注重评查，也要注重评查结果的运用，这样才能较好地统一司法尺度、总结审判经验，才能避免类似错误的再发生，才能推动案件质量不断地提升。

六是建立奖惩制度。将审判质量监督管理与法官工作业绩的考评相衔接，以加强对审判质效指标数据在法官岗位目标考核中的综合运用，形成奖罚分明、优胜劣汰的法官内部竞争机制。采取审判质效直接与个人利益挂钩这种最简单亦是最有效的办法来强化审判监管，在审判质效指标数据和考核奖惩办法的双重指引和驱动之下，才能确保全院上下质量意识、效率意识、责任意识得以提升，促进审判质效的提高。

七是建立业务培训制度。针对审判监督管理工作过程中发现的法官在审判业务知识方面的不足,组织法官进行有针对性的业务培训,充分利用网络平台,法官周末论坛等对广大法官队伍进行远程业务指导及业务培训,以提高法官队伍的业务素质和司法能力。通过对监管结果的运用,使法官们及时明白自己的业务成绩和不足,及时明确努力方向,从而激励他们的上进心、责任心及竞争意识,促使他们努力追求审判工作的高质量与高效率。

论对仲裁司法审查的审判监督

上海市高级人民法院 宗 来

一、问题的提出

作为现代社会中的一种民间契约性质的诉讼外纠纷解决模式(ADR),商事仲裁以其独有的经济、①快捷、②保密③等诸多优势普遍获得了世界各国司法权的认可与支持;④而与之相对应的"或裁或审"(the "competence-competence" rule)⑤与"一裁终局"等原则也早已成为国际商事仲裁的强行规则。因此,在上述立法大趋势下,我国现行法律制度对仲裁裁决作出之后的司法审查主要也仅局限于仲裁裁决撤销与不予执行(或承认)的两项监督制度。⑥ 并且,鉴于我国对仲裁机制的支持及对"一裁终局"原则的恪守,⑦最高人民法院在一系列的司法解释⑧中明文排除了当事人对上述法院司法审查后所作出裁定的上诉权⑨与申请再审权;⑩同时亦明确规定人民检察院也无权对此进行抗诉。⑪ 易言之,这些制度安排几乎已"关闭"了当事人对仲裁裁决司

---

① Foster v. Turley, 808 F. 2d 38, 42 (10th Cir. 1986).

② Fairchild & Co. v. Richmond F. & P. R. Co., 516 F. Supp. 1305, 1313 – 14 (D. D. C. 1981); *Brandon v. Hines*, 439 A. 2d 496, 509 (D. C. 1981).

③ 乔欣著:《比较商事仲裁》,法律出版社2004年版,第2~4页。

④ [法]菲利普·福盖德等著:《国际商事仲裁》(影印本),中信出版社2004年版,第885页。

⑤ 张圣翠著:《国际商事仲裁强行规则研究》,北京大学出版社2007年版,第166页;[法]菲利普·福盖德等著:《国际商事仲裁》(影印本),第885页。

⑥ 事实上,我国法律将仲裁裁决主要区分为以下四种类型:(1)国内仲裁机构作出的不具有涉外因素的仲裁裁决;(2)国内仲裁机构作出的具有涉外因素的涉外裁决;(3)港澳台仲裁机构作出的仲裁裁决;(4)外国仲裁机构作出的仲裁裁决。前两类仲裁裁决的司法审查即裁决撤销与不予执行两项制度;对于我国港澳台地区仲裁裁决的司法审查主要表现为执行审查;而对于外国仲裁裁决则主要表现为对申请承认与执行的司法审查。最高人民法院《关于印发〈第二次全国涉外商事海事审判工作会议纪要〉的通知》(法发〔2005〕26号)第六章第二、三节之规定;慕亚平等:"涉外仲裁的司法审查",载《中国商事审判研究》(第2辑),法律出版社2011年版,第389~393页。

⑦ 高菲:"中国法院对仲裁的支持与监督——访最高人民法院院长肖扬",载《中国对外贸易》2001年第6期。

⑧ 最高人民法院《关于司法解释工作的规定》第6条规定:"司法解释的形式分为'解释'、'规定'、'批复'和'决定'四种……对高级人民法院、解放军军事法院就审判工作中具体应用法律问题的请示制定的司法解释,采用'批复'的形式。"

⑨ 法复[1997]5号。

⑩ 法复[1996]8号;法释[1999]6号;法释[2004]9号。

⑪ 法释[2000]17号;法释[2000]46号。

法审查寻求审判监督之门;对此,在司法实务中已经有观点认为“我国法院对仲裁裁决进行司法监督”采用的是“一审终局”的体制。[①]

然而,这扇“再审之门”真的能够闭得住吗?

人类的认识能力本身就是有限的,任何诉讼程序都有可能发生对案件事实认定的不足或偏差,[②]法院对仲裁裁决所进行的司法审查程序也同样如此。事实上,最高人民法院曾先后分别于2007年[③]与2008年[④]就以个案复函或是答复的方式默许了下级法院因纠错需要而依职权启动的该类再审程序。因此,对于仲裁司法审查的法律救济已经成为当下司法实践中的一个亟待关注的难题。本文拟借本次《民事诉讼法》修正的契机,综合分析仲裁机制的特质、整合审判与执行监督的相关资源,并适当参考国际立法标准并结合我国的实际,提出“一揽子”解决该问题的修法建议,供大家参考。

二、我国现行法律规则的检讨

我国《仲裁法》第5条与第9条所分别确立的“或裁或审”与“一裁终局”的原则指明了司法权与仲裁权之间权限划分的一般规则:只要一项仲裁协议依其准据法之规定是有效的,那么司法机关对该项仲裁所涉的相关争议事项的司法裁判权就将被排斥,直到仲裁机构作出裁决后而一次性地用尽其仲裁权时为止。[⑤] 并且,仲裁裁决一经作出后便会在其所归属的法律体系内[⑥]对其有权裁决的相关争议事项产生法的既判效力(res judicata),[⑦]因而我国《仲裁法》第9条进一步规定“(仲裁)裁决作出后,当事人就同一纠纷再申请仲裁或者向人民法院起诉的,仲裁委员会或者人民法院不予受理”。

对于归属于我国法律体系的仲裁裁决,其上述法的效力是可以经我国法院依法撤销的,《仲裁法》第59条规定自收到裁决书之日起的6个月内当事

---

① 傅翔、宋天义、李伟:“申请撤销仲裁裁决案件的若干问题研究”,载《行政与法》2010年第10期;高菲:“仲裁是一裁终局的,仲裁协议也是一裁终局,只能使用一次吗?”,载《中国对外贸易》2001年第4期。

② 邓思清:“论审判监督的理论基础”,载《法律科学》(西北政法学院学报)2003年第3期。

③ [2007]民四他字第7号。

④ [2008]民四他字第21号。

⑤ 当然,所谓的“或裁或审”或“自裁管辖”原则也有其自身的局限,即该原则并不排斥法院在仲裁裁决作出之前对仲裁权的支持或者对仲裁协议效力的司法审查权。《仲裁法》第20条;最高人民法院《关于确认仲裁协议效力几个问题的批复》;最高人民法院《关于适用〈中华人民共和国仲裁法〉若干问题的解释》第13条。另参见张圣翠:《国际商事仲裁强行规则研究》,北京大学出版社2007年版,第166页;[法]菲利普·福盖德等著:《国际商事仲裁》(影印本),第885页。

⑥ 谢新胜著:《国际商事仲裁程序法的适用》,中国检察出版社2009年版,第71页。

⑦ 高蔚:“论诉讼与仲裁关系中的既判力问题”,载《法学家》2010年第6期;张圣翠:《国际商事仲裁强行规则研究》,北京大学出版社2007年版,第177页。

人可以向法院申请撤销该仲裁裁决;《仲裁法》第60条亦规定人民法院应当在受理撤销仲裁裁决之日起的2个月内作出撤销裁决或者驳回申请的裁定。并且,法复[1997]5号还规定对人民法院作出的上述裁定当事人无权上诉。因此,结合法释[2006]7号第26条①以及法发[2005]26号第76条②之规定,一项归属我国法域的仲裁裁决只要经过上述法定的撤裁期限而未经当事人提起撤裁申请的,或者即使被提起撤裁申请而经人民法院依法审查后驳回该申请的,该仲裁裁定就会产生等同于我国法院作出的生效裁判所具有的法的执行效力。③

对于未归属于我国法律体系的仲裁裁决并非会在我国法域内自动产生上述的法的效力,而需要通过当事人根据《纽约公约》、④法发[1995]18号以及法释[1998]28号等规定向我国法院申请承认或执行该外国仲裁裁决并经人民法院依法审查承认之后,相关仲裁裁决才会被纳入我国的法律体系中并进而产生相应的法律效力。⑤

正是在此处,我们便得到了一条能够基本区分仲裁权与司法权各自管辖领域的"分水岭"——根据我国仲裁法所采的"一裁终局"与"或裁或审"原则:在此之前,由于仲裁权的主导性,国家司法权原则性⑥地遭到排斥;而在此之后,由于仲裁权的一次行使而"用尽"后,相关的仲裁裁决也历经了法定程序后基本上得到了司法权的认可因而享有了法院强制执行力的保障。

当然,此刻业经"司法化"的仲裁裁决的执行效力也并非是绝对的,《纽约公约》、《仲裁法》等法律规范都规定了仲裁裁决的不予执行的司法审查制度。只是,该项制度在法释[2006]7号第26条以及法发[2005]26号第76条的规定作用下,其本身所应有的司法审查功能已近"消磨殆尽"了。

于是,我们便来到了制度的一个"十字路口",所面临的抉择正是本文所

---

① 该条规定:"当事人向人民法院申请撤销仲裁裁决被驳回后,又在执行程序中以相同理由提出不予执行抗辩的,人民法院不予支持"。

② 该条规定:"当事人向人民法院申请撤销仲裁裁决被驳回后,又在执行程序中提出不予执行抗辩的,人民法院不予支持"。

③ 孙珺:"德国仲裁立法改革",载《外国法译评》1999年第1期。

④ 即联合国《承认及执行外国仲裁裁决公约》,该公约于1987年4月22日起对我国生效。

⑤ 高蔚:"论诉讼与仲裁关系中的既判力问题",载《法学家》2010年第6期;张圣翠:《国际商事仲裁强行规则研究》,北京大学出版社2007年版,第177页。

⑥ 所谓"原则性",是因为我国在采纳"或裁或审"原则(the "Competence-Competence" Rule)的同时也主要在仲裁协议效力的认定方面保留着一定的司法审查权。同时,对于准据法即使并非是我国法律的仲裁协议,我国也依旧保留着相应的司法审查权。《最高人民法院关于德国旭普林国际有限责任公司与无锡沃可通用工程橡胶有限公司申请确认仲裁协议效力一案的请示的复函》([2003]民四他字第23号)。

要探究问题的实质:司法权是应当就此“收手”,还是应当对当事人诸如申诉[①]等合法权利若受侵害时继续提供司法救济的保障?鉴于在我国现行的审判程序中唯一也只有再审可以不受在先生效裁判既判力的拘束,因而,若仅从法律适用的技术层面上来探讨的话,上述问题即便转化为对仲裁裁决的司法审查是否能够再审?更进一步讲,即相应的审判监督是否符合法定的再审立案规定?当然,在具体讨论之前有必要在此先提前说明三点:首先,我们已经是在司法权的“疆域”下讨论上述问题,而与仲裁权无涉;其次,此处再审之诉的标的并非是仲裁裁决本身,而是法院对仲裁裁决进行司法监督之后所作出的相关民事裁定;最后,再审之诉的效力因而不应该直接波及到仲裁裁决本身,因此一般也并不会损及于先前的仲裁权。

根据我国《民事诉讼法》等相关法律规范[②],启动我国审判监督程序大致有以下三种途径:[③]第一,人民法院决定再审的;第二,当事人申请再审并经法院审查认可的;第三,人民检察院提起抗诉的。而正如上文所述,最高人民法院的相关司法解释已经明文排除了后两种启动对仲裁裁决司法审查再审的途径,而对于是否能够通过人民法院依职权的方式提起该类审判监督程序,至少单凭上述规定来看是“态度不明的”。[④]

既然法律对此未予明确的规定,那么我们首先要做的就是运用法学方法论来对之进行法律的解释。而解释的方法则应当是:首先通过规范字义及意义脉络的方法来界定法律所有可能的解释;再“优先采用最能符合立法者的规定意向及规范目的的解释”;若仍存有不足,最后才“不得不”适用“客观的目的论的标准进行解释”。[⑤] 由是观之,对法律进行解释的前提是法律必须存在歧义,但是无论是针对禁止当事人申请再审的规定,即法复[1996]8号、法释[1999]6号、法释[2004]9号以及法发[2002]13号第14条第1款第2项,[⑥]抑或是针对禁止检察院通过抗诉方式启动再审的规定,即法释[2000]17号、法释[2000]46号,其字面表述都并无任何的歧义。因而,对相关规范并无

---

① 江必新著:最高人民法院《关于适用民事诉讼法审判监督程序司法解释理解与适用》,人民法院出版社2008年版,第13页。

② 法发[2002]13号。

③ 陈安:“论中国涉外仲裁的监督机制及其与国际惯例的接轨”,载《比较法研究》第1995年第4期。

④ 天津市高级人民法院民四庭:“涉外仲裁的司法审查”,载《中国涉外商事审判研究》(第2辑),法律出版社2011年版,第405页。

⑤ [德]卡尔·拉伦茨著:《法学方法论》,陈爱娥译,商务印书馆2003年版,第220~221页。

⑥ 该条文规定:“人民法院对裁定撤销仲裁裁决和裁定不予执行仲裁裁决的案件的再审申请不予受理”。

法律解释规则适用的余地。所以，本文认为我国现行法律体系中并未设有明文的规定直接表述禁止人民法院依职权启动仲裁裁决司法审查的再审程序。

然而，诚如拉丁法谚所言，“在同一理由应适用同一法律下，类似事项应予同类判决”。[①] 基于上述法律适用的平等原则，在此我们有理由认为同为再审启动的方式之一，法律应当会基于同一的价值判断或规范目的，[②]对于人民法院依职权启动再审的方式上苛加类似于其他两类再审途径的禁止性规定。事实上，在最高人民法院于 2004 年所连续作出的两起个案复函案件[③]中已经明确表达了“人民法院不得依职权（对仲裁裁决司法审查的民事裁定）提起再审”的司法态度。只是上述材料的性质仅仅是个案裁判，在法律效力上只具有“法理上的附随效力”，[④]并无直接的规范效力。[⑤] 但是，上述理由已经足以认定此处确实存在着一个法律上的漏洞（Gesetzlücke）。

鉴于现代法治并不允许法院在法律存在漏洞的时候拒绝作出裁判，因此，有必要通过法律之续造的方法对之进行漏洞填补。[⑥] 法律漏洞依其性质而言可分为公开漏洞（offene Gesetzlücke）与隐蔽漏洞（verdeckte Gesetzlücke）[⑦]两种类型。而上述漏洞当属是公开的漏洞，因为就该问题，诚如上文所述，法律依其内在目的及规范计划，应有所禁止规定，而未设该规定。[⑧] 填补公开的法律漏洞的法律方法大致有两种：一是类推适用（Rechtsanalogie）；[⑨]二是目的性扩张（teleologische Extention）。[⑩] 但是，无论采何种法律漏洞填补的方法，其

---

① 原文为“Ubi eadem ratio，ibi idem jus；et de similibus idem est Judicium”。参见王泽鉴：“举重明轻、衡平原则与类推适用”，载《民法学说与判例研究》（第 8 册），北京大学出版社 2009 年版，第 50 页。

② 对于法律漏洞的认定可以类推适用的方式为之。对此正如王泽鉴先生所言，“类推适用不仅是填补法律漏洞的方法，也是认定法律漏洞的一种手段。易言之，法律漏洞的认定与填补常同时为之，而其法理上的依据，乃平等原则，即基于法律上的同一价值判断”。参见王泽鉴：《举重明轻、衡平原则与类推适用》，载《民法学说与判例研究》（第 8 册），北京大学出版社 2009 年版，第 49 页。

③ ［2003］民立他字第 34 号；［2003］民立他字第 45 号。

④ 张卫平：《民事诉讼：关键词展开》，中国人民大学出版社 2005 年版，第 299 页、334 页。

⑤ ［德］卡尔·拉伦茨：《法学方法论》，陈爱娥译，商务印书馆 2003 年版，第 232 页。

⑥ ［德］卡尔·拉伦茨：《法学方法论》，陈爱娥译，商务印书馆 2003 年版，第 246 页及以下。

⑦ 王泽鉴：“举重明轻、衡平原则与类推适用”，载《民法学说与判例研究》（第 8 册），北京大学出版社 2009 年版，第 47 页。

⑧ 王泽鉴：“举重明轻、衡平原则与类推适用”，载《民法学说与判例研究》（第 8 册），北京大学出版社 2009 年版，第 47 页。

⑨ 王泽鉴：《法律思维与民法实例》，中国政法大学出版社 2001 年版，第 254 页。

⑩ 王泽鉴：“举重明轻、衡平原则与类推适用”，载《民法学说与判例研究》（第 8 册），北京大学出版社 2009 年版，第 50 页、60 页。

所依据的却都是“同类事物同等处理”①的归纳逻辑的思维模式。因而，正如卡纳利斯所言，“于此必须一再审查，是否有其他法律规定足以质疑此‘一般法律原则’的假定，即使肯定有此等‘一般法律原则’存在，是否有其他相反的法律原则足以限制前者的适用范围”。② 准以此言，最高人民法院于2006年所作出的[2006]民四他字第15号个案复函则为我们提供了排除填补上述法律漏洞所有手段之可能的最好的反例。在该案中上海市高级人民法院就“朱裕华申请不执行仲裁裁决案”请示最高人民法院，经最高法院审判委员会讨论决定，该院答复如下：“根据你院的请示报告，中国国际经济贸易委员会上海分会在仲裁朱裕华与上海海船厨房设备金属制品厂合作合同纠纷一案过程中，因将受送达人朱裕华的送达地址书写不当而未能向其送达‘仲裁通知’、‘仲裁规则’、‘仲裁员名册’、‘仲裁申请书及附件材料’及‘仲裁庭组成和开庭通知’，导致受送达人未能出庭并陈述意见，本案存在《中华人民共和国民事诉讼法》第260条第1款第(2)项和《中华人民共和国仲裁法》第71条规定的不予执行的情形。鉴于申请人朱裕华申请不予执行和撤销本案仲裁裁决已先后被上海市第一、第二中级人民法院裁定驳回，你院可依照《中华人民共和国民事诉讼法》第177条第2款之规定对本案做出处理。”因此，对该项法律上的漏洞并无法律续造之填补的可能。

综上所述，本文认为我国法律并未禁止人民法院依职权对仲裁裁决司法审查的生效裁定启动再审审查程序的权力。

至于人民法院可得对仲裁裁决的司法审查程序依职权启动再审的范围，本文认为应当排除司法审查程序所作出的“撤销仲裁裁决的裁定”以及“不予执行仲裁裁决的裁定”两项裁定的可再审性。这主要是因为：我国《民事诉讼法》第213条、259条以及《仲裁法》第9条第2款均已规定了对上述两类民事裁定的救济途径，即在人民法院依法作出该类裁定之后，“当事人就该纠纷可以根据双方重新达成的仲裁协议申请仲裁，也可以向人民法院起诉”；而再审程序则是法律对人民法院作出的所有生效裁判所设置的普通救济程序。当仅针对该两类具体的民事裁定而言，上述两种救济途径无疑构成了法条的竞合，并且前者较之后者显然处于特别法的地位。因而，根据法律的位阶适用规则，对上述两类裁定的救济当无适用再审程序的余地。

三、制度的评价与改良

对于上述制度安排，本文认为存在如下的特点：第一，启动再审的标准实

① [德]卡尔·拉伦茨：《法学方法论》，陈爱娥译，商务印书馆2003年版，第252页。

② [德]卡尔·拉伦茨：《法学方法论》，陈爱娥译，商务印书馆2003年版，第260～261页。

质采用的是法院对仲裁裁决司法审查的评判标准,而非《民事诉讼法》第179条所规定的法定再审事由;第二,再审之诉审查的焦点在于仲裁裁决有无法定的可撤销或者不予执行(或承认)的法定事项,而并非原生效司法审查的民事裁定本身是否确有错误;[①]第三,再审程序遵循的也是司法审查的程序:诸如根据相关司法解释[②]的规定,法院对涉外仲裁裁决进行司法审查应当采用"逐级上报制度",而相应的再审程序中也同样采用了该项制度;第四,再审之诉的法律效力往往也都会及于仲裁裁决,并进而对其效力再次作出认定。[③] 由是观之,由于在我国现行的法律制度框架内只能由人民法院依职权才能启动对仲裁裁决司法审查裁定的再审程序,因此这就客观上造成相关救济途径的单一与被动,并进而导致该类再审程序本身定位上存在如下的偏差:

首先,该类再审启动标准与尺度"过高"。法院对于纠纷所应有的中立与超然的本质属性本身就与其主动启动一项诉讼程序存在着天然的紧张关系,而这对矛盾无疑又被法律上述的单一制度安排无限地放大了。作为应对,法院在现实的司法实践中一般只能采取更为谨慎的态度来严格限制这一权力的行使,其结果就是该类再审启动的门槛无形中被"抬高"。易言之,在启动再审的标准与尺度方面,法院一般都会放弃采用《民事诉讼法》第179条所规定的再审事由(错误的外观瑕疵),而是直接根据原司法审查所适用的裁判标准(错误的本身)来进行认定。但是,相对于前者审查错误的外观瑕疵,后者所采的对错误本身的审查标准在理论上却认为是"无法通过诉讼程序以外的途径得以确定的"。[④]

其次,该类再审之诉的标的发生了"错位"。由于程序开始之前的审查标准的变异,导致进入该类再审案件基本上都是能100%命中的错案。因此,启动再审尺度的错位也必然会导致再审程序审查标的的进一步错位。所谓再审程序,"是对已经生效的原审裁判存在错误的纠正程序",[⑤]其所审查的焦点应当是原审司法审查程序本身,然而由于这一工作早已在再审的立案审查的阶段已告完成,因此,司法实践中,法院在再审程序中所审查的真正标的却往往是仲裁机关的仲裁程序。

最后,该类再审的法律效力同样也牵涉"过广"。根据该类再审之诉的范

---

① [2007]沪高民四(商)他字第2号;[2007]粤高法民四他字第22号。

② 法发[1995]18号;法[1998]40号。

③ [2007]民四他字第7号;[2008]民四他字第21号。

④ 陈桂明:"再审事由应当如何确定——兼评2007年民事诉讼法修改之得失",载《法学家》2007年第6期。

⑤ 江必新:"论创新和完善审判监督纠错机制",载《人民司法·应用》2011年第15期。

围与对象,再审的裁判应当仅仅局限于法院司法审查程序本身,不可能也不应当波及仲裁机关的仲裁程序。因为,在该类再审程序中,后者充其量仅仅是再审所要查明并考量的案件事实,并非再审案件有权裁判的法律关系。事实上,正如上文所述,根据我国《仲裁法》所采纳的"一裁终局"以及"或裁或审"原则,法院此时一般已经无权再就业经"司法化"的仲裁裁决所确定的既得权利①直接进行司法干预。

综上,现行的对仲裁裁决司法审查的再审程序所存在的偏差的根本原因就是没有能够切实遵循"一裁终局"与"或裁或审"的司法与仲裁的权力配置基本规则。因此有必要秉持最高人民法院所一贯坚持的"仲裁司法监督有限"原则,②对上述再审制度进行适当的制度性改良。本文认为,在现行法律的框架内,适度的制度性改良应当至少包含以下两个方面:

第一,采用法定的再审事由作为启动再审程序的审查标准,并进而严格限制再审之诉标的为原司法审查的程序本身。正如上文所述,对于仲裁裁决司法审查的再审立案审查标准应当仍旧根据《民事诉讼法》第 179 条所列举的法定事项进行审查。在再审程序中正确把握并严格区分再审所要查明的案件事实与再审所要裁判的法律关系之间的差异,严格将再审之诉标的的范围与对象局限于原审司法审查程序。通过建立上述再审诉讼标的与仲裁程序上的"隔离墙",来进一步夯实该类审判监督程序的合法性根基。

第二,通过执行监督的方式来行使再审裁判的纠错效力。鉴于我国仲裁权与司法权的上述权限安排,能够进入人民法院再审审查程序中的仲裁裁决均是业经生效司法审查程序所确认的生效裁决。人民法院即使是经再审后认定上述司法审查程序确有错误的,本文认为也不宜复制现行司法的实务操作对仲裁裁决的效力直接予以否定,而是不妨通过法院内部部门间的协调并以执行监督的途径对利益受侵害的仲裁当事人进行必要的权益救济。只有如此适当限制再审裁判的效力才能符合"一裁终局"与"或裁或审"原则的本质要求,同时也能促进我国商事仲裁市场化的培育,并进一步维护涉外仲裁当事人的合理信赖权益。

事实上,最高人民法院《关于人民法院执行工作若干问题的规定》(试行)(以下简称《执行规定》)第 130 条明确规定了我国执行监督的制度。而该院[2004]执他字第 13 号个案复函也进一步区分了审判监督与执行监督各自的

① 高蔚:"论诉讼与仲裁关系中的既判力问题",载《法学家》2010 年第 6 期。

② [2003]民立他字第 34 号。

独立性。[①] 虽然,该个案复函的性质并非是法律规范,但在未有相反资料的情况下应当本着"同类事物同等处理"[②]的法律续造原则对其类推适用于上述再审程序。因此,若经再审审查后依法认定原司法审查程序确有错误应当改判的,本文认为应当通过法院内部的协调并以执行监督程序的方式由上级法院作出执行回转的执行裁定;当然假使该仲裁裁决胜诉方还未申请法院强制执行的,再审后人民法院也可由有权执行该项裁决的上级法院出具执行通知或建议,以内部告知相关法院的执行部门日后不要受理相关仲裁裁决的执行申请。

诚然,仲裁裁决的撤销(set aside awards)与承认或执行(recognition or enforcement)的法律效力并不相同:前者具有使相关仲裁裁决根本上丧失效力的终局法效;而后者只具有域内的法效,并不足以影响他国对该仲裁裁决的态度。[③] 因而正如有学者所言:"拒绝执行一项仲裁裁决的直接后果是,胜诉方不能得偿所愿……对于申请执行者而言,虽然这是令人失望的结果,但不必挂怀,他有可能仍然拥有一份(有效的仲裁)裁决,可在败诉方有财产的其他国家申请执行"。[④] 本文的上述改良方案也许会使归属于我国的国际商事仲裁裁决因得不到我国内国法的撤销而始终有效,并且该裁决的胜诉方也有可能在其他法域申请该尚未撤销的仲裁裁决而获得执行利益。对此,本文却认为在《纽约公约》法制框架内,上述问题的现实可能性很小:《纽约公约》第 5 条设置了执行国不予执行不归属于该国法律体系的生效仲裁裁决的审查制度。因此,在本文将可得再审的裁定范围明确局限于"驳回撤裁申请的裁定"与"驳回不予执行申请的裁定"两种具体类型后,相关涉外仲裁裁决的再审裁定应当都是经过我国最高人民法院审查认可后作出的,该再审裁定所确定的相关仲裁程序上瑕疵的事实,应当足以帮助仲裁败诉方获得《纽约公约》第 5 条

---

① 在该复函中,最高人民法院认为:"本院《执行规定》第 130 条第 1 款规定赋予了上级法院对下级法院在执行中作出的不当或错误裁定的监督权。上级法院的执行部门代表人民法院行使职权,有权依据《执行规定》第 130 条监督纠正下级法院作出的不予执行仲裁裁决的裁定。而最高人民法院法复[1996]8 号批复是针对当事人申请再审而言的,并不影响上级法院对下级法院执行工作的监督权"。

② [德]卡尔·拉伦茨:《法学方法论》,陈爱娥译,商务印书馆 2003 年版,第 252 页。

③ 赵秀文:《国际商事仲裁及其适用法律研究》,北京大学出版社 2002 年版,第 250 页。

④ [英]艾伦·雷德芬、马丁·亨特等著:《国际商事仲裁法律与实践》,林一飞等译,北京大学出版社 2005 年版,第 469 页。

的保护而在执行国获得不予执行该仲裁裁定的有利判决。[①]

四、结论

本文认为,我国现行法律并未禁止人民法院依职权启动对仲裁司法审查的再审程序的权力,但是应当排除“撤销仲裁裁决的裁定”与“不予执行仲裁裁决的裁定”两类裁定的可再审性。综观我国法院对上述再审的实务操作,存在未能严格遵循我国法律对于仲裁与司法权限划分的原则规定的弊病,因此存在制度改良的空间:第一,采用法定的再审事由作为启动再审程序的审查标准,并进而严格限制再审之诉标的为原司法审查的程序本身;第二,通过执行监督的方式来行使再审裁判的纠错效力。

① 事实上经我国最高人民法院依法审查后作出的涉仲裁的相关司法裁判在国际上获得了普遍的尊重。如德国柏林高等法院就在“旭普林国际有限责任公司申请承认与执行其与无锡沃可通用工程橡胶有限公司仲裁裁决案”中表述:“由于中方判决经中国最高法院审查,因此没有理由认为中国法的适用存在问题”。高蔚:“论诉讼与仲裁关系中的既判力问题”,载《法学家》2010 年第 6 期,第 160 页。

完善案外人申请再审制度之浅见

北京市第二中级人民法院 靳 起 孙颖颖

2007 年,我国《民事诉讼法》进行修正,并随后出台了相关配套司法解释,初步解决了案外人申请再审的基本问题,案外人申请再审案件得以在法院正式立案,并出现逐年递增的趋势,案件类型亦日趋复杂和变化。由于立法规定很原则,寥寥几条,很难解决司法实践中层出不穷的实际问题,对案外人申请再审制度进行规范和完善迫在眉睫。笔者拟在总结我院案外人申请再审案件情况的基础上,探讨一下对案外人申请再审制度规范、完善的一些构想。

一、案外人的界定

广义而言,案件当事人以外的人都是案外人,但不是所有案件当事人以外的人都可以申请再审,允许申请再审的案外人必须具备特定的条件。只有对生效判决、裁定、调解书确定的执行标的物主张各种权利且无法另诉解决的案外人,或者认为生效判决、裁定、调解书的处理结果与其有法律上的利害关系、影响到其自身权益的案外人,才可以申请再审。

根据我国《民事诉讼法》第 204 条、[①]最高人民法院《关于适用〈中华人民共和国民事诉讼法〉审判监督程序若干问题的解释》(以下简称最高人民法院司法解释)第 5 条[②]的规定,对生效判决、裁定、调解书确定的执行标的物主张各种权利且无法另诉解决的案外人,无论案件是否进入强制执行程序,均可依法直接申请再审。而对案件进入强制执行程序中的执行标的提出异议、认为生效判决、裁定、调解书错误的案外人,法律规定必须在法院执行部门作出裁定(通常是驳回其异议的裁定)后才可提出再审申请。上述执行标的物与执行标的的区别在于,执行标的涵括了执行标的物,其范围更加宽泛。执行标的

---

① 第 204 条:"执行过程中,案外人对执行标的提出书面异议的,人民法院应当自收到书面异议之日起十五日内审查,理由成立的,裁定中止对该标的的执行;理由不成立的,裁定驳回。案外人、当事人对裁定不服,认为原判决、裁定错误的,依照审判监督程序办理;与原判决、裁定无关的,可以自裁定送达之日起十五日内向人民法院提起诉讼。"

② 第 5 条第 1 款:"案外人对原判决、裁定、调解书确定的执行标的物主张权利,且无法提起新的诉讼解决争议的,可以在判决、裁定、调解书发生法律效力后二年内,或者自知道或应当知道利益被损害之日起三个月内,向作出原判决、裁定、调解书的人民法院的上一级人民法院申请再审。"第 5 条第 2 款:"在执行过程中,案外人对执行标的提出书面异议的,按照民事诉讼法第二百零四条的规定处理。"

是指执行的对象,既包括生效文书确定的特定执行物,如继承纠纷中的遗产房屋;还包括非生效文书确定的其他执行财产,如基于生效文书确定的金钱债权等在执行中查找到的被执行人房屋、车辆等财产;还包括根据生效文书要求强制履行的特定行为等。需要说明一点,不是所有对执行标的提出异议的案外人,在取得执行部门的处理异议裁定后都可以申请再审,如该执行标的与生效文书无关,只是在执行金钱债权过程中查找到的可供执行的财产或其他执行行为,案外人则应当另行起诉解决。

根据最高人民法院司法解释第 42 条①的规定,按照案外人与案件的不可分利益程度进行区分,在审理中将案外人分为两种情形:第一种是第 42 条第 1 款界定的案外人,属于必要的共同诉讼当事人,由于各种原因原审遗漏了,应当予以追加;第二种是第 42 条第 2 款界定的案外人,他不是必要的共同诉讼当事人,但与案件有不可分的利益,认为原审处理结果影响到其自身权益。例如,案外人对原、被告争议的标的物主张独立、排他的物权,或虽不属于原审法律关系的当事人,但案件处理结果直接影响到其权益的保护和实现等。

纵观上述立法规定,可以总结出法律赋予申请再审权利的案外人必须具备两个条件:一是与案件有法律上的利害关系,或者是直接对生效判决、裁定、调解书确定的执行标的物主张相关权利,或者是案件的处理结果直接影响到其自身权益;二是不能另诉解决。需要说明的是,立法限定案外人异议的对象是执行标的物和执行标的,但有些案件虽最终结果即生效文书主文部分未影响到案外人权益,但案件的事实认定包括文书判理部分作出了影响到案外人权益的认定,案外人亦应有权对该案申请再审。例如,我院审理的甲公司与王某、张某所有权纠纷案,甲公司诉王某、张某要求返还其垫付购买诉争挖掘机的款项,判决主文是驳回原告甲公司的诉讼请求,没有执行内容,但判理部分确认诉争挖掘机的所有权人即是甲公司,王某、张某系代其购买,故其无权要求王某、张某返还购买款项。随后,甲公司依此判决起诉乙公司,要求乙公司承担擅自将诉争挖掘机出售的赔偿责任,该案因本案的判决认定判令乙公司承担无权处分的赔偿责任。案外人乙公司遂对本案提出申诉,质疑本案判理部分对所有权人的认定,检察机关接受其申诉,向我院提出抗诉,乙公司在该

① 第 42 条第 1 款:“因案外人申请人民法院裁定再审的,人民法院经审理认为案外人应为必要的共同诉讼当事人,在按第一审程序再审时,应追加其为当事人,作出新的判决;在按第二审程序再审时,经调解不能达成协议的,应撤销原判,发回重审,重审时应追加案外人为当事人。”第 42 条第 2 款:“案外人不是必要的共同诉讼当事人的,仅审理其对原判决提出异议部分的合法性,并应根据审理情况作出撤销原判决相关判项或者驳回再审请求的判决;撤销原判决相关判项的,应当告知案外人以及原审当事人可以提起新的诉讼解决相关争议。”

案中即列为申诉人(案外人)。故应对“案件的处理结果”做宽泛理解,不局限于是否有执行内容的判决主文部分,还包括事实认定及判理部分,只要其中有明确影响到案外人权益、对案外人维权造成障碍的内容,案外人均有权申请再审。

二、案外人申请再审的途径

相对当事人申请再审(申诉)而言,再审的启动有三种途径:第一种是当事人直接向上一级法院申请再审,法院经审查决定再审;第二种是当事人向检察机关申诉,检察机关接受申诉、向法院提出抗诉而启动再审;第三种是当事人向原终审法院或上级法院申诉,上级法院或原终审法院经院长提交审委会研究决定依职权启动再审。但立法对案外人申请再审仅明确规定了一种途径,即向上一级法院申请再审,对其余两种途径未明文规定。

早在2001年《人民检察院民事行政抗诉案件办案规则》第4条即规定,人民检察院受理的民事、行政案件主要来源之一即是其他利害关系人申诉的。但司法实务中,法院接受检察院抗诉后,并未在决定再审文书中直接列入案外人,而是在审理中再根据情况决定是否将案外人追加为当事人。2008年新修正的《民事诉讼法》施行后,这种做法发生转变,如上面提及的甲公司与王某、张某所有权纠纷案,我院在决定再审裁定中即将乙公司正式列为申诉人(案外人)。故对于案外人向检察机关申诉,检察机关接受申诉并正式以案外人申诉为由向法院提出抗诉的,法院可以将案外人列为申诉人直接引入诉讼,这也有司法实例佐证。

但目前尚未有因案外人申诉法院依职权启动再审并将其以案外人身份列明引入诉讼的实例。目前通常做法为法院依职权启动再审后,对申诉的案外人,在按第一审程序再审时,属于可追加为当事人的情形的,可直接追加案外人为当事人;在按第二审程序再审时,属于可以追加为当事人的情形的,调解不成只能将案件发回重审,重审时追加案外人为当事人。但案外人如不属于可追加为当事人的情形的,则不能进入诉讼,充其量只能通过证人身份反映问题。这样在案外人的权益救济方面则存在弊端,有些案件不能赋予案外人话语权,给法院在处理问题和技术操作上都带来一定程度的困难。例如,我院处理的甲网络公司与乙科技公司买卖合同纠纷案,案外人电信公司提出申诉,案外人认为双方当事人达成的调解系恶意转让财产,其中作为当事人一方的转让方系自己的债务人,原审调解书将影响自身债权的实现,导致债务人资不抵债,案外人向我院提出申诉。法院如依职权启动再审,则案外人因与争议法律关系及涉案财产无直接关联,将无法被追加为当事人参与诉讼,也就失去了诉讼中的话语权,而该案双方当事人一致辩解属于合理转让的话,法院可能陷入进退两难的境地。在此情形下,如确定案外人亦可直接以案外人身份进入诉讼,则可能给诉讼及司法操作带来转机,诉讼中形成案外人与当事人之间的对抗局面,法院依此亦便于查清事实、依法下判。笔者认为应当明确,案外人向原生效法院申诉的,法院依职权启动再审后,可将案外人直接引入诉讼,列为“案外人”,便于充分保护案外人的权益,也便于启动再审后的司法操作。另外这种做法还有一个好处,某些案件提出申诉的案外人人数不能确定,在此情形下将已申诉的案外人追加为当事人可能陷入追加不全的窘境,而将已申诉的案外人仅作为“案外人”引入诉讼,则避免了这种司法尴尬,同时也解决了案外人的话语权问题。例如,我院依职权启动再审的某银行与某开发商借款合同纠纷一案,开发商已下落不明,银行为收回对开发商的贷款要求对其所售楼盘行使抵押权,原审支持了银行的诉请。但执行中部分已售房屋的购房人作为案外人提出执行异议,执行部门中止执行。后我院依职权启动再审,部分购房人亦要求参加诉讼。在此情形下,如追加为当事人,则面临购房人人数众多、情况不一且追加不全的困境,如仅将部分正式申诉的购房人列为“案外人”引入诉讼,则既破解了银行孤掌难鸣的局面,又将购房人手中持有的购房合同、付款凭证、生效判决和仲裁裁决等证据材料恰当地引入诉讼,进行质证,为法院下判提供合理合法的依据。但最终我院未对此进行尝试、创新,而是通过法院依职权调查取证解决了这个问题。类似的案情,我院同期审理了一件高院指令再审的某银行与某开发商借款合同纠纷案,该案即系其中一位购房人向高院申请再审,高院指令原生效法院即我院进行再审,指令再审裁定中即将该购房人列为“案外人”引入诉讼,我院再审时自然将该购房人作为申请再审人(案外人)通知到庭参加诉讼。笔者认为,同样的情况,不能因为案外人选择了不同的法院进行申诉所受境遇则不同,通过不同的途径反映问题应受到平等的对待,享有平等的权利。

综上,案外人申请再审可通过向上一级法院直接申请再审、向检察机关申诉、向原生效法院或上级法院申诉三种途径解决,不管哪种途径法院启动再审后均可将案外人直接引入诉讼,至于是否转化为追加为当事人则可视情况而定,以此最大限度地保护案外人的合法权益。

三、案外人申请再审案件的再审审理程序

因案外人申请而启动再审的再审审理程序,我国《民事诉讼法》及最高人民法院司法解释规定较为原则,结合审判实践,笔者拟作一归纳和构建:

(一)案外人诉讼地位

我国立法根据司法现状,没有采用国外立法体例中第三人异议之诉或撤

销之诉方式,而是吸纳了以往审判经验,根据案外人与案件不可分利益程度,区分两种审理情形:第一种情形案外人即第 42 条第 1 款规定的“必要的共同诉讼当事人”。如何理解“必要的共同诉讼当事人”,民事诉讼学理通说认为共同诉讼分为必要的共同诉讼和普通的共同诉讼,必要的共同诉讼是指当事人一方或者双方为二人以上,其诉讼标的是共同的,人民法院必须合并审理的诉讼。必要的共同诉讼人是指共同原告或者共同被告,[①]而不包括第三人,因此,第一种情形案外人应为案件的共同原告或者共同被告,只是原审审理时遗漏了,必须再审予以追加。这是因为再审程序不同于一、二审程序,在将案外人追加为当事人上必须严格、慎重,不能盲目扩大范围,否则有违再审程序的设立宗旨和民事诉讼基本理念,也不利于第二种情形案外人的界定。但在最高人民法院制定的《民事审判监督程序裁判文书样式(试行)》案外人申请再审案件发回重审用裁定书的说明中[②]表述案外人追加时提到了第三人,是否暗指第一种情形案外人包含第三人,笔者认为应值得商榷,如上所述,定性为必要的共同诉讼人的案外人不应包含第三人。第一种情形案外人的诉讼地位应定位为当事人,即共同原告或共同被告(通常为共同原告),但基于所处再审程序系按照一审程序还是二审程序的不同,其诉讼地位在文书上表述也不同,在按一审程序再审时,则可通过直接追加将其由案外人转化为当事人,可直接列为原告或被告,在按二审程序再审时,因不能直接追加其为当事人,调解书和发回重审裁定书上不能直接列为原告或被告,只能列为“案外人”。

第二种情形案外人即第 42 条第 2 款规定的不是必要的共同诉讼当事人,但与案件有不可分的利益。笔者认为,这种案外人类似于民事诉讼第三人(广义当事人的一种),且范围比民事诉讼第三人更广泛。民事诉讼第三人包括两种:一种是对当事人双方的诉讼标的认为有独立请求权的第三人,称为有独立请求权的第三人;另一种是对当事人双方的诉讼标的,虽然没有独立请求权,但案件处理结果同其有法律上的利害关系的第三人,称为无独立请求权的第三人。这两种第三人都是正在诉讼过程中主动发现或被通知知道诉讼的,而案外人则是在诉讼结束之后才知晓并提出异议,认为案件的处理结果影响到其自身权益。为何司法解释不比照一、二审程序将其作为民事诉讼第三人通过主动申请或法院通知方式参加诉讼,如前所述,这是由再审程序的设立目

① 杨荣新主编:《民事诉讼法学》,中国政法大学出版社 1997 年版,第 158 页。普通的共同诉讼是指当事人一方或者双方为二人以上,其诉讼标的属于同一种类,人民法院认为可以合并审理,并经当事人同意的诉讼。

② 最高人民法院《民事审判监督程序裁判文书样式(试行)》第四部分样式 45。

的不同于一、二审程序而决定的，不属于必须共同诉讼的情形，因此第二种情形案外人诉讼地位还是定位为“案外人”，处理方式也不同于一、二审程序。但基于再审案件是因案外人而启动，故案外人在诉讼中虽不是当事人，但享有与其他诉讼当事人同样的诉讼权利，并承担同样的诉讼义务。[①] 笔者认为应比照第三人的规定，在诉讼权利义务上予以一定限制，如无权提出案件的管辖权异议、无权上诉等。

（二）举证期限

根据最高人民法院《关于民事诉讼证据的若干规定》和《关于适用〈关于民事诉讼证据的若干规定〉中有关举证时限规定的通知》的相关规定，第一种情形，案外人是必要的共同诉讼当事人，其参加诉讼时应为其指定举证期限，该举证期限适用于其他当事人；第二种情形，案外人虽不是通常意义上的当事人，但从其诉讼地位的特殊性角度也应比照给予举证期限。上述举证期限应在向双方送达受理、应诉通知书的同时一并告知。

（三）具体庭审程序

第一种情形案外人是必要的共同诉讼当事人，参加到诉讼中地位为共同原告或共同被告（通常为共同原告），庭审程序按照通常因遗漏当事人而追加的审理程序进行，笔者在此不再赘述。

第二种情形案外人在案外人申请再审的案件中占大多数，诉讼地位比较特殊，笔者在本文对其详细阐述。庭审中，第二种情形案外人作为申请再审人一方位居一边，原审当事人包括原、被告作为被申请人一方位居另一边，法官居中进行审理。庭审阶段仍按照法庭调查、法庭辩论、法庭调解、最后陈述等四阶段进行，在发问、陈述意见顺序上按照申请再审人、被申请人的先后顺序进行，被申请人中按原审原告、原审被告、原审第三人的先后顺序进行。需要强调的是，此类案外人申请再审案件的审理焦点是案外人对原判决提出异议部分的合法性，而不是原审双方当事人争议的焦点。因此，庭审应围绕此审理范围进行，法庭调查、质证亦应围绕此展开。由于案外人并未参加原审诉讼，对于原审与上述争议焦点相关联的已质证过的证据材料，法院应向案外人出示并征询其意见，另外对案外人提交的证据材料应一并组织质证，对于原审与上述争议焦点无关的证据材料，法院一般不再组织质证。

（四）裁判结果

对于第一种情形的案外人，其裁判结果笔者在此不再赘述，理由同上。笔

① 江必新主编，最高人民法院审判监督庭编著：《最高人民法院关于适用民事诉讼法审判监督程序司法解释理解与适用》，人民法院出版社 2008 年版，第 320 页。

者重点对第二种情形的案外人进行探讨。

根据最高人民法院司法解释第42条的规定,此类案外人申请再审案件的裁判结果有两种:一种是判决驳回再审请求,即经审理申请再审的案外人主张及理由不成立,判决驳回案外人的再审请求,维持原判;另一种是撤销原判相关判项另诉,即经审理申请再审的案外人主张及理由成立,原判决的某一或某些判项侵害了案外人的权益,判决撤销原判决相关判项,同时告知案外人以及原审当事人可以提起新的诉讼解决相关争议,对原判决不涉及案外人权益的判项,判决维持。例如,在我院再审的某银行诉甲公司借款合同纠纷案中,某银行除依据借款合同主张借款本金及利息,同时依据借款合同的从合同抵押合同主张抵押物的优先受偿权,原审判决支持了某银行的全部诉讼请求,后案外人乙公司以抵押物为己独有、原判侵害其所有权为由申请再审,经审理案外人主张成立,再审判决撤销了有关抵押权判项,对主债权判项予以维持。实务中,还大量存在原判决所有判项均涉及案外人权益,需一并撤销,在此情况下应如何处理。笔者认为应参照最高人民法院司法解释第42条的规定,撤销原判决所有判项,判决驳回原告的诉讼请求。例如,我院再审的甲诉乙遗嘱继承案,甲系乙堂妹,乙父去世时留有四处房产,甲称乙父生前将其收为养女,去世时留有遗嘱,三处房产由其继承,要求按遗嘱执行,乙对此不持异议,诉讼中双方按此遗嘱达成调解协议,并签收调解书。后乙妻提出再审申请,称甲并非乙父养女,未办收养手续,且遗嘱系伪造,因乙妻要求离婚,甲与乙串通,欲转移、侵吞夫妻共同财产。再审经过鉴定,此遗嘱系伪造,原调解书内容应全部撤销,遂判决撤销原调解书,驳回了甲要求按遗嘱继承遗产的诉讼请求。但在极个别情况下,可以撤销原判决所有判项,裁定驳回原告的起诉。例如,我院再审的甲公司诉乙股权转让合同纠纷案,乙系某公司股东,甲公司与乙签有股权转让合同,后因乙未按合同约定将股权转让给甲公司,甲公司诉至法院要求按合同履行,乙协助甲公司办理股权转让手续。乙对此不持异议。诉讼中双方就办理股权转让手续达成调解协议,并签收调解书。后丙提出再审申请,称乙、丙签有股权转让合同在先,且某公司早已确认丙的股东资格,丙已行使股东权,现丙已通过诉讼将股权变更登记在其名下。经查,双方就股权转让在多个法院发生多次诉讼,且先后诉讼文书在判理上有冲突之处,其中丙诉乙股东权纠纷一审判决(判令乙协助丙办理股权工商变更登记)亦因管辖错误后被再审裁定撤销,驳回了丙的起诉。乙称当时丙就是持再审撤销的错误判决办理了股权工商变更登记,双方股权转让合同已经诉讼解除。在这种情况下,考虑到现股东工商登记已变更为丙,原调解书实际上已无法履行,乙、丙之间股东权益争议可另诉解决，甲可待乙、丙之间股东权益解决结果再决定是否起诉以及诉讼请求的内容是继续履行还是解除合同，故再审综合考虑最终决定撤销原调解书，裁定驳回甲的起诉，而不是判决驳回甲的诉讼请求，这样保留了甲的诉权，避免将来再次启动再审程序。前面提到一种特殊的案外人情况，案件生效文书的主文结果没有影响到案外人权益，但案外人对原审的事实认定及判理部分提出异议，认为其中认定内容影响到其实体权益，这种情况下再审后应进行甄别，如判决最终结果没有错误，但事实认定及判理部分表述不当，确影响到案外人权益的，应在纠正不当表述的前提下才能维持原判。

除上述两种裁判结果外，还有一种裁判结果，即发回重审。虽最高法院司法解释对此未作明文规定，但案外人申请再审案件亦属再审案件，可以根据审理情况决定是否发回重审。发回重审适用于如下情形：如经审理原审涉及案外人异议部分的有关事实认定不清，需进一步核查，且原审法院便于查清事实、化解纠纷的，可以发回重审。如我院再审的甲公司诉乙公司土地使用权转让合同纠纷案，案外人丙公司以其为合法的土地使用权人、诉争土地使用权转让合同应认定无效为由申请再审，受让方乙公司以原土地使用权转让合同已不履行、已与他人办理土地使用权转让手续并取得部分土地使用权证、丙公司不是土地使用权人等为由进行抗辩，经再审审理认为，原审涉及诉争土地使用权有关事实认定不清，且案件复杂，关于诉争土地使用权属认定需结合当地实际情况和背景一并考虑，该案由原审法院审理更加贴近当事人和案件的实际情况，也便于有针对性地做好工作，故最终决定将该案发回重审。需要强调的是，根据最高人民法院司法解释第 38 条的规定，对再审案件发回重审作出了更加严格的规定，即再审案件原则上不发回重审，而是由再审法院在查清事实的基础上直接改判。只有在具备原审法院便于查清事实、化解纠纷的两个条件下，才可以发回重审。① 另外，还要说明一点，发回重审的事实不清须是经过进一步核查能够查清的事实，而不是经过核查事实仍真伪不明。对于经过核查待证事实真伪不明，法院不能发回重审，而是根据最高人民法院《关于民事诉讼证据的若干规定》第 73 条的规定，由负有举证责任的一方承担败诉的结果。例如，上述甲诉乙遗嘱继承案，甲称乙父生前留有遗嘱，要求按遗嘱继承，案外人乙妻提出遗嘱系伪造，其正与乙离婚诉讼，甲乙系串通合谋转移、侵占夫妻共同财产，要求对遗嘱进行鉴定。再审经过法院释明，甲在指定期限内表示不能提供遗嘱原件，致使鉴定无法进行，导致无法认定遗嘱的真实性，根

① 江必新主编，最高人民法院审判监督庭编著：《最高人民法院关于适用民事诉讼法审判监督程序司法解释理解与适用》，人民法院出版社 2008 年版，第 297 页。

据最高人民法院《关于民事诉讼证据的若干规定》第25条的规定，甲应承担举证不能的法律后果。再审最终决定撤销原调解书，判决驳回了甲要求按遗嘱继承遗产的诉讼请求。

（五）诉费负担

因案外人申请而启动再审程序的再审案件，根据《诉讼费用交纳办法》第9条的规定，案外人原则上不交纳案件受理费。如发生证人、鉴定人、翻译人员、理算人员出庭产生的交通费、住宿费、生活费和误工补贴等实际费用，法院应按照国家规定标准代为收取。对这些实际发生费用，按照诉讼费用负担原则进行确定。

关于案外人申请再审案件中原审诉讼费用的负担，再审是否应重新确定。按照最高人民法院制定的《民事审判监督程序裁判文书样式（试行）》撤销侵害案外人权利判项用判决书样式中表述："本次再审发生诉讼费用的，写明其负担。没有发生诉讼费用的，不写此项。"①笔者认为值得商榷，无论第一种情形案外人申请再审案件，还是第二种情形案外人申请再审案件，均应按《诉讼费用交纳办法》第32条及相关规定对原审诉讼费用的负担按照诉讼费用负担原则重新确定。即使是第二种情形案外人申请再审案件，除再审发回重审对诉讼费用不表述外，再审撤销原判决相关判项亦应按照谁败诉谁负担原则重新确定原审诉讼费用，对部分维持、部分撤销原判的按比例重新确定负担，对全部撤销原判、驳回原告诉讼请求的确定由原告负担诉讼费用；对再审判决驳回案外人的再审请求，维持原判的，原审诉讼费用负担亦不作改动，再审判决可不予特别说明。

（六）其他例外情形

司法实践中，案外人申请再审的形式是多种多样的。有的案件出现案外人与原审当事人一并申请再审的情形，在这种情况下，审理范围发生变化，应既审理当事人的具体再审请求部分，同时一并审理案外人对原判决提出异议的部分，二者有可能重合，有可能交叉，有可能分立，具体程序上可比照当事人申请再审程序和案外人申请再审程序相关规定结合进行。例如，我院再审的甲经济合作社诉乙公司土地使用权转让合同纠纷案，甲经济合作社申请再审称丙公司为合法的土地使用权人、诉争土地使用权转让合同应认定为无效，案外人丙公司亦同时以其为合法的土地使用权人、诉争土地使用权转让合同应认定无效为由申请再审，在此情况下案外人与原审当事人的再审请求及理由是一致的，法院可在此审理范围内一并进行处理。

---

① 最高人民法院《民事审判监督程序裁判文书样式（试行）》第四部分样式46。

关于民事再审新证据认定的实务研究

山东省潍坊市奎文区人民法院　刘　倩

法谚有云，在法庭上，只有证据，没有事实。证据在诉讼进程中起着决定性的作用。"新证据"作为三大诉讼法所认可的提起再审的事由，一直以来，其认定与采用成为了民事诉讼理论界与法院审判实践面对的争议较大的难点问题。虽然"新的证据"这一说法在立法中被反复提及，但对于新证据的认定问题，立法上一直没有做出较为明确细致的规定。在司法实践中必须严格把握新证据的范围。

一、理论探源——再审"新证据"与举证时限制度和证据失权制度之间的关系

举证时限制度是指负有举证责任的当事人应当在法律规定或法院指定期限内提出证明其主张的相应证据，逾期未举证将承担证据失效之不利后果的一项诉讼期间制度。一直以来，我国《民事诉讼法》采用的是证据随时提出主义，在审判实践中造成诉讼拖延、司法不公、影响裁判既判力、损害司法权威等弊端。2002 年 4 月 1 日最高人民法院审判委员会 1201 次会议通过的《关于民事诉讼证据的若干规定》，明确了我国民事诉讼中的举证时限制度，有效促进了案件的公正审理和诉讼效率的提高。可以说，举证时限制度的建立，对于实现程序正义，提高司法效率，具有十分积极的意义。

证据失权制度，是指当事人在法律规定或法律指定的举证期限内，没有及时向法院提出的证据在此后不得再提出，当事人因此丧失了证据提出权和证明权的一项制度。证据失权制度与举证时限制度有着密切的联系，这种联系主要表现为证据失权制度的运作以举证时限制度的落实为前提条件。

我国现行民事司法解释对"新证据"的规定，体现了民事再审程序的价值理念，民事司法解释对新证据的规定，体现了民事再审程序作为一种特别的纠错和救济程序，蕴涵着深刻的诉讼哲理，渗透看法的安定与正义价值的冲突和取舍，需要考量的因素很多，所以对证据适用提出了更高的要求。一方面，民事再审程序的证据适用应当遵循民事诉讼证据的一般规则，与一、二审的证据适用相衔接和协调，维护民事诉讼证据规则的统一性。另一方面还要兼顾再审程序的特点，将一般规则运用于特别程序阶段，实现再审程序的功能。

从地位上说，新证据作为启动民事再审程序的条件，是对举证时限制度和

证据失权制度的一种补充和例外。① 实际操作中，再审的新证据与证据规则确定的举证时限制度及证据失权制度等之间在基本理念和适用目的上存在对立和矛盾之处，对再审新证据的取舍标准过宽或过窄，均会出现问题。理论界与实务界对这个问题也存在分歧。为实现三者之间的平衡，在司法实践中必须严格把握新证据的范围。而在探究新证据的范围之前，先通过三者之间的比较，明确“新证据”设立的立法初衷对于界定“新证据”的范围，无疑将起到基石的作用。

二、规范梳理——关于民事再审新证据范围的规定

立法中对于再审新证据的规定可以说经历了一个从无到有、从单纯追求客观真实到兼顾司法效率的过程。

（一）宽泛解释阶段

1991 年颁布的《民事诉讼法》和 1992 年颁布的最高人民法院法院《关于适用〈中华人民共和国民事诉讼法〉若干问题的意见》中，都将“新证据”作为再审的事由，但是对于何谓再审的新证据未作解释。在当时“客观真实”以及“证据随时提出主义”的司法理念的影响下，再审新证据被宽泛地解释为“在原审程序没有提出的证据”。包括当事人在原审程序中没有发现，因而不可能提出的证据；当事人知道其存在，但因无法收集而没有提出的证据；当事人已经持有，但因各种原因没有提出的证据。②

（二）适当限定阶段

2002 年最高人民法院《关于民事诉讼证据的若干规定》第 44 条对再审新证据进行了限定：“是指原审庭审结束后新发现的证据”。这样就从时间上对于新证据的范围进行了初步界定。根据最高人民法院的权威性解释，所谓原审庭审结束后“新发现的证据”，一种是新出现的证据，另一种是新产生的证据。新出现的证据，就是在再审程序之前一、二审期间证据已经存在，但当事人无法知道，因而不能提供的证据，第二种情况是新产生的证据。证据原本不存在，在终审裁判生效之后产生。③

2002 年 9 月，最高人民法院颁布了《关于规范人民法院再审立案的若干意见（试行）》（以下简称《再审立案意见》），在意见中对“新证据”又作了放

---

① 孙同主编：《司法实践中的裁判与智慧：新型疑难案件评释》，中国法制出版社 2009 年版，第 333 页。

② 张卫平：“民事再审事由研究”，载《法学研究》2000 年第 5 期。

③ 郑学林：“最高人民法院《关于民事诉讼证据的若干规定》解读”，载《晟典律师评论》2006 年第 1 期。

宽,增加了“举证不能”作为新证据的一种情形。至此,结合最高人民法院《关于民事诉讼证据的若干规定》(以下简称《证据规定》)来理解。新证据的范围具体应当包含以下几项内容:(1)原审时已经客观存在,但当事人当时不知道的证据,比如当事人不知道有目击证人的存在;(2)原审时已经客观存在,但当事人当时无法提供的证据,比如书证遗失、保管书证的人出国无法联系、证人拒绝作证等;(3)当事人在原审申请人民法院调查取证未获准许,受理再审申请的法院经审查认为应当准许并依当事人申请调取的证据;(4)当事人在原审申请人民法院重新鉴定未获准许,受理人民法院经审查认为应当准许并重新委托鉴定的证据。[①]《再审立案意见》增加的这一情形,与《证据规定》产生了冲突。2007年《民事诉讼法》修改时未涉及新证据的认定问题,所以这一冲突长期以来一直存在于审判实践中。

(三)细化界定阶段

2008年10月,最高人民法院通过《关于适用民诉法审监程序若干问题的解释》(以下简称《监审程序解释》),其中第10条是对“新证据”的规定:

申请再审人提交下列证据之一的,人民法院可以认定为《民事诉讼法》第179条第1款第1项规定的“新的证据”:

(1)原审庭审结束前已客观存在,庭审结束后新发现的证据;

(2)原审庭审结束前已经发现,但因客观原因无法取得或在规定的期限内不能提供的证据;

(3)原审庭审结束后原作出鉴定结论、勘验笔录者重新鉴定、勘验,推翻原结论的证据。

当事人在原审中提供的主要证据,原审未予质证、认证,但又属于足以推翻原判决、裁定的,应当视为新的证据。

《审监程序解释》将新证据的情形细化为四种。从对比的角度来说,这一规定较之以前的规定既做了“减法”,又做了“加法”。首先,排除了原审庭审结束后新形成的证据作为新证据的可能;其次,增加了当事人在原审中提供的主要证据,原审未予质证、认证,但足以推翻原判决、裁定的,作为新证据的情形。这样,就可以使证据由“旧”变“新”,使当事人在原审中提交过的证据,成为再审新证据。之所以做这样的改革,主要考虑的因素是:一方当事人反映,其在超出举证时限后提供了重要的证据材料,另一方当事人以超出举证时限不予质证,原审法院在未质证情况下未在判决、裁定中加以认证,即不将该证

① 沈德咏主编:《最新再审司法解释适用与再审改革研究》,人民法院出版社2003年版,第61页。

据作为认定事实的依据。但由于该证据足以证明作出的判决、裁定有错误，当事人以该证据申请再审得不到支持，便到党政机关上访申诉，形成党政机关、立法机关以及社会各界比较强烈的反应。因此，兼顾现实国情和解决申请再审难，《监审程序解释》作出了将一些原审中提交的证据视为新的证据的规定。[①] 虽然只有“一加一减”，但是这样的改变在某些案件中将会直接影响案件处理的结果。本文将在以下的篇幅中举例予以讨论。

三、问题探讨——关于民事再审新证据的规定在实务中的应用问题

（一）案例1：蚌埠住房储蓄银行与蚌埠德亿房地产开发有限公司、河南德亿建筑装饰工程有限公司借款担保合同纠纷再审案[②]

河南德亿建筑装饰工程有限公司（下称河南德亿公司）不服一、二审判决，以新的证据向最高人民法院申请再审。2005年12月最高院作出（2005）民二提字第1号民事判决，维持了安徽省高院（2001）皖民二终字第18号判决。最高人民法院再审审理，着重从申请人未在原审提交该证据的不合理性及其与其他证据之间的矛盾，对河南德亿公司提交的新证据作出评判，并最终未将其界定为新证据。判决书摘录：

关于河南德亿公司申请再审提交的“1995年5月26日贷款合同”。如果该合同所记载的全部内容在1999年5月26日即已客观存在的话，在随后进行的诉讼中，将对河南德亿公司抗辩债权人的请求提供强有力的支持，但河南德亿公司在一、二审诉讼中不仅未提供且根本未提及。河南德亿公司与蚌埠德亿房地产开发有限公司（下称蚌埠德亿公司）的董事长为一人，参加诉讼的河南德亿公司应当知道该“合同”在1999年5月26日是否客观存在。其在再审申请时对在一、二审诉讼中未提供、未提及该“合同”的解释难以成立……

1.《证据规定》与《再审立案意见》的冲突适用

本起案件在2005年作出判决，审理时《证据规定》与《再审立案意见》均已生效。而从上面的判决书中可以看出，最高人民法院在审理该案时，在认定“新证据”采用的是《证据规定》的认定标准，即要么是在再审程序之前一、二审期间证据已经存在，但当事人无法知道，因而不能提供的证据；要么是新产生的证据，证据原本不存在，在终审裁判生效之后产生。因为案中的关键证据“合同”不是在终审判决生效后产生的，所以在认定时从当事人在一、二审期

① 最高人民法院审监庭负责人解读“关于适用民诉法审监程序若干问题的解释”：“落实民诉法修改决定保障当事人申请再审权利”，载《人民法院报》2008年12月1日第4版。

② 最高人民法院审判监督庭编著，苏泽林主编：《最后的裁判——最高人民法院典型疑难百案再审实录》，中国长安出版社2007年版。

间是否“无法知道”的角度进行审查。而没有考察当事人是否在当时“举证不能”。

2. 再审立案与再审审判对“新证据”的不同认定标准

新的证据,既是提起再审的事由也是再审改判的事由。最高人民法院副院长苏泽林所作的《民事诉讼法修改后审判监督工作的方向与任务》的讲话中提到,应当正确认识和处理对再审事由的审查和对案件的再审之间的关系。同样,具体到对新证据的认定,也存在这样的两个阶段。这两个阶段有不同的任务、审理范围和处理方式。前一个阶段的任务是确认当事人提出的再审事由能不能成立,后一个阶段的任务是确认原裁判是否需要改判。所以,在再审立案阶段,应当对“新证据”主要进行形式审查;在审判阶段,进行实质审查。只有这样才能解决长期为外界所诟病的审查与审理不分、未审先判问题,以及重复劳动问题。

本案中,河南德亿公司以新的证据为再审事由向最高人民法院申请再审时,最高院对此经过形式审查,认定其为“新证据”;而在审理过程中,通过实质审查,没有将其认定为“新证据”,该案的处理明确区分了对再审事由的审查和对案件的再审这两个截然不同的阶段,对于我们今后在再审立案阶段和再审案件审理阶段以不同的标准认定“新证据”具有借鉴意义。

(二)案例2:原审被告龚某某诉原审原告中国某财产保险股份有限公司深圳分公司(以下简称财保公司),第三人某银行深圳市分行一案①

原审原告“龚某某”与深圳分行签订《汽车消费借款合同》,同时与财保公司办理了个人汽车消费贷款保证保险。2003年11月5日后,因“龚某某”连续3个月以上未向深圳分行还款,深圳分行向财保公司发出了《汽车消费贷款履约保证保险索赔申请书》,财保公司于2004年5月17日向第三人深圳分行赔付24784.66元,财保公司遂诉至法院,要求向龚某某代位追偿欠款。深圳市福田区人民法院一审判决龚某某向财保公司偿还24784.66元及利息。后龚某某不服该判决,以合同上填写的身份证号码为龚某某已经作废的旧身份证号码作作为新证据申请再审,同时,向法院申请鉴定合同上的签名笔迹真伪。广东南天司法鉴定所于2006年10月18日作出的《司法鉴定书》中鉴定结论为:《个人汽车消费贷款保证保险投保单》、《汽车消费借款合同》以及《中国银行借款借据》上“龚某某”的签名均不是龚某某书写。

福田区人民法院再审认为,根据广东南天司法鉴定所《司法鉴定书》的鉴

---

① 孙同主编:《司法实践中的裁判智慧:新型疑难案件评释》(下册),中国法制出版社2009年版,第329页。

定结论,可以认定涉案《个人汽车消费贷款保证保险投保单》、《汽车消费借款合同》以及《中国银行借款借据》上“龚某某”的签名均不是龚某某书写,财保公司和深圳分行未能提供证据证明龚某某与财保公司办理了汽车消费贷款保证保险并与深圳分行之间并无合同关系,财保公司以龚某某为诉讼被告,属主体不适格,应依法驳回财保公司的起诉。故原判认定龚某某为本案借款合同和保险合同的当事人,并判决其承担责任是错误的,应予纠正。裁定:(1)撤销原审民事判决;(2)驳回财保公司的起诉。

鉴定结论作为法定的七类证据之一,将其列为再审新证据的种类似乎毫无异议。但是学术界对此却颇有争论,主要原因是鉴定结论是一种可被代替的证据。对于在什么情况下可以将其作为提起再审的新证据,日本有两种学说。第一种学说认为,在新的鉴定结论与成为原判决基础的鉴定结论不同时,仅凭此不能成为新证据,新的鉴定结论必须足以推翻前鉴定结论,其新的基础资料必须具有足以使以前视为标准的经验法则发生动摇、形成新的经验法则的力量。第二种学说认为,鉴定结论虽然是一种可以被代替的证据,但对新证据的判断不是针对作出鉴定结论的鉴定人而言的,而必须根据鉴定结论的内容作出决定,所以第一种学说的观点——认为对鉴定结论崭新性的认定标准应当高于其他证据种类的认定标准,是不正确的;正确的态度应当是:只要新的鉴定结论在内容上与以前的鉴定结论不同,或是证据资料的内容意义不同即可。①

上述案例所涉及的鉴定结论是在再审时作出的,而且再审法院也将其作为了改判的依据。如果按照《审监程序解释》规定的四类新证据进行界定,这一证据的确难以划入任何一类。因为其既不是“原审庭审结束前已客观存在”也不是“原审庭审结束前已经发现”,又不能列入“原审庭审结束后原作出鉴定结论、勘验笔录者重新鉴定、勘验,推翻原结论的证据”。如果该案是在《审监程序解释》颁布之后审理的,恐怕据以改判的鉴定结论将不能被认定为新证据。而这一类案件是很有普遍性的,原审缺席审判,当事人无法提交证据,且未提交证据不是当事人的过错。如果此类案件不能改判,势必使当事人难以服判息诉。

另外,根据《审监程序解释》的规定,“原审庭审结束后原作出鉴定结论、勘验笔录者重新鉴定、勘验,推翻原结论的证据”为新证据。这一解释无疑将鉴定结论作为新证据的认定问题陷入十分矛盾的境地。如果是其他人作出的

---

① 张仲芳主编:《刑事司法指南》(2008 年第二集),法律出版社 2008 年版,第 141 页。

鉴定结论、勘验笔录足以推翻原结论的是否认定为新证据,这些问题已经在审判实践中显现出来。

因此,再审过程中如何对待鉴定结论作为新证据的问题,有待立法上作出合理性的规定。同时,也有待法官在审判实践中不断总结经验,灵活运用现有法律解决现实问题。

(三)再审新证据在民事司法实践中的基本样态

根据如前所述方式获取的调研资料以及司法实践中的一些真实案例,可以对再审新证据的基本样态形成初步的印象,司法实践中的再审新证据既包括原审未曾提出的证据,也包括原审已提出但未质证的证据;原审未曾提出的证据既包括新形成的证据,也包括“新发现的老证据”;而“新发现的老证据”又包括原审已形成但未发现的证据,原审已发现但未收集的证据以及原审已收集但未提交的证据。

1. 原审已形成但未发现的证据

司法实践中,这类证据主要有以下四种形态:(1)通常情况下当事人无法知道已经形成的证据。如离婚案件的判决生效后,丈夫提出的孩子不是自己亲生的有关证据如证人证言、当事人陈述、DNA 鉴定结论等,因为通常情况下,如果妻子故意隐瞒事实,丈夫是很难发现孩子不是自己亲生的真相。(2)通常情况下当事人知道已经形成但无法发现的证据,如某保险合同纠纷案的判决生效后,保险公司到医院调取的有关被保险人在投保前一周化名治疗肝病的有关病历资料,因为通常情况下,即使保险公司知道被保险人隐瞒了健康状况,但因为化名治疗而无法找到相关的证据。(3)由于当事人自己的疏忽未能发现的证据,如在某借款担保合同纠纷案中,诉讼时效届满的时间是1998 年 12 月 21 日,但当事人在原审中提供的用于证明未过诉讼时效的催款通知书是 1999 年 9 月 29 日的,原审败诉后,当事人通过清理材料找到了 1998 年 6 月 16 日发出的催款通知书,这个催款通知书显然是由于当事人的疏忽而导致未能发现的新证据。[1] (4)当事人误以为没有形成的证据,如借款担保案件的判决生效后,被判决承担连带清偿责任的担保人提供的用以证明债务人的借款是“以贷还贷”的证人证言、转账支票等证据,这些证据在原审就已形成,但担保人在原审中误以为不存在以贷还贷的情况。[参见镇江市中级人民法院(2005)镇民二再终字第 14 号民事判决书。]

① 参见《最高人民法院公报》2005 年第 6 期,第 11 ~ 18 页:东方公司广州办事处诉中山市工业原材料公司等借款担保合同纠纷案。

2. 原审已发现但未收集的证据

司法实践中，这类证据主要有以下五种形态：(1)因客观原因当事人无法收集的证据。例如交通肇事案件中，受害人明知有目击证人，但原审中未找到而在原审结束后才通过悬赏或其他方法找到的目击证人。又如财产损害赔偿案件中，受害方提出的关键证人因为在外地打工拒绝回乡作证，但在判决生效后，该证人又同意出庭作证。这些在再审中新提出的证人证言是由于证人出国、在外地或其他客观原因导致当事人在原审中虽然已经发现但无法收集的证据。(2)当事人未申请法院调取的证据。当事人未申请法院调取证据有的是因为当事人不知道可以申请法院调取而法院也未释明，有的是由于当事人的过错而未申请法院调取。(3)当事人申请法院调取但未获准许的证据。原审法院不同意调取证据有的是因为法院的过错如故意不去调取，有的是法院认为没有必要而未调取，有的是因为当事人调查取证的申请已过举证期限未调取，[参见《泰州市中级人民法院(2006)泰民再终字第10号民事判决》。原审法院以举证期限届满后申请调取证据不符合法律规定为由不支持原告的申请，但泰州中院再审时同意调取该证据。]有的是因为当事人调查取证的申请不符合有关规定而未调取。[参见《上海市第二中级人民法院(2002)沪二中民四(商)终字第692号判决书》。原审法院以当事人应该自己去邮局查询挂号信为由拒绝调取，但按规定，挂号信自交寄之日起一年内当事人可以自行查询，而本案至起诉时已过查询期，故再审法院同意调取该挂号信。](4)法院依申请调查取证但未取得的证据。法院未取得证据有的是因证据掌握在对方当事人手里而对方拒不提出，有的是因证据掌握在第三人手上而第三人拒不提出或出国等原因无法提出，这种情况由于我国没有规定文书提出命令等强制取证制度，法院往往无能为力。(5)因为当事人的过错如懈怠或疏忽或未意识到证据的重要性而未收集或者收集方法不当而未取得的证据。例如在借款合同纠纷案中，当事人在判决生效后才找到未过诉讼时效的催款通知单，这种证据是由当事人持有掌握，如果不是疏忽，在起诉前是完全可以收集到的。[参见《中华人民共和国最高人民法院(2004)民二终字第207号民事判决书》。](6)因为法律规定的法院职权调查取证的界限不清导致原审法院应该收集而没有收集或认为不必要收集的证据。例如某委托加工合同纠纷案件中，当事人在原审中申请调取某外地证人证言，但原审法院以不属于法院调取证据的范围为由拒绝，但再审法院却依职权调取了不愿出庭作证但同意法院询问的外地证人的证言。

3. 原审已收集但未提交的证据

司法实践中，这类证据主要有以下六种形态：(1)因为当事人没有参加诉讼而未提交的证据。当事人未参加诉讼有的是因为原审法院应追加当事人但未追加导致的，有的是因为原审缺席审理导致的，而缺席审理有的是因为当事人无正当理由拒不参加诉讼导致的，也有的是因为当事人不知道被起诉导致的，如公告送达时当事人就不一定能知晓诉讼的情况，因为公告送达仅仅是从法律上推定当事人已知晓诉讼的情况，而推定的状态和真实状态有可能不符。(2)因为当事人的主观过错如故意或重大过失或一般过失而未提交的证据。例如有的当事人是为了拖延诉讼而未提交；有的当事人是因为对证据的重要性、关联性认识不足等原因而未提交；[参见《南通市中级人民法院(2005)通中民二再终字第135号民事判决书》。当事人申请再审时表明，"之所以没有在原审中提供该证据，是因为一审胜诉，证据是足够的，但对方当事人上诉后，申请人二审败诉。在前诉讼程序中法官没有告知再行提供证据，败诉后，发现原审认定事实错误，再行提供新证据"。]也有的当事人是因对财务账册、合同、借条、发票等证据保管不善而未提交。(3)因为当事人没有请代理律师，自己不知道要提交而法官也未释明当事人应提交的证据。例如缺席判决的离婚案件中，原告主张房屋为夫妻共同所有，但法官没有要求原告提供相关的房屋权属证明，导致将家庭共有财产误判为夫妻共有财产，再审时被告提供房产证证明房屋为其母亲所有，在该案中，如果原审法官予以释明，则完全可以避免再审的发生。(4)对在一审的举证期限内因客观原因未能收集到证据，当事人申请延期举证，经法院准许后，在延长的期限内仍然未能提供的证据。(5)对在一审的举证期限内因客观原因未能收集到证据，当事人未申请延期举证，举证期限届满后，又收集到的重要的证据。(6)由于法官没有给当事人举证质证的机会如原审未将某问题作为争议的焦点导致原审没有提出的证据。[参见《常州市中级人民法院(2006)常民二再终字第2号民事判决书》。原审中，保险公司的理赔人记载保险金额为1.6万元，被保险人提出异议认为是16万元，但法院未将此作为争议焦点而直接认定为1.6万元，再审时提供保险公司的理赔人的证言证明1.6万元是笔误，应该是16万元。]

4. 原审已提交但未质证的证据

司法实践中，这类证据主要有以下三种形态：(1)由于法官的业务能力或"在审理该案件时有贪污受贿，徇私舞弊，枉法裁判行为"等原因导致未质证的证据。(2)由于原审提交时已过举证期限虽然属于新证据但由于法官的原因未组织质证的证据。[参见《南通市中级人民法院(2007)通中民再终字25

号民事判决书》。二审开庭后宣判前,原告向法院邮寄了工伤认定书,但二审法院未质证也未采纳该证据,再审法院认为该工伤认定书虽然在二审中提供,但该证据仍属于新证据。](3)由于原审提交时已过举证期限但不属于新证据对方也不同意质证的证据。《审监解释》第10条第2款规定的"当事人在原审中提供的主要证据,原审未予质证、认证,但足以推翻原判决、裁定的,应当视为新的证据",实际上针对的就是这种情况。①

5. 原审未形成而无法提交的证据

司法实践中,新形成的证据种类涉及《民事诉讼法》第63条规定的七种证据类型,但比较多的还是鉴定结论。新形成的书证,如原审判决生效后针对同一事实或能证明原审事实错误的另案判决书;[如《南京市下关区人民法院(2007)下民一再字第2号民事判决》,申请人提供另案认定其在签订合同时为无民事行为能力人的判决书证明合同无效。再如《江苏省高级人民法院(2008)苏民二申字第325号民事裁定》,申请人提供另案认定为出资的判决书证明原审认定为借款是错误的。]新形成的证人证言,如证人陈述债务人在借款不存在的判决生效后向其炫耀自己借钱未还的事实的证言;(不过,原审证人证言发生变化、原审应当到庭而未到庭的证人证言、出现了原审未出现的新的证人证言等都不是新形成的证据,而是原来存在的老证据。)新形成的当事人陈述,如原审判决生效后公安机关或检察院依职权询问当事人的笔录;新形成的视听资料,如原审判决生效后当事人拍到的交通事故损害赔偿案件的受害人身体恢复无须他人照顾从而无须再支付护理费的视频。新形成的鉴定结论主要有三种类型:(1)原审未鉴定,裁判生效后作出了新的鉴定结论。[参见《南京市江宁区人民法院(2008)江宁民二再初字第2号民事判决书》。再审过程中,当事人申请法院笔迹鉴定。](2)原审已鉴定,裁判生效后原鉴定机构作出了新的鉴定结论推翻了原结论或对原结论予以补充。(这种情况非常少见,但也有,如南通市中级人民法院审理的上海南鑫房地产有限公司南通分公司、南通市通建房地产有限公司与王如泉、王锡泉拆迁安置纠纷案中,申请人王如泉提出的原鉴定机关作出的原鉴定结论中存在漏评的补充说明。)(3)原审已经鉴定,裁判生效后原鉴定机构以外的其他鉴定机构作出了不同的鉴定结论。

综上分析,司法实践中再审新证据的产生既有客观原因,也有主观原因;既有当事人的原因,也有法官的原因;既有当事人故意或过失等原因,也有当

---

① 孙祥壮:"再审新证据的认定和对待",载《人民法院报》2009年第1期。

事人缺乏法律知识、举证意识等原因；既有法官主观过错的原因，也有法官的审理水平等因素；既有证据收集制度、法官释明制度、律师代理制度等不完善的因素，也有举证时限和证据失权制度的因素。但是我国法院对再审新证据的认定基本上未考虑原审中当事人未发现、未收集、未提交、未质证的主观原因，也未考虑法官是否释明、是否有过错以及既判力标准等因素，凡是再审中提交的能够证明原审事实认定有错误的都属于新证据。

再审新证据的认定在实务中目前还存在不少的问题。例如，“如何理解应当视为新的证据”、“申请再审与抗诉事由中的新证据分别应如何认定”，等等。本文只是选取了在审判实践中比较典型的几个问题进行讨论。立法上的纷繁复杂、彼此矛盾；现实中的纷争不断，上访不止，都彰显了新证据的认定所面临的巨大困难。诚然，司法效率与实体正义的天平总在摇摆中达到平衡，对新证据的认定问题也只是这些冲突中的小小缩影。立法需要明确、细化；审判工作需要不断总结经验、找准对策。唯有如此，才能不断实践和谐司法的题中之义。

民事再审程序中"新的证据"的认定和运用

内蒙古自治区察哈尔右旗人民法院 史秀永

我国《民事诉讼法》第200条第1款第1项虽然规定"当事人的申请符合下列情形之一的,人民法院应当再审:(一)有新的证据,足以推翻原判决、裁定的",但是该法没有对"新的证据"的含义作出明确、具体的规定,以致审判人员在审理当事人对已经发生法律效力的民事判决、裁定,认为有错误并提出证据要求申请再审的民事案件时,关于当事人在申请再审时提出的证据是否为"新的证据",以及如何运用"新的证据",经常发生意见分歧。现笔者根据我国现行民事法律及司法解释的规定,并结合自己多年的审判实践经验,从以下几个方面对民事再审程序中"新的证据"的认定和运用等相关问题,谈一下自己的粗浅看法,权以能收到抛砖引玉的效果。

一、民事再审程序中"新的证据"的认定

(一)"新的证据"的含义

最高人民法院《关于民事诉讼证据的若干规定》(以下简称《证据规定》)第44条第1款规定:"《民事诉讼法》第一百七十九条第一款第(一)项规定的'新的证据',是指原审庭审结束后新发现的证据。"所谓新发现,应该是指在此之前客观上没有出现、不存在;或者虽然出现、存在,但从当时的具体情况出发,根据当时的条件等诸多因素,当事人无法知晓该证据已经出现。当事人在原审程序中没有发现该证据,是受客观条件所限而无法提供该证据,不是当事人知道该证据的出现和存在,因自己的能力、手段等条件所限没有提供,也不是当事人当时手中掌握了该证据,但因某种原因,如认为证据不重要或者有损特定的利益而没有向法庭提交。①

《证据规定》第44条第1款对"新的证据"的规定比较原则和简略,在审判实践中难以操作和运用。最高人民法院《关于适用〈中华人民共和国民事诉讼法〉审判监督程序若干问题的解释》(以下简称《审判监督程序司法解释》)第10条规定:"申请再审人提交下列证据之一的,人民法院可以认定为民事诉讼法第一百七十九条第一款第(一)项规定的'新的证据':(一)原审庭审结束前已客观存在,庭审结束后新发现的证据;(二)原审庭审结束前已

---

① 黄松有主编:《民事诉讼证据司法解释的理解与适用》,中国法制出版社2002年版,第233页。

经发现，但因客观原因无法取得或在规定的期限内不能提供的证据；（三）原审庭审结束后原作出鉴定结论、勘验笔录者重新鉴定、勘验，推翻原结论的证据。当事人在原审中提供的主要证据，原审未予质证、认证，但足以推翻原判决、裁定的，应当视为新的证据。”《审判监督程序司法解释》第 10 条第 1 款规定的三种情形的证据，人民法院可以认定为“新的证据”；该司法解释第 10 条第 2 款规定的证据情形，人民法院应当视为“新的证据”。《审判监督程序司法解释》第 10 条第 1 款规定的第一种证据情形，是指原先就已客观存在，只不过后来才发现的证据，这是一种严格意义上的新证据；该司法解释第 10 条第 1 款规定的第二种证据情形，是指原先就已经发现，只不过因客观原因无法取得，也无法提供的证据；该司法解释第 10 条第 1 款规定的第三种证据情形，是指同一鉴定部门、勘验笔录者在原有的鉴定、勘验条件下，重新作出的鉴定结论、勘验笔录，推翻自己原先作出的鉴定结论、勘验笔录的证据。《审判监督程序司法解释》第 10 条第 2 款规定的证据情形，是指当事人已经在原审中提供了证据，但人民法院未予质证、认证，且该证据又为主要的、足以推翻原判决、裁定的证据。这种证据情形，并非是因当事人自身的原因造成的，而是由于人民法院未予质证、认证这一原因造成的，理所当然地应当视为“新的证据”。

（二）“新的证据”的种类

我国《民事诉讼法》第 63 条第 1 款虽然规定：“证据包括：（一）当事人的陈述；（二）书证；（三）物证；（四）视听资料；（五）电子数据；（六）证人证言；（七）鉴定意见；（八）勘验笔录。”但是，我国《民事诉讼法》、《证据规定》及《审判监督程序司法解释》均没有对“新的证据”的种类予以明确规定，以致审判人员在认定“新的证据”时，经常对“新的证据”的种类发生意见分歧。特别是对“证人证言”、“当事人的陈述”这两种证据能否作为“新的证据”使用，存在很大的争议。不少审判人员认为，“证人证言”、“当事人的陈述”能够作为证据使用，但不能作为民事再审程序中“新的证据”使用。因为，这两种证据的随意性很大，经常处于变动状态之中，难以客观、公正地证明案件的事实。如果以“证人证言”、“当事人的陈述”作为“新的证据”使用，去推翻原判决、裁定，这不仅达不到纠正原判决、裁定错误的目的，而且会造成新的错案，损害被申请人的合法权益。

笔者认为，“新的证据”种类，即我国《民事诉讼法》第 63 条第 1 款规定的八种证据。“证人证言”、“当事人的陈述”能够也应当作为民事再审程序中“新的证据”使用。因为我国《民事诉讼法》第 63 条第 2 款规定的“证据必须查证属实,才能作为认定事实的根据”以及该法第 64 条第 3 款规定的“人民法院应当按照法定程序,全面地、客观地审查核实证据”两项内容,赋予人民法院对“证人证言”、“当事人的陈述”进行全面、客观地审查、核实的权利。只有人民法院对“证人证言”、“当事人的陈述”查证属实时,才能作为认定案件事实的根据。另外,人民法院可以对提供虚假证言的证人,让其承担作伪证的法律责任予以民事制裁;对“当事人的陈述”可以通过“自认规则”予以规范。因此,那种认为“证人证言”、“当事人的陈述”不能作为民事再审程序中“新的证据”使用的观点是错误的。

(三)“新的证据”的要件

在审判实践中,关于民事再审程序中“新的证据”的审查、认定较为复杂、困难。我们需要从其主观要件、形式要件和实质要件三个方面加以把握:

(1)主观要件。民事再审程序中“新的证据”的主观要件,是指再审程序中“新的证据”未能在原审庭审结束前发现并提出,不属于可以归责于当事人的原因的要件。具体地讲,它包括以下几种情形:一是原审庭审结束前虽然出现,但是当事人无法知道其已经出现的证据;二是当事人在原审庭审结束前就已经知道该证据出现,但由于客观原因无法收集,申请人民法院调查取证未获准许的证据;三是当事人在原审庭审结束之前就已经知道该证据出现,经原审人民法院准许延期举证,但因客观原因未能在准许的期限内提供,且不审理该证据可能导致裁判明显不公平的,其在原审举证期限届满后提供的及在再审程序中提供的证据。

(2)形式要件。民事再审程序中“新的证据”的形式要件,就是指原审庭审结束后新形成、新发现,并且在原审判决、裁定发生法律效力后 2 年内新提供的证据。具体地讲,它包括以下三种情形:一是原审庭审结束后新形成的证据;二是原审庭审结束后新发现的证据;三是原审判决、裁定发生法律效力后 2 年内新提出的证据。

(3)实质要件。民事再审程序中“新的证据”的实质要件,就是指再审中“新的证据”于原审的诉讼请求具有特定的关联性,能够足以证明原审裁判存在错误的证据。具体地讲,它包括以下两个方面的属性:一是再审程序中“新的证据”与原审的诉讼请求具有不可分性。如果再审程序中“新的证据”与原审的诉讼请求具有可分性,则不属于再审中“新的证据”范畴。与原审诉讼请求具有可分性的再审程序中的“新的证据”,不应当启动再审程序,而应当另行提起诉讼。因此,我们对再审程序中“新的证据”的审查认定,一定要以原审的诉讼请求为限,与原审诉讼请求无关的证据不能纳入再审程序中“新的证据”范畴。二是再审程序中“新的证据”应当具有相当程度的证明力,能够足以推翻原判决、裁定的。对于那些只具有一般程度的证明力,不足以推翻原判决、裁定的证据,不能认定为民事再审程序中的“新的证据”。

(四)“新的证据”的认定与举证时限及证据失权制度的关系

再审程序中“新的证据”,从表面上看仅为再审程序中的问题,但实际上再审程序中“新的证据”的认定必然涉及一、二审程序中的举证时限和证据失权制度,因而一直是民事再审程序中的一个难点。[①] 举证时限制度是指,负有举证责任的当事人应当在法律规定或人民法院指定的期限内提出证明其主张的相应证据,逾期举证则承担证据失权法律后果的一项民事诉讼制度。证据失全是指逾期举证的法律后果,是举证时限制度的核心问题,其实质是丧失证据的证明权。《证据规定》第 34 条规定:“当事人应当在举证期限内向人民法院提交证据材料,当事人在举证期限内不提交的,视为放弃举证权利。对于当事人逾期提交的证据材料,人民法院审理时不组织质证。但对方当事人同意质证的除外。”本条是关于举证时限与证据失权的规定。上述规定,实现了证据制度由证据随时提出主义向证据适时提出主义的重大转变。该规定不仅适用于一、二审诉讼程序,而且也适用于再审诉讼程序。

《证据规定》自 2002 年 4 月 1 日施行以来,对于指导和规范人民法院的审判活动,提高诉讼当事人的证据意识、促进民事审判活动公正有序地开展,确实起到了积极的作用。然而,随着新情况、新问题的出现,《证据规定》中关于“新的证据”的有关规定有所滞后,难以指导具体的审判实践。为此,最高人民法院《关于适用〈关于民事诉讼证据的若干规定〉中有关举证时限规定的通知》(以下简称《证据规定的通知》)关于“新的证据”的认定问题又作出了补充规定。《证据规定的通知》第 10 条规定:“人民法院对于‘新的证据’,应当依照《证据规定》第四十一条、第四十二条、第四十三条、第四十四条的规定,结合以下因素综合认定:(一)证据是否在举证期限或者《证据规定》第四十一条、第四十四条规定的其他期限内已经客观存在;(二)当事人未在举证期限或者司法解释规定的其他期限内提供证据,是否存在故意或者重大过失的情形。”从以上规定可以发现,虽然当事人未在举证期限或者司法解释规定的其他期限内提供证据,但其主观上不存在故意或者重大过失的情形,证据失权只不过是由于当事人的一般过失或者轻微过失而造成的,再审程序中也应当把它认定为“新的证据”;假如当事人未在举证期限或者司法解释规定的其他期

---

① 李婷婷:“论新证据在民事再审程序中的运用”,载安徽省芜湖市中级人民法院网,2009 年 5 月 16 日发布。

限内提供证据,其主观上存在故意或者重大过失的情形,如"搞证据突袭"、"不打一审打二审"、"不打原审打再审"、"举证与否无所谓",即使其提出的证据能够"足以推翻原判决、裁定的",人民法院也不应把它作为"新的证据"认定和使用,去否定原审裁判的既判力。① 否则,不仅会助长那些藐视法庭尊严和正当诉讼程序的恶意诉讼当事人的威风和邪气,而且会有损于法律的严肃性和司法的尊严,甚至会产生不良的法律后果和社会后果。

二、"新的证据"致使再审改判后的法律后果

当事人提出的"新的证据",能够证明原判决、裁定确有错误的,人民法院应予依法改判。但是,原判决、裁定被依法改判后,又会产生怎样的法律后果呢?

《证据规定》第 46 条规定:"由于当事人的原因未能在举证期限内举证,致使案件在二审或者再审期间因提出新的证据被人民法院发回重审或者改判的,原审裁判不属于错误裁判案件。一方当事人请求提出新的证据的另一方当事人负担由此增加的差旅、误工、证人出庭作证、诉讼等合理费用以及由此扩大的直接损失,人民法院应予支持。"本条是关于当事人在二审程序和再审程序中提出"新的证据"后果的规定。后来实施的《审判监督程序司法解释》又对该条规定的内容进行了补充和完善。该司法解释第 39 条第 2 款规定:"申请再审人或者申请抗诉的当事人提出新的证据致使再审改判,被申请人等当事人因申请再审人或者申请抗诉的当事人的过错未能在原审程序中及时举证,请求补偿其增加的差旅、误工等诉讼费用的,人民法院应当支持;请求赔偿其由此扩大的直接损失,可以另行提起诉讼解决。"《审判监督程序司法解释》将被申请人主张由此增加的差旅、误工等费用,规定为诉讼费用,当事人不能对此提出上诉救济。对于被申请人主张由此扩大的直接损失,赋予被申请人另行提起诉讼的权利。这一规定,无疑是正确、可行的。

事实上,随着民事审判方式改革的不断深入和发展,当事人举证责任的负担也在不断加重,诉讼程序也将会日趋复杂,诉讼成本也会必然增加。因此,有必要把上述差旅、误工等费用计入诉讼费用范畴。这样规定,也是充分运用诉讼费用机制,鼓励诚实诉讼,抑制恶意诉讼和拖延诉讼的行为。

三、民事再审程序中"新的证据"的运用

首先,要充分认识"新的证据"在民事再审程序中的作用。终审后发现"新的证据"不能申请再审,这是许多国家的通行做法。但是,我国的《民事诉

---

① 张忠源、刘顺涛:"民事再审新证据的认定和运用",载法律教育网,2010 年 8 月 13 日发布。

讼法》却规定了终审后发现“新的证据”可以启动再审程序的制度。通常情况下,如果“新的证据”在再审程序中被人民法院依法采信,那么案件的处理结果便不可避免地发生改变,原审的判决、裁定必然会被推翻。公正与效率是人民法院永恒的工作主题,偏废其中的任何一项都不利于司法活动的正常、顺利进行。尽管人民法院在原审时按照《证据规定》的有关规定为当事人创造了举证条件,给予当事人一定的举证期限,但是“新的证据”在原审时毕竟还没有出现,而这些“新的证据”又足以推翻原审的判决、裁定,因而“新的证据”在再审程序中的地位、作用不容忽视,应当引起人们足够的重视。[①] 因此,笔者认为,在不影响公正与效率的前提下,就必须保障“新的证据”在民事再审程序中充分发挥它们的证明能力,按照依法纠错与最大限度地保护当事人合法权益的原则,把握好维护裁判文书既判力与依法进行再审的关系,探索建立宽进严出的再审流程管理机制,切实履行好人民法院作为社会公平正义的最后一道防线的职能作用。

其次,要对民事再审程序中“新的证据”予以认真审查。审查时,要从以下五个方面加以进行:一是要根据最高人民法院《关于受理审查民事申请再审案件的若干意见》的有关规定,组成合议庭进行审查。审查时可以组织当事人进行听证,听证由审判长主持。二是要审查“新的证据”是否具有相当程度的证明力,能否足以推翻原审的判决、裁定。如果当事人提供的“新的证据”的证明力不强,不足以推翻原审的判决、裁定,或者该“新的证据”证明的事实与原审证据证明的事实相同,则该“新的证据”的出现就失去了意义,不能在再审程序中被采用。只有当事人提供的“新的证据”具有相当程度的证明力,能够足以推翻原审的判决、裁定,且该证据与原审证据证明的事实是不一致的,才能被人民法院在再审程序中作为“新的证据”采用。三是要审查当事人提交的“新的证据”与原审的诉讼请求是否具有不可分性。如果再审程序中“新的证据”与原审的诉讼请求具有可分性,则不属于再审程序中“新的证据”的范畴。我们对再审程序中“新的证据”的审查认定,一定要以原审的诉讼请求为限,与原审的诉讼请求无关的证据不能纳入再审程序中“新的证据”的范畴。四是要审查当事人提交的“新的证据”是否属于《审判监督程序司法解释》第10条第1款规定的三种证据情形,并结合《证据规定的通知》第10条所列的两种因素予以综合认定。但是,属于应当归责于当事人的原因而没有提交的证据,不能作为再审程序中的“新的证据”使用。五是要审查当事

① 李婷婷:“论新证据在民事再审程序中的运用”,载安徽省芜湖市中级人民法院网,2009年5月16日发布。

人提交的“新的证据”是否在原审判决、裁定发生法律效力后2年内提出。如果当事人提交的“新的证据”，是在原审判决、裁定发生法律效力后2年后提出的，人民法院应当依法裁定驳回当事人的再审申请。

最后，要对当事人充分行使释明权。所谓释明权，是指人民法院为救济当事人在举证和质证过程中存在的能力上的不足或缺陷，通过发问、指导等方式以澄清或落实当事人所主张的某些事实，以引导和协助当事人对案件的主要事实和主要证据进行有效和积极辩论的权力。释明权设立的初衷是为了平衡当事人在辩论能力上的差异，从而实现程序正义和实体正义的结合。①《证据规定》第3条第1款规定：“人民法院应当向当事人说明举证的要求及法律后果，促使当事人在合理期限内积极、全面、正确、诚实地完成举证。”笔者认为，人民法院应当采用书面形式向当事人说明举证的要求及法律后果，应当将举证的要求及法律后果以举证通知书的形式与案件受理通知书和应诉通知书一并送达双方当事人。这样做的目的，在于促使当事人在“合理期限”内完成举证责任，并且积极、全面、正确、诚实地完成举证责任。在采取书面形式向当事人说明举证的要求及法律后果时，举证告知的内容应当包括：举证责任的分配原则与要求；向人民法院调查取证的情形；当事人约定举证期限的方式或人民法院指定的举证期限；逾期提供证据的法律后果。鉴于我国当事人目前举证意识普遍不高的实际情况，审判人员在民事一、二审程序案件的审理过程中一定要强化对当事人的举证指导工作，科学、合理地为当事人确定举证时限，为再审程序中认定当事人提出的“新的证据”是否存在过错提供依据。② 另外，对于应属人民法院主动调查取证范围内的“新的证据”，对于当事人在“新的证据”提供上不存在故意或重大过失的情形，在民事再审程序中暂不作限制为宜，从而最大限度地保护再审申请人的合法权益。

---

① 黄松有主编：《民事诉讼证据司法解释的理解与适用》，中国法制出版社2002年版，第25页。
② 张忠源、刘顺涛：“民事再审新证据的认定和运用”，载法律教育网，2010年8月13日发布。

浅议我国审判监督程序的不足与完善

新疆维吾尔自治区昌吉回族自治州
呼图壁县人民法院　狄明浩

审判监督制度作为特别的司法救济制度,其目的是纠正确有错误的裁判,实现最终的司法公正。随着社会的进步、经济的发展,人民对现代司法理念的追求,以往的审判监督制度越来越显得不堪重负,难以适应,各种弊端日渐显露。为了进一步深化审判监督制度,本篇论文从审判监督的特征、弊端以及如何完善审判监督制度等方面,作了一点探讨。

一、审判监督的特征

根据我国目前三大诉讼法的规定,当事人的申诉、申请再审之诉均规定在审判监督程序之中,一方面说明当事人的申诉和申请再审也是一种监督,但不同于其他几种主体的监督权;另一方面也可以说明再审程序与审判监督程序的基本内涵是相同的。

审判监督具有以下特征:

(1)事后性。审判监督程序的提起有特定的要求。当事人申请再审,应当在判决、裁定发生法律效力后 2 年内提出,而法院依职权提起再审和检察院依职权提起抗诉则不受时间限制,只要法院发现生效裁判确有错误,随时都可以提起再审程序,或者检察院发现生效裁判存在法定的抗诉事由,随时都可以提起抗诉。但前提是再审的客体只能是人民法院已生效的判决、裁定。

(2)法定性。一是指提起再审的事由是法定的,不存在酌定的事由。凡不符合诉讼法的几种情形,均不得提起再审,这是法院的裁判具有终局性和既判力所决定的。任何机关和个人,包括法院的法官,均不能另立标准。在是否应提起再审的问题上不存在法官的自由裁量,而必须依据法定事由。二是行使审判监督权的主体是法定的,包括各级法院院长、最高法院、各上级人民法院、最高人民检察院、各上级检察院,除此之外,任何机关和个人都不能直接启动再审程序。党委、人大如对某些有重大影响的案件认为法院裁判不当的,可通过一定方式,监督上述法定主体进行审查,如符合法定事由的,才能由上述法定主体启动再审程序。当事人的申诉和申请再审虽然也具有一定的监督含义,体现了诉讼民主,但它仅仅是一种诉讼权利,根据现行的诉讼法规定,当事人的申诉还不属申请再审之诉,不能必然启动再审程序,是否应提起再审还须经上述法定主体审查。

(3)权力性。审判监督是法律赋予某些特定主体的一种权力。它不同于一般的民主监督,也不同于党内监督、行政监督,因为这些监督不会必然引起法律后果。而审判监督权的行使必然会产生一定的法律后果,即启动再审程序。其目的是通过监督,保护当事人的合法权益,确保司法公正,以维护司法权威。

(4)补救性。审判监督程序不是诉讼的必经程序,而是一种特别程序、补救程序。其作用在于:一是通过纠正生效判决、裁定的错误,使当事人的合法权利和利益得到补救;二是通过纠正生效判决、裁定的错误,使司法机关不应失去的公正和权威得以弥补,以唤起全社会对法律权威的尊重。

(5)时效性。时效性是程序公正的直接体现。任何诉讼程序都是有时间限制的,审判监督程序既然是一种诉讼的特别秩序,无疑应符合诉讼的一般规律,应在法律规定的范围内、在诉讼期限内,以最快的速度、最小的成本来实现司法公正。

二、我国审判监督制度的立法现状及存在的弊端

现行的审判监督制度既不利于维护司法公正,也不利于提高司法效率,暴露出越来越多的弊端,已不能适应当前新的形势和任务要求,特别是我国加入WTO以后,司法若不能高效、公正、权威地解决纠纷,将会损害我国在世贸组织中的声誉。因此,从根本上改革和完善审判监督制度,势在必行。

(1)申诉和申请再审诉讼秩序混乱。存在如此庞大的申诉、上访群体,虽然与我们的审判水平不高、少数案件裁判不公有关系,但不能否认与制度设计也密切相关。现行制度总是让当事人存有希望,而只要有一线希望,当事人就要不断申诉。一审、二审、再审,一直到最高人民法院讨说法。这种无限申诉的、再审制度是否符合司法的规律性、特殊性,是否具有科学性,是值得研究的。两审终审制是法律明文规定的,但无限申诉和再审制度的存在已在客观上造成了终审不终的现状,两审终审制形同虚设。根据全心全意为人民服务的宗旨,对宪法规定的公民的申诉、控告权利也要予以保护。现实情况是,我们一方面采取诸多方式方法鼓励当事人上访、申诉;另一方面又利用各种方式和措施控制上访、申诉,这种非理性的制度设计使我们陷入了一个无所适从的怪圈。

(2)职权色彩浓厚。在审判监督程序中,法院、检察机关可以在当事人未提出申请的情况下主动依职权启动再审程序;法院可以超越当事人的诉讼请求对案件进行全面审查;法院可以自行追加案件当事人;等等。致使当事人意思自治、私权处分的权利受到妨害与侵犯,也与现代法治精神不相容。

(3)提起再审的理由过于宽泛。确有错误是引发再审的主要法定理由,而什么是确有错误?很难界定,至于其他引发再审的理由,如主要证据不足、违反程序可能影响案件正确判决等,司法实践中把握起来极为宽泛,缺乏可操作性。

(4)司法资源的巨大浪费。在司法实践中,有的案件历时十几年,有的案件先后判决、裁定多达十几次,这不仅在程序上对两审终审、证据时效、审限制度等是一种自我否定,而且在实体上也使得相关案件是非难分,无法下判。这种做法不仅造成当事人的讼累,也耗费了法院大量的人力、物力、财力。利用有限的审判资源进行不必要的重复劳动,无论从哪个方面讲都是得不偿失的。

(5)终审裁判的稳定性受到影响。终审裁判后,纠纷各方的权益关系因终审裁判而确定,并进入经济活动的运行之中。但不断地申诉、不断地再审使已经确定下来的法律关系仍处于不稳定状态。胜诉方不放心,败诉方不甘心,法律所调整的社会政治关系、经济关系、身份关系等处于悬置状态,终审裁判的稳定性受到严重的威胁。

(6)终审裁判的既判力受到挑战。既判力的概念比较复杂,但不妨简单理解"既判",即法律对纠纷已经判决、已经了断。既判力规则是司法裁判终局性原则最核心的体现,它与诉讼中所涉及的"一事不再理"原则,诉讼请求范围规则、法律争议排除规则是密切相关的。所以既判力不仅体现对本案所涉的权益关系已作了裁判,而且对相关的人、相关的权益关系也作了了断。一个终审判决,除极个别的特殊情况外是不能随意改动的。如不断地变动,就会造成牵一发而动全身的不良后果,给社会的政治、经济和生活秩序带来极大的负面影响。

(7)造成对司法公正的错误评判。现在法院裁判不公备受指责,其实裁判的公正并没有绝对的客观标准,很难界定。虽然启动再审的法定条件、抗诉的法定条件均是"确有错误",但不能认为只要再审改判了,原判决就是错误的,不公正的,笔者认为对此不能一概而论。现在只要案件出现一点错误,哪怕是程序甚至文书上的瑕疵,都等同于司法不公,而司法不公又等同于司法腐败。并不是发生在法院工作人员身上的任何违法违纪行为都可以被套上司法不公、司法腐败的帽子。对司法腐败必须严格加以界定,它必须是与司法权的行使紧密相关,是利用司法权搞权钱交易、以权谋私。否则,标准混乱,评价不严肃,最终损害的必然是司法权威。应该肯定,在中国共产党领导下的法官总体是好的,尽管有业务素质的高低、思维方式的差异,但他们在司法活动中总是竭力做一个尊重事实，尊重法律的中立者。我们不能因为有少数法官办错了几件案件，就对整个审判工作持怀疑和不信任的态度，而刻意设置过多的监督当然是不可取的。

三、审判监督制度的改革与完善

审判监督制度是对错误判决的最终司法救济，但是，它所付出的代价是法的安定性。我们应当尽量减少这种代价，处理好纠正错案与维护裁判效力的稳定性、权威性的关系。应当纠正的是生效判决中的重大错误，而不是一般性错误。我们应当努力改变目前人民法院审判工作中无限申诉、无限申请再审的被动局面，坚持公正与高效，依法维护终审权的司法权威。如何克服上述弊端，唯一出路就是改革。审判监督工作的发展，希望在于改革，出路在于改革。改革和完善审判监督制度已时不我待、势在必行。

审判监督制度改革的目标是：根据司法工作的特殊性和规律性，通过改革，规范审判监督制度，有效地克服诉讼秩序混乱和司法资源浪费的问题，根据“精审监”的原则，建立有中国特色的审判监督制度，通过纠正确有错误的裁判，维护司法终审权，实现司法公正，树立司法权威。

（一）解放思想，转变观念

审判监督改革能否启动，能否健康、顺利进行，思想的解放、观念的转变起决定性作用。要放弃不符合司法规律性、特殊性的思想观念和指导思想，树立现代司法理念和指导思想，修正长期被奉为审判工作指导思想的实事求是、有错必纠原则。实事求是、有错必究是我国历来坚持的一项方针，从哲学角度看无疑是正确的，但在诉讼中尤其是审判监督程序中如何运用，就值得研究和探讨。因为，任何裁判结果从实体上讲都只能做到相对正确，而不可能追求绝对正确，因此，在一般情况下，不能简单套用“有错必纠”原则而轻易启动作为特殊救济程序的再审程序。审判监督程序的理论基础是实事求是的原则和有错必纠的方针，这是无可非议的，问题是用什么样的指导思想开展这一工作。监督的目的是确保司法公正，维护司法权威，而不是损害司法权威。所以并非监督越多越好，改判越多越好，而应该是可抗可不抗的不抗，可改可不改的不改，以维护法院裁判的稳定性，维护国家法制的权威。

（二）规范和完善执法观念

建立一个科学完善的审判监督制度，不仅应当在法律制度上加以健全，而且应当从转变观念上下功夫，以抛弃传统的、不符合审判监督工作的东西。为此，审判监督应确立以下四个观念：

（1）确立“终审裁判”的观念。“两审终审”、“最高人民法院的判决是终审判决”,是《宪法》确定的重要司法原则。然而实际情况是,许多案件是终而不终,没完没了,不仅地方各级人民法院的二审裁判不能产生终审裁判的法律效力,就是最高人民法院的裁判当事人也不信服,千方百计要求进行再审。如果没有终审裁判,就没有司法权威,还将导致司法规则秩序的混乱。因此,必须确立终审裁判的观念,只要是已经发生法律效果的终审判决,就不能随意开启再审程序。对于人民法院的终审裁判,应当坚持“一事不再理”、“即判之事实视为真实”这些通行的司法规则。

(2)确立程序公正的观念。司法公正主要是指对当事人程序的公开,不是指案件审判结果的公正。只要法官按照法律规定的程序进行了中立的裁判,就做到了司法公正,即使裁判没有实现实体正义也不能认为是法官执法不公。当前的司法不公正主要是程序不公正,而且多数实体不公正也是由程序不公导致的。要重视和强化适用程序法的监督,在加强对实体监督的同时,应当将重点放在对程序的监督上,坚决纠正那些因程序不公正而明显影响实体裁判结果的案件。

(3)确立法官中立的观念。要保证司法的公正,法官首先应当做到中立。中立是法官职业的要求和必备的基本素质,也是司法公正的基础。按照法官中立的原则,在案件的审理过程中,法官的心态必须保持中立,不能偏袒任何一方,按照审判规则给双方当事人平等的诉讼权利和平等地行使诉讼权利的机会,对双方当事人的诉讼主张,支持诉讼主张的理由给予同等关注。只要法官真正做到了中立,并按照法定的程序进行操作,即使判决结果没有实现实体正义,但它在法律上就应当认为是公正的。没有实现实体正义的结果,是当事人没有尽到自己的法律义务所致,并不是法官不公正或者裁判不公正。

(4)确立严格司法救济的观念。考虑到我国的地方保护主义,法官业务素质的差异等实际情况,确有必要保留申请再审的制度。但进行司法救济,必须严格加以限制。如对提起审判监督程序的主体、申请再审的理由,受理再审申请的机关必须明确规定。同时,人民法院应当制定再审规则,确保当事人正当的申请再审权利实现,以维护当事人的合法权益,国家的司法权威和社会主义法制秩序,改变审判监督程序规则不科学,有法不依,无章可循、秩序混乱的状况。

(三)转变监督观念,提高监督水平

目前社会上一方面对法院、法官的期望值很高,希望法官办的每一件案件都百分之百的准确,最好都能达到“组织满意、人民满意、当事人满意”。这种愿望应该说是好的;但另一方面又把法院、法官说得很“黑”,似乎每个法官都

是“吃了原告吃被告”的“食客”。两种思想的反差也常常困扰着监督工作。不应把法官当成不食人间烟火的圣人，稍有差错就无端猜疑、无限上纲，使法官失去安全感。难以想象一个缺乏安全感、信任感的人会无私地去敬业。要加强法院审判监督工作，必须正确处理好以下几点：

(1)关于检察机关的监督。检察机关是法律监督机关，享有法律监督权，这是《宪法》所确定的。依据《宪法》规定，人民检察院对人民法院监督和制约的重点是刑事诉讼，而在民事诉讼中应实行当事人主义。所以，检察机关对民事诉讼的监督不宜强化，只能限于国家利益和社会公共利益受到损害时才能行使监督权，且要纠正以往偏重于结果审查的做法。因为结果不仅包含当事人的处分权，还有法官的自由裁量权，对此检察机关是不应监督的。

(2)关于法院内部的监督。根据现行三大诉讼法的规定，法院内部监督可谓多头、多层次监督。根据诉讼规律，在民事诉讼中应取消法院内部直接启动再审程序。理由：一是民事诉讼的争议焦点是民事实体权利，应充分体现当事人意思自治，当事人对自己的民事权利和诉讼权利完全有处分权，当事人未要求再审，法院不应主动干预，否则会损害当事人的合法权益。二是法院依职权提起再审，违背民事诉讼“不告不理”的诉讼原则。三是法院主动提起再审容易诱发腐败现象。相反，法院不主动提起再审，而由当事人申请再审，有利于法院保持中立和不偏不倚，有助于法官的冷静、自律，防止在存在偏见的情况下裁判。

(3)关于当事人的申请再审。当事人申请再审是启动审判监督程序的主要方式，但现行三大诉讼法对当事人申请再审的规定太笼统，且未赋予一定的法律效力。建议作如下修改：一是缩短申诉期限。现行的刑事诉讼法对申诉期限未作限制，意味着当事人具有终生的申诉权，现行的民事诉讼法规定当事人的申诉期限为2年。故不少当事人不上诉而申诉，尤其是民事诉讼当事人，既可省钱又可拖延时间，一些当事人甚至连篇累牍地写申诉信以求达到抗拒执行生效判决的目的。所以，申诉期限以1年为宜。二是确定“三审终审”原则。为了维护当事人的合法权益，尽最大努力实现裁判的实体公正，应当确立“三审终审”的原则，确保案件的裁判公正，实体正义的实现。三是对民事诉讼当事人在申诉期间提出的新证据应作出限制。即当事人在一、二审期间对应当知道或已掌握的证据未举证或有意不举证的，视为对权利的放弃。当事人在一、二审期间未能发现和获取的证据，并有充分的理由加以说明，可视为新证据，允许其申请再审。四是当事人申诉再审只能一次；对最高人民法院作出的裁决不能申请再审，否则当事人长期纠缠，既影响社会稳定，又有损司法权威。

(四)具体界定再审制度

再审是否合理,是决定再审程序是否无限扩大适用的关键所在,应立法加以规范。

(1)合理设定再审理由。一是明确再审理由,不能像“确有错误”之类过于宽泛与笼统,必须准确、具体、易于司法适用。二是再审理由必须充分注意到,刑事、民事、行政这三类再审的不同特性,而有针对性地设计不同理由。三是再审理由必须符合本国国情。

(2)严格限制再审启动权。一是取消人民法院的再审启动权;二是限制检察机关的再审启动权,检察机关只对刑事、行政案件以及涉及国家利益和社会公共利益的案件提起抗诉,对一般的民事案件无权启动再审程序;三是强化当事人的申诉权利,合理设计当事人提请再审之诉的法律要件,切实维护当事人本应享有的申诉权。

(3)严格限定再审时限。在强化当事人申诉权以及合理界定发起再审理由的同时,必须对发起再审的时限以及再审案件的审理时限作出明确规定。现行三大诉讼法对此规定不甚严格。例如,《刑事诉讼法》对当事人申请再审的期限未作规定,使刑事诉讼的当事人享有终生申诉权。不少当事人往往不愿上诉而采取向上级法院申诉,造成诉累,也不利于保护当事人的权益。

(4)明确再审案件的管辖。现行的三大诉讼法,对再审案件四级法院均有管辖权。特别是规定了一、二审法院均可受理对本院所作裁判不服的再审案件,上级法院也可提审或指令下级法院再审。随意性大,必将影响公正审判。建议规定再审案件一律由终审裁判的上级法院审理。

(5)严格限定再审的范围。当事人提起再审之诉的范围,必须是已经发生法律效力且准予提出再审请求的终局裁判。下列案件不得提出再审:一审判决后,当事人未行使上诉权的案件;调解结案的案件;再审过的案件;最高法院终审的案件;无纠正可能或无纠正必要的案件。

(6)完善再审案件的程序。现行的三大诉讼法对再审案件当事人的称谓、庭审调查的侧重面、再审裁判文书的内容结构未作出详细规定。在实践中,审判人员只能按一、二审程序,变通操作,导致再审程序于法无据。因此,审判监督程序亟须立法加以规范。

审判监督的特殊性决定了其特殊的使命,它是人民法院维护司法公正的最后一道防线,也是最终的司法救济。只要我们切实转变观念、解放思想,突破旧的条条框框,建立一个符合现代司法理念,具有中国特色的审判监督制度,必将指日可待。

论审判监督与舆论监督的碰撞与共生

福建省武夷山市人民法院　徐　欢

一、缘起

近年来，随着手机、互联网的普及，新闻媒体的专业化和多元化发展，人们的社会生活悄然发生变化，大家获取、传播信息正变得越来越便捷，对社会上的热点事件往往也热于表达自己独立主张。正如此，越来越多案件的司法审判引起了人们的关注和评论，特别是一些案件经媒体报道和网络炒作后，成为众矢之的，并启动审判监督程序予以纠正，比较有代表性的如辽宁刘涌案。

2002 年 4 月 17 日，刘涌、宋健飞被辽宁铁岭中级人民法院以组织、领导黑社会性质组织罪、故障伤害罪、妨碍公务罪、非法持有枪支罪等多项罪名一审判处死刑。2003 年 8 月 15 日，刘涌被辽宁省高级人民法院以近乎相同的罪名改判死刑，缓期两年执行。判决结果出来后，舆论哗然，遭到媒体的普遍质疑，报纸、网络杀伐之声不绝于耳，有评论指出"作为首要分子的刘涌，应该对集团所有罪行，包括宋健飞所犯罪行为承担刑事责任……但从二人在犯罪集团中所起的作用看，刘涌无疑主观恶性更深，社会危害更大，留下他而送宋健飞'上路'，很难让人理解。""如果罪孽深重的刘涌都可以不死，那么，死刑留给谁用？"[①]随后其他一些持相同观点的文章不断掀起媒体报道和评论刘涌案的情绪，而在网络上，参与专家意见书的 14 位刑法学家几乎被完全淹没在谩骂的唾沫之中，于是网络与纸质媒体交相辉映，形成一股杀刘舆论的巨大浪潮。最高法院面对压力，不得不于 2003 年 10 月 8 日提审刘涌案启动再审程序，并于 2003 年 12 月 20 日重新判处刘涌死刑，立即执行。

这个案例，仅仅是近年来受到舆论监督的众多案件中的缩影，它们被再审并改判的直接动力来源于社会舆论的直接干预，而其载体就是媒体和网络。尤其是网络给社会舆论构筑起了一个相互交流的新型平台，各种思想、观点进行着广泛的沟通，它既不受空间限制，无论天南地北、国内海外，都可以在同一个平台上，畅所欲言，各抒己见；也不受时间限制，今天有事可以不参与，明天又可以接着讨论。他们挑战专家、社会精英，对司法失误提出尖锐批评，对裁判缺陷提出明确异议，其社会影响力越来越大。但看到舆论监督的巨大作用

---

① 李曙明："对沈阳黑帮头目刘涌改判死缓的质疑"，载《外滩画报》2003 年 8 月 21 日版。

同时,又不免使我们重新思考这一问题,那就是审判监督与舆论监督到底应该是一种怎样的关系,二者又该如何协调规制。

二、审判监督与舆论监督的碰撞

三大诉讼法均规定了“审判监督程序”,从这些规定可以解析出这样的内涵,审判监督是国家机关(法院和检察院)对审判所实施的一种法律监督,即一、二审程序终结之后,对已经发生法律效力的裁判,依法由原审或上级人民法院按照一审或二审程序再次进行审理的程序,是司法体系内部的监督。根据诉讼法的规定,引发再审的途径有法院依职权决定再审、当事人申请再审和检察机关抗诉再审三种,除抗诉再审外,其他再审案件无论来源如何,都必须经过法院复查认定原裁判“确有错误”或符合诉讼法规定的条件才能启动。因此,再审就程序的启动而言,与当事人通过行使诉权寻求司法裁判的救济,显然是不同的。[①] “没有救济就没有权利”,再审程序作为一种特殊的纠错和补救程序,是权利救济发展的选择,也是诉讼制度不断完善的结果。同时,再审程序也是控制与约束法官的随意和偏私,以权力制约权力的防错纠错制度。[②] 再审程序在我国,就是诉讼法规定的审判监督程序,再审程序的设置,是权利救济的现实要求,也是权力制约的内在必然。

传媒又称“媒体”,是指报纸、广播、电视等各种新闻工具,用于交流、传播信息,它最早用于传播学领域。媒体的功能主要有三项:一是宣传;二是引导;三是监督。其中与司法审判最常发生相互作用的是媒体监督,也被称为舆论监督或者新闻监督,是指报纸、期刊、广播、电视、网络等大众传媒对各种违法违纪行为,尤其对国家公职人员的违法犯罪、渎职腐败行为所进行的揭露、报道、评论或抨击。当今,传媒对司法活动进行报道并监督司法权的行使,已是一种普遍的现象。因此,在现代法治社会中,舆论监督被认为是司法体系外部监督的最常见形式。特别是在西方社会,舆论监督作用非常突出,涉及社会生活的方方面面,有时甚至让人感觉无孔不入。并且在大多数问题上,传媒总是以公众代言人的角色出现,站在政府的对立面,给其所从事的传媒行业披上“正义”的外衣。因此,在当代西方社会,舆论监督被称为继立法权、司法权、行政权之后的“第四种权力”,记者更是号称“无冕之王”。

实践中,传媒的力量在程序和实体上都能够影响到司法。在实体问题上,传媒针对司法结论进行的分析、评价,增加了司法的透明度,促使司法裁判做到证据确凿、说理充分。传媒更大的力量在于能够促进司法程序规范化。西

---

① 张卫平:“民事再审:基础置换与制度重建”,载《中国法学》2003 年第 1 期。

② 李祖军:“论民事再审程序”,载《现代法学》2002 年第 2 期。

方有一句经典的法谚:“正义不仅应当得到实现,而且应当以人们能够看见的方式得到实现。”这说的就是程序的价值。除了法律特别规定不得公开的内容之外,其他司法行为均处于传媒的视野之中,司法人员的一举一动都可能引起传媒的关注,由此传媒能够影响或矫正司法机构及其成员在司法过程中的偏差,从而在无形中督促了司法程序规范化和公开化。然而,两者都有自己发挥作用的领域,在实现各自价值的过程中,由于不同的价值取向、不同的运作规律,相互之间的碰撞和冲突在所难免。

第一,新闻舆论不适时地介入司法审判,提供自己的信息与判断,可能对审判监督产生先入为主的影响。“司法权是运用法律对各种纠纷作出是非裁断的权能,法官应是理性的居中裁判者,他们不参与社会公共政策的形成过程,而是通过对法律的解释与适用来调解各种纠纷,其裁断虽也必须依据相关信息,但该信息的取得和采用必须受法律规则的严格制约,除此而外任何来源的信息都不应作为裁判的根据”。[①] 可是,新闻舆论的渗透和影响却无所不在,为制造热点,吸引眼球,它们往往在司法审判前、中、后的全程,利用自己的渠道取得并传播各种与案件相关的信息及评论,这与受法律严谨规制而在审判中认定的信息常常有出入,这对审判监督者造成了潜在的先入为主的影响,扰乱其后续审判监督所应有的理性思维。

第二,新闻舆论对案件报道所形成的无形压力,可能侵害审判监督者独立、公正的审判。司法独立是所有法治国家共同奉行的基本司法原则。它要求法官作为冷静、独立的居中裁判者,在审理案件时只服从于法律。但现实生活中,由于新闻媒体大多热衷于社会热点,而诉诸司法程序的案件又往往是社会矛盾尖锐化的产物,很自然成为媒体追逐的焦点,成为舆论炒作的对象。当审判监督处于公众舆论的喧嚣包围之中时,强大的压力就有可能损害审判监督者的法律理性,使司法独立受到无形干扰。

第三,新闻媒体基于其素材进行的案件报道,或许有悖于司法审判得出的结论,可能对司法权威产生冲击。新闻媒体的“触角”伸及社会各个角落,其收集报道素材与信息的渠道和手段广泛而自由,不像司法审判那样受到严格的程序限制。可以说,新闻媒体对案件的报道和评论,是基于其通过各种渠道和手段获取的“事实”所作出的判断。而司法审判则必须通过合法的手段收集,并在法定程序内审查判断证据,从而依据“法律事实”对案件作出裁判。这往往导致新闻媒体与司法审判对同一案件的判断产生分歧,由于新闻舆论

① 公丕祥著:《法制现代化的理论逻辑》,中国政法大学出版社1999年版,第91页。

的波及面广、影响大，很可能对司法审判所追求的，建立在程序正当基础上的实体正义构成强大冲击，进而动摇司法权威。

三、审判监督与舆论监督的内在联系

尽管审判监督与舆论监督不可避免的会产生冲突与碰撞，但不可否认的是，两者并不是相互孤立存在的，而是有着内在的必然联系。

（一）审判监督与舆论监督的一致性

1. 追求目标的同一性

两者的目标统一于社会公正，一方面，审判监督是以体现国家意志的法律为基础，在司法系统内部对已经发生法律效力的判决、裁定，认为确有错误的，通过启动再审程序来重新审理，从而纠正错误裁判，维护当事人的合法权利，实现社会的公平、正义；另一方面，舆论监督则以公民的言论自由和媒体的新闻自由为基础，通过对案件的深入跟踪、报道、评论，激发民众内心的道德标尺来评判是非，从一定意义上讲，舆论监督是公民的自由表达经媒体传播而形成的客观效果。"知情"是舆论监督的前提，"曝光"是舆论监督的关键，"监督"则是"曝光"之后因舆论的传播和受众的共鸣而形成的一种客观效果。"阳光是最好的防腐剂"，舆论监督的威力就在于通过媒体曝光，让司法腐败与司法恣意无处藏身，从而督促和支持司法机关公正司法，最终达到社会公正的目标。

2. 相辅相成、互为保障

首先，新闻自由和媒体的职责要求传媒适时地报道或监督司法活动，广泛的、公开的社会舆论监督是遏制腐败的利器，有助于增加司法过程的公开性和透明度，同时向社会普及法律知识、弘扬法治精神；其次，在审判监督程序中，除了法律规定不公开审判的外，其余都允许媒体进行正当报道，舆论监督与审判监督都起到了保障当事人合法权利的作用，同时司法程序也保障了新闻自由；最后，舆论监督是一种社会监督，它具有速度快、时效高、受众广的优势，能促使法院在审判监督中公正裁判，防止权力滥用、徇私枉法。另外，对于审判监督而言，新闻舆论从另一个角度为其提供了大量关于案件的信息、素材，可以促进其对原生效裁判是否确有错误作出重新审视。可见，从审判监督与舆论监督本身的相互作用看，传媒介入的价值在于以外在的力量促进司法公正，这与审判监督是以内部的力量维护司法公正，可谓殊途同归。

（二）审判监督应体现民意、民情、民声

法律是全国人民代表大会及其常务委员会制定的，首先体现的是人民的意志，中国共产党代表人民执政，体现的也是人民的意志。司法活动应当接受

党、人大和人民的监督,审判监督也不例外。随着现代科技和传媒手段的发展,新闻舆论已经成为汇集民意、民情、民声的最好平台,这个平台简单、快捷、互动、广泛,是人民监督司法审判的有效途径,而作为对确有错误的裁判启动再审的审判监督程序而言,考量再审案件所集中反映出的民意、民情、民声,就不可或缺了。前述的最高法院提审刘涌案,云南省高级人民法院再审李昌奎案,都足以说明在审判监督程序中,吸收、借鉴、参考新闻舆论中合理正当的民意、民情、民声,不仅不违背法律至上的原则,更能充分体现人民利益和法理精神。

法律并不是法院或审判人员的专利。尽管专业的司法人员对法律的把握一般会比较全面、比较准确,但也不能达到百分百的恰当或准确,如果确有错误,就应当勇于纠正。“法院不能听到哪边呼声大,就倒向哪边”、“我们不会因为大家都喊杀,而轻易草率地剥夺一个人的生命”、“绝不能以一种公众狂欢式的方法来判处一个人死刑”①的说法,虽然体现了司法独立的原则,但是却忽视了来自社会广大群众的呼声。法律是具有人民性的,是人民意志的集中体现,而民意舆情,正代表了最广大人民群众的意愿,是值得法律人去深刻体会、理解和研究的。因为,正义的实现需要一定的社会土壤,再专业的司法人员对案件的裁判都不可能独立于社会基本正义观而存在。换言之,民意从来都是衡量审判质量的一杆标尺,任何裁判都不能置民意于不顾,法官的一纸判决,不仅仅是要服已,更要服众。

四、审判监督与舆论监督的共生

在司法裁判过程中所激发的各种社会力量的参与和博弈让我们看到,司法审判特别是对确有错误的案件启动再审,为社会提供了一个多种价值观碰撞交融的平台,在这个过程中传媒舆论和司法裁判的冲突渐渐引起人们的关注。从上述的分析可知,审判监督与舆论监督有着共同的目标和内在的必然联系,由此决定了二者可以共存。笔者认为,解决二者之间碰撞与冲突的关键是合理地对二者进行调整与规制。

(一)建立审判监督与舆论监督的联系机制

首先,要切实保障媒体依法报道法院审判活动。一方面,公开审理的案件均应允许媒体采访和报道,对于社会有重大影响的案件,法院应当提供必要的便利条件和配合,如依法应予公开的法律文书和相关案卷材料应允许媒体查阅、提供新闻通稿,等等。另一方面,法院也不应当是被动的接受监督,更要主

① 刘子瑜、都力维:“云南高院副院长:不能以公众狂欢方式判一个人死刑”,载《新快报》2011年7月13日版。

动地接受监督,有条件的法院可以采取建设法院网站、建立新闻发言人制度、在法院发展特约记者、举办访谈节目等措施,保持与媒体的双向沟通,及时就社会关注的问题主动发布信息,进行澄清、解释、说明,通过这种渠道既能满足公众的知情权,又便于正确引导媒体舆论,避免小道消息满天飞,甚至以讹传讹酿成负面舆情。

其次,建立审判监督与舆论监督常态化的衔接机制。舆论监督这种外部监督方式的存在,其根本的作用还是在于督促司法体系内部监督机制的有效运行,因为只有前者才是司法规范化的常态。所以,要将司法系统内部的审判监督与来自媒体的外部舆论监督有机结合起来,建立舆论监督转化为审判监督的工作机制。一方面,要从制度上畅通媒体向权力机关、检察机关和审判机关反映舆论的渠道,人大、检察院和承办法院及其上级法院要善于从媒体的公开报道中甄别舆论中所代表的民意、民情、民声,对确有错误的裁判通过质询、抗诉、再审等法律途径,启动审判监督程序予以纠正和处理。另一方面,近年来各级人民法院相应建立起了舆情监测和阅评机构,要充分发挥其职能作用,密切关注网上、网下舆情动态,对涉及自己法院的舆情应当及时梳理、编辑、报送,法院领导根据舆情信息组织原审判执行部门、审监庭、办公室等进行分析研判。如舆情所反映案件、事件不真实、不客观或存在恶意炒作,应当及时发布权威信息,予以澄清、说明,主动应对;如舆情所反映案件在审判执行中确有错误,应当及时采取补救措施或启动审判监督程序,进行自我纠正。

(二)完善新闻行业舆论监督的制度规范

正当的舆论监督有利于促进司法公正,遏制司法腐败,但也必须避免走向另一个极端——"舆论审判",如有学者所说的"舆论自由是一把'双刃剑',它可以起到宣传社会主义法制、监督司法权运作、防止司法腐败的作用,但是,如果对这种自由不加任何限制,它极有可能成为破坏司法独立、损害司法公正的工具"。[①] 所以,应当加强新闻行业的自律,必须形成依法采访、依法报道、依法监督的良好局面。

(1)规范媒体报道。新闻自由是《宪法》规定的公民权利的派生,但《宪法》对于保障新闻自由的作用有限,因此需要制定一部《新闻法》将宪法权利具体确定下来,赋予媒体以更大的活动空间,同时对媒体活动进行规范。具体来说,在获取信息方面,应与司法程序保持一致,不得从非正常渠道挖掘尚未公开的信息;在传播信息方面,应保持对案件的客观表述,不得作倾向性报道;

① 苗有水、刘树德著:《在大案要案的背后》,江苏人民出版社 2005 年版,第 1 页。

在评论案件方面，应主要针对办案过程中的程序违法和办案人员的司法腐败问题进行揭露和批评，严禁发表有人身侮辱性质的言论。

(2)加强行业自律。2006年3月11日至12日，由浙江大学新闻与传播学院举办的"公开与公正——司法与传媒关系研讨会"在杭州举行。中央人民广播电台法律顾问徐迅女士认为当下媒体自律机制缺失，故提出了12条媒体自律规则，笔者赞同其观点：①记者不是警察；②避免罪案报道的副作用；③媒体不是法官；④尊重当事人获得公正审判的权利；⑤对弱势群体予以特别关切；⑥对不公开审理案件之案情不宜详细报道；⑦不针对法庭审判活动进行暗访；⑧平衡报道，不做诉讼一方的代言人；⑨评论一般在判决后进行；⑩判决前发表的批评性评论应谨慎限于违反程序行为；⑪批评应当抱有善意，避免针对个人的品行学识；⑫不在自己的媒体上发表自己涉讼案件的报道和评论。[①]

(3)确立监督重点。一是司法活动中的程序违法现象。程序不公是当前直接破坏司法权威的行为，同时又是传媒最容易看得到的现象，应当重点监督。二是司法腐败以及司法人员的其他违法行为。司法是社会公正的最后一道防线，司法腐败正威胁着社会公正的实现，媒体应利用其得天独厚的条件和优势，大胆揭露司法腐败行为。三是典型案件。它不仅是民众关注的焦点，往往也是社会某方面利益冲突的典型代表，对这类案件进行报道具有深远的教育意义。四是干扰司法独立的社会因素。当今社会存在很多干扰司法独立的因素，媒体不仅要看到司法不公现象的存在，还要深入挖掘出导致司法不公的深层次、内在的原因。

(三)审判监督应甄别吸收舆论监督的合理诉求

具体而言，如果媒体舆论报道中的下列情形属实，应当启动再审程序予以改判，以纠正错误的裁判，还社会一个公道。

第一，原裁判认定的案件事实有错误的，应当改判。包括：(1)有新的证据证明原裁判认定的事实是错误的；(2)据以认定案件主要事实的证据达不到证明标准的或者已过证明时效的；(3)据以认定案件主要事实的证据之间以及证据与案件主要事实之间存在矛盾且无法排除矛盾的；(4)以证人、鉴定人、翻译人或者当事人的虚假陈述作为判决的主要证据的；(5)作为裁判依据的书证或者物证系伪造或者变造的；(6)作为裁判依据的另一裁判或者行政机关的决定被依法撤销或者变更的；(7)对可能影响裁判的主要案件事实遗漏审查判断的；(8)原裁判认定案件主要事实的间接证据不能形成完整的证

① 吴飞、程怡："传媒与司法的对话——'公开与公正——司法与传媒关系研讨会'述评"，载《新闻记者》2006年第4期。

据链;(9)原裁判认定的证据与案件事实之间没有内在的关联性,却以该证据作为原裁判依据的;(10)作为原裁判依据的鉴定结论被否定的;(11)原裁判与已生效的其他裁判相矛盾的。

第二,原裁判适用的法律有错误的,应当改判。包括:(1)适用法律、行政法规、地方性法规以及参照部门规章有错误的;(2)适用了失效的法律;(3)违反法律关于溯及力的规定;(4)应适用特别法而适用了普通法的。

第三,原裁判在诉讼过程中有严重程序违法行为,应当改判。包括:(1)审判组织组成不合法的;(2)严重违反法定程序收集证据的;(3)据以认定案件主要事实的主要证据未经当庭举证、质证、认证的;(4)严重违反回避制度的;(5)依法应当公开开庭审理而没有公开开庭审理的;(6)违反法律规定,管辖错误的;(7)其他严重违反法定程序应当改判的。

第四,原裁判因审判人员有下列违法犯罪行为的,应当改判。包括:(1)有证据证明审判人员在审理该案件时,有贪污受贿,徇私舞弊,枉法裁判行为的;(2)审判人员犯有与本案有关的职务犯罪行为的。

五、结语

社会舆论是人们对事物的价值判断表达,随着社会的进步,价值判断的多元,越来越多的案件受到新闻媒体的关注,但这并不意味着新闻媒体与司法机关的较量,而是代表司法体系内部的审判监督与代表司法体系外部的舆论监督的碰撞与共生。新闻舆论反映的是民意,而法理反映的则是法律背后的基本精神。司法机关在案件审理过程中,当然要秉承以事实为根据,以法律为准绳的基本原则,但是在审判监督时能吸收新闻舆论中的积极、合理的因素,不仅是对民意的尊重,而且是对法律的完善。可以这么说,审判监督与舆论监督两种力量追求的是同一个目标,两者的碰撞与共生所形成的合力是对社会文明进程的推动,所产生的效果也必将赢得人民的满意与社会的和谐。

能动司法语境下行刑社会化之构建

——非监禁刑适用问题研究

福建省龙岩市上杭县人民法院　廖晓红

一、非监禁刑是宽严相济刑事政策的主要载体

研究刑罚制度离不开刑事政策思想的支撑，刑罚执行模式的变革背后有其刑事政策基础。“刑法之刑事政策化”是现代刑事法的主要特征之一，其要求刑法之制定与运用、罪刑之确定与执行，都应由刑事政策的观点出发，以是否适合于刑事政策的精神作为对违法犯罪等越轨行为的为指导。①

中央政法委 2006 年 12 月 9 日在全国政法工作会议上提出了宽严相济刑事政策。2010 年 2 月 8 日，最高人民法院发布的《关于贯彻宽严相济刑事政策的若干意见》上明确指出：“宽严相济刑事政策是党中央在构建社会主义和谐社会新形势下提出的一项重要政策，是我国的基本刑事政策。”它对于最大限度地预防和减少犯罪、化解决社会矛盾、维护社会和谐稳定，具有特别重要的意义。宽严相济刑事政策的具体含义是指，对于犯罪的惩治应该根据具体情况，区别对待、当宽则宽、该严则严、宽严结合，以求得最佳的法律和社会效果。宽严相济的刑事政策的实质即根据犯罪罪行的轻重和犯罪人人身危险性的不同情况，予以区别对待：对罪行较重和人身危险性较大的犯罪应当从严、从重，而对于罪行相对较轻和主观恶性不大的犯罪则采取相对轻缓的从宽政策。从本质和目的上认识其遏制、预防和减少犯罪，最大限度地减少不和谐因素、增加和谐因素，实现社会长治久安的宽严相济刑事政策核心。“济”也就是要正确领会和处理“宽”与“严”的协调、平衡，以宽济严，以严济宽，宽严适度。而这个“适度”的标尺就是严格执法与公正审判。② 而非监禁刑原则恰恰体现的是国家通过动用刑罚自身最小的成本，获得对罪犯的应有的惩罚和教育矫正使其不再犯罪的最佳效果。而目前我国法官司受传统重刑思想的影响，量刑宁重不轻，适用非监禁刑好像是在“放纵犯罪”，生怕被视为徇情枉法、枉法裁决，生法被扣上“打击不力”的帽子。因此，我们一方面要在宽严相济的刑事政策指导下，更加科学地把握非监禁刑适用的法定条件。另一方面，

① 林纪东著：《刑事政策学》，台湾正中书局 1969 年版，自序。

② 康宝奇：“宽严相济刑事政策的具体应用”，载《中国审判》2012 年第 3 期。

要使非监禁刑制度在立法和司法上更加完善，更好落实我国宽严相济的刑事政策。

二、非监禁刑是行刑社会化内涵的重要体现

采用非监禁刑的时间可以追溯到1893年《瑞士刑法》采取的刑事法律效果的“双轨制”，即刑罚与感化教育、监护、禁戒、强制工作、保护管束等为主要内容的保安处分并行不悖。随着社会、经济和政治的变革，刑罚自中世纪现代刑法产生以来，也一直在这些变革的影响下不断演进。演进的历史趋势是从普遍使用肉刑和死刑过渡到现代的监禁，再从作为刑罚主要手段的监禁过渡到罚金、缓刑、暂缓判决等监禁的替代措施，和其他不用直接控制人身而采取非监禁控制措施的中间刑罚。执行刑罚的方式从野蛮的身体刑到监狱中执行的自由刑，再到本文所谈及的与社会紧密联系的行刑社会化，这是历史发展的趋势。

所谓行刑社会化，是指为了避免和克服监禁刑存在的某些弊端，使刑罚执行服务于罪犯再社会化的目标，而应慎用监禁刑，尽可能对犯罪人适用非监禁刑，使其在社会上得到教育改造，并使社会最大限度地参与罪犯矫正事业，从而使刑事执行与社会发展保持同步，同时对于罪行较重有必要监禁的罪犯，应使其尽可能多地接触社会，并使社会最大限度地参与罪犯矫正事业，从而使刑事执行与社会发展保持同步，为罪犯顺利回归社会创造有利条件。行刑社会化这一理论兴起的原因来源于是刑罚发展的必然结果，是人们重新审视刑罚与行刑效率之后的全新刑罚思想。罪犯是犯罪行为的主体，也是承受刑罚的主体，传统意义上犯罪接受惩罚的地方就是监狱。虽然监禁刑有诸如可减少罪犯对社会的危害性等优势，但监狱模仿的社会环境未必是受刑人结束刑罚后将面临的生活环境。某种意义上说，“自由刑在消除犯罪人的人身危险性的同时，可能也使其丧失了人的主观能动性”。罪犯监狱化过程是一种反社会化的过程，在一定程度上是犯罪化的过程。[①] 有学者从罪犯释放回归社会的角度出发，认为：“将一个人数年之久关押在高度警戒的监狱里，告诉他每天睡觉、起床的时间和每日每分钟应做的事，然后再将其抛向街头并指望他成为一名模范公民，这是不可思议的！”[②]非监禁刑的形式，可以使犯罪人避免受交叉感染的影响，因为非监禁刑不必在监狱内执行，因此也就不存在同监舍的

---

① 王平：“理性化及其局限——监狱行刑观念的价值定位”，载《刑事法学要论》，法律出版社1998年版，第37页。

② [美]克莱门斯·巴特勒斯著：《矫正导论》，孙晓雳等译，中国人民公安大学出版社1991年版，第130页。

罪犯相互传授犯罪技术、教唆犯罪方法和各种犯罪手段之间的相互影响的可能性，有利于犯罪分子的成功改造。

行刑社会化是基于刑罚人道化的思想，要求将人的权利和尊严置于至高无上的地位。以人格矫正为前提、罪犯复归社会为目标的行刑社会化，集中体现着行刑的人道价值，可以说是行刑人道化的深层展开和必然归宿。现在世界各国都强调刑罚的人道和谦抑，相对来看，我国目前仍处于以自由刑为主要刑罚手段的阶段。但是非监禁刑的适用范围在不断的扩大，因为非监禁刑是一种最基本的自由刑的替代措施，既不需关押罪犯，又能得到短期自由刑所不能达到的教育改造罪犯的良好效果，所以已经成为替代短期自由刑的重要手段，受到世界各国，包括我国刑法界的青睐。

三、非监禁刑在我国的发展概况与现实困境

如前所述，非监禁刑具有监禁刑所不具有的诸多优势，人民法院在刑事案件审理中，尤其是未成年人犯罪的案件，应该依法加大非监禁刑的适用力度。但是，从实践看非监禁刑的适用适用范围、条件基本固定和统一，存在一些问题。

（一）种类不丰富，适用率低

我国历来注重监禁刑的使用，非监禁措施一直处于从属、辅助的地位，所以非监禁措施的种类较少，主要可供选择的余地不大，适用率低。随着我国市场经济的高速发展，涌现出许多新类型的犯罪，其所侵害的客体和所使用的犯罪手段五花八门，建立种类丰富的非监禁刑制度是我们科学、合理处理这些新型犯罪的有效前提。例如，扩大资格刑的总类，建立对某些行业的准入资格的限制，增加不完全限制人身自由的刑罚种类，美国实行的家庭监禁、社区服务、英国实行的电子监控等制度，还有在国外流行的间歇的监禁、缓刑。而我国则只有一种“缓执行”。

（二）设置不合理，执行困难

1. 管制

管制作为我国特有的一种轻刑，具有很多的优点，且符合刑罚的发展方向。但随着经济改革的发展，人们的职业和业务上的流动性增大，虽然2012年《刑诉法修正案》对管制的执行机关进行了修改，由社区矫正机构执行，这一规定在一定程度上缓解了基层公安机关由于人员少，任务重，不可能抽出专门的警力去负责对管制人员的监督和管理的徒有形式的失控状态，但是由于我国社区矫正工作仍属起步阶段，使管制的执行往往流于形式，导致在司法实践中很少适用管制，濒临被“遗忘”的境地。据统计，从2000年以来，上杭法院所审结的案件中没有一件适用了管制刑。且管制刑所确定的罪犯在执行期间所需遵守的内容，实际上对罪犯无多大的约束，起不到刑罚应有的惩罚作用。特别是在管制期间违反这些规定，该如何处理，立法上也没有作出相应的规定，缺乏必要的执行保障。于是，应否取消管制这一刑种，就成了争议的话题。虽然现行的刑法保留了管制刑，《刑法修正案（八）》、2012 年《刑诉法修正案》也进一步完善了管制，但如何显示出其科学性与优越性还需各界的共同努力。

2. 缓刑

立法对使用缓刑的实质条件规定得过于原则、抽象，难以把握。我国现行《刑法》第 72 条规定，适用缓刑的关键性条件是"确实不致再危害社会"，只有犯罪分子将来确实不再危害社会，才可以宣告缓刑。《刑法修正案（八）》对这个规定进行了细化，但"有悔罪表现"、"没有再犯罪的危险"仍比较抽象。在实践中，仅以法官的自己的认知作为适用标准，同罪异罚不可避免，立法成为一纸空文。

3. 假释

适用的条件规定的过于原则、抽象，"确有悔改表现"、"不致再危害社会"在实践中难以把握。适用的对象范围较窄，如果说对于累犯不得假释还有一定道理的话，对于因故意杀人、强奸、抢劫、绑架、放火、爆炸、投放危险物质或者有组织的暴力性犯罪被判处 10 年以上有期徒刑、无期徒刑的犯罪分子，一律规定不得假释，显然太绝对，不够合理。虽然，这类犯罪分子的主观恶性较一般罪犯要大，从实现刑罚正义的角度讲，这些罪犯应当承担较重的刑事责任；从预防犯罪的角度讲，对这些罪犯要进行从严管理，重点矫治。但由于生活经历、家庭背景、受教育程度、人格特征等方面不同，其犯罪情况存在差异，不能一概而论。对其应否适用假释，也应当按行刑社会化的基本要求区别对待。

4. 剥夺政治权利

其内容主要是从政治方面考虑的，随着社会经济的发展，剥夺政治权利的内容和使用方法不能适应惩罚犯罪的客观需要。以前剥夺政治权利被作为一种对敌斗争的武器，其内容多是从政治方面的考虑，在阶级斗争已不是社会主要矛盾的现阶段，打击普通刑事犯罪才是刑法的现实需要。因此，在新的历史条件下剥夺政治权利的有些内容已不合时宜，加之剥夺政治权利的内容有多项，缺乏必要的灵活性和针对性。

（三）替代不可取，应加控制

在适用非监禁刑时把被告人是否赔偿被害人经济损失或是否缴纳罚金和

缴纳罚金的多少作为先决条件来考虑。就赔偿被害人经济损失而言,一些遭受人身损害或经济损失的被害人,为了能使自己的损失得到弥补,往往将赔偿其经济损失作为接受对被告人从轻处罚的前提条件,即如果得到了赔偿,便要求法院对被告人从轻处理,若得不到赔偿,就要求法院从重处罚。法院在适用非监禁刑时,不能不考虑被害人的利益和要求,从化解社会矛盾、维护社会稳定的角度考虑,将被告人是否赔偿被害人的损失与非监禁刑适用挂钩也是一个不得已的现实选择,也是最好的选择,所以,对于赔偿了被害人损失的案件,在法定幅度内一般适用了非监禁刑。但对于肇事逃逸、造成多人死伤的交通肇事案件、致多人伤害的故意伤害案件,可以说诸如此类的社会危害性是相对较大的,按照学术界的观点,此类犯罪应严格适用非监禁刑,而司法实践中对此类案件在量刑尺度把握上就显得较为宽松了。就交缴罚金而言,存在片面地将缴纳罚金作为适用非监禁刑的条件。罚金是一种附加刑,与适用非监禁刑无必然的联系。但是,在实践中,罚金被按照一定比例返还给法院用于基层建设、办公用品的购置等,受经济利益的驱动,不少法院将是否及时足额缴纳罚金作为适用非监禁刑的条件。这种做法有悖公正,有"花钱赎罪"的嫌疑,应该坚决杜绝。针对这一情况,对于单处罚金的适用不宜过多,而应依法严格控制。

四、我国非监禁刑制度的发展重点——社区矫正

我国的社区矫正制度,自2000年探索开始,到2003年大范围试点,历时3年。中国的社区矫正制度从无到有,发展极快工作,2006年我省启动社区矫正工作,同年全省第一批社区矫正试点工作在泉州市丰泽区,厦门市思明区、三明市梅列区启动。[①] 2007年市直有关部门和新罗区全面启动了社区矫正的筹备工作。2011年《刑法修正案(八)》首次将社区矫正这一概念写入刑法,社区矫正制度正式登上了中国刑事法律的大舞台,明确规定对判处管制、宣告缓刑、暂予监外执行、假释的犯罪分子,依法实行社区矫正。同年10月龙岩市全市试行社会矫正工作,包括上杭县等6个县(市)全面开展这项工作。同时据统计,上杭县法院2002年至2006年,五年间判处刑罚1305人,其中缓刑人数467人,占35.78%。继中央政法委提出宽严相济刑事政策后,即2007年至2011年,上杭县法院5年间判处刑罚2270人,其中缓刑人数达到了1184人,占52.16%。上述这组数字足以表明上杭县乃至未来中国的社区矫正工作发展必然成为推行非监禁刑制度的重中之重。探索行刑社会化之路,改革非监

① 参见2010年福建省社区矫正工作会议报道。

禁刑制度,21世纪才从国内兴起的社区矫正制度成了不得不直面的话题。

社区矫正也称为社区处遇、社区矫治等,不同的国家、不同的学者对它的具体含义有不同的理解。目前,关于社区矫正尚无统一的界定。社区矫正是刑罚的执行方式,不属于非监禁刑。作为刑种在刑法中规定的社区服务,属于非监禁刑。① 我国最高人民法院、最高人民检察院、公安部和司法部于2003年7月10日联合发布的《关于开展社区矫正试点工作的通知》中指出,社区矫正是与监禁矫正相对的行刑方式,是指将符合社区矫正条件的罪犯置于社区内,由专门的国家机关在相关社会团体和民间组织以及社会志愿者的协助下,在判决、裁定或决定确定的期限内,矫正其犯罪心理和行为恶习,并促进其顺利回归社会的非监禁刑罚执行活动。

社区矫正是当今世界各国刑罚制度改革和发展的趋势。我国在实际操作过程中,一些问题也暴露出来:

(一)社区矫正缺乏统一法律

我国社区矫正采取的是先试点后立法的方式,目前尚无法可依,这使得社区矫正缺乏统一、具体的法律规定,各地各自为政,难以收到实效,急需一部社区矫正法出台以规范执行。而有些地区各种非监禁刑的执行仍然按照现行刑法的规定执行,只是挂着社区矫正的帽子而已,存在着相关的制度不完善,执行机构人员不到位的情况,这样势必会出现对一些"漏管"、"脱管"的现象。

(二)社区工作发展不平衡

社区矫正制度的实质就是将被判处非监禁刑的罪犯放在社区内接受教育、矫治,这就需要利用社区内的社会资源和社区人员的广泛参与,也必然要求一个发育成熟的社区作为基础。但是,由于我国社会正处于转型时期,各地政治、经济发展不平衡,社区建设还处于摸索阶段,且目前的理论界关于社区矫正的探讨绝大多数都停留在城市社区上,极少有人关注农村、山区社区矫正。例如,厦门等经济发达地区因政府对社区建设费用有保障,矫正工作也相对有保障,而山区和落后地区,由于经济欠发达,政府对社区工作的经费无法保障,所谓的"社区工作人员"实际上是村委会、居委会非专业非专职的工作人员,为了发展自己的生产生活,根本没有精力去帮助罪犯,更不用说对他们进行监管、矫正。要知道无论是在全国总人口的还是犯罪人的总量来看,落后、贫困地区的人口是占很大的比例的,所以应该对这些人员社区矫正给予足够的重视。

---

① 何立荣、覃晚萍:"非监禁刑概念探析",载《法制与经济》2006年第6期。

（三）社区矫正队伍建设落后

社区矫正工作人员肩负着监督和改造服刑人员的社会重任，如果没有专业的职业资格和专业化水平，矫正效果难以保证。就上杭县目前现状而言，社会矫正工作的志愿者少，社区帮教力量尚属起步阶段，没有组建一支专业的心理矫治队伍，矫正工作主要是基层司法所负责，而乡镇司法所人员普遍较少，矫正专业知识生疏，且法律未赋予有效的司法行政强制执法权，在一定程度上矫正达不到理想的效果，所谓的“社区矫正”成了有名无实。相对以往由有强制措施的公安派出所对缓刑罪犯进行监管、考察有一定的威慑作用，到现行由人力、物力、财力、执行强制力均无法跟进的司法所兼顾社区矫正工作的发展进程，如何开展好社区矫正工作，使之法律化、制度化、有序化，成了我县乃至我国非监禁刑发展的“瓶颈”，亦是发展社区矫正工作中亟须解决的难题。

五、改革非监禁刑制度构建行刑社会化

（一）审前社会调查制度的常规化——彰显适用透明性

由于我国刑法和司法解释对适用非监禁刑的条件都仅是作了原则性的规定，法院在适用非监禁刑过程中，对于如何判断罪犯确实不再犯罪、不再危害社会等都存在很大的困难，有必要建立一种制度，它能够对罪犯进行综合的评定，以便法官更直观地对罪犯进行审视，确定罪犯是否能够适用非监禁刑。因此，笔者建议充分建立审前社会调查制度。法院遇到可能判处非监禁刑的罪犯时，应当委托司法行政机关或社区矫正组织对罪犯进行全方面的社会调查，譬如可对其心理、家庭情况、犯罪前的社会表现、羁押期间的表现等进行综合的调查，并将调查结果反馈给法院，法院在此基础上进行综合性认定，最终决定是否适用非监禁刑。我省于 2011 年 5 月 23 日下发了《关于适用非监禁刑审前社会调查的实施办法（试行）》，详细规定了如何委托进行审前社会调查、调查哪些方面，等等。审前社会调查制度的确立，保障了非监禁刑适用的正确率和透明性，减少了社会上对法院的质疑。同时公安机关在侦查及检察机关在审查起诉阶段，也可针对可能适用非监禁刑的罪犯，在有条件下先行做好品行、一贯表现等调查，剔除量刑只是法院责任的思想，相互配合、相互监督做好非监禁刑的适用工作。

（二）非监禁刑种类设计的科学化——建立体系合理性

在现代社会中，面对纷繁复杂的犯罪现象，拥有种类丰富的非监禁刑是建立科学、合理的非监禁刑体系的前提。因为只有这样，才能对不同的犯罪以及不同的犯罪人采用不同的矫正方式，以取得最佳的矫正效果。非监禁刑种类的设计除了人道主义与矫正效果之外，必须考虑到我国的经济发展水平、社会公众的生活习俗以及我国的法治发展状况。比如，在《德国刑法典》中规定的被害人和解与损害赔偿，在我国就有适合这一非监禁措施生存的文化传统，且这一点在2012年《刑事诉讼法修正案》中已有特立一章节：当事人和解的公诉案件诉讼程序。该章分别制定了当事人和解的公诉案件犯罪情节轻微的可以作出不起诉的决定和依法对被告人从宽处罚的规定。刑事和解是一种全新的刑事司法模式，它对大量的轻微刑事案件，尽可能在犯罪的早期阶段介入，通过化解人际关系，减少社区矛盾来预防犯罪，使得犯罪人回归社会进程加快，降低了再犯罪率。刑事和解是司法上的非犯罪化的一种有效措施，是阳光下的"私了"，宽严相济的刑事政策正是刑事和解制度构建的政策基础。通过刑事和解，使大量轻微的刑事案件得以及时结案，以便集中司法资源解决重大犯罪案件，节约了司法资源，提高了司法效率，促进了社会和谐，体现了人文精神，顺应了司法改革的潮流。如果这一规定能在司法实践中充分的发挥其作用，必定会起到很好的效果。比如社区服务刑，社区服务刑是法院判决犯罪分子为社区从事一定时间公益劳动的一种刑罚方法。实践证明，社区服务在教育、改造和预防重新犯罪方面是较为有效的，因此，它也是目前世界各国使用得较多的非监禁措施之一，很遗憾的是，2012年《刑诉法修正案》没有针对这一措施作出规定。国外通行的做法是社区服务刑适用于轻罪。以美国为例，目前实际在社区服刑的罪犯比例已占所有接受审判人士的3/4，并有持续扩大。在加拿大联邦惩教体系中，罪犯在监狱服刑与在社区服刑的比例为2:1。[①]社区服务的期限与每天劳动时间由法官根据犯罪人员的主观恶性、人身危险性进行自由裁量。通过社区服务，让犯罪分子承担一定的公益性义务，为他们提供向社会补偿的机会。笔者认为，结合我国实践，建议在管制、缓刑、假释应尽义务中附加社区服务。同时必须根据我国的实际情况有针对性地来选择确定和适度增加我国的非监禁刑种类，建立我国的非监禁刑体系。

（三）执行工作机构人员的水平化——争创行刑专业性

非监禁刑的执行作为一种行刑社会化的表现形式，这一特点决定了非监禁刑对执法水平的要求比监禁刑更高，只有高水平、专业化的执法与社会人员的参与才能发挥非监禁刑的功能。因此，非监禁刑执行人员应当包括专业工作者和社会自愿者。随着我国非监禁刑体系的完善，建立专业的非监禁刑执行管理机构应根据非监禁刑的特点对其执行进行管理和监督，并适时对非监禁刑的执行效果做出评估报告，而这个评估不仅要包括行为评估更应包括心

---

① 冯卫国著：《行刑社会化研究——开放社会中的刑罚趋向》，北京大学出版社2003年版，第180页。

理评估。而如何加强心理学矫正技术在社区矫正中的作用发挥，这需要执行机构与专业的心理机构一起来探索，且势在必行。心理学疗法中有行为主义的疗法，人本主义疗法以及认知疗法等都可以应用其中。其实，罪犯的犯罪心理一旦从心理学角度来看，一切都简单了。纵观服刑人员，常是有一定自制力和自知力的犯人，有些还极为聪明，利用心理学手段完全可以转化其犯罪心理。这里特别提出的是盗窃犯和对社会极度失望的人群。盗窃犯改造的难点在于其难以自制的盗窃诱惑（盗窃的心理动力定型），这种动力定型的养成是长期的条件反射的结果。也就是因为这个原因，我们就可以利用行为主义的消退手段来破坏其动力定型，从而改造其犯罪心理，达到改造罪犯的目的。而对那些社会极度失望的犯人，其本身都是具有一定的判断能力的，只不过是错误的误入歧途的判断，我们可以充分利用人本主义的治疗手段，促使改正错误的判断，健全其情绪，强化其意志，促进其成长。

总之，一切犯罪心理都是可以改造的，都是可以转化为良性的健康心理。也就是说一切罪犯都是可以在心理学技术手段下得到良好的改造，现在所做的应该是大力提高非监禁刑执行机构的专业化的改造能力与技术，将心理矫正技术应用到社区矫正中来！

（四）落实社区矫正制度的规范化——突出矫正优势性

社区矫正的推行，反映了我国刑罚理念的转变，这是一种进步。像任何一种改革一样，既面临机遇，又存在的理论的困惑与现实的难题。同时，又与我国的整个刑罚执行大环境息息相关，在实践中，我们既要借鉴国外和其他省（市）经验，还要结合本地的实际情况具体分析对待，既要勇于探索，又要依法行事。针对如前所述目前我国社区矫正发展中存在的问题，除落实 2012 年《刑事诉讼法修正案》关于社区矫正的相关规定外，还应完善矫正法律体系，对社区矫正的机构设置，职权划分，人员组成，矫正内容，矫正程序，各部门的权利与义务等作出明确而详细的规定。与此同时，逐步建立评估标准和制度，完善处置措施，疏通收监程序，并将社区服务纳入非监禁刑的刑罚体系中来，将社区服务作为一项选择附加义务，发挥好其作为从监禁刑到非监禁刑的"软着陆"的重要作用。且在立法中应特别是应赋予基层司法所工作人员必要的行政强制执法权，为社区矫正工作提供强有力的法律支撑。同时引入社会主义法治理念，充分发挥非机构矫正在社会建设与管理中的作用，促进社会和谐。①

① 张楠明、卢玉万："社区矫正存有问题与基本对策略"，载《社会主义司法规律探索与研究》，第 540 页。

（五）非监禁刑执行监督的机制化——确保执法公正性

随着行刑社会化的发展，非监禁刑的适用率的提升必然会成为未来刑法界的发展趋势，检察机关担负着非监禁刑法律监督的责任，所以为加强检察机关监督，笔者认为，对非监禁刑的执行监督，可考虑在区县级司法局矫正机构内设立派驻检察室，专门对非监禁刑执行及执法活动进行监督，而不是只仅仅采用一些什么所谓的"抄送"、"报送"等一些缺乏有效性的监督方式。对非监禁刑执行的监督方法，可采用建立监管对象的改造档案，每月定期进行检察监督，记录监督情况，并建立个人电子档案，并与其身份证件相衔接，做到电子跟踪管理，同时及时与人民法院、监狱、司法部门联系，相互配合，监督考察监管对象刑罚执行落实的情况，同时拓展监督手段，增加监督的力度与广度，必要时可以设立专门的群众举报、监督渠道，并设立专门的工作人员对这些举报、监督情况进行答复、处理等措施对非监禁刑罪犯的减刑措施等应当予以审查监督。通过联合法院回访、检察建议等一系列措施完善人民检察院的法律监督制度，强化人民检察院对非监禁刑实行监督的力度，同时调动社会各界监督主体的积极性，加强社会监督，以利于创造一个稳定、和谐的社会。

（六）营造社会改造条件的良好化——发挥司法能动性

对于所有罪犯而言，最普遍最基本的心理需求是缩短刑期，他们想得到的最高奖励就是减刑，但是由于刑法及相关司法解释对非监禁刑减刑条件规定只有六种情况的重大立功表现才"可以参照"刑法规定减刑，而除非有重大自然灾害，一般不会有重大立功表现，导致非监禁刑犯适用减刑的情况寥寥无几。由此可见，非监禁刑减刑条件要求之高。同时法院可建立定期回访帮教联动机制，提高非监禁刑犯的帮教、监管力度。非监禁刑犯一般对办案法官也较为尊重和信任，法官对他们进行回访帮教能起到积极的矫正效果。现实中，由于人们思想认识的守旧性，导致社会依然对非监禁刑犯抱有一种歧视的态度，感觉他们是有污点的人，这不利于帮助非监禁刑犯积极改造和融入社会。因此，各部门应发挥司法的能动性，加大普法力度，多做非监禁刑的宣传，可以通过开展普法活动、巡回审判，到村委会（社区）发放改造良好的非监禁刑犯的典型材料，让他们认识到即使是罪犯也能改造成为对社会有用之人。这一方面可减少人们对非监禁刑犯的歧视，积极帮助他们进行改造；另一方面也可使非监禁刑犯感受到社会对其的关心爱护，积极进行改造，更好地回报社会。

总而言之，以贝卡利亚、边沁等为代表的古典学派基于个人主义的立场，主张罪刑法定，反对罪刑擅断，主张罪刑相当和刑罚人道主义，反对残酷的、不人道的刑罚。[①] 这些新理论奠定了现代刑罚制度的基础，自第二次世界大战以来，人权问题日益受到重视，非监禁刑成为刑罚发展的一个大趋势。非监禁刑是国家通过动用刑罚自身最小的成本，获得对罪犯的应有的惩罚和教育矫正使其不再犯罪的最佳的效果。现阶段我国的非监禁刑制度还需完善，非监禁刑的适用还需进一步规范，这都需要我们在今后的实践中不断地探索，来更好地实现减少犯罪和预防犯罪这一刑罚目的，在能动司法的语境下为社会的和谐发展作出贡献。

① 郭理蓉著：《刑罚政策研究》，中国人民公安大学出版社 2008 年版，第 33 页。

附录

提升程序法治理念，确保两法贯彻实施

——全国法院审判监督工作座谈会暨审判监督理论专业委员会第三届年会综述

最高人民法院审监庭

2012 年 9 月 27 日，全国法院审判监督工作座谈会暨审判监督理论专业委员会第三届年会在福建省泉州市召开。最高人民法院副院长江必新出席会议并讲话，最高人民法院审判委员会专职委员贺荣主持会议。福建省委常委、政法委书记苏增添，福建省高级人民法院院长马新岚以及泉州市委领导出席会议并分别致辞。来自全国各高级法院的分管院领导、专业委员会委员、法学界和年会优秀论文的代表参加了会议。会议共收到 843 篇论文，比上一届年会多出 14%。大会组委会组织有关专家、学者经过初评、定评，最终确定 15 篇论文为年会交流论文。会上，福建、广东、贵州、江西、湖北、天津、山东、江苏等 8 家高院交流了工作经验，14 位年会交流论文作者作了主旨发言。

江必新指出，这次会议的主题是，深入学习和准确把握修订后的刑事、民事诉讼法的立法精神和主要内容，提升程序法治理念，确保两法贯彻实施，努力推动审判监督事业实现新的发展，以优异成绩迎接党的十八大胜利召开。

江必新强调，2012 年是刑事、民事诉讼法立法取得丰硕成果的一年，也是审判监督理论研究和再审工作取得重大进展的一年。审判监督理论专业委员会成立两年多来，在转变审判监督工作理念、完善审判监督工作机制、交流审判监督工作经验等方面发挥了积极作用，为刑事、民事审判监督程序的健全和完善作出了贡献。全国法院审判监督工作坚持改革创新，取得许多新进展，八家高院介绍的经验是这些成绩的集中体现，值得认真学习和借鉴。

江必新要求，全国各级法院要深入学习新修订的刑事、民事诉讼法，切实在以下十个方面提升程序法治理念，进一步加强审判监督程序正当性建设，依法维护好保护当事人权利的最后一道程序屏障。

一是不仅要充分认识正当程序对实体裁判公正性的保障价值，而且要充分认识正当程序的独立价值。实体公正本身具有不确定性，程序公正具有可确定性、可判断性，实体是否公正在很大程度上取决于程序公正。因此，程序应该和实体处理结果紧密结合起来，建立起程序和实体的必然、内在关联性。

要更加充分地认识正当程序的独立价值,除了保障实体价值的实现外,其还具有实体公正推定、息诉止争、共识达成、效益提升、公信提升、法治促进等功能。

二是不仅要保障当事人的实体权利和实体利益,而且要高度重视保障当事人的程序权利和程序利益。保障当事人实体权利和利益是诉讼中的核心价值之一,但也要高度注意保护当事人的程序权利和利益。实体权利要通过正当程序才能确定,因此程序权利是不可或缺的。除了保障当事人的程序权利外,还要特别关注当事人的审级利益、管辖利益等程序利益。新修改的两法都赋予了当事人大量的诉讼权利,比如协议管辖权、申请再审管辖法院选择权、调解同意权等,法院必须尊重和保护这些权利。

三是不仅要保护"好人"、"强者"、"有理者"的程序权利,而且要保护所谓的"坏人"、"弱者"、"无理者"的程序权利。无论是好人还是坏人、是否有理、是否犯罪,只能通过正当的程序才能真正判明。即使被告人有违法犯罪,如果能公平地对待他们,充分保障其程序权利,就可能唤起他们的良知,减少敌视社会的情绪,还可以减少法官与当事人的冲突。

四是不仅要严守程序的合法性,而且要力求程序的正当性。在申诉信访的案件中,绝大部分裁判是合法的,但也存在一些程序是否正当的问题。比如指定举证期限不合理,随意发回重审,殆于行使释明权等。之所以强调程序正当性,是因为现行程序立法仍然比较粗犷,很多程序规定非常原则,法律有很多漏洞需要正当性理念来弥补,法官一定要"尽其最善",最善意地去理解和适用法律。

五是不仅要通过程序形成法律真实,而且要通过程序最大限度地接近客观真实。客观真实是存在的,审判虽不能完全追求客观真实,但也不能完全局限于法律真实,一定要尽最大努力让法律真实接近于客观真实。法律真实要通过高度正当化的程序才能获得,要以尽其最善的态度运用程序,在客观真实确实没有办法查清时,这样的法律真实才有资格被推定为客观真实,才能要求当事人和社会来承认这个法律真实。

六是不仅要注意程序的公正性,而且要注意程序的效益性。公正是任何程序的首要价值,当然是诉讼程序的首要价值,也是审监程序的首要价值,但我们也要注意程序的效益性。迟到的公正是打了折扣的公正。程序本身关系个案的公正性和整个社会的公正性问题,这也是程序公正性和效益性有机统一的一个方面。

七是不仅要注意程序的规范性和强制性,而且要注意程序的便民性和可接受性。司法程序是不能缺乏强制性的,但不能仅将强制性作为恒久依赖的支点，必须注意程序的便民性和可接受性。在可能的情况下，要与民方便、与当事人方便，但也要注意底线。有些程序应尽可能地征得当事人双方同意，尽可能地让当事人合意协商解决，在双方达不成一致意见时，再由法院决定。

八是不仅要引导当事人依法行使程序权利，而且要防止当事人滥用程序权利。法官要通过释明的方法，引导当事人依法行使程序权利，在涉及重大实质问题上，法官有提醒当事人的责任。同时，对当事人滥用诉讼权利的情况，绝不可放纵、默认甚至指使，法官应当有防止滥用程序权利的义务和责任。

九是不仅要注意接受程序外主体的监督，而且要接受程序内当事人的监督。两大诉讼法修改中均加大了检察机关的监督力度，广大法官一定要自觉接受监督，高度自律。从程序法治的角度来说，法官更应该主动接受程序内当事人的监督，要充分赋予当事人足够的诉讼权利以制约审判权，包括大量的同意权、协商权、异议权、请求救济权等，以此防止审判权的滥用，保证审判活动高度透明。

十是不仅要关注关键程序、关键环节的健全完善，而且要注意程序制度的完整性和系统性。程序是由一定的制度连接成的体系。完善程序法治，完善审判监督程序，必须要高度重视关键环节。同时，程序制度有其内在的完整性和系统性，现在仍有很多重大的程序不够规范，要通过指导性意见和规章制度加以弥补和完善，使我们的程序法治形成一个完整封闭的系统。

贺荣要求，审监庭负责人在会议结束时要就大家关心的、实践中最迫切解决的、又是各个方面目前已经达成共识的相关法律问题，以及当前应当做好的几项具体工作，做个总结。贺荣指出，各级法院要深入贯彻好修订后的刑事、民事诉讼法，传达好、学习好、贯彻好江必新副院长的重要讲话精神，广泛宣传审判监督工作新理念，深入推进审判监督工作科学发展。

图书在版编目(CIP)数据

审判监督与严格程序法律适用 / 许前飞主编. —北京:法律出版社,2013.9

ISBN 978 - 7 - 5118 - 5185 - 7

Ⅰ.①审… Ⅱ.①许… Ⅲ.①审判—司法监督—法律适用—中国—文集②审判—诉讼程序—法律适用—中国—文集 Ⅳ.①D926.34 - 53③D925.04 - 53

中国版本图书馆 CIP 数据核字(2013)第 171541 号

审判监督与严格程序法律适用
主编 许前飞

编辑统筹 大众出版分社
责任编辑 朱海波
装帧设计 乔智炜

出版 法律出版社
总发行 中国法律图书有限公司
经销 新华书店
印刷 北京北苑印刷有限责任公司
责任印制 沙 磊

开本 720 毫米×960 毫米 1/16
印张 33.5
字数 553千
版本 2013 年 9 月第 1 版
印次 2013 年 9 月第 1 次印刷

法律出版社/北京市丰台区莲花池西里 7 号(100073)
电子邮件/info@ lawpress. com. cn
网址/www. lawpress. com. cn
销售热线/010 - 63939792/9779
咨询电话/010 - 63939796

中国法律图书有限公司/北京市丰台区莲花池西里 7 号(100073)
全国各地中法图分、子公司电话:
第一法律书店/010 - 63939781/9782
重庆公司/023 - 65382816/2908
北京分公司/010 - 62534456
西安分公司/029 - 85388843
上海公司/021 - 62071010/1636
深圳公司/0755 - 83072995

书号:ISBN 978 - 7 - 5118 - 5185 - 7
定价:78.00 元
(如有缺页或倒装,中国法律图书有限公司负责退换)